YEARBOOK OF UNIVERSITY OF SCIENCE AND TECHNOLOGY BEIJING

北京科技大学年鉴

2013

《北京科技大学年鉴》编辑委员会

中国大百科全书出版社

图书在版编目（CIP）数据

北京科技大学年鉴.2013/《北京科技大学年鉴》编辑委员会编.—北京：中国大百科全书出版社，2013.12

ISBN 978-7-5000-9292-6

I.①北… II.①北… III.①北京科技大学－2013－年鉴
IV.①G649.281-54

中国版本图书馆CIP数据核字（2013）第295612号

编　　著：《北京科技大学年鉴》编辑委员会
责任编辑：徐世新
出　　版：中国大百科全书出版社
地　　址：北京阜成门北大街17号　　邮编：100037
网　　址：http: //www.ecph.com.cn　Tel: 010-88390718
图文制作：北京华艺创世印刷设计有限公司
印　　刷：北京旺都印务有限公司
字　　数：527千字
印　　数：1～800
印　　张：34
开　　本：787×1092　　1/16
版　　次：2013年12月第1版
印　　次：2013年12月第1次印刷
书　　号：ISBN 978-7-5000-9292-6
定　　价：80.00元

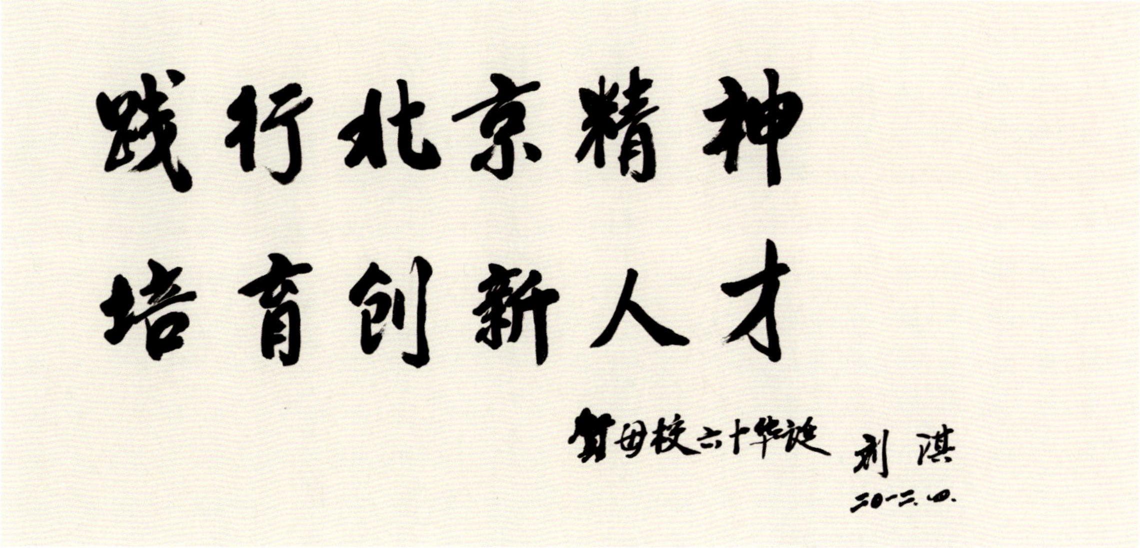

中共中央政治局委员、中共北京市委书记刘淇为学校60周年校庆题词

北京科技大学：

欣闻你校迎来建校60周年校庆，谨向全校师生员工和海内外校友致以热烈祝贺和诚挚问候！

北京科技大学是新中国成立的第一所钢铁工业高等学府。建校60年来，学校始终坚持服务国家科技进步和工业化建设重大战略需求，与时代同步伐，与国家共奋进，形成了“学风严谨，崇尚实践”的优良传统和“求实鼎新”的精神品质，在人才培养、科学研究、社会服务和文化传承创新等方面取得累累硕果，赢得“钢铁摇篮”的社会美誉。特别是近些年来，学校坚持“特色化、精品化、国际化”的办学思路，锐意进取、改革创新，在引领国家冶金、材料领域科技创新和推进行业特色型大学建设方面取得了突出成绩，为国家经济社会发展，特别是钢铁工业的发展和科技创新作出了重要贡献。

希望北京科技大学以60周年校庆为新的起点，继续高举中国特色社会主义伟大旗帜，以邓小平理论和“三个代表”重要思想为指导，认真贯彻落实科学发展观，深入学习贯彻胡锦涛总书记在庆祝清华大学建校100周年大会上的重要讲话精神，全面落实教育规划纲要，进一步突出办学特色，依托优势学科，不断提高教育质量和办学水平，培养造就更多具有创新精神和创新能力的优秀人才，努力建成在海内外有广泛影响的高水平大学，为建设创新型国家和人才资源强国、推进社会主义现代化建设作出新的更大贡献！

刘延东

中共中央政治局委员、国务委员刘延东为学校60周年校庆发来贺信

摄影：田实等

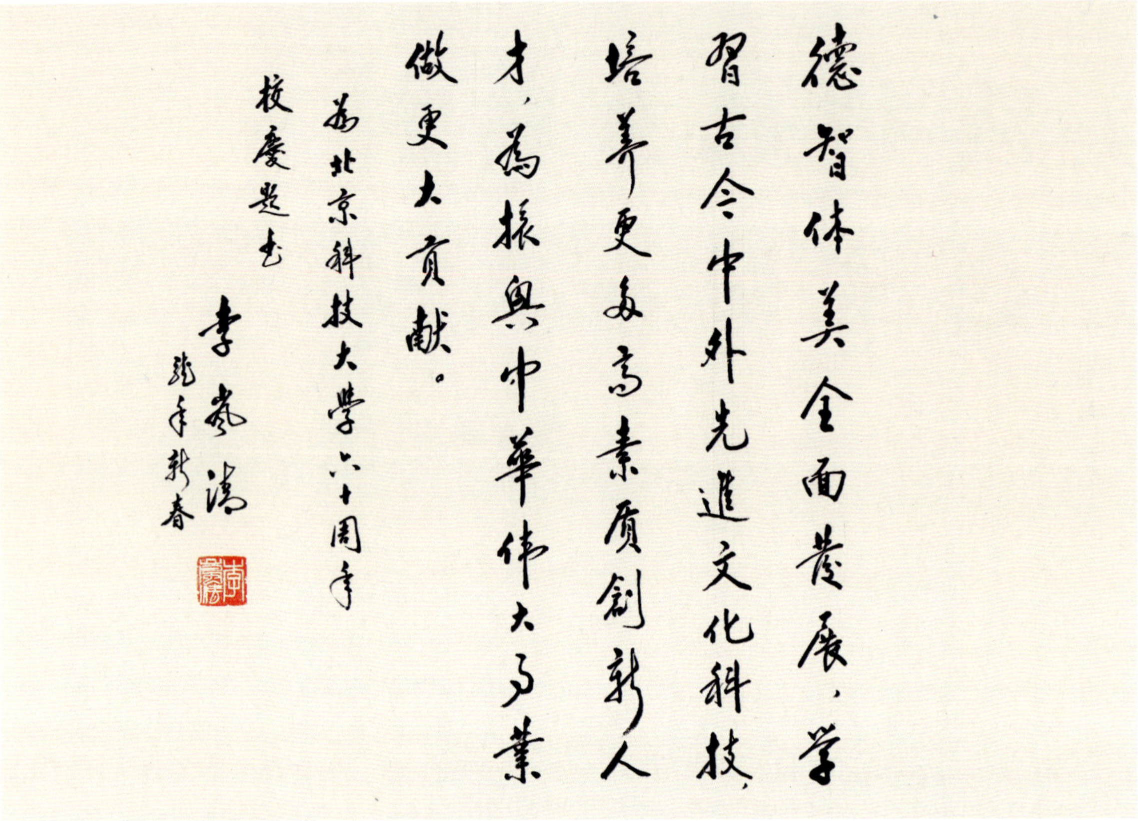

中共十五届中央政治局常委、国务院原副总理李岚清为学校60周年校庆题词

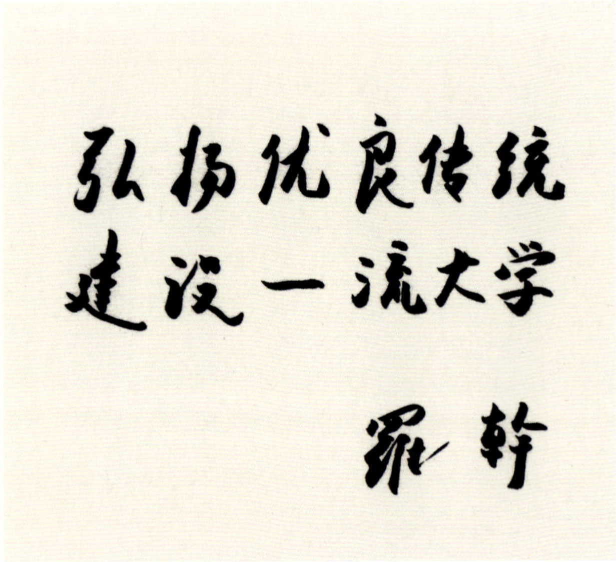

中共十六届中央政治局常委、中共中央政法委员会原书记罗干为学校60周年校庆题词

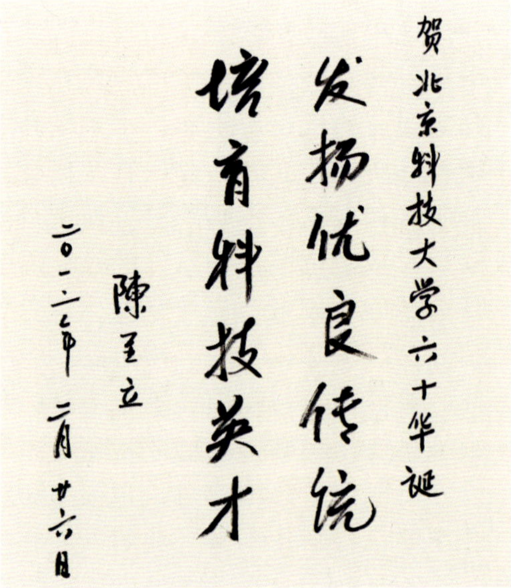

全国人大常委会副委员长、全国妇联主席陈至立为学校60周年校庆题词

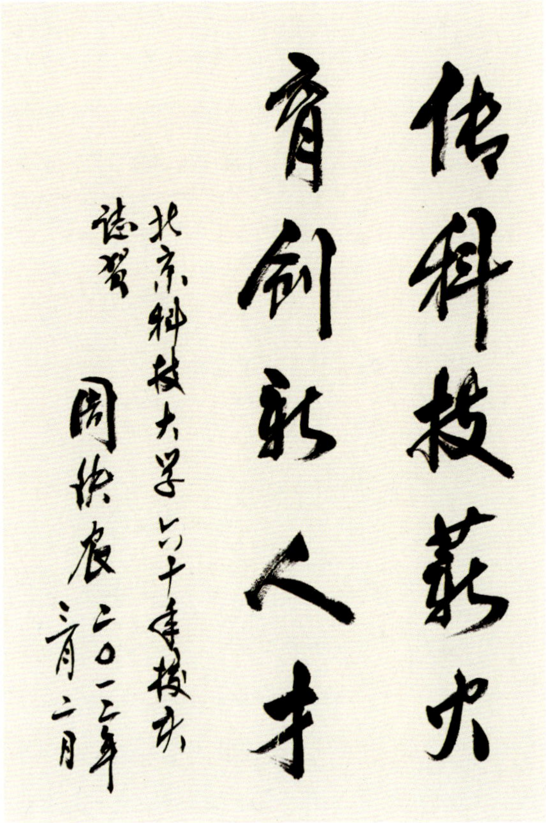

全国人大常委会副委员长、民革中央主席
周铁农为学校60周年校庆题词

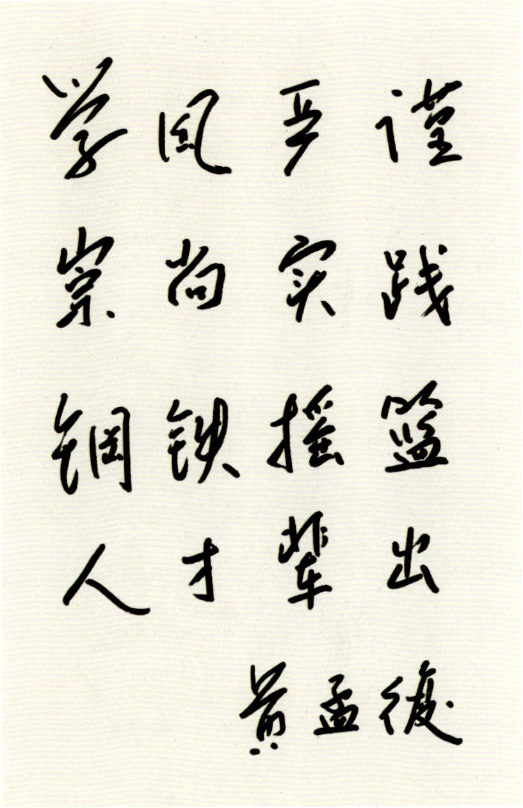

全国政协副主席、全国工商联主席
黄孟复为学校60周年校庆题词

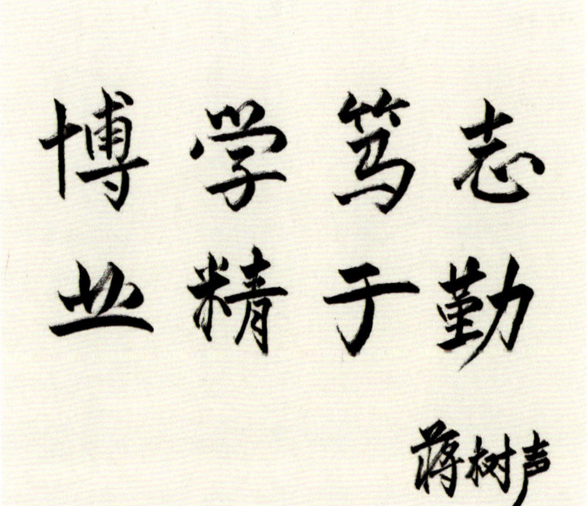

全国人大常委会副委员长、民盟中央主席
蒋树声为学校60周年校庆题词

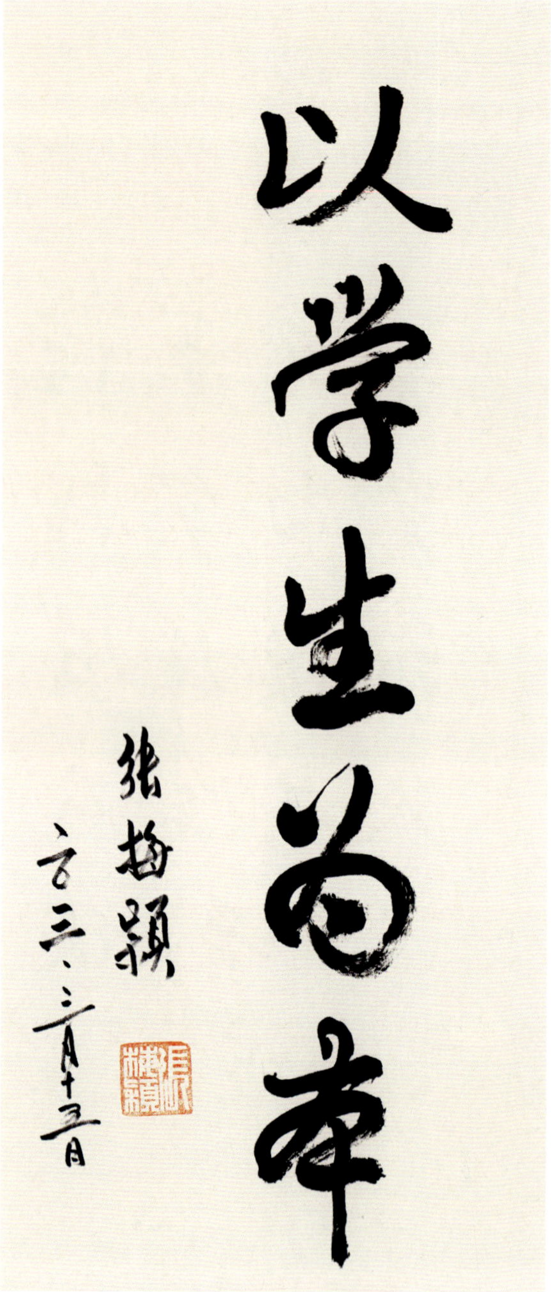

全国政协副主席张梅颖
为学校60周年校庆题词

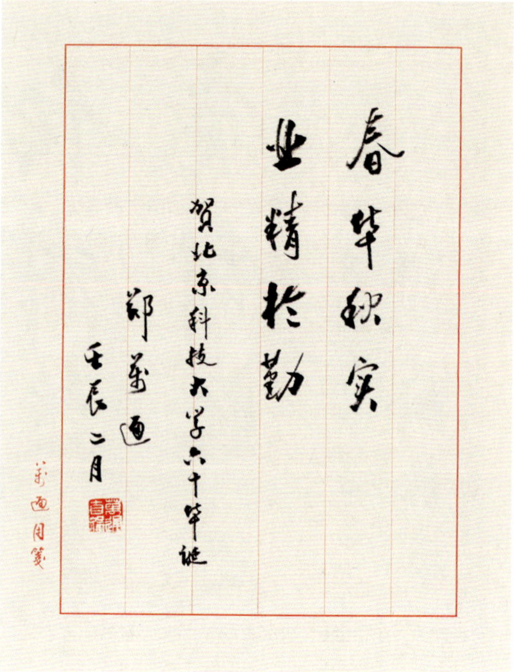

全国政协副主席郑万通
为学校60周年校庆题词

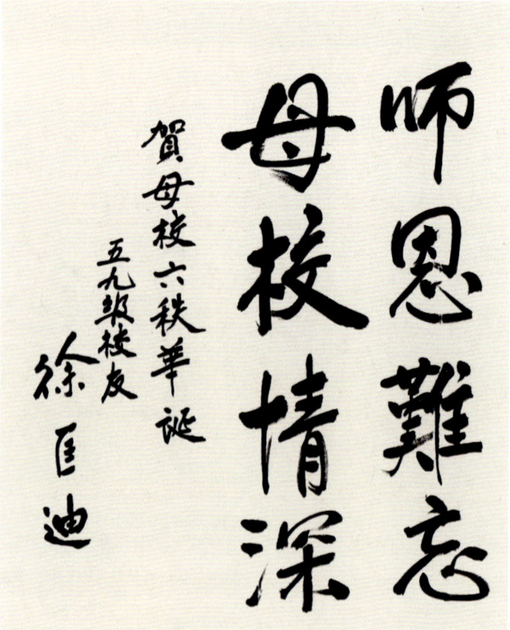

十届全国政协副主席、中国工程院院士
徐匡迪为学校60周年校庆题词

北京科技大学：

值此母校喜迎60周年华诞之际，谨向母校全体师生员工致以最诚挚、最热烈的祝贺！

北京科技大学是我国著名高等学府之一。建校以来，在全体师生员工共同努力下，母校逐步实现了由单科性院校向多科性、特色型大学的转变，培养形成了“学风严谨，崇尚实践”的优良传统，熔铸出“求实鼎新”的精神品质，培养了大批高素质优秀人才，为国家富强、科学发展、社会进步做出了卓越贡献。作为北京科技大学的一名校友，深为母校取得的巨大成就骄傲和自豪！

衷心祝愿北京科技大学在新的历史起点上，继续发挥优势，改革创新，奋勇争先，在加快建设“国内一流、国际知名的高水平研究型大学”的进程中取得新的更大的成就！祝愿母校庆典活动圆满成功！

范长龙

济南军区司令员范长龙
为学校60周年校庆发来贺信

北京科技大学：

值此60周年校庆之际，谨向母校热烈的祝贺和衷心的感谢！

六十年风雨兼程、六十载辛勤耕耘，母校积淀了“学风严谨，崇尚实践”的优良传统，熔铸了“求实鼎新”的精神品质，培养了大批优秀人才，赢得了良好声誉，为我国社会主义建设和改革开放作出了积极贡献。虽然在母校学习的时光短暂，但令我终身难忘、终身受益，始终激励着我努力做好工作！

衷心祝愿母校在新起点上实现新发展，早日建成国内一流、国际知名的高水平研究型大学！

郭声琨

中共广西壮族自治区党委书记、自治区人大常委会主任郭声琨为学校60周年校庆发来贺信

2012年4月22日，北京科技大学举行建校60周年庆祝大会

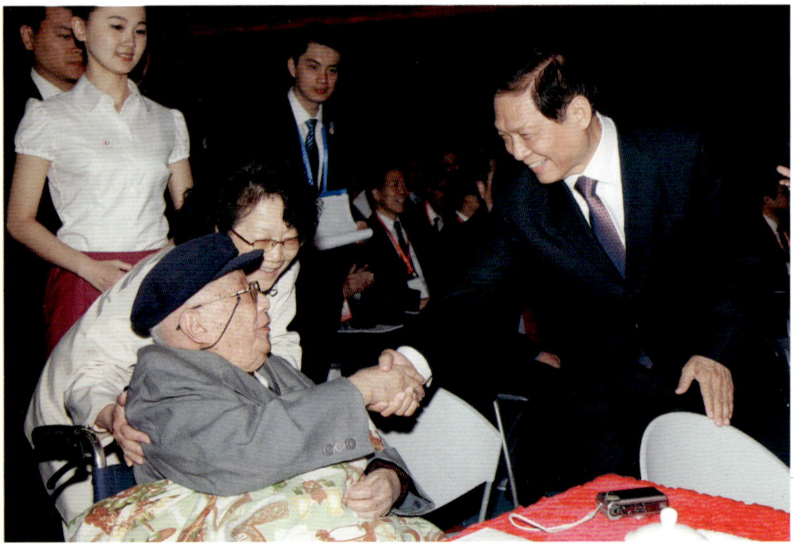

中共中央政治局委员、
中共北京市委书记
刘淇回母校祝贺校庆

教育部部长、党组书记
袁贵仁在北京科技大学
建校60周年庆祝大会上讲话

中共北京市委常委、市委教育工委书记
赵凤桐在北京科技大学建校60周年
庆祝大会上讲话

清华大学校长陈吉宁教授在北京科技大学
建校60周年庆祝大会上致辞

台湾大学校长李嗣涔教授在北京科技大学
建校60周年庆祝大会上致辞

日本北海道大学校长佐伯浩教授在北京科技大学
建校60周年庆祝大会上致辞

首钢集团董事长、中国钢铁工业协会会长
朱继民在北京科技大学建校60周年
庆祝大会上致辞

学校党委书记罗维东教授主持
北京科技大学建校60周年庆祝大会

校长徐金梧教授在北京
科技大学建校60周年
庆祝大会上讲话

4月22日，北京科技大学第三届董事会全体会议举行

4月22日，举行钢铁冶金新技术国家重点实验室揭牌仪式

4月21日，举办“北科大与世界”论坛

4月22日，第二届“魏寿昆科技教育基金”颁奖典礼在逸夫馆报告厅举行

4月18～24日，举办60周年校庆院士系列学术报告会

4月22日，成功举办“鼎立中华”——60周年校庆文艺晚会

12月29日，举行公开选拔校长面试会，
教育部党组副书记、副部长杜玉波主持面试会

9月18日，教育部党组成员、中纪委驻教育部纪检组组长王立英来校调研检查安全稳定工作

8月15日，举行钢铁共性技术协同创新中心建设高层论坛暨北京科技大学—东北大学组建协同创新中心协议签字仪式，教育部副部长杜占元出席签字仪式

5月3日，中共北京市委常委、组织部长吕锡文，中共北京市委常委赵凤桐，市政府副市长苟仲文出席中关村高端人才创业基地揭牌仪式

8月9～10日，召开2012年暑期党委（扩大）会议

9月26日，《北京高校党建和思想政治工作基本标准》入校检查组专家一行来校检查工作

11月8日，全体校领导与师生共同观看十八大开幕式盛况，认真学习十八大精神

11月13日，召开教育部对学校国家教育体制改革试点项目及“三重一大”决策制度执行情况检查意见反馈会

3月4日，举行“卓越工程师教育培养计划”专家委员会成立仪式暨第一次工作会，
徐匡迪院士任专家委员会主任

1月10日，与北京联合大学签订战略合作框架协议

6月18日，举行“北京科技大学—美国国际教育联盟国际工程教育中心”合作建设协议签约暨揭牌仪式

5月23日，与广西壮族自治区科学技术厅签订科技合作协议

国家科学技术进步奖

证　书

为表彰国家科学技术进步奖获得者，特颁发此证书。

项目名称：地下工程开挖诱发灾害防控关键技术开发及应用

奖励等级：二等

获 奖 者：北京科技大学

2012年12月19日

证书号：2012-J-221-2-01-D02

微型应力隔离桩技术

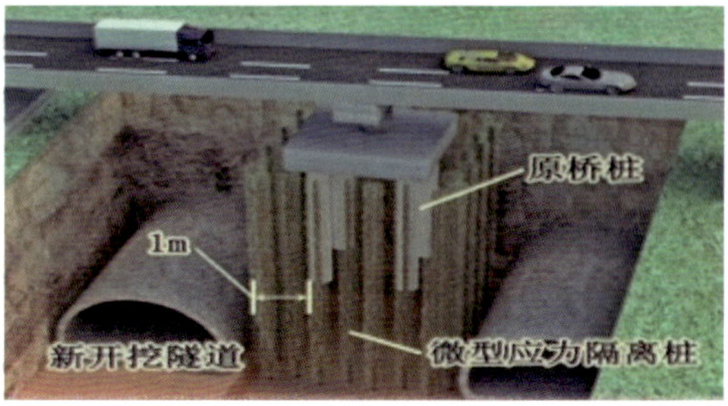

群锚隔离墙技术

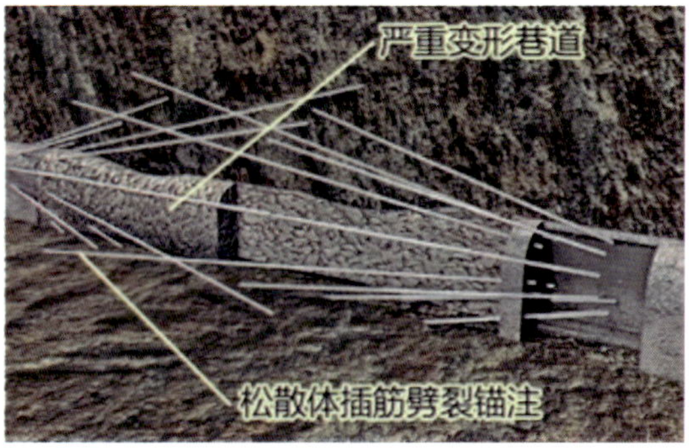

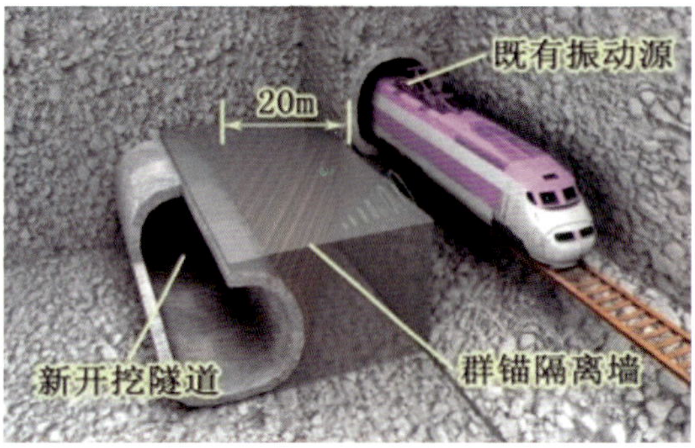

长大管棚预支护箱涵隔离技术　　　　原位再造技术

学校4项科研成果获2012年度国家科技进步二等奖，

其中“地下工程开挖诱发灾害防控关键技术开发及应用”由学校吴顺川教授作为第一完成人完成

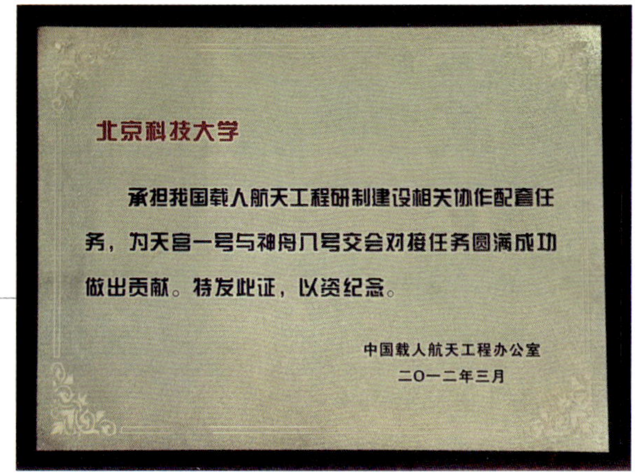
北京科技大学

承担我国载人航天工程研制建设相关协作配套任务，为天宫一号与神舟八号交会对接任务圆满成功做出贡献。特发此证，以资纪念。

中国载人航天工程办公室

二〇一二年三月

学校为“天宫一号”发射等提供最终决定评估，被主持单位称赞为“北京科技大学在载人航天领域的精彩亮相”

6月6日，授予香港城市大学吕坚教授名誉教授称号

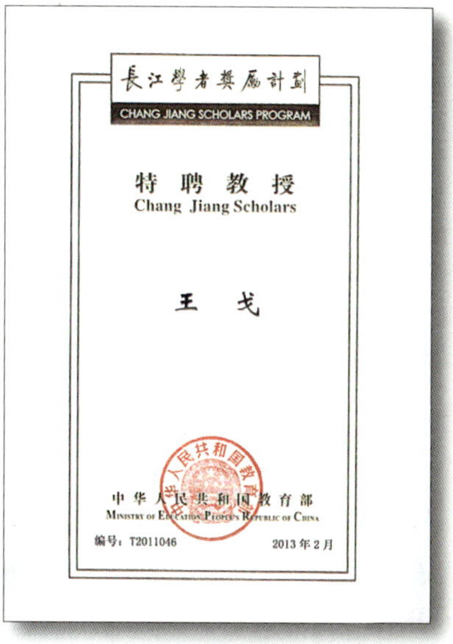

長江學者獎勵計劃
CHANG JIANG SCHOLARS PROGRAM

特聘教授
Chang Jiang Scholars

王 戈

中华人民共和国教育部
MINISTRY OF EDUCATION PEOPLE'S REPUBLIC OF CHINA

编号：T2011046　2013年2月

7月，王戈教授当选2011年度“长江学者”特聘教授

8月13日，生物工程与传感技术中心主任张学记教授光荣当选中国共产党第十八次全国代表大会代表

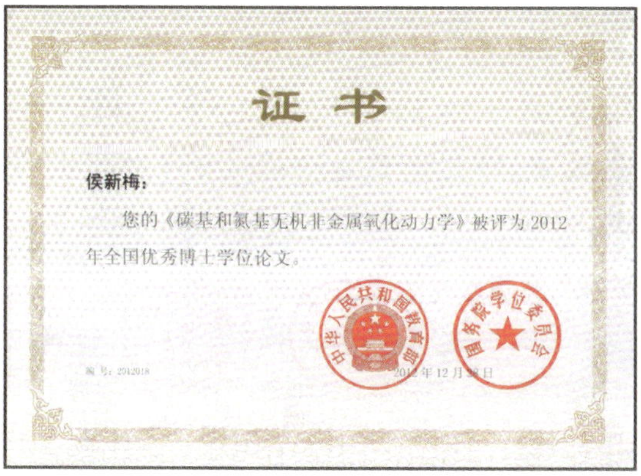

证 书

侯新梅：

您的《碳基和氮基无机非金属氧化动力学》被评为2012年全国优秀博士学位论文。

编号：2012018　2012年12月[illegible]日

证 书

尹升华：

您的《浸出过程多相介质耦合作用机理及调控技术研究》被评为2012年全国优秀博士学位论文。

编号：2012019　2012年12月[illegible]日

2012年，学校2篇博士学位论文入选2012年全国优秀博士学位论文

3月14日，爱尔兰教育部国务部长
Ciaran Cannon一行来校访问

9月4日，与瑞典皇家理工学院
签订合作备忘录

4月15日，举办“开窗看世界”
2012留学生文化节

4月13日，哥伦比亚校企代表团来校访问

10月24日，英国波茨茅斯大学
John Craven校长一行来校访问

6月26日，“传承·创新·发展”
2012海峡两岸大学生科技与文化交流营开营

11月8日，举行国防生小班主任聘任仪式

12月26日，高等工程师学院本10级联合党支部获北京高校红色“1+1”示范活动第一名

8月10日，学校代表队参加第五届全国大学生节能减排科技创新与社会实践竞赛决赛，2件作品获一等奖

11月28日，学校“瑞迪恩特新材料有限责任公司”创业团队在第八届“挑战杯”中国大学生创业计划竞赛决赛中获得金奖

2月11日，学校管乐团代表北京市参加第三届全国大学生艺术展演，荣获一等奖

2012年，田径队在首都高校第50届学生田径运动会上获得佳绩，共获10枚金牌，破3项高校记录

6月15日，举行2012届学生毕业典礼暨学位授予仪式

毕业情深

8月29日，举行2012级本科生开学典礼

11月22日，举行2012届毕业生大型双选会

《北京科技大学年鉴》（2013）编辑委员会

《北京科技大学年鉴》（2013）编辑部

编辑说明

《北京科技大学年鉴》（2013）全面反映了北京科技大学2012年度在学科建设、教学改革、科学研究、人才培养、对外交流、校园建设等各方面的发展进程和最新成就。

《北京科技大学年鉴》（2013）以文章和条目为基本体裁。全书分《特载》、《学校概况》、《机构与干部》、《院系情况》、《教育教学与学科建设》、《科学研究与产业开发》、《科研基地及研发平台》、《管理与服务》、《党建与思想政治工作》、《人物》、《2012年党发校发文件目录》、《2012年大事记》、《2012年毕业生名录》及《附录》等基本栏目。

本年鉴选题的时间范围为2012年1月1日至2012年12月31日，根据实际情况，部分内容在时限上前后略有延伸。

2012年，学校以“回顾历史，凝聚人心，彰显特色，创新发展”为主线，成功地举办了一系列富有特色的北京科技大学60周年校庆活动，受到了社会各界的一致好评。此外，学校圆满地完成了北京市《基本标准》集中检查的各项工作任务。本年鉴为此设置特载一栏加以记述。

本年鉴收录的各学院资料基本上按照概况、学科建设、教学改革、科研活动、党建与学生工作等条目编写。收录的各职能部处、直属单位的资料根据各自工作性质和特点，条目及内容安排相对灵活。本年鉴有关统计资料附在相关内容之后。

本年鉴所刊内容由各单位确定专人负责提供，并经本单位负责人审定。

《北京科技大学年鉴》（2013）由北京科技大学党委办公室、校长办公室组织编写，在编写过程中得到了学校领导和全校教职员工的大力支持，在此谨表衷心感谢。

《北京科技大学年鉴》编辑部

2013年9月

目录

特载

学 校 概 况

机构与干部

院 系 情 况

教育教学与学科建设

科学研究与产业开发

科研基地及研发平台

管理与服务

党建与思想政治工作

人 物

2012年党发校发文件目录

2012年北京科技大学大事记

2012年毕业生名录

附 录

Contents

Specials

USTB Survey

Organization and Leadership

Schools and Departments

Teaching Methods Overview

Scientific Research and Enterprise Development

Scientific Research Base and Platform for Development

Administration and Service

The CCP Construction and Ideology Education

Profiles

Catalogue of USTB Party Documents and School Documents in 2012

Chronicle of Major Events

Lists of Graduates in 2012

Appendix

特载

北京科技大学60周年校庆

综述

2012年4月，北京科技大学喜迎建校60周年建校日。这不仅是学校发展史上的一个重要里程碑，也是学校继往开来、再创辉煌的新起点。4月21日、22日，学校以“开放办校庆、创新办校庆、全员办校庆”为方针，以“回顾历史，凝聚人心，彰显特色，创新发展”为主线，举办了隆重热烈的庆祝活动。在教育部、北京市等各级领导的关怀与支持下，全校师生员工、离退休同志、海内外校友以及社会各界人士的大力配合、积极参与，校庆工作取得了圆满成功，收到了预期效果，得到了广泛赞誉。此次校庆在学校发展历史上具有重要的地位和意义，必将为学校今后的改革与发展带来深远的影响。

一、高度重视，统筹规划，众志成城投入校庆工作

学校领导对60周年校庆予以极大重视，将校庆工作列为2011年和2012年的中心工作之一，提出要把握宝贵的历史机遇，认真回顾学校60年的发展历程，总结教育教学成果，凝练和传承校园文化，加强与校友及社会各界的密切联系，扩大学校影响力和知名度，振奋精神、凝心聚力，进一步推进学校各项事业发展，为早日实现把北科大建设成为“国内一流，国际知名的高水平研究型大学”的目标而努力奋斗！

为将校庆工作做好，把各项庆祝活动办得隆重、热烈，实现校庆工作目标，全面展示学校建校60年来的改革发展和辉煌成就，激励全校师生发扬优良传统，努力开创学校各项工作的崭新局面，2011年4月13日，学校成立了由校党委书记罗维东、校长徐金梧为组长的校庆工作领导小组，下设综合协调、新闻宣传、学术活动、外事工作、文化活动、校友联络、环境保障和资金筹措8个工作组，具体负责校庆活动的策划和实施，同时设立校庆办公室统筹处理相关筹备工作。2011年12月22日，学校又根据筹备工作进展的实际情况成立了校庆接待组和文秘组，主要负责学校邀请嘉宾、校友接待，以及各类文字材料的撰写等工作。各校庆工作组由校领导担任组长，相关二级职能部门作为组长单位或成员单位。相关机构的成立和运行为60周年校庆筹备工作奠定了良好的组织基础和人力保障,保证了60周年校庆工作的逐步推进和高效开展。

2011年2月至2012年4月，学校共召开讨论校庆工作内容的党委常委会8次，召开讨论和确定校庆工作事宜的校长办公会4次，由校庆工作办公室召开各工作组和二级单位负责人参加的正式及非正式会议20余次，发布校级相关通知及公告29次。此外，学校于2011年7月1日举行校庆网站开通仪式。2012年，1月7日召开校友工作研讨会，1月13日举行北京科技大学校训、新校徽发布仪式暨校庆倒计时100天揭牌仪式，1月15日召开学校工作及60周年校庆情况通报会，3月30日举行60周年校庆动员大会暨校庆志愿者通用培训。

二、精心组织，周密安排，认真做好校庆各项筹备工作

校庆工作正式启动之前，校庆办公室的同志大量查阅文献资料，认真梳理学校50周年校庆的成功经验，并到北京外国语大学等高校走访、调研、观摩，最终结合学校实际起草了校庆筹备工作计划等各类文件，确定了校庆筹备工作重点为以下几个方面：积极争取各级领导和社会各界的关注与支持；深入做好舆论宣传与思想发动；开展校训、新校徽、校歌、校庆标识的征集工作；加快校园建设与环境整治；加强校友联络，积极开展校友分会的建设；成功地举办了若干大型庆祝活动；热情做好嘉宾、校友的接待服务工作等。各工作组和各学院依据历史习惯、时代特点和自身实际情况提交工作计划，再由学校整体规划统筹，确定最终方案。2011年4月，校庆各项筹备工作正式启动，此后，校庆各工作组和各学院在校庆筹委会的统一部署之下，选拔配备得力人员，逐步推动和落实校庆工作方案。校庆办公室在校庆各个阶段有重点地检查、督促各工作组和各学院的工作，协调活动安排、任务分解、资源分配、经费划拨等重大事项。各工作组、各学院密切沟通、团结协作，学校师生员工竭力配合、热情参与，全校上下万众一心、众志成城，全身心地投入到了校庆筹备工作中来。

（一）凝练学校精神，扩大社会影响，营造良好校庆氛围

为了全面展示学校60年来的辉煌办学成就，凝练北科大精神，传承校园优良文化，进一步扩大社会知名度和影响力，学校在史料编辑、学校视觉形象元素征集和舆论宣传等方面做出了卓有成效的努力。

学校全面总结和梳理60年的发展历程、重大事件和辉煌成就，整理编辑了校史资料《北科大60年》，同时编写出版了展现大师风采的《师韵》一书，制作了校庆宣传片和纪念画册，并更新了校史馆图文、实物展品。以上工作不仅是建校60年历史的全面回顾，更为北科大将来的改革与发展提供了宝贵的史料。此外，学校于2011年4月正式启动校训、新校徽、校歌、校庆标识的征集工作，在广泛征求师生校友意见的基础上确定了“求实鼎新”的校训和以“鼎”为主体元素的新校徽。作为学校形象的展示，北京科技大学校训、新校徽继承了学校的优良传统，弘扬了学校的精神品格，发展了学校的文化精髓，是适应新时期学校改革发展需要、推进学校事业发展的文化载体和精神动力，也是今后促进个人成长、推动学校发展的价值标准和行动指南。

为做好校庆的舆论宣传和思想发动，营造浓厚的校庆工作氛围，学校确定了“内聚人心，外树形象，营造喜庆氛围，扩大社会影响”的新闻宣传目标，与国内知名媒体密切合作，通过策划制作专题节目、专题报道等形式，向海内外全面展示学校的发展历程、办学特色，尤其是建校60年来在人才培养、科学研究和社会服务等各方面的丰硕成果，借60周年校庆之机更好地树立和宣传北京科技大学形象。校庆倒计时一周年之际，学校在《人民日报·海外版》、《中国教育报》、《中国冶金报》等媒体刊发《北京科技大学60周年校庆公告（第一号）》；2012年3月19日，发布《60周年校庆公告（第二号）》。校庆前夕，先后与凤凰卫视中文台《世纪大讲堂》、中央电视台《探索发现》和《走进科学》、中国教育电视台《大学精神》等栏目合作，录制特别节目。

同时，为了向全体师生、校友和社会各界人士提供了解校庆动态、表达祝福之情的平台，学校启动了一系列校庆报道手段。党委宣传部、信息化建设与管理办公室和校庆工作办公室联合设计制作了60周年校庆网站，并于2011年7月正式开通。学校广播、电视和校报等媒体制作了校庆特别节目，多方位地宣传校庆工作的最新进展。

（二）争取社会支持，凝聚发展力量，推动学校长足进步

在全校师生校友的努力下，学校60周年校庆得到了各级领导和社会各界的广泛关注。中共中央政治局委员、中共北京市委书记、北科大校友刘淇，中共中央政治局委员、国务委员刘延东，中共十五届中央政治局常委、国务院原副总理李岚清，中共十六届中央政治局常委、中共中央政法委员会原书记、北科大校友罗干，全国人大常委会副委员长、全国妇联主席陈至立，全国人大常委会副委员长、民革中央主席周铁农，全国人大常委会副委员长、民盟中央主席蒋树声，全国政协副主席、全国工商联主席、北科大校友黄孟复，全国政协副主席张梅颖，全国政协副主席郑万通，全国政协第十届副主席、中国工程院院士、北科大校友徐匡迪，先后为校庆题词或发来贺信。此外，学校还收到各级政府部门、兄弟院校、企事业单位发来的贺信126封。特别值得一提的是，刘淇、陈至立、黄孟复、徐匡迪、师昌绪、袁贵仁、潘云鹤、孙安民、殷方龙、王伟中、卢雍政、李士祥、赵凤桐、洪峰、魏寿昆等领导和嘉宾莅临学校并出席了庆祝大会，对学校辉煌历史成就给予了高度评价，极大地鼓舞了全体师生员工，提升了对母校的认同感。

校友联系方面，筹备校庆一年来，学校上下共同努力，共新成立或换届22个校友分会（欧洲、武汉、吉林、四川、重庆、洛阳、郑州、石家庄、江苏、山西、陕西、广西、福建、呼和浩特、徐州、盐城、大连、湖南、安徽、温州、新疆、宁波）；恢复活动或联系13个校友会（上海、包头、天津、柳州、哈尔滨、廊坊、连云港、秦皇岛、开封、苏州、山东、越南、杭州）；至2012年年底，学校共有45个校友分会。

学校以校庆为契机积极争取资源、拓展合作，至2012年底，已签订的社会捐赠协议额1.2亿元，到款6300多万元；与广东省湛江市政府、浙江温州市政府、中钢设备有限公司和中国有色矿业集团有限公司等签署合作协议，进一步加强了学校与政府、企事业单位的联系与合作。

（三）完善基础设施，加强综合治理，建设优美校园环境

2011年4月，学校开始大规模地集中进行校园环境的建设和整治，为系列庆祝活动创造良好的校园环境。

在校园环境整治方面，完成了校门改造、部分楼宇粉饰、道路改造、校园室外照明灯改造、树木草坪补种、体育场设备维修与维护、学校西南角沿线拆除、教学区果皮箱更换、校园地图及标识标牌更换和主楼轮廓灯改造等工作。在文化景观建设方面，对部分雕塑等人文景观进行重新规划；对西门、主楼广场、五环广场和学生公寓等区域进行整体规划设计；对校内广播系统，五环广场、篮球场和鸿博园的LED大屏幕进行建设改造。

校庆前期，学校集中力量对校园环境进行了全面彻底的美化和环境清扫。在西门、南3门设置精美的花坛，主干道、楼宇等地悬挂道旗或条幅，增添校庆的节日气氛。此外，还加强了校园交通管理，完成了体育馆西北角停车场建设和机动车隔离墩安装工作，制定了校庆期间校内交通流线、停车场设置和管理方案。

（四）认真做好邀请和接待工作，为嘉宾、校友提供优质服务

校庆办负责同志经过研究和调研，将校友、嘉宾的邀请和接待工作分为学校、学院两个层次，确定了邀请校友、嘉宾的范围和名单，制定了周密详尽的工作计划，完成了邀请函设计、发放，回执信息统计，资料、用品策划准备等工作。学校专门成立了接待组，选拔了589名校庆志愿者，圆满地完成了594名杰出校友、重要嘉宾的一对一接待工作，在来宾住宿、交通、就餐和引导等方面提供了全方位的服务。各学院依据自己的实际情况独立确定邀请范围、接待模式。为加强校友联络，学院多采取年级联系人的方式，将邀请与接待工作落到实处。

据不完全统计，校庆期间全校共接待各级领导、海内外嘉宾和校友12000余人，其中包括境外17所高校或企业的43名嘉宾。校友们追忆师生情、共叙同窗谊，尽显对母校的殷殷关爱之情。学校的接待服务工作热情周到、有条不紊，得到了海内外嘉宾和校友的一致好评。

三、万众一心，团结协作，确保各项庆祝活动圆满成功

学校围绕自身办学特色和师生需求，坚持“突出特色，强化交流；回顾历史，弘扬文化”的原则，合理规划，有序地开展了贯穿全年的庆祝活动，努力营造浓厚的学术文化氛围。在校庆学术组整体统筹下，各学院举办了60场高水平学术论坛，旨在提升校园学术氛围。校庆文化活动组策划设计了一系列文化活动，举办了主题展览、校史知识竞赛、原创作品征集、高雅艺术演出、校友论坛、原创话剧《燃烧》和柿子文化节等形式多样的校园文化活动，极大地丰富了广大师生员工的文化生活。

建校60周年庆祝大会是整个校庆活动的重中之重。为保证其圆满举行，校领导、各工作组和各学院发扬大局观念，无私奉献、日夜奋战。大会前进行了3次全体正式彩排，从中寻找问题、发现漏洞，及时调整工作方案，在会场布置、流程衔接和贵宾服务等细节上精雕细琢、精益求精。2012年4月22日上午10时，庆祝大会在校体育馆正式举行，近4000名嘉宾和校友亲临现场。大会气氛庄重热烈，会议流程衔接顺畅，会场环境典雅大气，得到与会人员的一致好评。新华社、人民日报、光明日报、中央电视台、中国教育电视台、北京电视台、中国教育报、中国科学报、中国冶金报、中国青年报、科技日报、北京日报、北京青年报和中国广播网等媒体纷纷报道庆祝大会，得到了良好的宣传效果，进一步扩大了学校的社会影响力和知名度。党委宣传部在校庆期间对其进行电视直播、网络直播和手机微直播，让未亲临现场的师生员工和海内外校友也能够分享校庆的喜悦与荣耀。

校庆期间，学校、学院都用异彩纷呈的庆祝活动为60周年校庆献礼。校庆前夕举行了校史馆揭牌仪式、甲子风华书画展、孙传尧院士学术报告和殷瑞钰院士学术报告等活动；4月21日举行了师生校友运动会、88级校友返校纪念活动和“北科大与世界”论坛活动；4月22日举行了钢铁冶金新技术国家重点实验室揭牌仪式、校董会全体会议、第二届“魏寿昆科技教育奖”颁奖典礼、中国材料名师讲坛和60周年校庆文艺晚会。各学院也以学术论坛、文艺汇演和校友联谊等形式庆祝建校60周年，以上活动都获得了圆满成功。特别是4月22日晚在学校运动场举行的“鼎立中华”校庆文艺晚会，主题鲜明、气势恢宏、反响热烈，将“思想性、艺术性、观赏性”融于一体，充分展现北京科技大学所传承的文化精神，展现60年来学校引领钢铁行业发展、支撑国家工业化建设和科技发展的卓越贡献。同时邀请到朱迅、张泽群、谭晶、刘和刚、胡夏、成方圆、张也、韩红、顾欣（按演出顺序）等主持人和演艺明星参与演出。包括嘉宾、校友、师生员工、离退休教职工在内的13000余名现场观众以及通过网络、闭路电视等终端收看晚会的观众均对晚会给予了高度评价。

四、发扬校庆精神，铸就北京科技大学新辉煌

60周年校庆取得了巨大成功，总结起来有以下几方面收获和体会：①全校上下凝心聚力、众志成城，以极大的热情投入到校庆工作之中。校庆工作取得的一切成就都饱含了全校师生员工的心血与努力。在整个校庆筹备和校庆活动期间，全体师生以强烈的主人翁意识、高度的责任感，在各自的岗位上勤奋工作，务实进取，所表现出来的团结协作、奋发进取的精神，展示了北科大人良好的精神风貌，也获得了嘉宾、校友的普遍认可和好评。②所有校庆任务分工明确、权责分明。校庆工作共分成10个工作组，各工作组、各学院的任务分工、推进步骤和时间节点都十分明确，基本做到了权责统一，最大程度地发挥了各部门、各学院的能动性和创造性。当然，60周年校庆还有些许遗憾之处，有些单位日常工作繁重，与校庆工作之间难以平衡兼顾，导致校庆工作中存在一定的纰漏和不足，这些经验教训还需要在今后的工作中注意借鉴。

岁月流转，甲子重新。60周年校庆是北京科技大学总结历史、发扬传统、凝聚共识、再创辉煌的新起点。通过校庆学校回顾了60年办学历程，凝练了校园文化与北科大精神，扩大了社会影响力和知名度，凝聚人心、积聚力量，有力地推动了学校各项事业蓬勃发展。学校将以此为契机，把成功举办60周年校庆的喜悦与自豪，化为学校科学发展、和谐发展的强大动力，在建设高水平研究型大学的进程中谱写新的辉煌篇章！

北京科技大学建校60周年庆祝大会

2012年4月22日的北京科技大学校园，彩旗飞扬、繁花似锦、春意盎然。体育馆正面“六十载沧桑砥砺为中华之崛起育社会栋梁，新起点志存高远建创新型国家展科技荣光”，“强化特色，推进转型，建高水平研究型大学；秉承传统，求实鼎新，服务创新型国家建设”的巨幅红色标语烘托出学校60周年校庆的喜庆气氛。

上午10时，庆祝大会在庄严的国歌声中开始。

大会由北京科技大学党委书记罗维东教授主持。到会的领导和嘉宾有：中共中央政治局委员、中共北京市委书记、北京科技大学校友刘淇，全国人大常委会副委员长、全国妇联主席陈至立，全国政协副主席、全国工商联主席、北京科技大学校友黄孟复，全国政协第十届副主席、中国工程院原院长、北京科技大学校友徐匡迪，两院院士、著名金属材料科学家师昌绪，教育部部长、党组书记袁贵仁，中国工程院党组副书记、常务副院长潘云鹤，全国工商联常务副主席、第十一届全国人大常委、全国人大法律委员会副主任、北京科技大学校友孙安民，中国人民解放军第二炮兵政治部主任殷方龙中将，科技部副部长王伟中，共青团中央书记处书记卢雍政，中共北京市委常委、市委秘书长李士祥，中共北京市委常委、市委教育工委书记赵凤桐，北京市副市长洪峰，中国科学院资深院士、学校建校筹委会成员、百岁老人魏寿昆等。

为校庆发来贺信或题写贺词的党和国家领导人有：中共中央政治局委员、中共北京市委书记、北京科技大学校友刘淇，中共中央政治局委员、国务委员刘延东，中共十五届中央政治局常委、国务院原副总理李岚清，中共十六届中央政治局常委、中共中央政法委员会原书记、北京科技大学校友罗干，全国人大常委会副委员长、全国妇联主席陈至立，全国人大常委会副委员长、民革中央主席周铁农，全国人大常委会副委员长、民盟中央主席蒋树声，全国政协副主席、全国工商联主席、北京科技大学校友黄孟复，全国政协副主席张梅颖，全国政协副主席郑万通，全国政协第十届副主席、中国工程院院士、北京科技大学校友徐匡迪。

北京科技大学校长徐金梧教授在大会上发表讲话。他回顾了北京科技大学60年来的发展历程，结合多年来的办学成就，与大家分享了大学的办学经验和体会。他讲到，大学的价值，归根结底体现在服务国家、追求卓越的办学实践中；体现在与时俱进、陶铸群英的育人实践中；体现在立足前沿、引领科技的创新实践中；体现在勇于担当、传承文明的社会实践中。他表示，在今后的发展中，学校将进一步深入贯彻落实胡锦涛总书记在庆祝清华大学建校100周年大会上的重要讲话精神，紧紧围绕《国家中长期教育改革和发展规划纲要》的总体部署，坚持“特色化、精品化、国际化”的办学思路，积极培育一流创新人才、创造一流科研成果、提供一流社会服务、营造一流大学文化，早日把北京科技大学建设成为特色突出、国内一流、国际知名的高水平研究型大学，努力为经济社会发展和行业科技进步做出新的更大贡献。

教育部部长袁贵仁在大会上发表了热情洋溢的讲话。他对北京科技大学建校60周年表示热烈祝贺，向学校师生员工和广大校友致以亲切的问候，对学校这些年取得的成就给予高度肯定。他希望北京科技大学以此次校庆为契机，着力培养更多具有社会责任感、勇于创新的优秀人才，早日把学校建设成为国内一流、国际上具有重要影响的高水平研究型大学。

中共北京市委常委、教育工委书记赵凤桐在大会上发表讲话。他高度赞扬了学校60年来取得的显著成就，对学校新时期人才培养、科研能力和文化传承创新等方面提出了殷切期望，希望学校能统筹资源，突出重点，结合北京和国家经济社会发展需求，不断提高学校科技创新能力。他强调，北京市将一如既往地支持和保障学校的各项改革建设，为学校发展创造更好的发展环境。

清华大学校长陈吉宁教授代表兄弟院校在大会上致辞。他代表清华大学和兄弟院校对北科大建校60年来在人才培养、推动经济发展和科技进步等方面取得的成就表示祝贺，并深情回忆了两校的血脉关系和60年来的深厚友谊，真诚地表达了两校进一步加强合作、共同促进高等教育事业发展的愿望和信心。

台湾大学校长李嗣涔教授在大会上致辞。他对北京科技大学在冶金、材料科学领域取得的卓越成就以及学校严谨的治学精神、崇尚实践的办学理念表示无比敬佩。他希望在与北科大稳固合作的基础上开展更多深入、深层次的交流与合作。

日本北海道大学校长佐伯浩教授在大会上致辞。他对北京科技大学60周年校庆表示祝贺，讲述了两校在研究教学领域的密切合作历程，期望中日双方的合作办学多结硕果、互利共赢、共同发展。

首钢总公司董事长朱继民作为企业界代表在大会上致辞。他向北京科技大学表示祝贺，向60年来北京科技大学为新中国钢铁工业做出的突出贡献表示衷心的感谢！他表示，首钢总公司和北京科技大学的交流与合作将会进一步加强，共同推进国家钢铁工业的技术进步，为我国由“钢铁大国”向“钢铁强国”的转变做出新的贡献。

中国科学院院士、香港科技大学教授张统一作为校友代表向母校60周年生日表示由衷祝贺。他饱含深情地回忆起在母校的求学时光，对母校老师们严谨治学的态度、甘于奉献的精神和精湛的学术水平表示敬仰。他衷心希望学弟学妹们能够秉承和发扬“学风严谨、崇尚实践”的优良传统，铭记“求实鼎新”的校训，珍惜美好时光，胸怀远大理想，勤奋好学，励志图强，早日成为国家栋梁。

教师代表王新华教授，学生代表钱昱婷也分别在会上作了发言。

11点10分，北京科技大学建校60周年庆祝大会圆满结束。

钢铁冶金新技术国家重点实验室揭牌

4月22日下午，钢铁冶金新技术国家重点实验室（以下简称重点实验室）揭牌仪式在北京科技大学会议中心隆重举行。科技部基础研究司副司长崔拓、教育部科技司副司长雷朝滋、科技部基础研究司基地建设处处长周文能、教育部科技司基础研究处副处长明媚，学校党委书记罗维东、校长徐金梧、副校长谢建新、校长助理朱鸿民、科研部长王西涛、周国治院士以及重点实验室教授们出席此次仪式。揭牌仪式由罗维东书记主持。

徐金梧校长首先致辞。他衷心感谢各位领导、专家及兄弟单位长期以来对北科大和学校实验室建设的关怀与支持，并回顾了学校冶金学科及相关实验室的发展历程，强调了重点实验室对于我国从钢铁大国向钢铁强国转变的重要意义。他表示学校将继续支持冶金学科的发展，支持钢铁冶金新技术国家重点实验室的建设，为我国钢铁工业的可持续发展提供人才和技术支撑。

崔拓副司长向60周年校庆日国家重点实验室揭牌表示祝贺，并阐述了重点实验室在国家经济社会发展中的重要地位和作用。他希望实验室成员做最前沿的学术研究，希望实验室能取得丰硕成果，争取建设一流创新基地。

雷朝滋副司长发表讲话。他希望重点实验室能够依托学校努力提高建设水平，围绕国家重大需求，不断提升创新水平，引领支撑行业发展，并通过加强人才建设，加强与国内外的交流合作，为创新型人才培养和创新型国家建设做出新的贡献。

重点实验室主任郭占成感谢科技部、教育部和学校各级领导的支持，表示将围绕钢铁生产过程中的碳素能源高效转化、特色资源高效利用和高端产品高效生产等关乎我国钢铁工业可持续发展的基础理论和关键新工艺、新技术开展系统研究，争取以优异的成绩提交一个满意的答卷。

随后，崔拓副司长、雷朝滋副司长与罗维东书记、徐金梧校长共同为重点实验室揭牌。

钢铁冶金新技术国家重点实验室于2011年通过建设计划论证并正式立项，是我国高校首个冶金工程领域的国家重点实验室。重点实验室将定位于应用基础研究，开展钢铁冶金过程的高温反应机理与动力学、能源高效转化与链接、铁矿资源高效利用以及钢的洁净化与夹杂物控制等基础理论研究与关键技术开发，力争五年内成为钢铁冶金领域有重要国际影响的科学研究平台。

北京科技大学第三届董事会全体会议

巍巍上庠一甲子，悠悠满井涌华章。时值北京科技大学建校60周年，2012年4月22日下午，北京科技大学第三届董事会全体会议在逸夫科技馆二层报告厅召开。全国政协第十届副主席、中国工程院原院长徐匡迪院士出席会议，54位董事及董事单位代表参加会议，会议由北京科技大学党委书记罗维东主持。

首先，罗维东书记就北京科技大学董事会运行情况进行了介绍，并对所有莅临现场的领导和来宾表示热烈的欢迎和衷心的感谢。北京科技大学董事会成立于1996年，2002年换届并召开了第二届董事会全体会议。本次会议的召开，旨在进一步发挥校董会的平台作用，对校董会组成成员进行换届调整，从而进一步密切学校与社会各界的联系与合作，在合作双赢中促进合作双方事业的发展。

会上，徐金梧校长从学校基本情况及学校“十二五”发展战略两大部分进行了工作汇报，内容包括学校的历史沿革、学科建设、师资队伍、人才培养、科学研究、国际交流与合作、办学条件、总体目标和健全现代大学制度等方面。

大会讨论通过了《北京科技大学第三届董事会建议名单》和《北京科技大学第三届董事会领导机构建议名单》。

随后，校董会副主席、新兴际华集团有限公司董事长刘明忠作为董事代表做了发言。他对母校60年来建设和发展所取得的成就表示祝贺，并表示自己作为北京科技大学第三届董事会成员，将秉承前两届校董会的优良传统，为学校建设献计献策、出资出力，在产学研一体化进程中走出一条优势互补、强强联合、共同发展的校企合作之路。

校董会主席、中国工程院原院长徐匡迪院士在会上发表了讲话。他指出，在北京钢铁学院（现北京科技大学）的四年时光是他一生中最美好、最难忘的时光，母校“学风严谨、崇尚实践”的优良传统影响了包括他在内的一代又一代北科大人，希望学校继续发扬这一优良传统，坚持“实践是检验真理的唯一标准”的理念，积极组织学生参加实践和生产实习，不断提高学生的实践能力和独立思考问题、解决问题的能力。同时，要注重对学生完美人格的培养，为学生提供良好的教育教学和社团活动氛围，努力培养学生以身作则、团队共建、服务他人、服务社会的精神。关于学校董事会，他强调，新一届董事会成员要一如既往的关心和支持学校的发展，努力为学校的发展出谋划策，提供各方面的支持；学校也应进一步加强与校董会单位的合作，努力在合作中促进双方事业的共同发展。

最后，罗维东书记代表全校师生员工对各董事和董事单位的支持表示衷心感谢。他同时表示，学校将进一步发挥校董会的桥梁纽带作用，深入推进与各董事单位的交流与合作，积极为社会和各董事单位培养输送更多的优秀人才，提供更多的科研成果，真诚地回报社会、回报各董事单位的支持和帮助。

第二届“魏寿昆科技教育基金”颁奖典礼

2012年4月22日下午4:00，第二届“魏寿昆科技教育基金”颁奖典礼在北京科技大学逸夫馆报告厅隆重举行。出席颁奖典礼的领导和嘉宾有：“魏寿昆科技教育奖”评审委员会名誉主任魏寿昆先生，评审委员会主任徐匡迪院士，评审委员会专家王淀佐院士、周国治院士、殷瑞钰院士、张寿荣院士、何季麟院士、屠海令院士，新兴际华集团有限公司刘明忠董事长，鞍钢集团公司党委常委、鞍钢股份公司党委书记杨华，北京科技大学党委书记罗维东教授，校长徐金梧教授，党委副书记张文明教授，副校长权良柱教授、谢建新教授、张欣欣教授、武德昆教授、孙冬柏教授，校长助理朱鸿民教授。学校相关部处、冶金学院负责人和校友代表、教师代表以及学生代表参加了本次典礼。

本次颁奖典礼由校长徐金梧主持。党委书记罗维东在典礼上致辞。他向与会代表介绍了“魏寿昆科技教育奖”的由来及重要意义，并对大家的到来表示热烈欢迎。徐匡迪院士宣布了获奖名单。中国钢研科技集团有限公司殷瑞钰院士获得第二届“魏寿昆冶金奖”，东北大学朱苗勇教授、鞍钢股份有限公司教授级高工刘仁东获得第二届“魏寿昆青年冶金奖”。我国著名冶金学家、工程教育家，我国冶金物理化学的奠基人和中国金属学会创建人之一、中国科学院资深院士、“魏寿昆科技教育奖”评审委员会名誉主任、现年106岁高龄的魏寿昆先生亲自为获奖人颁奖。

“鼎立中华”——北京科技大学60周年校庆文艺晚会

2012年4月22日晚，学校在体育场举行了“鼎立中华”北京科技大学60周年校庆文艺晚会。学校党委书记罗维东、校长徐金梧等校领导，两院院士，各学院各单位教职员工，北科大校友以及各界嘉宾出席了晚会。

晚会由中央电视台主持人朱迅、张泽群、校友杨洁和08级本科生杨文辉主持。韩红、成方圆、谭晶、刘和刚、胡夏等国内一线歌手与学校师生、校友一道，为北京科技大学60周年华诞献上了精彩绝伦的演出。徐匡迪、肖纪美、王一德、魏新、张荣明等校友，学校山西校友会、香港校友会、欧洲校友会等各地校友会，研究生支教团和“励志计划”团队等也纷纷通过视频祝福母校生日快乐。作为北科大杰出校友的代表，中科院院士周国治教授、广州市市长陈建华、青藏兵站部某团高级工程师姚志祥、新兴际华集团有限公司董事长刘明忠和世界小姐张梓琳接受了主持人的采访。学校师生的原创作品配乐诗朗诵《为中华之崛起》以及舞蹈《北科畅想》、《火焰的力量》等节目均得到观众的一致好评。

晚会大气恢宏，高潮不断，再现了北科大60年来努力探索追寻的“爱国、严谨、崇实、奉献、争先”的价值追求，体现了学校建校60年来引领钢铁行业发展，支撑国家工业化建设的卓越贡献，绘就了一幅百炼成钢、鼎立中华的壮美诗篇。

附　录

校长徐金梧
在北京科技大学建校60周年庆祝大会上的讲话

（根据录音整理）

尊敬的各位领导、各位来宾、各位校友，老师们、同学们：

今天，是北京科技大学（原北京钢铁学院）建校60周年的大喜日子。几度春秋，甲子荣光；桃李盈门，芝兰满院。首先，我谨代表学校，向出席庆祝大会的各位领导和来宾表示热烈的欢迎！向全体海内外校友致以亲切的问候！向全体北科大师生员工奉上节日的祝福！

作为新中国钢铁工业的最高学府，北京科技大学诞生在社会主义经济建设的热潮中，成长在改革开放的春风里，奋进在建设创新型国家的征程上。60年沧桑砥砺、薪火相传，北科大积淀了“学风严谨、崇尚实践”的优良传统，熔炼了“求实鼎新”的精神品质，铸就了“为中华之崛起，奉科技以强国”的甲子华章！60年的办学历程充分印证了：

大学的价值，归根结底体现在服务国家、追求卓越的办学实践中。60年前的春天，北京钢铁工业学院承载着新中国经济建设，尤其是优先发展重工业的战略需要，融合原北洋大学、清华大学等6所著名高校的矿冶系科组建成立。学校因钢铁而建、依钢铁而兴，见证、践行了钢铁工业发展壮大的历程。改革开放后，特别是1988年更名为北京科技大学以来，学校抓住国家实施“211工程”、改革高等教育管理体制和建设“优势学科创新平台”等重要历史契机，倾力打造冶金工程、材料科学与工程、矿业工程和科学技术史等一批全国一流、世界知名的重点学科，着力发展纳米材料与技术、物联网工程等一批适应社会发展需求的新兴交叉学科，初步实现了由行业特色为主的研究型大学向多科性研究型大学的战略转型。

大学的价值，归根结底体现在与时俱进、陶铸群英的育人实践中。60年来，学校从建校初期推行“一参三改三结合”教学模式、培育“又红又专的工程技术人才”，到改革开放后在全国率先培养工程类型硕士研究生、实施“大材料”班等宽口径本科生培养方案，到近十年又探索“理科实验班”、“材料国际班”、“卓越工程师计划”等一系列创新模式，北科大已为社会培育各类人才14万余名。他们中，有党和国家领导人、有省部级党政领导、更有34位两院院士和230余位大中型冶金企业的总经理和总工程师，还有更多默默奉献在国家经济建设各个领域、令人尊敬的广大校友。北科大正是通过高水平创新人才的培养，将自身的价值与社会发展紧紧联系在一起，也因此赢得了“钢铁摇篮”的社会美誉。

大学的价值，归根结底体现在立足前沿、引领科技的创新实践中。北科大始终以解决国家重大需求、引领行业技术进步为己任，积极构筑科技创新平台，不断深化产学研合作，为社会经济建设和行业科技进步做出了应有的贡献，创造了我国科技发展史上的诸多“第一”：发明了世界第一台弧形连铸机，研制了我国第一颗人造地球卫星和第一枚洲际运载导弹的壳体材料，研制了第一台大型电渣炉，研制了第一台国产机器人，目前正在筹建落户高校的第一个材料服役安全领域国家科学中心、全国第一个海外高端人才创业基地。据统计，1978年以来，学校累计获得国家“三大奖”141项，省部委级奖励1000余项。近五年获国家“三大奖”24项，位居全国高校前列。

大学的价值，归根结底体现在勇于担当、传承文明的社会实践中。各个时期的北科大师生、校友始终自觉地将个人成长成才融入到国家、时代和人民的伟大事业之中，用行动书写了大学的精神内涵：从热火朝天奋战在北京十三陵水库修建工地、赢得“钢小伙、铁姑娘”的美誉，到积极投身现代化建设一线、誓言“我愿青春献西北”、“志在高原干一生”。从每年寒暑期全体在校学生在主题社会实践活动中受教育、长才干、做贡献，到志愿参与北京奥运会、国庆60周年群众游行等一系列重大活动的出色表现被国家领导人赞为“铁军”。现在，更是有越来越多的“80后”、“90后”选择了投身基层、边疆和国防科技战场建功立业。

回首60年的发展历史和办学进程，我们永远不会忘记党和国家对学校的重视与关怀，不会忘记教育部、原冶金工业部及北京市的支持和社会各界的帮助，不会忘记海内外校友为学校带来的荣誉。在此，我谨代表全校近3万名师生员工，向长期以来关心支持北京科技大学发展的各级领导、各界友人表示衷心的感谢！向为学校建设奉献了毕生心血的老领导、老教师、老职工们表示崇高的敬意！向各个时期为学校增光添彩、赢得荣誉的校友们表示诚挚的祝贺！

今后一个时期，我们面临着深化改革开放、加快转变经济发展方式和建设创新型国家的新要求，面临着全面提高高等教育质量的新任务，需要把握形势，深化改革，迎接挑战，肩负起时代赋予的责任与使命。学校将进一步深入贯彻落实胡锦涛总书记在庆祝清华大学建校100周年大会上的重要讲话精神，紧密围绕《国家中长期教育改革和发展规划纲要》的总体部署，坚持“特色化、精品化、国际化”办学思路，积极培育一流创新人才、创造一流科研成果、提供一流社会服务、营造一流大学文化，早日把北京科技大学建设成为特色突出、国内一流、国际知名的高水平研究型大学，努力为经济社会发展和行业科技进步做出新的更大贡献。

校友们、老师们、同学们，求实鼎新是北科大人过去60年孕育的精神内涵，更是面向未来、向更高目标发展迈进的不竭动力。让我们胸怀“为中华之崛起”的崇高理想，脚踏实地，志存高远，继承传统，面向未来，为实现中华民族伟大复兴、创造北科大发展新辉煌而努力奋斗！

谢谢大家。

教育部部长、党组书记袁贵仁在北京科技大学建校60周年庆祝大会上的讲话

（根据录音整理）

尊敬的刘淇书记、陈至立副委员长、黄孟复副主席、徐匡迪副主席，各位领导、各位来宾，老师们、同学们：

值此北京科技大学隆重举行建校60周年庆典之际，我谨代表教育部，向北科大全体师生员工和海内外校友致以热烈的祝贺！向长期以来关心支持北科大建设和发展的北京市委、市政府以及有关单位和社会各界表示

衷心的感谢！

北京科技大学是新中国建立的第一所钢铁工业高等学校，有着十分光荣的历史。建校以来，学校认真贯彻党的教育方针，始终坚持正确的办学方向，艰苦创业，励精图治，形成了“学风严谨，崇尚实践”的优良传统和“求实鼎新”的精神品质，为国家培养了大批优秀人才，赢得了“钢铁摇篮”的社会美誉。改革开放以来特别是近年来，学校积极适应社会主义现代化建设对高素质人才培养的要求，坚持“特色化、精品化、国际化”的办学理念，不断深化改革，锐意创新，办学水平和综合实力显著增强，已经发展成为一所办学特色鲜明、国内外有广泛影响的著名学府，为国家现代化建设，特别是为国家冶金工业的发展做出了重要贡献。

2011年4月，胡锦涛同志在清华大学百年校庆大会上发表重要讲话，强调不断提高质量是高等教育的生命线，并提出了“四个大力”的明确要求，为我国高等教育事业改革发展指明了方向。当前，高等教育战线正围绕深入贯彻落实胡锦涛总书记重要讲话精神和教育规划纲要，紧扣全面提高教育质量的时代主题，大力推进改革创新，充分激发办学活力，高等教育改革发展呈现出良好的发展态势。

作为我国高级人才培养的重要基地，北京科技大学在服务国家和区域经济社会发展中肩负着重要职责，在推进高等教育事业改革发展中承担着重要使命。希望北京科技大学坚持以科学发展观为指导，坚定不移走以提高质量为核心的内涵式发展道路，加快建设世界知名高水平大学步伐，不断开创科学发展的新局面。要把人才培养作为提高质量的首要工作，坚持育人为本、德育为先、能力为重、全面发展，努力培养和造就更多具有社会责任感、创新精神和实践能力的优秀人才。要把推进协同创新作为提高质量的重要手段，瞄准国家重大战略需求和区域经济社会发展需要，探索建立校校协同、校所协同、校企协同、校地协同和国际合作协同等开放、集成、高效的新模式，推动科学研究能力和社会服务能力不断提升。要把加强师资队伍建设作为提高质量的基础工作，建立健全有利于优秀人才脱颖而出的体制机制，加大培养和引进力度，努力建设一支师德高尚、业务精湛、结构合理和充满活力的教师队伍。要把加强学校管理作为提高质量的重要保证，坚持和完善党委领导下的校长负责制，积极探索教授治学、民主管理的有效途径，逐步形成科学规范、运行高效和充满活力的内部治理结构。

60年是一个甲子，标志着新的开始。衷心祝愿北京科技大学的未来更加美好，为我国教育事业改革发展和建设创新型国家做出新的更大贡献！祝各位领导、各位来宾、各位校友和老师们身体健康，事业顺利！祝同学们学业进步，不断成长，早日成为国家的栋梁之材！

谢谢大家！

中共北京市委常委、教育工委书记赵凤桐
在北京科技大学建校60周年庆祝大会上的讲话

（根据录音整理）

尊敬的刘淇书记、陈至立副委员长、黄孟复副主席，徐匡迪院士，各位领导、各位来宾，老师们、同学们：

大家上午好！

北京科技大学从1952年建校以来，薪火相传，已经走过60年的历程。在庆祝学校60

年华诞之际，受刘淇书记、金龙市长委托，我谨代表中共北京市委、市政府向北京科技大学全体师生员工、海内外校友表示热烈的祝贺！

建校60年来，北科大始终坚持社会主义办学方向，大力弘扬“学风严谨、崇尚实践”的优良传统，不断深化教育教学改革，努力创新人才培养模式，为国家和首都培养了一大批高素质优秀骨干人才，取得了一大批高水平的科技创新成果。特别是近年来，北科大紧紧围绕实施“人文北京、科技北京、绿色北京”战略，积极参与中关村国家自主创新示范区建设，积极承担重大科研项目，北科大牵头建设的“国家材料服役安全科学中心”成为中关村自主创新示范区首个具有世界一流水准的研究机构，北科大天工大厦已成为中关村高端人才创业基地，为建设中关村科学城、中关村人才特区，提高首都区域创新能力做出了重要贡献，发挥了重要的支撑作用。与此同时，北科大广大师生员工积极参与首都的发展建设，为成功举办北京奥运会、残奥会和新中国成立60周年庆祝活动做出了重要贡献。在此，我代表市委、市政府向北京科技大学广大党员干部和师生员工表示衷心的感谢！

在新的发展阶段，衷心希望北科大广大师生员工，认真学习贯彻落实胡锦涛总书记的重要讲话精神，牢记使命，不负重托，大力弘扬“爱国、创新、包容、厚德”的北京精神，坚持“求实鼎新”的校训，进一步提高教育质量，不断开创学校科学发展的新局面。特别是努力培养更多优秀创新人才，努力取得更多高端创新成果，努力提高服务经济社会发展的能力，努力加强学校党组织的建设，在建设国内一流、国际知名的高水平研究型大学进程中取得更大成就。

中共北京市委、市政府将一如既往地大力支持北京科技大学的发展，积极协调解决学校发展中的难题，努力为北京科技大学创造更好的发展环境。

最后，祝北京科技大学建校60周年庆祝活动圆满成功！

谢谢大家！

清华大学校长陈吉宁
在北京科技大学建校60周年庆祝大会上的致辞

（根据录音整理）

尊敬的各位领导、各位来宾，北京科技大学的老师们、同学们、校友们：

今天，北京科技大学迎来了建校60周年。在这隆重和美好的时刻，我谨代表清华大学和兄弟院校表示热烈的祝贺！

北京科技大学是一所以工为主的多科性重点大学，是我国培养高素质人才和发展科学技术的重要基地。建校60年来，北京科技大学形成了“学风严谨、崇尚实践”的优良传统和“求实鼎新”的精神品质，为社会培养各类人才14余万人，其中不但有包括34名院士等在内的大批科技领军人才，而且有全国大中型冶金企业半数以上的主要负责人。像罗干、刘淇、黄孟复和徐匡迪等领导同志更是北京科技大学校友中的杰出代表。在60年的奋斗征程中，北京科技大学紧紧把握时代脉搏，始终面向国家现代化建设和科技前沿，为推动经济发展和科技进步，特别是为我国的冶金、材料工业做出了突出的贡献。进入新世纪，北京科技大学以建设高水平研究型大学为目标，贯彻“特色化、精品化、国际化”办学理念，在保持传统优势基础上，深入探索特色型大学的发展道路，开创了学校事业的崭新局面，对我国高等教育改革发展具有重要的借鉴意义。

北京科技大学与清华大学不仅地属近邻，两校更是有着很深的历史渊源和割不断的血缘关系。北京科技大学的前身北京钢铁学院是在6所高校的矿冶系科基础上组建而成，其中就包括了清华大学采矿工程学系的部分师生。尤为值得纪念的是，1952年10月，北京钢铁学院在清华大学正式开学，600名师生在清华园内学习和生活了一年时间。1953年9月，清华大学举行盛大晚会，欢送钢铁学院的师生开赴新校区。重视体育锻炼是两校共有的传统，钢院同学在清华期间曾参加清华大学运动会并获得团体第一名，清华马约翰教授多次到钢院给新生作报告。在北京高校田径运动会上，北京科技大学一直是清华尊敬和重视的对手，两校互争雄长，屡创佳绩。改革开放以来，两所学校在教学科研等方面交流频繁，清华、北科大等高校一起推动建立了工程硕士制度，为行业技术人员继续深造开辟了新的途径。两校教师精诚合作，共同承担了“973”、自然科学基金等大量高水平科研项目。60年来，清华和北科大互学互促、互帮互助，一直保持着特殊的深厚友谊和良好的合作关系。

2011年4月，胡锦涛总书记在庆祝清华大学建校100周年大会上发表重要讲话指出，不断提高质量是高等教育的生命线，必须始终贯穿高等学校人才培养、科学研究、社会服务和文化传承创新各项工作之中。这为我国高等教育实现由大到强的历史新跨越指明了方向。面向未来，清华大学愿意同北京科技大学进一步加强合作，互相学习、互相借鉴、互相促进，坚持以人才培养为根本任务，坚持走内涵发展、科学发展之路，坚持解放思想、改革创新，大力提高办学质量，为我国社会主义现代化建设做出新的贡献。

同气连枝各自荣，俱怀逸兴壮思飞。衷心祝愿北京科技大学各项事业蓬勃发展、蒸蒸日上，在国家富强、民族复兴的历史洪流中谱写新的精彩篇章！

谢谢大家。

台湾大学校长李嗣涔
在北京科技大学建校60周年庆祝大会上的致辞

（根据录音整理）

各位贵宾：

大家好！本人十分荣幸出席北京科技大学60周年校庆，我是1952年与北科大同年诞生，受到北科大邀请在60周年一甲子之际的庆祝大会上致词，特别感到有意义。在此谨代表台大，对我们的姐妹校北京科技大学献上祝福。

北京科技大学不只是中国高等教育的著名学府，也是台大的合作伙伴。60年来，北科大凭借着学术实力，在冶金工程与材料科学方面有着卓越的成就，也因严谨的治学精神，成为有志学者与专家的殿堂。近年来，在罗书记、徐校长的带领之下，北科大在办学及教育上屡创佳绩，成绩斐然。北科大尊崇的“崇尚实践”也给我们留下深刻的印象，本人自1988年起从事人体身心灵科学的研究超过20年，所抱持的理念就是“实践是检验真理的唯一标准”，由此度过了重重的责难与非议，“崇尚实践”的理念对本人及台大的同事们深有启发。

北京科技大学和台湾大学两校合作之友谊约自三年前开始，为两岸交流的先锋。两校彼此交换学生、研究人员，北科大的学生也利用暑期参与本校研究计划，在实验室实习。两校于2010年共同举办了“第一届海峡两岸材料破坏/断裂学术会议”。在如此稳固的合作基础之上，我期许未来两校能有更多实质的交流，壮大彼此友谊，并长久地持续下去。

欣逢北京科技大学欢庆60周年，让我在此敬贺罗书记、徐校长和北科大全体师生团队，因为他们的领导及努力，一起打造北京科技大学成为智慧的灯塔。本人祝福北京科技大学再次开创下一甲子的繁荣和成功。

谢谢大家。

日本北海道大学校长佐伯浩
在北京科技大学建校60周年庆祝大会上的致辞

（根据录音翻译、整理）

尊敬的徐校长，北京科技大学全体师生员工，各位领导、各位来宾，女士们、先生们：

今天是北京科技大学60华诞。我很荣幸代表北海道大学出席贵校60周年庆祝大会，在此衷心献上来自彼岸的一份祝福。

早在1986年，北京科技大学就与北海道大学正式建立了伙伴关系，在科研和教学领域密切合作。北京科技大学是我们在中国的首位合作伙伴，见证了多年努力结下的硕果，双方互利共赢，共同发展。

大家一定都已注意到，成功的合作关系一开始都很淳朴，但能经得起时间的考验。北京科技大学和北海道大学的合作关系始于1983年，缘自两位北海道大学工学院矿业工程专业1945届毕业生的一次相聚。其中一位就是木下教授（Shigenori Kinoshita），他当时任北海道大学工学院院长；另一位是吕润章（LvRunzhang）博士，他当时在有色金属研究总院工作。木下教授访问有色金属研究总院时，吕博士提出，可以接受一名北海道大学的研究人员在该院进行研究。利用有色金属研究总院提供的这个机会，竹山太郎教授（Taro Takeyama）来京开展了为时三年的研究工作。在此期间，他有机会与北京钢铁学院（北京科技大学的前身）的同仁们一起交流。这就是两校交往的开端，1986年两校正式签署了合作协议。

从1987年以来，两所大学共同举办一年一度的论坛，在吕润章、王润、李静波、肖纪美和万发荣等人的努力下，我们的关系得到了进一步发展。值此60周年纪念之际，我谨代表北海道大学向他们表示深深的感谢。

北海道大学非常重视与中国大学之间的相互交流与合作。我们在中国的合作伙伴比任何其他国家都要多，在日本留学的外国学生中，来自中国的学生在数量上也是最多的。然而，北海道大学的学生出国留学并不很多，去亚洲国家留学的更是只占其中一小部分。

我认为，海外留学能够丰富学生的人生阅历，对学习成长大有裨益。2010年诺贝尔化学奖获得者、荣誉退休教授、北海道大学校友铃木章博士也曾出国作学术研究。他的经历丰富了他的研究成果，也开阔了他的研究视野。我衷心希望有更多的莘莘学子向这位前辈学习，把目光投向外面的世界，从全球化的角度来思考这个世界。

我认为，我们大学的使命，不仅仅在于选拔优秀科研人才，还要从学术和社会的角度来发展培养我们的学生。我也希望我们未来的合作能够不断深入，将这一光荣使命传承下去。

最后，我再次向北京科技大学各位同仁表示由衷的感谢，愿我们的友谊地久天长，愿贵校的明天更美好。

谢谢大家。

首钢总公司党委书记、董事长朱继民在北京科技大学建校60周年庆祝大会上的致辞

（根据录音整理）

尊敬的各位领导、各位来宾，老师们、同学们：

在这个春意盎然的日子里，我们相聚于此，共同庆祝北京科技大学建校60周年，请允许我代表首钢和全国冶金企业界向北科大全体师生员工和海内外校友表示热烈的祝贺，同时，也向60年来北科大为新中国钢铁工业做出的突出贡献表示衷心的感谢！

北京科技大学应中国的钢铁强国之梦而建立，应新中国钢铁工业的振兴而蓬勃发展。60年来，学校秉承“学风严谨，崇尚实践”的优良传统，围绕国家和社会发展需求，培养了14万余优秀毕业生。他们扎根于祖国建设的各条战线，大部分已成为国家政治、经济、科技、教育等领域，尤其是冶金和材料工业的栋梁和骨干，其中数百名毕业生现任或曾任国家大中型钢铁企业的领导人或总工程师，学校因此被社会广泛誉为“钢铁摇篮”。

60年来，北京科技大学始终瞄准国家重要战略需求和行业技术创新，坚持走产学研相结合的道路，在科学研究、技术创新和成果转化方面硕果累累。世界上第一台弧形连铸机在这里发明、第一颗东方红卫星的壳体材料在这里研制、高炉铜冷却壁技术从这里走向生产……这些成绩的取得让每一个“钢铁人”都肃然起敬、心怀喜悦。近年来，北科大积极转变理念，创新机制，加大与行业企业的合作力度，组建多个战略合作联盟，联合承担了一大批国家级重大科技项目和企业关键技术课题，为钢铁工业发展做出了新的贡献。

长期以来，首钢和北京科技大学一直保持密切的联系和深厚的友谊。2004年，教育部与首钢、宝钢、鞍钢、武钢签订协议共建北京科技大学，开创了校企合作的新局面。2005年，首钢与北科大签订全面战略合作协议，通过共建技术研发中心，互派科研人员，共建教育科研基地等方式，探索一个全新的校企合作模式。几年来，双方有4项合作科研成果获得国家级奖励，数十项成果获得省部级奖励。可以说，首钢发展凝聚着北科大人的聪明才智和辛勤汗水。在此，我再次代表首钢向北京科技大学致以崇高敬意。

同志们，当前在创新型国家建设过程中，产学研合作是高校与企业共同发展的重要途径，高校的研究要围绕、服务于企业的生产，企业的发展也要依托于高校的人才、科研资源。在今后的发展中，首钢将继续坚定不移地走“科教兴企”的发展道路，十分愿意并将进一步加强与北科大的交流与合作，共同为推进国家钢铁工业的技术进步，为我国由“钢铁大国”向“钢铁强国”转变做出新的更大贡献！

最后，衷心祝愿北京科技大学的各项事业蓬勃发展！祝北科大60周年校庆活动取得圆满成功！

谢谢大家。

校友代表张统一院士
在北京科技大学建校60周年庆祝大会上的发言

（根据录音整理）

尊敬的各位领导、各位来宾，敬爱的老师们、校友们，同学们：

大家上午好！

甲子华诞逢盛世，四海宾朋聚京华。今天，母校北京科技大学迎来了建校60周年华诞。我和大家一样怀着激动的心情、享受着回家的喜悦，既为母校的光辉历程感到自豪，为母校的辉煌成果感到振奋，也对母校的灿烂明天充满信心。在这个洋溢着欢乐的时刻，请允许我代表全体校友向母校60周年生日表示热烈的祝贺，向辛勤教导、悉心培养我们的恩师们表示由衷的感谢！

30多年前，带着兴奋、憧憬和理想，我走进了母校，聆听恩师们的谆谆教导，感受科学的魅力并开始了我的科学之旅，在母校的求学时光仍是我生命中最珍贵的记忆！在我的学术生涯中，母校老师们严谨治学的态度、甘于奉献的精神和精湛的学术水平，一直引领和鼓励着我！母校严谨的学风和校风，不仅使我们获取了丰富的专业知识，更重要的是引导我们确立了远大理想，培养了我们高尚的道德品质以及顽强不屈的意志，在这里，我们收获了一生受用不尽的财富。我们每一位校友不论身处何方、身居何位，都永远难以抹去对母校的记忆。我们的脑海里印刻着北京钢铁学院六个大字，我们的血液里流淌着北京科技大学的灵魂。我们每一位校友都应该，也会，竭尽所能，支持母校的建设，关心学弟学妹的成长。母校振兴，校友有责。

少年当立凌云志，继往开来薪火传。学弟们、学妹们，你们都是天之骄子。你们应该相信自己的聪明才智，相信天下没有你们办不成的事。北科大的未来是你们的，祖国的未来也是你们的！衷心希望你们能够秉承和发扬“学风严谨，崇尚实践”的优良传统，铭记“求实鼎新”的校训，珍惜美好时光，胸怀远大理想，勤奋好学，励志图强，早日成为国家栋梁。

最后，衷心祝愿老师们身体健康，祝愿同学们学业有成，祝愿校友们事业兴旺，祝愿母校北京科技大学再创辉煌！

谢谢大家。

教师代表王新华
在北京科技大学建校60周年庆祝大会上的发言

（根据录音整理）

尊敬的各位领导、各位嘉宾、各位校友，老师们、同学们：

大家好！

今天，我荣幸地以教师代表的身份和大家共庆北京科技大学60周年华诞，内心充满着激动和喜悦。首先，请允许我代表北京科技大学全体教职员工，向我们心爱的母校致以最诚挚美好的生日祝福，对前来参加庆典的各位领导、来宾和校友表示最热烈的欢迎和衷心的感谢！

建校60年以来，学校在时代的风雨中历经艰辛，在一代又一代钢院和北科大儿女的拼搏中，坚韧跋涉，与时俱进，为祖国培育了大批的英才栋梁，为社会主义现代化建设做出了应有的贡献。

改革开放三十多年来，学校的发展和变化更快、更大。今天的北京科技大学，人才培养体系健全，科研硕果累累，师资队伍英才辈出，已发展成为一所以工为主，工、理、管、文、经、法相结合的多科性全国重点大学，成为国家高层次人才培养和科学研究的重要基地。我本人1986年博士研究生毕业后留校任教，亲身经历和见证了改革开放以来学校的发展成就，对此感到无比喜悦、振奋和自豪。

近年来高等教育改革步伐加快，包括美、欧、日等发达国家，主要表现为：①更加注重学生能力特别是创新潜质的培养；②与社会经济文化发展结合更为紧密。令全校师生员工感到高兴和振奋的是，在我们隆重庆祝建校50周年后的10年里，学校有了更好、更快的发展。

以冶金与生态工程学院为例，在专业课学时比率较前大幅减少情况下，重点加强了冶金工艺基本原理和实践环节教学，专业课实施小班授课、倡导互动式教学、组织本科生创新实践等教学改革，保证和提高了培养质量。在国家大力投入的支持下，科研条件有了根本性改变，学院公共科研装备已与国外高水平大学相当，一些科研团队还通过自身加大投入，研究装备也达到了很高水平。先进科研设备条件对提高科研水平起到了重要保障作用，近十年来冶金学科的科研获奖数量一直位居全国高校前列，大批科研论文在美国冶金与材料会刊、日本ISIJ International、德国Steel Research International等高水平期刊发表，诸多教师在国外重要学术会议作邀请报告,包括主会场报告。“USTB”已为国际冶金、材料领域学术界所熟知，为国外同行所尊重，每每想到此处我都深感欣慰和无比自豪。

60周年校庆，是北京科技大学发展历史的回顾，更是学校进一步更好、更快发展的新起点。当今社会，科学技术突飞猛进，综合国力竞争空前激烈，国家对高层次人才和科学技术的需求更加迫切。我们有责任奉献更多的智慧，付出更多的劳动，为祖国培养更多的栋梁之才，提供更高水平科研成果。让我们同心同德，团结拼搏，通过我们辛勤工作，为祖国现代化建设和中华民族的伟大复兴做出新的、更大的贡献，为北京科技大学更好、更快发展谱写新篇章！

谢谢大家。

学生代表钱昱婷
在北京科技大学建校60周年庆祝大会上的发言

（根据录音整理）

尊敬的各位领导、来宾，敬爱的各位老师、学长，亲爱的同学们：

大家好！

春风和煦，生机盎然。在这最美的人间四月天，母校迎来了60周年华诞！此时此刻，我非常荣幸能代表全体同学为母校送上最诚挚的生日祝福！

过去的60年，是书写光荣与梦想的60年。1952年春天，满载着原北洋大学、清华大学等6大名校矿冶学科的炫彩光华，北京钢铁工业学院诞生在京城北郊的蔓草农田中。由此，新中国钢铁强国的梦想在这里孕育成长，14万北科大人用青春韶华和激情梦想锻造了共和国的钢铁脊梁！

有幸成为北科大的学子，我内心时常充盈着一种幸福——

求学在满井校园，我们时刻被师长们科技报国的雄伟抱负、勤奋严谨的治学态度和甘为人梯的师者风范所感染。这里吐露着百岁老人魏寿昆的如兰师韵，也流传着老钢院“四大名旦”的传奇故事。这里记录着几代北科大人助推共和国成为世界第一钢铁大国的丰功伟绩，还吟诵着“两弹一星”、“神舟飞天”和“世界屋脊筑长虹”的英雄赞歌。

求学在满井校园，我们时刻被学长们开拓创新的无畏勇气、敢为人先的实践品格和勇挑重任的担当精神所影响。那是建国初期筚路蓝缕的征途中，前辈们“服从祖国分配，到祖国最需要的地方去”的满腔豪情；那是改革开放披荆斩棘的春风里，学长们“甘当不锈螺丝钉”和“我愿青春献西北”的时代强音；那是新世纪的时代大潮中，年轻毕业生们积极“到国民经济建设主战场建功立业”的执着追求。

求学在满井校园，我们目睹了北京奥运会的盛大，经历了国庆60周年庆典的恢宏，也见证了母校迅猛的发展。还记得2008年，4000志愿者用微笑装点的奥运场馆；还记得2009年，3000学子组成“能源发展”方阵整齐走过的天安门广场。难忘我们在机器人、智能车的国内国际大赛上频频夺魁，难忘我们社会实践成果在全国遥遥领先。我们见证了材料科学领域第一个国家科学中心的筹建，见证了学校新地标天工大厦的拔地而起，更见证了优质学习资源的不断丰富和先进科研设施的日臻完善。

求学在满井校园，我们在主席像下沉思，在银杏路上漫步，在凉亭栈道中徜徉。校园的一草一木、一碑一石都诠释了母校历史和文化的沿革，记录着北科大的发展和辉煌。薪火传承、弦歌不辍。60年来，宏伟庄严的主楼内外始终回荡着朗朗书声，“为中华之崛起”的厚重先训已在潜移默化中成为北科大人的追求志向。

各位敬爱的老师、学长，请你们放心，新一代“钢小伙、铁姑娘”将以前辈们为榜样，继承“学风严谨、崇尚实践”的优良传统，牢记“求实鼎新”的校训精神，接过续写北科大崭新历史的青春画笔，用实际行动描绘“钢铁摇篮”新的荣光！

最后，请允许我再次代表全校同学，向母校致敬，向辛勤培育我们的老师们致敬，向为母校争得荣誉的学长们致敬！祝北京科技大学生日快乐、青春不老、再创辉煌！

谢谢大家。

校庆期间学校主要活动安排

时间		活动名称	地点
4月16日	9:00	校史馆揭牌仪式	校史馆
4月17日	9:00	庆祝北科大校庆暨院系调整60周年 “八大学院”甲子风华书画展	铭德楼多功能厅
4月18日	15:00	孙传尧院士学术报告	教工活动中心
4月19日	15:00	殷瑞钰院士学术报告	教工活动中心

续表

时　间		活动名称	地　点
4月21日	8:30	校庆师生、校友运动会开幕式	运动场
	10:00	88级校友返校纪念活动	教工活动中心
	14:00	“北科大与世界”论坛	图书馆
4月22日	10:00	北京科技大学建校60周年庆祝大会	体育馆
	14:30	北京科技大学董事会全体会议	逸夫科技馆
	16:00	第二届“魏寿昆科技教育奖”颁奖典礼	逸夫科技馆
	16:00	中国材料名师讲坛—王崇愚院士学术报告	学术报告厅
	20:00	北京科技大学60周年校庆文艺晚会	运动场
4月23日	15:00	中国材料名师讲坛—叶恒强院士学术报告	教工活动中心
4月24日	15:00	中国材料名师讲坛—何季麟院士学术报告	学术报告厅

北京科技大学顺利通过《北京普通高等学校党建和思想政治工作基本标准》集中检查

北京科技大学曾于1997年、2004年先后两次荣获北京市“党的建设和思想政治工作先进普通高等学校”荣誉称号；2008年，学校顺利通过中共北京市委教育工作委员会（以下简称市委教育工委）的党建先进校复查。根据《中共北京市委教育工作委员会关于开展<北京普通高等学校党建和思想政治工作基本标准>集中检查的通知》（京教工〔2012〕10号）要求，市委教育工委于2012年对党的关系隶属北京市委、归口市委教育工委管理的60所高校（含事业单位）贯彻落实《北京普通高等学校党建和思想政治工作基本标准》（以下简称《基本标准》）的情况进行集中检查。对此，学校高度重视，精心组织、合理安排，2012年4月，学校党委成立了以党委书记罗维东为组长，党委副书记陈曦、谢辉、张文明，副校长权良柱、武德昆为副组长的集中检查工作领导小组，加强对集中检查工作的领导。同时下发了《迎接<北京普通高等学校党建和思想政治工作基本标准>集中检查工作方案》（校党发〔2012〕13号），明确迎接集中检查工作的具体安排、任务分工和工作要求。随后，迎接集中检查工作稳步开展。

根据市委教育工委《基本标准》集中检查的要求，学校党委认真开展自查自评，全面总结5年来学校贯彻落实《基本标准》的情况，包括党委对学校工作的领导、领导班子和干部队伍建设、党的基层组织建设和作用发挥、反腐倡廉建设、宣传思想工作、安全稳定工作、统战工作、离退休干部工作、群众团体工作、特色工作等方面的情况，包括针对上次《基本标准》达标检查验收专家组意见的改进情况，以及学校对照《基本标准》进行自查的结果，由党委办公室部牵头并完成了学校自查报告的撰写。同时，重点总结学校落实《基本标准》指标、观测点的创新性做法及取得的成效，结合学校实际情况凝练特色，分别由党委组织部、校团委牵头完成了《建立完善体现科学发展观和正确政绩观要求的处级单位和干部考核评价体系的探索与实践》、《推进长效机制建设，增强大学生社会实践育人实效》2个特色工作报告的撰写。针对《基本标准》集中检查入校重点检查的10项专项内容，由党委组织部牵头，联合党委办公室、党校、党委宣传部、党委统战部、纪委监察室、学生工作部、研究生工作部、校团委和保卫保密部等相关部门开展专项调研，形成了近10万字、10个高质量的重点专项报告。同时，由党委组织部牵头，完成了200余项支撑材料的梳理和准备工作。此外，学校通过召开《基本标准》入校检查动员大会、二级党委书记党建工作专题培训会，对入校检查工作进行针对性的安排部署。同时学校努力做好入校检查组入校检查前和检查期间的宣传工作和师生思想工作，营造良好的舆论氛围；做好各项材料准备、条件保障、校园环境整治和接待工作，迎接市委教育工委来校检查。

9月26日，《基本标准》集中检查入校检查组莅临北京科技大学，对学校近5年贯彻落实《基本标准》的情况进行检查，主要考察了学校贯彻落实重点检查专项的情况。北京市委教育工委委员李中水，北京化工大学党委副书记兼纪委书记关昌峰，北京航空航天大学党委副书记张维维，对外经济贸易大学党委副书记兼纪委书记杨逢华，中国传媒大学党委副书记刘利群等15位领导和专家来校检查。

上午9:00，学校在会议中心一层中心会议室召开学校党委整体工作汇报会，党委书记罗维东、校长徐金梧等校领导及学校相关部门负责人参加了汇报会。会上，党委书记罗维东分别就校院两级决策机制建立及落实情况、新一轮大规模培训干部落实情况、党支部建设情况、党员发展工作、教师思想政治工作、大学生思想政治教育工作、“平安校园”创建工作推进情况、党外代表人士队伍建设情况、抵御和防范校园传教渗透工作和党务公开工作等10个入校检查的重点专项工作进行了总结报告，介绍了学校在各项工作中主要做法、主要成效和体会以及存在的不足与改进措施。

汇报会后，检查组专家集中审阅了10个专项的相关支撑材料，并分别召开了校院两级决策机制建立及落实情况座谈会、新一轮大规模培训干部落实情况座谈会、党支部建设座谈会、发展党员工作座谈会、教师思想政治工作座谈会和学生座谈会6个座谈会，进一步了解学校党建和思想政治工作的开展情况。

下午，检查组专家在校领导的陪同下就党支部建设和发展党员工作、大学生思想政治教育工作、教师思想政治工作和“平安校园”创建工作等，对心理咨询中心、学生活动中心、就业指导中心、教职工活动中心、学生公寓以及材料科学与工程学院、机械工程学院、计算机与通信工程学院、数理学院、东凌经济管理学院和外国语学院等进行分组实地走访，并听取相关负责人的汇报。

走访结束后，检查组就入校检查工作进行了情况汇总。在随后与学校的沟通反馈会上，检查组专家对学校党委进行了初步反馈，充分肯定了学校的党建和思想政治工作取得的成绩。

学 校 概 况

北京科技大学概况

北京科技大学于1952年由天津大学（原北洋大学）、清华大学等6所国内著名大学的矿冶系科组建而成，现已发展成为以工为主，工、理、管、文、经、法等多学科协调发展的教育部直属全国重点大学，是全国首批正式成立研究生院的高等学校之一。1997年5月，学校首批进入国家“211工程”建设高校行列。2006年，学校成为首批“985工程”优势学科创新平台建设项目试点高校。

建校60年来，学校逐步形成了“学风严谨，崇尚实践”的优良传统，为社会培养各类人才14万余人，大部分已成为国家政治、经济、科技和教育等领域尤其是冶金、材料行业的栋梁和骨干。党和国家领导人罗干、刘淇、徐匡迪、黄孟复、范长龙、郭声琨等都曾在校学习，另有34名校友当选为中国科学院或中国工程院院士，一大批校友走上了省长、市长的领导岗位，一大批校友担任鞍钢等国家特大型企业以及北大方正等大型高新技术企业的董事长和总经理。学校被誉为“钢铁摇篮”。

学校位于高校云集的北京市海淀区学院路，占地面积约为80.46万m^2（包括管庄校区），校舍建筑总面积约97万m^2（包括管庄校区）。学校现有1个国家科学中心，2个国家重点（专业）实验室，2个国家工程（技术）研究中心，2个国家科技基础条件平台以及25个省、部级重点实验室和工程研究中心。特别是2007年，学校作为唯一一所教育部直属高校牵头承担了国家重大科技基础设施项目——重大工程材料服役安全研究评价设施，并负责筹建国家材料服役安全科学中心。图书馆藏书175万余册。定期出版《北京科技大学学报》、《北京科技大学学报（社会科学版）》、《International Journal of Minerals, Metallurgy and Materials》、《Rare Metals》、《思想教育研究》、《物流技术与应用》、《金属世界》和《粉末冶金技术》等重要学术刊物。

学校由土木与环境工程学院、冶金与生态工程学院、材料科学与工程学院、机械工程学院、自动化学院、计算机与通信工程学院、数理学院、化学与生物工程学院、东凌经济管理学院、文法学院、外国语学院、马克思主义学院、高等工程师学院、远程与成人教育学院、继续教育学院、国际学院，以及研究生院、体育部、管庄校区、天津学院、延庆分校组成。现有18个一级学科博士授权点，73个博士学科点，121个硕士学科点，另有MBA（含EMBA）、MPA、法律硕士、会计硕士、翻译硕士和20个领域的工程硕士专业学位授予权，14个博士后科研流动站，48个本科专业。学校冶金、材料、矿业和科技史4个全国一级重点学科学术水平蜚声中外（据教育部一级学科评估结果，冶金、科技史排名全国第一，材料第二，矿业第三）；机械、热能等学科享有盛誉；控制、力学、计算机、管理、思想政治教育等一批学科具有雄厚实力；一批新兴学科，如通信工程、电子信息、土木工程、环境工程等焕发出勃勃生机。

2012年10月，全日制在校生2.2万余人，其中本专科生13550人，各类研究生9107人（其中博士生2727人、硕士生6380人），外国留学生825人；成人教育学院学生7302人，远程教育学生14586人。在站博士后173人。已形成研究生教育、全日制本专科、高职教育、成人教育、继续教育和远程教育多层次、较完整的人才培养体系。

学校拥有一支治学严谨的师资队伍。教职工总数2917人，具有正高级专业技术职务的教职工438人，具有副高级专业技术职务的教职工753人，其中专任教师1789人。专任教师中有中国科学院院士6人，中国工程院院士2人（双聘1人），国务院学位委员会委员1人，国务院学位委员会学科评议组成员5人，国家“973”项目首席专家3人，国家“千人计划”入选者10人，国家级有突出贡献专家14人，部级有突出贡献专家13人，“长江学者奖励计划”特聘教授13人、讲座教授3人，国家杰出青年科学基金获得者14人，“百千万人才工程”国家级人选11人，教育部新（跨）世纪优秀人才支持计划入选者97人。人才梯队正在壮大，一大批中青年学者脱颖而出。

学校的科研实力十分雄厚。1978年至2012年12月底，共申请专利3407项，授权专利1823项；有1800余项科研成果获国家、省、部委级等各种奖励，其中国家级奖励156项（2006年：国家奖3项，省部奖32项；2007年：国家奖6项，省部奖24项；2008年：国家奖5项，省部奖34项；2009年：国家奖4项，省部奖36项；2010年：国家奖4项，省部奖39项；2011年：国家奖5项，省部奖54项；2012年：国家奖5项，省部奖73项）。1999年，教育部编辑的《中国高等学校科技50年高校获奖重大成果一览表》中收录了北京科技大学12项重大科研成果，在全国高校中名列前茅。据教育部统计，1978～2011年，学校获国家科技进步一等奖4项，列全国高校第4。近几年，学校“大型深凹露天矿安全高效开采关键技术研究”、“流射沸腾冷却强化多功能淬火控冷装备与工艺开发及创新”、“钢铁材料及制品大气腐蚀数据积累、规律和共享服务”、“宽带钢热连轧生产成套关键技术与应用”、“复杂破碎条件下露天-地下联合高效开采关键技术”、“特低渗透油藏有效开发渗流理论和开发方法研究及应用”和“大型铝合金型材挤压成套工模具设计制造技术与应用”等大批科研成果在国民经济建设中发挥了重要作用，获得了巨大的经济效益和社会效益。据2012年发布数据，2011年学校师生发表论文被SCIE、EI收录数量分别居全国高校第33位和第28位。

学校不断拓展社会服务领域和发展空间，与国内100多个省市区政府、大型企事业单位签署了全面合作协议。同时，学校瞄准世界前沿，加强国际合作，先后与德国亚琛工业大学、美国橡树岭国家实验室、英国牛津大学等130余所著名大学和科研机构建立了合作关系，并开展了实质性的合作。

以培养社会主义现代化事业的建设者和接班人为根本任务，学校注重学生综合素质的培养和提高，学校学生在历年国家及北京市的各种竞赛中多次获得殊荣，特别是学校每年被评为“全国高校社会实践先进单位”，学生代表队在全国第一至六届机器人电视大赛中稳居前三甲（2次获得冠军），于2005年参加亚太地区大学生机器人大赛获得亚军。学校同时高度重视学生思想品德教育，努力营造培养学生爱国主义、集体主义和社会主义精神的校园文化氛围，先后被授予“北京市文明校园”、“北京市党建和思想政治工作先进普通高校”及“首都文明单位标兵”等光荣称号。

学校的体育竞技水平和群众性体育活动在北京乃至全国享有盛誉，涌现了一批以李敏宽、楼大鹏为代表的国家优秀运动员、教练员和体育官员。学生田径代表队在全国及北京市高校竞赛中数度摘桂；女篮代表队在北京市高校联赛中连续12次夺冠，并于2005年挺进CUBA全国八强。学校目前拥有约8.2万m^2的现代化体育场地。学校体育馆作为2008年奥运会、残奥会竞赛场馆，圆满完成了北京奥运会柔道、跆拳道，残奥会轮椅篮球、轮椅橄榄球4项赛事，学校体育馆团队被党中央国务院授予“北京奥运会、残奥会先进集体”荣誉称号。

今天，北京科技大学全体师生正满怀信心，迈着坚定的步伐，向着“把北京科技大学建设成为以工为主，工、理、管、文、经、法等多学科协调发展，规模适度，特色突出，国内一流，国际知名的高水平研究型大学”的目标而奋进。

附　录

2012年主要工作

2012年是学校全面实施“十二五”发展规划承上启下的关键一年。一年来，学校以科学发展观为指导，以庆祝建校60周年为契机，认真学习、宣传、贯彻党的十八大精神，全面落实《国家中长期教育改革和发展规划纲要（2010～2020）》，围绕提高高等教育质量这一核心任务，进一步解放思想，求真务实、抢抓机遇，努力实现关键领域的重点突破和办学水平的全面提升，取得了显著的发展成绩。

一、60周年校庆取得圆满成功

60周年校庆是学校2012年工作的重点。学校以“回顾历史，凝聚人心，彰显特色，创新发展”为校庆工作主线，成功地举办了建校60周年庆祝大会、“鼎立中华”校庆晚会、校史馆揭牌、院士学术报告会、“北科大与世界”论坛、校董事会议、“魏寿昆科技教育奖”颁奖典礼和钢铁冶金新技术国家重点实验室揭牌等富有特色的系列活动，受到了社会各界的一致好评。

据统计，2012年度收到社会各界校庆捐款6300余万元。全校共接待了各级嘉宾和校友13000余人，其中学校层面接待了重要嘉宾、校友1000余人，4位党和国家领导人，46位部级以上领导，24位院士，43名国外嘉宾。新华社等14家媒体对庆祝活动进行了报道。60周年校庆既是学校发展史上的一个重要里程碑，又必将是学校继往开来、再创辉煌的新起点。

二、教育教学质量稳步提高

2012年，学校招收本科生3358人，高职100人；毕业本科生3310人，授予毕业证书3229人，授予学士学位3227人；在校本、专科生共14095人。年内，2名教师获2012年度“北京市教学名师”称号；1门课程入选“2012年度国家精品视频公开课”；4本教材被评为

"'十二五'普通高等教育本科国家级规划教材";6项成果获得"2012年北京市高等教育教学成果奖"一等奖,10项成果获二等奖。学生学业水平进一步提高,2012年,学校本科生科技创新项目共立项767项,其中国家级86项;组织6576名本科生参加国家、北京市和学校的学科和科技竞赛,获奖1443人次,其中获市级以上奖项652人次。

研究生培养方面,招收硕士研究生2531人,博士研究生545人,博士后24人。毕业研究生2595人,全年授予硕士学位2587人,授予博士学位359人,在校研究生总数11783人。年内,2篇博士论文获得全国优秀博士学位论文,1篇博士论文获得全国优秀博士学位论文提名论文,3篇论文获得北京市优秀博士学位论文。

成人高等教育、继续教育和国际合作教育稳步开展。远程与成人教育在校生规模为21197人;继续教育全年共培训各类学员2341人。天津学院进入平稳发展期,年底共有在校生6363人,专职教职工总数达265人。

至2012年底,学校通过多种举措加强学生就业引导和服务,全校平均就业率为96.73%,其中研究生就业率98.81%,本科生就业率95.14%。

三、师资队伍建设成绩显著

2012年,学校牢固树立人才是第一资源的观念,完善教师培训体系,实施新教师教学准入制度,着力提升教师教学能力。同时,推进人才强校战略,学校各类人才工作取得显著成绩。年内,学校共引进高水平人才(三层次以上)12人;新增"教育部创新团队发展计划"团队1个;"长江学者奖励计划"特聘教授1人;"青年千人计划"2人;中组部"青年拔尖人才支持计划"1人;"国际优秀青年科学基金资助"1人;"新世纪优秀人才支持计划"9人。

同时,学校以合理定编为基础,以科学设岗、分类管理为核心,以严格考核为保障,稳步推进新一轮岗位聘任工作,并以此为契机,调整和提高岗位津贴补贴标准,教职工收入水平进一步提高。

四、科研、产业再创新高

2012年,学校注重学科内涵建设,"211工程"三期建设顺利通过教育部专家组验收;新增动力工程及工程热物理北京市一级重点学科,通信与信息系统和环境工程北京市二级重点学科;积极整合学科资源,16个一级学科参加第三轮学科水平评估。

学校集全校之力推进钢铁共性技术协同创新中心建设,创新中心的培育、组建以及"2011计划"教育部认定工作取得了重要进展。学校新增北京实验室1个、北京市重点实验室2个、北京市工程研究中心1个、北京市哲学社科基地1个和教育部-外专局创新引智基地1个。高效轧制国家工程研究中心获得"国家工程研究中心杰出贡献奖"。产学研合作进一步向纵深发展,先后与多个大中型企业、政府签订了19项产学研合作协议,其中创新战略联盟3个、研发中心和研发平台5个、战略合作协议11个。

2012年,全校科技经费总额12.07亿元,科研经费总额7.34亿元。学校首次作为项目牵头单位承担国家重大科学研究计划项目——"低维高效能量转换材料与器件基础";新增国家自然科学基金、"973"、"863"、国家科技支撑计划以及国防科研项目等各类纵向项目461项;获得国家技术发明二等奖1项、科技进步二等奖4项、省部级科学技术奖励73项。年内,申请专利490项,授权专利313项;SCIE收录论文816篇,EI收录论文1137篇,国际会议论文473篇。

至年底,学校全资、控股、参股企业共47家,科技产业产值总额13.58亿元,净利润总额3638.63余万元。学校完成天工大厦C座回购和大厦租赁等工作,推进中关村高端人才创业基地建设,天工大厦写字楼已签约进驻企业73家，出租率95.7%。

五、国际合作与交流进一步拓展

2012年，学校与英国德蒙福特大学达成合作建设新华–德蒙福特–北京科技大学创意产业孔子学院的共识，对外合作取得突破性进展。同时，学校着力国家科学中心国际合作、工业节能减排国际合作和纳米材料国际合作3大国际性交流平台建设，积极引进国外优质智力资源，服务学校战略发展。

2012年，学校共聘请来自亚洲、欧洲、北美等30多个国家和地区的专家学者446人；聘请名誉教授2人，海外院士8人，高端外国专家项目资助专家1人。执行各类项目37项，举办各类学术讲座100余场，主办9个大型国际学术会议。

至年底，学校与16所国（境）外高校或国际组织签署或续签了合作协议；执行各类学生海（境）外经历拓展项目58个，共选拔、派出学生491人次参加国际交流，比2011年同期增长17%。学校大力推进“留学北科工程”，年内招收留学生新生338人，在校留学生总人数达826人，其中学历生比例达86%。

六、学生工作再创佳绩

2012年，学校通过开展党团校培训、毕业教育、新生教育、学生奖助、心理健康教育、大学生主题教育活动等积极营造校园育人氛围。研究生团队参加各地的科技服务与挂职锻炼活动，受到了社会媒体和实践单位的高度关注和评价。年内，1个党支部荣获“北京高校红色‘1+1’示范活动”评比第一名。1个班级进入“我的班级我的家”创建活动“北京市十佳示范班级”行列。

学校学生科技创新、学术实践及文体活动蓬勃开展。在第七届“挑战杯”首都大学生创业计划竞赛中，学校金银奖总数位列北京高校第一。“瑞迪恩特新材料有限责任公司”创业团队在第八届“挑战杯”复星中国大学生创业计划竞赛决赛中获得学校历史上的首金。学校积极搭建“两翼三元”的艺术教育格局，打造了《燃烧》、《为中华之崛起》、《鼎立中华》、《摇篮颂歌》和《北科华章》等一批文艺精品，全面推动了学校艺术教育工作大发展。在第三届全国大学生艺术展演中，学校管乐团荣获一等奖。

2012年，体育代表队获得首都高校第50届田径运动会男、女甲组团体总分第三名，共获10枚金牌，破3项高校记录；在2012年第九届大学生运动会上获得两枚金牌、五枚银牌，破2项赛会纪录，被北京市授予“特别贡献奖”。跆拳道代表队、羽毛球代表队在各项比赛中成绩优异。

七、办学条件进一步改善

2012年，学校加强校园基本建设和综合管理，切实提高管理和服务水平。学校推进依法治校进程，成立章程建设专项小组，启动了大学章程制定工作。同时，通过加强校友分会建设和基金会工作，积极开展社会筹资活动，为学校集聚了丰富的发展资源。

学校积极拓宽收入渠道，为学校各项事业发展提供了资金保证。全年，学校共筹集各项经费192784万元，年底学校拥有固定资产总额292999万元。全年共购置仪器设备2773台/套，价值8422.95万元。图书馆全年新增图书9万余册，开通了60余种电子资源，新增32种国内外网络资源，为全校的教学与科研提供了高效的文献信息资源服务。

学校加快基础设施的建设和改造，完成昌平创新园区10000m^2实验厂房建设和天工大厦收尾工作；对主楼西广场、体育馆五环广场和学生宿舍区进行改造，进一步美化了校园风貌。信息化基础环境有效改善，首次实现了“数字迎新”工作，并初步完成了“云应用”平台的局部测试工作。

后勤管理与服务方面，

学校认真抓好学生食堂稳定价格长效机制，启动后勤内部改革工作，着力提高工作效率、改善服务质量、增强后勤保障能力。此外，学校进一步加强校园安全保卫和综合治理，积极做好特殊敏感时期校园安全稳定工作，推动学校“平安校园”创建进程。

八、党建工作进一步加强

2012年，学校党委把迎接中共十八大和学习贯彻中共十八大精神作为学校的首要政治任务，分层次、分批次组织各种形式的学习和研讨活动，引导广大党员干部和教职员工自觉将力量凝聚到实现十八大提出的目标、任务和我校改革发展的要求上来。学校圆满完成了北京市《基本标准》集中检查工作，同时以基层组织建设年为抓手，深入开展创先争优活动，扎实推进基层党组织建设和党员队伍建设。2012年，《二级党委负责人公推直选》课题荣获2010～2011年度北京高校党的建设和思想政治工作优秀成果一等奖和创新成果奖。

学校进一步完善干部选拔任用机制，全年共调整处级干部30人，其中，提任处级干部18人，调动任职7人。宣传工作方面，学校成立了校园文化建设委员会，推进校园文化建设步伐。全年，在全国主流媒体新闻报道学校新闻390余条次，充分展示了学校的发展成就。

纪监委工作继续做好干部、基建、大宗物资采购、招生、财务等方面监督管理，圆满完成了迎接教育部对学校“三重一大”决策制度执行情况的检查工作。工会工作在坚持校院两级教代会制度的同时，加强师德师风建设，3人获评“北京市师德先进个人”。此外，学校继续做好统战、居委会和老干部等工作，为学校改革发展营造了合力。

机构与干部

学校领导

党委书记　罗维东
校　　长　徐金梧
党委副书记　陈　曦　谢　辉　张文明
副 校 长　权良柱　谢建新　张欣欣　张　跃　武德昆　孙冬柏
纪委书记　张文明（兼）
副校级领导　王维才

中共北京科技大学第十届委员会常务委员会委员名单

罗维东　徐金梧　陈　曦　谢　辉　张文明　权良柱　谢建新　张欣欣　张　跃　武德昆　孙冬柏

中共北京科技大学第十届委员会委员名单

（按姓氏笔画排序）

王　立　尹怡欣　石　岩　权良柱　曲选辉　孙冬柏　孙景宏　邱　宏　何民庆　张　跃　张　群　张　颖　张文明　张欣欣　陈　曦　武德昆　罗维东　祝利克　徐金梧　谢　辉　谢建新　薛庆国

中共北京科技大学纪律检查委员会组成人员名单

（按姓氏笔画排序）

书　记　张文明（兼）
副书记　曲　雁　曹　勇
委　员　王会中　曲　雁　何柏芝　张文明　张敬源　陈雨来　涂纪明　贾水库　黄武南　曹　勇　蒋宏潮　韩　经　臧　勇

北京科技大学第十五届工会委员会组成人员名单

主　　席　张文明（兼）
常务副主席　贾水库
专职副主席　孟　江　赵智杰
兼职副主席　王金安　曲　雁
委员（按姓氏笔画排序）
万发荣　马永春　王会中　王金安　王新东　艾　茹　曲　雁
刘明珠　米振莉　赵宝永　吴豪伟　张文明　张百年　张秋曼
武冠雄　孟　江　罗明刚　赵智杰　贾水库
工会经费审查委员会主　任　涂纪明
副主任　孙亚东
委　员（按姓氏笔画排序）
刘江山　孙亚东　张　涛　涂纪明　耿小红

共青团北京科技大学第二十二届委员会名单

书　记　刘晓东
副书记　孙长林　都基辉　王　鹂（女）　马　聪
董俊杰　齐　萱（女，学生）
常　委（按姓氏笔画排序）
马　聪　王　鹂（女）　刘晓东　齐　萱（女）　孙长林　张晓媛（女）
杨明明　姜琳婧（女）　郭少斐　都基辉　董俊杰　韩凯儒

学校党群系统组织机构及负责人

序　号	单　位	正　职	副　职
1	党委办公室	张卫冬	郑安阳　李　帅　高福亭
2	组织部	孙景宏	武　森
3	党校办公室	孙景宏（兼）	何柏芝（调研员）
4	宣传部	章东辉	沈　崴
5	统战部	张卫冬（兼）	刘　晋
6	学生工作部	何　进	丁煦生　万玉刚　秦　涛
	武装部		曲　涛

续表

序　号	单　位	正　职	副　职
7	研究生工作部	张　颖	宗燕兵
8	保卫保密部	张卫钢 刘兴德（保密委员会办公室主任）	王文刚（综合治理办公室副主任） 徐秋平
9	土木与环境工程学院党委	金龙哲	吴豪伟　陈大鹏
10	冶金与生态工程学院党委	宋　波	耿小红　王春义
11	材料科学与工程学院党委	吴春京	万发荣　李　磊
12	机械工程学院党委	臧　勇	张　杰　董春阳
13	自动化学院党委	尹怡欣	赵宝永　景　鹏
14	计算机与通信工程学院党委	黄武南	韩伯涛　于　洋
15	数理学院党委	张牧风	张百年　牛　珩
16	化学与生物工程学院党委	弓爱君	刘雨芙　曹艳秋
17	东凌经济管理学院党委	戴淑芬	刘明珠　温　雅
18	文法学院党委	赵　雨	黄家亮　史立伟
19	马克思主义学院党总支	彭庆红	李晓光　段晓芳
20	外国语学院党委	彭　漪	张秋曼　武冠雄
21	管庄校区党委	纪永先	马永春
22	高等工程师学院党总支	刘　立	王小宁
23	机关党委	祝利克	曲　雁（兼）
24	离退休干部党委	张文平	乔　哲　段凤英　胡尧和
25	后勤党委	张俊燕	艾　茹
26	科技产业集团党委	王会中	
27	体育部直属党支部	祝利克（兼）	
28	冶金工程研究院党委	陈雨来	米振莉　何安瑞
29	新金属材料国家重点实验室党委	吕昭平（兼）	周香林
30	天津学院党委	王　斌	曹连东　盛佳伟

学校行政机构及负责人

序号	单位	正职	副职
1	校长办公室	张卫冬	郑安阳　李　帅　高福亭
2	规划与学科建设办公室	乔　兰	张武军
3	人事处	朱鸿民	蒋　韬　林　林　袁文霞
4	教务处	薛庆国	申亚男　尚新生　林　海　曾　芳
5	科学研究与发展部	王西涛	董成文　刘　青　赵冲冲 邢　奕　何新波（兼） 杨玲莉（知识产权管理服务中心主任） 佟建国（期刊中心主任）
6	研究生院	张　跃（兼）	李京社（常务）　李　文（正处级） 宁晓钧　班晓娟
7	财务处	何民庆	孙亚东　陈雪松　曹光远
8	监察室	曲　雁	夏秀芹
9	审计室	曹　勇	凃纪明（调研员）　肖雅珠
10	学生工作处	何　进	丁煦生　万玉刚　秦　涛
11	招生就业处	韩　经	王占奎　尹兆华
12	国际合作与交流处	王　戈	郭侃俊　赵立英
13	保卫保密处	张卫钢 刘兴德（保密委员会办公室主任）	王文刚（综合治理办公室副主任） 徐秋平
14	后勤基建管理处	金仁东	冯建明　仇安兵　张东平
15	资产管理处	刘　云	钱大益　杨超华
16	离退休干部处	张文平	乔　哲　庄心怡
17	校友会、基金会办公室	于成文	吕朝伟
18	体育部	王瑞平	董　苹　宋一涛　张孔军

学校直属机构及负责人

序号	单　　位	正　职	副　职
1	后勤服务集团	蒋宏潮	孟祥国　张　林
2	科技产业集团	陆　钢（代理）	刘　临　刘俊友
3	图书馆	季淑娟	王　瑜　张　涛
4	校医院	褚　洪	李素君　艾　茹（兼）
5	新金属材料国家重点实验室	吕昭平	林均品　张济山　隋延力
6	钢铁冶金新技术国家重点实验室	郭占成	李　晶
7	冶金工程研究院 （高效轧制国家工程中心）	唐　荻	何安瑞　李　林　米振莉
8	新材料技术研究院	曲选辉（兼）	李晓刚　乔利杰　孙建林
9	广东研究院	谢建新（兼）	何新波（常务）
10	重大工程材料服役安全研究评价设施项目指挥部	孙冬柏（兼）	汪林兵（主持工作）　冯　强 徐文超
11	国家板带生产 先进装备工程技术研究中心	徐金梧（兼）	杨　荃（常务）　梁治国 臧　勇（兼）　张清东（兼） 冯俊小（兼）
12	生物工程与传感技术研究中心	张学记	苏　磊
13	中国教育经济信息网管理中心	武德昆（兼）	高　杰（常务）　雷雪梅
14	信息化建设与管理办公室	杨德斌（副处）	
15	档案馆	罗明书（副处）	
16	体育馆	邹华东（副处）	
17	居民管理委员会、社区服务管理中心	杨　峰（副处）	殷官朝（副处） 李秀兰（正科）

学院行政机构及负责人

单　位	院　长	副院长
土木与环境工程学院	吴爱祥	纪洪广　胡乃联　李长洪　姚　俊　吴豪伟
冶金与生态工程学院	张立峰	张建良　王福明　耿小红　郭占成
材料科学与工程学院	曲选辉	杜振民　于广华　姜　勇　郜永红
机械工程学院	王　立	张　杰　夏德宏　马　飞　景志红　董绍华
自动化学院	尹怡欣	胡广大　张朝晖　李　擎　赵宝永
计算机与通信工程学院	隆克平	胡长军　周贤伟　张晓彤　韩伯涛
数理学院	邱　宏	陈章华　廖福成　郑连存　张百年
化学与生物工程学院	胡国华	刘杰民　闫　海　李文军　刘雨芙
东凌经济管理学院	王文彬	高学东　刘明珠　魏　钧　何　枫
文法学院	陆　俊	魏增产　孙雍君　王竹青　黄家亮
马克思主义学院	彭庆红	李晓光　刘丽敏
外国语学院	张敬源	何　伟　陈红薇　张秋曼
管庄校区	石　岩	张　健　徐新华　张满银　马永春　赵桂娟　杨　勇
高等工程师学院	张欣欣（兼）	刘　立（常务）　张少军　赵志毅
天津学院	郭景文	盛佳伟（学生事务部主任）　白　亮（综合办公室主任）

学院（研究院）系、所、中心设置及负责人

学院	系、所、中心	正职	副职
土木与环境工程学院	资源工程系	宋卫东	李克庆 王贻明 吕文生
	土木工程系	谢谟文	谭卓英 牟在根 陈德平
	环境工程系	宋存义	朱维耀 汪群慧 陈月芳
	安全科学与工程系	张英华	谢振华 黄国忠
	矿物加工工程系	孙春宝	段旭琴 孙体昌
	实验中心	胡乃联（兼）	谢玉玲（常务） 张延凯
	环境工程中心	徐金梧（兼）	张欣欣（兼） 张文明（兼） 苍大强（兼） 宋存义（兼）

续表

学 院	系、所、中心	正 职	副 职
冶金与生态工程学院	钢铁冶金系	成国光	吴胜利 杨世山 张延玲 左海滨
	物理化学系	邢献然	胡晓军 李建玲
	有色冶金系	薛济来	邹 兴 曹战民
	生态科学与工程系	苍大强	李宏煦 白 皓
	实验中心	王静松	冯根生 程 锦
	冶金与材料史研究所	梅建军	李秀辉 潜 伟
	科学技术与文明研究中心	权良柱（兼）	梅建军（兼）
材料科学与工程学院	材料学系	刘国权	叶荣昌 龙 毅 董建新 李长荣
	材料加工与控制工程系	刘雪峰	刘雅政 宋仁伯 李静媛
	无机非金属材料系	孙加林	曹文斌 赵海雷
	材料物理与化学系	尚成嘉	孔祥华 高克玮 王学敏 刘泉林 李立东 刘泉林
	粉末冶金研究所	郭志猛	林 涛 贾成厂
	功能材料研究所	张深根	唐伟忠 李成明
	腐蚀与防护中心	乔利杰（兼）	孟惠民 路民旭
	实验测试中心	孙建林（兼）	熊小涛（常务） 毛璟红 薛润东 刘希和 胡学晟
	教育部金属电子信息材料工程研究中心	曲选辉（兼）	张深根（兼） 陈广超
	固体电解质冶金测试国家专业实验室	张 跃（兼）	赵海雷（兼） 张波萍
机械工程学院	机械工学系	韩建友	俞必强 曹 彤
	机械电子工程系	朱超甫	周晓敏 冯 明
	机械装备及控制工程系	张清东	秦 勤 闫晓强 曹建国
	机械制造及自动化系	刘北英	唐 英 黄明吉
	物流工程系	董绍华	冯爱兰 张庆华
	热能工程系	温 治	冯俊小 冯妍卉 童莉葛
	工业设计系	陶 晋	郑 阳 洪 华
	车辆工程系	杨 珏	范让林 杨耀东
	建筑环境与设备工程系	曲世琳	张 舸
	零件轧制中心	胡正寰	张康生 王宝雨
	实验中心	崔兴山	俞爱辉 李 烽

续表

学 院	系、所、中心	正 职	副 职
自动化学院	控制科学与工程系	李晓理	徐正光 刘冀伟 董 洁 付冬梅
	仪器科学与技术系	陈先中	李希胜 侯庆文 蓝金辉
	电工电子技术系	王粉花	刘蕴络 史雪飞
	自动控制研究所	高 海	彭开香
	教学实验中心	李 擎（兼）	鲁亿方 王尚君 韩守梅
计算机与通信工程学院	计算机科学与技术系	王成耀	王昭顺 罗 熊 殷绪成
	通信工程系	王建萍	马忠贵 王丽娜 阳小龙
	物联网与电子工程系	王志良	解 仑 石志国
	信息基础科学系	姚 琳	
	软件工程系		孙昌爱（常务） 陈红松 胡 玥
	教学实验中心	韩伯涛（兼）	金 波
东凌经济管理学院	管理科学与工程系	李铁克	武 森
	工商管理系	魏 钧	贾振全
	经济贸易系	何维达	王宾容
	财务与会计系	肖 明	李晓静
	金融工程系	刘 澄	王未卿
	工程管理与技术经济系	马风才	
	实验信息中心	高学东（兼）	王立民
	管理科学与工程研究所	张 群	
	电子商务研究所	李铁克（兼）	
	企业与产业发展研究所	何维达（兼）	
	教育部工程研究中心	张 群	李铁克（兼）
	期货证券研究中心	王文彬（兼）	
	MBA办公室	高俊山（兼）	武 森（兼）
	公共关系办公室	杨志国（兼）	
文法学院	公共管理系	冯 英	何晓前
	法律系	侯登华	张家盛
	社会学系	时立荣	郇建立
	艺术教育中心	张 健	韩学周
	MPA教学管理中心	吴群芳	
	实验中心	米 浩	
	法律硕士教育管理中心		崔俊贵

续表

学 院	系、所、中心	正 职	副 职
马克思主义学院	思想政治教育教研室	左 鹏	
	马克思主义基本理论教研室	马晓燕	
	中国化马克思主义教研室	杨彦强	
	历史与文化教研室	张北根	
	科技与社会教研室	刘文霞	
数理学院	应用数学系主任	马万彪	胡志兴 刘 宇
	信息与计算科学系	汪飞星	张志刚 侯书会
	物理系	马星桥	吴 平 倪晓东 王凤平
	应用力学系	尚新春	陈学军 魏培君
	现代物理技术研究中心	丁红胜	潘礼庆（兼） 于广华（兼）
	应用物理研究所	陈难先	申 江
	应用数学研究所	林 平	
化学与生物工程学院	高分子科学与工程系	胡国华（兼）	党智敏
	化学与化学工程系	范慧俐	李新学 车 平 陈飞武
	生物科学与工程系	时国庆	王海鸥 杜宏武 刘丽琴
	化学分析中心		张伟光 吴永明
外国语学院	英语语言文学系	杨英军	
	大学英语系	张 虹	沈艳娟 王 娜
	研究生英语系	曹红晖	
	亚欧语系	庄凤英	王从兵
	外国语言文学研究所	杨英军（兼）	
	培训中心	孙 浩	
	实验中心	张秋曼（兼）	陈光浦
	功能语言学研究中心	何 伟（兼）	

续表

学院	系、所、中心	正职	副职
新材料技术研究院	腐蚀与防护中心	乔利杰（兼）	
	功能材料研究所	张深根	
	制备与加工技术研究所	刘雪峰（兼）	
	粉末冶金研究所	郭志猛	
	实验测试中心	孙建林（兼）	
高等工程师学院	工程训练中心	王建武	邹　静　徐立业　王　旭
教育经济信息网	教育经济与管理研究所	曲绍卫	

院系情况

土木与环境工程学院

【概况】2012年，土木与环境工程学院下设资源工程系、土木工程系、环境工程系、矿物加工工程系、安全科学与工程系5个系；1个实验中心；空间遥感与GIS应用研究所、矿井避险技术研究中心、尾矿膏体处置技术研究中心3个研究所；1个金属矿山高效开采与安全教育部重点实验室；1个国家能源与环境国际科技合作基地。学院拥有面积200m²的科技阅览室，拥有专业期刊17348册，研究生毕业学位论文4327册，参考书和工具书2541册，其他各类文献6674册（包括开题和中期报告），图书总数30890册。年内，学院共招收本科生12个班355人，其中采矿工程专业59人，矿物加工工程专业59人，土木工程专业119人，环境工程专业59人，安全工程59人（包括外国留学生12人）。招收学术型普通硕士研究生259人，其中外国留学生17人；招收应用型专业学位硕士研究生89人；招收非全日制工程硕士128人；招收博士研究生96人，其中外国留学生4人。毕业本科生328人，考研率45.96%，就业率97.56%，签约率78.96%。毕业研究生381人，就业率98.43%，签约率77.95%。至2012年底，学院共有在校生2646人，其中本科生1330人，硕士研究生865人，博士研究生451人。

（吴豪伟、耿倩男、施建俊）

【师资队伍建设】2012年底，学院共有教职工147人，其中专任教师115人（含教师博士后），教授52人（其中博士生导师39人），副教授39人，讲师24人。另聘有包括5名院士在内的校内外兼职教授19人。师资队伍中，国务院学位委员会学科评议组成员2人、长江学者1人、国家杰出青年科学基金获得者2人、人事部新世纪百千万人才工程国家级人选4人、教育部新世纪（跨世纪）优秀人才培养计划入选者8人、全国优秀科技工作者2人、中国青年科技获奖得者2人、教育部创新团队1个、全国教学名师1人、全国模范教师1人、北京市教学名师2人、北京市优秀教学团队1个、北京市优秀教师1人、北京市高等学校青年学科带头人2人和北京市优秀青年骨干教师4人。年内，引进国家短期“千人计划”入选者2人，引进三层次人才3人，引进师资博士后6人；2人晋升为教授，4人晋升为副教授；4名教师获得学校人才培养计划资助；5名青年教师出国深造。

（吴豪伟、耿倩男）

【教学改革】本科生教学方面，2012年，学院组织召开了“教学经验交流与研讨会”、“研究型教学法专题研讨会”和“班导师与辅导员工作会议”，对教育教学改革进行了深入探讨。在教学方法改革方面，学院要求每门课程的主讲教师至少上报2个学时的研究型教学课堂，学院组织督导组专家专门检查落实情况和教学效果，大部分教师教学水平有显著改进和提高。2012年度，学院共开设课程142门，其中青年教师有15人上课，讲课优秀率为16.7%，优良率达100%；教授上课率90.7%。应届毕业生按期毕业率为96.0%，英语六级通过率为88.5%，考研深造率为54.9%，比上年提高9.5%。在创新本科生研究型教学模式、教学改革、教书育人和学生竞赛等方面均取得了丰硕成果。年内，由李长洪、蔡美峰等人完成的“基于‘岩石力学与工程’课程的研究性教学改革与实践”荣获北京市高等教育教学成果奖二等奖；李长洪教授荣获“宝钢教育奖优秀教师奖”和“北京市师德先进个人”称号；土木工程专业本科生荣获“苏博特”杯第二届全国大学生混凝土材料设计大赛一等奖1项和团体特等奖（导师刘娟红）、“首届北京市大学生建筑结构设计竞赛”一等奖1项（导师施建俊、黄盛楠）、二等奖1项（导师张举兵）。此外，学院师生还获得校级教育教学成果奖5项，青年教师课堂教学评比优秀奖二等奖1人，师德先进个人2人，优秀本科生导师2人，毕业生“我心目中最优秀的老师”2人，优秀毕业设计论文19项。在教改研究、教材和课程建设立项方面，较往年有显著提高。其中，校级教改重点项目1项、面上项目8项；校级规划教材重点项目1项、面上项目13项、规划讲义4项；校级课程建设立项优秀课程4项、研究性示范课程3项、全英文示范课2项；本科生科技创新立项99项。

在研究生教学方面，进一步落实《学院关于进一步加强研究生培育、提高研究生培养质量的若干意见（试行）》，全面实施2010版研究生培养方案，初步实现了学术型和应用型研究生的分类培养。年内，全部博士学位论文进行校外盲审，硕士生、博士生论文水平明显提高。积极做好优博培育工作，吴爱祥教授指导的06级博士生尹升华撰写的学位论文继2011年被评为北京市优秀博士论文后，2012年被评为全国百篇优秀论文；林海教授指导的07级博士生董颖博撰写的学位论文被评为北京市优秀论文。此外，学院组织了各类学术讲座和学术交流活动60余场，促进了学院的学术交流，营造了浓郁的学术氛围；积极开展学术论坛论文征集和优秀论文评选活动，32人参评院级学术之星评选活动，评选出优秀论文16篇，16人获院级“学术之星”称号，汪群慧教授指导的09级博士生张文毓和冯雅丽教授指导的09级博士生刘欣伟被评为学校“十佳学术之星”。年内，08级博士生柳姝（导师汪群慧教授）获“校长奖章”称号，11级硕士生秦南（导师李仲学教授）获北京市“三好学生”称号。

（李长洪、纪洪广）

【学科建设】2012年是学院学科建设的推进年。学院依托传统学科优势，注重国家重点学科和北京市重点学科的建设工作，取得了显著成绩。“211”三期项目建设、国家优势学科创新平台项目建设、北京市重点学科建设全面推进，各项建设项目基本完成。按照学校的统一部署，学院的矿业工程、安全科学与工程和环境科学与工程参加了教育部第三轮学科评估，并获得矿业工程排名第3、安全科学与工程排名第4、环境科学与工程排名第21的优异成绩。

至2012年底，学院设有采矿工程、土木工程、环境工程、安全工程、矿物加工工程5个本科专业；工程力学、流体力学、一般力学与基础、采矿工程、矿物加工工程、安全科学与工程、矿物学、矿产普查与勘探、地质工程、地球探测与信息技术、岩土工程、结构工程、桥梁与隧道工程、市政工程、供热供燃气通风及空调工程、防灾减灾工程及防护工程、生物化工工程、环境科学与环境工程19个普通硕士学科点；环境工程、矿业工程、建筑与土木工程、地质工程、安全科学与工程5个工程硕士授权领域；14个博士学科点，其中包含矿业工程、安全科学与工程、土木工程、力学、环境科学与工程5个一级学科博士点。继2011年学科调整后，2012年学院重新申报了调整后的矿业工程和安全科学与工程博士后流动站，全部获得批准。至此，学院的博士生流动站增至4个：矿业工程、力学、环境科学与工程及安全科学与工程。

（纪洪广）

【科研活动及实验室建设】 2012年，学院到款科研经费总额14060万元，其中软件到款10680万元，居学校首位。年内，新增科研合同264项，合同额20150万元。其中纵向合同50项，合同金额8228万元；横向合同214项，合同额11922万元。申报国家自然科学基金项目82项，获批15项（面上项目9项，青年科学基金项目6项），经费总额921万元。2012年，学院新立项国家级项目中，“973”项目2项，总金额921万元；“863”项目5项，总金额3754万元；科技支撑计划5项，总金额2389万元；科技部重大专项项目2项，总金额355万元。

2012年，共获得省部级以上科技奖励41项，其中国家科技进步二等奖4项，省部级科技进步一等奖6项，二等奖14项，三等奖16项，专利优秀奖1项。申请专利63项，授权48项。共发表学术论文621篇，其中被SCI检索32篇、被EI检索146篇、被ISTP检索43篇，国内核心400篇。

2012年，实验室完成了2项国家修购计划项目建设任务，国拨经费396万元。其中以低碳环保为特色的创新型环境工程本科教学实验平台项目获得国拨资金264万元，土木工程科技创新与综合性试验平台建设项目获得国拨资金132万元。至2012年底，学院实验室设备总值5820万元，设备总数3200台／套，其中10万元以上的大型设备62台／套，40万元以上的大型设备21台／套。年内购买设备153台／套，总价485万元，其中10万元以上大型仪器11台／套。9月份，“金属矿床高效开采与安全”教育部重点实验室顺利通过了教育部组织的专家验收。

（胡乃联）

【学术交流】 2012年，学院积极与国内外一流的科研院所及知名企业合作，目前已与23个大学、科研单位建立良好合作关系。学院依托优势学科和建立的合作关系，申请了教育部直属高校聘请外国文教专家年度计划海外名师项目、学校“211”三期创新人才培养——海外学者短期讲学计划等项目，邀请了国外的专家教授到我校开展短期讲学，共举行19次国内外知名教授讲座（其中包括9期名家论坛及2次海外学者短期讲学），成功申请到2名国家短期“千人计划”项目。学院教师及学生通过项目合作、国家公派项目及申请对方奖学金等形式到国外著名科研院所开展交流与合作30余次，20余名教授赴国内外参加国际会议和学术交流，参加各类学术会议20余次，申请到国际科技合作项目4项。

年内，由比尔及梅琳达·盖茨基金会和学校共同主办的“2012年中非国际沼气技术研讨会（2012Sino-Afirica International Biogas Technology Symposium）”在北京金茂威斯汀大饭店召开。参会嘉宾100人，学院李子富教授在会上就“中国沼气技术现状，粪便污泥管理技术等”作主题报告。5月25日，由北京科技大学、环境保护部华南环境科学研究所、中国环境科学学会和中国环境修复网主办，中华人民共和国科技部、环保部和国家自然科学基金委支持，成功举办了“第二届土壤与水体修复理论与技术国际论坛(The 2nd International Forum on Remediation of Contaminated Soil and Aquifer)”。9月27～28日，由中国矿业大学（北京）承办，北京科技大学协办的

"第24届全国高校安全工程专业学术年会暨第6届全国安全工程领域工程硕士研究生教育研讨会"在北京西郊宾馆召开。中国工程院范维澄院士、彭苏萍院士、国家安监总局人事司李生盛副司长、中国矿业大学(北京)校长乔建永教授、北京科技大学副校长孙冬柏教授、中国职业安全健康协会萧克源秘书长和中国安科院书记何学秋教授出席并讲话,学院金龙哲教授在会上作主题报告,参会人员150人。10月19日,由北京科技大学主办,东京工业大学、北京交通大学和北京工业大学协办的"第一届中日结构抗震技术学术研讨会"在学校成功举办。世界地震工程学会副会长川岛一彦、北京交通大学张鸿儒教授、北京工业大学陈彦江教授和北京科技大学宋波教授等在会上作主题报告,50余人参加了会议。

(胡乃联、施建俊)

【党建与学生工作】2012年,学院以基层党支部开展"喜迎十八大,争创新业绩"系列主题实践活动为契机,深入宣传学院党建工作取得的新成绩、新经验,为迎接党的十八大召开营造良好氛围;鼓励学生支部开展"践行'北京精神'"实践活动,以增强党支部的战斗堡垒作用,充分发挥党员先锋模范作用。年内,学院认真做好民主评议党员和党支部评估(简称"双评")工作,肯定成绩,找出差距,努力提高学院党员队伍整体素质,增强基层党组织的创造力、凝聚力和战斗力。

2012年,学院各基层党组织积极组织开展"学习十八大精神、践行五个一活动"主题党日教育活动,共有26个学生支部参加,平均每个支部开展3项活动。在基层党组织支部立项活动中,学院党支部100%参与,本092党支部、本102党支部、本111党支部、硕118党支部和博102党支部被评为学院"优秀立项活动党支部",其中本102支部获得学校优秀基层党组织活动二等奖,本092支部、本科111支部获三等奖,学院党委获得优秀基层党组织活动组织奖。10个学生党支部参加到红色"1+1"共建活动中,其中2个支部被推选到北京市参与市级优秀活动评选。

根据实际工作需要,学院党总支对《学生发展党员操作手册》进行再次修订,严格党员发展标准,规范党支部手册记录。年内,学院组织2次党支部书记培训,组织参加学校党支部书记培训2次;举办一期学生业余党校,培训学员209人;组织135名毕业生党员参加本科毕业生党员培训班、27名预备党员参加本科生预备党员培训班、10名新生党员参加新生党员培训班。至年底,学院共有学生党员877人(其中研究生党员726人,占全体研究生的55.17%;本科生党员151人,占全体本科生的11.35%);2012年度共发展学生党员107人(其中研究生发展31人,本科生发展76人);共有学生党支部46个(其中研究生党支部35个,本科生党支部11个)。

年内,学院加大新生教育和专业教育力度,积极探索"院长书记首讲、知名教授主讲、学长引航"的专业教育模式。年底举办了学院年度学生先进集体和个人风采展示会,在会上以答辩、宣讲、朗诵和视频等多种形式对学院年度先进集体、人物和事件进行集中宣传展示,强调专业思想转变的引导,让低年级学生在优秀榜样影响和带动下重新思考和认识专业,规划大学生活。

学院以社会实践、志愿服务和文体活动等为载体,关注学生身心健康和综合素质培养。本科10级和11级共400余人参加了2012年的社会实践,组建社会实践团40支,深入基层,广泛开展社会调研和理论宣讲,关注新农村建设和经济结构转型,进行志愿服务和弱势群体帮扶,探索和实践专业就业,展现了良好的精神风貌。学院有1支团队被评为金奖团队，另有银奖和铜奖团队各2支，社会实践先进个人36人，学院在河北涞源县南马庄村挂牌建立了社会实践基地。25名研究生参与挂职锻炼与科技服务，其中“足迹”科技服务实践一团获得优秀成果奖，“足迹”科技服务实践二团获得优秀创新奖，1人获得“优秀实践个人”称号，学院获得“研究生社会实践优秀组织奖”。在建校60周年校庆中，学院确定了“厚德博学，砺能善创”的院训并以此为引领，形成了一系列文化品牌。年内，学院组织了“土露芳华，环抱未来”2012届毕业生晚会和“放飞梦想，歌唱青春”研究生新生合唱比赛；在学校的各项体育赛事中也取得了骄人的成绩，获“年级杯”男篮赛第4、台球团体赛季军、校庆运动会男女团体总分第4、“三好杯”足球赛冠军、“三好杯”男篮赛冠军等好成绩。

年内，采矿0902团支部和安全1001团支部荣获首都大学、中专院校“‘先锋杯’优秀团支部”称号；采矿0902被评为北京市“先进班集体”；土木0904、采矿1001和土木1001被评为校“先进班集体标兵”；8个班集体荣获校“先进班集体”、“优秀团支部”称号；7个研究生班级荣获校“研究生先进班集体”、“优秀团支部”称号，其中采矿硕1101、安全硕1104和土木硕1105荣获“研究生先进班集体标兵”称号；110名同学获特等或特种奖学金，322人获得人民奖学金，46人被评为校“优秀三好学生”，94人被评为“三好学生”，98人被评为“优秀学生干部”和“优秀团干部”，121人被评为“优秀团员”；49人被评为校“优秀三好研究生”，147人被评为“三好研究生”，49人被评为“优秀研究生干部”；采矿0901团支书王建超、采矿硕101团支书刘宇当选校“十佳团支书”。张毅同学荣获北京科技大学第三届“十佳辅导员”称号。

（陈大鹏、姜琳婧）

冶金与生态工程学院

【概况】2012年，冶金与生态工程学院下设钢铁冶金系、物理化学系、有色金属冶金系、生态科学与工程系4个系；钢铁冶金新技术国家重点实验室1个；冶金与材料史研究所1个；金属与矿冶文化遗产研究国家文物局重点科研基地1个（省部级实验平台）；冶金实验技术中心1个。学院有冶金工程和科学技术史2个国家一级重点学科，2个学科在全国排名均列本学科前列（科技史第一，冶金工程第二），均有硕士、博士学位授予权；并设有冶金工程和科学技术史博士后流动站。学院设有冶金工程和生态学2个本科专业。

2012年年内，学院共招收学生696人，其中本科生212人，统招硕士研究生232名，博士研究生104名，工程硕士148名；共毕业学生600人，其中本科生303名，工学硕士167名，工程硕士68名，工学博士62名。至年底，学院在册学生2384人，其中本科生975人，普通硕士研究生578人，工程硕士研究生398人，博士研究生433人。

（张立峰、周贵友、张百年）

【师资队伍建设】2012年，学院有教职工124人。有专任教师95人，其中教授48人，博士生导师43人，兼职博导9人；副教授24人，讲师23人，师资博士比率为89%。实验中心有20人，行政办公人员有7人，专兼职辅导员队伍9人。师资队伍中有中国科学院院士3人，国务院学位委员会学科评议组成员1人，国家级突出贡献专家2人，“国家五一劳动奖章”获得者1人，省部级突出贡献专家2人，“长江学者奖励计划”特聘教授2人，国家“杰出青年科学基金”入选者2人，“国家百千万人才工程”入选者2人，中组部“青年千人”1名；北京市教学名师2人，教育部新世纪（跨世纪）优秀人才13人；北京市科技新星2人，冶金青年科技奖获得者3人；有宝钢教育基金优秀教师特等奖1人、优秀奖3人，“魏寿昆科技教育奖”获得者1人。

2012年，学院重视青年教师的发展，专项设立了“青年教师发展助力基金”，帮助青年教师开展科研、学术交流以及论文的发表。同时，积极推进青年教师国际化，支持8名青年教师出国研修。学院加强青年教师特别是教师博士后的管理与考核，4名教师博士后顺利转为教师。

年内，以邢献然教授为带头人的学术梯队入选教育部创新团队；张立峰教授获得中组部“青年千人”称号；张建良教授获得“全国优秀科技工作者”称号；吴胜利教授获得“北京市教学名师”以及“宝钢优秀教师奖”称号；王新华教授获得“中国钢铁工业优秀科技工作者”称号；包燕平教授获得美、德联合基金委员会设置的“Willy Korf杰出教育奖”；张梅教授获得中国金属协会“冶金青年科技奖”；侯新梅副教授入选教育部“新世纪优秀人才支持计划”。2012年，白皓、沈少波两位教师晋升教授；黄凯、杨丽韫两位教师晋升副教授。年内，学院聘任宝钢千人杨健教授和内蒙古科技大学杰青李梅教授为学校兼职教授，并选派了王静松、白皓、焦树强、马瑞新、孙彦辉、闫柏军、黄福祥和陈坤龙8位青年教师出国学习研修。

（张立峰、耿小红）

【教学工作】2012年，在本科生教育方面：①完成了冶金工程专业与生态学专业2010版培养方案课程负责人的聘用，完成了新教学大纲的讨论与编写，并对教师承担2门必修课做了制度规定。②教学改革方面，先后组织召开了学院国家精品课程共享资源研讨会和课程建设研讨与成果鉴定会，冶金物理化学课程申报了国家级的资源共享课程，李素芹教授的工业生态学获得了学校第4批精品课程建设立项。③教学成果方面，吴胜利教授获得“北京市教学名师”称号；吴胜利、王新华、陈伟庆、朱荣和国宏伟的“基于学科前沿的钢铁冶金学科群建设”项目获北京市教育教学成果二等奖。在第25届学校教育教学成果奖中，吴胜利教授、王新华教授等研究的“钢铁冶金学课程改革及教学互动开放平台建设”项目获得特等奖；周国治教授、郭汉杰教授等研究的“研究型大学目标定位下的冶金物理化学课程团队建设”项目获得一等奖；张家泉教授等研究的“北京科技大学钢铁冶炼模拟大赛”项目荣获二等奖。④年内，学院集中优势力量，精心申报，成功地申报了教育部的国家实验教学示范中心。⑤学院重视学生创新工作，如期举行炼钢模拟大赛与日本东北大学学生的创新研究的交流。3月20日，以Prof. Nagasaka为领队，14名日本学生组成的代表团来院访问，并开展创新工程交流。9月2～8日，王福明教授带队访问了日本东北大学工学院与东京大学材料系，与日本大学生开展了深入的学术交流。⑥2012届本科毕业生按期毕业304人，其中295名学生获得学位证书。在2012届毕业论文中，学院12名学生获学校优秀毕业论文。2012级招收212名学生，其中冶金工程7个班，生态学1个班。

2012年，根据学校研究生教育工作会议精神，学院在落实新版研究生培养方案的基础上，加强研究生分层次、分类型培养。学院重视对专业学位研究生应用性、实践性的培养，在5门研究生典型案例教学课程中，邀请了部分钢铁企业中具有扎实理论基础及现场经验丰富的高级工程师来校讲课，取得良好的效果。2012年，在研究生招生工作中严格招生纪律，抓好招生质量，全程保证公开、公平、公正，录取学术型硕士生178人，全日制硕士专业学位研究生54人，录取博士生104人。年内，学院加强企业工程硕士培养工作，招收冶金工程企业工程硕士生148人，位于全国冶金工程工硕招收人数之首。

2012年，学院继续狠抓研究生培养质量，在校级毕业生论文盲审的基础上继续实行院级研究生学位论文盲审制度，同时严格落实学校毕业研究生学位论文查重工作，重复率均在学校要求以下。此外，学院对毕业研究生答辩前发表文章非常重视并提出了具体要求，增加了博士生毕业前在核心期刊上发表文章的数量要求，要求硕士生在毕业前每人至少发表一篇以上的文章。学院还重视学位论文的撰写质量，在答辩后组织部分教师及答辩秘书对所有申请的学位论文再集中预审，重点检查论文撰写格式等，博士、硕士毕业生论文质量及撰写格式较往年有较大提高。

2012年，侯新梅同学撰写的学位论文获得全国优秀博士论文奖，陈坤龙同学撰写的学位论文获得全国优秀博士论文提名奖，胡澎浩同学撰写的学位论文获得北京市优秀博士论文奖。此外，学院还有6名博士研究生、9名硕士研究生的毕业论文分别获得校级优秀博士毕业论文和优秀硕士毕业论文。学院注重研究生的国际化培养，学院通过学校“211”工程三期“创新人才培养海外学者短期讲学计划”的实施项目邀请多名国外教授来院讲学。同时，通过国家留学基金派遣了多名学生到国外留学，资助11名研究生参加国际会议，资助1名研究生参加短期访学。

（张立峰、王福明、张建良）

【科学研究】2012年，学院共承担各类科研项目168项，其中纵向项目49项，横向项目119项。全年科研经费到款额7360.98万元（其中纵向项目到款额3649.86万元，横向项目到款额3711.12万元）新增纵向项目包括国家自然科学基金21项（其中重点项目3项，面上项目13项，青年科学基金项目2项，科学部主任基金1项，国际或地区合作交流项目2项），国家重大基础研究项目1项，国家重大专项项目1项，国家科技支撑计划立项项目5项，国家“863”课题立项项目4项，教育部科技项目（含博士点基金）6项；教育部留学回国人员基金3项；教育部创新团队及新世纪人才2项，其他部委2项；人文社科纵向项目4项；承担北京市各类科研项目1项；基本科研业务费11项。

2012年，科研获奖项目7项（其中省市级二等奖5项，三等奖1项；中国专利优秀奖1项），科研成果鉴定项目1项。申请专利97项（其中发明专利71项，实用新型26项），授权专利26项（其中发明专利24项，实用新型2项）。2012年发表SCIE、EI、CPCI-S收录论文315篇，其中被SCIE收录121篇、EI收录154篇、CPCI-S收录40篇。

（张立峰、郭占成、赵世强）

【合作与交流】2012年，学院注重加强国际交流与合作，主办2次国际学术会议，与多所国际名校开展校际学生交流；选派师生100余人次到国外交流，国内外专家50人次到学院交流讲学，参与学术交流师生近2000人次；选拔15名同学赴德国亚琛大学、比利时鲁汶大学攻读硕士学位，吸引12名留学生到学院开展学习。

年内，学院举办或参与了一系列国际高水平会议。5月27～30日，由周国治院士担任大会主席的“第九届国际熔渣、熔剂与熔盐学术会议”（MOLTEN12）在北京举行，来自中国、英国、美国、日本、澳大利亚及荷兰等国家的国际知名专家学者在会上就炉渣综合利用的创新与发展、熔盐与可再生能源、影响熔渣与玻璃熔体的热物理性能的因素、熔盐与电解过程中的碳含量关系、冶金熔渣物化化学性质的模型预报等内容作大会特邀报告。9月9～13日，由邢献然教授担任大会主席的“第十四届IUPAC高温材料化学会议”（HTMC-IV）在北京举行，来自14个国家的180余名学者参加会议，会议讨论了近年来高温材料化学在能源、环境和材料等领域的最新研究进展，促进了学术沟通与交流。

年内，学院与印尼万隆理工大学矿业与石油学院签订合作协议，双方将在加强交流合作、互派留学生等方面加强合作。学院与日本东北大学、美国理海大学和德国亚琛工业大学的学生开展各种交流活动，增进了相互的了解和友谊。此外，学院科技史专业举办了“中意文化遗产保护科技研习班”和“中韩文物保护科技研习班”等活动，提高了我校相关领域国际知名度。包燕平教授获得2012年度美、德联合基金委员会设置的“Willy Korf杰出教育奖”，成为首位获得该殊荣的中国教授。

2012年，学院与钢铁冶金新技术国家重点实验室联合主办系列“冶金大讲堂”活动，已成功举办了7期，分别邀请来自美国、英国、日本、韩国、俄罗斯、加拿大、澳大利亚和芬兰著名大学的10位教授以及来自中国中南大学、东北大学、有色总院、鞍钢、宝钢的多位专家和学者来校作报告，营造了良好的学术氛围。

（张立峰、潜　伟）

【实验室管理与建设】2012年，学院结合国家级实验教学示范中心申报和建设，完成本科实验教学实验室的五年规划和建设内容，为今后本科实验教学实验室的建设和发展奠定了坚实的基础。

学院继续加强冶金工程和生态学本科实验教学实验室建设，年内，执行了2012年中央级普通高校改善基本办学条件专项资金建设内容3项，包括冶金工程资源高效综合利用本科教学实验室建设、新能源清洁冶金本科教学实验室建设、生态学专业教学实验室建设，合计经费350万元。配套完善了包括冶金工程和生态学2个学科的本科实验教学的相关设备，改善了本科教学实验室的教学条件，保证了本科实验进行项目开出率达到100%，按教学计划圆满完成了实验课教学内容。大型设备管理水平不断提高，实验中心负责的X射线衍射仪、扫描电镜、差热分析、物理机化学吸附仪等大型仪器设备在学校举行的第十二届大型设备综合使用效益评价考核中荣获优秀奖励。

（张立峰、冯根生）

【党建与学生工作】学院党委切实加强领导班子自身建设，坚持中心组学习制度和坚持民主生活会制度，努力提高理论水平。同时，学院认真落实民主集中制，进一步规范工作程序和强化制度建设，制定下发了《学院党政领导班子贯彻落实“三重一大”制度的实施办法》、《冶金与生态工程学院党务公开工作管理办法》、《冶金与生态工程学院院务公开工作管理办法》，修订完善了《冶金与生态工程学院贯彻党风廉政建设责任制实施细则》。

2012年，学院党委认真做好民主评议党员和党支部评估工作，专门召开党支部书记会部署相关工作，对教师党支部、学生党支部注意分类指导，保证自查、评议各阶段工作顺利开展。全院627名党员参加民主评议，30个党支部全部参加考核评估。在民主评议党员和党支部考核评估基础上，学院对党支部分类定级、党支部书记工作测评进行了检查验收，通过“双评”工作，推动学院基层党建工作再上新台阶。

学院高度重视党员发展工作，通过制度建设、规范工作流程，确保了发展党员工作有序开展，重新修改了《冶金与生态工程学院发展党员工作细则》、《冶金与生态工程学院发展党员工作材料汇编》。学院党委组织积极分子院级理论测试2次；协助学校完成理论测试2次。2012年发展党员99名，其中本科生66名；研究生32名；教职工发展党员1名。至2012年底，学院共有党支部32个，其中教职工党支部7个；梯队党支部3个；学生党支部22个。共有教职工党员84名，占职工总数的60%；学生党员739名，占学生总数的36.58%；其中本科生党员113名，占本科生总数的11.76%；研究生党员626名，占研究生总数的58.95%。

学院扎实推进基层党建工作，年内，优秀基层党组织立项活动覆盖率达100%，冶本10党支部“为群众做事实，做合格共产党员”活动获得学校优秀基层党组织活动一等奖；钢铁冶金过程合理化研究梯队党支部“立足科研，保持先进”活动获得学校优秀基层党组织活动三等奖。此外，学院红色“1+1”活动获得“北京市高校红色‘1+1’示范活动”三等奖。王春义老师负责的党建课题《新形式下基层党建工作与高校学风建设关联性研究》获学校党建研究优秀成果特等奖。

在学生工作方面，学院继续以“建设与研究型学院相适应的学生工作”为目标，在重点加强学生班风学风建设、就业工作和学生安全教育工作的同时，继续开展学长顾问团、导师制、钢铁摇篮文化节、研究生学术论坛和模拟炼钢大赛等活动，鼓励学生广泛参与学术性活动，鼓励学生提前进入实验室参与课题，鼓励学生以宿舍为单位加强学风建设，引导学生做好职业生涯规划。学院不断完善班导师制、导师制—本科生提前进实验室、院长接待日和钢铁摇篮奖助学金等系列制度，出台了新生班主任制度，为2012级本科生每个班级配备一名班主任，对学生进行学习方法、职业生涯发展方面的指导，引导学生树立正确的世界观、人生观和价值观。年内，学院编辑印刷完成了首期院刊《春之声》，编辑了多期《钢魂》、《学生工作简报》等刊物，进一步营造浓郁的文化氛围。

2012年，学院共有573人获得优秀学生干部、优秀三好学生、优秀团干部以及“学术十佳之星”、“院长成就奖”荣誉称号，320人荣获各级各类奖学金。1个班级被推荐为“北京市先进班集体”，9个班级被评为校“先进班集体、优秀团支部”，冶金0907班荣获“87校友最佳团队”称号。41个宿舍被评为文明宿舍，5个宿舍被评为标兵宿舍。学院团学工作获校共青团工作考核评优活动主题教育工作单项奖，征兵工作获校“冬季征兵工作先进单位”称号，体育工作获校“先进体育工作学院”称号，学院获校研究生学术论坛组织奖。李萌获校“优秀学生工作者”和校“十佳辅导员”的称号；辅导员刘润藻、李萌、王丽莉和张瑜分获学校科技服务、危机排查、就业指导及宿舍建设5个学生工作专项奖。冶金0901班吴英杰团队在第八届全国“挑战杯”创业计划竞赛中获金奖，成为学校“挑战杯”创业计划竞赛开办以来学校获得的首金。

2012年学院举办各类招聘会9场，本科生就业率93.8%，研究生就业率为95.4%，签约率70.85%，学院获得“高质量就业优胜奖”，研究生就业工作获“签约率优胜奖”。2009级共15名学生获得了赴德国亚琛工业大学、比利时鲁汶大学攻读硕士学位研究生的机会。

2012年，学院社会实践工作本着育人第一的目标，深入钢厂矿企、深入基层民众、深入社会实际，在社会实践的舞台上“受教育、长才干、做贡献”。在2012年社会实践活动中，学院本科生4支团队获奖，其中1支团队获得金奖、1支团队获得银奖、3支团队获得铜奖，21人荣获“校社会实践先进个人”称号。学院研究生社会实践获“优秀组织奖”，其中山西建邦团队获“优秀创新奖”，广西防城港行活动获“优秀成果奖”，学院获“挂职锻炼与科技服务专项奖”。

年内，学院组织200多名志愿者为学校60周年校庆服务，圆满完成学校校庆接待工作及学院1500余名校友接待工作，举办了第八届“春之声”文艺晚会、振冶杯篮球赛、拔河比赛、研究生轻体运动会和“一二·九”火炬接力赛，充分展示了学生“积极进取、团结向上”的良好风貌。

（宋　波、王春义、张芳芳）

材料科学与工程学院

【概况】2012年，材料科学与工程学院下设材料学系、材料加工与控制工程系、材料物理与化学系、无机非金属系4个系。

2012年，学院共招收学生885人，其中本科生361人，研究生524人（其中博士研究生138人，工学硕士338人，全日制工程硕士48人）。至2012年年底，学院共有在校生3566人，其中本科生1892人，硕士研究生1081人，博士研究生593人。2012年材料国际班首次单列计划招生，规模扩大至两个班（60人），进一步完善了“国际班”培养方案和模式，同时2012年硕士研究生报名人数继续列全校第一位，硕士研究生优质生源（主要是211院校）比例达到44%。

2012年，值此建校60年之际，学院专门成立校庆工作领导小组，由院长、院党委书记担任组长，由行政副院长及党委副书记担任副组长，并邀请多位学院教授担任领导小组顾问，圆满完成了四川省、湖南省、辽宁省三省校友分会的建设工作。校庆期间，学院分别组建了学院风采展示组等五个工作组，共接待校友约2400人，举办包括名师讲坛、捐赠仪式等多场专项活动，并出版《中国材料名师讲坛(第一辑)》，专门设计制作了校庆纪念存储、校庆画册，彰显了浓厚的学院特色。

（曲选辉、吴春京、郤永红）

【师资队伍建设】学院现有教师108人（其中博士生指导教师50名），兼职教授9人。具有博士学位的103人，占教师总数95.4%；45岁以下的教师58人，100%具有博士学位。师资队伍的职称结构、学历结构、学缘结构和年龄结构均得到了明显改善。2012年，学院教师出国访学47人次。

2012年，学院认真制订学院、学科二级人才队伍建设规划，以人才成长环境构建和高水平学术团队建设为重点，积极引进和培养国内外杰出人才及团队。王鲁宁博士获批“青年千人”，王戈教授被评为长江学者特聘教授，姜勇教授团队被聘为教育部长江学者创新团队，另有2人获批教育部新世纪创新人才、1人北京市优秀人才。

学院有重点、有计划地选拔和培养青年学科带头人、学术骨干。在重大项目和重大工程申请过程中，特意安排青年教师参与申请报告的编写、论证等工作，使一批青年教师在实际工作中得到有效锻炼。在学校、学院组织的教师教学基本功比赛中，赵海雷教授获大赛一等奖，并被评为学校“师德先进个人”；青年教师孟利、滕蛟获学校青年教师教学基本功大赛三等奖。学院实行青年教师导师制，进一步明确了研究室首席教授在青年教师培养中的作用，促进了创新团队和学术队伍的建设。积极开展师德教育、敬业精神、奉献精神和科学精神的培养，促进师资队伍整体水平的全面提升。一批教师在推进教育改革，建设和谐学院的过程中做出了突出的贡献，受到国家和学校的表彰和奖励。

（曲选辉、邰永红）

【学科建设】2012年，学院顺利完成了第三轮国家重点学科评估工作，同时本着“凝练学科方向、凝聚学科队伍、构筑学科基地”的宗旨，按照“完成从以结构材料为主向结构材料与功能材料并重的转变，以基础研究为主向形成基础研究－高新技术开发－成果转化与应用的学科链的转变”的目标，进一步整合学术队伍，创新人才培养模式，形成了具有国际先进水平的、蕴含浓厚学院特色的学科专业和研究方向。

传统材料方面，材料设计与计算材料学在科技部条件平台建设、“863”以及“211”工程的支持下，以材料基因组研究为导向，利用第一性原理、分子动力学、相场理论等不同方法和不同尺度的模拟计算，建立了材料设计、快速制备、快速性能测量以及研发了具有特色的材料设计与模拟基础数据库共享网等，凝聚形成了较强的材料设计与计算学科方向，并获得了国家“863”主题项目的支持；材料服役研究除在管线钢、高强钢等传统领域的继续研究外，在“211”工程、优科平台以及国家各部委支持下，建立了深海、微观测量平台，在功能材料、低维材料的环境服役行为与机理以及传统材料在深空深海环境下的服役行为和服役安全评价方面取得重要进展，为天宫1号、2号、大运载火箭以及战略战术武器的安全储备等做出了重要贡献，使金属腐蚀与防护学科从常温常压的普通环境拓展到高温、高压、高真空等极端严酷环境。在纳米材料与器件构建方面，构建了基于一维ZnO纳米材料的光电、电子、力电纳米器件，相关研究文章在《Aav. Mater.》、《Nano Lett.》等刊物上发表，受到国际同行的高度评价。以张跃教授为首席科学家的“低维材料的高效能量转换与器件基础”项目获得了科技部“973”计划支持，为“纳米材料与器件物理学”的交叉学科方向奠定了坚实基础；催化材料、新能源材料、高分子光电材料以及磁性材料与器件均取得了重要进展并获得了不同国家重大项目的支持。功能材料方面的研究已经与结构材料达到并驾齐驱的程度。

2012年，学院认真落实人才强学科战略，制订学院、学科二级人才队伍建设规划，以人才成长环境构建和高水平学术团队建设为重点，积极引进和培养国内外杰出人才及团队。王鲁宁博士获批“青年千人”，王戈教授被评为“长江学者”特聘教授，白洋副教授被中组部评为“首批青年拔尖人才”，董超芳教授获得基金委“优秀青年基金”支持，乔利杰教授与邢献然教授合作申请的“教育部创新团队”获得批准，处于公示阶段，另有3人获批“教育部新世纪创新人才”。

（曲选辉、杜振民）

【教学改革】2012年，学院继续全面贯彻“以研促教，教研结合”的指导方针，鼓励教师创新教育教学方法，总结教育教学成果，不断提升教学质量，取得了较多教学研究成果和立项。由谢建新、曲选辉、于广华、强文江和肖纪美负责的“材料学科创新型高水平人才培养的实践和研究”项目获北京市教育教学成果一等奖和校级教育教学成果特等奖；由杨平、陈冷、孟利、强文江和李长荣负责的“基于‘材料科学基础’课程的学生综合能力培养模式”项目获北京市教育教学成果二等奖和校级教育教学成果特等奖；由孙建林、曲选辉、于广华、熊小涛和負冰负责的“依托国家实验教学示范中心，构建实验教学与大学生创新活动相互促进的新模式”项目获校级特等奖，《创造训练》精品课程建设——“材料专业力学性能实验课教学改革与实践”、“结合材料学研究前沿领域的大学生创新实验项目指导与实践”项目获校级教育教学成果二等奖。

2012年，“无机非金属材料专业创新人才培养模式研究与实践”、“课堂引导、创新训练和科研活动三位一体的拔尖人才创新能力培养模式研究与实践”、“‘低维材料学’课程实践教学的改革与建设”、“专业课实验教学模式的改革与实践”和“基于引导学生自发自愿进行材料学专业生产实习的综合能力培养模式”获批2012年度校级教育教学改革与研究项目；“材料力学性能”、“金属材料及热处理A”和“固态成形理论基础”获批2012年第4批校级精品课程建设项目；“粉末冶金材料”、“材料物理性能B”和“合金化原理及应用”获批2012年度全英文教学示范课程建设项目；“固体电解质（双语）”、“有机材料化学（双语）”、“金属材料及热处理”和“液态成形理论与工艺”获“2012年度校级研究型教学示范课程”称号；《材料分析方法》、《材料科学与工程基础》等9本教材（讲义）被列入北京科技大学“十二五”规划教材（讲义）。

2012年，学院国际班教学相关工作有序开展，共邀请3位外籍教师为国际班学生开设专业课，10余位外籍学者为国际班开展专题讲座，教学副院长定期与国际班开展交流，了解学生的学习情况。学院首届国际班材料0801班育人成果显著，全班学生深造率90.9%，就业率达到100%，其中17人成功申请到德国亚琛工业大学、比利时鲁汶大学和美国宾夕法尼亚大学等国际一流大学深造，11名同学被推荐免试攻读硕士研究生。材料0801班先后获得了学校“最佳团队”、“先进班集体、优秀团支部标兵”荣誉称号，成为学院班级建设的标杆。2012年小学期，学院组织2010级国际班20名学生到北海道大学及日本制钢所（JSW）参观学习，扩大了国际化人才培养视野，效果明显。

研究生教学工作方面，学院重视教师课堂教学的管理和监督工作，两学期的课程评教优良率分别为95%和100%，研究生学位论文前后评估优良率分别为97%和100%。

2012年，学院完成了国家级实验教学示范中心验收工作。2012年4月，学院实验中心正式建成了虚拟实验室，对全校开放，并举办材料虚拟实验室研讨会，重庆大学、湖南大学、中南大学和国防科技大学等多所大学提出共享、共建的合作需求。同时，完成了冲压实验室建设，为开设相关实验课做好准备。实验中心的实验教学改革在国内高校起到了较好的示范作用，2012年，上海交通大学、哈尔滨工业大学、中南大学、北京工业大学、北方民族大学、德国亚琛工业大学和比利时鲁汶大学等国内外多所高校材料类实验室负责人来校进行交流学习。

（杜振民、于广华、孙建林）

【科学研究】2012年，学院在科研工作中继续坚持“加强基础研究，推动技术与产业结合，培育交叉学科，促进交流与合作”的科技工作方针，以平台和基地建设为主体，面向国际科技前沿、围绕国家新材料发展战略目标，针对学科发展前沿以及社会发展的重大科学问题，开展探索性、创新性和重大关键技术的应用基础研究，获得原始创新性成果和自主知识产权，保持材料学院在国内材料学科的领先地位，提升了材料学院在国际上的科技影响力。

2012年，学院进校科研经费8279.72万元，比2011年度增加16%，其中纵向经费4996.74万元，横向经费3282.98万元，科研经费继续稳定增长。2012年，学院获批国家“973”项目及课题合计5项，总经费3437.51万元，其中以张跃教授为首席科学家申请的国家重大研究计划项目“低维材料的高效能量转换与器件基础”正式获准立项。另外，还有3项国家“863”计划课题获批立项，总经费1525万元。2012年，学院继续加强与地方和企业之间的合作，产学研项目经费比2011年增加88.7%。与企业签订了116项技术研究，经费总额3815.6万元，比2011年净增88.7%，其中单项过400万元的项目2项，单项在300万～400万元的项目1项，单项在90万～300万元之间的项目5项。

2012年，学院教师参加国际、国内会议共208人次（其中国际会议76人次、国内会议132人次）；在国内外学术会议上作特邀报告56次，比2011年度增加55.6%。另外，学院教师2012年共外出讲学57人次，其中国外讲学8人次，国内讲学49人次。

2012年，材料学院共发表了论文778篇，其中被SCI收录231篇，被EI收录317篇，被ISTP收录92篇。高水平论文数量进一步增加，在影响因子大于5的期刊上发表论文12篇，是2011年发表数量的3倍。

2012年，材料学院获授权发明专利数目稳步提高，共申请专利数111项（其中发明专利104项，实用新型7项），授权专利68项（其中发明专利58项，实用新型专利9项，软件著作权1项），申请及授权数量相比2011年均有提高。2012年学院教师出版的专著及编译著作共5部。2012年材料学院科研共获奖12项，其中国家级1项，省部级11项。鉴定项目中，具有国际先进水平7项。

（曲选辉、姜　勇）

【学术交流】2012年，学院继续坚持“启发创新思维、强化创新基础、培养创新能力”的创新型本科人才培养理念，重视学生科技创新项目的训练，指派专门老师对SRTP项目进行了指导和日常管理工作。曲选辉教授指导的项目“微电子封装用金刚石/铜复合材料的镀覆和钎焊机理研究”，贾成厂教授指导的项目“高导电、低摩擦、耐磨损电磁炮导轨材料的研究”，郑裕东教授指导的项目“氧化细菌纤维素-银-胶原蛋白复合材料制备表征及生物学评价”获国家级项目一等奖；毛卫民教授指导的项目“7075铝合金浆料的倒锥形通道制备技术”获北京市级项目一等奖；此外学院还获得国家级项目二等奖1项，北京市级项目二等奖2项，校级项目一等奖、二等奖各1项。

2012年，在第八届“挑战杯”复星中国大学生创业计划竞赛决赛上，由曲选辉教授担任指导教师的“瑞迪恩特”创业团队获得金奖，这是“挑战杯”创业计划竞赛开办13年以来学校获得的首金，也是学校青年学生在创新创业“奥林匹克”舞台上的第一次完美亮相。

2012年12月，学院承办首届全国大学生金相技能大赛，来自清华大学、中南大学和上海交通大学等全国23所高校的50名教师，71名本科生参赛。大赛响应国家加强高校实践教学、实践育人的要求，为高校材料学科大学生提供了提高实验动手能力和创新思维的平台，提供了相互交流和学习的机会，对于提高材料专业大学生的创新能力和实践能力、推进材料专业教学改革具有重要意义。

2012年，学院共举办中国材料名师讲坛6讲次，主讲人包括来自剑桥大学的Derek Fray教授和广州有色院的中国工程院院士周克崧教授、中科院物理所的中国工程院院士陈立泉教授等6位享誉盛名的专家，另外有3场作为学校60周年校庆活动在校庆期间举办。

2012年，学院举办第八届研究生学术论坛，共举办大型学术活动14场，累计参加人数超过3000人次。经答辩等综合评选，最终26名研究生获得金光西南、山西建邦、建龙等特种奖学金；博士研究生葛振华以卓越的成绩从众多优秀学子中脱颖而出，获得宝钢优秀学生特等奖。在2012年的研究生十佳学生之星评选中，学院张骐、王玲和徐南生3名博士研究生以优异的成绩获得殊荣。2012年，张跃教授指导的材料物理与化学专业博士生杨亚撰写的学位论文《一维氧化锌纳米材料的力电性能与器件基础》获北京市优秀博士论文。

2012年，学院各学术梯队共参加国内外会议93场次，其中国内会议69场，国际会议24场，参与人员200余人次，发表会议论文112篇。在此期间，全院研究生共发表学术论文343篇，外文186篇，中文149篇，其中外文文章平均影响因子1.36。

2012年，学院积极创造条件，鼓励学生参加海内外校际间的短期交流，提高学院的国际化办学水平。其中52名研究生通过各种渠道赴海外学习，2010级国际班学生共计20人赴日本进行为期两周的实习，3名本科生赴台湾交换学习，7名本科生参加“3+1”英国、加拿大、澳大利亚等国家交流项目，2名本科生参加韩国短期交流项目，17名海外留学生在学院学习深造。

（曲选辉、万发荣）

【党建、工会与学生工作】 2012年，学院党委积极贯彻落实《国家中长期教育改革和发展规划纲要（2010～2020）》，认真组织学习了中共十八大精神。结合中心工作，学院大力推进学习型党组织建设，制定了《材料学院党委理论中心组学习制度》，不断提高党员干部的思想理论水平。年内，学院领导班子全年共召开党委扩大会议6次，党政联席会15次。党的十八大召开以后，举办了学院党委学习党的十八大精神专题培训班，全体党委委员、教职工党支部书记和学生党总支人员参加了培训。

2012年，学院完成积极分子推优273人，发展学生党员224名，其中研究生党员39名，本科生党员185名，此外199名预备党员完成转正。至2012年底，学院共有学生党员1399人，其中本科生党员399人，研究生党员1000人，党员人数占学生总人数的39.0%；教师党员146人，党员人数占教师总人数的60.8%。

2012年，学院党委高度重视基层立项活动，45个学生党支部和9个教工党支部都申报了基层党组织立项活动，活动覆盖面（党支部参与率）达到100%。2012年，学院不仅蝉联了基层党组织活动优秀组织奖，各基层支部硕果丰硕，获一等奖1个，二等奖3个，三等奖2个。学院共有10个学生党支部参加红色“1+1”并获奖，其中材料本科2010级第一党支部入围北京市级优秀红色“1+1”活动。

2012年10月，学院响应上级党组织号召，学院党委组织全体党员和广大师生积极参与“共产党员献爱心”活动，共有59个支部参加捐献活动，参与人数1158人，捐款总数为19520.1元。其中本科生19个支部共539人捐款6343.4元，研究生31个梯队支部共541人捐款6006.7元，教职工9个党支部共78人捐款7170元。

2012年，材料学院二级分工会围绕学院年度中心工作，严格履行工会“参与、维护、建设、教育”四项基本职能，取得了可喜的成绩，2012年被学校评为“先进工会之家”。材料学院工会一直坚持“教代会”制度，组织全院教职工为学校提出有利于教职工切身利益合理有效的提案5个，以此平台充分调动教职工参与学校、学院建设的积极性。为了关心爱护教职工，工会积极开展丰富多彩的体育和文艺活动，成立了“羽毛球协会”、“乒乓球协会”，组织徒步登山等群体性活动，每年为职工进行健康检查，组织“送温暖、献爱心”等捐款活动，同时在教职工结婚、生子、离退休、生病等时候，及时送去集体的温暖和慰问，真正将“工会是我家、发展靠大家”的理念贯彻工作始终。

2011～2012学年，本科生10、11级不及格率大大低于全校平均水平，是全校理工科学院中不及格率最低的学院。2012年，全院共有24个本科生班级及研究生集体获得北京市和学校表彰，51名本科学生在全国和北京市的大学生英语、数学和物理竞赛中获奖。年内，学院共评选出包括国家奖学金、国家励志奖学金、87校友奖学金和北京科技大学精英奖学金等在内的11类特种奖学金以及人民一、二、三等奖学金，共576名本科生获奖学金，总计金额990000元。

年内，学院2012届本科毕业生458人，就业率为97.38%，全校排名第二；签约率为80.79%，全校排名第一；出国率为19.65%，全校排名第二，出国深造的人数和比率均为建院以来的最高水平；保研和考取研究生的总人数为199人，读研比率为43.45%；本科生升学率为63.1%，全校排名第一。学院2012届研究生毕业生共有454人，就业率99.12%，其中硕士研究生就业率为99.37%，博士研究生就业率为96.39%。学院2012届非定向派遣毕业生406人中，有43.35%的毕业生在材料冶金行业工作，其他毕业生主要分布在机械制造、航空航天、汽车等行业，为我国基础工业化发展和国防建设输送了大量的人才。

（吴春京、邰永红、李　磊）

机械工程学院

【概况】机械工程学院设有机械工学系、机械制造及自动化系、机械电子工程系、机械装备与控制工程系、车辆工程系、热科学与能源工程系、建筑环境与设备工程系、物流工程系、工业设计系9个系；实验中心和零件轧制研究中心2个中心；国家板带生产先进装备工程技术研究中心1个国家级工程中心；教育部零件近净轧制成形工程研究中心、教育部先进板带生产装备及控制工程研究中心、北京市节能与环保工程研究中心、北京市流程工业节能减排重点实验室以及工业节能与能效经济引智基地5个省部级科研平台；北京市教学创新实践基地1个；北京市高等学校实验教学示范中心、北京市高等学校市级校外人才培养基地2个省部级教学平台；机械工程研究所、冶金机械研究所、热能工程研究所、水煤浆技术研究所、物流工程研究所和车辆工程研究所6个研究所；大型工业机械仿真、监测与控制实验室等33个实验室。

2012年，学院共招收本科生589人；全日制硕士研究生311人，其中学术学位硕士生253人，专业学位硕士生58人；非全日制专业学位硕士生56人；博士生48人。毕业本科生716人，授予工学博士学位36人，学术学位硕士260人，专业学位硕士64人（其中全日制25人，非全日制39人）。至2012年底，学院在校学生3685人，其中本科生

2510人（含留学生50人），研究生1175人（含留学生9人），包括硕士生677人，工程硕士生302人，博士生196人。

（王 立、景志红）

【师资队伍】至2012年底，学院在编教职工212人，其中专任教师161人，教辅和行政人员51人。专任教师队伍中，具有正高级职称36人（含博士生导师26人），副高级职称80人。2012年，2名教师晋升为正高级职称，9名教师晋升为副高级职称，新增教职工7人，5名青年教师通过了教师资格认定。

学院现有中国工程院院士1人，“千人计划”入选者1人，国务院学位委员会委员1人，国务院学位委员会学科评议组成员2人，国家级突出贡献专家3人，“973”首席科学家1人，新世纪百千万人才工程国家级人选1人，教育部跨/新世纪优秀人才6人，北京市突出贡献专家4人，北京市教学名师3人，北京市科技新星4人，宝钢优秀教师特等奖2人，优秀奖7人，享受政府特殊津贴人员7人。

（景志红）

【学科建设】2012年，按照教育部同年9月公布的最新本科专业目录，学院对原有的机械工程及自动化、车辆工程、热能与动力工程、建筑环境与设备工程、物流工程、工业工程、艺术设计和工业设计共8个本科专业名称进行了调整。调整后的8个专业为：机械工程、车辆工程、能源与动力工程、建筑环境与能源应用工程、物流工程、工业工程、视觉传达设计和工业设计。调整后的8个专业按5个大类招生：机械工程和车辆工程专业按机械大类招生；能源与动力工程和建筑环境与能源应用工程专业按能源动力大类招生；物流工程和工业工程专业按物流管理与工程大类招生；视觉传达设计专业按设计学大类招生；工业设计专业单独招生。

2012年，土木工程一级学科下的二级学科供热、供燃气、通风及空调工程的研究生培养与管理纳入机械工程学院。全院设有机械工程和动力工程及工程热物理2个工学博士学位授予权的一级学科；物流工程和供热、供燃气、通风及空调工程为可授予工学博士学位的2个二级学科；设计艺术学为可授予艺术学硕士学位的二级学科。机械工程、车辆工程、动力工程和物流工程4个专业可授予工程硕士学位。机械设计及理论和热能工程2个二级学科为国家重点学科；机械工程和动力工程及工程热物理2个一级学科为北京市重点学科。

2012年3月，“211”工程三期重点学科建设项目“冶金装备工作行为与控制”通过了总结验收，圆满完成了建设任务。在2012年国家第三轮学科评估中，机械工程学科在73所设有该一级学科的学校中排名第22（并列）；动力工程及工程热物理学科在32所设有该一级学科学校中排名第13（并列）。

（张 杰）

【教育教学】2012年，学院总结经验、整合资源，加强本科教育教学工作，成果丰硕。申报的2项本科教学项目均以优异成绩获得2012年度北京市高等教育教学成果奖一等奖，另有1项研究生教学项目获得二等奖；获得学校“第25届教育教学成果奖”特等奖2项，一等奖3项，二等奖1项。年内，学院共有25项“第六批校教学研究基金项目”通过结题验收，其中重点项目1项、面上项目9项、青年教师教学研究项目15项，另有12个教改项目立项为校级“2012年度教育教学改革与研究”面上项目。

2012年，学院立足教学，稳步发展，课程与教材建设成果显著。课程建设方面，“传热传质学”、“机械制图系列课程”、“建筑环境学”、“机械制造工艺基础”、“工程流体力学”共5门课程新批准为校级研究型教学示范课程，至年底，学院共有7门研究型教学示范课程。“建筑环境与设备工程基础”和“计算机辅助制造”2门双语课程立项为全英文教学示范课程建设项目；“液气压传动”、“热工过程及设备”及“计算机辅助制造”3门校级第3批精品课程与“机械制造工程”、“工业热工基础”等9门校级第5批优秀课程通过验收，在通过验收的第5批优秀课程中，“建筑环境学”和“人机工程学”2门课程批准立项为第4批校级精品建设课程。2012年，学院共有20个课堂获批学校第九批免检课堂。教材建设方面，学院2本教材列为学校2012年度“十二五”规划重点教材，9本教材列为“十二五”规划一般教材和讲义。2012年，由学院教师主编并正式出版的教材共8部，窦忠强、曹彤等老师主编的《工业产品设计与表达（第二版）》入选“十二五”普通高等教育本科国家级规划教材。

2012年，学院继续平稳实现2005版培养计划向2010版培养计划的过渡。最后一届2005版培养计划即将执行完毕，2010版培养方案全面实施，新版培养方案在执行过程中得到了进一步的完善，同时完成了新版课程教学大纲的整理撰写。根据2010版培养方案，学院制定了相关课程的任课教师规划，组织教学经验丰富的教师担任课程负责人，尚未取得任课资格的新入职教师也被列入了任课教师规划，新入职的教师承担助课、批改作业和指导实验等工作，同时安排有经验的教师对其进行指导，实现年轻教师的培养和教学工作的长远发展。教师资源的合理配置和任课教师的相对稳定，为教学计划的顺利实施、教学秩序的稳定和教学质量的进一步提高提供了保障。

（夏德宏）

【科学研究】2012年，学院共申报各类纵向科研项目149项，获批32项，新增纵向合同经费2686万元。其中，国家自然科学基金16项，863课题2项，科技支撑计划项目2项，新世纪人才项目1项，其他省部级项目11项。新增横向合同98项，合同金额为5012万元，其中大于100万元项目有6项。

2012年度，学院到校经费6250万元，其中纵向经费3773万元，横向经费2477万元。纵向经费较2011年同期增长20%，总经费与2011年基本持平。

2012年，学院共有6项科研成果获得国家和省部级奖励，其中“阳极磷铜球室温精密斜轧工艺与设备研发”获中国有色金属工业科学技术奖一等奖；“金属板带表面缺陷在线检测技术的开发与应用”获高等学校科学研究优秀成果奖二等奖；“通钢热连轧轧机振动研究及在线监测”获中国机械工业科学技术奖二等奖；“青藏高原矿产资源开发生命保障氧气增补关键技术”获青海省科学技术奖二等奖；“万吨级楔横轧高质量汽车轴类件生产技术及应用”获河北省科学技术奖二等奖；“双机架可逆冷轧机振动与抑制措施研究”获国家安全生产监督管理总局颁发的第五届安全生产科技成果奖三等奖。年内，学院申请国家专利41件，授权发明专利19件，授权实用新型专利17件；申请软件著作权7项；共发表检索论文197篇，其中SCI检索32篇、EI检索119篇、ISTP检索46篇。

（马　飞）

【实验室建设】2012年，新增教育部工业节能与能效经济创新引智基地和北京市高等学校市级校外人才培养基地科研(教育)基地2个，目前依托机械工程学院的省部级以上科研(教育)基地达到7个。2012年度学院完成了国家板带生产先进装备工程技术研究中心的验收工作。

2012年，学院大力加强实验室基础条件建设，完成中央修购计划2010年度项目“热能与动力工程综合性实验教学体系建设”的设备安装与实验室建设，并顺利通过验收。启动了先进制造技术实验平台建设、人机工程交互设计综合实验平台、车辆动力性能检测与实验系统和机械设计创新性研究教学实践平台共4项2012年度中央修购计划建设项目；编制了中央修购计划2013～2017年改善基本办学条件建设规划，完成申报实验平台建设项目10项。

2012年度，实验教学中心面向全校14个专业，接待实验学生3200余人，实开本科生实验课程70门，实验项目191项，全年完成实验66350人时。

（马　飞）

【对外交流】 2012年4月，学院成功主办了轧钢设备及技国际会议，来自美国、德国、加拿大、英国等国家及国内钢铁企业、研究单位、高等学校的代表参加了会议。年内，学院共有教师34人次进行了短期因公出访，分赴美国、德国、日本、法国、加拿大、中国香港、中国台湾等地开展合作研究、会议交流、考察等短期学术活动，较上年短期出访人数增加1倍。2012年，学院共有7位教师到美国、英国、新加坡等做半年至一年的访问学者，较上年长期出访人数增加40%。2011年出国的5名教师都已顺利完成访学任务，全部按期回国。

2012年，学院邀请海外学者短期讲学2人，邀请德国Wuppertal大学Joachim Holtz教授开设“交流电机的建模、控制及动态分析”课程，邀请下莱茵应用科技大学Holger Beckmann教授开设“德国现代物流技术发展现状与趋势”课程。

2012年，学院积极推进学生国际化培养，与美国韦恩州立大学（Wayne State University）初步达成了研究生培养合作协议。2012年，学院共49名学生赴海外境外学习交流（研究生21人，本科生28人）。其中，通过国家高水平公派留学计划派出博士生2人，分赴美国佐治亚理工学院和明尼苏达大学。年内，学院3人赴法国图尔工程师学院、奥尔良工程师学院等攻读硕士学位；4人赴中国台湾、韩国等国家和地区进行短期交流；3人赴美暑期社会调研；15人（含研究生9人，本科生6人）赴台湾科技大学、韩国浦项工业大学校际交换；12名本科生（3+1等）赴英国邓迪大学、美国加州大学河滨分校、普渡大学盖莱默校区和爱尔兰利莫瑞克大学联合培养。

2012年，学院招收海外硕士研究生5名，博士研究生1名。至年底，学院有在校留学生59人。

（张　杰）

【党建与学生工作】 2012年，学院顺利通过学校党建和思想政治评估，获得“北京科技大学党的建设和思想政治工作先进单位”称号。至年底，学院共设有党支部56个，其中教职工党支部12个、研究生党支部28个、本科生党支部16个；共有党员965名，其中教职工党员161名、学生党员804名（研究生党员534名，本科生党员270名）；年内，共发展党员181人，其中研究生64人、本科生117人；预备党员转正92人。

2012年，学院学生党总支积极组织申报基层党组织活动和红色“1+1”党支部主题活动，监督指导各支部完成情况。年内，学院学生党支部共申报红色“1+1”活动9项，按照要求完成的有7项，其中3项推荐至北京市候选参评奖项，均获北京市优秀奖，分别为本10级第三党支部、本10级第四党支部、本11级第二党支部，是学校各学院中完成效果最好、获得推荐数最多的学院；除大一、研一党支部外，42个学生党支部参与率为100%，申报并完成了2012年基层党组织活动，其中本11级党支部获“北京科技大学优秀基层党组织活动”一等奖、制冷及低温工程（王立教授）梯队党支部获“北京科技大学优秀基层党组织活动”二等奖、本科1012党支部获“北京科技大学优秀基层党组织活动”三等奖。

学院学生科技学术活动蓬勃开展。2012年，学院完成2011年度立项的本科生科技创新项目验收，校级项目17项通过验收，其中国家级2项；院级项目42项通过验收，其中一等奖11项，二等奖12项；完成2012年度本科生科技创新项目院级项目立项111项，校级项目立项22项，其中有17项在中期检查后被推荐为国家级。

2012年，学院学生共有101人次在国家级竞赛中获奖，88人次在省部级竞赛中获奖，285人次在其他竞赛中获奖，获奖学生总数474人次，获奖学生占学院学生总数的19.27%，学院获得各级奖项人次居全校第一。2012年，学院获“2012年全国大学生数学竞赛”一等奖1名；“2012年全国大学生外语竞赛”一等奖2名，二等奖9名，三等奖4名；“第五届全国大学生节能减排社会实践与科技竞赛”一等奖2项，二等奖4项，三等奖3项，优秀组织奖，获奖总数位于全国参赛高校前列；第二十届“人工环境工程学科奖学金竞赛”二等奖1项；“大金空调杯”第六届中国制冷空调行业大学生科技竞赛一等奖2项，三等奖1项；第七届“飞思卡尔杯”全国智能汽车大赛特等奖1项，一等奖2项，二等奖2项；第五届“高教杯”全国大学生先进成图技术与产品信息建模创新大赛，机械类尺规一等奖2人，二等奖1人，机械类全能一等奖2人，二等奖1人，团体一等奖。2012年，获“全国大学生数学建模竞赛”北京市一等奖1人，北京市二等奖3人；第三届“蓝桥杯”全国软件专业人才设计与创业大赛北京赛区C/C++程序设计本科组一等奖1人,二等奖1人；“第二届北京市大学生动漫设计竞赛”，漫画插画类二等奖2人，三等奖11人，动画类三等奖2人；“2012年全国第四届全国大学生数学竞赛”初赛北京赛区一等奖3人，二等奖4人，三等奖8人；“2012年北京市大学生物理竞赛”二等奖9人，三等奖19人。

2011～2012年度，学院共有4支团队分获学校2012年暑期社会实践金、银、铜奖团队；1名老师获“2012年学生暑期社会实践先进工作者”称号；2名老师获“2012年学生暑期社会实践优秀指导教师”称号；1名同学获得“2012年社会实践十佳标兵”称号；60名同学被评为“2012年学生暑期社会实践先进个人”。在2012年《北京科技大学学生暑期社会实践优秀论文集》中，学院3篇论文入选学校优秀论文（全校共8篇）。另外，由艺术设计专业同学组成的“函宏思潮社会实践团队”通过努力与单县第一中学及清美四方文化传播有限公司建立北京科技大学实践基地，并签订了合作协议，为以后的学生实习提供了基础。

2012年，学院学生共获国家奖学金、国家励志奖学金、86校友奖学金、人民特等奖学金、高效轧制奖学金、宝钢优秀学生奖、精英奖学金、泰尔奖学金和金广－西南不锈钢奖学金等各类特等奖学金149人次，人民奖学金869人次，国防生“砺剑”奖学金3人次；优秀三好学生86人次，三好学生173人次，优秀学生干部86人次，优秀共青团干部62人次，优秀团员146人次。

年内，学院团委被评为“北京市五四红旗团委”；获得北京市“我的班级我的家”示范班集体1个，北京市先进班集体2个，87级校友基金最佳团队2个，校级先进班集体、优秀团支部标兵6个，校级先进班集体、优秀团支部12个；文明宿舍53个、标兵宿舍6个、优秀宿舍长92人、标兵宿舍长16人。至年底，本科毕业生660人，派遣200人，升学244人，出国86人，就业率91.71%；研究生就业率99.65%。

（臧　勇、董春阳）

自动化学院

【概况】2012年，自动化学院设有控制科学与技术系、仪器科学与技术系、电工电子技术系、自动控制研究所、导航与控制研究所和机器人研究所6个系所，以及教学实验中心（学生创新基地、各专业实验室）、钢铁流程先进控制教育部重点实验室、北京高等学校实验教学示范中心和自动化学院培训中心。

2012年，学院有教职工99人，其中教授19人（博士生导师16人），副教授31人，高级工程师4人。学院招收博士生12 人，硕士生 128人，本科生243 人。至年底，学院共有在校生1630人，其中本科生916人，硕士生573人，博士生141人。

（赵宝永）

【学科建设】2012年，学院共有1个博士后流动站（控制科学与工程），1个一级学科博士点（控制科学与工程，含7个二级博士学位授权点：控制理论与控制工程，检测技术与自动化装置，模式识别与智能系统，系统工程，导航、制导与控制，生物信息学、建模仿真理论与技术），1个国家重点（培育）学科和北京市重点学科（控制理论与控制工程），2个一级学科硕士点（控制科学与工程、仪器科学与技术），2个工程硕士学位授权点（控制工程、仪器仪表工程）和3个本科专业（自动化、测控技术与仪器、智能科学与技术），其中自动化专业是教育部CDIO特色专业。

（赵宝永）

【教学改革】2012年度，学院本科教学主要围绕“狠抓教学过程管理、大力开展本科教学工程”两大主题展开工作，学院高度重视，全体教师积极配合，取得了比较显著的成绩。

在全面提高人才培养质量方面，学院主要开展了以下几个方面的工作：①进一步加大本科教学过程管理力度。在学院本科教育教学工作会议上，发布了《进一步加强本科教学过程管理工作的若干细则（征求意见稿）》，在征求了广大教师意见和建议的基础上，出台了《进一步加强本科教学过程管理工作的若干细则（试行）》，从课堂教学、实践类课程教学、教学大纲的制订、本科教学工程和科技创新工作当量的折算和认定办法等多个层面细化了学院本科教学过程管理工作的具体措施，为更好地规范本科教学过程管理、迎接教育部新一轮的审核性教学评估打下基础。②积极申报自动化专业“卓越工程师教育培养计划”。③严格执行新教师授课准入相关规定。年内，学院共有3名教师参与助课、试讲环节的培训和考核，其中2名教师顺利通过助课环节的考察，另1名未通过教师已调离学校。④加强班导师管理工作。5月，学院出台了《自动化学院班导师管理细则及考核方法（试行）》，从班导师的设置、工作职责、组织原则、考核办法、津贴以及奖惩6个方面细化了学院班导师工作的具体管理措施，并提出了相对客观、可行的班导师量化考核方法。年内，学院分年级共召开8场班导师工作述职和研讨会，就班导师们和学生辅导员如何相互配合、齐抓共管，以便形成最大合力问题展开深入的交流和讨论。年内，付冬梅教授、刘丽副教授获优秀班导师称号。⑤鼓励学生积极参与科技创新项目，不断提高实践能力和创新意识。2012年度，学院本科生科技创新共立项51项，其中国家级1项、北京市级4项、校级2项、院级44项。院级项目中期验收结果：优秀9项、良好21项、通过9项、中止5项。2012年验收32项2011年立项的本科生科技创新项目：其中国家级3项、均获一等奖；北京市级1项、获一等奖；校级3项，获一等奖1项、通过2项；院级25项，其中一等奖4项、二等奖6项、通过15项。⑥加强本科生对外交流工作，拓宽人才培养的国际化视野。年内，学院共有8名学生参与了交流项目，其中国外交流生2名、国内交流生6名。2012年度，学院还获得学校第25届教育教学成果奖二等奖2项；5名教师讲授的课程获得学校第九批“免检课堂”称号。

在积极开展本科教学工程建设方面，2012年度学院共获批校级各类本科教学工程项目23项，资助经费79万元。其中，教育教学改革与研究重点项目1项，面上项目6项，资助经费22万元；“专业综合改革试点”教改项目2项，资助经费15万元；研究型教学示范课程建设项目2项，资助经费4万元；全英文教学示范课程建设项目3项，资助经费9万元；第4批校级精品课程建设项目3项，资助经费9万元；2012年度校级“十二五”规划教材重点项目1项，面上项目5项，资助经费20万元。同时，学院共完成校级各类本科教学工程项目结题验收13项，中期检查1项，全部顺利通过。其中第6批教改重点项目1项、面上项目1项、补充立项项目3项和青教项目3项结题验收全部通过；第5批优秀课程建设项目结题验收，3项优秀、2项通过；研究性教学示范课建设项目1项，中期验收为优秀。此外，2012年度，学院教师共发表教改论文10篇，出版教材1部。

2012年度，学院实验教学中心主要开展了以下几个方面的工作：①继续“北京市高等学校实验示范中心”的建设工作。②完成了本科实验室2013～2017年五年修购项目规划论证。③完成了2012年修购项目的设备采购和2013年修购项目的申请工作。④同美国国家仪器公司NI建立了联合实验室。

（李　擎）

【科研活动及学术交流】 2012年度，学院进一步加强了科研管理工作的规范化、制度化建设，制定了学院科研奖励措施。年内，奖励15位教师所发表的31篇学术论文奖金4.1万元。年底，学院分别召开了教授会和若干次骨干教师申报科研项目动员会，讨论科研和学科发展重大问题。

年内，学院全年科研经费到款1200余万元，获得国家自然科学基金面上和青年项目4项，获得博士点基金3项，北京市自然科学基金1项和国家安监局项目1项。尹怡欣教授领衔的电解铝项目成功入选“863”重点项目库，现已批准实施。学院积极与企业沟通联络，承担企业委托项目21项，其中彭开香博士承担的轧钢企业自动化项目单项经费200万元以上。

2012年度，学院发表SCI检索论文12篇，EI检索论文72篇，CPCI检索论文10篇。其中SCI检索期刊影响因子5.0以上1篇，2.0～5.0的1篇，1.0～2.0 的7篇，论文水平和学术影响有了大幅度提高。申报专利14项，软件著作权2项，出版专著2本。

在学术梯队建设方面，新增由国家自然科学基金杰出青年基金获得者孙长银教授领衔的“智能系统与飞行控制”梯队。科研队伍中1人获“北京市优秀工程师”荣誉称号。

在科研平台建设方面，“211”工程三期重点学科建设项目“复杂工业生产过程的控制理论与技术”顺利通过验收。本期建设共完成投资840万元，其中国拨700万元，自筹140万元，购置大型贵重设备35件，为提升科研水平提供了有力保障。

在学术交流和宣传方

面，4月份主办了青年教师论坛，8月10～12日，协助中国航空学会制导、导航与控制分会举办“2012中国制导、导航与控制学术会议”，邀请海外学者来院进行学术交流13次。同时，重新改版了学院科研网页，使科研宣传内容更加丰富多彩。

（张朝晖）

【师资队伍建设】2012年度，学院高度重视优秀人才的引进，成功引进国家自然科学基金杰出青年基金获得者、博士生导师孙长银教授，并聘任为学院院长。全年共引进高素质青年教师5名，分别进入相关学科和梯队开展教学科研工作，明显地提升了学院人才储备层次，充实了教师队伍的力量。在职称评聘工作中，4名教师晋升了高一级职称，进一步优化了学院的师资结构。学院注重加强对青年教师的培养，组织召开了各种座谈会、研讨会，为提高教学质量，促进青年教师健康成长搭建平台。学院推荐1人申报北京市科技新星，推荐2人中报北京市委组织部人才，推荐2人申报教育部新世纪人才，1人申报并被评为“北京市优秀工程师”。

学院着力促进教师的国际访问交流工作，派出尹怡欣教授前往日本千叶大学、东京大学、东京工业大学、九州工业大学、福岛大学、冈山县立大学和高知工科大学等9所高校交流，李擎教授、徐正光教授、陈先中教授、李晓理教授、张维存副教授和迟健男副教授6位老师分别前往新加坡南洋理工大学、新加坡科技局和新加坡理工学院交流访问，刘丽副教授前往澳大利亚墨尔本大学交流访问，彭开香副教授前往德国杜伊斯堡-埃森大学交流访问，祝乔博士前往新加坡国立大学交流学习。全年，学院共派出2名博士生分别前往瑞典隆德大学和加拿大新不伦瑞克大学进行博士生的联合培养，同时派出14名本科生分别前往美国加州大学河滨分校、韩国浦项工业大学、台北科技大学、中南大学、湖南大学、华东理工大学和华南理工大学等高校进行交换生学习。

（赵宝永）

【党建与学生工作】2012年，学院党委及领导班子认真开展理论中心组学习，不断加强并完善党政联席会制度，按照民主集中制原则决策学院重大问题，认真落实了院务政务公开制度，加强保密保卫工作。同时，学院党委以60周年校庆为契机，多渠道联络校友，开展丰富多彩的活动，加强爱校荣校工作。

学院党委进一步加强党员的培养和发展工作，将党员质量作为核心工作抓牢抓实。还指导学生党总支编订《发展党员材料》指导手册，更加规范积极分子的培养过程，真正做到全程监督、全程指导，保障积极分子培养质量。充分利用“青年党性实训基地”这一资源，将党性提升作为核心目标，推动大学生在实训岗位上深入锻炼、获得进步。全年学院共有82名同学通过学校组织的积极分子考试，53名同学发展为预备党员；年内，确定积极分子67名；新发展教师党员1人。

2012年，学院2012届本科生的上研率为47.19%，全校排名第一。自动化09级本科生刘涛同学荣获2012年度校长奖章，1名学生荣获北京市三好学生称号，2个团支部被评为首都大学、中专院校“先锋杯”优秀团支部，2名学生分获优秀团干部和优秀团员称号。电093班获选87级校友基金最佳团队名单，有6个班级被评为学校先进班集体、优秀团支部（含标兵）。8人获国家奖学金，25人获国家励志奖学金，21人次获8项特种奖学金，3人获民考汉内地班奖学金，此外，还有211人次获得人民奖学金。

学术科研活动是研究生学习期间的重中之重。2012年度研究生学术论坛共组织参与了30场学术活动（14场学术讲座、10场学术交流、5次就业指导讲座、1次研究生科技服务活动），共征集到67篇学术论文，评选出了6名北京科技大学学院学术之星，1人获得校级十佳学术之星提名奖。

学院高度重视学生科技创新工作，结合专业特点，大力支持索奥科技中心的发展，为电子设计大赛、机器人大赛和电脑鼠、智能车等北京市以及全国比赛培养了大批技术骨干，营造了学生科技创新的良好氛围。在全国大学生电子设计大赛中，学院获北京市奖项21项，获国家级奖项3项；参加数学建模竞赛，1人获市级奖项，4人获国际级奖项；在全国电脑鼠走迷宫竞赛中，学院3人获国家级奖项，7人获省部级奖项；在第二届“华为杯”全国大学生智能设计竞赛中，学院14人获国家级奖项；在“飞思卡尔杯”智能汽车大赛中，学院8人获国家级奖项。

在就业工作中，学院强化党委统一领导、分工协作的工作机制，营造“人人关心就业、人人支持就业、人人参与就业”的良好氛围。学院2012届毕业生共计377人，其中本科生238人，研究生139人，整体就业率97.35%。其中本科生就业率95.80%，研究生就业率100%，签约率位居全校前列。

校庆期间，学院40余位老师，100余名学生志愿参与到校庆工作中，共接待返校校友790余名，在机电楼二层设计完成自动化学院院史展，举办多场校友座谈会，搜集整理2000～2010级40余位优秀校友事迹，编撰完成《玉琢成器》一书，成为自动化学院10年间优秀学子成长之路的一个缩影。在学校运动会上，学院学生代表队荣获了男子团体（乙组）一等奖，女子团体（乙组）二等奖，总团（乙组）二等奖的优异成绩，教师代表队荣获团体第二名。

（尹怡欣、景　鹏）

计算机与通信工程学院

【概况】2012年，学院设有计算机科学与技术系、通信工程系、物联网与电子工程系、信息基础科学系4个系以及计算机与系统科学研究所、知识工程研究所、先进网络技术与新业务研究所3个研究所。

至年底，学院有教职工118人，专任教师86人，其中“长江学者”特聘教授1人、国家杰出青年科学基金获得者1人、教育部新世纪优秀人才4人、北京市教学名师1人、教授24人、副教授35人、博士生导师23人。年内，学院招生博士生24人、硕士生241人、本科生356人。至年底，共有在校生2174人，其中本科生1377人，硕士生653人，博士生144人。

（隆克平、韩伯涛）

【学科建设】2012年，学院拥有计算机科学与技术、软件工程2个一级学科博士点，计算机科学与技术博士后流动站、信息与通信工程博士后流动站、软件工程博士后流动站，计算机系统结构、计算机软件与理论、计算机应用技术和通信与信息系统4个二级学科博士点，其中计算机系统结构、通信与信息系统是北京市重点学科。学院拥有计算机科学与技术、软件工程、通信与信息工程、电子科学与技术4个一级学科硕士点和计算机技术、软件工程、电子与通信工程3个工程硕士点，拥有计算机科学与技术(首批国家级特色专业）、通信工程、信息安全、电子信息工程和物联网工程(国家级特色专业)共5个本科专业。

（隆克平、胡长军）

【教学改革】2012年，学院通过构建由大学通修课程、学科平台课程、专业主干课程和自主发展课程组成的新课程体系，合理调整和建立了计算机科学与技术、软件工程2个一级学科的专业课程结构，逐渐形成了以加强人文修养、优化学科基础、发展个性特长和提高专业技能为特色的人才培养工作思路。年内，学院与全球知名企业Oracle公司建立了“甲骨文（北京科技大学）教育中心”，将开设当前社会急需的专业课程，有效弥补了教学内容与行业实际应用之间的差距，积极探索适应IT行业实际应用需要的创新人才培养模式。年内，学院邀请塔林理工大学教授开设“社交网络中的知识发现与形象化分析”、“设计研究与快速原型模型”与“网络安全”等信息类学科专题系列课程，深受学生欢迎。

学院不断改善实践教学条件，提高学生实践动手能力。年内，学院投资140余万元，建成了本科生科技创新实验室，在承办校级、院级竞赛培训的同时，通过网络预约系统及老师推荐的方式面向全院本科生开放。新建物联网综合实训平台（智能家居），可以支持机器人、智能监控和云医疗等10个以上的项目开发及实践环节，填补了学校物联网实训基地的空白，使学院物联网实践条件处于国内一流水平。

2012年，学院教育教学工作取得丰硕成果。年内，学院申请学校教育教学改革与研究项目9项，获批准重点项目1项，面上项目3项。申请研究型教学示范课2项，全部获批。由王志良教授、石志国副教授负责的“物联网与科技强国”课程入选2012年度第2批国家精品视频公开课建设选题名单，这是学校获批建设的第一门国家精品视频公开课。第3批校级精品课程建设项目2项均通过评审。申请学校“十二五”规划教材8项，获批立项重点项目1项、一般项目7项。杨炳儒教授主持的“认知结构教学论的构造与实践—国际视野中教学理论体系的研究与实践”项目获得2012年北京市高等教育教学成果奖一等奖。石志国副教授获得第七届北京青年教师教学基本功比赛高峰论坛论文评比一等奖，获得学校首届“青年教学骨干人才培养计划”支持。在学校第25届教育教学成果奖评选中，学院获得一等奖4项、二等奖3项。

学院不断完善规章制度，构建质量保证体系，提高研究生培养质量。年内，学院制定了《关于研究生学位论文答辩的补充规定》，进一步强化对研究生学位论文质量的要求，明确了博士、硕士研究生学位论文答辩的必要条件及推荐优秀论文的必要条件；进一步加强学术诚信教育，全面实施对所有申请毕业的研究生学位论文进行查重检测的措施；组织召开学院“研究生学术论坛”，共征集学术论文152篇，举办学术讲座31场，有力地提升了研究生的学术水平。

（张晓彤、胡长军）

【科学研究】2012年，学院组织申报的材料领域知识工程北京市重点实验室获得北京市科委批准认定，进入实体化建设和管理运行。12月份，学院召开材料领域知识工程北京市重点实验室第一届学术委员会会议，审议通过了实验室开放课题指南和各项管理规定。

2012年，学院积极组织、引导教师申报国家自然科学基金及重大、重点科研项目。年内，共申报国家自然科学基金43项，获准立项7项；申报国家重点基础研究发展计划和重大科学研究计划2013年项目、国家发展改革委2012年国家下一代互联网信息安全专项、“核心电子器件、高端通用芯片及基础软件产品”国家科技重大专项2013年课题等近20项，征集了6个北京市科委电子信息领域储备项目。其中，以学校为牵头单位、胡四泉副教授为负责人的“新一代宽带无线移动通信网”国家科技重大专项“物联网及泛在网”方向的课题—无线体域网关键技术研究已通过工信部课题评审，完成预算编制，等待三部委下达立项结果，这是学院牵头的第一个国家重大项目。此外，学院成功立项“973”子课题2项，“863”子课题 1 项，广东省教育部产学研结合项目立项1项、2012年度国家环境保护公益性行业科研专项项目 1 项、国家安全监管总局办公厅2012年安全生产重大事故防治关键技术科技项目 1项。2012年，学院总计到位科研经费2539万元。

2012年，学院制定了《计算机与通信工程学院科学技术奖励办法》，对高水平论文及获奖成果进行奖励，对教师科技成果鉴定给予扶持，并邀请学校科研部相关负责人向科研骨干教师介绍科技成果鉴定规程及流程，积极鼓励教师发表高水平论文，投入科研成果申报工作，努力提升学院科研成果的水平和层次。涂序彦教授的“复杂人工生命建模与大系统广义模型化理论和方法”项目获得江西省自然科学奖一等奖；2012年，学院教师署名第一、且以北京科技大学为第一署名单位的三大检索收录论文93篇，其中SCIE检索论文22篇，比2011年增长29%，EI检索论文56篇，CPCI-S检索论文15 篇。其中影响因子在1.0以上的5篇,JCR二区论文3篇；授权发明专利16项，出版科研专著3本。

（周贤伟）

【师资队伍建设】2012年，学院将完善梯队建设作为重点工作之一。学院坚持以“十二五”规划为依据、按学科方向归位，按照有利于推进科研合作的原则，尊重合作基础，兼顾实际现状，充分调动和发挥教授的积极性，通过双向选择的形式，优化重组学术梯队，并建立健全梯队建设的良性机制。重组后梯队数量增加至22个，涵盖了学院规划重点发展的全部13个方向。各梯队结合实际，制定了未来几年的建设目标，与学科建设、岗位聘任相结合，与学科建设目标、教师个人岗位职责相对应，涉及教学、科研、论文以及人才队伍建设、学生培养等具体方面，为推进教学科研工作、实现学科内涵发展提供了队伍基础与可靠保证。

学院坚持严格标准，落实教师队伍建设和补充工作。2012年晋升教授1人，晋升副教授4人，新进博士后教师3人。学院高度重视高水平人才引进和培养工作，按学科方向科学规划、有的放矢、坚持不懈地去引进和培养人才。学院推荐的海外杰青、美国蒙大拿州立大学计算机科学系朱滨海教授申报了2012年国家“千人计划”，进入最终评审环节；1人入选教育部新世纪人才计划；以第三层次方式引进北京大学朱岩教授；1人入选2012年度北京市优秀人才资助计划。此外，还积极聘请了国家“千人计划”特聘专家刘明等5名中外高层次人才担任学院的兼职教授、博士生导师，学院整体师资队伍建设水平得到有效提升。

（隆克平、韩伯涛）

【国际交流】2012年，学院与澳大利亚昆士兰大学信息与电气工程学院建立合作关系，实施3+1+1本硕连读项目，报名工作已经启动；与美国德克萨斯大学阿灵顿分校计算机系洽谈联合培养，将签署未来5年校际合作项目，实现本科2+2（学士双学位）、本科3+1+1(本硕连读)、硕士1+2(联合培养硕士)和博士(2-3)+(1-2) (博士双学位)等国际合作的人才培养模式。积极推进现有的学生交流合作项目，2012年学院2名学生参与了英国邓迪大学3+1+1本硕连读项目；2人参与英国斯旺西大学3+1+1本硕连读项目；2人参与台湾地区高校交换项目。经过前期的筹备和申报工作，11月，学院与瑞典布莱京理工学院的合作办学项目——“软件工程与交互设计专业理学硕士学位教育项目”获得教育部的批准，学院成立了合作办学项目工作办公室，启动招生筹备工作，将于2013年春季招收首届学生。

学院积极组织教师、研究生参加国内外高水平学术交流活动，参加了第36届IEEE国际计算机软件及应用学术会议、IEEE车载移动通信会议2012年春季会议、IEEEGLOBECOM、光交换及光信号处理国际研讨会等高水平学术会议。年内，学院选派教授访问了美国、德国、韩国和中国香港等地的知名学府，进行了深入的学术交流，提升了国际视野和学院的国际学术影响力。

（胡长军、张晓彤）

【党建与学生工作】按照上级文件要求和学校党委的统一部署，学院党委与党员民主评议和党支部工作评估相结合，组织开展了“基层组织建设年”活动。年内，通过组织召开专题组织生活会，开展党员民主评议，进行满意度测评，并对照评估办法，以党支部自查自评为基础、以党员和群众满意度测评为依据,对全部26个学生党支部和6个教师党支部进行了考核评估和分类定级。2012年，顺利通过学校党委“党建和思想政治工作整体评估”；接受北京市委教育工委《党建和思想政治工作基本标准》集中检查专家组的实地走访考察，得到检查组专家的高度肯定。

在实现学院稳定运行和良好开局的基础上，学院党委按照学校统一部署，通过代表“公推直选”的形式，成功地召开了学院第一次党代会。大会以“凝心聚力，求真务实，抢抓机遇，内涵发展”为主题，明确了学院未来4年的指导思想、工作目标和任务措施，动员全院党员和师生员工认真贯彻落实学院“十二五”发展规划，进一步加强学院党的建设，稳步推进学科建设、人才培养和科学研究等各项工作，为将学院建设成为学科特色鲜明、多学科协调发展，在国内外具有较大影响的研究型学院而努力奋斗。大会采用了无记名投票直接选举的办法，选举产生了中国共产党计算机与通信工程学院第一届委员会委员、书记和副书记。

为了进一步落实党代会精神，围绕中心深化创先争优，形成让党组织和党员发挥先进性的长效机制，2012年学院党委精心策划、组织开展了“四个一”主题活动，帮助各教工党支部围绕主题“组织一次支部集体学习或实践活动，解决一个系所发展和中心工作中的实际问题，实施一项青年教师培养工作，帮助一位学习、生活、心理、就业方面有困难的学生”开展活动，各学生党支部围绕“组织一次支部集体学习或实践活动，解决一个班级建设或学风建设中的实际问题，开展一项党建进课堂党性实践，帮助一位学习、生活、心理、就业方面有困难的同学”开展活动。王志良教授被评为“北京高校创先争优优秀共产党员”；物联网与电子工程系被评为“北京科技大学先进集体”；学院党委获得学校基层党组织立项活动优秀组织奖，计算机科学与技术系等2个支部获得一等奖，2个支部获得二等奖，1个支部获得三等奖，获奖率列全校第一。

学院大力加强学风建设，以精细化标准做好学生工作。①关注学生的长远发展，做好各年级的科学规划，增强学生工作实效。大一年级重适应、打基础，实施《新生转型及教育计划》；大二年级重实践、强专业，实施学生定位及提升计划；大三年级重选择、选方向，实施学生抉择及攻坚计划；大四年级重就业、促发展，实施毕业生启航及发展计划。②高度重视发挥班主任、辅导员在学风引领中的重要作用。年内，多次召开班主任工作会，特别是针对2012级新生班主任提出了具体的工作要求，学院领导带头担任班主任工作，辅导员经常深入班级了解学生动态，近距离贴近学生，关心学生成长，引导优良学风。③努力搭建年级之间学习经验传承和朋辈互助桥梁，遴选高年级品学兼优学生担任新生小班主任。由小班主任主持各班的学风引导，榜样在身边，效果很明显；组织一、二年级进行直系结对，让新生走进大学就实现有问题找学长一对一的咨询请教；组织同年级间由学习成绩较好的班级与学习成绩较差的班级结对集体自习。2012届本科毕业生深造率53.56%，比2011年提高了13.96%；上研率38%，提高了7.98%；学业警示、降级和退学学生人数从2011年的47名降至2012年的18名，降低了62%，明显减少。

2012年，学院依托索思科技协会、电脑鼠团队、ACM团队和软件公社等载体，精心设计和组织开展各类科技创新活动。学院承办了第六届中国大学生物联网创新创业大赛北京赛区决赛、中国大学生计算机设计竞赛和第三届北京科技大学程序设计大赛等学科或科技竞赛，参与人数累计500余人次，为广大学生提供了专业实践的机会，提升了同学们的专业兴趣和实践创新能力。年内，学生各类国际竞赛获奖5人次，国家级竞赛获奖84人次、市级竞赛获奖72人次，校级获奖181人次，获奖人数较2011年增长45.5%，特别是国家级以上人次数增长123%，参与各类竞赛人数800余人次。2012年，学院获批SRTP国家级创业项目1项、市级项目3项、校级项目10项、院级项目52项，项目数量较2011年增长66.7%，项目质量也得到很大提升。秋菠网、教育资源共享kejian.tv等三个项目进入实际创业，其中国家级创业实践项目秋菠网获国家配套经费5万元和风险投资15万元，在学校本科生互联网创业中尚属首例。

学院坚持就业工作与学生成长成才相结合，通过多种措施，加强对学生就业的指导和服务。年内，通过举办大学生职业生涯规划与发展辅导月，引导同学们树立职业发展意识，强化就业观念；和多家单位建立了“准就业”合作关系，提高学生综合就业能力；召开未就业学生座谈会，了解未就业学生存在的实际困难和问题，对就业困难毕业生进行重点帮扶、优先推荐和心理疏导；积极利用校友资源，通过信函、电话、网络和走访等形式邀请企业、单位到学院招聘毕业生，全年共举办各类用人单位专场招聘会51场。通过多方努力，2012年整体就业率98.45%（其中本科生就业率97.31%，研究生就业率100%），列全校第一。

（黄武南、于　洋）

数理学院

【概况】至2012年底，数理学院有应用数学系、信息与计算科学系、应用力学系、物理系4个系，应用物理研究所、应用数学研究所2个所，现代物理技术研究中心、实验教学中心2个中心，还设有科技部材料模拟设计实验室、北京市弱磁检测及应用工程技术研究中心、国家工科物理课程教学基地和北京市高等学校实验教学(物理)示范中心。

学院有教职员工129人，专任教师102人，其中具有博士学位的教师33人。学院有教授25人，副教授38人，高级工程师6人。教授中有中国科学院院士1人、国家“千人计划”入选者1人、教育部“长江学者”讲座教授1人、国家杰出青年科学基金项目（B类）入选者2人、教育部新世纪优秀人才2人和北京市科技新星1人、北京市高等学校教学名师3人。

至2012年底，学院共有3个本科专业、6个硕士专业、3个博士专业。2012年招生总人数369人，其中本科生242人、硕士研究生114人、博士研究生13人。在读学生规模总数为1222人，其中本科生931人，硕士研究生234人，博士研究生57人。

（张百年、牛　珩）

【学科建设】2012年，学院有物理1个一级学科博士点，固体力学、一般力学与力学基础2个二级学科博士点，数学、统计学2个一级学科硕士学位授权点，物理电子学1个二级学科硕士点。此外，学院物理学科参与纳米材料与器件物理学、光电信息材料与器件2个北京市重点学科（交叉学科）的建设。2012年，物理学科参加全国高校学科评估，学科全国排第32名。

（邱　宏）

【科研工作】2012年，学院获科研经费1225万元，获2012年度国家自然科学基金资助项目6项，总经费363万元。年内，学院开展交叉学科研究，参与国家重大科学仪器设备开发专项“极端特殊环境下材料及构件试验评价科学装置研制与应用”的研究。2012年，学院科研基地建设取得进展。牵头申报的北京市弱磁检测及应用工程技术研究中心获得批准，新增省部级科研平台1个。

至年底，学院发表学术论文140篇，其中被SCIE检索收录的学术论文99篇。数学学科胡志兴教授获得SCI收录的国际学术期刊Discrete and Continuous Dynamical System, Series B2011年度最佳论文提名奖。

年内，学院组织承办了2012年多尺度材料模拟国际研讨会。包括来自美国、新加坡、日本、瑞典及国内的30位知名专家学者在内的350余位研究人员及学生参加会议，共作大会专题报告6个、邀请报告16个。

（邱　宏、郑连存）

【教育教学】2012年，学院共承担146门次本科生课程的教学任务，圆满完成了数学、信计和物理3个本科专业双学位的培养，完成了留学生的教学计划。年内，教授为本科生上课率达到100%。学院督导组与干部共听、查课67门次。同时，学院从完善班导师制度建设、强化教学过程管理和制定本科教学条件建设规划等工作入手，为探索人才培养模式改革奠定基础。①学院认真抓好2009级学生保研工作。学院充分挖掘各项资源，3个本科专业45名学生保研成功，创学院历年保研比例新高。②学院依托理科实验班，积极探索人才培养模式改革。年内，“基于理科实验班的拔尖人才培养模式研究”获批成为北京市人才培养共建项目“依托优势学科培养拔尖创新人才的研究与实践”的子项目，顺利开设理科实验班夏季学期的“英语口语强化课程”和由美国教师讲授的“密码学”全英文课程。此外，学院还聘请了学校国家“千人计划”入选者、国家杰出青年科学基金获得者、“长江学者”等7人为学生作专场学术报告。③学院挂牌成立“北科大南格健康护理信息模型实验室”，以此为依托，构建了学院毕业生从毕业实习—毕业设计（论文）—单位就业的完整体系。④加强毕业论文查重工作，学院评选出的9份毕业论文均成功入围学校2012届本科优秀毕业设计（论文）。⑤2012年，本科生创新实现顺利结题校级6项项目中，5项获批北京市级，其中有2项分获一、二等奖，院级结题35项，其中获奖项目超过半数。张师平、明春英老师荣获“校级优秀班导师”称号。学院教师发表教学论文9篇，出版教材4部。7本教材获批成为“十二五”规划教材。在学校第25届教学成果奖评选中，学院5个项目获得二等奖。理科实验班项目“‘2+X’人才培养模式的研究与实践”获得2012年“北京市高等教育教学成果”二等奖。2012年，学院6个项目被批准为学校教育教学改革项目，新增7项研究型教学示范课，3门全英文示范课获得立项，第3批精品课程1项和第5批优秀课程5项均通过验收，第6批教改项目20项完成结题。

2012年，学院积极组织学生参加各类学科竞赛，拓展知识面、增强创新能力。在第三届全国大学生数学竞赛总决赛中，学院学生获得一等奖2项、二等奖1项、三等奖1项；在2012年全国大学生数学建模竞赛中，学院2个队获全国一等奖，2个队获全国二等奖，6个队获北京市一等奖，7个队获北京市二等奖。在2012年北京市第五届大学生物理实验竞赛中，学院5个队获一等奖、1个队获二等奖。此外，学院还获得全国大学生数学竞赛优秀组织奖。

2012年，学院选派19名本科生赴海境外参加学生交流项目（英国邓迪大学6人、美国伯克利大学1人、加拿大麦克马斯特大学1人、韩国国立顺天大学1人、台湾大学2人、台湾辅仁大学4人、台湾逢甲大学1人、台湾科技大学2人、台湾东海大学1人），约占每年级本科生比例的8%。

研究生教育方面，学院恢复了硕士研究生2.5年学制，按照分类培养目标制定了相应的培养规定，规范保研生提前修读研究生课程制度和优秀硕士生提前毕业制度，建立健全研究生二年级学生中期检查以及发表文章统计追踪制度。落实院系两级领导对青年教师开设课程的听课评价制度，稳定了教学质量。硕士研究生毕业论文优良率保持在90%以上，1名博士研究生参加学校研究生十佳学术之星评选并获得优秀论文奖。

（廖福成、陈章华）

【党建与学生工作】2012年，学院的党建与学生工作围绕校、院重点工作，以人为本，立足在“育人、质量、发展、和谐”上收到实实在在的效果。

（1）扎实做好党建和思想政治教育工作。至年底，学院有教工党支部5个、研究生党支部8个、本科生党支部9个。有本科生党员100人，占全院学生的10.73%；有研究生党员117人，占全院学生的41.2%；学生党员总比例为17.85%,教工党员77人,教工党员总比例为64%。2012年，学院共组织学生进修党校1期，培养学员265人，发展党员47名。年内，研究生支部、本科生支部参加红色“1+1”支部共建活动的参与率分别为100%与70%，2个支部被推选参评北京市红色“1+1”支部共建优秀党支部；学生支部参与“创先争优”支部立项达到100%，1个学生支部参评学校“创先争优”优秀党支部。

（2）认真开展“双评”及“支部建设年”活动，着力提升支部工作影响力和规范化水平。学院专门制定了《关于开展党员民主评议、党支部工作评估及党的基层组织建设年活动安排》；引导各支部开展“改革创新，促进发展，创先争优”活动。各支部制订完成工作计划及创建活动方案，并进一步完善《支部工作手册》，工作规范化程度进一步提升。2012年，学院圆满完成《北京市高校党建思想政治工作基本标准》集中检查的现场考察，获得“北京科技大学党建及思想政治工作先进单位”称号。年内，学院机关支部张学记教授当选中共十八大代表。

（3）进一步建设和完善学风建设管理机制。本年度在继续强化原有“班导师+学习导师+辅导员+教务员”横向关注机制的同时，增加配置，实行从“院领导→系教学副主任→课程负责人→任课教师”的纵向机制，有效促进了老师与学生的联系。年内，学院带动并继续落实“重点关注学生发展项目”。

25名班导师“重点关注学生”68人，到访宿舍78次，开班会106次，约谈学生475人次。2011级学生第一学年的及格率比2010级学生的及格率提高10个百分点，及格率70%。继续打造“理学之美”学术论坛品牌活动，2012年全年学院共举办专业讲座20余场，参与学生1000余人次。以60年校庆为契机，学院邀请了一批优秀的院友和校友为广大的在校生作报告，为研究生学术生涯和未来职业发展做指导规划。

（4）认真开展职业生涯规划教育。学院通过对学生进行分类指导、个性培养，帮助学生在了解自我的基础上，不断提升核心竞争力。2008级本科毕业生继续深造率为56.21%，研究生就业率88.89%、本科生就业率91.12%。2013届毕业生保研45人，占毕业生的26.6%；85人报考硕士研究生，占毕业生的49.7%，其中报考本校本专业的43人，占报考人数的50.1%。

2011～2012学年，学院共194人获得特种奖学金、人民奖学金，奖学金总额38.2万元；203人获助学金，总金额55.9万元；280人次获得北京市、校级各类荣誉称号。2个班级荣获校级“先进班集体优秀团支部标兵”称号，1个研究生班级获得校级“团结合作标兵班集体”称号，4个班级荣获校级“先进班集体优秀团支部”称号，1个团支部荣获“首都高校先锋杯优秀基层团支部”称号；3个学生宿舍荣获校级“标兵宿舍”称号，21个学生宿舍荣获校级“文明宿舍”称号。学院辅导员郭东旭荣获第二届全国高校优秀辅导员百篇优秀博文奖、北京科技大学十佳辅导员；张林虎荣获北京高校优秀辅导员；学院荣获学校新生教育实效奖、心理健康工作专项奖和第十四届“摇篮杯”大学生课外学术科技竞赛优秀组织奖。

2012年，学院重视科技创新、学科竞赛的引领作用，积极组织动员学生参加各类竞赛，成绩斐然。学院共95人次在学校、北京市及全国各类竞赛中获奖。其中陈华同学获2012年全国大学生英语竞赛一等奖；郭敏勇同学获全国大学生物理实验竞赛一等奖。在2012年暑期社会实践工作中，学院1支团队获得校级金奖团队，1支团队获得校级银奖团队，2支团队获得校级铜奖团队，1人荣获“社会实践十佳标兵”称号，获奖比例和获奖人数在全校名列前茅。学院新增社会实践基地1个（海淀区残联）。在志愿服务工作方面，学院青年志愿者协会3大长期志愿服务项目均获得校级“志愿服务精品项目”称号，新希望小学支教项目荣获2012年度海淀区优秀志愿服务项目。

（张牧风、牛　珩、张百年）

化学与生物工程学院

【概况】2012年，化学与生物工程学院下设化学与化学工程系、生物科学与工程系、高分子科学与工程系3个系，化学分析中心1个中心。另外，自然科学基础实验中心挂靠学院。

学院共有教职工79名，其中教授18人（博士生导师11人），副教授22人，高级工程师5人，讲师16人，教辅和党政管理人员27人；国家“千人计划”入选者1人、“长江学者”1人、国家杰出青年基金资助1人，教育部新世纪优秀人才6人、北京市科技新星6人。2012年，1人晋升正高级职称、2人晋升副高级职称，学院聘请特聘教授3人，4人赴国外进行短期进修和学术交流，师资队伍得到进一步优化。至年底，学院在校学生706名，其中博士生52人，硕士生203人，本科生451人。

（刘雨芙、何文书）

【学科建设与科研】2012年，学院有1个化学一级学科博士点，1个材料合成化学自设博士点，2个化学工程、化学硕士学位授权一级学科，1个生物化学与分子生物学二级学科硕士学位授权点。年内，学院化学系联合冶金与生态工程学院物理化学系邢献然教授课题组共同建立的功能分子与晶态材料科学与应用实验室获批北京市重点实验室。该实验室主要研究配合物光伏功能分子材料与器件的设计制备，配合物光电转换功能材料是新一代有机太阳能电池的核心材料，与缓和能源危机、缓解环境污染等重大社会需求密切相关，是国家和北京市科技发展规划的重点支持领域，符合学校以理强工的学科建设战略。

2012年，学院获得国家自然科学基金资助7项，比2011年增加40%，新获得经费资助448万元。同时，学院教师在参与国家重大科研项目上有所突破，年内获国家“973”项目子课题和国家“863”项目子课题各1项。

（弓爱君、闫　海）

【教学改革】2012年，学院以提高教学质量为中心，以教学改革为抓手，稳步推进教学质量工程建设。

本科教学方面，2012年度，学院教师共承担公共基础课44门次，专业课129门次，双语课8门次，实验课62门次，总学时为15083学时。年内，学院加强教学督导工作，邀请校教学督导组专家熊楚强教授和院督导组专家、原应用学院院长鲁毅强教授为学院本研教学督导，辅导监管并举。年内，王桂华老师校级全英文示范“应用电化学”被批准立项；“生物化学”、“有机化学实验”和“物理化学实验”3门课程通过验收，授予“北京科技大学优秀课程”称号；“深化基础化学分层次教学与实践”等3个项目获批教学改革与研究项目；“物理化学A”和“遗传学实验”获批学校“研究型教学示范课”项目。弓爱君老师获得学校第十三届“我爱我师我心目中最优秀的教师”专业课教师称号。

人才培养方面，2012年，学院共选派29名学生参加境外交换项目，学院年内共培养留学生5人。2012届本科毕业生王丹阳同学获“校长奖章”称号。年内，学院毕业生总就业率95.94%。在顺利完成离校就业率目标基础上，学院本科毕业生在考研率、升学率、深造率3个方面均增幅明显，分列全校第一、第二、第二。

研究生教学方面，学院加强研究生教育管理工作，积极推进研究生教育改革工作，“有机功能材料”、“化学计量学”、“分子光谱学”3门课程获得学校研究生免检课程。2012届研究生毕业生齐冬冬获学校“十佳学术之星”称号。

（李文军、党智敏、石建珍）

【实验室建设管理】2012年，自然科学基础实验中心召开了学校重点项目“研究型和创新型基础实验教学体系建设”课题启动会。实验中心采用网上征集和招聘形式，促进项目和学生优化组合，发挥了中心在大学生创新工作中的基地作用，完成校级项目6项，院级项目40项的立项工作。同时组织对2011年大学生创新项目进行中期现场答辩，加强项目过程管理。组织中心实验室老师到清华大学、北京交通大学和大连理工大学交流学习，提高实验室建设、管理和教学水平。

2012年，自然科学基础实验中心适应新版教学计划需要，集中修购支持力度，促进实验项目更新，加大新开实验项目比例，实验开出率达到了100%，综合性、设计性实验占总实验课程的90% 以上，独立设课的基础实验课程实现了100% 开放，实验教学的年工作量为40万人学时。学院获批了2012年度“十二五”校级规划教材(讲义)立项1项，2012年度校教育教学改革与研究项目立项2项，获第十届北京科技大学实验教学二等奖2项，北京高教学会技术物资研究会2012学术年会优秀论文一等奖1项。

（刘杰民、马龙海）

【党建与学生工作】2012年，学院党委加强党风廉政建设，开展党风廉政建设理论和政策学习，组织系所有干部进行相关学习，并签订《化学与生物工程学院系所领导干部贯彻执行<廉政准则>自查表暨党风廉政承诺书》。至年底，学院党委共设立党支部14个，其中教工支部3个、学生支部11个（本科生党支部4个，研究生党支部7个），共有党员222人，其中教工党员43人。年内，学院党委严格把好党员发展工作关，发展了37名中共预备党员，其中本科生发展党员32名，研究生发展党员5名；审核批准了35名预备党员的转正申请，组织88名学生参加积极分子党校和毕业生党校培训。

2012年，学院党委积极开展基层党组织活动立项工作，各党支部积极参加基层党支部活动立项，立项与结题比率达100%，打造了“每个支部有项目，项目内容切实际，立足发展求创新”的良好工作局面。其中，学院教职工机关党支部组织的“立足岗位做贡献，高效办公学技能”活动获得北京科技大学基层党组织活动一等奖，本科091党支部的“老年之友”连接你我他，技术引导关爱上一代党支部活动获得北京科技大学基层党组织活动二等奖。

学院党委注重提高党建管理干部的理论能力，重视党建工作研究。年内，学院党政管理干部共申报北京科技大学党建研究课题2项并顺利结题，其中有1项获得了二等奖。

学生党支部深入开展红色“1+1”活动，最终结题比率达100%。学生091党支部立足北京精神，与“老年之友”广播电台党支部共建活动—关爱上一代活动获得北京市红色“1+1”党日示范活动优秀活动奖。

2012年，本科08级上研率为47.15%，就业率为95.94%，深造率为58.53%。09级本科生共有25人保研，占本科生总人数的21.93%。学院积极开展班级建设，做好班级评优工作。化学1001班获得了北京市“先锋杯团支部”荣誉称号，化学0902班获得了校级“先进班集体”、“优秀团支部标兵”荣誉称号，生技1001班、化学0901班获得了校级“先进班集体、优秀团支部”荣誉称号，生技1002班、化学1001班、生技1101班分获十八大主题团日活动“十佳团支部”称号。

2012年，学院积极组织学生参加学术科技创新活动，其中曹宇、章众、高永杰和宾恩楠的“邻苯二甲酸二丁酯免疫检测方法的建立”项目获得北京科技大学“摇篮杯”大学生课外学术科技作品竞赛一等奖。于润楠、冯雪和丁颖的“吸波材料SSA掺杂PAN1/MWNT复合体的合成及性能检验”项目，刘晨的“一种可实现高通量操作的dot-ELISA孔板设计”项目，赵宇翔、陈美伊、赵旌汝和刘聪慧的“利用益生菌高效资源化处理餐厨垃圾生产微生态制剂研究”项目均获得优秀奖。2012年，学院共组织实践团队11支，参与学生数118人，其中金奖、银奖团队各1支，铜奖团队2支，实践先进个人12人，十佳标兵候选人2人，优秀指导教师2名，先进工作者1名。

（弓爱君、刘雨芙、曹艳秋、何文书、孟　涛）

东凌经济管理学院

【概况】2012年，东凌经济管理学院设管理科学与工程系、工程管理与技术经济系、工商管理系、财务与会计系、经济贸易系、金融工程系6个系；教育部工程研究中心、冶金经济研究中心、期货证券研究中心3个研究中心；北京企业低碳运营战略研究基地1个研究基地；管理科学研究所、电子商务研究所、企业与产业发展研究所3个研究所；学院办公室、公共关系办公室、教学办公室、学生工作办公室、国际认证质量保证办公室5个办公室及实验信息中心、MBA中心、EMBA中心3个中心。

2012年，学院共招收本科生390人，硕士研究生147人，工商管理硕士（MBA）206人，会计学专业硕士（MPAcc）10人，工业工程和项目管理研究生27人，高级管理人员工商管理硕士（EMBA）50人，中美合作高级管理人员工商管理硕士（EMBA）100人，博士研究生30人，留学生105人。毕业学生938人，其中本科生363人，双学位26人，硕士生180人，工商管理硕士（MBA）193人，工业工程和项目管理研究生50人，高级管理人员工商管理硕士（EMBA）53人，中美合作高级管理人员工商管理硕士（EMBA）51人，博士生22人。至年底，学院在册本科生1378人，硕士研究生388人，工商管理硕士（MBA）471人，会计学专业硕士（MPAcc）18人，工业工程和项目管理研究生162人，高级管理人员工商管理硕士（EMBA）201人，中美合作高级管理人员工商管理硕士（EMBA）150人，博士研究生212人，留学生320人。

2012年4月，北京科技大学东凌基金第一届管理委员会第二次会议通过《东凌基金资助方案》，启动包括东凌基金资助高层次人才计划、东凌基金资助科研计划、东凌基金资助教学计划和东凌基金资助奖助学金计划。资助方案兼顾人才引进和培养、教学与科研激励等各方面，学院将依托东凌基金，全方位构建人才、科研与教学激励制度，这对将来广泛引进和培养学术领军人才、增强学院服务社会能力和社会影响力、推动学院实现与国际接轨和国内一流的商学院目标发挥重要作用。年内，东凌基金管理委员会除面向新生继续实施奖助学金项目之外，还顺利完成东凌基金高层次人才聘任（东凌教授：王文彬，东凌学者A：何枫、魏钧、张晓冬，东凌学者B：黄晓霞），并启动《北京科技大学东凌经管学院高水平拔尖人才海内外招聘计划》，在海内外发布广告，吸引更多海内外高水平拔尖人才。

（王文彬）

【学科建设】2012年，学院积极为申报管理科学与工程的国家级重点学科做准备；努力建设工商管理一级学科博士点，并准备申报北京市重点学科；力争获得1个应用经济学一级学科博士点，并做好现有应用经济学一级学科硕士点的建设工作。在2011年成为AMBA会员和AACSB会员的基础上，2012年学院集全院之力，积极做好AMBA认证的各项工作任务，已完成长达130页的AMBA自审报告英文初稿，并已进入AMBA认证第三（最后）认证阶段。

至年底，学院具有管理科学与工程博士后科研流动站，管理科学与工程和企业管理2个博士点，管理科学与工程、企业管理、会计学、金融学、国际贸易学、产业经济学、技术经济及管理7个硕士点，会计学专业硕士（MPAcc）、工商管理硕士（MBA）、高级管理人员工商管理硕士（EMBA）、工业工程、项目管理5个专业学位点，信息管理与信息系统、国际经济与贸易、金融工程、工商管理、会计学、工程管理6个本科专业。此外，学院继续与美国德克萨斯大学阿灵顿商学院合作培养高级管理人员工商管理硕士（EMBA）。

（王文彬）

【师资队伍建设】2012年，学院共有教职工130人，其中教授31人，副教授34人，讲师25人，行政、教辅和辅导员40人。学院高层次人才引进和教职工入校工作稳步开展，学院教师中博士占75%，比2011年提高近6个百分点，1位副教授晋升为教授，2位讲师晋升为副教授，师资队伍结构进一步优化。

（刘明珠）

【教学改革】2012年，学院定期组织全体教师参加研究型教学研讨会、案例写作交流会和基金项目申报说明会等，这种相互学习、研讨和交流的形式受到老师们的热烈欢迎，对全面提高教学质量起到了推动作用。

2012年，学院本科生教学工作紧密围绕学校、学院中心任务展开，大力推进教师教学能力培养、教学改革、课程建设和教材建设等方面的工作，取得了良好成果。其中有国家“十二五”规划教材立项1项、北京市教学成果奖二等奖2项、学校首批青年教学骨干人才立项1人、校级重点教改项目1项、校级“十二五”规划教材立项重点项目3项、校级首批“研究型教学示范课”通过验收2门、全英文教学示范课3门等。

学院落实学校博士生申请考核制招生改革，两位导师获得申请考核制招生资格，支持博士生导师通过硕博直读方式选拔优秀博士生和招收国际博士生。为保证选课有序，并落实执行新版研究生培养方案的具体措施，学院加强班主任对选课的指导，按各专业在学院层面上规定好指定的必选课。

学院采取多种措施提高MBA报名人数，2012年MBA报名现场确认929人，比2011年增加32%，逐步建立稳定的推广渠道，进一步扩大学院知名度和影响力。为配合AMBA认证，学院进一步完善教学质量监督机制，组建第二届MBA教育指导委员会，建立规范的研究生期中教学检查制度；同时还进一步完善落实MBA导师组机制，充分发挥院外联合导师作用，使其发展成为MBA和专业学位培养机制的一个特色。在EMBA中心运作方面，提出“卓越师资、优秀服务、广建平台、高端品牌”的办学理念，积极协助学院做好AMBA认证，并把认证看作提升EMBA教学质量与品牌高端化的一个重要契机。

在第二届中国商学院领袖年会暨2012年度商学院精英盛典上，中国商学院领袖年会组委会授予东凌经济管理学院“2012中国学子心中最具创新力商学院”称号。

（戴淑芬、高俊山、魏　钧、何　枫）

【科学研究】2012年，学院继续完善《经济管理学院教师手册》中有关教师科研、论文和著作成果的奖励制度，激励学院教师多出成果，进一步提升科研水平。年内，学院获批国家自然科学基金面上项目4项，重点项目1项，北京市第十二届哲学社会科学优秀成果奖一等奖1项，省部级二等奖2项，山东高等学校优秀科研成果奖一等奖1项，教育部新世纪（跨世纪）优秀人才支持计划1项，国家发改委及北京市教委共建项目各1项；发表SCI/SSCI论文17篇，其中二区以上TOP论文9篇，学院18种TOP中文期刊论文19篇，著作12部，译著5部，教材29

部。2011～2012学年学院到账经费（软件）总计852万元，其中纵向经费451万元，横向经费401万元，纵向经费比2011年增加21.25%。在科研平台建设方面，已建设完成商务智能模拟创新平台（修购三期学科建设项目）并投入使用，工程管理综合模拟实验室也即将完成建设。

2012年9月，“北京企业低碳运营战略研究基地”正式落户学院，作为省部级哲学社会科学研究基地，该研究基地的成立将对校、院的科研工作发挥重要作用。

（高学东）

【合作与交流】2012年，学院积极开展与国外高水平学校的合作，全力搭建学术交流平台，与芬兰拉瑞尔应用科技大学、英国曼彻斯特城市大学签署校际合作协议。学院继续推进学生国际交流工作，不断加强学生国际化培养步伐，2012年派出29名学生参加海外交流项目，招收留学生105人，目前学院在册留学生320人。除了学生国际化之外，学院还积极推进教师国际化 — 拓展教职工培训与教师个人发展，年内共有5位教师出国访学，逐步实现学院与国际化接轨的目标定位。

（王文彬）

【党建与学生工作】2012年，学院深入贯彻落实《国家中长期教育改革和发展规划纲要（2010～2020年）》，以科学发展观为指导，以迎接党的十八大和学习贯彻党的十八大精神为主线，以庆祝建校60周年为契机，紧密围绕学校、学院教育教学中心工作，统筹推进领导班子和干部队伍建设，在求真务实上下功夫，在改革创新中谋发展，动员凝聚全体党员干部和师生员工，为努力实现学院教育事业科学发展提供坚强的思想和组织保证。

2012年，学院党政领导班子围绕学习贯彻党的十八大精神，结合学院工作实际，通过理论中心组学习、举办专题学习培训和召开民主生活会等各种方式狠抓落实，不断提升党员领导干部的思想理论水平，努力提高党政领导班子的治院能力。同时，学院党委还指导各基层党支部以支部为平台，通过制订2012年组织生活计划学习贯彻党的十八大精神，把会议精神纳入党支部书记培训、入党积极分子培训和党员培训的学习内容中，通过开展“喜迎十八大、争创新业绩”系列主题实践活动、开展基层党组织活动立项、党支部共建、坚持经常性组织生活和集中学习教育相结合等多种形式，切实把广大师生员工的思想、行动统一到十八大精神上，转化到推动学院事业科学发展的实际行动中。

按照《北京科技大学党建和思想政治工作基本标准》的有关要求，学院党委坚持“围绕中心抓党建、抓好党建促发展”的指导方针，明确党建评估的工作目标，注重在工作中夯实基础、积累经验和提炼特色，对2009～2012年的党委工作情况认真进行自查自评，积极准备各类支撑材料，最终以优异成绩顺利、圆满完成党建评估工作。在全校20个二级党委党建和思想政治工作评估中，学院评估结果为优秀，学院党委获得“北京科技大学党建和思想政治工作先进单位”称号。

以2012年双评工作为契机，围绕“强组织、增活力、创先争优迎十八大”主题，学院党委根据“抓落实、全覆盖、求实效、受欢迎”的工作要求，在创先争优活动中深入开展基层组织建设年活动，进一步建立健全基层党建工作制度和工作机制，着力抓好基层党支部建设，更好地发挥党支部的战斗堡垒作用和提升党员队伍的活力。年内，北京市委教育工委授予魏钧教授“北京高校2010-2012年创先争优优秀共产党员”称号，并作为学校唯一代表，参加北京市委教育工委组织的学习十八大报告心得体会汇报。

2012年，学院党委注重

对基层党组织立项活动的沟通与指导，确定各党支部活动立项方案22项，审批立项活动经费约35000元，支部立项活动参与率达到100%，不仅确保了全部活动的顺利开展和按时完成，同时还取得了良好的效果。其中，本科11级党支部的“交流互助共建成长”——农村基层体验、调查、学习实践活动荣获“优秀基层党组织活动二等奖”，教师金融系党支部的“高校专业教师对学生思想及成长培养体系研究”活动、教师学工办党支部的“喜迎校庆十八大固本强基谱新篇”活动、教师财会系党支部的“基于虚拟党支部的师生党员交流新模式的探索——兼论QQ信息平台的建设”活动共3个教师党支部活动都荣获“优秀基层党组织活动三等奖”，学院党委连续3年荣获“基层党组织活动优秀组织奖”。

2012年，学院党委严格遵循“坚持标准、保证质量、改善结构、慎重发展”和“成熟一个、发展一个”的原则，按照《北京科技大学发展党员工作细则》相关规定，处理好党员数量和质量的关系，统筹做好发展党员工作。同时，学院党委一贯坚持以入党积极分子的培养考察为重点，加强对发展党员工作的指导，强化培养环节和发展过程中的质量控制（入党积极分子理论知识测试和入党积极分子党校再学习）以及党建组织员在发展党员工作中的把关作用（审核材料和入党谈话），合力把好入党培养的教育关、考察关和审批关，严格执行发展党员的公示制和票决制，确保党员发展质量。学院全年实际发展党员89名，其中本科生61名，研究生28名。至年底，学院共有学生2387名，学生党员406名，占学生总数的17.01%，学生党支部27个。

2012年，学院秉承“育人为本、德育为先”的理念，围绕“以人为本、搭建平台、塑造空间、全面服务学生成长成才”的目标，以加强学风建设和促进素质教育为重点，稳步推进学生工作的持续健康发展。学院认真做好以下工作：①把学风导向贯穿学生工作全过程，以“三率”（四级一次通过率、考研率、就业率）作为考核学生工作的重要指标。2012年，英语四级一次通过率为97.44%，连续八年稳居全校第一；2008级本科生上研率为31.11%，较2011年同期有所提升；2008级本科生深造率（国内读研+出国留学）为50.39%，创历史新高；学院本科生、研究生综合就业率98.45%，比2011年同期有一定程度提高，位列全校第二，荣获“2012年总就业率优胜奖”；高质量就业继续保持稳定，其中本科生高质量就业率为54.67%，相比学校平均水平高出近20%。全年共有464人次获得各类奖学金，26个班级、13支团队、629人次荣获北京市级、学校级荣誉称号。②坚持以赛促学，鼓励学生积极参加学科竞赛，是强化第一课堂教学效果的推进剂。全年共有92人次获得国家级、北京市级、学校级奖励，其中国家级奖励25人次，北京市级奖励5人次，学校级奖励62人次。学院邓立治老师指导的1支团队在第八届“挑战杯”中国大学生创业计划竞赛中荣获金奖，实现学校在全国“挑战杯”上金奖零突破，并荣获“北京科技大学学生创业优秀指导教师”荣誉称号。③强化实践环节，推进素质教育。2012年，参加暑期社会实践的学生共计344名，组建团队38支，涉及理论宣讲、社会调查、学习参观、生产劳动、社会服务、勤工助学和“三下乡”等多种内容和形式，全年共有1支团队获校级金奖、1支团队获校级银奖、2支团队获校级铜奖、39名学生获校级实践先进个人、2名学生获校级十佳标兵。④丰富学生的课余生活，大力加强文化建设。承办学校“三好杯”足球赛、研究生体育文化节等体育活动，在第51届学生运动会、新生运动会和研究生轻体运动会中屡获殊荣。在2012级新生中开展“拓梦”音乐嘉年华暨新生成长导师聘任、班级素质拓展、班级挑战赛、“晨光早操”活动以及进行班徽、班旗、班服、班歌等班级形象展示，纷纷得到学校领导的表扬与肯定。

2012年，学院努力打造经管阳光窗口，坚持“加强指导、培养队伍、拓展渠道”的原则开展宣传工作，积极营造良好的学生工作氛围。加强学生工作网站建设，成为展示风采的有力窗口；抓好新闻信息中心队伍建设，年内，着重推出《学生工作简讯》、《经管新闻直播间》、人人网、新浪微博等宣传平台，并依托网络、报纸和电视等不同渠道进行宣传报道，实现了媒体宣传的全面覆盖。

（戴淑芬、曹　勇、温　雅）

文法学院

【概况】2012年，文法学院设有法律系、公共管理系、社会学系和艺术教育中心。学院代管的教学科研机构有：国家大学生文化素质教育基地、北京科技大学公共管理硕士（MPA）教育与管理中心和法律硕士（JM）教学管理中心等。此外，学院拥有5个文科实验室：社会调查与统计分析实验室、社会工作实验室、艺术鉴赏实验室和电子政务实验室、情景模拟实验室。

2012年，学院共招收本科生188人，双学位生149人，普通硕士研究生86人，公共管理硕士（MPA）60人和博士研究生7人。毕业学生286人，其中本科生174人，硕士83人，公共管理硕士（MPA）24人，博士5人。至年底，学院在校本科生713人，硕士研究生282人，博士研究生32人。

（陆　俊、黄家亮）

【师资队伍建设】2012年，学院各类专业师资队伍人才荟萃，拥有法学、管理学、社会学、政治学和文艺学等学科专任教师47人，其中教授6人（含博士生导师4人）、副教授26人，90%以上教师有硕士、博士学位。近年来学院涌现出了一批思想活跃、才华横溢、治学严谨的中青年学科带头人，其中有教育部高校社会学学科教学指导委员会委员1人、北京市高等学校青年学科带头人2人、北京市优秀青年骨干教师8人，北京市培养新世纪社会科学理论人才“百人工程”人选2人。

（陆　俊、黄家亮）

【学科建设】2012年，学院设有法学、行政管理和社会工作3个本科专业；设有公共管理一级学科硕士点（含行政管理、教育经济与管理等5个二级学科硕士点）和民商法学、经济法学、社会学、高等教育学、文艺学、科技与教育管理6个二级学科硕士点；科技与教育管理二级学科博士点；公共管理硕士（MPA）和法律硕士（JM）2个专业硕士学位点。此外，学院3个本科专业还招收双学位本科生。

至年底，文法学院的专业涉及文学、法学、教育学和管理学4个学科门类，公共管理、法学、社会学、高等教育学和中国语言文学5个一级学科，已形成从本科到博士研究生的人才培养体系。

（陆　俊）

【教学改革】2012年，学院在本科教学方面继续严格执行学校的规章制度，并结合本学院的实际情况，以提高教学质量为核心，积极推动各项工作有序开展，成效显著。

①课堂教学。学院继续夯实本科教学评估的成果，严格执行学校规章制度，各项工作有序开展。在2012年春季和秋季两次本科生课堂教学质量评价中，学院的全部课堂评价均在"良好"以上。在第5批校级优秀课程评审中，学院吴群芳老师的《公共政策学》课程，达到校级优秀课程标准，授予"北京科技大学优秀课程"称号，并获得第4批校级精品课程建设项目资助。

②小学期教学。学院积极配合学校的相关安排，认真做好小学期工作。学院开设了《唐宋诗词》、《影像文化概论》、《人像摄影》和《应用写作》等全校公共课；开设了计算机应用实践教学课程；承担了校团委的《大学生社会实践》理论课程；为了提高社会实践的效果，面向全体2011级本科生开设了两门课——"社会实践方法"和"社会实践报告撰写"。

③本科毕业设计及实习工作。作为学校毕业设计重复率检测的试点单位，学院积极支持学校的试点工作，组织对所有参加答辩的论文进行重复率检测，使得论文的质量有了比较明显的改进。年内，学院结合专业特点，组织学生远赴各地，开展实习工作。行政管理专业2010级学生由何晓前带队到内蒙古包头市人事局等单位开展认知实习，2009级学生到北京市消协等地进行生产实习；法学专业2010学生级由王竹青、张家盛带队到河北秦皇岛等地法院开展认知实习，2009级学生分散到各地进行生产实习；社会工作专业2010级学生由许斌、靳宏带队到河南民政局、安徽民政局各社会机构开展认知实习，2009级学生由郇建立、黄家亮等带队在北京等地开展生产实习。

④教学研究。按照学校的要求，组织北京科技大学第6批教育教学研究立项项目结题验收，王竹青、钱振华、许斌、李怡和刘晶等人主持的项目共有5项顺利通过验收，2项延期；组织参加北京科技大学第25届教育教学成果奖的评选，陆俊、赵雨和张健等人主持的"素质教育课程体系设计"获得二等奖；组织参与北京科技大学"十二五"规划教材评审，张健、许放、时立荣和冯英获得了教材资助，王立群、韩学周获得了讲义资助；组织申报北京科技大学2012年度校教育教学改革与研究项目，唐德龙主持的项目获得了面上项目立项。研究生教学方面，2011年，参加毕业答辩的硕士研究生有107名、博士研究生有5名，其中4名硕士研究生获得了学校优秀论文奖。

（王竹青、魏增产、唐德龙）

【科研活动】2012年，学院承担科研项目36项，总科研经费382.6万元。其中纵向科研项目25项，包括国家级2项，省部级12 项，校级 11项，科研经费293万元；横向课题11项，科研经费89.6万元。

在各类学术期刊上发表论文55篇，其中CSSCI收录16篇，北大核心7篇。邢朝国获得了1项国家哲学社会科学研究基金项目——"转型期社会不满情绪的法社会学研究"。

（孙雍君、魏增产、张　娜）

【合作与交流】2012年10月，学院与湛江市委组织部、科技局联合举办了湛江市大工业发展与科技创新高级培训班。同时，学院加强了对外国际学术交流活动，派出郇建立老师赴美国进行为期12个月的进修学习。12月4～8日，学院接待了世界著名技术哲学家安德鲁·芬博格教授，芬博格教授为我校师生做了一场题为"Critical Theory of Technology：An Overview"的讲座。年内，学院邀请了美国哈佛大学博士、贝勒大学跨学科研究中心社会学教授Lydia N.Bean来我校进行以"社会阶层、宗教文化与社会"为题的短期讲学；邀请了美国乔治城大学Oscar Cabrera教授和吴迪女士作了一场主题为“全球卫生法发展”的精彩讲座；邀请了澳洲知名执业律师陈珊女士就澳洲司法制度、律师制度等问题进行学术交流。

（孙雍君、魏增产、张　娜）

【党建和学生工作】2012年，在学校党政的正确领导下，文法学院围绕学校总体工作要求，以喜迎十八大和庆祝建校60周年为契机，深入贯彻落实学院“十二五”规划，集全院之合力，求真务实，砥砺耕耘，不断提高党建与思想政治工作的科学化水平,为学院各项事业的开展提供了坚实的组织保障。

2012年，学院党委注重加强基层党组织建设和学生党员发展工作，组织开展了两年一次的党员评议与支部评估工作，对党支部、党支部书记和党员进行了民主评议。最终8个支部定级为A（好），4个支部定级为B（较好），8位党支部书记工作满意率100%，136名党员作用发挥情况群众满意率100%。2012年度共申报基层党支部立项活动 15 项，党支部参与率100%，另2个支部参加学校优秀基层立项活动评选，其中社会学研11党支部获得北京科技大学部优秀基层组织活动评选二等奖。本科10级党支部的红色“1+1”支部共建活动被学校推荐参评北京市优秀支部活动并获奖。同时，发挥学生业余党校的主渠道作用，组织开展积极分子党校1期，培训学员151人；本科毕业生党校1期，培训党员76人。2012年，学院共发展学生党员94名，确定积极分子119人。

2012年，学院开展党员学风引领计划，成立7个帮扶小组，共帮扶学生22人，帮扶次数62次，在全院师生的共同努力下，学院学风建设取得新的成效。2012级本科生英语期中考试平均分排名和提高幅度排名均位居全校第一，学生课程通过率保持较高水平（无试读和退学情况发生)，英语四级一次通过率稳定在96%以上，学生保研率维持在20%左右（学生保研总计34人，其中本校14人，保送清华、北大、人大、政法等学校共20人）。同时，文法学院本科09级和研究生有31名学生通过了国家司法考试，通过率32%，创历史新高。学院学生获“北京市优秀三好学生”称号1人，获“北京科技大学校长奖章”1人。此外“本科生科技创新项目”33个项目全部通过验收，其中7项被评为优秀项目。在2012年度“摇篮杯”课外科技作品竞赛中，文法学院29支参赛队伍参赛。吉婷婷等同学开展的“女性农民工权益保障机制研究”获得全校唯一的特等奖，另外有4支队伍获得二等奖，分别有3支队伍获得三等奖和优秀奖。

2012年，文法学院共举办“星期四人文讲座”12期，听众5000余人，讲座内容涉及时政热点、中国古典文学和书画艺术等方面，先后邀请到著名画家朱明德、著名书法家杨再春等12位专家学者为学生带来精彩的讲座。2012年,文法学院研究生开展第八届学术论坛，通过举办名师讲坛、职业生涯规划交流会、读书沙龙、调研学习等活动，加强了研究生的学风建设，营造浓厚的学术研究氛围。共收到论文110篇，评选出校级优秀论文3篇；院级优秀论文31篇。

2012年，文法学院本科生就业率为93.6%，硕士研究生就业率100%，连续两年荣获“北京科技大学高质量就业优胜奖”。此外，积极组织选拔优秀学生参加研究生科技服务与挂职锻炼活动，2012年，共有30名学生分别前往朝阳区团区委以及亚运村、大屯、东湖等10余个街道办事处学习锻炼。学院获得“2012年科技服务与社会实践优秀组织奖。”

（赵　雨、史立伟）

马克思主义学院

【学院概况】2012年4月，马克思主义学院搬入新的办公楼，顺利地完成了各项工作的平稳过渡。学院下设有思想政治教育研究所、马克思主义原理研究所、马克思主义中国化研究所、历史与文化研究所、科技与社会研究所。同时，北京科技大学思想政治教育研究中心、北京科技大学高校学生事务研究中心、北京科技大学廉政研究中心和《思想教育研究》编辑部挂靠在学院。北京市思想政治理论课实践教学工作室挂靠在思想政治教育研究所。

学院承担全校本科生“思想道德修养与法律基础”、“毛泽东思想与中国特色社会主义理论体系概论”、“马克思主义基本原理概论”、“中国近现代史纲要”4门必修思想政治理论课，承担全校本科生科学精神与人文素质教育类部分课程、材料国际班部分人文社科类课程及对外汉语部分课程的教学任务。研究生教学任务包括全校研究生“中国马克思主义与当代”、“中国特色社会主义理论与实践”、“马克思主义与社会科学方法论”、“自然辩证法”4门思想政治理论课。与学生处、团委合作开展面向全校学生的“形势与政策”、“大学生社会实践”等课程。除公共基础课程外，学院承担了3个硕士专业、1个博士专业的学科课程以及全校工程硕士等非全日制研究生思政课。年内，学院保质保量完成了教学任务，其中包括5188个本科生公共基础课时，以及864个研究生公共基础课时。

至年底，学院共有在编教师26人，其中教授7人，副教授11人，讲师8人。同时，专兼职博士生导师6人，专兼职硕士生导师19人，教辅及党政管理人员3人。年内，“马克思主义理论”一级学科硕士点于2012～2013学年度正式招生。学院共招收硕士生27人，其中思想政治教育二级学科招收16人，马克思主义基本原理二级学科招收6人，科学技术哲学二级学科招收5人；招收思想政治教育专业博士生12人；毕业硕士生26人，思想政治教育专业高等学校教师在职攻读硕士学位班毕业13人。至年底，学院在读博士生44人、硕士生58人。

（段晓芳、李晓光、刘丽敏）

【校庆活动】校庆被列为2012年学院工作中的重点，学院成立专门的校庆领导工作组，并成立了专门的校友办公室，系统部署校庆工作。在资金相对紧张的情况下，学院筹集专门经费用于学院宣传册制作、专题片制作、网站改版、编印《校友通讯录》与院刊、院友访谈、学院纪念品定制、校友宴请等工作，为院级校庆各项活动的顺利开展提供了物质保障。4月21日,共计200余名校友以及学院师生参加了学院举办的校友大会，整个会议气氛热烈，赢得了校友们的一致肯定。

在校庆期间，学院还举办大型学术会议，作为校庆献礼的“全国高校思想政治理论课实践教学研讨会”吸引了来自北京大学、清华大学和北京师范大学等70余所高校的150余名思想政治理论课教学负责人或专家学者。举办了近10 场形势政策报告会或座谈会，覆盖全校学生3000余人次，其中邀请了部分校友嘉宾作为主讲，取得了良好的教育效果。

（段晓芳）

【师资队伍建设】2012年，学院有哲学、经济学、政治学和法学等学科专任教师26人，其中69%的教师具有高级专业技术职称，96%的教师具有硕士及以上学位，69%的教师具有博士学位。目前，学院拥有教育部新世纪优秀人才支持计划资助1人以及北京市新世纪社会科学“百人工程”人选1人，北京市教学名师1人，北京高校马克思主义理论和思想品德学科带头人2人。

学院高度关注教学科研优秀人才的培养和发展，力求建设一支素质过硬、师德优良、结构合理、学历层次高、教学效果好及科研能力强的师资队伍。学院举办多场学术研讨会议，提升教师的专业技能，提高其学术水平。同时，出台相应政策，鼓励教师参加国内举办的本学科学术研讨会，并适当资助发表论文。

学院积极组织各类人才的申报工作。年内，彭庆红老师入选“全国高校优秀中青年思想政治理论课教师择优资助计划”，成为2012年全国获此资助的50名教师之一。刘丽敏老师获得教育部“全国高校思想政治理论课教学能手”荣誉称号。

年内，学院积极组织教师参加教育部、各级党校、北京市教工委、学校组织部等各级各类机构组织的培训研修。年内，学院派遣2人次参加教育部组织的高校思想政治理论课骨干教师研修，4人次参加北京市教工委组织的北京市高校哲学社会科学教学科研骨干研修班，2人次参加教育部社科司组织的“形势与政策”课骨干教师培训班；2人次参加北京市教工委组织的高校思想政治理论课教师赴清华大学专项研修，1人次参加教工委组织的暑期井冈山学习实践活动，2人次参加学校组织的青年干部培训班等。

（段晓芳）

【学科建设】2012年4月，根据工作需要，学院成立学术及学位分委员会。院学术委员会以学院定位和发展目标为基础，以马克思主义理论学科申报一级学科博士点为龙头，凝练研究方向，重组学科梯队，整合科研力量，确定优先发展学科及学科方向，制定学科建设方案，最终形成《北京科技大学马克思主义学院学科建设五年规划（2013～2017）》与《马克思主义学院本科教学条件建设五年规划（2013～2017）》以及《马克思主义学院研究生教学条件建设五年规划（2013～2017）》。“规划”明确了学院课程建设、教材建设、师资队伍建设、教学研究、研究生及本科教学条件建设等方面的发展目标与具体思路，为学院的发展明确了方向。

（李晓光）

【教学改革】2012年，根据教育部以及北京市有关文件要求，重新修订了《关于进一步加强和改进思想政治理论课的实施方案》，进一步明晰教学中心任务，保证了学校思想政治理论课教学秩序平稳。在此基础上，学院进一步强化教学过程化管理，支持教学改革和教学研究，成果斐然。年内，学院获批建设“北京高校思想政治理论课‘名师工作室’”— 左鹏马克思主义宗教观教育教学工作室；“中国近现代史纲要课程以及“马克思主义基本原理概论”分别被评为校级精品课程和校级优秀课程；“‘中国近现代史纲要’研究型教学”和“教育部试点课程‘马克思主义经典著作选读’教学内容与教学方式探究”分别获得北京科技大学第25届教育教学成果奖一、二等奖；2项教学研究项目获得校级教改研究项目；2门课程获得2012年度研究型教学示范课程建设项目；4个“十二五”规划教材项目立项全部获批立项；张北根与马晓燕主讲的“中国特色社会主义理论与实践”课程获得研究生课程教学免检称号；盖明老师主讲的“中华社会生活史”，“北京史”，“思想道德修养与法律基础”，王蓉霞老师主讲的“国史与国情”，梁峰老师主讲的“马克思主义基本原理概论”张北根老师主讲的“中国近现代史纲要”获本科生课程教学免检称号。

学院在思想政治理论课“实践教学”及“教辅结合”工作中，进展顺利，已获批教育部立项建设“思想政治理论课实践教学网络平台”，并获得教育部本科教学条件立项资助近50万元，建设大学生思想理论教育网络平台。经过近一年的建设与试运行，目前已经建成全国高校思想政治理论课实践教学网站（www. shijianjiaoxue. com）。在网络平台建设的基础上，学院积极与教育部社科司沟通，筹建全国高校思政课实践教学联盟以及相应教研中心，力争将其打造成为全国高校思想政治理论课实践教学的理论研究中心、工作示范中心、交流展示平台、师资培训基地以及实践教学资源的研发推广基地。学校思想政治理论课实践教学已经形成了鲜明的特色，2012年11月，《求是》杂志全面报道了我校思政课教师与团干部、辅导员共同开展教学改革的情况，产生了良好的社会反响。

（刘丽敏、李晓光）

【人才培养】学院高度重视学生的培养，从加强学生的专业素质培养和提升学生综合竞争力着手，打造多个实践平台，增强学生学术能力和就业能力。年内，学院获得学校“高质量就业优胜奖”，基本形成学院人才培养格局与特色。以研究生学术论坛为载体，学院举办学术方法、研究选题等相关讲座，拓宽学生学术视野，积极动员学生进行学术活动。年内，学术论坛的论文评选中，共收到论文26篇，其中2篇被评为校级学术论坛优秀论文。在学生学术能力提升的同时，学院积极鼓励学生参与形式多样的学术交流及竞赛，成效较显著。其中2009级博士生李慧琳当选为北京科技大学第八届研究生“十佳学术之星”；2010级博士生蒋卓晔撰写的《关于红十字会青年会员会费问题研究》一文入围学校第十四届“摇篮杯”大学生课外学术科技作品大赛决赛等。

学院根据专业特色，积极打造实践平台，组织学生参加各类实践活动。①学院重视与理论研究相关的实践。2012级全部新生都参与了思想政治理论课实践教学网络、党建与思想政治教育工作数据库平台等学院相关课题的建设工作，锻炼了学生调查、分析以及解决科研问题的能力。②学院为学生提供各种实践机会。自学院独立设置以来，共为学生提供35个助教岗、12个勤工助学岗、2个助管岗，推荐4名学生赴朝阳区团委等单位挂职锻炼，基本达到了学生实践的100%全覆盖。年内，学院被评为社会实践优秀组织奖。

学院精心组织了学术生涯规划系列教育，其中包括组织新生进行学院入学综合素质测试，开展心理危机排查、安全教育、日常管理以及学术诚信为一体的特色入学教育，加强师生感情的培养，促使师生关系更加融洽。在和谐的氛围中，涌现出一大批优秀学生个人及班集体，其中1人获得特种奖学金、1人获北京市三好学生及国家奖学金、4人被评为“优秀三好研究生”、4人被评为“优秀研究生干部”、12人被评为“三好研究生”、2人被评为“优秀共青团干部”、3人被评为“优秀共青团员”、思政研11团支部被评为校级“先进班集体、优秀团支部标兵”、马基科哲研11团支部被评为“先进班集体、优秀团支部”、7斋854宿舍被评为“标兵宿舍”、7斋859宿舍被评为“文明宿舍”等。

（李晓光、段晓芳、潘红涛）

【科研活动】首先，学院积极倡导“非有即报”原则，并建立学院高水平科研项目预申报制度，聘请专家帮助教师审核、修改项目申报书，提高命中率。其次，推动多学科之间的合作，搭建团队，鼓励教师按照学校、学院的发展需求与人才培养的目标，积极开拓新的科研方向。其中新开拓的研究方向为马克思主义宗教观教育的实施、科学精神与工程伦理的培养等。2012年，共有27个科研项目成功申报，其中国家级科研项目1项，省部级科研项目11项，其他科研项目15项，获科研经费144万元。省部级项目所占比例大幅度提升，成为科研水平提高的重要标志之一。

为了鼓励教师加强理论研究，不断提高思想政治工作的科学化水平，学院制定了优秀博士学位论文、优秀学术论文资助计划，主要资助出版青年教师的博士学位论文。2012年，学院资助由光明日报出版社出版“马克思主义与当代社会思潮”学术系列专著4部及其他学术专著2部，其中包括周鑫老师的《西方生态现代化理论与当代中国生态文明建设》、马晓燕老师的《多元时代的正义寻求》、鲁春霞老师的《南茜·弗雷泽正义理论研究》、杨兴业老师的《唯物史观视阈中的马克思科学货币观》、孙文营老师的《社会主义和谐社会构建中的中华民族精神研究》以及赵静老师的《中国共产党执政道德建设研究》。

（刘丽敏、段晓芳）

【党建和思想政治教育】马克思主义学院是学校思想政治教育的前沿阵地，学院注重形成特色，做好第二课堂的思想政治教育工作。学院与学生处合作开展形势与政策课教育教学工作。年内，共举行大型讲座12场，直接受益学生5000余人次。形势政策课程在校内外引起了较大反响，深受学生喜爱，已经成为校园文化建设与学生思想政治教育的一个新品牌。

在教育部“老教授协会”支持下，学院与教务处合作启动了《当代中国国情与青年的历史责任》系列讲座（简称“国史与国情”）。该讲座旨在引导学生关注“世情”、“国情”以及“民情”，主讲人由院士、退休知名学者和离退休司局级以上专家型领导组成，3000余人次本科生聆听讲座，学生反响特别热烈，效果良好。

为培养具有哲学思维的新一代工程师和工程管理者，学院与研究生工作部合作举办了“科技与社会”大讲堂，在哲学与工程、科技与社会之间架起一座桥梁，成为校园文化的重要品牌活动之一。“科技与社会”大讲堂由殷瑞钰院士领衔主讲，其他主讲人均为国内著名的工程哲学研究学者，共举办5讲，听众超1000人次，受到学生热烈欢迎。

年内，学院利用学院师资及学科优势首次承办校级学生业余党校培训班。受组织部委托，学院统筹规划、精心设计，特别承办北京科技大学第192期、193期学生业余党校入党积极分子培训班，培训积极分子共294名,其中本科生178人,研究生116人。这一次培训不仅加大了理论学习、校外实践的力度，形成了思政课教师、研究生与辅导员联合带班的特色，受到了学生的广泛好评。学院同时加大了对“求是学会”等理论社团的指导，从师资、经费等方面支持理论社团建设。例如，与校团委合作组织开展“十八大”宣讲活动、“关注民生”调研和有奖征文活动等，社会反响良好，学生深受教育。

（段晓芳、刘丽敏、潘红涛）

附 录

2012年“形势与政策”讲座列表

内 容	主讲人	时 间	简 介
2012年台湾大选与两岸关系现状及走势分析	李松林	2012.03.01	首都师范大学马克思主义教育学院院长，国台办海研中心特约研究员
科技发展的战略问题	胥和平	2012.04.05	国家科技部调研室主任
西亚北非变局与中国外交	夏莉萍	2012.05.10	外交学院教授
我们可以选择朋友，但无法选择邻居——黄岩岛事件与中菲关系	吴杰伟	2012.05.31	北京大学外国语学院东南亚语言文化系系主任
科学发展、成就辉煌——十六大以来的发展与启示	张 旭	2012.09.13	中宣部时事报告杂志社副总编辑
国企热点问题分析	胡 钰	2012.09.25	国务院国资委新闻中心副主任，中央国家机关青联委员，全国青联委员
关于首都发展的几个问题	胡雪峰	2012.10.25	北京市委研究室副主任，研究员
党的”十八大”报告学习中的若干问题解析	左 鹏	2012.12.03	北京科技大学教授

2012年“国史与国情”讲座

课 程 内 容	教授姓名	时 间	简 介
中国政治体制改革	林 泰	2012.09.19	清华大学教授、清华大学人文社会科学学院原常务副院长
中国经济体制改革成果、国际收益及未来展望	曹和平	2012.09.26	北京大学经济学院教授、北京大学数字中国研究院副院长、广州市金融咨询决策委员会专家委员
中国航天事业与航天精神	戚发轫	2012.10.10	神舟1～5号飞船总设计师、中国空间技术研究院技术顾问，全国政协委员，北京航空航天大学宇航学院名誉院长，中国老教授协会顾问
建设生态文明	贺庆棠	2012.10.17	北京林业大学生态学教授、博士生导师、林学博士。北京林业大学原校长、中国老教授协会原副会长，原林业部科技委常委
民族复兴与中国共产党	朱育和	2012.10.24	清华大学教授、校长教学顾问、人文社会科学学院原副院长、历史系原系主任，中国老教授协会副会长、国杰老教授科学技术咨询开发研究院副院长

续表

课　程　内　容	教授姓名	时　间	简　介
当前IT科技发展与创新型IT人才培养	吴文虎	2012.10.31	清华大学教授、中国历届参加国际计算机奥林匹克代表队总指导教师
创新型国家建设与创新型人才培养	张　慕	2012.11.07	清华大学教授、原副校长，中国老教授协会名誉副会长
中国环境问题与对策	井文涌	2012.11.14	清华大学教授、环境工程设计研究院原院长，中国老教授协会原副会长、国家环境保护部科学技术委员会委员、国杰老教授科学技术咨询开发研究院院长
中国农民与社会主义新农村建设	郭书田	2012.11.21	农业部政策法规司原司长、中国管理科学研究院农业经济科技研究所所长、联合国工业发展组织中国绿色产业专家委员会高级顾问
中国能源问题及对策	倪维斗	2012.11.28	中国工程院院士、清华大学教授、清华大学原副校长、现教育部科技委员会主任
我的西藏高原之梦	徐凤翔	2012.12.05	西藏农牧学院教授、西藏高原生态研究所原所长、北京灵山生态研究所原所长

2012年“科技与社会大讲堂”讲座

课程名称	主讲人	时　间	简　介
工程、工程哲学和工程演化	殷瑞钰	2012.10.17	钢铁冶金专家/中国工程院院士
工程思维与工程方法论	李伯聪	2012.10.24	知名哲学家/中国科学院研究生院工程与社会研究中心主任、教授、博士生导师
工程与工程社会学	朱葆伟	2012.10.31	中国社会科学院哲学研究所研究员，博士生导师
工程教育和工程未来	王大洲	2012.11.1	中科院研究生院人文学院副院长
工程哲学应用的思考	丘亮辉	2012.11.8	中国科学技术协会研究员

外国语学院

【概况】2012年是落实“十二五”规划的关键之年。学院以迎接党的十八大召开和学习贯彻十八大精神为贯穿全年的工作主线，用科学发展观全面指导学院各项工作，准确地把握学院定位，紧紧围绕“解放思想、形成共识、改革创新、提高质量”的工作主旨，在党建和思想政治工作、教学科研、学科发展、师资队伍、人才培养、教学资源与环境建设等诸多方面都取得了长足的进步。

2012年，学院设有英语语言文学系、大学英语系、研究生英语系、亚欧语系4个系；外国语言文学研究所1个研究所；党委行政办公室、学生工作办公室2个办公室；外语实验教学中心、外语培训中心2个中心以及北京科技大学功能语言学研究中心。学院设有英语、日语和德语3个本科专业，拥有“外国语言文学”一级学科博士学位授予权，外国语言学及应用语言学、英语语言文学、日语语言文学和翻译硕士学位（MTI）4个二级学科硕士点。至年底，全院在读学生650人，其中本科生575人，博士和硕士研究生75人。

（张秋曼、黄爱霞）

【师资队伍建设】2012年底，学院有专任教师88人，外籍教师14人。其中有教授5人，副教授23人，入选教育部新世纪优秀人才计划2人，北京市名师3人。94%的教师具有硕士以上学位，25%已经获得或正在攻读博士学位。本年度接收博士后1人、实验教辅人员1人；1人晋升副教授，1人重新认定副教授资格。至年底，学院有客座教授和兼职教授16人。

学院重视青年教师进修培养工作，内外结合加强学院师资队伍建设。全年，学院推荐2位优秀青年骨干教师参评并入选学校青年骨干教师出国研修项目；推荐2位教师申报“中美富布赖特”研究学者子项目并有1人获批；推荐1位教师成功申报国家留学基金委全额公派项目、1位教师入选国家汉办对外汉语教师选拔项目、1位教师赴日进修学习；选派2位教师参加2012年度北京市哲学社会科学骨干教师研修班；推荐2位教师参加学校优秀青年干部培训班；推荐1位教师担任北京市公益外语讲师；推荐3位青年教师报考博士研究生；支持44人次教师参加国内外高水平学术会议。

按照学校工作安排，年底认真完成了2013～2015年度岗位聘任工作，并以此为契机改革学院人事分配制度，全面修订学院关于考核、奖励、人事分配、教学科研管理和院务运行等各项规章制度。在外籍教师队伍建设方面，多次与人事处、基建处、后勤集团和国际处等相关部门协调外教工资与聘任问题，努力改善外教的待遇。

（张秋曼、黄爱霞）

【教学工作】2012年，学院始终坚持以教学为核心，以严格的过程管理和过硬的教学基本功为支撑点，积极推进教学改革，完善外语专业人才培养机制，全面提升学校外语人才培养质量。

2012年，在大学英语教学中，一方面加强课堂教学过程管理，优化“教”与“学”的主要环节，增强教学实效。在课程设置上追求多样化，努力建立以“必选结合”为特点的“基础+拓展”课程体系。另一方面组成数字化创新写作实验教学团队，努力建设融数字化教学资源库、视听系统、卫星节目采集系统、英语写作评价与反馈系统、在线自主学习及网络调频电台等于一体的优质外语教学资源平台，并在教学中本着“层次化、个性化、研究性”的原则，探索适合不同层次、不同学习能力学生的数字化英语学习课程，从而以数字化大学英语写作实验教学为突破口，进行数字化写作实验教学研究，构建“课堂+网络自主+项目实践”全新外语教学模式，实现对学校学生自主学习能力、综合应用能力及实践能力的培养，以进一步优化独具学校特色的研究型大学英语教学体系，巩固并保持其在全国的领先地位。年内，学校2010级学生在外语学时缩减了一个学期的情况下，仍取得了全国四级考试一次通过率91.91%、优秀率17.63%的好成绩。学校学生在2012年全国大学生英语竞赛中有3人获得特等奖、9人获得一等奖、33人获得二等奖。

在本科生专业教学工作中，一方面强调专业认同，注重分类培养，走具有学校特色的多模式外语人才培养之路。另一方面，完善外语专业人才的国际化培养机制，实现多层次国际化培养。

通过有效的学业指导机制和班导师机制，使专业教师深度参与课堂以外的人才输出过程，从专业认同、跨专业选课、读研、国际交流和出国等各方面，对各个阶段学生的专业学习、专业实践和未来发展进行影响和引导。2012年，英语专业出国率提高到了31%，深造率提高到了54.25%；日语专业的深造率达到了54.85%。尤其是分类培养使学校外语专业学生在跨专业深造上表现出明显的优势，纷纷以外语专业为基石，在读研和出国学习时跨专业进入新闻、商学、法学、管理和传媒等各种专业方向，从而走进了一个更加广阔的发展空间。

学院通过优化国际交流机制、出国深造机制，并以弹性的学分交换机制为保障，鼓励学生在国际化的过程中跨专业选课，实现外语能力和跨学科学习能力的双重培养。同时，进一步优化海外实习机制，鼓励学生通过暑期分散性海外游学或短期的实习计划，拓展学生国际交流能力。2012年度，学院3个本科专业学生共有49人进行了境外交流和学习，比2011年的交流人数增加了14人。境外交流活动不仅开阔了学生的视野，也对他们未来的跨专业深造和就业起到很好的促进作用。

在研究生教育教学工作中,学院以落实2011版研究生培养方案为重点工作，以邀请国外专家集中讲学，开展新增学科点教学研讨会议作为教学工作特色，着力提高研究生教学质量。年内,学院先后邀请英国加的夫大学等14所国内外知名院校的15位专家学者集中讲学，为师生作高水平学术讲座33场，积极推动了研究生课程的国际化建设。

2012年，学院教育教学硕果累累。陈红薇老师荣获第八届“北京市高等学校教学名师”奖，白秋梅老师在第三届“外教社杯”全国大学英语教学大赛中获得北京赛区组第一名，并在全国总决赛中获得二等奖。张虹老师入选2012年度“北京科技大学青年教学骨干人才培养计划”。在第25届北京科技大学教育教学成果奖中，学院获得特等奖1项，一等奖2项。“基础日语”和“英国文学史与作品选读”获得校精品课程的称号。此外，学院学生在2012年度积极参加全国赛事，并取得好成绩。其中，日语专业冯立在“第七届中华全国日语演讲大赛”中获北京赛区特等奖，并代表北京参加日本东京举行的总决赛。德语张敏同学荣获“第七届中德文学翻译大赛”最高奖一等奖。

(张秋曼、康军艳)

【学科建设与科研活动】 2012年度，学院在努力做好“外国语言文学”一级学科博士点的评估和规划工作的基础上，进一步推进学科建设，以此带动全院的科研、教研和教学等方面工作，推动外语学科的整体发展，提高学院在外语界的声誉。学院通过北京科技大学功能语言学研究中心平台，开展了多层次、全方位的学术交流活动，同时开创了新的国际学术交流渠道，使学校外语学科在学界的影响力得到持续提升。

2012年，学院全力以赴做好学科评估和规划工作，以评促建，谋求持续发展。学院认真开展“外国语言文学”一级学科博士点的评估准备工作，并以评估为契机，做好今后5年的学科规划工作。外语学科将通过人才培养和引进以及4个研究中心的建立健全，致力于4个二级学科方向的建设工作，包括理论语言学、应用语言学、外国文学与文化和翻译学。同时，通过协助提升学报社科版办刊水平、创办重要国际学术期刊、获批多项高级别科研项目以及发表高水平学术成果等，追求内涵卓越发展，进一步全面提升学校外语学科在学界的影响力。

2012年度，学院获批教育部人文社科基金项目3项，北京市哲学社会科学规划项目1项，全国教育科学“十二五”规划课题教育部重点项目1项，全院教师共发表论文77篇，其中SSCI、CSSCI和中文核心期刊检索论文16篇，出版学术专著1部，主编教材2部。

（张秋曼、马瑞芝）

【条件建设】2012年，学院与教学科研部门密切合作，多方调研考察，制定了《外国语学院2013～2017年度本科教学与学科建设条件建设规划》；全面规划了2012年度修购项目，召开项目启动评审会议，走访调研、反复研讨，制定招标和建设方案，历时5个月精心建设，目前已圆满完成，学院环境更加优美、教学科研环境条件整体再上一个台阶。

（张秋曼、陈光浦）

【党建与工会工作】2012年，学院党委通过巩固创先争优成果，加强干部队伍建设，不断深化学院党委的政治核心作用；优化组织架构，全面开展“基层组织建设年”工作；加强制度建设，认真做好党建常规工作和党风廉政建设工作；紧抓校庆契机，开展爱校荣校责任教育；结合专业发展，服务优良校风学风建设。2012年度，学院党委获评“北京高校2010～2012年创先争优先进基层党组织”和“北京科技大学党建和思想政治工作先进单位”。

2012年，学院在“十二五”规划中进一步强调和坚持“让教职工心情愉悦工作、让学生最大程度受益”的工作理念，从构建符合外语教学发展趋势和教师需求的软硬件环境出发，全方位助力教师职业生涯发展，真诚为师生办实事，孕育学院平等、关爱和包容的文化氛围，努力提升学院师资队伍建设整体水平。年内，成功地承办了第三届“外教社杯”全国高校外语教学大赛北京赛区比赛。积极配合学校新教师准入制度，关注新教师成长。召开二届四次教代会，向教职工传达学校暑期党委扩大会议精神。组织教职工参加学校第36届田径及趣味运动会。本年度共慰问新婚教师2人、新育子女教师3人、患病教师和离退休教师12人。2012年，学院工会被评为“2012年度校级工会工作先进单位”，北京市教育工会授予学院工会“北京市模范职工小家”光荣称号。

（张秋曼、康军艳）

【校庆工作】2012年4月22日，学校迎来60周年华诞，在学校领导的大力支持和悉心指导下，学院紧密结合学校的工作要求，积极配合并开展了校友邀请、校庆宣传材料翻译、校友见面会、座谈会和精品活动献礼校庆等各项工作。截至2012年4月，外国语学院已毕业的学生共有39届、44个班级，共计1213名。校庆期间接待返校校友194人，获得日照钢铁公司30万元捐款，平稳、圆满地完成邀请、接待和活动组织等各项校庆工作。

（张秋曼、黄爱霞）

【学生工作】2012年，学院学生工作在安全稳定、学风建设和就业引导方面开展了扎实、有效的工作。一是夯实基础。全面深入地抓好学生平安稳定工作。2012年度，共开展深度辅导88人次，建立特殊学生档案25份，形成学生网络舆情报告12期，处理学生特殊事件18起。二是点面结合，稳步有序地推进整体学风建设。学生工作团队调动各级各类学生组织的积极性，发挥先进典型的成长引领作用，致力于学院整体学风建设的推进。本学年，学院学生中涌现出了众多的优秀代表，包括特种奖学金获得者32名、人民奖学金获得者133名；标兵宿舍2 个，先进班集体标兵3个等。三是着眼发展，有步骤、成系统和高质量地完成就业工作。以学生发展为导向，将就业工作起点前移，发挥优势、形成合力，逐步建立有步骤、成系统和高质量的就业工作体系。2012年，学院为学生就业提供更多的资源支持，新建高质量学生实践教育基地1个，引进招聘单位6家，召开学院专场招聘会6场，累计发布就业信息450余条。2012年度，学院本科生就业率96.97%，研究生就业率达100%。其中出国率26.52%，稳居全校第一；本科生高质量就业50%，位列全校第二；升学率26.17%。

（武冠雄）

高等工程师学院

【概况】2012年，高等工程师学院坚持“一手抓思想，一手抓探索”的工作思路，围绕培养钢铁行业工程型人才进行探索。年内，学院稳步推进各项工作，进一步加强各项制度建设，完善管理队伍和机构设置，加快校内外工程实践基地的建设步伐，全面启动校企师资队伍聘任工作，召开各项工程型人才培养会议，做好“卓越计划”培养的服务工作。建设完成了学院对外宣传网站ae.ustb.edu.cn，并投入试运行，进一步加强对“卓越计划”的宣传力度。

学院设有行政办公室、学生工作办公室、北京科技大学国际工程教育中心、工程训练中心（机械加工基地、电子技术实习基地、科技创新基地）和校企联合人才培养基地。学院共有在职职工48人，聘任企业指导教师65人，在校本科生510人。

（王小宁、李　群、牟仁玲）

【机构及制度建设】2012年5月7日，学校成立北京科技大学国际工程教育中心，进一步加快学校“卓越计划”工程教育国际化的步伐，努力打造国际钢铁行业人才的培养基地。

2012年，学院进一步加强制度建设，努力实现学院各项工作的规范化运行。根据工作运行情况，学院完善了学生遴选分流规定和办法，制定并完善《企业指导教师的聘任办法》，同时新制定和出台了《“卓越计划”研究生推免办法》、《“卓越计划”评奖评优标准和办法》、《校外专家学者邀请流程和授课管理办法》和《教学改革立项申报办法和工作指南》等一系列文件。

学院党政领导班子严格按照“三重一大”制度进行决策，始终坚持和完善各级议事会议制度，认真履行职责，努力贯彻落实党风廉政建设责任制。2012年制定了《高等工程师学院党政会议条例》等工作制度，不断完善学院的议事规则，形成了党政分工负责、集体决策的领导机制。学院坚持每周召开院务会，及时听取、通报和交流各自所分管工作的情况，加强了决策的科学化、民主化。

为确保中共十八大期间学校的安全稳定，实现“平安校园”的工作目标，根据学校文件要求，结合学院实际情况和“四个能力”建设情况，制定了《高等工程师学院网格化管理细化方案》，着力提升平安校园建设能力。

（王小宁、李　群、李欣欣）

【教育教学】2012年，按照“十二五”教学改革立项内容和工程教育标准，结合“卓越工程师教育培养计划”的实施，学院继续探索工程教育教学模式和体系建设，吸收国外先进的高等工程教育经验，强调课程的系统性和工程应用、设计、开发能力的培养，初步建立了具有钢铁行业特点的工程教育教学模式。

2012年，学院引进国外先进的项目式教学模式，开设了由美国资深工程师任教的选修课“国际工程基础”（Fundamentals of Engineering）。课堂以讲授与工程项目研究相结合，注重交流、参与和实际应用，课程64学时。

此外，根据培养目标，学院在日常教学中坚持“外语不断线”和“工程实践不断线”，努力提高人才培养质量。为了建立“卓越工程师”国际交流能力培养体系，根据“卓越计划”6年一贯制培养模式，坚持外语不断线：在第1～3学期，开设以英语实际应用能力为导向的基础英语；第4学期开设32学时的高级应用英语“英语口语与写作”等英语能力拓展类课程；第5学期开设16学时的“专业英语阅读与写作”课程；第6学期由美国国际教育联盟开设全英文选修课“国际工程基础”（Fundamentals of Engineering），课程64学时；第6、7学期开设“工程交流技巧”或“工程创新与创业”课程。坚持工程实践不断线：大一完成2周的社会实践活动，2周的计算机应用实践；大二完成3周金工实习，3周的认识实习，2周的机械设计课程设计；大三完成5周的岗位实训；大四完成9周的工程设计实践，18周的研究开发实践。

2012年，学院开设《钢铁全流程》系列专题讲座，邀请实践经验丰富的企业专家授课，并于7月组织10级以专业交叉形式在南京梅山、宝钢股份完成了以钢铁全流程为内容的认识实习。8月，组织09级114人以师傅带徒弟、专业混合组队、小规模、分专业形成在宝钢梅山、太钢、迁钢、唐钢、邯钢、济钢和莱钢完成了5周的岗位跟班实习。11月份，09级学生分别在中冶京城、北京冶金设备院、矿冶研究院和恩菲工程4家设计院开展为期9周的实际工程项目设计实践。

2012年，学院配合教务处和外国语学院开展了为期3周的全外教、小班、集中授课、强化培训的“2012北京科技大学英语夏令营”。致力于提高学生发音和口语水平，培养学生英语学习的习惯，促进形成学生日后对英语学习的长期兴趣。

（赵志毅、李欣欣、牟仁玲、陈建帮）

【基地建设】2012年，教育部等部门批准建设国家级工程实践教育中心的申请，首钢总公司、河北钢铁集团、山东钢铁集团、太原钢铁（集团）有限公司和中冶京诚工程技术有限公司成为我校共建单位。根据教育部的建设要求和学校“卓越计划”人才培养的总体方案，学院分别与3家共建企业及其下属公司确定了基地建设方案，建立了基地组织结构，明确了基地任务，落实了基地责任和目标，确定了建设进度表，明确联系人机制和定期交流机制。同时对接待生产实习的岗位、企业教师的选拔、学生保险等具体内容确定实施方案并进行落实。目前已正式聘请企业指导教师65人。

2012年7月，学院与中冶京诚工程技术有限公司举行了国家级大学生校外实践教育基地挂牌仪式，成立由张欣欣副校长和中冶京诚公司党委曹春广副书记担任主任委员，校企双方各职能部门领导担任委员的基地管理委员会。11月，在中冶京诚工程技术有限公司进行了首批企业指导教师的聘任仪式，并启动了为期9周的工程设计实践课程。

（刘　立、王小宁、刘　娜）

【创新平台】2012年，工程训练中心以成为学校实践教学和科技创新能力培养基地为目标，继续完善实验室安全及管理制度、设备管理及使用制度，面向全校开放现有的3个实验室，实验室实行全天开放、登记入驻和自主制作的管理模式。2012年，金工实习基地总计完成各类金工实习2345人、166620人时的教学任务。电子实习基地完成“电子技术实习”课堂教学共计29个班，1009人，54112人时；“机器人创意设计与实践”公共选修课27学时，共计120人；“机器人技术与竞赛”公共选修课32学时，共计120人。

2012年，接待制作类竞赛（包括组织参加的各类竞赛的指导和机械创新设计竞赛、智能车竞赛、节能减排竞赛、结构设计竞赛等的制作接待），参与学生500余人；接待SRTP项目22项，学生80多人。组织参加了北京市大学生电子设计大赛，获一等奖2项，二等奖8项，三等奖1项，成功参赛奖8项及“优秀组织奖”；周珂老师获“北京市优秀指导教师奖”；第十一届亚太大学生机器人大赛国内选拔赛获季军；2012中国机器人大赛暨RoboCup公开赛获二等奖；全国大学生计算机博弈锦标赛获一等奖5项，二等奖2项，三等奖1项及“优秀指导教师奖”；北京市首届大学生机器人竞赛获一等奖2项；2012全国航空航天模型锦标赛获一、二等奖各1项，三等奖2项；第六届全国大学生物联网竞赛获一等奖、三等奖和优胜奖各1项；北京市第二届工程能力综合训练比赛获一、二、三等奖各1项及最佳组织奖。

（张少军、王　旭、周　珂、白艳茹、牟仁玲）

【合作交流】2012年3月4日，召开了北京科技大学“卓越工程师教育培养计划”专家委员会成立仪式暨第一届第一次工作会议。专家委员会的第一届成员由来自中国工程院、宝钢集团有限公司、鞍山钢铁集团公司、武汉钢铁（集团）公司、中国首钢集团、中国钢铁工业协会和中国冶金科工集团有限公司等钢铁企业、行业协会、科研单位的26名院士、行业专家组成，主任委员由全国政协原副主席徐匡迪院士担任，副主任委员分别由殷瑞钰院士、干勇院士、于润沧院士、胡正寰院士、王一德院士、校党委书记罗维东教授和校长徐金梧教授担任。副校长张欣欣教授任秘书处秘书长。会上，委员们就卓越工程师培养体系、冶金行业培养标准及冶金行业人才需求进行了深入探讨。专家委员会将每两年举行一次。

2012年4月，高等工程师学院-美国国际教育联盟“国际工程师精英实时在线教学课堂”等项目第一次跨国网络高层会议在高等工程师学院举行。会上，中美双方在合作意向、网络授课、师资队伍组建和可持续性合作等方面达成了初步意向。

6月18日，“北京科技大学-美国国际教育联盟国际工程教育中心”合作建设协议签约暨揭牌仪式在办公楼305会议室举行。校党委书记罗维东与美国国际教育联盟董事会总监Thomas Gold教授为“北京科技大学-美国国际教育联盟国际工程教育中心”签订合作建设协议。副校长张欣欣与美国国际教育联盟副总裁Steward Gilbert为“北京科技大学-美国国际教育联盟国际工程教育中心”揭牌，标志着学校“卓越计划”工程教育国际化全面启动。

2012年12月，学院组织召开了北京科技大学“卓越计划”校企联合培养工作研讨会，学校相关部门、学院及中冶京诚工程技术有限公司、首钢总公司、首钢迁钢公司、太原钢铁（集团）有限公司、河北钢铁集团有限公司、山东钢铁集团公司、中国恩菲工程技术有限公司、北京矿冶研究总院、中冶设备研究院等企业人力资源部门领导参加了本次会议。与会企业代表结合会议主题就校企联合培养工作中的经验、存在问题及企业人才需求等情况进行了探讨，并对学生在钢企就业、国际化工程型人才的培养提出了意见及建议。

2012年，学院派遣5名同学参加国际处组织的学生海境外经历拓展项目。其中1名同学赴台湾中兴大学进行了交换学习，4名同学赴台湾成功大学等进行了交换学习。

（刘　立、王小宁、李欣欣）

【党建工会】2012年，结合北京市对学校党建评估工作，学院坚持“以评促建”，进一步完善了学院各项党建工作。年内共进行党政联席会议20余次。加强制度建设，制定和出台了《学院党建中各成员发展标准》、《学院党务、院务公开办法》等一系列文件。2012年，学院党总支共批准5个学生支部进行了基层党组织立项活动工作，立项支部参与率为71%，立项活动经费使用率为75%。经过对基层党组织立项活动总结筛选，推选本094党支部的“发挥党员先锋作用，建立服务型党支部”项目和本10级联合党支部的“以联促建，以专普科，以学助帮”的基层立项活动申报学校优秀基层党组织立项活动。

年底，学院共建有党支部7个，党员108人,新发展党员52人。参加组织部组织的积极分子考试2次，学院自行组织积极分子考试3次，共47人通过了积极分子考试，通过率为87%。年内，共有94名积极分子参加了积极分子党校。

年内，学院组织教职工党支部以及5个学生党支部共为“爱心基金”捐款1850元。2012年，学院工会组织学院职工参加了乒乓球比赛、跳绳比赛、校春季运动会等学校举办的各项活动，提升了学院团队的凝聚力。学院行政综合办公室荣获2012年度“北京科技大学先进集体奖”，王小宁同志荣获2012年度“北京科技大学先进个人”称号。

（李欣欣、毕　艳、李辉珍、白艳茹）

【学生工作】2012年度，学院学生工作注重以学生管理团队建设、党团建设和班级建设为抓手，完善有学院特色的辅导员队伍建设管理体系，大力加强学风建设，逐步营造工程师人才培养的文化氛围。同时，根据实际工作，在加强工程师理论学习前提下，着力探索以工程师素养培养为内容的学生活动设计与实施，探索以班级为核心的有学校特色的书院制素质培养体系。

2012年，学院学生工作以培养工程师的素质、责任和荣誉为核心内容，开展班级建设、宿舍建设和党团建设。学院围绕“成为什么样的工程师”、“怎么成为优秀的工程师”为内容开展的班级建设取得了良好效果。在2012级新生中，学院开展了“卓越风采展示”活动，在全年级以“传播一种思想，收获一种行动”为主题，组织学生进行“卓越风采个人展示”，通过PPT、演讲和视频等形式向班级同学展示个人成长经历、爱好特长和目标愿景。在各个班级成立之初，组织各班召开“今天我来话梦想”主题班会，通过彼此心与心的交流，明确了个人目标和班级的志向，勾勒梦想的模样。

在2012年北京市教育工委“我的班级我的家”优秀班集体建设评比活动中，学院工程师094班以第2名的优秀成绩荣获2012年北京高校“十佳示范班集体”称号。

学院高度重视锻炼学生的社会实践能力，积极拓展实践平台，着力打造红色“1+1”活动品牌。年内，学院10级学生联合支部赴北京市丰台区庄户村，与当地党支部携手开展了以“支部共建携手前行，创先争优服务基层”为主题的红色“1+1”活动，获得北京市红色“1+1”先进支部示范活动第一名。红色“1+1”实践小组先后20余次赴该村开展了包括设计排水沟、建设村办网站、成立实践基地和举办科普知识竞赛等一系列活动，同时协助村庄实施整修排水沟工程，取得了显著的社会效应和经济效应。

（王小宁、刘　娜、陈建帮、许文婧、孙晓丹）

管庄校区

【概况】2012年是管庄校区加强质量管理与服务，谋求精细化发展的关键年。校区以中共十七届六中全会精神为指导，以60周年校庆为契机，积极落实校区“十二五”发展规划，进一步创新思路，加强质量管理，强化办学特色，加快设施建设，推动校区各项事业稳步发展。

2012年，各类在籍生23913人（其中高职生250人，函授生4238人，校区业大生1752人、校外业大生1050人，远程学生14157人及一年期以上继续教育培训学员2466人）。学历教育注册新生8600人（高职生83人，成教生3482人，远程学生5035人）。另外，还有一年期以上继续教育学员585人。毕业生9875人（高职生99人，成教生4752人，远程教育学生5024人）。

（陆春兰、张军凌）

【校庆工作】按照学校“回顾历史、凝聚人心、彰显特色、创新发展”的目标要求，校区以“励精图治，求实鼎新，再创辉煌”为主题，成立了校庆领导小组和8个工作筹备小组，全力以赴，圆满完成了60周年校庆活动和接待任务；以校庆为契机，加强校友联络沟通，丰富校友网站和信息库；完成了校区网页改版设计，编印校庆宣传画册等。此外，筹建开放以“主题形象墙”、“科技树”、专题展示为特色、内容的校史展厅和多功能文娱活动中心等；精心组织策划系列庆祝活动，包括捐赠仪式、庆祝大会暨文艺汇演、校友报告会、五场师生座谈会和庆祝晚宴等，共接待来宾、校友265人，接受捐款捐物近百万元。

（马轶民）

【基础设施建设】全年，校区基建投入共696万元，完成大小维修改造项目15项，包括：文娱活动中心、4个多媒体教室及会议室、更新夜间照明等；增加核心交换等校园网络设备，完成机房、语音设备更新和视频会议系统投影、扩音等设备安装与调试，并建立校区无线网络；加强了图书文献资源建设，筹建以管理、财经和冶金为主线的特色书库；建立图书馆网页，实现了远程图书馆的49个镜像点服务。

（张少俭、曹建波、王红艳）

【教学管理与研究工作】初步建立校区学分银行建设体系，出台了学分互认指导手册，实现不同类型学习成果的互认和衔接；加强对培训项目的质量监管，出台了培训项目年报年检制度；完成北京市高职升本科的推优报名工作，7名学生经考试被录取进入北京信息科技大学学习；校区2本教材列入学校“十二五”期间教材建设立项；1本教材获北京市精品教材奖；出版高职、成人教育系列教材5部；荣获北京科技大学24届教学成果奖3项；13项教学研究课题列入校区教学研究项目资助计划，教学研究课题结题10项，8项通过验收；校区教师主持和参与国家级纵向科研项目3项，省部级纵向科研项目1项；共发表论文13篇。12月份，校区召开了以“强化质量、突出特色”为主题的教学工作会，集中探讨发展思路、教学途径和方法。

（张满银、张军凌）

【国际合作与交流】2012年国际学院在原有2个高职中日合作交流班的基础上，与美国田纳西大学马丁分校合作举办高职市场营销中美合作交流班，在高职生源计划构成中，中外合作交流班已占60%；通过召开交流会等多种方式，与学生、家长有效沟通，确保了在中日关系紧张的大环境下，中日合作交流班招生及教学管理工作平稳运行。至年底，计算机、市场营销中日合作交流班均已首次完成了国内教学环节。

2012年，实现中外合作交流项目外方学生来校区实质性交流，4名日本大阪电气通信大学学生赴我校短期留学；中日合作交流项目已有18人赴日留学，44人通过东京电机大学、京都产业大学等编入考试，拟于2013年3月赴日本大学学习。中外合作交流项目现有在读学生95人，其中中日合作交流项目81人，中美交流项目14人。HND项目已赴英美留学28人，具备出国条件的学生55人。

（杨　勇）

【财经管理】2012年，校区加强了学费收入核算和远程、函授、培训项目等收费监管，确保校区收入安全；加大预算责任落实，重点加强了预算经费尤其是专项经费绩效的跟踪监测和评估；顺利完成校园一卡通系统升级改造和安装中行自动取款机等工作。

（向剑锋）

【安全稳定】加强两会期间及钓鱼岛事件发生后的安全稳定工作，进一步完善安保责任体系和监督机制，制定了十八大校园安全稳定工作方案和校园网格化安全管理长效机制，根据“全面覆盖、不留死角，夯实基础、落实责任，整合联动、有效防控”的原则，按照地域、功能和责任细化工作分工，成立了教学区、家属区共8个三级网格化安全管理小组；坚持人防、技防并重，以主控室为核心，在综合楼、宿舍楼等重点部位重新改造、布控6个分监控点；开展主题宣传教育和消防安全知识培训，并于11月开展了灭火演练和10号楼学生疏散演练；调整充实了特种设备安全、交通安全、防汛、内保和保密等7个校区相关工作领导小组成员，并进一步明确职责、任务；规范行车、停车泊位，为师生制作车证，进一步加强出入车辆管理等。

（任乐松、刘欢欢）

【人事管理】根据学校要求，重新核定岗位设置、岗位职责、聘任条件等，完成聘期考核和新一轮岗位聘任，调整、兑现了岗位津贴；按照相关政策增加校区非事业编制人员生育保险，并将农业户口人员纳入医疗保险范围，实现了医疗保险全覆盖；鼓励教职工进修、培训，1名教师通过职称评审晋升副教授，2名教师取得博士学位。全年共补充各类人员12人。

（曹宏生、刘亚宁）

【党建和学生工作】2012年，校区以党建与思想政治评估为契机，进一步完善校区中心组学习和民主生活会制度，切实加强党建工作，学校党建评估专家组认为校区的党建与思想政治工作成绩显著，给予了合格达标评级；制定、落实校区“三重一大”和党务公开实施办法；召开第二届党建工作年度研讨会；加强支部建设，组织策划丰富多彩的党日活动，并组织选优评先、重走井冈山革命根据地、收看十八大现场报告等系列活动。全年共发展新党员3名，预备党员转正4名。

校区召开三届四次教代会和“五四”青年节青年教职工座谈会，组织校区代表团参加学校第七届三次教代会暨十届四次党代会；以文体活动为载体活跃职工生活，组织单腿跳、定向投球等活动；为离退休老同志提供便捷服务，组织了春游踏青、集体祝寿等活动。

为国际学院新生开设德育课，德育教育基本覆盖到校区全体新生；心系学生发展，尝试组织团体心理辅导；举办第十五期学生业余党校，培训学员170余名；召开了学生工作研讨会，整合工作资源，加强队伍建设，提高学生工作效率和质量；完成年度评优表彰和征兵工作，1名学生光荣入伍。

创办特色品牌活动，举办了“光阴的故事”文艺演出、首届校园形象大使选拔赛等活动，鼓励羽乐空间羽毛球协会、海阔天空吉他社等学生社团健康发展；2012年，校区荣获学校“第51届学生田径暨趣味综合运动会”男子团体第三名、入场式三等奖和精神文明奖。

（王川让、吴　瑜）

天津学院

【概况】北京科技大学天津学院是2005年4月经教育部批准由北京科技大学和广东珠江投资有限公司合作举办的本科层次的全日制独立学院，上级主管部门是天津市教育委员会。

学院设有土木工程系、材料科学与工程系、机械工程系、信息工程系、经济系、管理系、法律系、外语系、艺术系、基础部、体育部、思想政治教育部12个系（部）；实验室管理中心、图书馆2个教辅部门以及艺术教育中心。2012年，学院面向全国29个省、市、自治区网上录取本科生1945人。至年底，在校生6363人。2012届毕（结）业生1521人，77人考取硕士研究生，23人出国留学深造，就业率96.45%。

学院下设学院办公室、人事处、教务处、学生处、基建后勤处、财务处、保卫处、现代教育中心。至年底，学院共有教职员工265人。其中北京科技大学派出10人，广东珠江投资有限公司派出2人，社会招聘253人。

2012年，学院深入贯彻落实《国家中长期教育改革和发展规划纲要（2010～2020年）》，紧紧围绕“质量、人才、服务、发展”的工作重心，突出“以教育工作评估促进自身建设；以注重特色工作彰显教育内涵；以校园文化建设创设育人环境”的工作思路，扎实推进2个质量工程建设，各岗位密切配合、团结协作，进一步抓好教学管理、师资建设、学生管理和招生就业等工作。年内，学院获得学士学位授予权，在2012“回响中国”腾讯网教育盛典活动中荣获“最具品牌影响力独立学院20强”。

（白　亮）

【教学工作】2012年，学院围绕人才培养目标、优化课程设置更新教学内容，初步形成了具有自身特色的课程体系，构建并实施应用型理论教学体系和以职业能力培养为主线的实践教学体系。10月，学院召开本科教学工作会议，在学院教学工作上达成了“优化结构，强化特色，注重创新，走以质量提升为核心的内涵式发展道路”的共识，对学院的发展具有里程碑式意义。

经过两年的研究与实践，完成了第一批教学研究项目12项。5月，学院启动了第二批教学研究项目，对人才培养模式改革、专业建设、课程建设、教材建设、教学名师工程和教学管理等进行深入研究，共申报17项，其中11项通过专家论证、评审；9月，全面进入实施。教学研究项目的实施和取得的成果，推动了全院教育教学工作和教学质量、教师水平的进一步提高。在教学研究过程中，学院注重过程检查与滚动支持相结合，注重教学改革成果的推广和应用，注重培养和提高青年教师的能力。信息工程系于静主持的《应用型本科计算机专业校企合作模式的研究与实践》被列入天津市普通高等学校本科教学质量与教学改革研究计划立项项目，主编教材《Java程序设计》被列入天津市“十二五”重点教材。

2012年，学院被天津市人民政府学位办批准为学士学位授权单位，13个专业为学士学位授权专业。2012年，应届毕业生总计1521人，取得毕业证书1493人，占98.2%；获得学士学位1436人，占取得毕业证书人数96.2%。10月25日，天津市教委专家组莅临学院进行的毕设专项检查，对毕设论文（设计）工作给予高度评价。机械工程系龚艳茹被评为天津市普通高等学校毕业设计（论文）管理工作先进个人”称号。2名学生获得大学生英语竞赛天津赛区一等奖；2名学生获得第七届全国信息技术应用水平大赛省级三等奖；1名学生获得“拓普杯”天津市大学生物理竞赛一等奖，6名学生分获二、三等奖；1名学生获得天津市普通高校大学生数学竞赛一等奖，1名学生获得优秀奖；13名学生在“全国大学生数学竞赛暨北京市第二十届届大学生数学竞赛”上获奖，其中2名学生获得一等奖，11名学生分获二、三等奖。

（尹常治、吴平、李　远）

【师资队伍建设】学院按照高素质应用型人才的培养要求，以高层次人才教师队伍建设为重点，着力推动并建立一支符合教学需要、专兼结合、素质优良结构合理的“双师型”教师团队。学院大力引进高层级人才，面向全国选聘3名具有高级职称且具有丰富教学管理经验的专家学者，分别担任材料系主任、外语系主任和艺术系主任。与此同时，学院继续实施“名师工程计划”，聘请5名南开大学、北京科技大学知名教授、学者来院授课，为学科专业建设提供指导，培养青年骨干教师以及名师助教11名；实施“特聘编制”，聘请11位“985”、“211”院校具有副教授及以上职称且具有丰富教学经验的名师担任兼职系主任及学科带头人。此外，学院加强对自有教师队伍培养，鼓励教师通过岗前培训和在职进修、参加教学研讨班、举办讲座等形式增强知识水平和业务能力；鼓励青年教师参加学位进修，年内，共有11名教师报考在职硕士和博士研究生并获得入学资格,10名教师完成在职研究生课程并获取硕士学位证书。

年内，学院进一步完善职称评审工作程序，顺利完成2012年专业技术职务中级评审工作，共36人获中级职称，委托天津市教委代评图书资料系列中级1人。至年底，学院中级职称比例达到40.9%，职称结构得到进一步优化和升级。学院继续推进制度建设，修订《北京科技大学天津学院专职教师工作量核算办法(试行)》；修订专业技术职务评审相关文件，进一步明确工作流程、评审条件和申报方式。年末，学院召开教育教学工作座谈会，进一步明确了人事工作的总体思路，并针对青年教师选拔和培训问题、职称评定问题和薪酬福利问题，提出了相应解决方案。

2012年，机械系孔继利获“快乐教学法在物流工程专业应用型人才培养模式中的应用研究”一等奖；管理系强顺成、王晓欣、段钰、张志敏在第十二届全国多媒体课件大赛高教文科组分获三等奖；基础部宋爱荣在天津市数学竞赛中获“组织工作先进个人”称号，在北京市数学竞赛获“优秀指导教师”称号；基础部王刚在天津市物理竞赛中获优秀教师奖，天津市物理学会2012年学术年会中论文被评为一等奖；信息系于静获得天津市师德先进个人，在第三届中国大学生服务外包创新创业大赛中获得指导教师三等奖；体育部田雅茹指导学生获2012年天津市大学生健美操比赛第一名。

（孟菲菲）

【党建工作】学院始终坚持把党建工作落实到学院的中心工作之中，用完成中心工作的实际效果体现基层党组织的作用，在学生政治思想教育、学生管理队伍建设、校园文化建设等方面摸索出一套科学有效的工作模式。

学院在党员发展工作中，始终坚持“成熟一个，发展一个”的原则。严抓团支部推优、积极分子考察、组织党员谈话、党的基本知识测试、党员发展大会、党员转正大会等几个关键环节，全面实行党员发展公示制度，坚持执行党员发展、转正“票决制”，严把党员质量关，积极稳妥发展党员。至年底，学院共有9个党总支，14个教工党支部和27个学生党支部。

2012年，学院顺利通过上级党委对学院党建和思想政治工作的评估，按照深入开展创先争优活动实施方案的具体要求，扎实推进创先争优活动，做好“标杆党支部”建设和推广；成功开展向“我身边的先锋”学习、在学生中进一步推进孝道文化建设等活动；学生党建办公室与图书馆合作，共建党建专题书柜，陈列党的理论著作、马克思主义经典著作和十八大精神学习等相关书籍，号召广大师生多读书、读好书；配合学院做好2012年生活困难党员情况调查，开展2012年共产党员献爱心捐款活动，加强教职工党员培养、发展和教育工作，推动教师党员在线学习，发挥党员教工在岗位上的骨干和模范带头作用；按照上级党委的要求，做好党风廉政建设，提高党员干部党风廉政意识。宣传学习党的十八大会议精神，材料系学生党支部开展的主题为“创先争优强基层，保持党员先进性，喜迎中共十八大”活动荣获北京科技大学优秀基层党组织活动二等奖；机械工程系教工党支部开展的主题为“立足本职岗位，创建学习型党支部”活动荣获北京科技大学优秀基层党组织活动三等奖。

（白　亮、盛佳伟）

【学生工作】2012年，学生工作始终紧密围绕学院中心工作，不断巩固、发展建院以来学生工作改革成果，在学生党建、日常服务管理、招生就业和宣传教育等方面求真务实，不断总结提高。

年内，全面落实辅导员考核制度，切实执行《北京科技大学天津学院辅导员工作日志》；严格辅导员例会制度，对辅导员的工作进行协调和指导；继续贯彻执行辅导员进驻学生宿舍值班制度，加强辅导员与学生的沟通交流；坚持辅导员谈话制度，及时了解学生的思想动态，对学生进行引导和教育；坚持辅导员“致家长一封信”制度，每学年末给每位学生家长寄信，反映学生一年来在校综合表现；组织辅导员不定期巡查，对学生宿舍区、校园进行检查、巡逻，对发现的不良行为和不文明行为及时纠正、制止；常抓不懈，认真落实日常安全教育检查和宿舍文化建设工作；制定和健全学生奖惩制度，以评促建，奖惩结合，切实提高学生的刻苦精神和守纪意识；以教学工作为中心，不断加强学风建设，取得明显效果；以人为本，进一步完善“奖、助”资助工作体系，做好贫困生的帮扶工作；积极开展心理健康教育活动，通过新生集中普查、各系重点筛查和日常危机评估三重保障，进一步完善心理危机预防机制；训练教育相结合，圆满完成2012级新生军训任务；认真落实相关政策，完成毕业生预征入伍和在校生入伍相关工作。年内，就业指导中心积极努力搭建就业平台，9月，开设就业指导课并纳入必修课范围，认真组织了2场毕业生双选会，30余家单位来学院进行宣讲招聘，近100家单位组织网络招聘或学院推荐面试。

年内，学院团委紧密围绕上级团组织的要求和学院党政中心工作，深入学习党的十八大精神，继续开展丰富的第二课堂活动，积极推进校园文化建设和学生科技活动。学院创办了以弘扬敬老、爱老、孝老为宗旨的“孝心社”，通过在感恩节、母亲节、父亲节和重阳节等重要节日开展一系列活动，在社会上取得强烈反响，多家媒体进行采访报道。5月，团委开展建团90周年活动，深化青年学生团员意识，加强青年团员思想政治教育工作，成功地举办了第4期团校暨2012级基层团组织干部培训班，加强优秀团支部创建评比工作，强化团干部培养，完成团干部挂职锻炼工作。年内，组织4960人次开展寒暑期社会实践，选拔优秀志愿者参与天津大运会及达沃斯论坛志愿服务，举办了第七届夏日文化广场系列活动、第七届校园歌手大赛、2012届毕业生文艺晚会、2012级新生文艺汇演、纪念一二•九运动长跑活动及文艺晚会等文体活动，丰富了校园文化。2012年，学院团委被评为“2012年度天津市学校系统共青团工作先进单位”。

2012年，学院学生文体科技各类竞赛中均取得优异成绩。艺术团舞蹈《映山红》荣获全国第三届大学生艺术展演一等奖及优秀创作奖；学院电视台选送的视频节目《缘随贝壳飞》、《心系田园梦》、《放心去飞》在“2012年度天津市学校文艺展演”中分获“校园电视台节目制作（集体项目）”一、二等奖。足球队2次获得天津市五人制足球比赛独立学院组冠军；健美操队获得天津市健美操比赛乙组冠军；篮球队获得天津市大学生篮球锦标赛乙组第8名；羽毛球队获得天津大学生羽毛球比赛男团季军和男双亚军；院团委获“2012天津夏季达沃斯论坛志愿服务工作优秀组织单位”荣誉称号；管理系会计1009班、外语系英语1001班获“天津市先进班集体”荣誉称号。

（盛佳伟、叶振楠）

延庆分校

【概况】2012年，延庆分校在校生1249人，其中外国语学院683人，土木与环境工程学院278人，数理学院134人，文法学院154人。

年内，分校共招收新生442人，共5个专业，8个专业方向，包括英语教育、英语教育（幼儿教育）、文秘（涉外文秘、现代文秘）、计算机应用技术（物联网技术）、数字媒体技术、工程造价（建筑工程、市政工程）。共毕业学生479人，一次就业率95%以上。其中37名学生升入本科深造（北京联合大学录取24人，北京建筑工程学院录取13人），录取率为50.68%。

（尤志华）

【教学工作】2012年，分校教学工作以建设有特色的大学郊区分校为目标，落实年初教学工作会精神，加强了对办学特色研究和探索，努力提升分校软实力。年内，分校深入实施“125”课程体系结构，增加本校教师上课比例，强化合作办学、合作育人、合作就业和合作发展的办学体制。注重以北科大师资带动教学质量和教学管理质量的提高，以分校自有师资提高学生综合素质，突出分校的管理及文化特色。坚持把职业道德教育、行为规范管理和能力训练融入教学中，引导学生养成自信、阳光的心态和良好的习惯，鼓励学生积极参与校内外各项活动和志愿服务，在实践活动和服务社会中提高能力与综合素质。

2012年，分校重视实习实训工作，继续拓展校内外实习基地。年内，分校与北京至乐天下科技有限公司、延庆档案馆、延庆县百泉街道、香水园街道和儒林街道建立了合作关系，为我校学生实习、实训和社会实践提供支持。

年内，教学成果丰硕。2010级文秘专业高级秘书资格证书考试一次通过率97.56%。职业核心能力取证率达100%。高等学校英语应用能力A级和B级证书考试在北京市高职学校中排名第三。2009级英语教育专业142人全部获取教师资格证书。全年，共有180名同学报名参加普通话证书考试，合格率100%。全年组织公共英语等级考试、全国计算机等级考试、人人说英语考试、英语应用能力（AB级）考试、大学英语四六级、职业核心能力和普通话证书等考试10次，考生2021人次。

年内，2010级学生刘牧云同学参加第八届全国高职高专实用英语口语大赛北京赛区专业组比赛，获得北京赛区二等奖。和2012年北京市高职高专数学竞赛中，分校获得一等奖1人，二等奖2人，三等奖2人，分校荣获组委会组织奖。

（尤志华）

【师资队伍建设】2012年，分校基础教研室教师共11人。其中副教授1人，讲师8人，助理讲师2人，硕士及以上学位或研究生学历教师8名（其中3名在读），本校到分校上课教师60人次。

年内，分校教师确立了基础课教学与能力训练一体化以及与学生专业相融合的发展路径，突出基础课教学特色。同时，注重加强教师培训和交流，不断提高教师的业务水平和教学能力。年内分校共8人次参加考官资格培训并获得相关资格证书，4人次参加英语项目培训学习达40学时，1人次参加交流研讨活动，3人次参加在职硕士研究生学位或党校研究生学历进修。

（王新宁）

【教科研活动】2012年，分校紧密围绕延庆经济社会发展的实际问题，坚持“教学出题目、科研做文章、成果进课堂”，积极主动开展调研科研工作，努力提高科研工作水平。同时，注重推进科研与教学的有机结合，使教科研成果服务教学课堂，取得了明显成效。

年内，学校加大资金投入，完善激励机制，继续加强对教科研工作的支持力度。2012年，全校共申报课题50余项，并在市、县刊物上发表论文15篇，在国外刊物上发表论文1篇。《浅谈组工干部的党性》、《党内服务体系建设》、《探索小班研修教学规律提高干部培训质量》在《延庆组工》发表；《围绕“三大工程”推进创先争优的常态化长效化》、《解决延庆农村纪内信访问题的思考》、《在社会主义市场经济发展中加强道德建设》、《探索绿色发展道路，全面推进绿色北京示范区建设》、《高校大学生创业素质培养的对策分析》在《新视野》发表；《延庆县农村两委班子“一人兼”运转情况的调查与思考》在《北京组工通讯》发表;《国内外城市绿色发展经验及启示》在《重庆科技学院学报》发表;《大学语文人文精神的培养刍议》在《中国科教创新导刊》发表;《多媒体环境下的大学英语词汇教学》在《黑龙江科技信息》发表;《关于培育社会主义核心价值观的思考》、《基层党建科学化》在《市委党校学习贯彻十八大精神理论研讨会论文集》发表;《A Study of Multimedia Application-based Vocbbulary Acquisition》在《English Language Teaching》上发表;《深入开展创先争优活动方法研究》获得光明日报创先争优征文三等奖。

(段丙旺)

【基础建设】年内,分校根据教学需要,在暑假期间对操场体育设施重新进行了油漆,对食堂局部进行了防水修缮;加强了财产的提前检修工作,变被动服务为主动上门服务,累计财产维修500余次,水电维修800余次;完成2011年实训楼扫尾工作,整理档案归档。装修了第二阶梯教室,使学生环境有所改善。春季,围绕校园文化主题搞好校园绿化美化工作,种植了法桐林,移植部分树木花草,校园整体环境更加优化。配合联通公司完成了全校电话光纤升级改造工程。每月15日、30日进行卫生清扫活动,巩固了环境整治长效机制。

(段丙旺)

【党团建设工作】2012年,分校围绕"建设有特色的大学郊区分校"的工作目标,着力抓好党团建设工作。全年培养入党积极分子219名,发展学生预备党员27名,吸收预备党员2名,预备党员转正11名。

2012年,分校团委发挥共青团在学校工作中的组织优势、实践优势和先锋模范作用,在团的自身建设、思想政治教育、学风建设、校园文化建设、公益活动和志愿服务等方面发挥了积极作用,取得一定实效。年内,共召开业余党校2期,组织精品团课12次、学生干部培训2期;开展校园文化艺术节、新生文艺汇演和体育文化艺术节等各类专场文艺体育演出、竞赛等20余场;带领"绿色天使"、"微尘"等学生社团和学生志愿者深入校内外开展养老助残、绿色环保、禁毒防艾和关注特教儿童等志愿服务活动70余次。年内,校团委被评为延庆县"2012年度先进团组织",校"先进群团组织—先锋团队",李华蔚等5名志愿者被评为延庆县"优秀志愿者"。

(王柏霞)

【学生工作】2012年,分校以队伍建设为基础、以思想政治教育为核心,以学风建设为重点,努力开创学生工作新局面。一是加强行政服务队伍、辅导员队伍和学生干部队伍建设,强化服务技能和工作方法。年内,举办学生干部培训班1期,培训学生干部66人。二是扎实开展思想政治教育。通过理论讲坛、主题班会,引导全校青年学生学习党的先进理论、贯彻党的重要会议精神。三是围绕学风建设,优化学习环境和氛围。积极开展文明教育和"查旷课查迟到"活动,有效减少迟到、旷课和考试作弊等不良行为。四是创新组织形式,打造特色校园文化品牌活动,进一步提升校园文化品位、丰富校园文化生活和创造健康和谐的校园。五是积极构建心理健康教育和贫困生资助工作体系。年内,分校认真落实奖、贷、助、补各项政策,完成了321名困难生的认定和大学生奖学金的审核工作,共有1名学生获国家奖学金,39名学生获国家励志奖学金,206名学生分别获得了一、二等国家助学金,139名学生获学校奖学金。

(王柏霞)

【表彰奖励】2012年,分校被北京市公安局授予"集体三等功";被市、县评为"全国职业核心能力认证项目优秀单位"、"北京市区县机关档案工作测评市级优秀单位"、"2012年度先进单位"、"2012年度交通安全工作先进单位”、“社会管理综合治理先进单位”、“创先争优先进基层党组织”、“巾帼建功工作优秀单位”和“县直机关工委第五届体育节团体总分第三名”等。

在个人获奖方面，分校高玉明同志的《党内服务体系建设》获得延庆县创先争优理论征文二等奖；韩小军同志被延庆县宣传部评为“绿色出行先进个人”；李树静被北京市司法局评为“北京市2012年度法律援助先进个人”；张玉华被北京市党校评为北京市党校系统科研成果二等奖；邓国军入选延庆党建研究会2012年优秀调研课题；李桂新被北京教育考试院评为2012年度“北京英语口语证书考试优秀考官”；黄川卉被教育部教育管理信息中心评为“全国职业核心能力认证优秀教师”；孙凡被延庆县交通安全委员会评为“延庆县2012年度交通安全优秀通讯员”。

（段丙旺）

教育教学与学科建设

本科生教育

【概况】2012年，学校共有本科专业48个，按学科划分：工学24个、理学9个、管理学6个、文学4个、经济学2个、法学3个。至年底，全校共有全日制本科生13350人。

年内，学校顺利地完成2012届3310名本科生毕业资格及学士学位资格审核工作，按期毕业3229人，毕业率为97.55%，其中3227人获得学士学位，学位授予率为97.49%；结业学生81人。2012年，双学位学生毕业194人，双专业毕业生14人，辅修专业结业生20人，新录取338人。

2011～2012学年度学校共开设3291门次课程；安排各种考场1389场次；组织实施89个队、6217人次的学生实习；组织68个班、2057人次的金工实习；组织并完成2008级本科生3586人论文题目的审查及答辩工作。年内，学校组织校内外各项学科与科技竞赛44项，6576人参赛，1443人次获奖，其中获国家级奖项163个，获奖人数251人；获省部级奖项268个，获奖人数401人。组织本科生科技创新项目立项767项，其中国家级86项，北京市级55项，参与学生2846人，指导教师832人次。

此外，为学院路地区其他21所高校1237人次开设15门次选修课，为2个辅修专业33名学生开设了2门课程；学校学生共有197人次选修了17所高校87门次选修课。

（薛庆国）

【教育教学与改革】2012年，学校组织申报了2012年度北京市支持中央在京高校人才培养共建项目，获批6项（其中新增3项）共建项目，资助经费278万元；组织申报了2012年度教育部专业综合改革试点项目，共10个项目获准立项，资助经费75万元。根据《北京科技大学“十二五”本科教育教学改革规划》和《北京科技大学2013年度本科教育教学改革与研究项目申报指南》，学校开展了2012年度教育教学改革与研究项目的申报和评审工作，共有5个重点项目和60个面上项目获准立项，资助经费95.19万元。

（袁建美）

【本科教学条件建设（修购项目）】为落实学校“十二五”教育事业发展规划和人才培养规划，加强本科教学条件建设，学校编制了《北京科技大学本科教学条件建设规划（2013～2017）》。2012年4月，启动了本科教学条件建设规划的编制工作，各学院对本科专业实验教学条件情况进行调研，从建设现状、开课情况、与国内同专业比较和经费需求等方面入手，摸清学校各实验室的建设现状，在此基础上编制了各学院的本科教学实验室建设规划。2012年11月，组织专家对各单位本科教学条件建设五年规划进行论证，从建设目标、分年度规划和项目安排等方面进行充分讨论和论证。在此基础上，制定了北京科技大学本科教学条件建设未来五年规划。规划以“补充不足，提高层次，强化特色、创造一流”为原则，首先满足全校本科教学基本条件需求，使得实验开出率达到100%；在较高水平与层次上进行部分实验室设备的更新与改造，增加综合性、设计性实验的比例；建设具有特色的钢铁生产流程模拟仿真实践基地与金工实习基地，强化学生的实践能力；加强传统优势实验室建设，建设一批具有国内领先水平的本科教学实验室。

组织各单位完成了2013年修购项目（本科教学条件建设部分）的立项论证。2012年6月，邀请督导组、资产处等相关专家对申报项目进行初审，并根据专家意见和建议对项目申报书进行修改。2012年7月9日，教育部进校审核，本科教学条件建设部分共申报修购项目21项，最终入库21项，评审金额3745.11万元。

（陈　建）

【教学奖励】2012年，王志良教授负责的“物联网与科技强国”被列为国家精品视频公开课第1批建设课程；学校4部教材获批“十二五”普通高等教育本科国家级规划教材；吴胜利、陈红薇2位教授获“北京市高等学校教学名师奖”称号。学校组织申报了北京市高等教育教学成果奖，有6项成果获一等奖，10项成果获二等奖；学校组织了校级第25届教育教学成果奖的评选，共有10项成果获特等奖，20项成果获一等奖，30项成果获二等奖。

（袁建美）

【课程建设】2012年，学校组织开展了第2批研究型教学示范课程建设项目的申报和评审工作，40门课程获准立项，下拨了首次建设经费40万元；对2011年度立项的首批18门研究型教学示范课程建设项目开展中期检查，其中15门通过检查，下拨了第二次资助经费15万元，3门未通过检查，项目予以终止。年内，学校出台了《“全英文教学示范课程”建设管理办法》，组织了首批“全英文教学示范课程”的申报和评审工作，18门课程获准立项，下拨了首次建设经费27万元。组织开展了第3批校级精品课程和第5批校级优秀课程的结题验收工作，授予11门课程“北京科技大学精品课程”称号，授予40门课程“北京科技大学优秀课程”称号；由第5批优秀课程中遴选建设基础好、建设成果突出的课程18门，批准立项为第4批校级精品课程建设项目，下拨了首次资助经费27万元。

（何　勇）

【教材建设】2012年，学校组织开展了“十二五”校级规划教材的申报和评审工作，经教师申报、学院推荐、专家评审等环节，共批准10个重点项目、69个一般项目和22部讲义立项；学校还组织了2012年度教育部“专业综合改革试点”类教材的申报和评审工作，共有7部教材获批建设。“十二五”期间的教材建设更加注重过程管理，并加大了教材资助力度，先期共拨付建设经费144.5万元。学校积极组织2012年度“冶金优秀教材奖”的申报工作，共有13部教材推荐参加冶金优秀教材奖的遴选。2012年度，共有4部教材获批“十二五”普通高等教育本科国家级规划教材，北京科技大学作为主编单位正式出版的教材共52部。

（李　虹）

【教学督导】2012年10月，第11届“本科教育教学督导组”举行聘任仪式，督导员扩充为12人。2012年度开展的主要工作有：①常规听课共591门次，覆盖面约37%（全学年全校开课1600门）。按两学期期中教学检查的统计，课堂教学的优秀率约32%，优良率约89%。②重点关注了对教学质量影响大的几项工作：研究型教学的继续推进（研究型示范课建设、学校及各学院研究型教学研讨会、“资料汇编（二）”、校外调研、研究型教学研究课题结题、应《教指委通讯》约稿撰文等）；教学准入制度的建立与实施（新入职青年教师的培训和教学评价）；08级毕业设计（论文）质量监控（开题、中期检查、答辩、优秀论文评选）。③参加冶金、材料等7个学院的教学研究活动12次。④配合学校相关部门开展工作：2名北京市教学名师的推荐、“教育部2012年度精品视频公开课”选拔、中青年骨干教师评选、第13届青年教师课堂教学评比、第3批精品课、第5批优秀课、全英语示范课评审、各级教改项目的评审、第25届教育教学成果奖评审、大学生科技创新项目的立项结题、“十二五”规划教材立项、修购计划及专项资金项目评审和校“关工委”相关工作。⑤全年编印“督导简报”24期。⑥参加北京地区部分高校第四届督导工作交流会，接待了北航、传媒大学等学校督导组的来访。

（熊楚强、邢丽红）

【教学质量监控】学校积极开展干部听课、学生评教、教学资料（试卷、毕业论文、实习报告等）检查和期中教学检查等工作，加强对学生的宣传工作，力求公正评教。

①干部听课。2012年学校各级领导干部共听课557门次，由教务处负责收集、汇总听课信息，并将发现的问题反馈给相关部门及学院，督促其进行整改。

②课程试卷分析。2012年，各学院进行试卷分析的课程有1463门次。学校对课程考试的试卷分析情况进行抽查。整体来看，抽查情况良好，大部分试卷能够执行教学大纲、题量适当、难度适当。此外，学校还组织专家对各学院的毕业论文及实习报告进行抽查，共随机抽查115份毕业论文、80门课程试卷和42队实习报告。总体看，基本符合规定，个别问题已及时反馈到有关学院。

③学生评教。2012年度实际调查2011～2012第二学期、2012～2013第一学期2722个课堂，共有186724人次参评。

（邢丽红、魏　鑫）

【免检课堂】为表彰在本科课堂教学评价中成绩优秀的教师，按照校教发〔2004〕40号文件精神，根据2010～2011学年度和2011～2012学年度“课堂教学质量（全员）调查（学生）”的统计数据，综合校督导组、校院领导和机关干部听查课的相关数据，有102名教师讲授的121个讲台获得免检资格。

（邢丽红、魏　鑫）

【教师（教学）发展】2012年，教师（教学）发展中心完成了中心网站建设；颁布了《北京科技大学新入职教师本科课堂教学准入制度实施办法（试行）》（校发〔2012〕10号），要求自2012年1月1日起入职的新教师需经过准入制度考察后才可获得主讲资格。已有18人开始了助课考察，15人通过，3人未通过，通过率为83.33%。

年内，中心共举办10场讲座，邀请校内外知名或有代表性的教师来校作报告，报告内容以教学理念、教学技能为主，参加培训人员500余人次；举办3堂优秀教师示范课，参加教师84人次；开办了2012年新入职教师教学培训班，共28名教师接受了集中培训。

（邢丽红）

【实践教学】2012年，组织实施2009级和2010级41个专业、89个实习队、6127名学生、589名指导教师的实习任务，提高了学生对专业知识的感性认识和实践能力；安排119个班、3600余名学生每人40个学时的暑期计算机实践工作，提高学生计算机应用能力；组织和协调11个专业、1000余名学生开展电子技术实习，组织和协调9个专业、35个班、1050余名学生开展机械课程设计以及机类和非机类68个班、2057名学生的金工实习，提高学生的实践能力，为培养高素质的人才奠定了基础。组织召开了“2012年校企人才联合培养暨实习工作研讨会”。会议邀请到首钢、包钢、宣钢、日照钢铁和排水集团等19家企事业单位有关负责人就校企人才培养和实习工作等内容进行了研讨，为全校实习工作的顺利开展奠定了基础。2012年，教务处协助学院联系并新增建立校外实习基地2个，其中北京二七轨道交通装备有限责任公司成功申报北京市校外人才培养基地。

（何志巍）

【科技创新】2012年，学校获“国家大学生创新创业计划项目”资助经费85万元，获“北京市大学生科研计划项目”资助经费48万元。年内，学校本科生科技创新项目立项767项，其中国家级86项，北京市级55项，参与学生2846人，指导教师830余人次；组织专家完成2011年141个校级以上科技创新项目和527个院级科技创新项目的验收工作，共评出校级以上项目一、二等奖58项。

（何志巍）

【成绩管理】2012年，学校共有4649门次课程采用网上模块录入学生成绩，审核成绩数据285615条，收到并处理教师提出的《学生成绩勘误申请》1053人次，完成2012届毕业生成绩单和毕业生答辩评语共13932份的归档工作。完成3500余人次、3万余份出国成绩单制作翻译及出国相关证明材料的制作翻译；通过电话、E-Mail及书信等方式完成了国外高校及国内外用人单位对学校93名本科毕业生学历及成绩单的认证；为往届毕业生提供成绩单数百份，自助打印成绩单系统共为在校本科生提供境内免费成绩单数千人次。

（李大宽、曹首军、王晓晓）

【教学管理平台建设】2012年，学校继续完善和优化教学管理平台：①完成了学生国内交流成绩处理模块的开发。②完成了学生境外交流成绩处理模块的开发。③完成了学生免修课程处理模块的开发。④完成了学生“双二辅”成绩查询修改模块的开发。⑤继续调整和完善选课程序，为华东理工大学、华南理工大学、湖南大学、中南大学和中国海洋大学109名校际交换生提供网上选课及成绩单制作服务。⑥处理了学生在选课时间外的课程调整申请1637份。⑦处理了学生缓考申请268份。

（李大宽）

【毕业设计（论文）结业】学校2012届共有3586名学生参加毕业设计（论文）结业，参与指导教师889人，生师比为4.03:1。指导教师中，正高级职称287人，占32.28%；副高级职称347人，占39.03%；中级职称255人，占28.68%。从毕业设计题目来源统计，真实题目888个，占24.76%；自拟题目2698个，占75.24%。从学生毕业设计（论文）的结业方式统计，设计性题目占24.43%，论文性题目占75.57%。学校从毕业设计（论文）中评选出优秀论文162篇。

（张秀云）

【校内转专业与免试研究生】2012年，学校共有213名（其中11级203名、10级10名）学生提出转专业申请，经考核批准共有147名学生（其中11级138名、10级9名）成功转入新专业学习，占同年级在校生总数百分率为11级4.13%，10级0.27%，占申报总人数百分率为11级67.98%，10级90.00%。10月，学校从2009级本科生中推荐选拔了663名免试攻读硕士研究生（其中校内281人，校外152人，专业学位201人，支教团18人，非学校指标师范类推免生11人），占该年级学生总数的19.82%。

（王昌言）

【本科生国内外交流】学校先后与华东理工大学、华南理工大学、湖南大学、中南大学和中国海洋大学建立合作关系，2012年，又与北京信息科技大学、北方民族大学正式签订了校际交流合作协议，学校分别接收两校若干名本科学生来校交流一学年。至年底，学校共向华东理工大学、华南理工大学、湖南大学、中南大学和中国海洋大学5所大学选派了108名学生去交流学习，上述7校共109名学生来校交流学习。

（王昌言）

【四六级外语考试】2012年6月，参加全国大学英语四六级考试的校内考生共有8103人，其中本科生6549人，研究生1554人。12月，参加全国大学英语四六级考试的校内考生共有8540人，其中本科生6708人，研究生1590人，延庆分校专科生242人。

（王昌言）

【学科竞赛】2012年，教务处组织本科生参加国家级学科竞赛和科技竞赛17项，组织本科生参加北京市级学科竞赛和科技竞赛15项，本校学生在校内外各种学科竞赛中均取得了较好的成绩，共有6576人参赛，1443人获奖，其中国家级学科竞赛和科技竞赛获奖251人，省部级学科竞赛和科技竞赛获奖401人。在第五届全国大学生节能减排社会实践与科技竞赛中，学校17支队伍参赛，凭借参赛作品的独特创意和队员们临场的出色表现征服了评委，在全国总决赛中取得了优异成绩，共获一等奖2项，二等奖4项，三等奖3项；在第六届“飞思卡尔”杯全国大学生智能车竞赛中，学校参赛队凭借稳定的发挥再续辉煌，共夺得全国特等奖2项，全国一等奖1项，全国二等奖1项，华北赛区一等奖6项的优异成绩；在2012年全国大学生数学建模竞赛中，学校30支队伍参赛，取得全国一等奖2项，全国二等奖2项和北京市一等奖6项，北京市二等奖7项的好成绩；在2012年全国大学生数学竞赛总决赛中，学校学生取得了2个一等奖，1个二等奖和1个三等奖的佳绩；在第五届“高教杯”全国大学生先进成图技术与产品信息建模创新大赛中，学校学生取得了5个一等奖，3个二等奖的优异成绩；在2012年全国大学生英语竞赛中，学校学生共获特等奖3项，一等奖9项，二等奖33项，三等奖64项；在北京市大学生数学建模、电子设计、物理实验等学科竞赛中，学校学生也取得了较好的成绩，获得一等奖多项。2012年，第二十三届北京市大学生数学竞赛仍由北京科技大学承办，教务处配合数理学院做好大赛的组织工作，在人、财、物等方面给予充分支持；此外，教务处组织了北京科技大学物理竞赛、北京科技大学数学竞赛和北京科技大学首届单片机应用大赛等校内竞赛13项，共有3397人参赛，791人获奖。

（何志巍）

附　录

2012年北京科技大学本科专业目录

序号	学科门类	二级类	专业代码	专 业 名 称	授予学位	增设	备注
1	经济学	经济学	020102	国际经济与贸易	经济学		
2			020109W	金融工程	经济学	2003	
3	法学	法学类	030101	法学	法学	1996	
4		社会学类	030302	社会工作	法学	2000	
5		政治学类	030404	思想政治教育	法学		专升本
6	文学	外国语言文学类	050201	英语	文学		
7			050203*	德语	文学	2007	

续表

序号	学科门类	二级类	专业代码	专 业 名 称	授予学位	增设	备注
8	文学	外国语言文学类	050207	日语	文学	2003	
9		艺术类	050408	艺术设计	文学	2004	
10	理学	数学类	070101	数学与应用数学	理学		
11			070102	信息与计算科学	理学	2000	
12		物理学类	070202	应用物理学	理学		
13		化学类	070302	应用化学	理学		
14		生物科学类	070402	生物技术	理学	2002	
15		电子信息科学类	071205W	信息安全	工学	2004	
16		材料科学类	071301	材料物理专业方向	工学		归属材料科学与工程专业
17			071302	材料化学专业方向	工学	2003	归属材料科学与工程专业
18		环境科学类	071402	生态学	理学	2003	
19	工学	地矿类	080107Y	矿物资源工程	工学		
20			080101	采矿工程	工学	2012	
21			080103	矿物加工工程	工学	2012	
22		材料类	080201	冶金工程	工学		
23			080203	无机非金属材料工程专业方向	工学		归属材料科学与工程专业
24			080205Y	材料科学与工程	工学		2005年起按大专业招生
25			080216S	纳米材料与技术	工学	2010	
26		机械类	080302	材料成型及控制工程专业方向	工学	2000	归属材料科学与工程专业
27			080303	工业设计	工学	2000	
28			080305Y	机械工程及自动化	工学		
29			080306W	车辆工程	工学	2004	
30		仪器仪表类	080401	测控技术与仪器	工学		
31		能源动力类	080501	热能与动力工程	工学		
32		电气信息类	080602	自动化	工学		
33			080603	电子信息工程	工学	1998	
34			080627S	智能科学与技术	工学	2007	
35			080604	通信工程	工学	2003	
36			080605	计算机科学与技术	工学		

续表

序号	学科门类	二级类	专业代码	专业名称	授予学位	增设	备注
37	工学	电气信息类	080640S	物联网工程	工学	2010	
38		土建类	080703	土木工程	工学	1997	
39			080704	建筑环境与设备工程	工学	2002	
40		环境与安全类	081001	环境工程	工学	1998	
41			081002	安全工程	工学	2007	
42		交通运输类	081207W	物流工程	工学	2005	
43	管理学	管理科学与工程类	110102	信息管理与信息系统	管理学		
44			110103	工业工程	工学	2002	
45			110104	工程管理	管理学	2009	
46		工商管理类	110201	工商管理	管理学		
47			110203	会计学	管理学		
48		公共管理类	110301	行政管理	管理学	1996	

（张秀云）

“课堂教学质量（学生）评价”各等级比例一览表（按讲台）

学期	＞95（含）	比例	95～85（含）	比例	85～70（含）	比例	＜70	比例	平均分
2011-2012-2	165	12.75%	1097	84.78%	32	2.47%	0	0.00%	92.14
2012-2013-1	292	20.45%	1112	77.87%	24	1.68%	0	0.00%	92.63

（邢丽红、魏　鑫）

“课堂教学质量（学生）评价”分学院各等级比例一览表（按讲台）

（2011-2012-2学期）

学院	＞95（含）	比例	95～85（含）	比例	85～70（含）	比例	＜70	比例	平均分
土木与环境工程学院	7	8.97	70	89.74	1	1.28	0	0	92.41
冶金与生态工程学院	9	16.36	46	83.64	0	0	0	0	93.23
材料科学与工程学院	8	8.51	84	89.36	2	2.12	0	0	92.41
机械工程学院	12	7.79	138	89.61	4	2.60	0	0	91.17
自动化学院	7	8.43	75	90.36	1	1.20	0	0	91.98

续表

学院	> 95（含）	比例	95～85（含）	比例	85～70（含）	比例	<70	比例	平均分
计算机与通信工程学院	6	6.82	74	84.09	8	9.09	0	0	90.49
数理学院	21	15	114	81.43	5	3.57	0	0	91.81
化学与生物工程学院	3	5.66	49	92.45	1	1.89	0	0	91.67
东凌经济管理学院	12	10.62	99	87.61	2	1.77	0	0	92.09
文法学院	13	10.66	106	86.89	3	2.46	0	0	91.82
外国语学院	51	25.12	148	72.91	4	1.97	0	0	93.09
高等工程师学院	0	0	11	100	0	0	0	0	92.40
体育部	11	18.97	46	79.31	1	1.72	0	0	93
其他	5	11.90	37	88.10	0	0	0	0	92.38

（邢丽红、魏　鑫）

"课堂教学质量（学生）评价"分学院各等级比例一览表（按讲台）

（2012-2013-1学期）

学院	> 9 5（含）	比例	95～85（含）	比例	85～70（含）	比例	<70	比例	平均分
土木与环境工程学院	6	8.11	67	90.54	1	1.35	0	0	91.97
冶金与生态工程学院	4	7.27	51	92.73	0	0	0	0	91.88
材料科学与工程学院	18	15	100	83.33	2	1.67	0	0	92.53
机械工程学院	25	14.29	148	84.57	2	1.14	0	0	92.08
自动化学院	9	10.34	78	89.66	0	0	0	0	92.97
计算机与通信工程学院	11	9.65	98	85.96	5	4.39	0	0	91.41
数理学院	35	21.34	122	74.39	7	4.27	0	0	92.69
化学与生物工程学院	7	8.33	76	90.48	1	1.19	0	0	92.26
东凌经济管理学院	16	16.84	79	83.16	0	0	0	0	92.90
文法学院	20	27.03	53	71.62	1	1.35	0	0	93.20
外国语学院	108	40.15	160	59.48	1	0.37	0	0	94.36
高等工程师学院	1	6.25	15	93．75	0	0	0	0	92.17
体育部	24	44.44	28	51.85	2	3.70	0	0	93.92
其他	8	17.02	37	78.72	2	4.26	0	0	92.53

（邢丽红、魏　鑫）

2012年获免检课堂资格教师及课程

序号	学　院	教师名	课程名称
1	土木与环境工程学院（7）	郝红英	有机化学基础
2		胡乃联	采矿工程新技术及发展方向
3		李天昕	环境工程仪表与自动控制
4		李天昕	环境影响评价实务
5		孙春宝	矿石粉碎工程
6		林　海	矿物生物工程
7		刘　建	安全工程与科学导论
8	冶金与生态工程学院（5）	白　皓	能源工程(双语)
9		郭汉杰	冶金物理化学
10		李素芹	水生态与工程
11		王静松	凝固原理与连铸工艺
12		吴胜利	钢铁冶金学I
13	材料科学与工程学院（9）	陈　冷	材料科学基础I
14		贾成厂	现代粉末材料
15		贾成厂	今天的日本
16		连　芳	能源材料
17		万发荣	能源材料
18		万发荣	X线衍射与热分析技术
19		王海成	先进纳米材料与技术
20		王会凤	材料科学与工程概论
21		赵海雷	固体电解质
22	机械工程学院（20）	曹　彤	机械制图AI
23		陈　华	机械制图AI
24		陈　华	机械制图AII
25		陈　平	工程制图
26		陈　平	机械制图AI
27		陈树新	汽车电气
28		程国全	工业设计概论
29		范让林	发动机原理
30		冯志鹏	汽车技术新发展
31		韩建友	机械设计
32		李　淳	设计导论
33		刘向军	工程流体力学(双语)

续表

序号	学 院	教师名	课程名称
34		马 飞	汽车测试技术
35	机械工程学院（20）	万 静	机械设计制图AII
36		温 治	热工过程模化与控制
37		杨 皓	机械制图AI
38		臧 勇	力学与现代工程技术
39		张 舸	建筑环境与设备新发展
40		郑 阳	结构素描
41		郑 阳	平面构成
42	计算机与通信工程学院（3）	刘连英	大学计算机基础
43		汪红兵	C++程序设计
44		王昭顺	信息安全导论
45	自动化学院（5）	李晓理	微机原理及应用
46		王新平	电路分析基础II
47		阎 群	电子技术实验(实验)
48		杨卫东	控制理论基础
49		尤 佳	电工技术
50	数理学院（16）	侯书会	高等数学I
51		侯书会	高等数学II
52		胡毅庆	数学分析AI
53		胡志兴	工科数学分析II（高等数学快班1班）
54		李为东	数学分析BII
55		刘丽华	大学物理AII
56		孟 艳	高等数学AI
57		邱红梅	大学物理AI
58		王 萍	高等数学AI
59		王 萍	高等数学AII
60		吴 平	基础物理实验Ⅱ(实验)
61		吴 平	理科物理实验BII(实验)
62		徐 岩	高等数学AI
63		尹 红	大学物理AI
64		赵东红	概率论与数理统计
65		赵雪丹	理科物理实验BI(实验)
66	化学与生物工程学院（3）	李旭琴	物理化学实验B(实验)
67		时国庆	生物化学
68		肖军平	有机合成

续表

序号	学　院	教师名	课程名称
69	东凌经济管理学院（7）	邓立治	宏微观经济学
70		马风才	运营管理
71		孙　莹	国际商务英语
72		王未卿	商业银行经营与管理
73		魏桂英	管理信息系统
74		武　森	专业发展前沿技术
75		杨　武	投资经济学
76	文法学院（7）	崔俊贵	民法学I
77		何晓前	当代中国政治发展
78		李　怡	沟通与交流
79		王霁霞	法理学
80		王霁霞	宪法学
81		张　梅	大学语文与应用写作B
82		周湘斌	人类行为与社会环境
83	马克思主义学院(11)	盖　明	中华社会生活史
84		盖　明	北京史
85		盖　明	思想道德修养与法律基础
86		梁　峰	马克思主义基本原理
87		刘　莉	发展社会学
88		鲁春霞	女性社会工作
89		王爱红	心理学概论
90		王爱红	社会心理学
91		王蓉霞	国史与国情
92		张北根	中国近现代史纲要
93		左　鹏	社会学概论
94	外国语学院（19）	白秋梅	初级英语视听I
95		边　静	基础日语III
96		胡　越	德语翻译理论与实践I
97		胡　越	高级德语I
98		李光华	日本文学史与名著欣赏II
99		李　微	经贸德语I
100		李　微	经贸德语II
101		李晓东	商务英语视听说
102		李晓东	基础外语III
103		马　靖	语言学导论

续表

序号	学 院	教师名	课程名称
104	外国语学院（19）	外教井田	日语写作II
105		外教松下	日语会话与实践III
106		王书玮	日语精读III
107		王绪梅	德语文学导论
108		王绪梅	高级口译III
109		张丹丹	基础外语III
110		张敬源	基础外语II
111		张 怡	基础外语III
112		周 彤	日语精读III
113	体育部（9）	窦海波	体育III
114		郭毅平	体育II
115		宋 勤	体育I
116		宋一涛	体育I
117			体育II
118			体育IV
119		王海霞	体育I
120		文秀丽	体育IV
121		赵海涛	体育III

（邢丽红、魏 鑫）

第十三届“青年教师课堂教学针对性培养”评比结果一览表

学院	姓名	课程名称	等级
外国语学院	张丹丹	基础外语I	一等
外国语学院	何丽君	基础外语 II	一等
东凌经济管理学院	王凡姝	胜任力开发	一等
外国语学院	王书玮	日语（二外）	一等
数理学院	孟凡研	大学物理AI	一等
体育部	窦海波	篮球	一等
机械工程学院	任 玲	工程流体力学	二等
外国语学院	陈 燕	德语泛读	二等
外国语学院	秦晓惠	基础英语Ⅲ	二等
外国语学院	周荣娟	基础英语Ⅳ	二等
外国语学院	高慧叶	高级英语听力I	二等

续表

学院	姓名	课程名称	等级
冶金与生态工程学院	国宏伟	钢铁冶金学Ⅰ（炼铁学）	二等
化学与生物工程学院	宣劲松	遗传学（双语）	二等
体育部	宋海燕	体育	二等
外国语学院	李金玉	基础外语III	二等
土木与环境工程学院	李天昕	环境影响评价实务	二等
自动化学院	赵小燕	工业组态软件	二等
自动化学院	董冀媛	电力电子技术	二等
数理学院	于建平	工科数学分析I	二等
数理学院	陈艳萍	线性代数A	二等

（邢丽红、魏　鑫）

2012年度本科教育教学获奖奖项一览表

级别	奖励类别	等级	项目名称	获奖人	单位
国家级	精品视频公开课	/	物联网与科技强国	王志良等	计算机与通信工程学院
国家级	实验教学示范中心	/	冶金工程实验教学中心	王福明	冶金与生态工程学院
国家级	全国大学英语教学大赛	二等奖	/	白秋梅	外国语学院
国家级	“十二五”国家规划教材	/	金属材料学（第2版）	吴承建、陈国良强文江	材料科学与工程学院
国家级	“十二五”国家规划教材	/	工业产品设计与表达（第二版）	窦忠强、曹　彤陈锦昌等	机械工程学院
国家级	“十二五”国家规划教材	/	生产与运作管理（第2版）	张　群	东凌经济管理学院
国家级	“十二五”国家规划教材	/	地质学（第4版）	徐九华、谢玉玲李建平	土木与环境工程学院
北京市级	教育教学成果奖	一等奖	发扬特色与拓宽面向相结合的行业院校“热能与动力工程”专业建设	张欣欣等	机械工程学院
北京市级	教育教学成果奖	一等奖	发挥材料学科优势，培养高水平创新型本科人才的探索与实践	谢建新等	材料科学与工程学院
北京市级	教育教学成果奖	一等奖	行业特色高校研究生分类培养模式研究与实践	张　跃等	研究生院
北京市级	教育教学成果奖	一等奖	强化实践和跨文化交流的创新人才培养体系构建与实施	徐金梧等	机械工程学院
北京市级	教育教学成果奖	一等奖	国际化视角下“内外双驱”人才培养模式的探索与实践	王　戈等	国际合作与交流处
北京市级	教育教学成果奖	一等奖	认知结构教学论的构造与实践——国际视野中教学理论体系的研究与实践	杨炳儒等	计算机与通信工程学院

续表

级别	奖励类别	等级	项目名称	获奖人	单位
北京市级	教育教学成果奖	二等奖	基于国家级精品课程建设的大学英语研究性教学体系的探索与实践	张敬源等	外国语学院
北京市级	教育教学成果奖	二等奖	三维一体《生产运作管理》教学体系的创新与实践	张　群等	东凌经济管理学院
北京市级	教育教学成果奖	二等奖	高校跨学科通用教学技能模型与评价体系	魏　钧等	东凌经济管理学院
北京市级	教育教学成果奖	二等奖	“2+X”创新人才培养模式的研究与实践	廖福成等	数理学院
北京市级	教育教学成果奖	二等奖	基于学科前沿的钢铁冶金课程群建设	吴胜利等	冶金与生态工程学院
北京市级	教育教学成果奖	二等奖	“高等机构学”课程内容体系与教学模式构建及相应软件系统开发	韩建友等	机械工程学院
北京市级	教育教学成果奖	二等奖	基于《材料科学基础》课程的学生综合能力培养模式	杨　平等	材料科学与工程学院
北京市级	教育教学成果奖	二等奖	基于“岩石力学与工程”课程的研究性教学改革与实践	李长洪等	土木与环境工程学院
北京市级	教育教学成果奖	二等奖	以学生为本的教学管理机制的构建	薛庆国等	教务处
北京市级	教育教学成果奖	二等奖	以创新项目为引领的大学生创新能力培养体系的构建与实践	申亚男等	教务处
北京市级	教学名师	/	/	吴胜利	冶金与生态工程学院
北京市级	教学名师		/	陈红薇	外国语学院
北京市级	北京高校思政课基本功比赛	二等奖	/	李　怡	马克思主义学院
校级	教育教学成果奖	特等奖	基于实时财经分析的研究生实践创新能力培养——针对金融类课程研究型教学实践	王未卿等	东凌经济管理学院
校级	教育教学成果奖	特等奖	基于《材料科学基础》课程的学生综合能力培养模式	杨　平等	材料科学与工程学院
校级	教育教学成果奖	特等奖	厚基础与宽口径并重，实现行业特色向专业特色的提升与拓展	张欣欣等	机械工程学院
校级	教育教学成果奖	特等奖	钢铁冶金学课程改革及教学互动开放平台建设	吴胜利等	冶金与生态工程学院
校级	教育教学成果奖	特等奖	依托分类培养模式与国际化教育平台的工科研究生创新培养体系	张　跃等	研究生院
校级	教育教学成果奖	特等奖	基于国家级精品课程建设的大学英语研究性教学体系的探索与实践	张敬源等	外国语学院
校级	教育教学成果奖	特等奖	三维一体《运营管理》课程体系的创新与实践	张　群	东凌经济管理学院
校级	教育教学成果奖	特等奖	全程化植入实践和创新环节的工程创新人才培养体系	徐金梧等	机械工程学院

续表

级别	奖励类别	等级	项目名称	获奖人	单位
校级	教育教学成果奖	特等奖	材料学科创新型高水平人才培养的实践和研究	谢建新等	材料科学与工程学院
校级	教育教学成果奖	特等奖	贯彻以学生为本理念 创新教学管理机制	薛庆国等	教务处
校级	教育教学成果奖	一等奖	开放式人才培养模式的构建	王　戈等	国际合作与交流处
校级	教育教学成果奖	一等奖	物联网工程特色专业综合建设	王志良等	计算机与通信工程学院
校级	教育教学成果奖	一等奖	以创新项目为核心的大学生创新能力培养体系的构建与实践	申亚男等	教务处
校级	教育教学成果奖	一等奖	研究生教育与国家创新体系研究	许　放等	文法学院
校级	教育教学成果奖	一等奖	依托国家实验教学示范中心，构建实验教学与大学生创新活动相互促进的新模式	孙建林等	材料科学与工程学院
校级	教育教学成果奖	一等奖	基于专题报告的研究性教学方法研究与实践	孙昌爱等	计算机与通信工程学院
校级	教育教学成果奖	一等奖	教学科研融为一体，测试课程体系创新	闫晓强等	机械工程学院
校级	教育教学成果奖	一等奖	实务类课程交互式研究型教学改革	李天昕等	土木与环境工程学院
校级	教育教学成果奖	一等奖	基于“岩石力学与工程”课程的研究性教学改革与实践	李长洪等	土木与环境工程学院
校级	教育教学成果奖	一等奖	“中国近现代史纲要”研究型教学	张北根等	马克思主义学院
校级	教育教学成果奖	一等奖	国际化研究型研究生教育教学模式的有效构建和实施	何　伟等	外国语学院
校级	教育教学成果奖	一等奖	市场营销原理、工具与实务（教材）	束军意等	管庄校区
校级	教育教学成果奖	一等奖	理工类高校中多模式创新与实践型外语人才培养研究	陈红薇等	外国语学院
校级	教育教学成果奖	一等奖	机械基础课程研究型教学综合素质人才培养质量保障闭环系统	李　威等	机械工程学院
校级	教育教学成果奖	一等奖	国际视野中教学理论的创新性研究——KM教学论	杨炳儒等	计算机与通信工程学院
校级	教育教学成果奖	一等奖	案例教学在工业生态人才培养中的应用研究与探索	李素芹等	冶金与生态工程学院
校级	教育教学成果奖	一等奖	研究型大学目标定位下的冶金物理化学课程团队建设	周国治等	冶金与生态工程学院
校级	教育教学成果奖	一等奖	以科技服务与挂职锻炼为载体的研究生实践育人模式构建	宗燕兵等	研究生工作部
校级	教育教学成果奖	一等奖	现代网络与安全研究型教学方法	姚宣霞等	计算机与通信工程学院
校级	教育教学成果奖	一等奖	“双主体、可视化”课堂教学技能全模型研究	魏　钧	东凌经济管理学院

续表

级别	奖励类别	等级	项目名称	获奖人	单位
校级	教育教学成果奖	二等奖	经管类本科生前瞻性实验教学与研究	王立民	东凌经济管理学院
校级	教育教学成果奖	二等奖	《数字图像处理与分析》教材（教材）	王志明等	计算机与通信工程学院
校级	教育教学成果奖	二等奖	硬件类课程群理论与实践一体化教学模式的改革	王粉花等	自动化学院
校级	教育教学成果奖	二等奖	北京科技大学钢铁冶炼模拟大赛	王福明等	冶金与生态工程学院
校级	教育教学成果奖	二等奖	网络可视化远程机电综合实验平台开发与应用	阳建宏等	机械工程学院
校级	教育教学成果奖	二等奖	管理学—理论与案例（教材）	纪娇云等	管庄校区
校级	教育教学成果奖	二等奖	《材料结构》教学方式去抽象化改进	杨　平等	材料科学与工程学院
校级	教育教学成果奖	二等奖	高等学校工科物理实验研究性教学探索与实践	吴　平等	数理学院
校级	教育教学成果奖	二等奖	《创造训练》精品课程建设	何业东等	材料科学与工程学院
校级	教育教学成果奖	二等奖	高校外语专业国际化研究型教学模式的有效构建和实施	何　伟等	外国语学院
校级	教育教学成果奖	二等奖	“仪器科学与技术前沿”研究型课程建设	李希胜等	自动化学院
校级	教育教学成果奖	二等奖	构筑物抗震课堂教学与实践教学的研究与实践	宋　波等	土木与环境工程学院
校级	教育教学成果奖	二等奖	高等计算机体系结构与高性能计算课程建设	李建江等	计算机与通信工程学院
校级	教育教学成果奖	二等奖	《现代人力资源管理理论与实务》的研究与编写	张　剑	东凌经济管理学院
校级	教育教学成果奖	二等奖	素质教育课程体系设计	陆　俊等	文法学院
校级	教育教学成果奖	二等奖	现代渗流力学研究型教学实践	宋洪庆等	土木与环境工程学院
校级	教育教学成果奖	二等奖	教育部试点课程“马克思主义经典著作选读”教学内容与教学方式探究	李晓光等	马克思主义学院
校级	教育教学成果奖	二等奖	视觉测量技术课程建设及教材编写	迟健男等	自动化学院
校级	教育教学成果奖	二等奖	研究生学位课《弹性力学》课程的教学实践和教材重构	杨海波等	机械工程学院
校级	教育教学成果奖	二等奖	班导师机制建设的理论与实践	张牧风等	数理学院
校级	教育教学成果奖	二等奖	新时期我国研究生思想政治教育的探索与研究	张　跃等	研究生工作部
校级	教育教学成果奖	二等奖	检测技术及应用（第2版）（教材）	张朝晖等	自动化学院
校级	教育教学成果奖	二等奖	《矿山安全工程》的教学研究与实践	金龙哲等	土木与环境工程学院

续表

级别	奖励类别	等级	项目名称	获奖人	单位
校级	教育教学成果奖	二等奖	高等数学多层次人才培养模式研究与实践	郑连存等	数理学院
校级	教育教学成果奖	二等奖	结合材料学研究前沿领域的大学生创新实验项目（SRTP）指导与实践	郑裕东等	材料科学与工程学院
校级	教育教学成果奖	二等奖	大学计算机基础课程过程管理研究与实践	姚　琳等	计算机与通信工程学院
校级	教育教学成果奖	二等奖	一般管理与组织理论课程群建设	高俊山等	东凌经济管理学院
校级	教育教学成果奖	二等奖	以科研成果为基础，托起研究型教学新高度——《产品风险评估方法与案例分析》教学总结	黄国忠等	土木与环境工程学院
校级	教育教学成果奖	二等奖	材料专业力学性能实验课教学改革与实践	强文江等	材料科学与工程学院
校级	教育教学成果奖	二等奖	基于理科实验班的学生创新能力培养	廖福成等	数理学院
校级	教育教学研究论文奖	A类	面向国家重大需求 做实协同创新中心培育过程(中国高等教育，2012年20期)	徐金梧	党办、校办
校级	教育教学研究论文奖	A类	构建高校二级单位党风廉政建设责任制考核体系(中国高等教育，2012年22期)	曲　雁等	纪委
校级	教育教学研究论文奖	A类	增强“大学生职业发展与就业指导”课程实效性的思考(中国高等教育, 2012年10期)	尹兆华等	招生就业处
校级	教育教学研究论文奖	B类	2001—2009年我国高等教育经费来源结构及其变动分析(高等理科教育, 2012年01期)	郭德侠等	中国教育经济信息网管理中心
校级	教育教学研究论文奖	B类	基于创造基本策略培养创新人才的教学实践(高等理科教育, 2011年教育教学研究专辑)	张　津等	新材料技术研究院
校级	教育教学研究论文奖	B类	当前我国高校助困与育人契合的实效性分析——基于全国11所高校大学生资助问卷调研(思想理论教育导刊，2012年11期)	曲绍卫等	中国教育经济信息网管理中心
校级	教育教学研究论文奖	B类	仪器分析课程中研究型教学初探(大学化学，2012年5期)	范慧俐等	化学与生物工程学院

（何　勇）

2012年学校教材出版情况一览表

二级单位	出版教材数	二级单位	出版教材数
土木与环境工程学院	4	文法学院	4
材料科学与工程学院	4	马克思主义学院	0
机械工程学院	8	外国语学院	2

续表

二级单位	出版教材数	二级单位	出版教材数
自动化学院	2	管庄校区	4
计算机与通信工程学院	8	管庄校区	4
东凌经济管理学院	12	全校合计	52

（李　虹）

2012年北京科技大学各学科竞赛获奖结果

序号	项目	参赛人数	获奖人数	奖项	奖项级别	获奖者	指导教师
1	第五届全国大学生节能减排社会实践与科技竞赛	90	60	一等奖	国家级	陈禹琴　单婷玉　关　晓 刘子琦　韩　炜　应冬冬 王晓宇	尹少武
				一等奖	国家级	李金刚　陈　琛　桑丽萍 梁聪聪　王东旭　王义政 庞　维	林　海
				二等奖	国家级	刘抒悦　姜善学　赵　帆 田　雪　张　津　侯宗宝 智　超	林　海
				二等奖	国家级	褚福强　刘桂玲　吴汉栋 刘晓芳　李　冬	温　治
				二等奖	国家级	冯　涛　回　声　马世鑫 李　冉　雷月雯　周　尧 陈旭峰	童莉葛
				二等奖	国家级	李林桃　张　强　王啸洋 李　斌　陈晓光　毛耀弘	米万良
				三等奖	国家级	徐思旸　陈宇祥　袁　彬 赵天琦　刘一辰　孙　冬 吴若莹	姜泽毅
				三等奖	国家级	刘　超　张建睿　冯留建 魏　佳　王慧荣　田　莉 孙　明	任　玲
				三等奖	国家级	邹龙辉　焦璐璐　张攀威 黄若琳　章晨伟　胡亚飞 王盼盼	王　立
2	第七届全国大学生智能汽车竞赛	142	14	特等奖	国家级	齐鹏远　王洪阳　易　筱	杨　珏　刘　立
				特等奖	国家级	刘珂屹　舒伯特　徐国强	刘　立　申焱华
				一等奖	国家级	韩衍东　熊　浩　张　贺	杨耀东　孟　宇
				二等奖	国家级	胡　勇　刘晓超　任国荣 周宇世强　王云肖	杨　珏
			18	一等奖	北京市	韩衍东　肖志远　熊　浩	张文明　马　飞
				一等奖	北京市	杨皞屾　张　贺　张　京	杨耀东　孟　宇
				一等奖	北京市	关　晓　齐鹏远　王洪阳	金　纯　陈树新
				一等奖	北京市	易　筱　曾　珺　朱　艳	刘　立　杨　珏

续表

序号	项目	参赛人数	获奖人数	奖项	奖项级别	获奖者	指导教师
2	第七届全国大学生智能汽车竞赛	142	18	一等奖	北京市	陈友洲 高慧怡 高 健	申焱华 刘 立
				一等奖	北京市	刘珂屹 舒伯特 徐国强	杨 珏 靳添絮
3	全国大学生电子设计竞赛-2012年嵌入式系统专题邀请赛	6	6	二等奖	国家级	陈 威 张 佳 马志腾	王粉花
				三等奖	国家级	李海兵 黄琪玮 张 贺	李 擎
4	全国大学生电子设计竞赛-2012年信息安全技术专题邀请赛	6	3	三等奖	国家级	刘理博 王 蕾 周雅慧	姚 琳 陈红松
5	2012年全国大学生数学建模竞赛	105	12	一等奖	国家级	秦梢朔 刘 庆 王 琪	朱 婧
				一等奖	国家级	詹 锟 霍 思 刘晓乐	胡志兴
				二等奖	国家级	徐霞清 刘婧媛 占小虹	徐 岩
				二等奖	国家级	芦 赫 杜嘉雯 项 征	吕国才
			39	一等奖	北京市	刘 昳 王兴东 姜理俊	胡志兴
				一等奖	北京市	慕媛媛 侯雨阳 王 鑫	司新辉
				一等奖	北京市	温宏远 杨恕权 朱贤东	朱 婧
				一等奖	北京市	黄孝鹏 王 宝 郭敏勇	徐 岩
				一等奖	北京市	谢文江 李 昂 薛美美	李为东
				一等奖	北京市	芮少石 张思伟 王 刚	徐 岩
				二等奖	北京市	郭 坤 牛京玉 梁嘉琦	胡志兴
				二等奖	北京市	程礼梅 邓世清 张志强	李为东
				二等奖	北京市	徐 秀 温 鑫 徐文超	徐 岩
				二等奖	北京市	刘靓晨 王啸洋 陈佳伟	朱 婧
				二等奖	北京市	李 乐 宋梦召 吴 越	朱 婧
				二等奖	北京市	秦 琪 徐 凡 李孝威	朱 婧
				二等奖	北京市	徐 瞻 杨丽果 章光辉	司新辉
6	2012年全国大学生数学竞赛总决赛	4	4	一等奖	国家级	袁慧宏 熊 浩	胡志兴 郑连存 王 辉 刘 宇
				二等奖	国家级	杨泽南	
				三等奖	国家级	陈 飞	
7	第五届"高教杯"全国大学生先进成图技术与产品信息建模创新大赛	24	7	团体一等奖	国家级	周 尧 高寰宇 祁俊威 张毛雨 曹 禹 赵展跃	陈 华 杨光辉 陈 平 杨 皓
				机械类全能一等奖	国家级	周 尧 曹 禹	陈 华 杨光辉 杨 皓
				机械类尺规一等奖	国家级	高寰宇 张毛雨	陈 华
				机械类全能二等奖	国家级	高寰宇 赵展跃	陈 华 杨光辉 杨 皓

续表

序号	项目	参赛人数	获奖人数	奖项	奖项级别	获奖者	指导教师
7	第五届“高教杯”全国大学生先进成图技术与产品信息建模创新大赛	24	7	机械类尺规二等奖	国家级	祁俊威	陈平 杨皓
8	2012年全国软件专业人才设计与创业大赛	25	12	二等奖	国家级	胡勇 贺亮亮 李旸 贾龙峰 尹伊淳 周杰 陈苗红	姚琳 汪红兵 武航星 万亚东
				三等奖	国家级	侯建鹏 杨洋 安润功 崔麦琴 胡招武	洪源 黄晓璐 段世红
			23	一等奖	北京市	胡勇 侯建鹏 贺亮亮 杨洋 安润功 崔麦琴 李旸 贾龙峰 尹伊淳 胡招武 周杰 陈苗红 刘茜 王泽颖	姚琳 汪红兵
				二等奖	北京市	周雅慧 高宇星 周尧 苏宗明 王欣 张旭	武航星 万亚东 洪源 黄晓璐
				三等奖	北京市	罗欣 赵超 王雪莹	段世红
9	2012年第五届中国大学生计算机设计大赛	39	5	一等奖	国家级	袁宇豪 马兰	姚琳 万亚东
				二等奖	国家级	刘理博 王蕾 王基镔	姚琳 武航星
10	2012第六届中国大学生物联网创新创业大赛	12	8	一等奖	国家级	山峰 陈培远 刘刚 曹丽娜	白艳茹
				三等奖	国家级	孟勇 王锐君 程彤 盛柯恺	王旭
11	2012年第二届全国大学生混凝土材料设计大赛	12	6	特等奖	国家级	霍国 李健 贺然	刘娟红
				一等奖	国家级	霍晓波 张振昌 刘玲	
12	第八届全国大学生化学实验邀请赛	8	1	三等奖	国家级	李荪荪	王明文
13	2012年全国大学生英语竞赛	2151	109	特等奖	国家级	李舒阳 张艺赢 张亚男	全国大学生英语竞赛指导团队
				一等奖	国家级	吴思凡 贾龙峰 陈华 王啸洋 马妍 顾诚 李浩宇 王春琪 刘吉	
				二等奖	国家级	路宇辰 袁晨轩 朱育萱 杜嘉雯 刘文宇 李默涵 冯东 田静昀 辛彤 杨恺陶 孙静 彭鑫泽 何笛 冯嘉 杨耀东 王晓 王会姣 申富蕙 王思雪 王冀康 杨茹茵 徐昊 刘幸丽 宋双双 吴思行 刘世龙 袁伟航 原文越 袁彬 黄羽明 崔晓琳 章迪之 郭文娟	

续表

序号	项目	参赛人数	获奖人数	奖项	奖项级别	获奖者	指导教师
13	2012年全国大学生英语竞赛	2151	109	三等奖	国家级	贾吴帆 蔡　亮 李健超 姚　振 孙语蔚 余李若洋 孙晋萱 李　臻 王淏楠 夏　天 王俊鑫 潘　鹤 栾家斌 陈　辰 张云逸 曾石轩 武晨箫 徐礼贤 王晓华 刘子君 唐　晨 王佳伟 胡　婧 翟慧如 王慧荣 陈　思 薛伊柯 侯佳腾 张　潮 王　璐 杨　岚 杨易铭 崔晓晗 刘　畅 邓潇玥 吴佳轩 李梦蝶 宋颖瑶 周平阳 张珈赫 沈冰玉 徐向楠 隋　缘 黄凯迪 汪　然 刘　琦 刘津莹 朱　茜 富律文 徐　京 甘　甜 贾尚楠 唐思汝 邢　韬 盛雅楠 潘　淑 王憧憬 张思语 闫　璐 张璁雨 王菲儿 脱梦娇 吴泽坤 骆君梅	全国大学生英语竞赛指导团队
14	2012年第二届全国大学生物理实验竞赛	4	3	三等奖	国家级	郭敏勇 秦健鹰 冯亚瀛	吴　平 陈　森 赵雪丹 张师平
15	2012年中华全国日语演讲大赛	1	1	三等奖	国家级	冯　立	高西峰
			1	特等奖	北京市	冯　立	
16	2012年北京市大学生电子设计竞赛	38	22	一等奖	北京市	佟　超 马志腾 谢文旭 齐鹏远	冯　涛 刘　涛 周　珂
				二等奖	北京市	喻　亮 刘　刚 高　妍 张　佳 张　贺 黄琪玮 陈　曦 徐国强 张少光 张延博 汪艳芝 黄　震 贺雪梅 易湘德 罗林聪 曹丽娜	
				三等奖	北京市	王晓华 张　彪	
17	2012年第二十三届北京大学生数学竞赛	115	67	一等奖	北京市	葛王愿 陈　飞 邹　江 陈善军 刘　海 彭　孝 余帮生 李一冉 刘海财 黄国超 李　迎	胡志兴 工　辉 郑连存 刘　宇
				二等奖	北京市	高　翔 巴　优 戴思雨 吉泽生 江振文 芮少石 李旭峰 闫泓志 程　斌 冯弟瑶 熊　浩 谭　民 王新乐 徐志华 陈国强 王　强 于莹莹 胡亚飞 吴科言 慕媛媛 张凯鹏	胡志兴 王　辉 郑连存 刘　宇

续表

序号	项目	参赛人数	获奖人数	奖项	奖项级别	获奖者	指导教师
17	2012年第二十三届北京大学生数学竞赛	115	67	三等奖	北京市	陈　浪　黄孝鹏　储昭强 李景县　梁思佳　潘　进 张　超　郑传江　曾健勇 马俊宇　潘　鹤　陈　超 陈　帅　高　扬　关永强 黄宗林　刘　阳　孙勇涛 肖　骏　戴　戈　王　晓 李　想　刘　冰　于祥圣 李纪黎　吴学涛　余　跃 孙明亮　陈颜秋　姜丹丹 肖璐莎　周进丽　郭方圆 彭丹凤　唐　晨	胡志兴 王　辉 郑连存 刘　宇
18	2012年外研社杯全国英语演讲大赛（北京赛区）	1	1	二等奖	北京市	亢　哲	李晓东
19	2012年北京市大学生英语演讲比赛	1	1	三等奖	北京市	亢　哲	李晓东
20	2012年首都高校第六届机械创新设计大赛	38	38	一等奖	北京市	熊　浩　张毛雨　李传东 姚国栋　刘凤仪	邱丽芳
				二等奖	北京市	刘子琦　杨焕璋　赵宏旭 李　鑫　李健超　邵金鹏 林　宇　孙　冬　赵　哲 刘　欣　张亚文　张攀威 郭亚婷	魏　东 张俊海 张少军 杨　皓
				三等奖	北京市	任　腾　李　喆　梁　冰 尹东旭　于好雨　张雁斌 应冬冬　吴汉栋　金腾飞 何　玲　薛庆昊　代振梦 杨威威　王湘嵘　章迪之 李　杨　孙文军　刘晓超 宋红攀　杨雨谋	于晓红 邱丽芳 杨光辉
21	2012年首届北京市大学生建筑结构设计竞赛	18	12	一等奖	北京市	罗　琪　李　夏　周　雨 熊青香　樊春颖　张　璇	施建俊 黄盛楠
				二等奖	北京市	李　飞　李小翠　马　泽 彭婷婷　祁延芳　陈泽伟	张举兵
22	2012年北京市大学生计算机应用大赛	12	7	一等奖	北京市	崔银实　贺媛媛　张嘉琦	洪　源
				二等奖	北京市	张云鹏　李发玮　张丹丹 郑守仁	齐　悦
23	2012年第二十九届北京市大学生物理竞赛	288	111	一等奖	北京市	章刘洋　胡　超　丁民涛 王　晓　吴春华　张　赢	马星桥、邱红梅等物理教研组

续表

序号	项目	参赛人数	获奖人数	奖项	奖项级别	获奖者	指导教师
23	2012年第二十九届北京市大学生物理竞赛	288	111	二等奖	北京市	唐汉琦 陈榴 吴科言 郑禹 付伟男 杨柳 陈善军 刘冰 施王影 姜培扬 王军格 夏建军 郑晓虎 张赛 时岩 刘扬 胡婧 高扬 关喜嘉 管明 李景县 章晓敏 苏晓波 程斌 陈腊梅 孙趁义 于祥圣 王愿 贾文鹏 吴洁慧 葛佶莛	马星桥、邱红梅等物理教研组
				三等奖	北京市	张翔 杨冰 刘海 党堃原 严姜超 宋景楠 纪岩 黄卿明 娄敏轩 储昭强 章韬 孙淑翠 黄超 徐奥妮 王若铮 张壮壮 邢涌潮 薛超 曹禹 刘文博 许俊 申耀祖 胡梦甜 徐晓龙 江芸 陈龙根 陈炫 席玥 夏宇 杨旭东 丁攀 于莹莹 关济寰 段加恒 周桥 陈威 熊浩 林勇磊 欧阳梓标 崔可家 陈琳 孟齐志 宁岩 曹庆睿 廖声茏 王志炜 刘鹏杰 蔺瑞 董志玮 王媛媛 王炳珅 张杰 娄长孝 郭伟 付余 刘亚飞 徐欢 刘逸群 巴优 程刚 李杰 杨东锟 陈煜 段学奎 刘磊磊 吴鹏 曹莎 刘珊珊 周小杰 闫泓志 赵常惠 刁艳妮 李一冉 张大力	
24	2012年北京市大学生物理实验竞赛	23	16	一等奖	北京市	李仁 杜兴辰 薛庆昊 李佩林 汪名飞 孙静 钟梦瑶 肖婷 刘珂兵 王爽 黄羽明 郑 郭敏勇 陈玮鑫	物理实验竞赛指导小组
				二等奖	北京市	陈闰堃 李赫楠	
25	2012年北京市大学生化学实验竞赛	9	6	二等奖	北京市	黄友光 潘厚合 崔勇	范慧俐
				三等奖	北京市	田耀森 吴婷婷 李扬	弓爱君
26	2012年北京市人文知识竞赛	10	10	二等奖	北京市	郝星 刘悦超 邵腾飞 黄歆茗 罗楚慧	张健
				三等奖	北京市	余宙航 谢洋旸 郑博瀚 王子木 王凯	

续表

序号	项目	参赛人数	获奖人数	奖项	奖项级别	获奖者	指导教师
27	2012年北京市大学生工程训练综合能力竞赛	9	9	一等奖	北京市	仵斯 黄河 梁婷	范让林 王旭
				二等奖	北京市	陈一镖 王新杰 邓金华	
				三等奖	北京市	管超 代振梦 张华平	
28	2012年首届北京市大学生机器人竞赛	20	20	一等奖	北京市	张延博 贺雪梅 杨栩 张少光 黄震 林世权	王旭
				二等奖	北京市	刘珊 马小雯	张晓彤
				三等奖	北京市	云峰 李洁	张晓彤
						郭兰 王晓华 陈培远 曹丽娜	王志良
						李逍徉 张鑫 赵意娜 张鑫	周珂
						李良鑫 高元桢	刘颖 王旭

（何志巍）

2012年度本科课程表

矿物资源工程专业

年级	课程设置
2012级	经济与管理，思想道德修养与法律基础，基础外语I，体育I，军事理论，大学生职业发展与就业指导I，大学生心理健康I，大学计算机基础,高等数学AI，线性代数A，普通化学，普通化学实验
2011级	中国近现代史纲要，基础外语II，体育II，大学生心理健康II，VB程序设计，高等数学AII，大学物理AI，采选导论，工程测量

土木工程专业

年级	课程设置
2012级	经济与管理，思想道德修养与法律基础，基础外语I，体育I，军事理论，大学生职业发展与就业指导I，大学生心理健康I，大学计算机基础，高等数学AI，线性代数A，普通化学，普通化学实验
2011级	中国近现代史纲要，基础外语II，体育II，大学生心理健康II，C++程序设计，高等数学AII，大学物理AI
	马克思主义基本原理概论，基础外语III，体育III，工程力学AI，概率论与数理统计A，大学物理AII，工科物理实验I，工程制图基础
2010级	毛泽东思想和中国特色社会主义理论体系概论I，体育IV，大学生职业发展与就业指导II，金工实习I，工程力学AII，数学实验，工科物理实验II，工程测量，工程地质学，土木工程项目管理，土木工程制图与CAD基础
	毛泽东思想和中国特色社会主义理论体系概论II，结构力学I，土力学，混凝土结构原理，土木工程材料，电工技术实验，电工技术，房屋建筑学

续表

年级	课程设置
2009级	形势与政策III，岩石力学综合实验，土力学，混凝土结构，岩石力学与工程，土木工程施工，房屋建筑学，土建工程机械，道路与边坡工程，土木工程项目管理，结构抗震，高层建筑结构，工程爆破，岩土工程(双语)
2009级	经济与管理，专业工程设计训练，结构工程综合实验，微机原理与应用，钢结构(双语)，地基基础，土木工程新进展，桥梁工程，隧道与地铁工程，建筑工程(双语)，工程概预算与招投标，土木工程CAD，岩土工程数值计算方法，岩土工程施工新方法，砌体结构设计
2008级	形势与政策IV，毕业设计(论文)

环境工程专业

年级	课程设置
2012级	思想道德修养与法律基础，基础外语I，体育I，军事理论，大学生职业发展与就业指导I，大学生心理健康I，大学计算机基础，高等数学AI，无机化学B，无机化学实验BI
2011级	中国近现代史纲要，基础外语II，体育II，大学生心理健康II，VB程序设计，高等数学AII，大学物理AI，无机化学实验BII，工程测量，环境学导论
	马克思主义基本原理概论，基础外语III，体育III，线性代数A，工程力学C，大学物理AII，工科物理实验I，机械制图B
2010级	毛泽东思想和中国特色社会主义理论体系概论I，体育IV，大学生职业发展与就业指导II，金工实习I，工科物理实验II，工程制图，工程流体力学，电工技术实验，电工技术，物理化学CI，环境规划与管理，环境工程技术经济
	毛泽东思想和中国特色社会主义理论体系概论II，环境工程微生物学实验，概率论与数理统计A，环境工程微生物学，有机化学，环境工程原理，物理化学CII，分析化学，环境工程仪表及自动控制，泵站及管网技术，环境毒理学，能源与环境（双语），环境生物技术（双语）
2009级	经济与管理，形势与政策III，物理化学实验B，大气污染控制工程，水污染控制工程，物理污染控制，固体废弃物资源化，环境材料学，计算机辅助设计及应用，工业安全系统工程，现代测试技术，环境工程施工与管理，废水生物处理新技术，固体废物处理工艺设计，环境生态学，环境学导论，环境化学，大气污染控制工程设计，生态卫生系统(双语)，环境影响评价实务
2009级	微机原理与应用，环境工程研究与设计，环境规划与管理，环境监测与评价，工业通风与防尘，环境工程经济学，环境工程仪表与自动控制，工业废水处理技术，环境信息技术及应用，环境监测技术，危险废物的管理与处置，城市排水泵站及管网技术
2008级	形势与政策IV，研究方法训练，工程训练，毕业设计(论文)

安全工程专业

年级	课程设置
2012级	思想道德修养与法律基础，基础外语I，体育I，军事理论，大学生职业发展与就业指导I，大学生心理健康I，大学计算机基础，高等数学AI，无机化学B，无机化学实验BI
2011级	中国近现代史纲要，基础外语II，体育II，大学生心理健康II，VB程序设计，高等数学AII，大学物理AI
2011级	马克思主义基本原理概论，基础外语III，体育III，金工实习I，线性代数A，工程力学C，大学物理AII，工科物理实验I，机械制图B

续表

年级	课程设置
2010级	大学语文与应用写作A，毛泽东思想和中国特色社会主义理论体系概论I，体育IV，大学生职业发展与就业指导II，工科物理实验II，安全学原理，安全法律法规，热力学与传热学，岩石力学，电工技术实验，电工技术
	毛泽东思想和中国特色社会主义理论体系概论II，概率论与数理统计A，数学实验，工程流体力学，工业通风(双语)，采矿工程概论，电子技术实验，电子技术，环境工程概论，分析化学基础
2009级	经济与管理，形势与政策III，物理化学实验B，安全人机工程，安全管理学，职业卫生工程(双语)，计算机辅助设计及应用，安全经济学，机电安全工程，工伤保险，安全监测监控原理及应用，职业安全健康管理体系，化工安全工程
	微机原理与应用，工业安全系统工程，安全评价，矿山安全技术，建筑安全工程，安全生产技术新进展，事故应急救援，事故调查与分析技术，生物安全技术，产品安全工程
2008级	形势与政策IV，工程训练，毕业设计(论文)

采矿工程专业

年级	课程设置
2012级	经济与管理，思想道德修养与法律基础，基础外语I，体育I，军事理论，大学生职业发展与就业指导I，大学生心理健康I，大学计算机基础，高等数学AI，线性代数A，普通化学，普通化学实验
2011级	中国近现代史纲要，基础外语II，体育II，大学生心理健康II，VB程序设计，高等数学AII，大学物理AI，采选导论，工程测量
	马克思主义基本原理概论，基础外语III，体育III，工程力学AI，大学物理AII，工科物理实验I，机械设计制图AI
2010级	毛泽东思想和中国特色社会主义理论体系概论I，体育IV，大学生职业发展与就业指导II，金工实习I，工程力学AII，工科物理实验II，工程流体力学，弹性力学与数值模拟，地质学基础，机械设计制图AII，电工技术实验，电工技术
2010级	毛泽东思想和中国特色社会主义理论体系概论II，概率论与数理统计A，数学实验，矿山岩石力学，矿山地质学，电子技术实验，电子技术，爆破工程(双语)，资源、环境与可持续发展，边坡工程，矿业固体废物资源化，矿山运输与提升，矿物加工与利用
2009级	经济与管理，形势与政策III，物理化学基础，矿床开采工程(双语)，结构力学，边坡工程，矿业固体废物处置与资源化，数字矿山技术，资源与环境经济学，矿山自动化与信息化
	微机原理与应用，矿山企业管理，通风防尘与安全，矿物加工与利用，现代设计方法，采矿工程新技术及发展方向，特殊采矿技术，矿物加工新技术，矿产经济学
2008级	形势与政策IV，工程设计训练，矿山开采设计，毕业设计(论文)

矿物加工工程专业

年级	课程设置
2012级	经济与管理，思想道德修养与法律基础，基础外语I，体育I，军事理论，大学生职业发展与就业指导I，大学生心理健康I，大学计算机基础，高等数学AI，线性代数A，普通化学，普通化学实验

续表

2011级	中国近现代史纲要，基础外语II，体育II，大学生心理健康II，VB程序设计，高等数学AII，大学物理AI，采选导论，工程测量
2011级	马克思主义基本原理概论，基础外语III，体育III，工程力学C，大学物理AII，工科物理实验I，机械设计制图AI
2010级	毛泽东思想和中国特色社会主义理论体系概论I，体育IV，大学生职业发展与就业指导II，矿物加工试验技能训练，金工实习I，工科物理实验II，岩石矿物学基础，工艺矿物学，有机化学基础，机械设计制图AII，电工技术实验，电工技术，物理化学CI
	毛泽东思想和中国特色社会主义理论体系概论II，概率论与数理统计A，数学实验，工程流体力学，电子技术实验，电子技术，物理化学CII，矿石粉碎工程(双语)，采矿工程概论，矿物材料学，非金属矿深加工，分析化学基础
2009级	经济与管理，形势与政策III，矿物物理分选，矿物表面化学分选，矿物生物工程，矿物化学分选，矿业环境工程，矿物材料加工技术，矿物加工过程检测与控制，矿物加工技术经济，粉体工程学
	工程设计训练，微机原理与应用，矿物加工工程设计，矿物加工研究方法，二次资源利用，固液分离，矿物加工数学模型与过程仿真，煤炭洗选与加工，分析化学基础
2008级	形势与政策IV，研究方法训练，毕业设计(论文)

冶金工程专业

年 级	课 程 设 置
2012级	思想道德修养与法律基础，基础外语I，体育I，军事理论，大学生职业发展与就业指导I，大学生心理健康I，大学计算机基础，高等数学AI，无机化学B，无机化学实验BI
2011级	中国近现代史纲要，基础外语II，体育II，大学生心理健康II，C语言程序设计，高等数学AII，大学物理AI，无机化学实验BII
2011级	马克思主义基本原理概论，基础外语III，体育III，金工实习I，线性代数A，大学物理AII，工科物理实验I，工程力学C，机械设计制图AI
2010级	毛泽东思想和中国特色社会主义理论体系概论I，体育IV，大学生职业发展与就业指导II，工科物理实验II，冶金传输原理，机械设计制图AII，电工技术实验，电工技术，物理化学BI
	毛泽东思想和中国特色社会主义理论体系概论II，概率论与数理统计A，数学实验，冶金物理化学（冶金热力学与动力学），冶金电化学，金属学原理，电子技术实验，电子技术，物理化学BII，物理化学实验B，煤与焦化工艺，铁矿石造块工艺，有色冶金设备，相结构基础及研究方法，无机非金属材料，能源工程，冶金环境工程与资源循环利用，湿法冶金方法，专业英语阅读与写作，铁合金，功能材料
2009级	经济与管理，形势与政策III，钢铁冶金学I，冶金工程实验技术，钢铁冶金学II，凝固原理与连铸工艺，有色金属冶金学(双语)，金属材料与热处理，炉外精炼与铁水预处理(双语)，冶金过程检测与自动控制，冶金过程数值模拟与仿真，直接还原与熔融还原，铁合金，铁矿石造块原理与工艺，特殊钢冶金过程工程(双语)，铸造学，催化与环境材料
	现代冶金工程设计与实践，冶金工程实验技术，微机原理与应用，冶金环境工程与资源循环利用，金属材料成形加工，冶金流程工程学，无机非金属材料，能源工程，冶金反应工程，湿法冶金方法，专业英语阅读与写作，纯净钢生产工艺(双语)，冶金工程新技术，功能材料，稀贵金属冶金，冶金电化学，有色生物冶金(双语)，工业生态学与清洁冶金工艺，电磁冶金原理与工艺
2008级	形势与政策IV，毕业设计(论文)

生态学专业

年级	课程设置
2012级	思想道德修养与法律基础，基础外语I，体育I，军事理论，大学生职业发展与就业指导I，大学生心理健康I，大学计算机基础，高等数学AI，无机化学B，无机化学实验BI
2011级	中国近现代史纲要，基础外语II，体育II，大学生心理健康II，C语言程序设计，高等数学AII，线性代数A，大学物理AI，无机化学实验BII
	马克思主义基本原理概论，基础外语III，体育III，大学物理AII，工科物理实验I，系统工程，普通生物学
2010级	毛泽东思想和中国特色社会主义理论体系概论I，体育IV，大学生职业发展与就业指导II，工科物理实验II，生态热力学，系统动力学，物质循环与能量传递原理，普通生态学，物理化学D，地学基础与地理信息系统
	毛泽东思想和中国特色社会主义理论体系概论II，概率论与数理统计A，数学实验，化工原理与反应工程，工业生态学，产业与城市生态规划及设计I，工业能源转换与高效利用，钢铁冶金学，生态经济学，生态与文明
2009级	形势与政策III，城市生态与规划(双语)，景观生态与工程（双语），生态与环境工程学，生态工程设计原理，生态学实验Ⅲ，污染生态学，现代生物工程与技术，现代工业概论，生态环境材料，钢铁生产与生态环境，有色金属冶金与生态环境
	生态工程课程设计，微机原理与应用，生态人文社会科学，能源工程(双语)，资源与生态回收工程，科技英语技能训练，水化学(双语)，汽车社会与生态环境，水生态与工程，水生植物学
2008级	形势与政策IV，毕业设计(论文)

无机非金属材料工程专业

年级	课程设置
2012级	中国近现代史纲要，基础外语I，体育I，军事理论，大学生职业发展与就业指导I，大学生心理健康I，大学计算机基础，高等数学AI，无机化学B，无机化学实验BI，材料科学与工程导论-名师课堂
2011级	思想道德修养与法律基础，基础外语II，体育II，大学生心理健康II，C++程序设计，高等数学AII，线性代数A，无机化学实验BII，大学物理CI
	毛泽东思想和中国特色社会主义理论体系概论I，基础外语III，体育III，工程力学B，概率论与数理统计A，工科物理实验I，大学物理CII
2010级	马克思主义基本原理概论，体育IV，大学生职业发展与就业指导II，金工实习I，数学实验，大学物理AIII，工科物理实验II，机械设计制图BI，电工技术，物理化学D
	毛泽东思想和中国特色社会主义理论体系概论II，数理方法，无机材料结晶学基础，无机材料制备化学，无机材料热工基础，固体材料结构基础I，固体材料结构基础II，电工技术实验，物理化学实验B
2009级	经济与管理，形势与政策III，X光与电镜，电子技术实验，无机材料物理化学，能源材料，功能陶瓷，固体电解质，无机材料物理性能
	微机原理与应用，无机材料研究方法，无机非金属材料工艺学，复合材料，计算机在材料科学中的应用，生物材料导论，结构陶瓷，耐火材料，玻璃与新型建筑材料，电子陶瓷与器件，半导体材料导论，无机纳米材料制备技术，信息能源新材料导论
2008级	形势与政策IV，毕业设计(论文)

材料物理专业

年级	课程设置
2012级	中国近现代史纲要，基础外语I，体育I，军事理论，大学生职业发展与就业指导I，大学生心理健康I，大学计算机基础，高等数学AI，无机化学B，无机化学实验BI，材料科学与工程导论-名师课堂
2011级	思想道德修养与法律基础，基础外语II，体育II，大学生心理健康II，C++程序设计，高等数学AII，线性代数A，无机化学实验BII，大学物理CI
	毛泽东思想和中国特色社会主义理论体系概论I，基础外语III，体育III，工程力学B，概率论与数理统计A，工科物理实验I，大学物理CII
2010级	马克思主义基本原理概论，体育IV，大学生职业发展与就业指导II，金工实习I，数学实验，大学物理AIII，工科物理实验II，机械设计制图BI，电工技术，物理化学D
	毛泽东思想和中国特色社会主义理论体系概论II，数理方法，材料科学基础实验，材料物理基础，原子物理及量子力学，理论力学(双语)，电工技术实验，理科物理实验BI，物理化学实验B
2009级	经济与管理，形势与政策III，统计物理，理科物理实验BII，材料物理实验I，X射线晶体学，材料物理，无机非金属材料，高分子材料，微合金钢原理(双语)，材料物理进展
	微机原理与应用，材料物理实验II，电子显微学，固体物理基础A，功能材料基础，计算机在材料物理中的应用，固体物理，微束分析，低维材料学
2008级	形势与政策IV，毕业设计(论文)

材料成型及控制工程专业

年级	课程设置
2012级	中国近现代史纲要，基础外语I，体育I，军事理论，大学生职业发展与就业指导I，大学生心理健康I，大学计算机基础，高等数学AI，无机化学B，无机化学实验BI，材料科学与工程导论-名师课堂
2011级	思想道德修养与法律基础，基础外语II，体育II，大学生心理健康II，C++程序设计，高等数学AII，线性代数A，无机化学实验BII，大学物理CI
	毛泽东思想和中国特色社会主义理论体系概论I，基础外语III，体育III，工程力学B，概率论与数理统计A，工科物理实验I，大学物理CII
2010级	马克思主义基本原理概论，体育IV，大学生职业发展与就业指导II，金工实习I，数学实验，大学物理AIII，工科物理实验II，机械设计制图BI，电工技术，物理化学D
	毛泽东思想和中国特色社会主义理论体系概论II，材料科学基础A，传热学基础，机械设计制图BII，自动控制理论，电工技术实验，电子技术，物理化学实验B，固态成形理论基础
2009级	经济与管理，形势与政策III，金属材料及热处理，电子技术实验，材料成形自动控制基础，固态成形工艺原理及控制，液态成形工艺原理及控制，液态成形与连接理论基础，轧制工程学，材料成形摩擦与润滑，锻压工艺与模具设计，数学模型及计算机控制
	专业课程设计，微机原理与应用，焊接原理与工艺，生物材料导论，材料成形过程质量性能控制(双语)，实验测试技术，材料成形设备与车间设计，材料成形计算机辅助工程，新材料制备与加工，铸造合金及制备工艺
2008级	形势与政策IV，毕业设计(论文)

材料科学与工程专业

年级	课程设置
2012级	中国近现代史纲要，基础外语I，体育I，军事理论，大学生职业发展与就业指导I，大学生心理健康I，大学计算机基础，高等数学AI，无机化学B，无机化学实验BI，材料科学与工程导论-名师课堂
2011级	思想道德修养与法律基础，基础外语II，体育II，大学生心理健康II，C++程序设计，高等数学AII，线性代数A，无机化学实验BII，大学物理CI
	毛泽东思想和中国特色社会主义理论体系概论I，基础外语III，体育III，工程力学B，概率论与数理统计A，工科物理实验I，大学物理CII
2010级	马克思主义基本原理概论，体育IV，大学生职业发展与就业指导II，金工实习I，数学实验，大学物理AIII，工科物理实验II，机械设计制图BI，电工技术，物理化学D
	毛泽东思想和中国特色社会主义理论体系概论II，数理方法，材料科学基础I，材料科学基础实验I，电工技术实验，电子技术，物理化学实验B，冶金工程概述，电化学基础，固体物理基础B
2009级	经济与管理，形势与政策III，材料科学基础II，材料科学与工程实验II，统计物理，电子技术实验，材料分析方法，材料性能I，材料制备与加工，功能材料，粉末冶金原理，计算材料学与材料模拟技术，高分子材料，金属腐蚀学
	微机原理与应用，材料性能II，金属材料及热处理，复合材料，薄膜材料制备技术，粉末冶金材料，粉末冶金实验技术，无机非金属材料，航空航天材料概述，生物材料导论，金属腐蚀实验方法，耐蚀材料与防护技术
2008级	形势与政策IV，毕业设计(论文)

材料化学专业

年级	课程设置
2012级	中国近现代史纲要，基础外语I，体育I，军事理论，大学生职业发展与就业指导I，大学生心理健康I，大学计算机基础，高等数学AI，无机化学B，无机化学实验BI，材料科学与工程导论-名师课堂
2011级	思想道德修养与法律基础，基础外语II，体育II，大学生心理健康II，C++程序设计，高等数学AII，线性代数A，无机化学实验BII，大学物理CI
	毛泽东思想和中国特色社会主义理论体系概论I，基础外语III，体育III，工程力学B，概率论与数理统计A，工科物理实验I，大学物理CII
2010级	马克思主义基本原理概论，体育IV，大学生职业发展与就业指导II，金工实习I，数学实验，大学物理AIII，工科物理实验II，机械设计制图BI，电工技术，物理化学D
	毛泽东思想和中国特色社会主义理论体系概论II，数理方法，材料科学基础B，电化学原理，电工技术实验，物理化学实验B，分析化学，有机化学，结构化学
2009级	经济与管理，形势与政策III，有机化学实验，材料性能，有机材料化学（双语），材料分析与表征方法，高分子材料，应用电化学，胶体与表面化学
	微机原理与应用，材料化学失效与控制，无机材料化学，计算机在材料科学中的应用，无机非金属材料，生物材料导论，金属腐蚀实验方法，电子信息材料与技术，材料表面技术，涂料化学，环境材料学，材料的再生与利用，纳米材料与技术，材料化学前沿概述
2008级	形势与政策IV，毕业设计(论文)

纳米材料与技术专业

年级	课程设置
2012级	中国近现代史纲要，基础外语I，体育I，军事理论，大学生职业发展与就业指导I，大学生心理健康I，大学计算机基础，高等数学AI，理科物理实验I，力学，无机化学B，无机化学实验BI，材料科学与工程导论-名师课堂
2011级	思想道德修养与法律基础，基础外语II，体育II，大学生心理健康II，C++程序设计，高等数学AII，线性代数A，理科物理实验II，电磁学，无机化学实验BII
2011级	毛泽东思想和中国特色社会主义理论体系概论I，基础外语III，体育III，概率论与数理统计A，理科物理实验III，光学，热学

材料科学与工程(国际班)专业

年级	课程设置
2012级	国史与国情，工程伦理与思想道德，基础外语I，体育I，大学生职业发展与就业指导I，大学生心理健康I，计算机基础-原理与应用，高等数学I，材料科学与工程导论-名师课堂
2011级	基础外语II，体育II，大学生心理健康II，C++程序设计，高等数学II，大学物理CI
	中国与世界文化引论，工程法学，基础外语III，体育III，线性代数A，工程力学D，工科物理实验I，大学化学，化学实验I，大学物理CII
2010级	体育IV，大学生职业发展与就业指导II，金工实习I，概率论与数理统计A，数理方法，大学物理AIII，工科物理实验II，材料热力学与化学，界面与表面，晶体学与材料结构，电工技术
2010级	材料科学基础实验I，材料概论，材料动力学(传热传质界面偏析等)，材料相变，材料变形与再结晶，工程制图，机械设计，电工技术实验，电子技术，物理化学实验C，陶瓷材料及工艺导论，航空航天材料概述，生物材料导论，能源材料，纳米材料与微纳加工，信息材料与技术
2009级	经济与管理，数学实验，材料科学与工程实验II，材料电子理论，电子技术实验，材料力学行为与性能，X线衍射与热分析技术，材料制备与加工，粉末冶金材料，航空航天材料概述，高分子材料，功能陶瓷与器件，低维材料与制备技术，复合材料
	功能材料及相关性能，电子显微镜及相关分析方法，材料模型化与仿真，金属材料及热处理，金属腐蚀实验方法，耐蚀材料，材料表面技术，环境材料学，材料选用，制造工程学，科技论文撰写与发表
2008级	毕业设计(论文)，功能材料及相关性能

机械类专业

年级	课程设置
2012级	沟通与交流，思想道德修养与法律基础，基础外语I，体育I，军事理论，大学生职业发展与就业指导I，大学生心理健康I，大学计算机基础，高等数学AI，机械制图AI
2011级	中国近现代史纲要，基础外语II，体育II，大学生心理健康II，C++程序设计，高等数学AII，线性代数A，大学物理AI，机械制图AII
	毛泽东思想和中国特色社会主义理论体系概论I，基础外语III，体育III，理论力学A，概率论与数理统计A，数学实验，大学物理AII，工科物理实验I

机械工程及自动化专业

年 级	课 程 设 置
2012级	沟通与交流，思想道德修养与法律基础，基础外语I，体育I，军事理论，大学生职业发展与就业指导I，大学生心理健康I，大学计算机基础，高等数学AI，机械制图AI
2011级	中国近现代史纲要，基础外语II，体育II，大学生心理健康II，C++程序设计，高等数学AII，线性代数A，大学物理AI，机械制图AII
2011级	毛泽东思想和中国特色社会主义理论体系概论I，基础外语III，体育III，理论力学A，概率论与数理统计A，数学实验，大学物理AII，工科物理实验I
2010级	马克思主义基本原理概论，体育IV，大学生职业发展与就业指导II，材料力学，工科物理实验II，机械原理，热工学，电工技术实验，电工技术
	毛泽东思想和中国特色社会主义理论体系概论II，电子技术实习，微机原理与应用，工程流体力学，工程材料及成形工艺，机械设计，电子技术实验，电子技术
2009级	经济与管理，形势与政策III，机械课程设计，机械设计，液气压传动，测试技术，机电系统原理及应用，机械优化设计，机械智能设计，机械创新设计，有限元分析，系统数字仿真方法，虚拟样机技术及应用，VB程序设计及其在机电控制中的应用，虚拟仪器与组态监控技术，机械设备状态监测技术
	现代设计理论及方法，机械制造工程，计算机辅助制造(双语)，新型轧机原理及控制，测试系统设计与实践，大型机械设备自动化控制，机械制造装备自动化，模具设计与制造，机械制造CAD，特种加工，互换性与测量性基础，传感器原理及应用，电液控制工程基础，机电一体化应用技术，计算机控制技术，润滑工程，数控技术及其应用，应用电子技术，电液系统动态分析，机电系统综合实验
2008级	形势与政策IV，毕业设计(论文)

热能与动力工程专业

年 级	课 程 设 置
2012级	沟通与交流，思想道德修养与法律基础，基础外语I，体育I，军事理论，大学生职业发展与就业指导I，大学生心理健康I，大学计算机基础，高等数学AI，普通化学，普通化学实验，机械设计制图AI
2011级	中国近现代史纲要，基础外语II，体育II，大学生心理健康II，C++程序设计，高等数学AII，线性代数A，大学物理AI
	毛泽东思想和中国特色社会主义理论体系概论I，基础外语III，体育III，金工实习I，概率论与数理统计A，数学实验，大学物理AII，工科物理实验I，电工学
2010级	马克思主义基本原理概论，体育IV，大学生职业发展与就业指导II，工科物理实验II，机械设计制图AII，工程热力学，工程流体力学(双语)，热工实验I，物理化学D
	毛泽东思想和中国特色社会主义理论体系概论II，金属材料及热处理B，传热传质学(双语)，工程燃烧学，热工实验II，废弃物能源化，太阳能与风能
2009级	经济与管理，形势与政策III，机械课程设计，制冷与低温原理，热工自动检测与控制，工业热工基础，热工过程及设备，动力机械概论，压缩机械
	低温工艺及装置，热工过程模化与控制，能源系统优化基础，新能源概论，热能工程进展概论，动力设备，空气调节，暖通工程，能量转换与利用，流体机械概论
2008级	形势与政策IV，专业课程设计，毕业设计(论文)

工业设计专业

年级	课程设置
2012级	思想道德修养与法律基础，基础外语I，体育I，军事理论，大学生职业发展与就业指导I，大学生心理健康I，大学计算机基础，高等数学BI，中国艺术经典赏析，结构素描，素描（工设），设计导论
2011级	中国近现代史纲要，基础外语II，体育II，大学生心理健康II，C++程序设计，高等数学BII，机械制图B，色彩写生，平面构成（工设），建筑概论
	毛泽东思想和中国特色社会主义理论体系概论I，基础外语III，体育III，金工实习I，大学物理B，立体构成，色彩构成，摄影，效果图，计算机辅助二维设计(工设)，传统工艺
2010级	马克思主义基本原理概论，体育IV，大学生职业发展与就业指导II，人机工程学，电子产品实用电路和结构，设计方法学，设计基础，计算机辅助三维设计(工设)，视觉传达设计，信息图表设计
	毛泽东思想和中国特色社会主义理论体系概论II，设计工程基础I，计算机辅助动画设计(工设)，交互设计技术，模型设计与制作，产品设计I，商业空间形象设计，数字影像设计
2009级	经济与管理，形势与政策III，计算机辅助产品设计，设计工程基础课程设计，设计工程基础II，界面设计(双语)，网络设计，设计管理，数字媒体I，企业策划学，商品学概论，国际市场营销
	包装装潢设计，毕业设计，产品设计II，数字媒体II
2008级	形势与政策IV，毕业设计(论文)

工业工程专业

年级	课程设置
2010级	马克思主义基本原理概论，体育IV，大学生职业发展与就业指导II，工科物理实验II，工程力学C，机械设计基础，信息系统开发技术，实验设计方法，电工技术实验，电工技术，应用统计学
2010级	毛泽东思想和中国特色社会主义理论体系概论II，金工实习I，机制工艺课程设计，计算机网络，机械制造工程基础，应用运筹学，基础工业工程，系统工程，生产计划与控制，管理信息系统
2009级	经济与管理，形势与政策III，机械课程设计，计算机辅助三维设计，设施规划与设计，现代制造系统，现代生产管理，先进制造技术，可行性研究，物流与供应链管理，质量管理与控制
	企业信息化技术，控制工程基础，离散系统建模与仿真，人因工程，网络计划技术，工程项目管理，工业设计概论，PLC控制技术及应用
2008级	形势与政策IV，专业课程设计，毕业设计(论文)

艺术设计专业

年级	课程设置
2012级	思想道德修养与法律基础，基础外语I，体育I，军事理论，大学生职业发展与就业指导I，大学生心理健康I，大学计算机基础，色彩构成，素描，平面构成，中国艺术经典赏析，色彩，设计导论
2011级	中国近现代史纲要，基础外语II，体育II，大学生心理健康II，立体构成，摄影，计算机辅助二维设计（艺设），图案设计，字体设计，建筑概论
	毛泽东思想和中国特色社会主义理论体系概论I，基础外语III，体育III，标志设计，图形设计，计算机辅助三维设计(艺设)，综合材料表达，视听语言，插图设计，传统工艺

续表

<table>
<tr><th>年级</th><th>课程设置</th></tr>
<tr><td rowspan="2">2010级</td><td>马克思主义基本原理概论，体育IV，大学生职业发展与就业指导II，数字摄像，人因设计，设计思维与方法，数字媒体前期创作，动画造型基础，书籍装帧设计，信息图表设计</td></tr>
<tr><td>毛泽东思想和中国特色社会主义理论体系概论II，形态设计与模型制作，计算机辅助动画设计(艺设)，界面设计(双语)，包装设计，网页设计与制作，动画设计，商业空间形象设计</td></tr>
<tr><td rowspan="2">2009级</td><td>经济与管理，形势与政策III，界面设计，书籍装帧设计，视觉传达设计，影视制作</td></tr>
<tr><td>包装装潢设计，毕业设计，产品设计I，广告设计，游戏设计，POP展示设计</td></tr>
<tr><td>2008级</td><td>形势与政策IV，毕业设计(论文)</td></tr>
</table>

物流工程专业

<table>
<tr><th>年级</th><th>课程设置</th></tr>
<tr><td>2012级</td><td>思想道德修养与法律基础，基础外语I，体育I，军事理论，大学生职业发展与就业指导I，大学生心理健康I，大学计算机基础，高等数学AI，机械制图AI</td></tr>
<tr><td rowspan="2">2011级</td><td>中国近现代史纲要，基础外语II，体育II，大学生心理健康II，C++程序设计，高等数学AII，线性代数A，大学物理AI，机械制图AII</td></tr>
<tr><td>毛泽东思想和中国特色社会主义理论体系概论I，基础外语III，体育III，概率论与数理统计A，数学实验，大学物理AII，工科物理实验I，工程力学C，数据库应用基础</td></tr>
<tr><td rowspan="2">2010级</td><td>马克思主义基本原理概论，体育IV，大学生职业发展与就业指导II，工科物理实验II，工程力学C，机械设计基础，物流学，信息系统开发技术，电工技术实验，电工技术，应用统计学</td></tr>
<tr><td>毛泽东思想和中国特色社会主义理论体系概论II，金工实习I，计算机网络，机械制造工程基础，应用运筹学，系统工程，生产计划与控制，控制工程基础，供应链管理(双语)</td></tr>
<tr><td rowspan="2">2009级</td><td>经济与管理，形势与政策III，机械课程设计，企业物流管理，物流信息系统，设施规划与设计，现代生产管理，先进制造技术，可行性研究，质量管理与控制</td></tr>
<tr><td>物流技术装备，配送与配送中心，离散系统建模与仿真，网络计划技术，供应链管理，物流作业优化方法，物流信息技术概论</td></tr>
<tr><td>2008级</td><td>形势与政策IV，专业课程设计，毕业设计(论文)</td></tr>
</table>

能源动力类专业

<table>
<tr><th>年级</th><th>课程设置</th></tr>
<tr><td>2012级</td><td>沟通与交流，思想道德修养与法律基础，基础外语I，体育I，军事理论，大学生职业发展与就业指导I，大学生心理健康I，大学计算机基础，高等数学AI，普通化学，普通化学实验，机械设计制图AI</td></tr>
<tr><td rowspan="2">2011级</td><td>中国近现代史纲要，基础外语II，体育II，大学生心理健康II，C++程序设计，高等数学AII，线性代数A，大学物理AI</td></tr>
<tr><td>毛泽东思想和中国特色社会主义理论体系概论I，基础外语III，体育III，金工实习I，概率论与数理统计A，数学实验，大学物理AII，工科物理实验I，电工学</td></tr>
</table>

车辆工程专业

年 级	课 程 设 置
2012级	沟通与交流，思想道德修养与法律基础，基础外语I，体育I，军事理论，大学生职业发展与就业指导I，大学生心理健康I，大学计算机基础，高等数学AI，机械制图AI
2011级	中国近现代史纲要，基础外语II，体育II，大学生心理健康II，C++程序设计，高等数学AII，线性代数A，大学物理AI，机械制图AII
	毛泽东思想和中国特色社会主义理论体系概论I，基础外语III，体育III，理论力学A，概率论与数理统计A，数学实验，大学物理AII，工科物理实验I
2010级	马克思主义基本原理概论，体育IV，大学生职业发展与就业指导II，材料力学，工科物理实验II，机械原理，热工学，电工技术实验，电工技术
	毛泽东思想和中国特色社会主义理论体系概论II，微机原理与应用，工程流体力学，工程材料及成形工艺，机械设计，电子技术实验，电子技术，汽车构造(双语)，发动机原理
2009级	经济与管理，形势与政策III，机械课程设计，电子技术实验，电子技术，汽车理论（双语），汽车构造(双语)，汽车电气，车辆振动与控制，内燃机排放与控制，汽车燃料与润滑油，车辆运输工程，汽车环境技术，汽车驾驶实习
	工程训练，微机原理与应用，汽车测试技术，汽车设计，汽车技术新发展，专用车辆设计，可靠性工程，汽车造型设计，车辆维修工程，机械制造工程
2008级	形势与政策IV，毕业设计(论文)

建筑环境与设备工程专业

年 级	课 程 设 置
2012级	沟通与交流，思想道德修养与法律基础，基础外语I，体育I，军事理论，大学生职业发展与就业指导I，大学生心理健康I，大学计算机基础，高等数学AI，普通化学，普通化学实验，机械设计制图AI
2011级	中国近现代史纲要，基础外语II，体育II，大学生心理健康II，C++程序设计，高等数学AII，线性代数A，大学物理AI
	毛泽东思想和中国特色社会主义理论体系概论I，基础外语III，体育III，金工实习I，概率论与数理统计A，数学实验，大学物理AII，工科物理实验I，电工学
2010级	马克思主义基本原理概论，体育IV，大学生职业发展与就业指导II，工科物理实验II，工程热力学，建筑环境与设备工程基础(双语)，机械设计制图AII，工程流体力学(双语)，热工实验I，可靠性工程基础，建筑概论
	毛泽东思想和中国特色社会主义理论体系概论II，建筑设备工程制图，建筑环境学，制冷原理，传热传质学(双语)，流体输配管网，热质交换原理与设备
2009级	经济与管理，形势与政策III，电子技术实验，电子技术，空调用制冷技术，供热工程，燃气工程(双语)，暖通空调理论，建筑设备使用与管理，现代物业管理，建筑给排水
	工程训练，微机原理与应用，建筑自动化，建筑环境测试技术，建筑节能减排，智能建筑，建筑电气，空调新技术
2008级	形势与政策IV，毕业设计(论文)，建筑环境与设备新发展，锅炉房工艺与设备

工商管理类专业

年 级	课 程 设 置
2012级	大学语文与应用写作B，思想道德修养与法律基础，基础外语I，英语口语I，体育I，军事理论，大学生职业发展与就业指导I，大学生心理健康I，大学计算机基础，高等数学AI，高等数学BI，化学与社会
2011级	中国近现代史纲要，基础外语II，英语口语II，体育II，大学生心理健康II，数据库与VF程序设计，高等数学AII，高等数学BII，宏微观经济学，经济法
	马克思主义基本原理概论，基础外语III，英语口语III，体育III，线性代数A，大学物理B，管理学原理B(双语)，会计学原理

国际经济与贸易专业

年 级	课 程 设 置
2012级	大学语文与应用写作B，思想道德修养与法律基础，基础外语I，英语口语I，体育I，军事理论，大学生职业发展与就业指导I，大学生心理健康I，大学计算机基础，高等数学BI，化学与社会
2011级	中国近现代史纲要，基础外语II，英语口语II，体育II，大学生心理健康II，数据库与VF程序设计，高等数学BII，财政金融学
	马克思主义基本原理概论，基础外语III，英语口语III，体育III，线性代数A，大学物理B，管理信息系统，管理学原理A(双语)，会计学原理，宏微观经济学I
2010级	毛泽东思想和中国特色社会主义理论体系概论I，英语口语IV，体育IV，大学生职业发展与就业指导II，概率论与数理统计A，数学实验，国际贸易原理，财务管理，宏微观经济学II，国际商务英语
	毛泽东思想和中国特色社会主义理论体系概论II，运筹学，经济法，应用经济统计学，电子商务，国际金融(双语)，国际贸易实务，国际商法，国际市场营销(双语)
2009级	英语口语VI，形势与政策III，市场竞争模拟，国际贸易实务，国际商务英语，国际商务函电与沟通(双语)，人力资源管理，组织行为学，国际商务谈判，国际经济与贸易专业发展前沿概述，国际经济合作，国际投资实务(双语)
	市场调查与预测，国际贸易地理，国际结算，金融风险管理
2008级	形势与政策IV，毕业设计(论文)

会计学专业

年 级	课 程 设 置
2012级	大学语文与应用写作B，思想道德修养与法律基础，基础外语I，英语口语I，体育I，军事理论，大学生职业发展与就业指导I，大学生心理健康I，大学计算机基础，高等数学BI，化学与社会
2011级	中国近现代史纲要，基础外语II，英语口语II，体育II，大学生心理健康II，数据库与VF程序设计，高等数学BII，宏微观经济学，经济法
2011级	马克思主义基本原理概论，基础外语III，英语口语III，体育III，线性代数A，大学物理B，管理学原理B(双语)，会计学原理
2010级	毛泽东思想和中国特色社会主义理论体系概论I，英语口语IV，体育IV，大学生职业发展与就业指导II，概率论与数理统计A，数学实验，管理信息系统，项目评价与管理，市场营销学(双语)，金融学概论，中级财务会计

续表

年级	课程设置
2010级	毛泽东思想和中国特色社会主义理论体系概论II，运筹学，运营管理，企业战略管理，应用统计学，财务管理(双语)，成本会计，高级会计学，投资学原理
2009级	形势与政策III，企业财务决策建模，管理会计(双语)，会计理论与实务前沿，审计专题，高级会计学，会计制度设计，投资学，政府与非营利组织会计，资本市场会计研究，国际会计
	会计实务演练，企业财务风险管理，公司战略
2008级	形势与政策IV，毕业设计(论文)

工商管理专业

年级	课程设置
2012级	大学语文与应用写作B，思想道德修养与法律基础，基础外语I，英语口语I，体育I，军事理论，大学生职业发展与就业指导I，大学生心理健康I，大学计算机基础，高等数学BI，化学与社会
2011级	中国近现代史纲要，基础外语II，英语口语II，体育II，大学生心理健康II，数据库与VF程序设计，高等数学BII，宏微观经济学，经济法
	马克思主义基本原理概论，基础外语III，英语口语III，体育III，线性代数A，大学物理B，管理学原理B(双语)，会计学原理
2010级	毛泽东思想和中国特色社会主义理论体系概论I，英语口语IV，体育IV，大学生职业发展与就业指导II，概率论与数理统计A，数学实验，管理信息系统，项目评价与管理，市场营销学(双语)，金融学概论，人力资源管理
	毛泽东思想和中国特色社会主义理论体系概论II，运筹学，运营管理，企业战略管理，应用统计学，市场竞争模拟，市场调查与预测，组织行为学，组织理论与实务
2009级	形势与政策III，质量管理，企业战略管理(双语)，市场竞争模拟，商品学概论，消费者行为学，绩效管理，国际市场营销
	胜任力开发，薪酬管理，国际贸易原理，电子商务
2008级	形势与政策IV，毕业设计(论文)

信息管理与信息系统专业

年级	课程设置
2012级	大学语文与应用写作B，思想道德修养与法律基础，基础外语I，英语口语I，体育I，军事理论，大学生职业发展与就业指导I，大学生心理健康I，大学计算机基础，高等数学AI，化学与社会
2011级	中国近现代史纲要，基础外语II，英语口语II，体育II，大学生心理健康II，数据库与VF程序设计，高等数学AII，宏微观经济学
	马克思主义基本原理概论，基础外语III，英语口语III，体育III，线性代数A，大学物理B，管理信息系统，管理学原理B(双语)，运营管理
2010级	毛泽东思想和中国特色社会主义理论体系概论I，英语口语IV，体育IV，大学生职业发展与就业指导II，概率论与数理统计A，数学实验，离散数学，信息资源管理，财务与会计学基础，计算机组成原理，数据库原理，信息系统分析与设计

续表

年 级	课 程 设 置
2010级	毛泽东思想和中国特色社会主义理论体系概论II，运筹学，决策支持系统，项目评价与管理，应用经济统计学，操作系统(双语)，C++语言程序设计
2009级	形势与政策III，计算机网络，数据库原理，信息系统分析与设计，面向对象技术，数据仓库与数据挖掘技术(双语)，质量管理，专业发展前沿技术，管理信息系统专业实验，Power Builder应用技术，CRM原理与应用，Java程序设计，企业系统设计
	信息系统开发实践，Oracle 应用技术，供应链管理基础，现代通讯概论，生产与运作管理(双语)，软件工程学
2008级	形势与政策IV，毕业设计(论文)

金融工程专业

年 级	课 程 设 置
2012级	大学语文与应用写作B，思想道德修养与法律基础，基础外语I，英语口语I，体育I，军事理论，大学生职业发展与就业指导I，大学生心理健康I，大学计算机基础，高等数学AI，化学与社会
2011级	中国近现代史纲要，基础外语II，英语口语II，体育II，大学生心理健康II，数据库与VF程序设计，高等数学AII，财政金融学
	马克思主义基本原理概论，基础外语III，英语口语III，体育III，线性代数A，大学物理B，管理信息系统，管理学原理A(双语)，会计学原理，宏微观经济学I
2010级	毛泽东思想和中国特色社会主义理论体系概论I，英语口语IV，体育IV，大学生职业发展与就业指导II，运筹学，概率论与数理统计A，数学实验，国际贸易原理，财务管理，宏微观经济学II，国际投资（双语）
	毛泽东思想和中国特色社会主义理论体系概论II，随机过程，经济法，应用经济统计学，电子商务，国际金融(双语)，投资学，保险学，金融营销学，投资基金，税收概论
2009级	形势与政策III，商业银行经营与管理，保险学，金融产品设计与应用，统计数据处理技术，信用管理，证券交易过程分析，公司金融，税收概论，期货实务，国际投资实务(双语)，个人金融学
	金融市场(双语)，投资基金，金融理论与实践专题，金融监管，投资银行，金融风险管理
2008级	形势与政策IV，毕业设计(论文)

经济学类专业

年 级	课 程 设 置
2012级	大学语文与应用写作B，思想道德修养与法律基础，基础外语I，英语口语I，体育I，军事理论，大学生职业发展与就业指导I，大学生心理健康I，大学计算机基础，高等数学AI，高等数学BI，化学与社会
2011级	中国近现代史纲要，基础外语II，英语口语II，体育II，大学生心理健康II，数据库与VF程序设计，高等数学AII，高等数学BII，财政金融学
	马克思主义基本原理概论，基础外语III，英语口语III，体育III，线性代数A，大学物理B，管理信息系统，管理学原理A(双语)，会计学原理，宏微观经济学I

工程管理专业

年 级	课 程 设 置
2012级	大学语文与应用写作B，思想道德修养与法律基础，基础外语I，英语口语I，体育I，军事理论，大学生职业发展与就业指导I，大学生心理健康I，大学计算机基础，高等数学AI，化学与社会
2011级	中国近现代史纲要，基础外语II，英语口语II，体育II，大学生心理健康II，数据库与VF程序设计，高等数学AII，宏微观经济学
	马克思主义基本原理概论，基础外语III，英语口语III，体育III，线性代数A，大学物理B，管理信息系统，管理学原理B(双语)，运营管理
2010级	毛泽东思想和中国特色社会主义理论体系概论I, 英语口语IV, 体育IV, 大学生职业发展与就业指导II, 工程力学C, 概率论与数理统计A, 数学实验, 信息资源管理, 财务与会计学基础, 土木工程概论, 工程制图基础
	毛泽东思想和中国特色社会主义理论体系概论II，运筹学，决策支持系统，项目评价与管理，应用经济统计学，房屋建筑学，工程项目管理（双语），工程造价
2009级	形势与政策III，工程监理，工程项目风险与安全管理，运营管理，专业发展前沿技术，专业英语，投资经济学，项目投资与融资分析，国际贸易
	工程项目管理沙盘模拟, 房屋建筑学, 工程项目质量管理, 招投标管理, 国际工程承包与合同管理（双语）
2008级	形势与政策IV，毕业设计(论文)

工商管理专业

年 级	课 程 设 置
2012级	大学语文与应用写作B，思想道德修养与法律基础，基础外语I，英语口语I，体育I，军事理论，大学生职业发展与就业指导I，大学生心理健康I，大学计算机基础，高等数学BI，化学与社会
2011级	中国近现代史纲要，基础外语II，英语口语II，体育II，大学生心理健康II，数据库与VF程序设计，高等数学BII，宏微观经济学，经济法
	马克思主义基本原理概论，基础外语III，英语口语III，体育III，线性代数A，大学物理B，管理学原理B，会计学原理，组织理论与实务
2010级	毛泽东思想和中国特色社会主义理论体系概论I，英语口语IV，体育IV，大学生职业发展与就业指导II，概率论与数理统计A，数学实验，管理信息系统，项目评价与管理，市场营销学，金融学概论，人力资源管理
	毛泽东思想和中国特色社会主义理论体系概论II，运筹学，运营管理，企业战略管理，应用统计学，市场竞争模拟，市场调查与预测，组织行为学
2009级	形势与政策III，质量管理，企业战略管理，市场竞争模拟，商品学概论，国际市场营销，国际贸易原理
	心理测量学，电子商务
2008级	形势与政策IV，毕业设计(论文)

管理科学与工程类专业

年 级	课 程 设 置
2012级	大学语文与应用写作B，思想道德修养与法律基础，基础外语I，英语口语I，体育I，军事理论，大学生职业发展与就业指导I，大学生心理健康I，大学计算机基础，高等数学AI，化学与社会
2011级	中国近现代史纲要，基础外语II，英语口语II，体育II，大学生心理健康II，数据库与VF程序设计，高等数学AII，宏微观经济学
	马克思主义基本原理概论，基础外语III，英语口语III，体育III，线性代数A，大学物理B，管理信息系统，管理学原理B(双语)，运营管理

法学专业

年级	课程设置
2012级	思想道德修养与法律基础，基础外语I，体育I，军事理论，大学生职业发展与就业指导I，大学生心理健康I，大学计算机基础，现代生命科学导论，法理学，社会学概论，心理学概论
2011级	中国近现代史纲要，沟通与交流，基础外语II，体育II，大学生心理健康II，民法学I，刑法学I，宪法学
	马克思主义基本原理概论，基础外语III，体育III，多媒体基础及应用，现代科学技术概论，社会调查方法，经济学原理，民法学II，刑法学II
2010级	毛泽东思想和中国特色社会主义理论体系概论I，体育IV，大学生职业发展与就业指导II，民事诉讼法学，刑事诉讼法学（双语），形式逻辑，政治学概论，侵权行为法学，婚姻家庭法，社会公益组织专题研究，西方思想史专题，社会科学研究简论
	毛泽东思想和中国特色社会主义理论体系概论II，SPSS软件运用，国际私法学(双语)，行政法与行政诉讼法学，商法学I，模拟法庭实务，经济法学，中国思想史专题，伦理学，电子政务
2009级	形势与政策III，国际经济法，商法II，中国法制史，知识产权法，证据学，行政改革专题研究，当代中国社会问题研究，政治人类学，后现代西方社会思潮
	金融法学，世贸组织法(双语)，律师实务(双语)，当代中国社会保障，公共关系学
2008级	形势与政策IV，毕业设计(论文)

社会工作专业

年级	课程设置
2010级	毛泽东思想和中国特色社会主义理论体系概论I，体育IV，大学生职业发展与就业指导II，SPSS软件应用，经济学原理，法学概论，政治学概论，社区概论，社会心理学，小组工作，家庭社会工作，西方思想史专题
	毛泽东思想和中国特色社会主义理论体系概论II，社会服务机构实践与督导I，网络与办公自动化，组织社会学，现代社会福利思想，社会保障原理，社区工作
2009级	形势与政策III，组织社会学，西方社会学理论(双语)，发展社会学，人力资源开发与管理，社会保障原理，行政改革专题研究，当代中国社会问题研究，政治人类学，后现代西方社会思潮，老年社会学，健康社会学，农村社会学
	经济社会学，社会行政概论，行政伦理学，公共关系学，青少年社会工作，女性社会工作，现代社会学理论，社会学研究方法
2008级	形势与政策IV，毕业设计(论文)

行政管理专业

年级	课程设置
2012级	思想道德修养与法律基础，基础外语I，体育I，军事理论，大学生职业发展与就业指导I，大学生心理健康I，大学计算机基础，高等数学C，现代生命科学导论，社会学概论，心理学概论
2011级	中国近现代史纲要，沟通与交流，基础外语II，体育II，大学生心理健康II，线性代数B，概率论与数理统计B，政治学原理(双语)

续表

年级	课程设置
2011级	马克思主义基本原理概论，基础外语III，体育III，多媒体基础及应用，现代科学技术概论，社会调查方法，经济学原理，行政公文写作，管理学原理，西方行政思想史，公共行政学，形式逻辑
2010级	毛泽东思想和中国特色社会主义理论体系概论I，体育IV，大学生职业发展与就业指导II，政治学原理(双语)，当代中国政府与政治，比较政治制度，行政法与行政诉讼，管理心理学，政府经济学(双语)，婚姻家庭法，西方思想史专题，社会科学研究简论
	毛泽东思想和中国特色社会主义理论体系概论II，秘书学，企业管理，管理哲学，行政组织学，公共财政学，社会保障概论，行政领导与决策(双语)，电子政务，府际关系研究，中国思想史专题
2009级	形势与政策III，行政组织学，城市管理学，经济法，公共财政学，公共政策，人力资源开发与管理(双语)，公务员管理，危机管理，中国行政改革，当代中国社会问题研究，政治人类学，后现代西方社会思潮
	当代中国社会保障，定量分析SPSS软件应用，律师实务(双语)，行政伦理学，社区管理，公共关系学
2008级	形势与政策IV，毕业设计(论文)

社会工作(社会管理)专业

年级	课程设置
2012级	思想道德修养与法律基础，基础外语I，体育I，军事理论，大学生职业发展与就业指导I，大学生心理健康I，大学计算机基础，高等数学C，现代生命科学导论，社会学概论，心理学概论
2011级	中国近现代史纲要，沟通与交流，基础外语II，体育II，大学生心理健康II，线性代数B，概率论与数理统计B，社会调查方法，社会工作概论，社会人类学（双语）
	马克思主义基本原理概论，基础外语III，体育III，多媒体基础及应用，现代科学技术概论，社会统计学，人类行为与社会环境，个案工作

英语专业

年级	课程设置
2012级	中国近现代史纲要，体育I，军事理论，大学生职业发展与就业指导I，大学生心理健康I，大学计算机基础，现代生命科学导论，初级英语视听I，英语口语日常对话，英语泛读与课外必读I（时事新闻），基础英语I，初级英语听力I，英语应用文与初级写作，高等数学C
2011级	沟通与交流，思想道德修养与法律基础，体育II，大学生心理健康II，数据库与VF程序设计，初级英语视听II，英语泛读与课外必读II（网络阅读），基础英语II，初级英语听力II，英语口语与演讲辩论，英语修辞与写作，圣经与希腊罗马神话
	毛泽东思想和中国特色社会主义理论体系概论I，体育III，高级英语视听I，英语泛读与课外必读III（文学经典），英语名篇鉴赏与写作，高级英语听力I，基础英语III，英语口语：演剧与辩论，英国和大洋洲社会与文化，英美报刊选读，名篇翻译鉴赏，国际工程基础（英语）
2010级	马克思主义基本原理概论，体育IV，大学生职业发展与就业指导II，高级英语视听II，英语泛读与课外必读IV（欧美历史），英语新闻写作，高级英语听力II，基础英语IV，英语口语与演讲面试，北美社会与文化，英美短篇小说，德语(二外)I，日语(二外)I，法语(二外)I，俄语(二外)I，实用文体翻译，英语词汇学，欧洲文化概论

续表

年级	课程设置
2010级	毛泽东思想和中国特色社会主义理论体系概论II，英国文学史与作品选读，高级英语阅读I，当代语言学导论I，外贸函电写作，英译汉理论与实践，德语(二外)II，日语(二外)II，英美诗歌选读，英汉语言对比分析，语义学基础，法语(二外)II，俄语(二外)II，英汉对比与翻译，国际工程基础（英语）
2009级	形势与政策III，口译实践，高级英语阅读II，高级英语写作II，美国文学史与作品选读，语言学概论，汉译英理论与实践，国际市场营销(双语)，德语(二外)III，日语(二外)III，英美报刊选读，英美诗歌选读，法语(二外)III，俄语(二外)III，跨文化交流，专业发展前沿概述
	口译实践Ⅱ，学术论文写作，管理学概论(双语)，世贸组织法(双语)，德语(二外)IV，日语(二外)IV，法语(二外)IV，俄语(二外)IV，应用语言学，国际关系概况
2008级	形势与政策IV，毕业设计(论文)

日语专业

年级	课程设置
2012级	中国近现代史纲要，体育I，军事理论，大学生职业发展与就业指导I，大学生心理健康I，大学计算机基础，基础外语I，基础日语I，日语初级视听说I，日语会话与实践I，高等数学C
2011级	沟通与交流，思想道德修养与法律基础，体育II，大学生心理健康II，数据库与VF程序设计，基础外语II，基础日语II，日语初级视听说II，日语会话与实践II
	毛泽东思想和中国特色社会主义理论体系概论I，体育III，基础外语III，基础日语III，日语初级视听说III，日语会话与实践III，日语初级阅读I，国际工程基础（英语）
2010级	马克思主义基本原理概论，体育IV，大学生职业发展与就业指导II，基础日语IV，日语初级视听说IV，日语会话与实践IV，日语初级阅读II，日本概况，日语初级写作I
	毛泽东思想和中国特色社会主义理论体系概论II，日语口译I，日语高级视听说I，日语高级阅读I，日本文学史与作品选读I，日语初级写作II，日语高级精读I，日本外事礼仪，外贸函电写作，经贸日语，日语报刊选读，国际工程基础（英语）
2009级	形势与政策III，日语视听VI，综合英语II，日本文学史与名著欣赏II，日语泛读IV，日语写作III，日语精读II，国际市场营销(双语)，古典日语语法，日语报刊选读II
	综合英语III，日语翻译理论与实践，日语精读III，管理学概论(双语)，世贸组织法(双语)，国际关系概况，经贸日语与外贸函电写作，外事礼貌礼仪
2008级	形势与政策IV，毕业设计(论文)

德语专业

年级	课程设置
2012级	中国近现代史纲要，体育I，军事理论，大学生职业发展与就业指导I，大学生心理健康I，大学计算机基础，现代生命科学导论，德语精读I，德语会话I，基础德语I，高等数学C，国际工程基础（英语）
2011级	沟通与交流，思想道德修养与法律基础，体育II，大学生心理健康II，数据库与VF程序设计，德语精读II，德语会话II，德语视听I，基础德语II
	毛泽东思想和中国特色社会主义理论体系概论I，体育III，德语泛读I，德语精读III，德语视听II，基础德语III，初级德语写作I，国际工程基础（英语）

续表

年 级	课 程 设 置
2010级	马克思主义基本原理概论，体育IV，大学生职业发展与就业指导II，德语泛读II，德语精读IV，德语视听IV，基础德语IV，英语(二外)I，初级德语写作II，德语国家国情
	毛泽东思想和中国特色社会主义理论体系概论II，德语视听V，英语(二外)II，笔译I，高级德语I，经贸德语I，德语文学导论，高级德语写作I，德国历史与文化，德国影视鉴赏，国际工程基础（英语）
2009级	形势与政策III，高级德语II，英语(二外)III，口译II，德语翻译理论与实践II，经贸德语II，语言学导论，高级德语写作II，德国报刊选读，德国文学选读，科技德语
	高级德语III，英语(二外)IV，口译III，论文写作方法，德国经济，德国外交
2008级	形势与政策IV，毕业设计(论文)

应用物理学专业

年 级	课 程 设 置
2012级	中国近现代史纲要，基础外语I，体育I，军事理论，大学生职业发展与就业指导I，大学生心理健康I，大学计算机基础，高等数学AI，理科物理实验I，现代生命科学导论，力学
2011级	思想道德修养与法律基础，基础外语II，体育II，大学生心理健康II，C++程序设计，高等数学AII，线性代数A，理科物理实验II，电磁学
	马克思主义基本原理概论，基础外语III，体育III，概率论与数理统计A，数学实验，理科物理实验III，光学，原子物理，热学
2010级	毛泽东思想和中国特色社会主义理论体系概论I，体育IV，大学生职业发展与就业指导II，数理方法，理科物理实验IV，模拟电子技术B，模拟电子技术实验，热力学与统计物理，原子物理
	毛泽东思想和中国特色社会主义理论体系概论II，电子技术实习，数字电子技术(双语)，数字电子技术实验，电动力学，量子力学，物理效应及应用
2009级	形势与政策III，固体物理，光电子技术，传感器原理与技术，光信息技术实验，薄膜材料与器件，物理学前沿专题，数据库原理(双语)，无损检测技术，计算物理(双语)，微机接口技术实验，专业近代物理实验，单片机原理与技术，材料物理导论(双语)
	现代测试技术，传感测试技术实验，半导体物理(双语)，铁磁学与磁性材料基础(双语)，超导物理(双语)，电子工程制图
2008级	形势与政策IV，毕业设计(论文)，数据库原理(双语)

数学与应用数学专业

年 级	课 程 设 置
2012级	中国近现代史纲要，基础外语I，体育I，军事理论，大学生职业发展与就业指导I，大学生心理健康I，大学计算机基础，数学分析AI，解析几何，高等代数I，现代生命科学导论
2011级	沟通与交流，思想道德修养与法律基础，基础外语II，体育II，大学生心理健康II，C++程序设计，数学分析AII，高等代数II，常微分方程
	马克思主义基本原理概论，基础外语III，体育III，数学分析AIII，大学物理AI，工科物理实验I，概率论与数理统计，数据库及其应用

续表

年 级	课 程 设 置
2010级	毛泽东思想和中国特色社会主义理论体系概论I，体育IV，大学生职业发展与就业指导II，工科物理实验II，概率论与数理统计，常微分方程，数据结构，复变函数与积分变换A，数学模型
	毛泽东思想和中国特色社会主义理论体系概论II，运筹学，实变函数，近世代数，随机过程，偏微分方程，图形与图像处理(双语)，离散数学，多元统计分析(双语)，信息安全与密码学
2009级	形势与政策III，数值分析(双语)，近世代数，操作系统，数学物理方程，组合数学，现代控制理论，微分方程稳定性理论
	数理统计，泛函分析(双语)，数学方法综合应用，应用力学基础，有限元方法与工程实践，统计分析软件应用，计算机网络，专业发展前沿概述(数学与应用数学)，多元统计分析(双语)，软件工程，拓扑学，金融统计
2008级	形势与政策IV，数学建模设计，毕业设计(论文)

信息与计算科学专业

年 级	课 程 设 置
2012级	中国近现代史纲要，基础外语I，体育I，军事理论，大学生职业发展与就业指导I，大学生心理健康I，大学计算机基础，数学分析AI，解析几何，高等代数I，现代生命科学导论
2011级	沟通与交流，思想道德修养与法律基础，基础外语II，体育II，大学生心理健康II，C++程序设计，数学分析AII，高等代数II，常微分方程
	马克思主义基本原理概论，基础外语III，体育III，数学分析AIII，大学物理AI，工科物理实验I，概率论与数理统计，数据库及其应用
2010级	毛泽东思想和中国特色社会主义理论体系概论I，体育IV，大学生职业发展与就业指导II，工科物理实验II，概率论与数理统计，常微分方程，数据结构，复变函数与积分变换A，数学模型
	毛泽东思想和中国特色社会主义理论体系概论II，运筹学，图形与图像处理(双语)，离散数学，信息系统导论，信息安全与密码学，实变函数，多元统计分析(双语)，近世代数，随机过程，偏微分方程
2009级	形势与政策III，数值分析(双语)，操作系统，网络程序设计，编译原理，组合数学，现代控制理论，计算机体系结构
	计算机网络，软件工程，人工智能原理及应用，数学方法综合应用，应用力学基础，有限元方法与工程实践，泛函分析(双语)，统计分析软件应用，专业发展前沿概述(信息与计算科学)，多元统计分析(双语)，多媒体技术及应用，管理信息系统，金融统计
2008级	形势与政策IV，软件工程设计，毕业设计(论文)

理科试验班专业

年 级	课 程 设 置
2012级	中国近现代史纲要，基础外语I，体育I，军事理论，大学生职业发展与就业指导I，大学生心理健康I，大学计算机基础A，高等代数与解析几何I，数学分析BI，现代生命科学导论
2011级	国际理解，思想道德修养与法律基础，基础外语II，体育II，大学生心理健康II，高等代数与解析几何II，数学分析BII，基础物理I，无机化学B，密码学

续表

年 级	课 程 设 置
2011级	马克思主义基本原理概论，基础外语III，体育III，微分方程，基础物理Ⅱ，基础物理实验Ⅰ，无机化学实验BI，机械设计制图AI，电工技术实验，电工技术，物理化学BI
2010级	毛泽东思想和中国特色社会主义理论体系概论I，体育IV，大学生职业发展与就业指导II，C语言程序设计A，概率论与数理统计C，基础物理实验Ⅱ，无机化学实验BII，工程力学B，机械设计制图AII，电子技术实验，电子技术，数学建模与最优化方法，物理化学实验B

应用化学专业

年 级	课 程 设 置
2012级	中国近现代史纲要，基础外语I，体育I，军事理论，大学生职业发展与就业指导I，大学生心理健康I，大学计算机基础，高等数学BI，现代生命科学导论，无机化学AI，无机化学实验AI
2011级	沟通与交流，思想道德修养与法律基础，基础外语II，体育II，大学生心理健康II，高等数学BII，大学物理AI，无机化学AII，无机化学实验AII
	马克思主义基本原理概论，基础外语III，体育III，线性代数A，大学物理AII，工科物理实验I，分析化学A，分析化学实验A
2010级	毛泽东思想和中国特色社会主义理论体系概论I，体育IV，大学生职业发展与就业指导II，VB程序设计，工科物理实验II，物理化学AI，有机化学AI，化学分离原理与方法（双语），现代仪器分析I，固体化学，胶体化学
	毛泽东思想和中国特色社会主义理论体系概论II，物理化学AII，有机化学AII，有机化学实验A，化工原理，化工制图，环境化学(双语)，化学信息学（双语），生物化学（双语），环境监测与分析技术
2009级	形势与政策III，结构化学，谱学导论，现代仪器分析I，高分子化学，有机合成，药物化学，应用电化学(双语)
	生物化学(双语)，大学综合化学实验，材料化学导论(双语)，生物技术制药基础，环境监测与分析技术，现代仪器分析II
2008级	形势与政策IV，毕业设计(论文)

生物技术专业

年 级	课 程 设 置
2012级	中国近现代史纲要，基础外语I，体育I，军事理论，大学生职业发展与就业指导I，大学生心理健康I，大学计算机基础，高等数学BI，无机化学B，无机化学实验BI，基础生命科学
2011级	沟通与交流，思想道德修养与法律基础，基础外语II，体育II，大学生心理健康II，C语言程序设计，高等数学BII，大学物理AI，无机化学实验BII，微生物学，微生物学实验
	马克思主义基本原理概论，基础外语III，体育III，大学物理AII，工科物理实验I，分析化学B，有机化学实验B，有机化学B
2010级	毛泽东思想和中国特色社会主义理论体系概论I，体育IV，大学生职业发展与就业指导II，工科物理实验II，物理化学基础，分析化学实验B，生物化学，生物化学实验，生物技术制药基础，生物芯片，医学生物学，生化传感器

续表

年级	课程设置
2010级	毛泽东思想和中国特色社会主义理论体系概论II，细胞生物学(双语)，遗传学(双语)，遗传学实验，环境化学(双语)，蛋白质化学，现代生命科学前沿进展，生化分离工程
2009级	形势与政策III，物理化学基础，基因工程(双语)，细胞生物学实验，现代生物技术导论，发育生物学，生物技术制药基础，环境微生物学，酶工程，植物生物技术(双语)，病毒生物学，毒理学（双语）
	生物技术大实验I，发酵工程，生化分析，分子免疫学(双语)，生物色谱学，现代生命科学前沿进展（双语)，生物技术大实验II，生物芯片，农药残留分析
2008级	形势与政策IV，毕业设计(论文)

自动化专业

年级	课程设置
2012级	中国近现代史纲要，基础外语I，体育I，军事理论，大学生职业发展与就业指导I，大学生心理健康I，程序设计基础，工科数学分析I，大学物理AI，工程制图基础
2011级	思想道德修养与法律基础，基础外语II，体育II，大学生心理健康II，线性代数A，工科数学分析II，大学物理AII，电路分析基础I
	马克思主义基本原理概论，基础外语III，体育III，复变函数与积分变换B，概率论与数理统计A，工科物理实验I，电路分析基础II，电路实验技术，模拟电子技术A
2010级	毛泽东思想和中国特色社会主义理论体系概论I，体育IV，大学生职业发展与就业指导II，工程优化数学基础，信号分析基础，数学实验，工科物理实验II，自动控制理论，数字电子技术(双语)，模拟电子技术实验，微机原理及接口技术，控制系统仿真，面向对象程序设计I
	毛泽东思想和中国特色社会主义理论体系概论II，金工实习I，课程设计(微机原理)，EDA课程设计，现代控制理论，数字电子技术实验，过程控制，工程导论，电机及其运动控制I，电力电子技术，现代传感器技术，面向对象程序设计II，数据库技术及应用，可编程控制器及应用(双语)，模式识别基础
2009级	形势与政策III，课程设计(电子电力及电机)，课程设计(电气传动)，课程设计(嵌入式控制)，电机及其运动控制系统II，嵌入式控制系统，可编程控制器及应用，非线性控制，可视化程序设计II，分布式控制系统，系统辨识及自适应控制，最优控制及最优化，数值计算方法，神经网络及其应用，单片机及其应用，模式识别，通信原理概论
	经济与管理，课程设计(软件设计)，计算机控制技术(双语)，数据通讯与网络技术(双语)，控制系统仿真，智能控制及其应用，机器人控制概论，DSP处理器及应用，工业组态软件，数字图像处理
2008级	形势与政策IV，毕业设计(论文)

测控技术与仪器专业

年级	课程设置
2012级	中国近现代史纲要，基础外语I，体育I，军事理论，大学生职业发展与就业指导I，大学生心理健康I，工程制图基础与计算机辅助设计，程序设计基础，工科数学分析I，大学物理AI
2011级	思想道德修养与法律基础，基础外语II，体育II，大学生心理健康II，线性代数A，工科数学分析II，大学物理AII，电路分析基础I

续表

年 级	课 程 设 置
2011级	马克思主义基本原理概论，基础外语III，体育III，复变函数与积分变换B，概率论与数理统计A，工科物理实验I，电路分析基础II，电路实验技术，模拟电子技术A
2010级	毛泽东思想和中国特色社会主义理论体系概论I，体育IV，大学生职业发展与就业指导II，误差理论与数据处理，应用力学基础，数学实验，工科物理实验II，数字电子技术(双语)，模拟电子技术实验，信号处理，微机原理及接口技术
	毛泽东思想和中国特色社会主义理论体系概论II，金工实习I，控制工程基础C，数字电子技术实验，工程光学基础，自动检测技术(双语)，单片机原理及应用，参数检测及仪表，控制微电机
2009级	形势与政策III，单片机及其应用，自动控制装置，控制仪器与控制系统实验I，控制理论基础，嵌入式系统及应用，仪器与系统可靠性，光学测试技术，可编程控制器及应用(双语)，微机电系统概论，光电子技术，视觉测量技术，嵌入式仪器，计算机网络，数字信号处理概论
	经济与管理，课程设计(过程控制)，课程设计(PCB板)，课程设计(智能仪器)，过程控制系统，智能仪器，控制仪器与控制系统实验II，总线技术及应用，SIEMENS SMATIC STEP 7 编程实验，单片机C语言程序设计实验，精密仪器制造，工业组态软件，虚拟仪器，数字图像处理
2008级	形势与政策IV，毕业设计(论文)

智能科学与技术专业

年 级	课 程 设 置
2012级	中国近现代史纲要，基础外语I，体育I，军事理论，大学生职业发展与就业指导I，大学生心理健康I，程序设计基础，工科数学分析I，大学物理AI，工程制图基础
2011级	思想道德修养与法律基础，基础外语II，体育II，大学生心理健康II，线性代数A，工科数学分析II，大学物理AII，电路分析基础I
	马克思主义基本原理概论，基础外语III，体育III，离散数学B，复变函数与积分变换B，概率论与数理统计A，工科物理实验I，电路分析基础II，电路实验技术，模拟电子技术B
2010级	毛泽东思想和中国特色社会主义理论体系概论I，体育IV，大学生职业发展与就业指导II，自动控制系统设计与实现，应用力学基础，数学实验，工科物理实验II，控制工程基础A，数字电子技术(双语)，模拟电子技术实验，信息论与编码，信号处理，计算机电路辅助设计，面向对象程序设计I，数据库技术及应用
	毛泽东思想和中国特色社会主义理论体系概论II，金工实习I，微机原理课程设计，计算机网络(双语)，数据结构与算法分析，数字电子技术实验，微机原理及应用，脑科学与认知科学概论，人工智能基础A，现代传感器技术，电机控制技术，面向对象程序设计II，DSP原理及应用
2009级	形势与政策III，课程设计(智能系统设计)，嵌入式系统，计算机网络(双语)，数值计算方法(双语)，可视化程序设计语言II，虚拟现实技术，计算机体系结构，通信原理概论
	经济与管理，课程设计(计算机网络)，课程设计(软件设计)，软件工程，JAVA程序设计，DSP处理器及应用，机器人技术，机器感知技术，网络智能，智能游戏开发
2008级	形势与政策IV，毕业设计(论文)

电子信息工程专业

年级	课程设置
2012级	中国近现代史纲要，基础外语I，体育I，军事理论，大学生职业发展与就业指导I，大学生心理健康I，程序设计基础，工科数学分析I，大学物理AI，工程制图基础
2011级	思想道德修养与法律基础，基础外语II，体育II，大学生心理健康II，线性代数A，工科数学分析II，大学物理AII，电路分析基础I
	马克思主义基本原理概论，基础外语III，体育III，离散数学B，复变函数与积分变换B，概率论与数理统计A，工科物理实验I，电路分析基础II，电路实验技术，模拟电子技术A，模拟电子技术实验
2010级	毛泽东思想和中国特色社会主义理论体系概论I，体育IV，大学生职业发展与就业指导II，电子技术实习，数值计算方法，数据结构B，数学实验，工科物理实验II，数字电子技术(双语)，数字电子技术实验，信号与系统，信息论与编码，微机原理及接口技术，控制工程基础B
	毛泽东思想和中国特色社会主义理论体系概论II，信号与系统软硬件综合实验，高频电子电路，数字信号处理，电磁场与电磁兼容，参数检测及仪表，电力电子及运动控制，GIS系统及其应用，数据库技术及应用，电子商务，虚拟现实技术，社交网络中的知识发现与形象化分析，设计研究与快速原型模型，网络安全
2009级	形势与政策III，数字信号处理，电磁场与电磁波，嵌入式系统与单片机，数字图像处理，网络通信实验，JAVA程序设计，天线与电波传输，现代交换技术，计算机网络，模式识别，通信原理概论
	经济与管理，课程设计1，课程设计2，VC++语言与编程，DSP处理器及应用，通信网基础，专业发展前沿概述，语音信号处理，集成电路设计基础，无线传感器网络
2008级	形势与政策IV，毕业设计(论文)

计算机科学与技术专业

年级	课程设置
2012级	中国近现代史纲要，基础外语I，体育I，军事理论，大学生职业发展与就业指导I，大学生心理健康I，程序设计基础，工科数学分析I，大学物理AI，工程制图基础
2011级	思想道德修养与法律基础，基础外语II，体育II，大学生心理健康II，线性代数A，工科数学分析II，大学物理AII，电路分析基础I
	马克思主义基本原理概论，基础外语III，体育III，离散数学A，复变函数与积分变换B，概率论与数理统计A，工科物理实验I，电路分析基础II，电路实验技术，模拟电子技术B，模拟电子技术实验，计算机科学导论
2010级	毛泽东思想和中国特色社会主义理论体系概论I，体育IV，大学生职业发展与就业指导II，电子技术实习，数值计算方法，数学实验，工科物理实验II，数字电子技术(双语)，数字电子技术实验，计算机组成原理，数据结构A
	毛泽东思想和中国特色社会主义理论体系概论II，信息论与编码，操作系统，计算机网络，微机接口技术，微机接口技术实验，信号与系统概论，人机交互基础，人工智能，计算机图形学，计算机控制技术B，面向对象技术，数字签名与身份认证技术，C#程序设计语言，社交网络中的知识发现与形象化分析，设计研究与快速原型模型，网络安全
2009级	形势与政策III，软件课程设计，操作系统，计算机网络(双语)，数据库原理(双语)，数值计算方法(双语)，计算机体系结构，人工智能，软件工程，模式识别，嵌入式系统，高级编程技术，通信原理概论，数字信号处理概论

续表

年 级	课 程 设 置
2009级	经济与管理，编译原理，JAVA程序设计，通信网基础，大规模集成电路设计(VLSI)(双语)，数字图像处理，Oracle，计算机网络安全技术，计算机系统安全，网络管理与安全，并行计算导论，软件体系结构，软件工程实践，电子商务
2008级	形势与政策IV，毕业设计(论文)

通信工程专业

年 级	课 程 设 置
2012级	中国近现代史纲要，基础外语I，体育I，军事理论，大学生职业发展与就业指导I，大学生心理健康I，程序设计基础，工科数学分析I，大学物理AI，工程制图基础
2011级	思想道德修养与法律基础，基础外语II，体育II，大学生心理健康II，线性代数A，工科数学分析II，大学物理AII，电路分析基础I
	马克思主义基本原理概论，基础外语III，体育III，面向对象程序与设计，复变函数与积分变换B，概率论与数理统计A，工科物理实验I，电路分析基础II，电路实验技术，模拟电子技术A，模拟电子技术实验
2010级	毛泽东思想和中国特色社会主义理论体系概论I，体育IV，大学生职业发展与就业指导II，电子技术实习，离散数学B，随机过程，数学实验，工科物理实验II，数字电子技术(双语)，数字电子技术实验，微机原理及接口技术，信号与系统，电磁场与天线
	毛泽东思想和中国特色社会主义理论体系概论II，通信原理，通信电子电路，信号系统与信号处理综合实验，数字信号处理，光纤通信原理(双语)，数据库技术及应用，数据结构C，DSP原理及应用，社交网络中的知识发现与形象化分析，设计研究与快速原型模型，网络安全
2009级	形势与政策III，课程设计(数字信号处理器和单片机)，数字信号处理，光纤通信原理(双语)，天线与电波传输，现代交换技术，移动通信（双语)，多媒体通信技术，卫星通信系统(双语)，现代通信保密基础
	经济与管理，通信网基础，现代通信技术，通信原理II，软件工程，通信专业发展前沿概述，光同步传送网和波分复用系统，通信软件设计，通信网安全，现代通信网，通信中的语音信号处理
2008级	形势与政策IV，毕业设计(论文)

信息安全专业

年 级	课 程 设 置
2012级	中国近现代史纲要，基础外语I，体育I，军事理论，大学生职业发展与就业指导I，大学生心理健康I，程序设计基础，工科数学分析I，大学物理AI，工程制图基础
2011级	思想道德修养与法律基础，基础外语II，体育II，大学生心理健康II，线性代数A，工科数学分析II，大学物理AII，电路分析基础I
	基础外语III，体育III，离散数学A，概率论与数理统计A，工科物理实验I，电路分析基础II，电路实验技术，模拟电子技术B，模拟电子技术实验，信息安全导论

续表

年 级	课 程 设 置
2010级	毛泽东思想和中国特色社会主义理论体系概论I，体育IV，大学生职业发展与就业指导II，电子技术实习，信号与系统概论，数学实验，工科物理实验II，数字电子技术(双语)，数字电子技术实验，数据结构A，信息安全的数学基础，计算机组成原理，现代密码学
2010级	毛泽东思想和中国特色社会主义理论体系概论II，微机原理与应用，现代通信技术，操作系统，计算机网络，人工智能，面向对象技术，计算机系统安全，数字签名与身份认证技术，C#程序设计语言，社交网络中的知识发现与形象化分析，设计研究与快速原型模型，网络安全
2009级	形势与政策III，软件课程设计，通信原理I，操作系统，计算机网络(双语)，计算机组织与结构，数值计算方法，网络通信实验，现代交换技术，人工智能，模式识别，面向对象技术，嵌入式系统，信息隐藏技术，数字签名技术，数字信号处理概论
	经济与管理，通信网基础，多媒体通信，软件工程，大规模集成电路设计(VLSI)，Internet技术，数字图像处理，计算机网络安全技术，计算机系统安全，信息安全管理与规范，信息对抗原理，计算机病毒原理，电子商务安全，网络管理与安全
2008级	形势与政策IV，毕业设计(论文)

物联网工程专业

年 级	课 程 设 置
2012级	中国近现代史纲要，基础外语I，体育I，军事理论，大学生职业发展与就业指导I，大学生心理健康I，程序设计基础，工科数学分析I，大学物理AI，工程制图基础
2011级	思想道德修养与法律基础，基础外语II，体育II，大学生心理健康II，线性代数A，工科数学分析II，大学物理AII，电路分析基础I
	马克思主义基本原理概论，基础外语III，体育III，离散数学B，复变函数与积分变换B，概率论与数理统计A，工科物理实验I，电路分析基础II，电路实验技术，模拟电子技术B，模拟电子技术实验，物联网工程导论
2010级	毛泽东思想和中国特色社会主义理论体系概论I，体育IV，大学生职业发展与就业指导II，电子技术实习，数学实验，工科物理实验II，信号与系统概论，数字电子技术(双语)，数字电子技术实验，计算机组成原理，数据结构A，嵌入式系统与单片机，无线传感器网络与RFID技术，现代密码学
	毛泽东思想和中国特色社会主义理论体系概论II，现代传感器技术，现代通信技术，操作系统，计算机网络，物联网技术及应用，云计算与物联网，人机交互基础，计算机电路辅助设计，智能机器人控制，人工智能，C#程序设计语言，数据通信网，社交网络中的知识发现与形象化分析，设计研究与快速原型模型，网络安全，TCP/IP网络程序设计基础，网络安全技术
2009级	形势与政策III，物联网综合应用与实践，软件课程设计，操作系统，无线传感器网络与RFID技术，物联网安全，Linux操作系统，网络安全与管理，现代密码学，JAVA程序设计，现代交换技术，移动通信（双语），多媒体通信技术，计算机体系结构，软件工程，模式识别，高级编程技术，嵌入式计算，通信原理概论，数字信号处理概论，物联网与信息服务，物联网控制基础
	经济与管理，云计算与物联网，物联网体系结构及综合实训，数据库系统原理(双语)，数据仓库与数据挖掘(双语)，应用软件系统设计与案例分析，DSP处理器及应用，通信网基础，可编程逻辑器件原理及应用，大规模集成电路设计(VLSI)(双语)，信息对抗原理，通信网安全，无线电定位导航原理及应用，物联网系统模型

矿物资源工程(卓越计划)专业

年 级	课 程 设 置
2012级	思想道德修养与法律基础，基础外语I，体育I，军事理论，大学生职业发展与就业指导I，大学生心理健康I，高等数学AI，无机化学B，普通化学实验
2011级	思想道德修养与法律基础，基础外语II，体育II，大学生心理健康II，C++程序设计，高等数学AII，线性代数A，大学物理AI，工程测量
	毛泽东思想和中国特色社会主义理论体系概论I，基础外语III，体育III，工程测量实践，金工实习A，微机原理与应用，概率论与数理统计A，大学物理AII，工科物理实验I，工程力学AI，机械设计制图AI，国际工程基础（英语）
2010级	英语口语与写作，体育IV，大学生职业发展与就业指导II，工程力学AII，工科物理实验II，工程流体力学，弹性力学与数值模拟，地质学基础，机械设计制图AII，电工技术实验，电工技术
	毛泽东思想和中国特色社会主义理论体系概论II，微机原理与应用，矿山岩石力学，矿山地质学，电子技术实验，电子技术，矿山运输与提升，爆破工程(双语)，资源、环境与可持续发展，边坡工程，矿业固体废物资源化，专业英语阅读与写作（采矿），矿物加工与利用，煤与焦化工艺，冶金环境工程与资源循环利用，专业英语阅读与写作（冶金），铁合金，专业英语阅读与写作（材控），国际工程基础（英语）
2009级	质量管理，形势与政策III，物理化学基础，矿床开采工程(双语)，数字矿山技术，结构力学，边坡工程，矿业固体废物处置与资源化，资源与环境经济学，矿山自动化与信息化，冶金企业一体化管理，钢铁生产全流程专题课程I，钢铁生产全流程专题课程II，钢铁生产全流程专题课程III
	生产运作管理，矿山开采设计，矿山机械与自动化，通风防尘与安全，矿山设计原理，现代设计方法，采矿工程新技术及发展方向，特殊采矿技术，矿物加工新技术，矿产经济学，无机非金属材料，能源工程，冶金反应工程，湿法冶金方法，专业英语阅读与写作，纯净钢生产工艺(双语)，冶金工程新技术，功能材料，稀贵金属冶金，冶金电化学，有色生物冶金(双语)，工业生态学与清洁冶金工艺，电磁冶金原理与工艺，材料成形过程质量性能控制(双语)，实验测试技术，材料成形计算机辅助工程，新材料制备与加工，铸造合金及制备工艺，机械工程进展，新型轧机原理及控制，测试系统设计与实践，大型机械设备自动化控制，机械制造装备自动化，模具设计与制造，机械制造CAD，特种加工，互换性与测量性基础，传感器原理及应用，电液控制工程基础，机电一体化应用技术，计算机控制技术，润滑工程，数控技术及其应用，应用电子技术，电液系统动态分析，机电系统综合实验，钢铁生产全流程专题课程IV，钢铁生产全流程专题课程V，钢铁生产全流程专题课程VI

冶金工程(卓越计划)专业

年 级	课 程 设 置
2012级	思想道德修养与法律基础，基础外语I，体育I，军事理论，大学生职业发展与就业指导I，大学生心理健康I，高等数学AI，无机化学B，无机化学实验BI
2011级	思想道德修养与法律基础，基础外语II，体育II，大学生心理健康II，C++程序设计，高等数学AII，线性代数A，大学物理AI，无机化学实验BII
	毛泽东思想和中国特色社会主义理论体系概论I，基础外语III，体育III，金工实习A，微机原理与应用，概率论与数理统计A，大学物理AII，工科物理实验I，工程力学C，机械设计制图AI，国际工程基础（英语）
2010级	英语口语与写作，体育IV，大学生职业发展与就业指导II，数学实验，工科物理实验II，冶金传输原理B，机械设计制图AII，电工技术实验，电工技术，物理化学BI
2010级	毛泽东思想和中国特色社会主义理论体系概论II，大学生职业发展与就业指导III，微机原理与应用，冶金物理化学（卓越计划），金属学原理，电子技术实验，电子技术，物理化学BII，物理化学实验B，资源、环境与可持续发展，边坡工程，矿业固体废物资源化，专业英语阅读与写作（采矿），矿物加工与利用，煤与焦化工艺，冶金环境工程与资源循环利用，专业英语阅读与写作（冶金），铁合金，专业英语阅读与写作（材控），国际工程基础（英语）

续表

年 级	课 程 设 置
2009级	质量管理，形势与政策III，金属材料及热处理，冶金材料实验与分析技术，钢铁冶金学I，钢铁冶金学II，炉外精炼(含铁水预处理)(双语)，凝固原理与连铸工艺，有色金属冶金学(双语)，耐火材料，结构力学，边坡工程，矿业固体废物处置与资源化，资源与环境经济学，矿山自动化与信息化，冶金过程检测与自动控制，冶金过程数值模拟与仿真，直接还原与熔融还原，铁合金，铁矿石造块原理与工艺，特殊钢冶金过程工程(双语)，铸造学，催化与环境材料，冶金企业一体化管理，钢铁生产全流程专题课程I，钢铁生产全流程专题课程II，钢铁生产全流程专题课程III
	生产运作管理，现代冶金工程设计与实践，轧钢生产工艺，现代设计方法，采矿工程新技术及发展方向，特殊采矿技术，矿物加工新技术，矿产经济学，无机非金属材料，能源工程，冶金反应工程，湿法冶金方法，专业英语阅读与写作，纯净钢生产工艺(双语)，冶金工程新技术，功能材料，稀贵金属冶金，冶金电化学，有色生物冶金(双语)，工业生态学与清洁冶金工艺，电磁冶金原理与工艺，材料成形过程质量性能控制(双语)，实验测试技术，材料成形计算机辅助工程，新材料制备与加工，铸造合金及制备工艺，机械工程进展，新型轧机原理及控制，测试系统设计与实践，大型机械设备自动化控制，机械制造装备自动化，模具设计与制造，机械制造CAD，特种加工，互换性与测量性基础，传感器原理及应用，电液控制工程基础，机电一体化应用技术，计算机控制技术，润滑工程，数控技术及其应用，应用电子技术，电液系统动态分析，机电系统综合实验，钢铁生产全流程专题课程IV，钢铁生产全流程专题课程V，钢铁生产全流程专题课程VI

材料科学与工程(卓越计划)专业

年 级	课 程 设 置
2012级	思想道德修养与法律基础，基础外语I，体育I，军事理论，大学生职业发展与就业指导I，大学生心理健康I，高等数学AI，无机化学B，普通化学实验，机械制图AI
2011级	思想道德修养与法律基础，基础外语II，体育II，大学生心理健康II，C++程序设计，高等数学AII，线性代数A，大学物理AI，机械制图AII
	毛泽东思想和中国特色社会主义理论体系概论I，基础外语III，体育III，金工实习A，微机原理与应用，概率论与数理统计A，大学物理AII，工科物理实验I，工程力学AI，国际工程基础（英语）
2010级	英语口语与写作，体育IV，大学生职业发展与就业指导II，工程力学AII，数学实验，工科物理实验II，机械设计制图AII，电工技术实验，电工技术，物理化学D
	毛泽东思想和中国特色社会主义理论体系概论II，微机原理与应用，金属学原理，电子技术实验，电子技术，物理化学实验B，控制理论基础，固态成形理论基础，资源、环境与可持续发展，边坡工程，矿业固体废物资源化，专业英语阅读与写作（采矿），矿物加工与利用，煤与焦化工艺，冶金环境工程与资源循环利用，专业英语阅读与写作（冶金），铁合金，专业英语阅读与写作（材控），国际工程基础（英语）
2009级	质量管理，形势与政策III，金属材料及热处理，凝固原理与连铸工艺，轧制原理，轧制工艺，轧钢过程自动控制基础，结构力学，边坡工程，矿业固体废物处置与资源化，资源与环境经济学，矿山自动化与信息化，材料成形摩擦与润滑，锻压工艺学，数学模型及计算机控制，冶金企业一体化管理，钢铁生产全流程专题课程I，钢铁生产全流程专题课程II，钢铁生产全流程专题课程III
	生产运作管理，轧钢车间设计，钢铁冶金学，材料成形设备与车间设计，材料焊接原理与工艺，现代设计方法，采矿工程新技术及发展方向，特殊采矿技术，矿物加工新技术，矿产经济学，无机非金属材料，能源工程，冶金反应工程，湿法冶金方法，专业英语阅读与写作，纯净钢生产工艺(双语)，冶金工程新技术，功能材料，稀贵金属冶金，冶金电化学，有色生物冶金(双语)，工业生态学与清洁冶金工艺，电磁冶金原理与工艺，材料成形过程质量性能控制(双语)，实验测试技术，材料成形计算机辅助工程，新材料制备与加工，铸造合金及制备工艺，机械工程进展，新型轧机原理及控制，测试系统设计与实践，大型机械设备自动化控制，机械制造装备自动化，模具设计与制造，机械制造CAD，特种加工，互换性与测量性基础，传感器原理及应用，电液控制工程基础，机电一体化应用技术，计算机控制技术，润滑工程，数控技术及其应用，应用电子技术，电液系统动态分析，机电系统综合实验，钢铁生产全流程专题课程IV，钢铁生产全流程专题课程V，钢铁生产全流程专题课程VI

机械工程及自动化(卓越计划)专业

年级	课程设置
2012级	思想道德修养与法律基础，基础外语I，体育I，军事理论，大学生职业发展与就业指导I，大学生心理健康I，高等数学AI，机械制图AI
2011级	思想道德修养与法律基础，基础外语II，体育II，大学生心理健康II，C++程序设计，高等数学AII，线性代数A，大学物理AI，机械制图AII
	毛泽东思想和中国特色社会主义理论体系概论I，基础外语III，体育III，微机原理与应用，概率论与数理统计A，大学物理AII，工科物理实验I，理论力学A，国际工程基础（英语）
2010级	英语口语与写作，体育IV，大学生职业发展与就业指导II，材料力学，工科物理实验II，机械原理，电工技术实验，电工技术
	毛泽东思想和中国特色社会主义理论体系概论II,电子技术实习,微机原理与应用,工程流体力学,工程材料及成形工艺,机械设计,电子技术实验,电子技术,控制理论基础,资源、环境与可持续发展,边坡工程,矿业固体废物资源化,专业英语阅读与写作（采矿）,矿物加工与利用,煤与焦化工艺,冶金环境工程与资源循环利用,专业英语阅读与写作（冶金）,铁合金,专业英语阅读与写作（材控）,国际工程基础（英语）
2009级	质量管理，形势与政策III，机械课程设计，互换性与测量技术，液气压传动，测试技术，机电系统原理及应用，结构力学，边坡工程，矿业固体废物处置与资源化，资源与环境经济学，矿山自动化与信息化，锻压工艺学，机械智能设计，机械创新设计，有限元分析，系统数字仿真方法，虚拟样机技术及应用，VB程序设计及其在机电控制中的应用，虚拟仪器与组态监控技术，机械设备状态监测技术，冶金企业一体化管理，钢铁生产全流程专题课程I，钢铁生产全流程专题课程II，钢铁生产全流程专题课程III
	生产运作管理，冶金装备设计应用实训，冶金生产工艺及装备，机械制造工程，计算机辅助制造(双语)，现代设计方法，采矿工程新技术及发展方向，特殊采矿技术，矿物加工新技术，矿产经济学，无机非金属材料，能源工程，冶金反应工程，湿法冶金方法，专业英语阅读与写作，纯净钢生产工艺(双语)，冶金工程新技术，功能材料，稀贵金属冶金，冶金电化学，有色生物冶金(双语)，工业生态学与清洁冶金工艺，电磁冶金原理与工艺，材料成形过程质量性能控制(双语)，实验测试技术，材料成形计算机辅助工程，新材料制备与加工，铸造合金及制备工艺，机械工程进展，新型轧机原理及控制，测试系统设计与实践，大型机械设备自动化控制，机械制造装备自动化，模具设计与制造，机械制造CAD，特种加工，互换性与测量性基础，传感器原理及应用，电液控制工程基础，机电一体化应用技术，计算机控制技术，润滑工程，数控技术及其应用，应用电子技术，电液系统动态分析，机电系统综合实验，钢铁生产全流程专题课程IV，钢铁生产全流程专题课程V，钢铁生产全流程专题课程VI

理科留学生专业

年级	课程设置
2012级	科技汉语，综合汉语，大学计算机基础，高等数学AI，大学物理AI，普通化学
2011级	中国概况，C语言程序设计，高等数学AII，线性代数A，概率论与数理统计A，数学实验，大学物理AII

文科留学生专业

年级	课程设置
2012级	科技汉语,综合汉语,大学计算机基础,高等数学BI,大学物理B,化学与社会
2011级	中国概况,数据库与VF程序设计,高等数学BII,线性代数A,概率论与数理统计A,数学实验,宏微观经济学,财政金融学

（耿悦杰）

研究生教育

【概况】至2012年底，学校在校研究生11783人（含留学生261人），其中博士研究生2787人（含留学生69人），硕士研究生6658人（含留学生192人），在职专业学位硕士研究生2338人（含高级管理人员工商管理硕士225人）。

2012年，学校毕业研究生2595人，其中博士研究生364人（含留学生5人），授予博士学位359人（含留学生3人）；毕业硕士研究生2231人（学术型硕士1820人，全日制专业学位352人，留学生59人），授予硕士学位2587人（其中学历硕士2170人；非学历硕士358人，留学生59人）。

至年底，学校有博士、硕士学位授予权的学科门类涉及理、工、经、管、文、法、哲、教、艺9个门类，可授予硕士学位的二级学科121个（含2个自设），可授予博士学位的二级学科73个（含2个自设）。有权按一级学科授予硕士学位的学科共28个，其中有权按一级学科授予博士学位的学科18个。有授予硕士专业学位的学科6个，分别是工程硕士、工商管理硕士（MBA、EMBA）、公共管理硕士(MPA)、法律硕士（法学、非法学）、翻译硕士和会计硕士，其中工程硕士专业学位有20个工程领域。

（李京社、李　文、宁晓钧、班晓娟）

【招生工作】2012年，学校全面完成了研究生招生计划，共招收博士研究生545人，硕士研究生2531人，在职人员专业学位研究生565人（其中工程硕士535人、MPA30人）。

①2012年，博士生报名972人，录取545人，考录比约1.78:1。其中硕博连读、学士直攻博学生共247人，占录取总数的45%；来自研究生院高校的毕业生共397人，占总录取人数的72%；来自“211”工程高校的毕业生共421人，占总录取人数的77%；与科研院所联合培养35人，占总录取人数的6.4%。

②2012年，硕士生报名8432人，录取2531人，考录比3.33:1。其中推荐免试生400人，占录取总数的15.8%；来自研究生院高校的学生共1070人，占总录取人数的42%；来自“211”工程高校的毕业生共1180人，占总录取人数的46%。

③2012年，在职人员攻读专业学位研究生报名959人，录取565人，考录比1.7:1。学校与江阴兴澄钢铁公司、邢台钢铁公司、宣化钢铁公司和中国民航管理干部学院等12家单位签订了联合培养在职人员专业学位研究生协议，为在职专业学位研究生生源稳定增长提供了有力保障。在国务院学位委员会办公室公布的2011年在职人员攻读硕士专业学位录取结果排序中，北京科技大学工程硕士排序靠前，招生质量较好。

④经国务院学位办公室批准，学校招收高级管理人员工商管理硕士研究生（EMBA）50人；招收与美国德克萨斯阿灵顿大学（UTA）合作培养高级工商管理硕士研究生100人，招收国外留学硕士研究生114人。

（李　文、耿　华、刘成杰）

【研究生招生改革】2012年，研究生招生工作以“深化机制改革，提高生源质量”为核心，采取了一系列具体措施，为保证研究生培养质量奠定坚实的基础。

①为调整学校研究生教育结构，促进硕士研究生培养目标由学术型向应用型转变，学校对研究生招生计划

进行适当调整，将其与学科特色、培养目标挂钩。在招生计划和奖助学金政策双重鼓励下，教育结构调整效果显著，全日制专业学位研究生报考人数不断增加。2012年，全校共录取全日制专业学位研究生674人，占录取总人数的27%。

②以提高质量为主导，改进了博士研究生招生计划分配办法。以教育部《关于改进和完善博士生招生计划管理办法有关工作的通知》为依据，在稳定招生总规模的基础上，弱化导师招生基数，着重考虑人才队伍、科研平台、科研经费和科研成果等因素，对原有博士生招生计划分配办法加以改进。

③2012年，开始大力推进硕士入学考试初试科目设置改革，要求各学科专业按照一级学科设置专业课，以增强考试科目的科学性、合理性，同时有利于增强试题安全性。学校专业自命题科目由101门减少到81门。

④为改革研究生招生选拔制度，扩大博士生导师的招生自主权，2012年，学校开始在部分研究生培养单位进行博士生招生改革试点，试行博士生导师自主考核选拔博士生，探索博士生导师自主考核选拔博士生的新途径。由培养单位制定本单位申请——考核选拔实施细则，成立包括招生导师在内的5名左右本学科专业（或相近学科专业）的博士生指导教师的申请——考核选拔工作小组，根据本学科专业培养要求，采用多种方式对申请者的综合应用知识能力、外语应用能力、本学科专业前沿知识及最新研究动态掌握情况等方面进行考察，重点考察申请者是否具有研究潜质、创新精神和创新能力，并从外语水平、专业知识和综合能力3个方面给出考核成绩。

⑤为吸引优质生源，学校提高了硕士研究生助学金待遇，除MBA、MPA、法律硕士（法学、非法学）、翻译硕士以及委培生外，其他研究生一律免除学费，生活补贴由每月300元提高到每月400元。

（李　文、耿　华、刘成杰）

【《与工程研究院联合培养博士生培养方案》修订和组织实施工作】2012年6月，完成《研究生培养方案（与科研院所联合培养博士）》，并在2012级联合培养博士中开始实行。

该方案课程设置既突出系统性，体现本学科基础理论和研究方法；又强调交叉性，整合交叉学科、相关学科的知识、理论和技能。同时加入更多的科研前沿、工程实际、综合管理和国际视野等课程，课程教学更加注重案例教学等，加强联合培养博士生承担重大工程和科研项目的能力，在论文选题、导师组培养及学位授予等方面都是以培养工程博士为目标，充分利用工程研究院的实践平台，特色突出。

（班晓娟、周　涛）

【研究生教育发展基金的中期检查工作】为保证“研究生教育发展基金项目”按时高质量完成，2012年10月，研究生院组织专家对2011年研究生发展基金的重点项目和课程建设项目进行了中期检查且全部合格。

（班晓娟、周　涛）

【规范研究生课程教学管理】根据校发〔2011〕29号的文件精神规定，研究生院于2012年5月和10月，组织了2次第一次讲授研究生课程讲师的试讲工作，全校共有31名教师报名参加试讲，经过专家及督导的评议，一共有26名讲师获得了讲授研究生课程的资格。

（班晓娟、周　涛）

【研究生培养过程管理】

（1）教务管理。①校内教学。落实校内研究生教学计划、排课和选课等校内教学工作，完成《研究生开课信息一览表》，打印、发放任课教师《授课时间表》，负责落实日常教学管理的调课、借教室等工作。2012年度校内计划开设955门研究生课程，因选课人数不足5人或者教师其他原因停开门次30

门，实际开课数为925门次。因教师和教室等原因调课门次为146门次，组织校内研究生公共课程考试近20门，完成2012年度监考费的发放。组织2012年全校共2340名研究生的英语免修考试，最终637名研究生取得英语免修资格。②校外教学。2012级学校招收12个专业学位课外班，完成了各个教学点的教学计划制定和公共课程安排以及与办班点的联系沟通工作，组织了校外13个班级的研究生外语考试。③旁听生接收工作。2012年，共接收校外127名硕士研究生和32名博士研究生来校旁听相关课程，完成所有旁听生信息录（转）入系统并完成网上选课。④留学生选课工作。2012年，学校新入学留学生博士29人，硕士74人，培养办协助所有留学生完成了选课工作。⑤本科生选课工作。完成2012级705名有资格选研究生课程的本科生转入研究生管理系统的工作。

（2）学籍管理。①2012年春夏两季毕业硕士生2231人（含留学生59人），博士生364人（含留学生5人），完成毕业生数据上报工作，制作和发放毕业证书。②完成2012级新生3023人（其中博士生报到522人，硕士生2501人）的学籍电子注册工作。③完成2012级工程硕士535人、EMBA42人、MPA30人的报到工作。④办理学籍变动手续233人。

（3）质量管理工作。①完成2012年1月和7月申请毕业/学位各类研究生培养环节的审核工作，提供各类毕业研究生签约、答辩及人事档案成绩单，办理学生个人中英文成绩单2700份。②完成2011～2012年度全校课程旁听费、公共课任课教师酬金及专业课调节酬金核算工作。③完成2010～2011学年度，2011～2012学年度教学资料整理归档。④完成申请2013年硕博连读资格的硕士研究生培养环节初审工作。

（班晓娟、周　涛、赵西爱、姜志诚）

【学位授予工作】2012年，共召开了2次校学位委员会，共授予359名博士研究生博士学位，授予2587名硕士研究生硕士学位，评选出29篇校优秀博士学位论文，90篇校优秀硕士学位论文。对171名博士的学位论文进行评估，对215名硕士的学位论文进行评估，涉及70多个学科方向。

（李京社、洪　歌）

【全国及北京市优秀博士学位论文评选工作】在2012年全国优秀博士学位论文评选工作中，学校取得了历史最好成绩，首次有2篇博士学位论文获得全国优秀博士学位论文奖。分别为：周国治院士指导的冶金工程专业博士生侯新梅撰写的学位论文《碳基和氮基无机非金属氧化动力学》和吴爱祥教授指导的矿业工程专业博士生尹升华撰写的学位论文《浸出过程多相介质耦合作用机理及调控技术研究》。

此外，在2012年北京市优秀博士学位论文评选工作中，学校共有3篇博士学位论文获此殊荣。分别为：张跃教授指导的材料物理与化学专业博士生杨亚撰写的学位论文《一维氧化锌纳米材料的力电性能与器件基础》、林海教授指导的矿物加工工程专业博士生董颖博撰写的学位论文《含铜尾矿微生物浸矿菌种的选育和浸出规律研究》和邢献然教授指导的冶金物理化学专业博士生胡澎浩撰写的学位论文《钛酸铅铋基钙钛矿陶瓷材料的铁电、铁磁和热膨胀性》。

（李京社、洪　歌）

【一级学科评估工作】2012年，学校组织参加了教育部开展的第三轮学科评估工作，参评的一级学科共计16个。本着“科学客观、严谨规范、公开透明”的原则，经过政策培训、校级初审、单位申请报送、信息公示与核实和学科声誉调查等环节，2013年1月29日，教育部学位与研究生教育发展中心发布了第三轮学科评估结果，共涵盖了全国391所高校和科研机构的4235个学科。

学校16个参评学科在第三轮学科评估中取得了优异成绩。优势学科（科学技术史、冶金工程、材料科学与工程和矿业工程）继续保持国内领先（参评学科的前三位）；机械工程、动力工程及工程热物理、环境科学与工程、安全科学与工程、管理科学与工程、计算机科学与工程、控制科学与工程等学科分别进入参评学科的前20%和30%；外国语言文学、物理学、化学、软件工程和工商管理等学科也取得相应的评估成绩。

（李京社、洪　歌）

【优博培育基金评选工作】2012年11月，组织第六次优博培育基金评选工作，共8人申报，经专家组讨论表决后，共评选出3名博士生进行资助。

（李京社、洪　歌）

【实施“创新人才培养”项目】根据《北京科技大学继续实施研究生“创新人才培养”项目的通知》（校研发〔2012〕7号）文件精神，自2012年5月起资助海外学者短期讲学13项，博士生参加国际会议33项，博士生短期访学13项。

（宁晓钧、王　黎）

【“国家建设高水平大学公派研究生项目”选拔申报工作】2012年3月和5月，学校共组织2次“国家建设高水平大学公派研究生项目”申报工作，项目分攻读博士学位研究生和联合培养博士学位研究生两大类，涉及12个学院、16个学科专业。采取“个人申请，单位推荐，专家评审，择优录取”的方式进行选拔，本着“公开、公平、公正”的原则，组织专家对申请者进行了面试。2012年，共有84人申请该项目，选拔并上报72人，国家留学基金委录取50人，录取率约为69%。

为加强对公派联合培养博士研究生的管理工作，实行出国期间定期汇报制度，便于掌握公派联合培养博士研究生的学习、科研、发表文章和生活等实际情况，做好监督工作，从而确保联合培养博士研究生的质量。

（宁晓钧、杨　栋）

【研究生教育教学成果奖评选工作】2012年3月开始，根据《北京科技大学教育教学成果奖励办法》（校发〔2006〕67号）和《关于申报北京科技大学第25届教育教学成果奖的通知》（校发〔2012〕12号）的文件精神，组织了第25届教育教学成果奖（研究生教育教学类）的申报和评审工作，包括报奖材料组织及评审、特等奖项目预答辩等环节。学校共遴选出各级各类奖项60项，其中特等奖10项、一等奖20项、二等奖30项。研究生教育教学成果获奖总数为23项，其中特等奖2项、一等奖8项、二等奖13项。

积极组织2012年北京市教育教学成果奖研究生部分项目的申报工作，研究生教育类一共推荐一等奖2项、二等奖6项参加北京市教育教学成果奖的评选，最终获得了一等奖和二等奖各1项。

（宁晓钧、王　黎）

【研究生免检课程评选工作】2012年11月，学校根据《北京科技大学研究生课程教学免检条例（试行）》（校研发〔2008〕15号）文件的规定，经过对2010～2011学年度、2011～2012学年度研究生课程教学情况的分析、统计，参照教学督导组评价、学生评价和学院意见等，确定34位任课教师的课程为2012年度研究生免检课程（第三批）。

（宁晓钧、王　黎）

【考务工作】2012年5月27日，作为北京市考点之一，学校承担了2012年同等学力人员申请硕士学位全国统一考试工作，完成了上、下午149个考场、4470人次的考务工作。10月28日，作为北京市考点之一，学校承担了2012年在职攻读硕士学位全国联考(GCT)工作，完成了75个考场、2250人次的考务工作。学校荣获教育部学位与研究生教育发展中心2012年非全日制攻读硕士学位全国考试“入场验证组织先进单位”称号。

（李　文、宁晓钧）

【研究生教育基地建设】 2012年7月4日，北京科技大学第六届校企合作培养高层次人才研讨会在贵州省贵阳市举行。鞍山钢铁集团公司、包头钢铁集团公司和湖北新冶钢有限公司等15家企业单位以及学校负责研究生培养工作的共60余名代表参加了研讨会。会议以“创新、发展、合作、共赢”为主题，对近年来学校与企业单位合作培养专业学位研究生的相关工作进行了总结和讨论，并对如何进一步提高培养质量和实现双方共赢达成了共识。

（李京社、李　文、姜禾娇、秦　子）

【联合培养博士研究生工作研讨会】 2012年6月8日，学校与四大工程研究总院联合培养博士研究生工作研讨会在北京召开。钢铁研究总院、有色金属研究总院、机械科学研究总院和矿冶研究总院研究生部的负责人和代表参加了研讨会。会议讨论确定了2013年北京科技大学与四大工程研究总院联合招收博士生招生工作计划以及联合培养博士生培养方案的制定原则。同时，初步讨论成立北京科技大学与四大工程研究总院联合招生培养博士生工作专家委员会事宜。

（李京社、李　文、姜禾娇）

附　录

北京科技大学参评一级学科排名

序号	学科名称	参评高校总数	学科整体水平得分	学科排名	备注
1	科学技术史	10	93	1	得分位次进入前5%或第一位
2	材料科学与工程	98	92	2	得分位次进入前5%或第一位
3	冶金工程	12	90	2	得分位次进入前10%或前二位
4	矿业工程	16	86	3	得分位次进入前20%或前三位
5	安全科学与工程	21	82	4	得分位次进入前20%或前三位
6	动力工程及工程热物理	45	73	13（并列）	得分位次进入前30%
7	控制科学与工程	83	75	17	得分位次进入前30%
8	环境科学与工程	82	74	21	得分位次进入前30%
9	机械工程	102	77	22	得分位次进入前30%
10	管理科学与工程	102	73	28（并列）	得分位次进入前30%
11	物理学	87	69	32	
12	计算机科学与技术	120	70	33	得分位次进入前30%
13	软件工程	106	70	34（并列）	
14	工商管理	115	71	36	
15	化学	82	69	39	
16	外国语言文学	92	69	40（并列）	

（李京社、洪　歌）

北京科技大学第25届教育教学成果奖（研究生教育类）

序号	等级	成果名称	成果完成人	单位
1	特等奖	基于实时财经分析的研究生实践创新能力培养——针对金融类课程研究型教学实践	王未卿、刘　澄、王立民	东凌经济管理学院
2	特等奖	依托分类培养模式与国际化教育平台的工科研究生创新培养体系	张　跃、李京社、宁晓钧 班晓娟、李　文等	研究生院
3	一等奖	研究生教育与国家创新体系研究	许　放、谢桂华、林喜庆 李志红	文法学院
4	一等奖	基于专题报告的研究性教学方法研究与实践	孙昌爱、王昭顺、王成耀 胡长军、李建江	计算机与通信工程学院
5	一等奖	教学科研融为一体，测试课程体系创新	闫晓强、王再英、孙　浩 孙志辉、范小芳等	机械工程学院
6	一等奖	实务类课程交互式研究型教学改革	李天昕、周北海、杨　栋 宋存义	土木与环境工程学院
7	一等奖	国际化研究型研究生教育教学模式的有效构建和实施	何　伟、张敬源、彭　漪 黄爱霞、马瑞芝	外国语学院
8	一等奖	案例教学在工业生态人才培养中的应用研究与探索	李素芹、苍大强、张建良 李京社、李宏煦等	冶金与生态工程学院
9	一等奖	以科技服务与挂职锻炼为载体的研究生实践育人模式构建	宗燕兵、李京社、李　文 张　颖、王　佳等	研究生工作部
10	一等奖	现代网络与安全研究型教学方法	姚宣霞、王昭顺、张德政 郑雪峰	计算机与通信工程学院
11	二等奖	《数字图像处理与分析》教材（教材）	王志明、殷绪成、曾　慧	计算机与通信工程学院
12	二等奖	《材料结构》教学方式去抽象化改进	杨　平、毛卫民	材料科学与工程学院
13	二等奖	“仪器科学与技术前沿”研究型课程建设	李希胜、张朝晖、陈先中 蓝金辉	自动化学院
14	二等奖	构筑物抗震课堂教学与实践教学的研究与实践	宋　波、王树和、黄盛楠	土木与环境工程学院
15	二等奖	高等计算机体系结构与高性能计算课程建设	李建江、胡长军、孙昌爱 王成耀、王昭顺	计算机与通信工程学院
16	二等奖	《现代人力资源管理理论与实务》的研究与编写	张　剑	东凌经济管理学院
17	二等奖	现代渗流力学研究型教学实践	宋洪庆、朱维耀、刘启鹏	土木与环境工程学院
18	二等奖	教育部试点课程“马克思主义经典著作选读”教学内容与教学方式探究	李晓光、孙文营、杨彦强	马克思主义学院
19	二等奖	视觉测量技术课程建设及教材编写	迟健男、王先梅、胡四泉	自动化学院
20	二等奖	研究生学位课《弹性力学》课程的教学实践和教材重构	杨海波、张　杰、曹建国 李洪波	机械工程学院
21	二等奖	新时期我国研究生思想政治教育的探索与研究	张　跃、牛　珩、宗燕兵 张　颖、王　佳、何　进	研究生工作部
22	二等奖	一般管理与组织理论课程群建设	高俊山、李晓辉、贾振全 楼　园、郝　玫	东凌经济管理学院
23	二等奖	以科研成果为基础，托起研究型教学新高度——《产品风险评估方法与案例分析》教学总结	黄国忠、金龙哲、刘双跃 黄志安	土木与环境工程学院

（王　黎）

高等职业教育

【综述】2012年，职业技术学院计划面向北京招生100人，实际报到83人。毕业生99人，其中7名学生通过专升本考试升入北京信息科技大学普通本科相关专业学习，至年底，在校生250人。高职毕业生中，有10名学生通过学院中日合作交流项目，编入日本东京电机大学、大阪电气通信大学及京都产业大学相关本科专业3年级留学深造。首届计算机中日合作交流班的8名学生顺利完成在学院的学习计划，赴日本东京电机大学和大阪电气通信大学继续学习。

（杨　勇）

【教学与学生工作】2012年，学院在举办高职中日合作交流班的基础上，与美国田纳西大学马丁分校合作举办高职市场营销中美合作交流班，学生在学校学习2年后，可赴美合作大学实训、学习。2012年度高职生源计划构成中，中外合作交流班已高达60%。为稳步提高高职教学质量，学院组织人力编制新版教学计划，并首次在教学计划中引入学分元素。其中所有中外合作交流班教学计划均与国外合作大学合作完成。管理工作贴近学生，丰富多彩，如：抓好班级考勤管理，认真落实校规校纪，形成良好的学习风气；加强学生干部队伍建设；积极开展学生喜闻乐见的创新性活动，全面提高学生素质。

（杨　勇）

继续教育

【成人学历教育】2012年，成人学历教育在校生21197人，较2011年减少3740人，是继2011年在校生首次减少后的又一次下滑。其中，业大生2802人、函授生4238人、远程学生14157人。成人业大、函授教育计划招生4200人，实际报到注册3482人（业大生1355人、函授生2127人）；远程教育注册新生5035人（春季2174人，秋季2861人）。毕业生9776人，其中业大、函授4752人，远程5024人；毕业生中本科生4067人，占毕业生总数的41.6%，学位授予694人，学位授予率为17%。

2012年度新建远程教育校外学习中心2个（常州学习中心、金华联翔学习中心）、函授站1个（乌海函授站）、校外业大教学点2个（中日青年交流中心教学点、民航管院教学点），并顺利通过了北京市教委组织的远程教育试点高校在京校外学习中心的检查评估和校外（函授、业大）教学站检查、备案工作。

以北京市成人学历教育招生改革为契机，按照大专业、小方向的人才培养模式，重点调整业大专业层次与结构，新增网站规划与开发技术、旅游英语、应用英语、民航安全技术管理专科；计算机科学与技术（网页设计师、Java程序员、

.NET程序员、PHP程序员、网络工程师方向）高起本专业方向；安全工程、计算机科学与技术（网页设计师、Java程序员、NET程序员、PHP程序员、网络工程师方向）、经济与金融（投资、证券）专升本专业及专业方向；函授教育新增采矿工程高起本专业、化学工程与工艺、采矿工程、地质工程专升本专业。

出台了《关于加强网上教学活动管理的若干规定》、《网上教学活动教学检查实施细则》、《主持教师工作细则》和《关于加强在线学习的通知》等文件，基于新远程教育教务管理系统的网上教学工作全面铺开并对存在的突出问题提出了相应对策；启动了考务模块和毕业设计管理模块的应用试点，对校外学习中心管理人员进行考务管理模块应用培训。

开展业大教育教学内容、方式和手段改革试点，逐步构建以面授为主，多种教学模式相结合的教学体系。创新教学设计思路，采用项目课程理论，树立模块化教学理念，完成2012版业大教育教学计划改版。

4月在北京组织召开了以“规范教学管理，推进学习支持服务”为主题的年度远程暨函授教育工作会，62名代表深入交流探讨了工作思路；11月，又召开了在京远程学习中心工作会议，针对评估中发现的问题，落实整改措施。

（赵桂娟、高　航）

【非学历教育】2012年，继续教育学院继续开拓市场，突出特色，进一步提升继续教育培训层次与成效。全年共培训各类学员2341人，其中高层次培训65人，冶金前沿技术培训730人，前沿技能培训1546人。①积极申办人社部专业技术人才知识更新工程高级研修班项目，组织制定了7项高级研修项目专题方案，报中国钢铁工业协会6项，其中4项获准由钢铁协会向人力资源和社会保障部申报，人社部批准1项；与中国钢铁工业协会合作举办了国家钢铁行业首期专业技术人才知识更新工程高级研修班，培训来自17家全国重点钢铁企业的首席研究员、教授级高工、高工等共计47人。②继续开展面向钢铁企业的培训，举办了第六期鞍钢集团中青年干部培训班、第四期酒钢中层后备干部培训班、钢铁营销专题高级研修班（21人）、“高品质洁净钢制备与质量控制技术”高级研修班（12人）、攀钢集团长城特钢公司的5个专题培训班（370人）和山西太原钢铁集团公司的三期6个专题培训班（180人）。③注重前沿技能培训的质量监管。2012年，前沿技能项目培训班在册学员共1010人，其中新招学员340人。严格管理合作项目的签约、续约、收费和年检，加强教学实训部管理；通过每周项目工作例会、每月学员信息员会议、期中教学检查、重点问题约谈和建立学员信息员网上信息沟通渠道等方式，保证各项目的培训教学质量；挖掘社会潜在培训需求，在新的行业和领域积极进行全新探索和实践，举办了内蒙森工集团“采矿工程专业本科层次”培训班。④重点研发面向钢铁企业的创新能力课程体系和网络课件定制，制作了31个视频类课件、90个文字类课件和50个前沿动态，为酒钢公司制作了近200门、12个模块的课件计划；继续完善网上学堂“管理培训知识树”，并加强与学校各学院合作和师资共享。

（张满银、陈妍茹）

留学生培养及对外汉语教学

【概况】2012年度，在留学生教育发展竞争日趋激烈的情况下，学校留学生工作整体上实现了规模扩大、层次提高、结构优化和效益提升的目标。在保持规模适度增长的同时重点提升层次，优化结构，推动了留学生教育质量的提高。至年底，学校长期在校留学生826人，留学生总人数首次突破800人，位列北京高校前十；其中学历生701人。2012年，新生338人，持续优化留学生层次，硕博新生人数占新生总数30.2%，现硕博留学生占在校留学生的28%。2012年度首次成功地举办6期短期班，共接收283名学生，同比增长5倍以上；新增6个国家的留学生，在校留学生国别数量已到117个（其中亚洲35个国家，539人；非洲43个国家，172人；欧洲14个国家，45人；北美洲12个国家，30人；南美洲8个国家，24人；大洋洲5个国家，16人）。

2012年，毕业的学历留学生156人，其中博士研究生5人、硕士研究生59人、本科生92人；结业留学生418人，其中汉语班学生88人、短期学生283人、实习生14人、进修生30人、本科生2人、博士生1人。

（毕惠芳、贾兆义）

【留学生招生工作】科学详尽地制定2012年度招生计划，拓展招生渠道，创新招生方式，在录取工作中注重生源质量的提升、国别来源的优化和专业选择的引导，较好完成了工作目标，最终接收本科新生127人，硕士研究生73人，博士研究生29人，汉语生94人，高级进修生6人，普通进修生9人，送到天津大学、华中师范大学和北京语言大学预科学习的本科生22人。

依托学校较为完善的奖学金体系，招生向研究生倾斜，吸引留学研究生来学校就读，增加在校研究生数量，提高研究生比例。2012年，学校依托国家留学基金委的中国政府奖学金项目平台共接收125名留学生，其中研究生72名（硕士58名，博士14名）；通过“教育部高校研究生自主招生项目”和“支持地方奖学金项目”招收16名研究生；通过“校长奖学金”项目接受43名研究生（其中15人先行汉语补习一年）。至年底，学校留学研究生233人，同比增长14.8%。其中博士研究生59人，同比增长55%。2012年，首次设立美国短期学分项目，成功地接收173名美国在校大学生。

（李宝铭、贾兆义）

【留学生培养工作】2012年，针对留学生教育的特点，以“重点突出、整体推进、协同培养”为思路积极探索并构建完善留学生培养体系。至年底，学校开设7个英文授课专业。英文授课在校留学研究生140人，占全体留学研究生的60%，实现了稳步增长。

在2012年的工作中，国际处采取多种措施，在班主任考勤、课堂听课、经常与任课老师沟通的基础上，通过多种途径加强学风建设，对留学生的学习态度、学习效果和学业水平进行跟踪了解，对后进学生重点关注，有效地促进了留学生学业水平的提升。在2012年度的各类奖学金评审中，学校在102名申请人中评选出5人获“教育部优秀自费来华留学生奖学金”，56人获“北京市外国留学生奖学金”，其中32名为在校学生。共有115人申请“北京科技大学优秀留学生奖学金”，70人获奖，其中一等奖10人，二等奖22人，三等奖38人。

（郝建鸿、贾兆义）

【留学生管理工作】2012年，以制度化、科学化、规范化和人本化为目标，修订完善与留学生管理有关的规章制度，把学生事务管理作为基础工作，分工负责与协同配合相结合，做好留学生教育管理中各环节的衔接，系统加强和改进留学生的管理与服务，提升留学生管理工作水平。

①学生活动方面。2012年，留学生的活动以多元化、广覆盖和重参与为指导原则，充分发挥留学生的积极性和创造性，尊重留学生主体地位，呈现出留学生活动种类多、学生参与度高和覆盖面广的特点。校庆期间，精心组织了“开窗看世界”2012年北京科技大学留学生文化节，留学生们通过图片、雕塑、音乐及舞蹈等形式展现本国文化，并演出了精彩的节目，得到学校师生的广泛关注和赞誉，为学校60周年华诞献上了厚礼。组织留学生参与公益性社会活动，5月参加了海淀文化志愿者助残演出，在6月举行的北京外国留学生汉语之星大赛决赛中，朱利安进入20强，而后参与“非你莫属”节目，受到广泛好评，另外黑大力也晋级60强，学校还获得该项赛事优秀组织奖和优秀辅导教师奖项。在11月举行的北京市高校外国留学生汉语辩论邀请赛中学校获得第3名，学校同时荣获比赛优秀组织奖及优秀辅导教师奖。在5月举行的海淀区留学生才艺比赛中，学校留学生包揽一、二、三等奖；留学生足球队组织两只队伍参加学校组织的七人制足球赛获得第3名、第4名；2012年，完成了留学生篮球队的组建；组织优秀留学生参加了北京市教委组织的“北京市外国留学生中华文化之旅”，组织留学生参观了长城、老舍茶馆和首都博物馆等具有浓郁中华文化特色的代表性文化景观，得到留学生的欢迎和一致认可，收到了预期效果。

（王频频、佟秋石、郭凯琳、贾兆义、李　端）

②日常管理方面。明确留学生办公室工作人员分工，为高效率地管理和服务工作提供前提。根据留学生管理的特点和学校实际，将留学生办公室按照招生、培养和学生事务等岗位分工负责，以实现规范管理。对学生各项统计和动态信息报送“及时更新、及时沟通、及时处理”，积极配合北京市外办，北京市教委和北京市公安局出入境管理总队的外事工作，做好留学生涉外管理和综合服务。继续实行留管干部24小时值班制度，实现留学生工作的全时覆盖，确保了各类事项尤其是应急事项的及时管理与服务。继续将全部留学生分班管理，并实行班主任负责制，由留学生办公室工作人员兼任班主任，并定期考核班主任工作，强化对班会、学生出勤、签证办理及费用交纳等事项的管理；突出班会在学生事务管理工作的作用，定期召开班会，每月至少一次，创新班会形式，采取集中举行、座谈及单独约谈等形式，丰富班会内容，将日常工作开展与留学生个体发展相结合，实现双赢局面。2012年，根据保险理赔程序和规定，结合学校实际，完善办理保险购买与理赔的规定，学生参保率提高，656人办理购买了保险手续，办理保险理赔24例。

（赵立英、贾兆义）

③制度建设。2012年，根据留学生管理工作中出现的新问题，及时修订和完善了有关规章制度，实现了留学生管理工作的制度化。制定《奖学金留学生管理补充规定》，对各类获得奖学金的留学生需要参加的活动及考核办法做出明确规定。制定了《北京科技大学留学生签证管理办法》，并翻译成多种文字，让学生详细了解签证的有关知识、办理流程

和注意事项，提高了签证办理的效率，方便了留学生的生活。

（佟秋石、郝建鸿、贾兆义）

【对外汉语教学】2012年，针对短期项目和长期学生的不同特点，以富有创新性和灵活性的教育教学方式开展短期项目，以特色性的优质服务和有针对性的管理留住长期在校生。2012年，继续采取团组方式扩大短期项目规模，先后成功地举办了日本北海道大学、日本京都产业大学、韩国顺天大学和首尔迪吉特大学的短期项目，巩固了学校短期留学生来源；创新和调整长期汉语生的教学形式和组织方式，增加了汉语教学的课时量，总课时量增加了240学时，较上年增加16%。在课程学习中，把汉语学习与中国传统文化的学习结合起来，既提高了汉语生的汉语水平，又增进了他们对中华文化的认同，培养了他们对学校的感情。为所有班级开设了下午课，并首次引入纠音课和语音听说课，受到了学生广泛欢迎。加强对外汉语师资建设，进行师资培训，设立了统一的教学大纲，为汉语教学水平的提高提供了有力的师资保障。根据语言教学和学习的客观要求，做好硬件设施保障工作，为汉语教室配备了2套多媒体教学设备，有效提升了汉语学习效果，教师和留学生普遍反应较好。2012年，根据汉语生人数不断增加和管理中出现的新情况，修订了汉语生班主任职责，加强了汉语生管理工作。

（胡媛媛、郭凯琳、贾兆义）

附　录

北京科技大学2012年度留学生情况一览表

类别	本科	硕士	博士	高进	普进	汉语生	实习生	短期生	合计
毕业生人数	92	59	5						156
结业生人数	2		1	13	17	88	14	283	418
新生人数	127	73	29	6	9	94			338
9月在校生人数	468	174	59	6	9	110			826
其中英语授课		99	41		4				144
中国政府奖学金	139	131	31	6	9	13			329
校长奖学金		27	22			15			64
外国政府奖学金	11	6	5			3			25
自费	318	10	1			72			401
交换生						7			7

（毕惠芳）

体育工作

【概况】2012年，学校体育部下设男生教研室、女生教研室、群体教研室、竞训教研室、学生体质健康测试中心和体育器材室。至年底，共有教职工47人，其中副教授25人，讲师18人，教辅和党政管理人员4人。在田径、篮球、足球、网球、乒乓球、羽毛球和冰雪项目上，学校拥有国家级裁判7人，国家一级裁判22人。

2012年，在学校党政的领导下，在市教委、北京市大学生体育协会的指导下，体育部认真落实了中共中央、国务院提出的“学校教育要树立‘健康第一’的指导思想”精神，以增强学生体质，促进学生健康为工作重点，按照年初制定的年度工作计划和目标，经过师生员工的共同努力，在教学、群体、代表队、学科建设和场地设施管理等方面做了扎实有效的工作，圆满地完成了2012年度的各项工作任务。在学校本科教学学生全员评教中名列前茅，体育教学课已成为学生最喜爱的课程之一。

（王瑞平、窦海波）

【课程建设】学校体育课程教学始终坚持“以人为本，健康第一”的指导思想，不断优化课程教育内容，形成了完备的体育课程结构，基本上满足了学生选课需求和兴趣爱好。2012年，学校体育课分男生体育课、女生体育课和男、女混合体育课。为满足广大学生日益增长的体育兴趣，体育部充分挖掘体育师资和体育设施的潜力，不断增设一些学生喜爱的运动项目。为了提高教学质量，进一步端正学风和教风，体育部继续坚持每周一次的集体备课和业务学习制度，组织教师参加说课、看课，互相学习、取长补短，并继续成立教学督导组，对教师的上课情况进行评价，规范了教师教风，对提高教学质量起到了积极的作用，“大体育”已被评为校级精品课程。

（王瑞平、窦海波）

【科研及师资建设】学校注重体育师资队伍建设，不断提高教师的业务水平，有计划地选派体育教师进修学习，参加有关体育方面的学术报告会，举办体育部科学论文报告会，使教师的业务水平和科研能力得到提高。2012年，学校体育部1位教师在首都高校第16届体育科学论文报告会中获得一等奖，体育部教师申报并立项了8个校级科研课题，发表10篇第一作者核心期刊论文和50余篇一般期刊论文。

（王瑞平、窦海波）

【竞技体育】2012年，学校的竞技体育基本上完成了既定的目标。在首都高校第50届学生田径运动会上，学校田径队获得了男子甲A组团体第3名、男女甲A组团队总分第3名，男女甲AB组团体总分第3名。在北京高校篮球联赛中，男子篮球队获得第3名，女子篮球队获得第2名。学校学生跆拳道队获北京高校跆拳道比赛男、女团体总分第一名和北京高校大学生跆拳道精英赛男、女团体总分第1名。女子羽毛球队获得高校羽毛球甲级联赛团体第2名。男子足球队获高校联赛第6名，并获得“体育道德风尚奖”。

作为教育部批准建设高水平运动队的学校，学校通过了北京市教委组织的“北京高校高水平运动队建设检查评估”，获得“优秀学校”称号，并顺利地通过了教育部对学校高水平运动队建设各项指标的评估，保持6个项目建设高水平运动队的资格。

（王瑞平、窦海波）

【群众体育活动】2012年，学校的群众体育活动继续保持良好的传统和风气。积极响应“亿万学生阳光体育运动”的号召，使学校的群众体育工作呈现出蓬勃的发展趋势。紧密围绕学校育人核心，努力将群众体育工作打造成为第二课堂和校园文化建设的桥头堡。年内，按照年初制定的学校体育竞赛计划，在体育部的指导下和学校各体育分会和各单项协会的共同努力下，组织了70余次丰富多彩的群体活动，包括组织召开12场学校及学院运动会，举办了包括游泳、羽毛球等新项目在内的40余项校内群体赛事；参加了20余项校外群体竞赛，项目多、覆盖面广、自主性强且参与性高，极大地调动了学生参加体育活动的热情，使阳光体育运动惠及全体学生，做到人人有体育项目、班班有体育活动和院院有体育特色。2012年，学校在北京市大学生体育协会组织的“数字运动会”系列比赛中取得了优异的成绩，被北京市教委授予“北京高校阳光体育联赛优胜奖”。

（王瑞平、窦海波）

附　录

2012年北京科技大学体育代表队主要竞赛成绩

比赛名称、时间、地点	领队及教练	运动员（单项成绩）							总成绩
		姓名	项目	成绩	名次	项目	成绩	名次	
首都高等院校第50届学生田径运动会 2012年5月 北京大学	领　队 王瑞平 教　练 周振平 董官清 蒋玉跃 章荣江 姜　宏 李仕美 王文海 于　祥 董　斌 郭毅平	李志珑	400米	47.74	2				甲A组 女子团体总分：93分/第4名 男子团体总分：133分/第3名 男女团体总分：226分/第3名 金牌数：10枚
		刘大程	1万米竞走	56:15.13	4				
		张建东	1万米竞走	43:36.67	1	2万米竞走	1:31:09.54	3	
		安　京	400栏	52．30	2				
		吴少龙	110米栏	14.46	4				
		李志珑	400栏	*50.71	1				
		么春阳	撑杆跳高	4.30	1				
		蔡文帅	三级跳远	16.23米	1	跳远	7.20米	7	
		马浩森	跳远	7.20米	6	三级跳远	15.43米	4	
		王　东	铅球	15.44米	4	链球	41.43	7	
		郑亦言	铅球	14.99米	5	铁饼	46.98	5	
		郭文鑫	铁饼	47.34米	4	链球	52.70米	2	
		柳文凯	十项全能	5715分	7				
		安　京 苏立德 王逸彬 谢佳楠	男4×100	42.67	7				

续表

比赛名称、时间、地点	领队及教练	运动员(单项成绩)							总成绩
		姓名	项目	成绩	名次	项目	成绩	名次	
首都高等院校第50届学生田径运动会 2012年5月 北京大学	领　队 王瑞平 教　练 周振平 董官清 蒋玉跃 章荣江 姜　宏 李仕美 王文海 于　祥 董　斌 郭毅平	安　京 谢佳楠 宋　琛 李志珑	男4×400	*3:12.04	1				甲A组 女子团体总分：93分/第4名 男子团体总分：133分/第3名 男女团体总分：226分/第3名 金牌数：10枚
		董　睿	400米	57.92	5	200米	25.55	8	
		杨金娟	800米	2:15.54	6	1500米	4:35.45	2	
		胡雪婧	400米栏	1:02.53	3	100栏	15.59	6	
		邱　梅	5000米	15:42.67	1	10000米	*32:22.82	1	
		翟艳红	3000米障碍	12:14.16	5				
		罗冬冬	3000米障碍	11:14.72	1	10000米	37:20.58	7	
		刘洁琼	5000米	18:19.97	8	10000米	37:21.38	8	
		曹文俊	5千米竞走	24:38.71	5	1万米竞走	50:06.20	4	
		赵　丹	3000米障碍	12:35.29	8				
		苏文佩	跳高	1.78	1				
		胡立立	铁饼	46.85米	1				
		胡　丹 胡雪婧 董　睿 刘　晗	女4×100	50.08	6				

*打破北京高校田径运动会纪录

（王瑞平、窦海波）

比赛名称、时间、地点	领队及教练	姓名	项目	名次	总成绩
第八届北京大学生跆拳道比赛 2012年12月 北京科技大学	领　队 宋一涛 教　练 刘　洋	宋丹黎	女子-47公斤级	4	女子团体总分：97分/第1名 男子团体总分：118.5分/第1名 男女团体总分：215.5分/第1名 金牌数：9枚
		张金茜	女子51公斤级	1	
		邢玉丹	女子55公斤级	2	
		刘　睿	女子59公斤级	4	
		王　露	女子63公斤级	2	
		李童童	女子67公斤级	1	
		高雯妍	女子72公斤级	1	
		周　阳	女子+72公斤级	1	

续表

比赛名称、时间、地点	领队及教练	姓名	项目	名次	总成绩
第八届北京大学生跆拳道比赛 2012年12月 北京科技大学	领　队 宋一涛 教　练 刘　洋	陈梦泽	男子-54公斤级	1	女子团体总分：97分/第1名 男子团体总分：118.5分/第1名 男女团体总分：215.5分/第1名 金牌数：9枚
		陈俊江	男子-54公斤级	2	
		安晓宇	男子58公斤级	3	
		许航川	男子58公斤级	4	
		陈云峰	男子62公斤级	1	
		王凯龙	男子62公斤级	2	
		刑雨健	男子67公斤级	1	
		王晓萌	男子72公斤级	3	
		朱海涛	男子78公斤级	1	
		吴　野	男子84公斤级	1	
		陈惠鹏	男子+84公斤级	2	

比赛名称、时间	领队及教练	项目	姓名	名次
北京高校篮球(甲级)联赛 2012年5月	领　队 宋一涛 教　练 李海涛	篮球男队	冯丹蕾　张舒扬　李帅霖　王恩卓　都建京 刘　洋　赵一霖　孙世佳　王　烁　李　旭 骆晓天　吉冠宇	第3名
	领　队 王瑞平 教　练 张孔军	篮球女队	孙安琪　王静雯　邹　丹　朱晓姝　牛梓薇 马　媛　魏　维　甘桠郗　高　洁　连卉囡 吴　佳　宋佳慧　于晓朦　孙晓璐	第2名
第15届CUBA联赛北京预选赛 2012年11月	领　队 宋一涛 教　练 李海涛	篮球男队	冯丹蕾　张舒扬　李帅霖　王恩卓　都建京 刘　洋　赵一霖　孙世佳　王　烁　李　旭 骆晓天　吉冠宇　李怡霖　孟令卿　刘雨鑫	第5名
	领　队 王瑞平 教　练 张孔军	篮球女队	孙安琪　甘桠郗　高　洁　连卉囡　吴　佳 宋佳慧　于晓朦　孙晓璐　张雪童　张　瑛 张　钰　雷　雨　付明月	第3名
北京高校足球(甲级)联赛 2012年5月	领　队 宋一涛 教　练 刘伟年	足球队	甘　雨　哈　斯　李　展　黄葛明　靳宗元 孙　哲　申长林　杨　宜　周亦凡　董鹏程 魏伟楠　于海东　杨　宜	第6名
北京高校羽毛球联赛 2012年5月	领　队 宋一涛 教　练 胡彦峰	羽毛球队	刘思全　贺方玉　刘秋丽　张依漪　李乐洋	第2名

（王瑞平、窦海波）

北京科技大学田径最高纪录

（至2012年底）

男子

项 目	成 绩	日 期	地 点	创造者	院 别	备 注
100米	10.5	1991.6	国家体委	刘玉刚	机械	北京地区田径邀请赛
200米	21.2（电）	1996.8	西 安	扬子江	经管	全国第5届大学生运动会
400米	47.1（电）	1996.8	西 安	扬子江	经管	全国第5届大学生运动会
800米	1:50.3	1992.6	国家体委	邹华东	采矿	国家体委田径测验赛
1500米	3:50.2	2005.5	北师大	公 强	经管	北京高校第43届田径运动会
5000米	14:23.1	2005.5	北师大	高月志	经管	北京高校第43届田径运动会
10000米	29:50.8	1997.4	上 海	鞠成军	文法	全国第8届运动会达标赛
3000米障碍	9:10.7	2003.10	交 大	高月志	经管	北京高校第41届田径运动会
110米栏	13.6	1998.5	体 师	白 勇	文法	北京高校第36届田径运动会
400米栏	50.71	2012.5	北 大	李志珑	文法	北京高校第50届田径运动会
4×100米接力	41.38（电）	1999.7	长 春	汤 禹 时宪东 闫二勇 扬子江	校队	全国第7届大学生田径锦标赛
4×400米接力	3:12.04	2012.5	北 大	李志珑 安 京 谢佳楠 宋 琛	校队	北京高校第50届田径运动会
10000米竞走	41:59.51	1995.5	先农坛	奚绍辉	社科	北京市第9届运动会
20000米竞走	1:24:54.	1995.5	先农坛	奚绍辉	社科	北京市第9届运动会
跳 高	2.06米	2005.5	北师大	刘 路	经管	北京高校第43届田径运动会
跳 远	7.90米	1989.5	合 肥	梁 超	经管	全国田径锦标赛
三级跳远	16.33米	2010.9	山 东	蔡文帅	经管	山东省运动会
撑杆跳高	5.00米	2012.5	清华大学	周 博	经管	北京高校第49届田径运动会
铅 球	15.67米	2002.5	北科大	尹作为	信息	北京高校第40届田径运动会
铁 饼	59.14米	1996.5	体 大	李加富	社科	北京高校第34届田径运动会
标 枪	66.72米	1990.3	体 大	马 键	经管	北京体院田径邀请赛
链 球	63.37米	2005.5	北师大	李振华	经管	北京高校第43届田径运动会
十项全能	6372分	2008.5	林 大	冯 超	经管	北京高校第46届田径运动会

女子

项　目	成　绩	日　期	地　点	创造者	院 别	备 注
100米	11.70(电)	2000.9	成　都	闫　姝	文法	全国第6届大学生运动会
200米	23.8	1998.10	北　体	王　莉	经管	北京高校田径杯赛
400米	56.8	1999.5	首师大	王　莉	经管	北京高校第37届田径运动会
800米	2:08.9	2004.5	北　航	李志梅	经管	北京高校第42届田径运动会
1500米	4:18.0	2006.4	北科大	谢　芳	经管	北京科大第44届学生田径运动会
3000米	10:12.35	1988.8	南　京	李跃明	热能	全国第3届大学生田径运动会
5000米	15:03.95(电)	2007.11	武　汉	谢　芳	经管	第六届全国城市运动会
10000米	31:21.2(电)	2007.11	武　汉	谢　芳	经管	第六届全国城市运动会
100米栏	13.71(电)	2006.5	郑　州	線　红	经管	2006年全国田径大奖赛郑州站
400米栏	59.92(电)	2006.10	北　大	胡雪婧	经管	北京高校田径精英赛
4×100米接力	47.3	1998.5	体　师	王　莉　许秋红 齐　媛　闫　姝	校队	北京高校第37届田径运动会
4×400米接力	3:51.03(电)	2008.5	林　大	李　烨　边　迪 胡雪婧　赵莹莹	校队	北京高校第46届田径运动会
5000米竞走	21:52.6(电)	2006.10	北　大	伊　群	经管	北京高校田径精英赛
10000米竞走	45:38.91电)	2007.5	北　邮	伊　群	经管	北京高校第45届田径运动会
3000米障碍	10:10.2(电)	2007.11	武　汉	徐益娜	经管	第六届全国城市运动会
跳　　高	1.88米	2009.10	济　南	乔艳蕊	经管	第十一届全运会
跳　　远	6.24米	2007.5	北　邮	刘亚男	经管	北京高校第45届田径运动会
三级跳远	14.04米	2009.10	济　南	刘亚男	经管	第十一届全运会
铅　　球	20.35米	2009.10	济　南	巩立姣	经管	第十一届全运会
铁　　饼	57.7米	1999.5	首师大	王萍萍	信息	北京高校第37届田径运动会
标　　枪	47.78米	1995.10	八一队	孙　静	经管	北京高校田径杯赛
七项全能	5189分	1999.5	首师大	王　琳	文法	北京高校第37届田径运动会

（王瑞平、窦海波）

学科建设工作

【概况】学校依托“优势学科创新平台”、“211”工程和北京市“中央在京高校共建项目”等重点建设，加大建设经费投入，提升学科建设水平。

（乔　兰、张武军）

【“211”工程三期建设】“211”工程三期建设由教育部、国家发展改革委和财政部3部委共同实施，建设期为2008年～2011年。北京科技大学“211”工程三期建设主要任务分为重点学科建设、师资队伍和创新人才培养3部分。重点学科建设以7个项目为主体，覆盖学校4个一级国家重点学科、2个二级国家重点学科、1个二级国家重点培育学科和11个北京市重点学科；依托1个国家重点实验室、1个国家工程研究中心、1个国家重大科技基础设施、8个部委级重点实验室和开放实验室、5个部委级研究中心及3个大学研究院，建设与充实14个实验室。

“211”工程三期建设验收工作开始于2012年1月，验收采取按项目验收的方式，分为校内验收和国家验收2个阶段。国家验收包括网络验收、抽查验收和第三方验收3种形式，每种形式各有侧重，同步进行。

（1）校内验收。2012年1月召开“211”工程三期建设项目验收布置会，验收内容包括：建设目标和建设任务完成情况、建设资金使用管理情况、取得的建设成效和标志性成果、项目管理情况、继续建设的新思路和新举措。学校各项目按要求认真准备了验收材料。

3月22日，学校召开“211”工程三期建设项目验收会，对学校所承担的“211”工程三期建设项目组织了校内总体验收。校长徐金梧教授，副校长张跃教授、各学院负责人、各“211”工程建设项目负责人，相关领域的著名专家和财务处、资产管理处、审计室等职能部门的人员参加了会议。各项目负责人分别从项目建设目标、任务完成情况、资金使用情况、设备购置情况、标志性成果和建设成效等方面进行了详细汇报，各职能部门分别代表学校对各项目的设备验收、财务结算及审计情况进行了具体汇报。验收专家组在会后对所验收项目建设的实验室与主要仪器设备进行了实地考察，进一步审阅了项目验收总结材料，围绕项目建设目标与任务完成情况、项目建设成效、取得的成效与不足等问题进行了质询和评议，最终形成项目验收意见并进行了反馈，提出了宝贵的指导性建议。项目验收结束之后，学校“211”工程三期各建设项目认真学习了验收专家意见，研究了解决对策和办法，提出了切实可行的保障措施与政策，总结经验，进一步整合和完善了验收材料，为确保学校以高水平和优异成绩迎接国家验收打下了基础。

（2）国家验收。根据“211”工程部际协调小组办公室《关于做好“211”工程三期验收工作的通知》和《关于印发<“211”工程建设实施管理办法>的通知》的安排，国家验收工作包括网络验收、抽查验收和第三方验收3种形式。校内验收工作结束后，规划与学科建设办公室及时认真总结了会议精神，花费大量精力收集了主要工作和建设成绩，整理归纳了“211”工程各验收项目的专项资金使用和管理的验收资料，会同校内外专家的评审意见，按要求编制了北京科技大学“211”工程三期总结报告，上报教育部，全力准备教育部专家组的整体验收。根据教育部、国家发展改革委、财政部3部委的进一步要求，6月，规划与学科建设办公室开始准备“211”工程三期建设抽查验收，组织有关人员进行深入研究和论证，进一步修改、细化和完善了学校整体总结报告，完成了整体报告与各二级项目总结报告的对照、核对和梳理等工作，确保了验收材料的高水平、高质量。经过全校上下的共同努力，学校顺利通过教育部专家组验收，教育部领导及验收专家组对学校“211”工程三期建设给予充分肯定和高度评价。7月，针对教育部的第三方验收，办公室积极配合，认真准备了补充材料，最终圆满完成了验收任务。

（3）建设成效。“211”工程三期项目自实施以来，学校各项建设年度计划执行情况良好，在学科建设、科学研究、基地建设、人才队伍、人才培养和社会服务等方面取得了长足发展，取得了预期的效益。

①学科建设方面，学校有博士学位授权一级学科18个，其中国家重点一级学科4个，二级重点学科2个，重点培育学科1个，北京市重点交叉学科2个，一级重点学科2个，二级重点学科6个。

②科学研究方面，“211”工程三期建设期间，学校获得国家科技进步奖18项，申请专利1417件，其中发明专利1317件，科研经费近25亿元；科技产业产值近40亿元，利税合计超过3.3亿元。

③基地建设方面，建设1个国家科学中心，3个国家重点（专业）实验室，2个国家工程（技术）研究中心，2个国家科技基础条件平台，21个省部级重点实验室、工程研究中心。同时，学校新建冶金工程研究院、新材料研究院和广东研究院等一批科研基地和产学研平台，自主创新能力不断增强。

④师资队伍建设方面，学校“千人计划”入选者7人、“973”项目首席科学家3人、“长江学者奖励计划”特聘教授12人、讲座教授3人、国家杰出青年科学基金获得者12人、国家教学名师2人、“百千万人才”工程国家级人选11人、中国青年科技奖获得者5人、新世纪优秀人才支持计划入选者75人、北京市科技新星计划入选者38人、北京市教学名师19人、北京科技大学特聘教授3人，形成了一支规模与结构合理、素质优良的学术带头人队伍。

⑤人才培养方面，全日制在校生2.3万余人，其中本专科生13532人，各类研究生8867人（其中博士生2583人、硕士生6284人），外国留学生765人。

（乔　兰、张武军、张云仙）

【北京市重点学科】为加强北京地区高等学校的学科建设，增强科学研究能力，培养高素质创新人才，在总结“十一五”期间北京市重点学科建设经验的基础上，围绕北京市“十二五”发展规划重点发展领域，2012年初，市教委决定在北京市重点学科中开展重点支持学科的遴选工作。学校根据既要符合学校学科发展规划，又要注重质量，以发挥重点学科建设的引导和示范作用的原则，按照市教委下达的重点支持学科限额数，从学校现有北京市重点学科中遴选出纳米材料与器件物理学、机械工程和控制理论与控制工程3个重点支持学科。

北京市教委在遴选重点支持学科的同时，结合国家2011年新颁布的一级学科目录，决定在现有北京市重点学科规模的基础上，开展北京市重点学科调整及增补工作。学校根据调整、增补的要求，积极组织相关学院进行申报，相关学科按要求填写了申报材料，规划与学科建设办公室组织校内外专家进行评审，校内外专家对申报材料进行了认真审议，最终确定动力工程及工程热物理学科申报一级学科北京市重点学科，通信与信息系统和环境工程申报二级学科北京市重点学科，按规定时间将申报材料上报北京市教委。北京市学位办组织专家对申请材料进行了审核，于4月公布了北京市重点学科调整及增补名单。学校申请的3个学科全部通过审核，被批准为北京市重点学科。

规划与学科建设办公室及时与北京市重点学科负责人沟通，强调要加强北京市重点学科的建设与管理，逐步改善教学、科研条件，加强学术队伍建设，不断提高学科建设水平，提高高层次创新人才培养质量，切实保证了建设目标和建设任务的完成。

（乔　兰、张武军、张云仙）

【北京市共建项目】学校积极探索，扎实做好2012年“北京市共建项目”经费预算申报工作。根据北京市支持中央在京高校共建项目总体安排，结合共建项目支持方向，学校整合共建项目建设内容，确定了学校建设重点项目共15项，预算控制总额为1368万元。规划与学科建设办公室组织召开了共建项目经费预算申报布置会，对项目申报书的填报进行了详细说明，要求各项目负责人，严格按照规定并在预算控制指标内填写申报书。办公室组织校内外专家认真审核，如期将共建项目申报书及相关支撑材料上报北京市教委。

经过专家评审及财政评审，市教委于9月拨付了学校2012年共建经费1365.81万元，支持“人才培养共建项目”7个，共计327.8万元；“科学研究与研究生培养”8项，共1038.01万元。规划办及时将经费拨付相应项目负责人，并由相关部门进行归口管理。

（乔　兰、张武军、张云仙）

科学研究与产业开发

科研工作

【概况】2012年，学校的科技工作以科学发展观为指导，深入贯彻落实《国家“十二五”科学和技术发展规划》，围绕“高水平研究型大学科技创新体系建设”这一主题，继续强化科研质量和科研创新，统筹布局，以“2011计划”申报、“十二五”国家项目的组织与申报、科研基地建设和校庆工作等为重点，积极推进全校科技工作，圆满地完成了年度工作目标任务。

（郝晓云）

【科研项目与经费】2012年，全校科研经费继续保持良好的增长势头，全年实到科研经费总额73370.96万元，同比增长7.58%，其中纵向经费35300.60万元，同比增长23.22%；横向经费38070.36万元，同比降低3.75%。新增合同经费86882.99万元，其中新增纵向合同经费49220.54万元，新增横向合同经费37662.45万元。

（1）纵向科研课题。2012年新增纵向科研项目（承担/参加）461项。①“863”项目（课题）26项，总经费10633.21万元。②国家科技支撑计划项目（课题）29项，总经费7228.60万元。③国家自然科学基金项目149项，总经费10798.60万元。④“973”/重大研究计划/ITER项目15项，总经费4403.81万元。⑤国家重大专项项目13项，总经费2509.25万元。⑥北京市纵向项目（含北京市自然科学基金）34项，新增合同经费1676.81万元。⑦人文社科项目54项，经费755.43万元。

（2）横向科研课题。2012年新增横向合同887项。①由国家政策引导，高技术企业认定需要而签订专利许可合同的数量大幅度增加，共签订23份，专利实施许可合同签订金额为397万元。②横向合同经费100万元以上的合同数为61项，合同经费17024.09万元。③与战略合作钢铁企业保持了良好、持续的合作关系。与鞍钢签订5项合同，经费439.2万元；与武钢签订17项合同，经费1122.1万元；与首钢签订16项合同，经费1318万元；与内蒙古包钢签订2项合同，经费1900万元；与宝钢签订13项合同，经费624.4万元；与河北钢铁签订10项合同，经费779万元；与南京钢铁签订13项合同，经费625万元；与浦钢签订3项合同，经费425万元；与莱钢签订7项合同，经费265万元；与攀钢签订5项合同，经费251万元；与淄博张钢签订6项合同，经费140万元；与太钢签订5项合同，经费137万元；与马鞍山钢铁签订6项合同，经费23.88万元；与济钢签订1项合同，经费19万元。

（郝晓云）

【科研水平与成果】2012年，学校获得了国家科学技术奖5项，省部级科学技术奖73项。

其中，孙加林教授、陈俊红副教授参与完成的“高品质耐火材料制备过程微结构控制技术与工业应用”项目荣获2012年度国家技术发明二等奖。该项目针对耐火材料工业持续发展所面临的制备过程中微结构的可控制等关键性技术、共性问题，创新性提出耐火材料微结构分步控制技术、原位控制技术和隔热控制等技术，使材料的性能得到大幅度稳定提升。材料性能达到或超过国外进口同类产品水平，提高了我国耐火材料产品在国际市场上的竞争力。新产品完全自主研发并工业化生产，在武钢、鹿泉等国内30余家大中型钢铁、水泥企业和20余家耐火材料企业大规模应用，近3年11家耐火材料生产企业新增产值30余亿元，新增直接经济效益6亿多元，促进了我国耐火材料行业技术跨越和产业结构优化。

吴顺川教授主持完成，高永涛教授、姜福兴教授参与完成的“地下工程开挖诱发灾害防控关键技术开发及应用”项目荣获2012年度国家科学技术进步二等奖。该项目通过对地下空间开挖致灾源的有效隔离、危险点辨识及监测预警、塌方灾害的控制与结构恢复等国内外亟待解决的重大科学技术难题的研究，发明了地下开挖诱发灾害的主动预防隔离技术，开发了灾害风险辨识技术及预警系统，创造了致灾危险源控制与结构恢复技术，成功应用于国内8省市46个国家及省市重点工程(包括奥运工程)中。该项目历时15载，共取得阶段性成果19项，先后获得省部级科技进步奖8项，授权专利9项，其中发明专利6项，软件著作权7项，发表相关学术论文116篇，取得了大量应用性成果，多项技术成果达到国际领先水平。至2012年底，已形成多个示范基地和示范工程，经济效益超过32亿元，其推广应用具有巨大的社会效益。

吴爱祥教授、高谦教授参与完成的“高应力特大型镍矿床连续开采综合技术”项目荣获2012年度国家科学技术进步二等奖。该项目针对高应力破碎金属矿床开采技术特点，以采场地压控制和安全高效开采为前提，以提高资源回收率和降低贫化率为目标，综合运用理论分析、室内实验、数值模拟、现场监测和工程实践等综合技术手段，构建了高应力破碎条件下岩层控制理论与技术框架，创立了厚大破碎矿体大断面仿生蜂巢结构回采新技术，开发了以矿山固体废弃物为骨料高浓度料浆胶结充填工艺，有效控制了采场地压，缓解岩层移动，形成了高应力特大型镍矿床连续开采综合技术体系，建成了世界上生产能力最大的下向胶结充填法矿山，采矿损失率由设计的5%降至4.2%，贫化率由设计的7%降至5%以下，创造了显著的经济效益和社会效益，该项目研究成果可推广应用于条件类似的金属矿山。

胡乃联教授、姜福兴教授参与完成的“海底大型金属矿床高效开采与安全保障关键技术”项目荣获2012年度国家科学技术进步二等奖。该项目通过海底大型金属矿床导水构造勘探、岩体质量分级、模拟试验平台构建、安全隔离层深度确定、高效开采新方法及海底开采安全保障技术开发等内容的研究，在国际上首次研发了千米垂深的海底大型金属矿床高效开采与安全保障成套关键技术与方法。获得了5项发明专利，形成了5项行业标准，为海底矿山的安全开采提供了技术规范。研究成果总体达到了国际领先水平，在山东黄金集团三山岛金矿应用后，3年为国家创造直接经济效益41亿元。

纪洪广教授参与完成的“‘一扩成井’快速钻井法凿井关键技术及装备研究”项目荣获2012年度国家科学技术进步二等奖。该项目针对目前钻井法工艺存在的由于扩孔次数多所导致的工艺环节多、设备占用大、组织管理复杂、成井速度低、泥浆排放量高、环境污染严重、长时间占用土地多等一系列问题，在综合分析国内外钻井法凿井关键技术发展趋势和核心技术基础上，通过理论分析、工艺过程优化、核心装备研发和工业性试验，创造性提出“一扩（钻）成井”钻井新工艺，大截带滚刀破岩机理、钻头结构、钻屑与洗井泥浆运动规律、中心管结构及其可靠性、排渣与泥浆净化、工艺过程风险分析及危险性识别等核心工艺技术取得重大突破，形成“一扩（钻）成井”钻井新工艺，达到国际领先水平，对我国深部资源开发，实现矿井建设的机械化具有重要推动作用。

在学校获得的各类省部级奖励中，一等奖11项，二等奖34项，三等奖27项，优秀奖1项。此外，学校评选出2012年北京科技大学优秀科研成果奖5项，分别是陈艳萍完成的“奇异积分算子的有界性研究”、陈飞武等完成的“量子化学理论及其在分子体系中的应用”、冯英完成的“政府过程视角下的行政立法腐败问题研究”、梅建军等完成的“陕西汉中出土商代铜器的科学分析研究”和何伟等完成的“功能时态理论研究”。

2012年，学校共申请发明专利410项，实用新型专利80项；授权发明专利261项，实用新型专利52项。其中有5件发明专利申请提出了PCT国际申请，办理计算机软件登记40项。2011年，学术论文被SCIE收录816篇，同类机构排名第33；EI收录论文1137篇，同类机构排名第28；ISTP收录473篇，同类机构排名第13。

（郝晓云）

【科研基地建设】2012年，新增现代交通先进金属材料与加工技术北京实验室、材料领域知识工程北京市重点实验室、功能分子与晶态材料科学与应用北京市重点实验室、北京市弱磁检测及应用工程技术研究中心、北京企业低碳运营战略研究基地、工业节能与能效经济创新引智基地6个科研基地，对提升学校科研地位和实力起到重要作用。其中现代交通先进金属材料北京实验室是北京市首批获批的实验室之一；依托东凌经济管理学院建设的北京企业低碳运营研究基地，是学校获建的首个北京市哲学社会科学研究基地。同时，积极组织，整合学科，满额申报了3个北京市重点实验室和3个工程技术研究中心，向北京市科委推荐的3个北京市国际科技合作基地均已参加了答辩。现有的其他各级各类科研基地运转良好。国家材料自然环境腐蚀实验台网获科技部、财政部资助3200万元，高效轧制国家工程研究中心获得国家发展和改革委员会颁发的“国家工程研究中心杰出贡献奖”。

（郝晓云）

【产学研合作交流】2012年，学校产学研合作交流进一步深化。①先后与多个政府、企业签订了19项产学研合作协议。②瞄准珠三角、长三角区域发展需求，依托“广东省部产学研合作项目”、“广西科学研究与技术开发计划”和教育部推出的“蓝火计划”等，重点在广东、广西、徐州和龙岩卓有成效地开展了政府合作。③持续、深入推进与首钢、宝钢、武钢和新冶钢等一批大型企业合作。与首钢第三期战略合作启动，共提交29个研究方向的34项项目建议；与武钢确定了“5+N”产学研合作计划，展开科研合作、人才培养等全方位合作；与宝钢进行了多次的交流，在不锈钢领域初步达成合作意向。④广东研究院进入快速发展轨道，年内共有16个项目立项，合同额为1870万元。实体化建设取得突出进展，正在积极筹建湛江工业技术研究院、深圳基地、广州市基地和佛山顺德区基地。⑤加入“中国汽车轻量化技术创新战略联盟”，提升服务经济、社会发展能力。⑥周国治、胡正寰院士领衔进驻北汽集团院士工作站。⑦承担的国家教育体制改革试点项目“探索行业高校校企合作模式”获教育部检查组高度评价。此外，北京科技大学获得中国钢铁工业协会、中国金属学会“中国钢铁工业科技工作先进单位”荣誉称号。

（郝晓云）

【军工科研生产】2012年，学校的国防科研生产体系得到进一步的巩固与加强。国防科研合同额，继续保持了快速增长的态势。军工科研的参与程度有所提高，校内参与军工科研的二级单位已经达到11个。配套科研优势得到连续保持，新立项项目的支持力度较以往有很大提高，获得立项的5项项目单项经费最低为259万元，最高为570万元。某关键技术成功应用于国防重大专项，实现了在该重大专项科研领域中应用材料评价技术的创新突破。积极推进学校首个国防条件建设平台建设，第一个条件建设项目已圆满完成；完成了国防科工局协作配套中心的配套科研专家库软件编写任务，受到了上级机关的表扬；国防科研生产资质保持全面升级，通过了由总装新时代认证机构组织的国军标质量体系管理评审，成为教育部高校中生产资质门类最多的高校。

（郝晓云）

【基本科研业务费】2012年，学校对中央高校基本科研业务费组织了2次立项工作。上半年完成了2012年度第2批资助项目立项，对教育部拨付学校2012年度基本科研业务费小量剩余经费进行了安排。下半年进行了2013年度第1批资助计划的立项，该批次一方面侧重对新入校教师、新增省部级科研基地和新获得的国家重大科技项目予以支持，另一方面继续加强对理科、人文社科教师申报国家科技项目和博士研究生开展科技创新活动的支持。2个批次共收到各类申请书193项，经过评审确定资助项目140项，立项经费1305.9万元，拨款1167.2万元。并对36项“优秀青年人才培养基金”项目进行了中期检查，对174项各类基本科研业务费项目组织了结题验收。学校对上半年结题验收“优秀”的项目在2012年度第2批次立项中给予了持续资助。

（郝晓云）

【科技期刊】2012年，期刊中心圆满地完成出版任务。出版《北京科技大学学报》、《矿物冶金与材料学报（英）》、《北京科技大学学报（社会科学版）》、《物流技术与应用》、《粉末冶金技术》和《金属世界》共53期，载文968篇。其中：自然科学研究论文852篇，社会科学研究论文116篇；SCI收录论文179篇；EI收录论文439篇；中文核心期刊论文515篇。通过紧密关注学科热点及追踪科技前沿，重点组稿，期刊的质量不断提高，学术影响力明显提升。期刊中心在2012年获得了2项中国高校精品期刊奖、2项中国有色金属出版物奖（期刊奖）和1项中国科技论文在线优秀期刊奖。

（郝晓云）

【人才培育】2012年，学校高水平领军人才队伍建设取得新进展。材料工程与科学学院张跃教授成为国家重大科学研究计划项目首席科学家；冶金与生态工程学院邢献然教授领衔的“钙钛矿材料的负热膨胀性、铁电性及其性能调控”创新团队入选教育部“长江学者和创新团队发展计划”；易红宏、侯新梅、廖庆亮、冯志鹏、张中山、杜宏武、何枫、白洋和曹江利9人入选教育部“新世纪优秀人才支持计划”；新材料技术研究院董超芳教授申报的“金属的腐蚀与防护”项目获得国家自然科学基金委新增设立优秀青年科学基金项目资助立项；白洋入选中组部“青年拔尖人才支持计划”。

（郝晓云）

【科协、学会、学术交流】2012年，学校主办国际会议9次；参加国际会议749人次，交流论文1087篇，特邀报告

80篇；派遣99人次、接收23人开展合作研究。学校科协组织学生科协举办了第五届百科知识竞赛，普及科普知识，受到师生欢迎；组织30余件专利和1件实物作品参加首都大学生科技创新与专利博览会；联合校团委成功申报“中国科协、教育部高校科普创作与传播试点”。2012年，学校获北京市科协“北京市金桥工程组织奖三等奖”、“2011年北京市科技周活动优秀组织奖”、“高校科普志愿服务优秀组织奖”和中国钢协、中国金属学会“中国钢铁工业科技工作先进单位”荣誉称号，自动化学院青年教师冯涛获北京市科协第21届“北京优秀青年工程师”荣誉称号。

（郝晓云）

【科研管理】经过三年来的不断完善，学校科研管理信息系统建设更加有序化、规范化和科学化。科研管理系统的二期升级改造给系统相关功能模块的实现带来了质的飞跃，相关业务模块都能更好地满足全校科研人员和管理人员的需求，并实现与“E北科”的融合。此外，国防科研信息管理系统也运行良好。通过科研管理信息化平台的建设，可以实现科研工作的网络化管理，形成一个及时更新的科研数据中心和科研管理沟通平台，全面、实时和准确地提供学校有关科研信息，为学校领导制定有关科研决策提供支持，为学校科研人员开展科研活动提供方便快捷服务。

（郝晓云）

附　录

2012年科研成果统计表

单位	成果鉴定（项）	获奖数（项）	申请专利（件）			授权专利（件）			软件著作权（项）	国际PCT申请（件）
			发明	实用新型	合计	发明	实用新型	合计		
土木与环境工程学院	9	41	50	13	63	34	14	48	2	0
冶金与生态工程学院	1	7	71	26	97	24	2	26	0	0
材料科学与工程学院	5	13	104	8	112	59	7	66	1	0
机械工程学院	3	5	26	15	41	19	19	38	7	0
自动化学院	0	0	20	2	22	7	2	9	2	0
计算机与通信工程学院	0	1	12	6	18	16	0	16	24	0
数理学院	0	0	4	0	4	0	0	0	0	0
化学与生物工程学院	0	0	10	0	10	7	0	7	0	0
东凌经济管理学院	0	3	0	0	0	0	0	0	1	0
文法学院	0	1	0	0	0	0	0	0	0	0
外国语学院	0	0	0	0	0	0	0	0	1	0
新金属材料国家重点实验室	0	1	18	0	18	19	2	21	0	3
冶金工程研究院	2	4	24	4	28	14	3	17	1	0
新材料技术研究院	1	6	65	6	71	62	3	65	0	2
国家材料服役安全科学中心（筹）	0	0	6	0	6	0	0	0	1	0
合计	21	82	410	80	490	261	52	313	40	5

*注：有4项获奖成果为多个学院合作完成

2012年科研获奖项目一览表

序号	项目名称	奖励名称	奖励单位	获奖等级	完成人	完成单位	所在单位
1	高品质耐火材料制备过程微结构控制技术与工业应用	国家技术发明奖	国务院	二	孙加林（3） 陈俊红（4）	武汉科技大学、北京科技大学	材料科学与工程学院
2	地下工程开挖诱发灾害防控关键技术开发及应用	国家科学技术进步奖	国务院	二	吴顺川（1） 高永涛（3） 姜福兴（5）	北京建筑工程学院、北京科技大学、中铁十六局集团有限公司、北京交通大学、北京安科兴业科技有限公司、浙江勤业建工集团有限公司	土木与环境工程学院
3	高应力特大型镍矿床连续开采综合技术	国家科学技术进步奖	国务院	二	吴爱祥（3） 高　谦（9）	金川集团有限公司、北京科技大学、中国恩菲工程技术有限公司、中南大学、天地科技股份有限公司、中国科学院地质与地球物理研究所	土木与环境工程学院
4	海底大型金属矿床高效开采与安全保障关键技术	国家科学技术进步奖	国务院	二	胡乃联（6） 姜福兴（8）	山东黄金集团有限公司、中南大学、北京科技大学、北京黄金经济发展研究中心	土木与环境工程学院
5	“一扩成井”快速钻井法凿井关键技术及装备研究	国家科学技术进步奖	国务院	二	纪洪广（8）	淮北矿业（集团）有限责任公司、北京中煤矿山工程有限公司、安徽省皖北煤电集团有限责任公司、华煤建设特殊工程技术有限公司、中煤矿山建设集团有限责任公司、北京科技大学、安徽理工大学	土木与环境工程学院
6	煤矿井下紧急避险技术与装备	高等学校科学研究优秀成果奖	教育部	二	金龙哲（1） 李芳玮（4） 高　娜（5） 欧盛南（7） 詹子娜（9）	北京科技大学、中国矿业大学	土木与环境工程学院
7	金属板带表面缺陷在线检测技术的开发与应用	高等学校科学研究优秀成果奖	教育部	二	徐金梧（1） 徐　科（2） 杨朝霖（8） 周　鹏（9）	北京科技大学、重庆钢铁（集团）有限责任公司、湖南华菱湘潭钢铁有限公司、西南铝业（集团）有限责任公司	冶金工程研究院
8	新型烧结烟气脱硫集成技术	高等学校科学研究优秀成果奖	教育部	二	邢　奕（1） 宋存义（2） 童震松（3） 汪　莉（4） 钱大益（5） 常冠钦（6） 梁宝瑞（11）	北京科技大学、北京北科环境工程有限公司、北京首科兴业工程技术有限公司	土木与环境工程学院
9	低品质掺合料改性与复合技术及其在高性能混凝土工程中的应用开发	高等学校科学研究优秀成果奖	教育部	二	刘娟红（2）	北京建筑工程学院、北京科技大学、湖北大学、武汉理工大学、广东省长大公路工程有限公司第一分公司、石家庄铁道大学	土木与环境工程学院

续表

序号	项目名称	奖励名称	奖励单位	获奖等级	完成人	完成单位	所在单位
10	溶浸采矿基础研究与应用	北京市科学技术奖	北京市人民政府	一	吴爱祥（1） 王洪江（2） 尹升华（3） 王贻明（4） 韩　斌（5） 杨保华（6） 刘金枝（7） 王少勇（8） 姚高辉（9）	北京科技大学	土木与环境工程学院
11	新型绿色烯烃环氧化用催化材料的研究	北京市科学技术奖	北京市人民政府	二	王　戈（1） 杨　穆（2）	北京科技大学	材料科学与工程学院
12	高性能纳米复合结构热电材料与微器件技术	北京市科学技术奖	北京市人民政府	三	张波萍（2）	清华大学、北京科技大学	材料科学与工程学院
13	烧结烟气密相干塔脱硫技术及应用	北京市科学技术奖	北京市人民政府	三	邢　奕（1） 常冠钦（2） 宋存义（3） 汪　莉（4） 钱大益（5） 童震松（6）	北京科技大学、北京首科兴业工程技术有限公司	土木与环境工程学院
14	非金属矿物材料的低成本绿色制备技术	北京市科学技术奖	北京市人民政府	三	徐利华(1) 连　芳(2) 郝洪顺(3) 仉小猛(5) 张作顺(6)	北京科技大学、郑州华宇耐火材料有限公司	新材料技术研究院、材料科学与工程学院
15	半无头轧制高质量薄规格宽带钢技术集成创新及应用	冶金科学技术奖	中国钢铁工业协会、中国金属学会	一	康永林（2） 陈林恒（7） 凌　华（12）	湖南华菱涟源钢铁有限公司、北京科技大学、钢铁研究总院	材料科学与工程学院
16	连铸板坯表面缺陷在线检测技术的开发与应用	冶金科学技术奖	中国钢铁工业协会、中国金属学会	二	徐　科（1） 徐金梧（2） 周　鹏（6） 杨朝霖（7） 梁治国（10）	北京科技大学、重庆钢铁（集团）有限责任公司	冶金工程研究院
17	120m^3高炉科研解剖研究	冶金科学技术奖	中国钢铁工业协会、中国金属学会	二	张建良（2） 程树森（4） 左海滨（6） 国宏伟（8） 刘征建（10）	莱芜钢铁集团有限公司、北京科技大学	冶金与生态工程学院
18	金属中金相组织含量和级别的图像分析与体视学测定系列国家标准研制	冶金科学技术奖	中国钢铁工业协会、中国金属学会	二	刘国权（2）	湖北新冶钢有限公司、北京科技大学、冶金工业信息标准研究院、钢研纳克检测技术有限公司、首钢总公司、黄石理工学院、武汉钢铁（集团）公司	材料科学与工程学院

续表

序号	项目名称	奖励名称	奖励单位	获奖等级	完成人	完成单位	所在单位
19	巴基斯坦山达克露天矿开采系统优化及边坡稳定性研究	冶金科学技术奖	中国钢铁工业协会、中国金属学会	三	纪洪广（2） 王金安（4）	北京科技大学、中冶集团资源开发有限公司	土木与环境工程学院
20	中厚板坯连铸凝固冷却精细控制技术	冶金科学技术奖	中国钢铁工业协会、中国金属学会	三	刘　青（1）	北京科技大学、河北钢铁集团邯郸钢铁集团有限责任公司	冶金与生态工程学院
21	短流程全工序高品质用钢的板形质量控制	冶金科学技术奖	中国钢铁工业协会、中国金属学会	三	何安瑞（1） 邵　健（4） 孙文权（5）	马钢（集团）控股有限公司，北京科技大学	冶金工程研究院
22	矿用可移动式救生舱研究与实验	安全生产科技成果奖	国家安全生产监督管理总局	一	金龙哲（1）	北京科技大学、山西潞安矿业集团公司、陕西重生矿业科技有限公司	土木与环境工程学院
23	基于区域瓦斯治理的钻爆抽一体化技术研究	安全生产科技成果奖	国家安全生产监督管理总局	一	李　铁（2）	中国矿业大学、北京科技大学、义马煤业集团股份有限公司新义煤业公司、徐州博安科技发展有限责任公司	土木与环境工程学院
24	矿井粉尘综合治理新技术的研究与应用	安全生产科技成果奖	国家安全生产监督管理总局	一	金龙哲（2）	山西潞安环保能源开发股份有限公司、北京科技大学	土木与环境工程学院
25	埋地钢质管道外腐蚀检测评价技术研究	安全生产科技成果奖	国家安全生产监督管理总局	一	杜翠薇（5）	中国特种设备检测研究院、北京工业大学、北京科技大学、国家质检总局特种设备安全监察局	新材料技术研究院
26	矿井灾害监测与预警信息研究	安全生产科技成果奖	国家安全生产监督管理总局	二	李仲学（4）	中国安全生产科学研究院、北京科技大学、中国矿业大学（北京）、中国地质大学（武汉）、中国石油西南油气田分公司莱芜钢铁集团、莱芜矿业有限公司	土木与环境工程学院
27	煤矿冲击型复合厚煤层开采技术研究	安全生产科技成果奖	国家安全生产监督管理总局	二	姜福兴（2）	兖州煤业股份有限公司、北京科技大学	土木与环境工程学院
28	姑山铁矿露天采场第四系砂砾卵石层承压水下开采综合技术研究	安全生产科技成果奖	国家安全生产监督管理总局	二		马钢（集团）控股有限公司姑山矿业公司、湖南宏禹水利水电岩土工程有限公司、中钢集团马鞍山矿山研究院有限公司、北京科技大学、山东正元建设工程有限责任公司	土木与环境工程学院
29	作业场所职业危害评价分级关键技术研究	安全生产科技成果奖	国家安全生产监督管理总局	二		中国安全生产科学研究院、复旦大学、华中科技大学、北京科技大学、首都经济贸易大学、西安科技大学、天津大学	土木与环境工程学院
30	双机架可逆冷轧机振动与抑制措施研究	安全生产科技成果奖	国家安全生产监督管理总局	三	闫晓强（2）	济南钢铁股份有限公司冷轧板厂、北京科技大学	机械工程学院

续表

序号	项目名称	奖励名称	奖励单位	获奖等级	完成人	完成单位	所在单位
31	深部高地应力软岩巷道围岩强固技术研究应用	安全生产科技成果奖	国家安全生产监督管理总局	三	姜福兴（2）	新汶矿业集团有限责任公司华丰煤矿、北京科技大学	土木与环境工程学院
32	大采高复合泥岩顶板煤巷桁架锚索组合支护研究	安全生产科技成果奖	国家安全生产监督管理总局	三	何富连（2）	霍州煤电集团有限责任公司、中国矿业大学（北京）、北京科技大学	土木与环境工程学院
33	冲击地压预测预报与防治成套技术研究	安全生产科技成果奖	国家安全生产监督管理总局	三	姜福兴（4）	新汶矿业集团有限责任公司华丰煤矿、北京科技大学	土木与环境工程学院
34	重点行业发展循环经济环境保护技术途径研究	环境保护科学技术奖	环境保护部	二	苍大强（5）	中国环境科学研究院、北京科技大学	冶金与生态工程学院
35	国外技术性贸易壁垒对我国出口影响研究	国家质量监督检验检疫科技兴检奖	国家质量监督检验检疫总局	二	胡　波（5） 阚　宏（8）	国际检验检疫标准与技术法规研究中心、北京科技大学、广东出入境检验检疫局、宁波出入境检验检疫局	东凌经济管理学院
36	埋地钢质管道土壤腐蚀性检测评价方法	国家质量监督检验检疫科技兴检奖	国家质量监督检验检疫总局	三	李晓刚（2） 杜翠薇（3）	北京科技大学（2）	新材料技术研究院
37	活性宫内节育器生物学评价规范及技术标准的研究	全国人口和计划生育科技成果奖	国家人口和计划生育委员会	三	郑裕东（2）	北京科技大学（2）	材料科学与工程学院
38	岩体破裂灾变的微地震监测研究与应用	山东省科学技术奖	山东省人民政府	一	姜福兴（2） 王存文（3）	山东黄金矿业（莱州）有限公司三山岛金矿、北京科技大学	土木与环境工程学院
39	用于水泥无铬化生产的镁铁铝尖晶石材料的制备	山东省科学技术奖	山东省人民政府	二	陈俊红（2） 孙加林（3） 曹文斌（4） 薛文东（5） 李　勇（6）	淄博市鲁中耐火材料有限公司、北京科技大学	材料科学与工程学院
40	千米深井综放工作面动力灾害监测预警成套技术及应用	山东省科学技术奖	山东省人民政府	二	姜福兴（2） 刘金海（7）	山东新巨龙能源有限责任公司、北京科技大学、新汶矿业集团公司	土木与环境工程学院
41	金属地下矿山数字化关键技术	山东省科学技术奖	山东省人民政府	三	胡乃联（2）	山东黄金矿业股份有限公司、北京科技大学	土木与环境工程学院
42	煤矿冲击型复合厚煤层开采技术研究	山东省科学技术奖	山东省人民政府	三	姜福兴（2） 王　平（4）	兖州煤业股份有限公司、北京科技大学	土木与环境工程学院
43	千米深井高应力条件下沿空留巷开采技术	山东省科学技术奖	山东省人民政府	三	姜福兴（2）	新汶矿业集团有限责任公司孙村煤矿、新汶矿业集团有限责任公司、北京科技大学	土木与环境工程学院
44	C72D2、C82D2钢帘线用钢热轧盘条	山东省科学技术奖	山东省人民政府	三	陈伟庆（3）	青岛钢铁控股集团有限责任公司、北京科技大学	冶金与生态工程学院

续表

序号	项目名称	奖励名称	奖励单位	获奖等级	完成人	完成单位	所在单位
45	万吨级楔横轧高质量汽车轴类件生产技术及应用	河北省科学技术奖	河北省人民政府	二	张康生（1） 胡正寰（3） 王宝雨（5） 刘晋平（7）	河北东安集团有限公司、北京科技大学	机械工程学院
46	钢的亚快速凝固组织、性能与控制机理	辽宁省科学技术奖	辽宁省人民政府	二	张炯明（3）	中国科学院金属研究所、上海宝山钢铁股份有限公司、北京科技大学	冶金与生态工程学院
47	内蒙古烟草现代物流系统优化研究	内蒙古自治区科学技术奖	内蒙古自治区人民政府	二	张　群（2） 高学东（3） 谷　炜（5） 谷淑娟（6） 张　超（7）	中国烟草总公司内蒙古自治区公司、北京科技大学	东凌经济管理学院
48	600m井筒疏降水技术研究	宁夏回族自治区科学技术进步奖	宁夏回族自治区人民政府	二	周晓敏（2） 纪洪广（8）	神华宁夏煤业集团有限责任公司、北京科技大学	土木与环境工程学院
49	青藏高原矿产资源开发生命保障氧气增补关键技术	青海省科学技术奖	青海省人民政府	二	刘应书（1） 张　辉（8）	青海山金矿业有限公司、北京科技大学、青海高原医学研究院、青藏铁路公司、中铁二十局集团公司、江苏昊泰气体设备科技有限公司	机械工程学院
50	添加硅铁的铝（锆）碳（Al_2O_3（ZrO_2）-Fe·Si-C）滑板的研制	河南省科学技术奖	河南省人民政府	三	李　勇（2） 刘　磊（5） 薛文东（7）	卫辉熔金高温材料有限责任公司、北京科技大学、中南大学	材料科学与工程学院
51	多场耦合煤岩瓦斯动力灾害防治技术研究	河南省科学技术奖	河南省人民政府	三	李　铁（2）	平顶山天安煤业股份有限公司、北京科技大学	土木与环境工程学院
52	天钢3200m^3高炉合理操作炉型研究与实践	天津市科学技术奖	天津市人民政府	二	张建良（3） 国宏伟（5） 左海滨（7）	天津钢铁集团有限公司、北京科技大学	冶金与生态工程学院
53	主动伺候式无缝游牧服务系统	天津市科学技术奖	天津市人民政府	三		天津理工大学、北京科技大学	计算机与通信工程学院
54	大型铝合金型材挤压成套工模具设计制造技术与应用	广东省科学技术奖	广东省人民政府	二	谢建新（1） 李静媛（5） 刘雪峰（9）	北京科技大学、西南铝业（集团）有限责任公司、北京有色金属研究总院、沈阳新鑫模具有限公司、佛山市顺德区北滘镇万红模具有限公司	新材料技术研究院、材料科学与工程学院
55	特种玻璃幕墙专用防火精密冷弯型钢生产技术与产品开发	广东省科学技术奖	广东省人民政府	二	韩静涛（2） 张永军（6） 刘　靖（9）	广东金刚玻璃科技股份有限公司、北京科技大学	材料科学与工程学院

续表

序号	项目名称	奖励名称	奖励单位	获奖等级	完成人	完成单位	所在单位
56	多功能轻质高强混凝土桥面铺装层新材料应用研究	广东省科学技术奖	广东省人民政府	三	刘娟红（5）	广东省长大公路工程有限公司、北京科技大学	土木与环境工程学院
57	一种选择性脱硫的密相干塔装置	中国专利奖	国家知识产权局	优秀奖	宋存义（1） 杨天钧（2） 邢　奕（3） 左海滨（5）	北京科技大学、北京首科兴业工程技术有限公司	土木与环境工程学院、冶金与生态工程学院
58	阳极磷铜球室温精密斜轧工艺与设备研发	中国有色金属工业科学技术奖	中国有色金属工业协会	一	王宝雨（1） 胡正寰（2） 张康生（4） 刘晋平（5） 张　巍（8） 杨翠苹（10） 郑振华（11） 潘广文（12）	北京科技大学、江苏金奕达铜业股份有限公司、北京科大机翔科技有限公司	机械工程学院
59	铝合金等温挤压关键技术与装备的开发和应用	中国有色金属工业科学技术奖	中国有色金属工业协会	一	谢建新（1） 李静媛（2） 宋　勇（7） 胡水平（9） 张志豪（10）	北京科技大学、广东豪美铝业有限公司、广东兴发铝业有限公司、佛山市三水凤铝铝业有限公司、西南铝业（集团）有限责任公司	新材料技术研究院、材料科学与工程学院
60	新型高性能高温TiAl金属间化合物多孔材料及制备技术	中国有色金属工业科学技术奖	中国有色金属工业协会	二	林均品（1） 梁永锋（3） 张来启（4） 王艳丽（5） 郝国建（6）	北京科技大学、中南大学	新金属材料国家重点实验室
61	高性能SiCp/Cu/Al复合材料电子封装外壳半固态成形技术	中国有色金属工业科学技术奖	中国有色金属工业协会	二	王开坤（1） 宋普光（3） 汪富玉（4） 马春梅（5） 徐　峰（6）	北京科技大学、中国电子科技集团公司第四十三研究所	材料科学与工程学院
62	粉末高氮不锈钢制备技术与产业化	中国有色金属工业科学技术奖	中国有色金属工业协会	二	曲选辉（2） 秦明礼（7）	广州有色金属研究院、北京科技大学、佛山市盈峰粉末冶金科技有限公司	新材料技术研究院
63	高应力不良岩层巷道掘进与支护技术研究	中国有色金属工业科学技术奖	中国有色金属工业协会	二	吴爱祥（5）	金诚信矿业管理股份有限公司、金川集团股份有限公司、北京科技大学	土木与环境工程学院
64	乌山铜钼矿资源开发利用优化研究	中国黄金协会科学技术奖	中国黄金协会	一	胡乃联（2） 李国清（4） 张延凯（6） 杨　桦（8） 陈　丽（10） 徐　振（12） 周　勋（14）	中国黄金集团内蒙古矿业有限公司、北京科技大学	土木与环境工程学院

续表

序号	项目名称	奖励名称	奖励单位	获奖等级	完成人	完成单位	所在单位
65	通钢热连轧轧机振动研究及在线监测	中国机械工业科学技术奖	中国机械工业协会	二	闫晓强（2） 孙志辉（4） 王文瑞（6） 程　伟（8） 王再英（10）	通化钢铁股份有限公司、北京科技大学	机械工程学院
66	新型无磁材料在不锈钢板坯连铸机上的研究应用	中国机械工业科学技术奖	中国机械工业协会	三	赵爱民（2）	山西百一机械设备制造有限公司、北京科技大学、太原钢铁（集团）有限公司、山西省机械电子工业联合会	冶金工程研究院
67	富水复杂地质体大断面巷道支护技术优化研究与应用	中国煤炭工业协会科学技术奖	中国煤炭工业协会	一	王金安（2） 纪洪广（8）	大同煤矿集团有限责任公司、北京科技大学、同煤浙能麻家梁煤业有限责任公司	土木与环境工程学院
68	基于水压致裂的复杂煤与瓦斯动力灾害防治关键理论技术与装备研究	中国煤炭工业协会科学技术奖	中国煤炭工业协会	一	李　铁（2） 施建俊（10）	义马煤业集团股份有限公司、北京科技大学、义煤集团新义矿业有限责任公司、洛阳义安矿业有限公司、孟津煤矿有限责任公司、南京六合煤矿机械有限责任公司	土木与环境工程学院
69	深部沿空综放工作面动力灾害防治技术研究	中国煤炭工业协会科学技术奖	中国煤炭工业协会	二	姜福兴（2） 曲效成（6） 王存文（8）	山东东山古城煤矿有限公司、北京科技大学	土木与环境工程学院
70	薛村煤矿近距离煤层保护开采关键问题研究	中国煤炭工业协会科学技术奖	中国煤炭工业协会	二	纪洪广（2） 贾亚会（7） 王　桦（8）	冀中能源峰峰集团有限公司薛村矿、北京科技大学、河北工程大学	土木与环境工程学院
71	大断面井巷穿越极不稳定地层围岩控制关键技术研究	中国煤炭工业协会科学技术奖	中国煤炭工业协会	三	王金安（2） 纪洪广（8）	窑街煤电集团有限公司、北京科技大学	土木与环境工程学院
72	千米深井综放工作面动力灾害监测预警成套技术及应用	中国煤炭工业协会科学技术奖	中国煤炭工业协会	三	姜福兴（2） 刘金海（8）	山东新巨龙能源有限责任公司、北京科技大学、新汶矿业集团有限责任公司	土木与环境工程学院
73	综采（放）工作面冲击地压实时在线监测安全预警系统研究	中国煤炭工业协会科学技术奖	中国煤炭工业协会	三	姜福兴（2） 杨淑华（9）	兖州煤业股份有限公司、北京科技大学	土木与环境工程学院
74	千米深井高应力条件下沿空留巷开采技术	中国煤炭工业协会科学技术奖	中国煤炭工业协会	三	姜福兴（2）	新汶矿业集团有限责任公司孙村煤矿、新汶矿业集团有限责任公司、北京科技大学	土木与环境工程学院
75	千米深井巨厚砾岩下强冲击厚煤层开采技术	中国煤炭工业协会科学技术奖	中国煤炭工业协会	三	姜福兴（4） 刘金海（8）	新汶矿业集团有限责任公司华丰煤矿、新汶矿业集团有限责任公司、北京科技大学	土木与环境工程学院

续表

序号	项目名称	奖励名称	奖励单位	获奖等级	完成人	完成单位	所在单位
76	特大型高温高湿选煤厂生产环境综合治理关键技术	中国煤炭工业协会科学技术奖	中国煤炭工业协会	三	蒋仲安（2）	山东新巨龙能源有限责任公司、中国矿业大学（北京）、北京科技大学	土木与环境工程学院
77	Portfolio Analysis: From Probabilistic to Credibilistic and Uncertain Approaches（投资组合分析：从概率分析法到可信性和不确定理论分析法）	北京市第十二届哲学社会科学优秀成果奖	中共北京市委、北京市人民政府	一	黄晓霞（1）	北京科技大学	东凌经济管理学院
78	利益表达与分配：转型期中国的收入差距与政府控制	北京市第十二届哲学社会科学优秀成果奖	中共北京市委、北京市人民政府	二	吴群芳（1）	北京科技大学	文法学院

2012年科研成果鉴定项目明细表

序号	鉴定号	成果名称	组织鉴定单位	成果水平	完成（承担）单位	完成人	单位
1	冀科成转鉴字[2011]第9–572号	矿井粉尘分布规律及高效防降尘综合技术研究	河北省科技成果转化服务中心	国际先进	开滦（集团）有限责任公司、北京科技大学	蒋仲安（2） 牛 伟（5） 杜翠凤（13） 陈举师（18） 谭 聪（19） 王 佩（20）	土木与环境工程学院
2	冀科成转鉴字[2011]第9–618号	钢铁企业制氧系统优化与创新	河北省科技成果转化服务中心	国际先进	唐山唐钢气体有限公司、北京科技大学、唐山钢铁集团有限责任公司、河北钢铁股份有限公司	童莉葛（5） 李化治（6）	机械工程学院
3	豫科鉴委字[2011]第2099号	深井冲击地压和煤与瓦斯突出耦合型灾害机理与防治技术研究	河南省科学技术厅	国际先进	义煤集团新义矿业有限公司、北京科技大学	李 铁（2） 施建俊（11） 陈双虎（12）	土木与环境工程学院
4	中煤科鉴字[2011]第AQ33号	基于水压致裂的复杂煤与瓦斯动力灾害防治关键理论技术与装备研究	中国煤炭工业协会	国际领先	义马煤业集团股份有限公司、北京科技大学、义煤集团新义矿业有限责任公司、洛阳义安矿业有限公司、孟津煤矿有限责任公司、南京六合煤矿机械有限责任公司	李 铁（2） 施建俊（10）	土木与环境工程学院

续表

序号	鉴定号	成果名称	组织鉴定单位	成果水平	完成（承担）单位	完成人	单位
5	鲁科成鉴字[2011]第420号	高密度低合金粉末冶金结构件制备新技术与应用	山东省科技厅	国际领先	莱芜市新艺粉末冶金制品有限公司、北京科技大学	曲选辉（1） 尹海清（4） 秦明礼（6） 章 林（9） 何新波（11）	新材料技术研究院
6	吉科鉴字[2011]第565号	通钢热连轧轧机振动研究及在线监测	吉林省科技厅	国际先进	通化钢铁股份有限公司、北京科技大学	闫晓强（2） 孙志辉（4） 王文瑞（6） 程 伟（8） 王再英（10） 韩 天（12） 张义方（13） 凌启辉（14）	机械工程学院
7	甘科鉴字[2011]第842号	大断面井巷穿越极不稳定地层围岩控制关键技术研究	甘肃省科技厅	国际先进	窑街煤电集团有限公司、北京科技大学	王金安（2） 纪洪广（11） 刘娟红（12）	土木与环境工程学院
8	豫科鉴委字[2011]第1942号	金属铝－氧化铝复合无碳滑板的研制	河南省科学技术厅	国际先进	卫辉熔金高温材料有限责任公司、北京科技大学	李 勇（2） 李进宝（4） 张军杰（6） 薛文东（8） 陈俊红（10）	材料科学与工程学院
9	冀科成转鉴字[2012]第9-189号	中厚板坯连铸凝固冷却精细控制技术	河北省科技成果转化服务中心	国际先进	北京科技大学、河北钢铁集团邯郸钢铁集团有限责任公司	刘 青（1） 王 宝（3） 张晓峰（6） 王先勇（12） 窦志超（13）	冶金与生态工程学院
10	冀科成转鉴字[2012]第9-039号	薛村煤矿近距离煤层保护开采关键问题研究	河北省科技成果转化服务中心	国际先进	冀中能源峰峰集团有限公司薛村矿、北京科技大学、河北工程大学	纪洪广（2） 贾亚会（7） 王 桦（8） 向 鹏（10） 张颖辉（12） 张英华（15）	土木与环境工程学院
11	中色协科（鉴）字[2012]第009号	室温精密斜轧阳极磷铜球技术研发与应用	中国有色金属工业协会	国际领先	北京科技大学、江苏金奕达铜业股份有限公司	王宝雨（1） 胡正寰（2） 刘晋平（5） 张 巍（8） 杨翠苹（10） 郑振华（11） 潘广文（12）	机械工程学院
12	冶矿科成鉴字[2012]第4号	大冶铁矿深部开采围岩移动范围预测及工程对策研究	中国冶金矿山企业协会	国际先进	武汉钢铁集团矿业有限责任公司大冶铁矿、北京科技大学	宋卫东（1） 付建新（4） 杜建华（6） 吴 姗（8） 王东旭（10） 何 朋（15）	土木与环境工程学院
13	京建科鉴字[2012]第028号	海砂在高强混凝土管桩制备中应用的可行性研究	北京市住房和城乡建设委员会	国内领先	北京科技大学、北京建筑工程学院、天津宝丰混凝土桩杆有限公司	刘娟红（1） 崔彦飞（7）	土木与环境工程学院
14	豫科鉴委字[2012]第677号	$Al-Cr_2O_3-Al_2O_3$复合无碳滑板的研制	河南省科学技术厅	国际先进	卫辉熔金高温材料有限责任公司、北京科技大学	李 勇（2） 张军杰（4） 曹文斌（6） 陈俊红（8） 薛文东（10） 孙加林（12） 李进宝（14）	材料科学与工程学院
15	鉴字[教SH2012]第024号	低品质掺合料改性与复合技术及其在高性能混凝土工程中的应用开发	教育部科技发展中心	国际先进	北京建筑工程学院、北京科技大学、武汉理工大学	刘娟红（2）	土木与环境工程学院

续表

序号	鉴定号	成果名称	组织鉴定单位	成果水平	完成（承担）单位	完成人	单位
16	京建科鉴字[2012]第029号	管桩尾浆粉料复合混凝土矿物掺合料研究	北京市住房和城乡建设委员会	国内领先	北京建筑工程学院、北京科技大学、天津宝丰混凝土桩杆有限公司	刘娟红（2）	土木与环境工程学院
17	粤科鉴字[2012]117号	宽厚板轧机层流冷却改造及在线淬火技术研究与应用	广东省科学技术厅	国内先进	广东省韶关钢铁集团有限公司、北京科技大学	余　伟（5）　何春雨（9） 张立杰（16）　殷　实（17） 李　彬（18）	冶金工程研究院
18	辽科鉴字[2012]第179号	宽带钢热连轧自由规程轧制关键技术研究	辽宁省科学技术厅	国际先进	鞍钢股份有限公司、北京科技大学	何安瑞（2）　邵　健（4） 杨　荃（8）　孙文权（10）	冶金工程研究院
19	苏经信鉴字[2012]088号	电力铁塔用大规格高强度角钢	江苏省经济和信息化委员会	国际先进	宿迁南钢金鑫轧钢有限公司、北京科技大学、中信微合金化技术中心	周　成（8）	材料科学与工程学院
20	苏经信鉴字[2012]060号	原油船货油舱用EH36-NS耐腐蚀钢板	江苏省经济和信息化委员会	国际先进	南京钢铁股份有限公司、北京科技大学	李晓刚（4）　周　成（6） 程学群（8）　孙飞龙（16） 何　路（18）　孙　超（20） 郝丽娜（22）	材料科学与工程学院
21	豫科鉴委字[2012]第1831号	光学镜架用钎料的开发	河南省科学技术厅	国内领先	郑州机械研究所、江苏科技大学、北京科技大学、哈尔滨工业大学、北京航空航天大学	黄继华（3）	材料科学与工程学院

2012年发明专利申请明细表

序号	申请日期	申请号	所属单位	第一发明人	专利名称
1	2012-01-06	201210003937.5	土木与环境工程学院	李子富	一种沼气贮气膜甲烷透过性测试装置及测试方法
2	2012-01-06	201210003556.7	新金属材料国家重点实验室	朱　洁	一种磁场控制劲度系数的弹簧及其制备方法
3	2012-01-10	201210005820.0	材料科学与工程学院	庞晓露	一种压铸铝合金表面锆盐化学转化处理方法
4	2012-01-12	201210008024.2	土木与环境工程学院	谭卓英	一种分段空场嗣后充填采矿方法
5	2012-01-12	201210007832.7	材料科学与工程学院	杨　槐	一种纳米粒子稳定蓝相液晶复合材料的制备方法
6	2012-01-12	201210009216.5	材料科学与工程学院	赵海雷	一种锂离子电池氧化钼碳复合负极材料的制备方法
7	2012-01-13	201210009855.1	材料科学与工程学院	尚成嘉	一种石油天然气开采N80钢级膨胀管的制备方法
8	2012-01-13	201210009842.4	材料科学与工程学院	尚成嘉	一种高扩径性能的J55钢级ERW膨胀管的制备方法

续表

序号	申请日期	申请号	所属单位	第一发明人	专利名称
9	2012-01-13	201210009845.8	材料科学与工程学院	尚成嘉	一种P110钢级新型膨胀管的成分设计及其热处理工艺的设定
10	2012-01-13	201210009854.7	材料科学与工程学院	叶荣昌	一种蜂窝状磁性换热材料的制备技术
11	2012-01-13	201210009830.1	新材料技术研究院	肖　葵	一种微量腐蚀性气体环境试验箱
12	2012-01-13	201210010296.6	新材料技术研究院	肖　葵	一种锌铝镁稀土多元合金材料及其制备方法
13	2012-01-14	201210009548.3	新材料技术研究院	邵慧萍	一种超薄壁多孔金属管件的成形方法
14	2012-01-16	201210012991.6	土木与环境工程学院	邢　奕	一种改性膨润土及光助芬顿法联用处理印钞废水的方法
15	2012-01-20	201210019531.6	冶金与生态工程学院	黄　凯	一种利用大蒜废弃物从电子垃圾溶浸液中提取黄金的方法
16	2012-01-20	201210019530.1	冶金与生态工程学院	黄　凯	一种利用大蒜废弃物吸附清除废水中重金属及染料的方法
17	2012-01-20	201210020025.9	冶金与生态工程学院	黄　凯	一种利用山竹渣选择性吸附提取黄金的方法
18	2012-01-20	201210019777.3	冶金与生态工程学院	黄　凯	一种利用山竹渣吸附清除废液中重金属及六价铬的方法
19	2012-01-20	201210018992.1	自动化学院	赵小燕	用于旋转体轴载电子设备的非接触供电装置
20	2012-01-20	201210019532.0	新金属材料国家重点实验室	张来启	一种制备金属间化合物T2相合金的原位反应热轧方法
21	2012-01-29	201210020193.8	材料科学与工程学院	曹文斌	一种可见光响应二氧化钛催化液的制备方法
22	2012-01-29	201210020143.X	材料科学与工程学院	张波萍	一种提高硫化铋多晶热电性能的方法
23	2012-01-29	201210020461.6	新金属材料国家重点实验室	梁永锋	一种高硅钢板带材热处理方法
24	2012-01-29	201210020449.5	冶金工程研究院	岳　峰	一种顶吹氩气防止LF精炼过程钢水增氮的方法
25	2012-01-30	201210020934.2	冶金工程研究院	岳　峰	一种高效低成本转炉生产超低磷钢水的工艺技术方法
26	2012-02-13	201210030924.7	机械工程学院	韩　天	一种高炉出铁和堵塞铁口用的高炉辅助装置
27	2012-02-16	201210035687.3	土木与环境工程学院	董颖博	一种制备去除污水中磷酸盐的吸附材料的方法
28	2012-02-16	201210035537.2	土木与环境工程学院	董颖博	一种用于工业园区混合工业污水处理的方法
29	2012-02-16	201210035682.0	土木与环境工程学院	林　海	一种利用外源微生物增产煤层气方法
30	2012-02-20	201218000028.7	新材料技术研究院	郭志猛	一种XXXXXXX的制备方法

续表

序号	申请日期	申请号	所属单位	第一发明人	专利名称
31	2012-02-24	201210044862.5	计算机与通信工程学院	曾广平	一种支持动态配置的构件模型及构件工厂
32	2012-02-28	201210048588.9	土木与环境工程学院	周北海	接种生物滤池去除水中MIB和Geosmin的方法
33	2012-02-28	201210047578.3	冶金与生态工程学院	焦树强	一种镍基金属间化合物惰性阳极的制造方法及应用方法
34	2012-02-28	201210047526.6	材料科学与工程学院	张迎春	一种钨单晶的制备方法
35	2012-02-29	201210050444.7	材料科学与工程学院	曹文斌	一种可见光响应水性光催化喷涂浆料的制备方法
36	2012-02-29	201210049353.1	材料科学与工程学院	连　芳	采用尾矿复配料改质高温钢渣的方法
37	2012-02-29	201210050394.2	材料科学与工程学院	杨　槐	一种纳米掺杂的电场可控液晶圆偏振片的制备方法
38	2012-02-29	201210050641.9	新材料技术研究院	曲选辉	一种高速压制技术成形粘结化铁基粉末的方法
39	2012-03-01	201210052208.9	材料科学与工程学院	王　戈	带异性电荷的PH响应性非球形聚合物微球的制备方法
40	2012-03-03	201210053359.6	材料科学与工程学院	连　芳	一种采用钢渣尾渣和脱硫石膏制备建筑用无机防火板的方法
41	2012-03-05	201210055496.3	材料科学与工程学院	赵海雷	一种高电导率双钙钛矿型阳极材料及其制备方法
42	2012-03-07	201210057828.1	材料科学与工程学院	杨　槐	一种聚合物分散液晶薄膜的制备方法
43	2012-03-07	201210057621.4	材料科学与工程学院	赵海雷	一种钛酸镧基粉体材料的制备方法
44	2012-03-13	201210065521.6	材料科学与工程学院	尚成嘉	一种含Nb高速列车车轮用钢的生产方法
45	2012-03-13	201210063762.7	化学与生物工程学院	李旭琴	邻氨基苯甲酸磺酰化衍生物及其制备方法和应用
46	2012-03-13	201210065949.0	新材料技术研究院	郝俊杰	一种制备高强高导弥散强化铜的方法
47	2012-03-13	201210065503.8	新材料技术研究院	张深根	一种电路板铜阳极泥分银渣共沉淀制备铅酸钡粉体的方法
48	2012-03-14	201210067496.5	冶金与生态工程学院	张立强	一种用于连铸轻压下机理研究的高温实验室装置与方法
49	2012-03-14	201210066627.8	新材料技术研究院	孙建林	一种水基乳化型带钢轧制液的制备方法
50	2012-03-14	201210067224.5	新材料技术研究院	唐伟忠	一种高功率的微波等离子体金刚石膜化学气相沉积装置
51	2012-03-15	201210068892.X	自动化学院	徐令仪	一种汽车油门踏板误踩测试方法及其检测装置
52	2012-03-16	201210070935.8	新材料技术研究院	田建军	一种含Cr钢渣制备多孔保温材料的方法

续表

序号	申请日期	申请号	所属单位	第一发明人	专利名称
53	2012-03-19	201210073097.X	机械工程学院	苏庆泉	热泵循环系统及干燥系统以及方法
54	2012-03-20	201210074891.6	机械工程学院	苏庆泉	热泵系统及干燥系统以及方法
55	2012-03-20	201210074826.3	机械工程学院	苏庆泉	一种热泵系统及干燥系统以及方法
56	2012-03-21	201210076096.0	材料科学与工程学院	赵海雷	一种高透氧率双相致密透氧材料的制备方法
57	2012-03-21	201210075551.5	新金属材料国家重点实验室	王　辉	一种轻质高强闭孔泡沫铝合金及其制备方法
58	2012-03-22	201210077432.3	冶金与生态工程学院	朱鸿民	一种利用碳质添加剂改善TiO_2阴极脱氧过程的方法
59	2012-03-22	201210077390.3	自动化学院	张朝晖	一种回转腔体的立式在线装卸及精密测量平台及测量方法
60	2012-03-22	201210077678.0	国家材料服役安全科学中心（筹）	任学冲	一种热-力耦合疲劳实验装置及方法
61	2012-03-23	201210080751.X	冶金与生态工程学院	左海滨	一种以生物质含碳球团为原料的转底炉炼铁工艺
62	2012-03-23	201210080138.8	新材料技术研究院	何新波	一种石墨晶须增强铝基复合材料的制备方法
63	2012-03-23	201210080906.X	新材料技术研究院	何新波	一种石墨晶须增强铜基复合材料的制备方法
64	2012-03-23	201210079263.7	新材料技术研究院	孙爱芝	一种利用铁尾矿制备超顺磁性Fe_3O_4纳米颗粒的方法
65	2012-03-26	201210080907.4	新材料技术研究院	何新波	一种高导热石墨晶须/铜复合材料的制备方法
66	2012-03-26	201210082910.X	新材料技术研究院	谢建新	一种高硅电工钢带材中低温轧制制备方法
67	2012-03-26	201210082172.9	新材料技术研究院	张深根	一种不锈钢酸洗废液循环处理方法
68	2012-03-27	201210083269.1	冶金工程研究院	余　伟	一种具有NM550硬度的低成本耐磨钢板及制造方法
69	2012-03-28	201210086922.X	机械工程学院	尹忠俊	转底炉用双层炉料径向等厚布料机及其布料曲线设计方法
70	2012-03-29	201210088817.X	土木与环境工程学院	冯雅丽	一种含镁矿物制备金属镁的方法及设备
71	2012-03-29	201210088503.X	材料科学与工程学院	郑裕东	一种氧化钠米细菌纤维素的制备方法
72	2012-03-29	201210086803.4	新金属材料国家重点实验室	宋西平	一种易切削钛合金及其制备方法
73	2012-03-30	201210091758.1	材料科学与工程学院	沈卫平	一种超高压力烧结制备高导热金刚石铜基复合材料的方法
74	2012-03-31	201210092978.6	新材料技术研究院	俞宏英	一种钴镍纳米合金粉体的化学制备方法

续表

序号	申请日期	申请号	所属单位	第一发明人	专利名称
75	2012-03-31	201210101309.0	新材料技术研究院	俞宏英	一种钴镍纳米合金粉体的化学制备方法
76	2012-04-01	201210096502.X	材料科学与工程学院	杨　槐	一种胆甾相硅氧烷侧链液晶高分子的制备方法
77	2012-04-05	201210098280.5	土木与环境工程学院	倪　文	一种利用低硅铁尾矿控制铁走向制备加气混凝土的方法
78	2012-04-05	201210098480.0	土木与环境工程学院	孙体昌	一种从低镍高铁红土镍矿中分别回收镍和铁的工艺方法
79	2012-04-05	201210096647.X	新材料技术研究院	郭志猛	一种Mo_2FeB_2基钢结硬质合金的制备方法
80	2012-04-06	201210100221.7	材料科学与工程学院	吴春京	一种双金属包长碳纤维复合材料压力充芯连铸设备与工艺
81	2012-04-09	201210102026.8	机械工程学院	孙朝阳	一种热加工过程固态界面换热系数测定装置
82	2012-04-10	201210103824.2	土木与环境工程学院	邢　奕	一种矿物法深度处理垃圾渗滤液MBR出水的工艺方法
83	2012-04-13	201210112994.7	材料科学与工程学院	沈卫平	一种真空热压焊接钨-金刚石/铜-铬锆铜的方法
84	2012-04-17	201210112495.8	冶金与生态工程学院	李建玲	一种氧化还原聚合物电极的可控纳米带结构及其制备方法
85	2012-04-17	201210112782.9	材料科学与工程学院	沈卫平	一种超高压力烧结制备聚变堆面向等离子体钨模块的方法
86	2012-04-17	201210113019.8	新金属材料国家重点实验室	黄进峰	一种超高硬高韧可锻喷射成形高速钢及制备方法
87	2012-04-17	201210112517.0	新材料技术研究院	曲选辉	一种高性能耐热铝合金的粉末冶金制备方法
88	2012-04-17	201210112516.6	新材料技术研究院	章　林	一种溶液法制备γ相强化钴基ODS合金的方法
89	2012-04-18	201210115209.3	新材料技术研究院	何新波	一种选择性激光烧结制备不锈钢生物多孔植入材料的方法
90	2012-04-18	201210114269.3	新材料技术研究院	李　平	低温燃烧合成制备碳化钨粉末的方法
91	2012-04-20	201210117478.3	冶金与生态工程学院	朱　荣	一种采用顶吹氧抢喷吹冷却剂的转炉提钒工艺
92	2012-04-24	201210123055.2	冶金与生态工程学院	朱　荣	采用超音速氧枪喷粉脱磷的转炉炼钢方法及超音速氧枪
93	2012-04-24	201210123084.9	冶金与生态工程学院	朱　荣	一种电弧炉炼钢中利用喷粉剂提高射流冲击效果的装置及方法
94	2012-04-25	201210125508.5	自动化学院	尹怡欣	基于遗传算法建立的无料钟高炉炉顶布料控制方法
95	2012-04-25	201210124394.2	自动化学院	尹怡欣	无钟高炉料线深度调节的数据驱动PID控制器设计方法
96	2012-04-26	201210127131.7	计算机与通信工程学院	殷绪成	一种定位自然场景图像中文本的方法
97	2012-04-26	201210127483.2	冶金工程研究院	武会宾	一种纳米结构超高强塑性低合金钢及其制备方法

续表

序号	申请日期	申请号	所属单位	第一发明人	专利名称
98	2012-04-26	201210123925.6	新材料技术研究院	孙建林	一种压延铜箔轧制油及其制备方法
99	2012-04-27	201210129871.4	材料科学与工程学院	韩静涛	一种具有非等厚锁扣的冷弯钢板桩的成型方法
100	2012-04-27	201210128799.3	新材料技术研究院	秦明礼	一种制备稀土氧化物掺杂钨粉的方法
101	2012-04-28	201210133166.1	冶金与生态工程学院	佘雪峰	一种流化床还原磁化处理赤泥制备铁精粉的方法
102	2012-04-28	201210135181.X	冶金与生态工程学院	佘雪峰	一种回转窑还原磁化处理赤泥制备铁精粉的方法
103	2012-04-28	201210133169.5	冶金工程研究院	何安瑞	兼顾热轧不锈钢二次和高次浪形工作辊辊形的设计方法
104	2012-04-28	201210134867.7	冶金工程研究院	邵　健	一种改善换规格首块带钢板形质量的自学习方法
105	2012-04-29	201210135076.6	冶金工程研究院	邵　健	一种适用于热轧薄规格带钢的板型质量在线判定方法
106	2012-04-29	201210088373.X	新材料技术研究院	谢建新	一种工艺参数综合控制等温挤压的方法
107	2012-04-30	201210130943.7	土木与环境工程学院	唐军华	煤矿应急救援指挥信息管理系统及其方法
108	2012-04-30	201210135077.0	冶金工程研究院	李　静	一种永磁感应密封垂直热镀锌装置
109	2012-05-02	201210134361.6	土木与环境工程学院	林　海	一种改性香菇培养基废料重金属吸附剂的制备和应用方法
110	2012-05-02	201210134969.9	数理学院	倪晓东	一种含钇锆合金材料及其制备方法
111	2012-05-03	201210135644.2	材料科学与工程学院	郑裕东	纳米纤维增强水凝胶仿生人工半月板复合材料的制备方法
112	2012-05-03	201210134154.0	冶金工程研究院	武会宾	一种低活化核聚变用钢以及制备方法
113	2012-05-05	201210138892.2	材料科学与工程学院	韩静涛	一种U型吊臂冷弯型钢的生产方法
114	2012-05-06	201210138893.7	新材料技术研究院	魏俊俊	一种大面积沉积金刚石膜的热丝架以及制造方法
115	2012-05-07	201210139447.8	冶金与生态工程学院	佘雪峰	一种使用富氧和煤粉的转底炉直接还原工艺
116	2012-05-07	201210138989.3	机械工程学院	陈博宇	电火花线切割、打孔组合机床
117	2012-05-07	201210139332.9	新材料技术研究院	何新波	一种化学液气相沉积工艺用SiC陶瓷先驱体的制备方法
118	2012-05-08	201210141558.2	新材料技术研究院	尹海清	一种改善高速压制制备铁基粉末冶金零件性能的方法
119	2012-05-10	201210143131.6	化学与生物工程学院	党智敏	变温下体积电阻率稳定的聚合物导电复合材料及制备方法

续表

序号	申请日期	申请号	所属单位	第一发明人	专利名称
120	2012-05-10	201210145040.6	化学与生物工程学院	党智敏	一种含有改性石墨烯高介电常数三向复合材料及制备方法
121	2012-05-10	201210144498.X	化学与生物工程学院	党智敏	一种表面改性石墨烯聚合物基压阻复合材料及其制备方法
122	2012-05-10	201210144094.0	新材料技术研究院	张深根	一种从废旧稀土发光材料中回收稀土的方法
123	2012-05-11	201210147789.4	土木与环境工程学院	林　海	一种制备处理含油污水的吸附材料的方法
124	2012-05-11	201210146469.7	土木与环境工程学院	谢谟文	一种水库区工程地质调查的解译与评价方法
125	2012-05-11	201210144785.0	新材料技术研究院	果世驹	一种特粗晶硬质合金的制备方法
126	2012-05-14	201210148701.0	材料科学与工程学院	张波萍	一种Cu-S-Se三元热电材料及制备方法
127	2012-05-14	201210147844.X	新材料技术研究院	胡海峰	一种快速制备C/SiC陶瓷基复合材料的方法
128	2012-05-14	201210148454.4	国家材料服役安全科学中心（筹）	丁贤飞	一种钛铝铌合金片层组织方向控制方法
129	2012-05-15	201210151430.4	计算机与通信工程学院	胡长军	基于本体构建材料科学领域语义数据模型的方法
130	2012-05-15	201210147844.X	新材料技术研究院	胡海峰	一种快速制备C/SiC陶瓷基复合材料的方法
131	2012-05-16	201210151497.8	土木与环境工程学院	王观昌	煤矿安全危机管理系统及方法
132	2012-05-17	201210153626.7	化学与生物工程学院	党智敏	高储能聚合物纳米管电容器陈列的制备方法
133	2012-05-17	200610112815.4	新材料技术研究院	郭志猛	制备纳米级氧化铝弥散铁粉的方法
134	2012-05-18	201210156644.0	土木与环境工程学院	倪　文	一种提取钢尾渣中金属铁及其尾泥综合利用的方法
135	2012-05-18	201210157154.2	土木与环境工程学院	杨慧芬	一种铅渣煤基直接还原生产金属铁粉的方法
136	2012-05-18	201210157909.9	化学与生物工程学院	范慧俐	一种抗冻融的聚醋酸乙烯酯纳米乳液的制备方法
137	2012-05-21	201210158130.9	材料科学与工程学院	连　芳	一种利用钢渣尾渣制备中间包耐火喷涂料的方法
138	2012-05-21	201210158526.3	材料科学与工程学院	杨　槐	类盘装液晶化合物的取向方法
139	2012-05-23	201210162413.0	冶金与生态工程学院	黄　凯	微孔膜过滤法回收单晶和 多晶硅线切割废料中硅粉的方法
140	2012-05-23	201210161112.6	冶金与生态工程学院	朱鸿民	电位调控离心法回收单晶和多晶硅线切割废料中硅粉的方法
141	2012-05-23	201210163336.0	自动化学院	胡广大	角反射器及角反射器阵列

续表

序号	申请日期	申请号	所属单位	第一发明人	专利名称
142	2012-05-23	201210163306.X	自动化学院	胡广大	一种敏感器主安装盒和被动式光学敏感器
143	2012-05-23	201210163387.3	化学与生物工程学院	党智敏	一种高驱动敏感度硅橡胶基介电弹性体复合材料及其制备方法
144	2012-05-24	201210163953.0	化学与生物工程学院	党智敏	一种埋入式电容器及其制备方法
145	2012-05-28	201210168417.X	新金属材料国家重点实验室	陈晓华	一种纤维增强金属玻璃复合材料丝的连续制备设备与工艺
146	2012-05-31	201210177137.5	材料科学与工程学院	黄继华	一种耐高温热障涂层陶瓷材料及其制备方法
147	2012-05-31	201210176268.1	材料科学与工程学院	黄继华	一种中温无腐蚀铝钎剂及其制备方法
148	2012-05-31	201210176267.7	材料科学与工程学院	黄继华	一种中温低铯氟铝酸盐钎剂及其制备方法
149	2012-05-31	201210176269.6	材料科学与工程学院	黄继华	一种Al-Si-Zn-Ge系低熔点铝基钎料及其制备方法
150	2012-05-31	201210177761.5	新材料技术研究院	孔祥华	一种纳米二氧化锰电极的制备方法
151	2012-06-01	201210177390.0	土木与环境工程学院	倪　文	一种利用粉煤灰和铁尾矿制备高强混凝土材料的方法
152	2012-06-04	201210179588.2	新材料技术研究院	果世驹	一种特粗晶硬质合金制备方法
153	2012-06-06	201210186971.0	材料科学与工程学院	王　戈	Fe_3O_4/CuO/pSiO_2催化剂及其制备方法
154	2012-06-06	201210184593.2	冶金工程研究院	何安瑞	一种辊缝凸度随板带宽度线性变化的辊形设计方法
155	2012-06-07	201210186955.1	材料科学与工程学院	王　戈	一种金/二氧化钛核壳结构纳米粒子的制备方法
156	2012-06-08	201210189050.X	材料科学与工程学院	田文怀	一种利用模具制备夜视仪用碱金属蒸发器蒸发本体的方法
157	2012-06-14	201210199491.8	冶金与生态工程学院	李素芹	一种采用絮凝-FeOOH联合工工艺处理焦化废水的方法
158	2012-06-14	201210200204.0	材料科学与工程学院	赵海雷	一种锂离子电池负极材料的制备方法
159	2012-06-14	201210196919.3	材料科学与工程学院	郑裕东	一种多聚糖与纳米细菌纤维素的复合仿口敷料的制备方法
160	2012-06-14	201210196311.0	新材料技术研究院	李成明	一种金刚石自支撑膜表面平整化方法
161	2012-06-14	201210200657.3	新材料技术研究院	李成明	CVD金刚石增强聚晶金刚石复合片的制备方法
162	2012-06-14	201210200436.6	新材料技术研究院	尹海清	一种粉末微注射成形用热塑性粘结剂的制备及使用方法
163	2012-06-18	201210207751.1	冶金与生态工程学院	成泽伟	一种RH-LF-RH精炼生产抗酸管线钢的工艺

续表

序号	申请日期	申请号	所属单位	第一发明人	专利名称
164	2012-06-18	201210200736.4	冶金与生态工程学院	成泽伟	一种VD-LF-VD精炼生产抗酸管线钢的工艺
165	2012-06-18	201210200737.9	冶金与生态工程学院	成泽伟	一种RH-LF-VD精炼生产抗酸管线钢的工艺
166	2012-06-18	201210205903.4	材料科学与工程学院	王　戈	用于贵金属催化剂原位固载的磁性聚合物微球的制备方法
167	2012-06-18	201210205217.7	材料科学与工程学院	杨　槐	一种三唑类弯曲棒状液晶化合物及其制备方法
168	2012-06-18	201210205724.0	机械工程学院	杨　珏	一种电驱动矿用汽车制动过程节能系统及方法
169	2012-06-18	201210206000.8	自动化学院	陈先中	一种雷达、视频、激光系统组合的测量高炉料面的装置
170	2012-06-18	201210207753.0	新材料技术研究院	何业东	一种弥散贵金属微粒增韧复合热障涂层及制备方法
171	2012-06-18	201210205195.4	新材料技术研究院	张深根	一种不锈钢酸洗污泥绿色提取铬和镍的方法
172	2012-06-18	201210205204.X	国家材料服役安全科学中心（筹）	杨　斌	基于无线声发射传感器网络的风电叶片损伤检测定位系统
173	2012-06-20	201210210648.2	土木与环境工程学院	倪　文	一种还原气氛窑炉中快速还原铜渣生产铁铜合金的方法
174	2012-06-20	201210210957.X	土木与环境工程学院	倪　文	一种氧化气氛窑炉处理铜冶炼渣生产铁铜合金微粉的方法
175	2012-06-20	201210209566.6	新金属材料国家重点实验室	吕昭平	一种高强度铝基大块非晶复合材料
176	2012-06-20	201210204802.5	新材料技术研究院	林　涛	一种具有耐磨耐蚀衬层的钢管制备方法
177	2012-06-20	201210203474.7	新材料技术研究院	尹海清	一种用粉末微注射成形方法制备微型模具的方法
178	2012-06-25	201210208164.4	计算机与通信工程学院	李　刚	组合式专用高亮LED补光照明装置
179	2012-06-25	201210208163.X	计算机与通信工程学院	李　刚	全天候一体化摄像机防护罩
180	2012-06-26	201210216073.5	材料科学与工程学院	赵海雷	一种锂离子电池负极材料的制备方法
181	2012-06-26	201210211571.0	新材料技术研究院	尹海清	粉末注射成形和粉末微注射成形专用粘结剂及制备方法
182	2012-06-27	201210217809.0	材料科学与工程学院	付　松	固态扩散制备具有$NaZn_{13}$结构的稀土化合物方法
183	2012-06-27	201210217877.7	材料科学与工程学院	朱博玲	一种显示马氏体耐热钢原始奥氏体晶界的方法
184	2012-06-27	201210217879.6	数理学院	黄妙逢	一种蛋黄-蛋壳结构层次多孔碳颗粒的制备方法
185	2012-06-27	201210217803.3	数理学院	巨　新	一种3维层次多孔碳的制备方法

续表

序号	申请日期	申请号	所属单位	第一发明人	专利名称
186	2012-06-27	201210216056.1	新材料技术研究院	尹海清	一种粉末微注射成形用热塑性粘结剂的制备及使用方法
187	2012-06-28	201210222982.X	冶金工程研究院	赵爱民	一种含铌高锰无磁钢及其制备方法
188	2012-06-29	201210220795.8	冶金与生态工程学院	李　宏	一种氧气顶吹转炉用石灰石造渣炼钢枪位控制方法
189	2012-06-29	201210222100.X	材料科学与工程学院	盛　伟	铁路扣件弹条成形模具及成形方法
190	2012-06-29	201210222879.5	计算机与通信工程学院	李　刚	基于高清视频图像目标自动定位识别系统
191	2012-06-29	201210222952.9	计算机与通信工程学院	李　刚	高清视频监控图像的车辆目标快速定位、事件监测系统
192	2012-06-29	201210222795.1	计算机与通信工程学院	李　刚	高清视频监控图像的行人快速定位、事件监测系统
193	2012-06-29	201210222642.7	计算机与通信工程学院	李　刚	基于高清视频监控图像的不明物品、事件监测系统及方法
194	2012-07-02	201210227413.4	自动化学院	穆志纯	一种人耳认证系统及方法
195	2012-07-03	201210227623.3	土木与环境工程学院	张　舸	一种适用于矿山避难硐室的制冷除湿系统和方法
196	2012-07-03	201210229485.2	冶金与生态工程学院	郭占成	一种直接电解二氧化钛生产金属钛的方法及电解槽
197	2012-07-04	201210229968.2	冶金与生态工程学院	闫柏军	一种高温金属熔体中溶质组元活度系数的测定方法
198	2012-07-04	201210230990.9	新材料技术研究院	刘雪峰	有两表面不同粗糙度和非对称梯度组织的铜材及成形方法
199	2012-07-04	201210231245.6	新材料技术研究院	路　新	一种短流程制备高铌钛铝合金球形微粉的方法
200	2012-07-04	201210231252.6	新材料技术研究院	谢建新	一种高挠性超薄压延铜箔的成形方法
201	2012-07-05	201210233080.6	冶金与生态工程学院	朱　荣	一种预热氧气提高射流速度的吹氧炼钢方法
202	2012-07-05	201210233001.1	材料科学与工程学院	李殊霞	一种双相不锈钢中空夹层结构件制造方法
203	2012-07-05	201210233079.3	材料科学与工程学院	杨　槐	一种制备具有高性能的宽波反射液晶偏振片的方法
204	2012-07-05	201210233146.1	材料科学与工程学院	张麦仓	一种用于轧机设计的材料变形抗力统一模型的构造方法
205	2012-07-05	201210231408.0	材料科学与工程学院	张迎春	一种陶瓷微球的新型制备方法
206	2012-07-10	201210238618.2	土木与环境工程学院	王洪江	一株产氨浸矿细菌及其培养方法和应用
207	2012-07-11	201210238942.4	土木与环境工程学院	倪　文	一种含粉煤灰的尾矿废石高强混凝土的制备方法
208	2012-07-11	201210241154.0	冶金与生态工程学院	包燕平	一种用于去除中间包钢液夹杂物的吹气精炼装置及方法

续表

序号	申请日期	申请号	所属单位	第一发明人	专利名称
209	2012-07-11	201210240572.8	材料科学与工程学院	林国标	一种Sm-Fe-N各向异性磁粉的制备方法
210	2012-07-12	201210240788.4	冶金与生态工程学院	成国光	高速铁路扣件用弹条用钢及其冶炼生产方法
211	2012-07-13	201210245009.X	土木与环境工程学院	尹升华	超细尾矿流态化开采及细菌浸出的系统及工艺
212	2012-07-13	201210245010.2	材料科学与工程学院	王国杰	一种三重响应性聚合物胶束制备方法及应用
213	2012-07-16	201210245799.1	材料科学与工程学院	王国杰	一种利用聚丙烯酸芘甲酯-聚（甲基）丙烯酸二甲胺乙酯共聚物检测核酸序列的范菲菲虎合成的产物
214	2012-07-16	201210245819.5	材料科学与工程学院	王国杰	一种端基为荧光基团芘的水溶性阳离子聚电解质及其制备方法及应用
215	2012-07-17	201210247399.4	冶金与生态工程学院	国宏伟	一种基于煤气化原理的高炉渣余热利用系统
216	2012-07-17	201210247381.4	冶金与生态工程学院	国宏伟	一种铁矿石还原性测试装置和方法
217	2012-07-17	201210247417.9	冶金与生态工程学院	国宏伟	一种高炉渣余热煤气化系统
218	2012-07-17	201210247819.9	冶金与生态工程学院	王丽君	利用高温质谱的方法确定过渡金属在熔渣中的价态的方法
219	2012-07-18	201210250239.5	数理学院	张师平	一种快速测量材料透射率或反射率的小型光谱仪
220	2012-07-19	201210251445.8	国家材料服役安全科学中心（筹）	金　莹	一种用循环热氧化法制备的IrOx电极
221	2012-07-20	201210252567.9	材料科学与工程学院	张　跃	一种光刻胶模板及图案化ZnO纳米棒阵列的制备方法
222	2012-07-20	201210254458.0	冶金工程研究院	刘华强	一种全连续镁合金带卷精整装置及精整方法
223	2012-07-20	201210254828.0	冶金工程研究院	刘华强	一种镁合金薄板带卷连续异步轧制装置
224	2012-07-20	201210254902.9	新材料技术研究院	潘德安	一种含锡分铅渣回收二氧化锡的方法
225	2012-07-25	201210260524.5	自动化学院	陈先中	基于实测数据和布料模型的数据结合融合进行料面检测方法和系统
226	2012-07-26	201210261714.9	冶金与生态工程学院	李宏煦	静态弱磁场诱导生物合成Fe_3O_4磁性纳米微粒的方法
227	2012-07-26	201210262485.2	冶金工程研究院	赵征志	一种钒氮微合金化高强度耐候钢的制备方法

续表

序号	申请日期	申请号	所属单位	第一发明人	专利名称
228	2012-07-26	201210262701.3	冶金工程研究院	赵征志	一种汽车厢体用热轧酸洗高强钢的制备方法
229	2012-07-28	201210263674.1	机械工程学院	康凤明	一种传动轴用扭矩限制器
230	2012-07-28	201210263675.6	机械工程学院	吴迪平	一种均衡多辊矫直扭矩分配的方法
231	2012-07-30	201210269237.0	土木与环境工程学院	刘娟红	一种混凝土粗骨料非常不规则粒形的检测方法
232	2012-07-30	201210269203.1	土木与环境工程学院	宋少民	一种混凝土粗骨料不规则粒形含量的测定方法
233	2012-07-30	201210268925.5	冶金与生态工程学院	沈少波	一种制备高纯超细镍粉的装置及其方法
234	2012-07-30	201210266534.X	机械工程学院	刘训良	一种回转式固定床化学链燃烧反应装置
235	2012-07-31	201210270507.X	国家材料服役安全科学中心（筹）	金　莹	一种测量固体表面温湿度的装置及方法
236	2012-08-01	201210271612.5	机械工程学院	范让林	一种三线扭摆振动自动周期测量装置
237	2012-08-03	201210276443.4	冶金与生态工程学院	李　宇	一种利用钢渣湿法磁选尾泥制备陶瓷材料的方法
238	2012-08-03	201210276453.8	冶金与生态工程学院	孙彦辉	一种采用形核剂细化晶粒处理管线钢中夹杂物的方法
239	2012-08-03	201210276465.0	冶金与生态工程学院	孙彦辉	一种利用电解法测定钢中大型非金属夹杂物的方法
240	2012-08-04	201210276452.3	冶金与生态工程学院	孙彦辉	一种转炉水模型实验模拟装置及模拟方法
241	2012-08-10	201210285746.2	新材料技术研究院	张深根	一种两代酸解分解废旧稀土发光材料的工艺
242	2012-08-15	201210291154.1	机械工程学院	孙朝阳	一种大型光亮退火马弗管等蠕变寿命的设计方法
243	2012-08-16	201210293564.X	土木与环境工程学院	宋存义	一种还原铁基制备水泥的方法
244	2012-08-16	201210292335.6	冶金工程研究院	徐　科	一种金属板带表面微小缺陷的在线检测方法
245	2012-08-17	201210295919.9	土木与环境工程学院	王更雨	一种扰动河床防渗治理的方法及结构
246	2012-08-17	201210294811.8	冶金与生态工程学院	薛庆国	一种利用直接还原工艺处理高磷矿的方法
247	2012-08-17	201210295977.1	材料科学与工程学院	郑　磊	一种制备高拉伸塑性Ni（Bi）合金的方法
248	2012-08-17	201210296001.6	材料科学与工程学院	郑　磊	采用等温热处理制备高拉伸塑性Ni（Bi）合金的方法

续表

序号	申请日期	申请号	所属单位	第一发明人	专利名称
249	2012-08-17	201210295536.1	国家材料服役安全科学中心（筹）	金　莹	一种工程构件环境适应性试验系统及方法
250	2012-08-21	201210299520.8	冶金与生态工程学院	张立峰	一种利用电磁法生产超纯多晶硅锭装置及方法
251	2012-08-21	201210299911.X	冶金与生态工程学院	张立峰	一种电磁法回收线锯硅泥中硅组分的装置及方法
252	2012-08-21	201210300109.8	冶金与生态工程学院	张立峰	用电解铝灰生产钢包渣改质剂用于低氧低硫高氮钢
253	2012-08-21	201210300106.4	材料科学与工程学院	张　跃	一种制备图案化ZnO纳米棒阵列的方法
254	2012-08-22	201210300035.8	冶金与生态工程学院	张立峰	一种表面活性氧化铝泡沫陶瓷过滤器的制备及使用方法
255	2012-08-22	201210301555.0	冶金与生态工程学院	张立峰	一种用于金属连续浇注的旋流反应系统
256	2012-08-22	201210301754.1	冶金工程研究院	宋　勇	一种提高带钢全长卷取温度预报精度的自学习方法
257	2012-08-23	201210301330.5	材料科学与工程学院	杨　洲	芘类对称盘状化合物及其制备方法
258	2012-08-23	201210303678.8	材料科学与工程学院	张　跃	基于ZnO纳米线阵列的压电场效应晶体管的构建方法
259	2012-08-24	201210307135.3	材料科学与工程学院	张　华	一种适用于铝合金和钛合金连接的反应搅拌摩擦焊接方法
260	2012-08-24	201210307098.6	材料科学与工程学院	张　华	一种适用于铝合金和铜合金连接的反应搅拌摩擦焊接方法
261	2012-08-24	201210307118.X	材料科学与工程学院	张　华	用于异种材料连接的搅拌摩擦扩散焊接方法
262	2012-08-24	201210306771.4	材料科学与工程学院	张　华	适用于铝合金和不锈钢连接的反应搅拌摩擦焊接方法
263	2012-08-24	201210307205.5	材料科学与工程学院	张　华	用于异种材料连接的搅拌摩擦瞬时液相扩散扩散焊接方法
264	2012-08-24	201210307200.2	材料科学与工程学院	张　华	一种用于连接异种材料搅拌摩擦焊接的搭接接头
265	2012-08-25	201210307221.4	计算机与通信工程学院	石志国	异构多机器人系统中基于个体能力的任务分配算法
266	2012-08-27	201210307865.3	土木与环境工程学院	朱维耀	一种复合微球的制备方法
267	2012-08-27	201210307878.0	土木与环境工程学院	朱维耀	一种使用纳微米聚合物颗粒开采低渗透油田剩余原油的方法
268	2012-08-27	201210309048.1	计算机与通信工程学院	石志国	一种细粒度的多机器人协作系统任务分配算法
269	2012-08-27	201210309425.1	新金属材料国家重点实验室	林均品	一种含有新型复合抑制剂的高硅钢薄板的制备方法
270	2012-08-28	201210311741.2	土木与环境工程学院	寇　珏	一种硫酸渣还原焙烧生产直接还原铁同步脱硫的工艺方法

续表

序号	申请日期	申请号	所属单位	第一发明人	专利名称
271	2012-08-30	201210317049.0	材料科学与工程学院	张　旭	基于冰冻--解冻处理的耐候钢锈层保护能力的评价方法
272	2012-08-31	201210320743.8	材料科学与工程学院	吴成义	一种高速固相颗粒喷射成形的方法与装置
273	2012-09-03	201210321744.4	机械工程学院	苏兰海	基于人工标记的高温物体面内位移场的测量系统及方法
274	2012-09-04	201210323309.5	土木与环境工程学院	朱维耀	一种使用泡沫复合体系开采油田剩余原油的方法
275	2012-09-04	201210324665.9	冶金工程研究院	苏　岚	一种高r值高强IF钢生产工艺
276	2012-09-10	201210332651.1	材料科学与工程学院	康永林	一种复合搅拌半固态浆料连续制备装置
277	2012-09-10	201010279562.6	冶金工程研究院	邓宏玉	一种中厚板在线淬火倾斜射流冷却器
278	2012-09-10	201210331864.2	新材料技术研究院	郭志猛	一种提高铁粉成形性的方法
279	2012-09-10	201210331816.3	新材料技术研究院	郭志猛	一种金属粉末凝胶注模成型方法
280	2012-09-12	201210336476.3	新金属材料国家重点实验室	张济山	一种基于超高强高韧铝合金板材的热机械处理工艺
281	2012-09-13	201210339236.9	材料科学与工程学院	曹文斌	一种用于制备自清洁玻璃的二氧化钛溶胶的制备方法
282	2012-09-13	201210338079.X	材料科学与工程学院	李　勇	一种用铝铬渣制备$Al-Cr_2O_3-Al_2O_3$滑板的方法及滑板材料
283	2012-09-14	201210343143.3	冶金工程研究院	宋　勇	一种模拟系统与Web监控画面的数据通信实现方法
284	2012-09-16	201210341187.2	材料科学与工程学院	周张健	一种高强度抗氧化钼基复合材料的制备方法
285	2012-09-16	201210341195.7	材料科学与工程学院	周张健	用机械合金化法制备含氮ODS无镍奥氏体合金的方法
286	2012-09-17	201210343782.X	材料科学与工程学院	王海成	一种水相分散金属磁性纳米颗粒的方法
287	2012-09-17	201210344565.2	机械工程学院	刘　江	一种新型基于模块化设计的立式加工中心床身结构
288	2012-09-17	201210344473.4	机械工程学院	刘　江	一种新型基于模块化的立式加工中心工作台结构
289	2012-09-20	201210353493.4	材料科学与工程学院	黄继华	一种Cf/SiC陶瓷基复合材料与钛合金的复合-扩散钎焊方法
290	2012-09-20	201210353699.0	材料科学与工程学院	黄继华	一种Cf/SiC陶瓷基复合材料与钛合金的复合-扩散钎焊方法
291	2012-09-20	201210353444.4	机械工程学院	李洪波	一种超宽板带六辊冷轧机机型
292	2012-09-20	201210353362.X	新材料技术研究院	董超芳	一种研究磁场载荷下金属电化学行为的实验装置

续表

序号	申请日期	申请号	所属单位	第一发明人	专利名称
293	2012-09-21	201210354102.4	新材料技术研究院	邵慧萍	一种用氢化钛粉制备TiAl金属间化合物粉末的方法
294	2012-09-25	201210362689.3	土木与环境工程学院	倪　文	一种铁矿尾矿强磁预富集深度还原提铁方法
295	2012-09-25	201210360804.3	材料科学与工程学院	康永林	一种连续制备半固态浆料装置
296	2012-09-26	201210363857.0	材料科学与工程学院	王国杰	芘标记的单链DNA荧光探针及其制备方法
297	2012-09-26	201210363225.4	新金属材料国家重点实验室	包小倩	一种高强高硬铁镍软磁材料的制备方法
298	2012-09-27	201210374458.4	冶金与生态工程学院	张立峰	一种金属大铸锭点浇工艺
299	2012-09-27	201210365381.4	材料科学与工程学院	吴成义	纳米颗粒充填钨骨架特种结构电触头合金的制备方法
300	2012-09-28	201210365968.5	材料科学与工程学院	李明华	一种提高各向异性磁电阻坡莫合金薄膜热稳定性的方法
301	2012-09-28	201210367812.0	冶金工程研究院	余　伟	一种双金属复合管制备方法
302	2012-09-29	201210380245.2	土木与环境工程学院	冯雅丽	一种软锰矿石的浮选方法
303	2012-09-29	201210372922.6	冶金与生态工程学院	张立峰	用线锯硅泥生产钢包渣改质剂用于低氧高碳钢的工艺
304	2012-09-29	201210372948.0	冶金与生态工程学院	张立峰	一种高硅铝合金的制备方法
305	2012-09-29	201210371325.1	材料科学与工程学院	叶荣昌	Ln(FeM)13系磁制冷材料的制备方法及装置
306	2012-10-08	201210377744.6	材料科学与工程学院	曹文斌	一种低温快速合成α-SiC微粉的方法
307	2012-10-08	201210377304.0	材料科学与工程学院	李　勇	Al_4O_4C结合Al-Al_2O_3复合无碳滑板及制备方法
308	2012-10-08	201210378217.7	新金属材料国家重点实验室	惠希东	Fe-Cr-Co-W-Mo马氏体耐热钢及其制造方法
309	2012-10-09	201210380499.4	土木与环境工程学院	成　旭	深孔欲裂爆破注浆方法
310	2012-10-10	201210380479.7	冶金与生态工程学院	李素芹	超导高梯度磁分离技术分离回收提钒废渣有价物质的方法
311	2012-10-11	201210384520.8	土木与环境工程学院	汪群慧	紫外/纯氧微气泡协同处理印染废水的系统及方法
312	2012-10-11	201210385063.4	土木与环境工程学院	汪群慧	一种紫外光协同臭氧微纳米气泡的废水处理系统和方法
313	2012-10-11	201210385129.X	新材料技术研究院	李成明	覆盖强结合CVD金刚石的聚晶金刚石复合片的制备方法
314	2012-10-12	201210385883.3	土木与环境工程学院	林　海	一种从稀土尾矿中回收铁并生产高品位铁精粉的方法

续表

序号	申请日期	申请号	所属单位	第一发明人	专利名称
315	2012-10-12	201210385867.4	冶金与生态工程学院	左海滨	一种可视化铁矿粉高温冶金性能测定装置
316	2012-10-12	201210387100.5	冶金与生态工程学院	左海滨	一种可视化铁矿粉冶金基础性能测定方法
317	2012-10-16	201210392968.4	材料科学与工程学院	燕青芝	一种凝胶注模成型、无压烧结制备碳化硅陶瓷叶轮的方法
318	2012-10-17	201210393637.2	土木与环境工程学院	宋存义	一种半干法脱硫设备
319	2012-10-17	201210393770.8	冶金与生态工程学院	李素芹	一种带硼、硅酸基团铁系絮凝剂处理垃圾渗滤液的方法
320	2012-10-18	201210397803.6	材料科学与工程学院	黄继华	一种Cf/SiC陶瓷基复合材料连接方法
321	2012-10-18	201210398254.4	材料科学与工程学院	黄继华	一种铝及铝合金与铜的扩散钎焊工艺
322	2012-10-18	201210397990.8	机械工程学院	刘　江	一种新型基于模块化设计的立式加工中心立柱结构
323	2012-10-18	201210398246.X	机械工程学院	刘　江	一种新型基于模块化设计的立式加工中心滑鞍结构
324	2012-10-18	201210398261.4	机械工程学院	刘　江	一种新型基于模块化设计的立式加工中心主轴箱结构
325	2012-10-18	201210398298.7	机械工程学院	王　立	一种提升或输送颗粒、粉体物料的方法和装置
326	2012-10-21	201210402693.8	冶金与生态工程学院	侯新梅	一种测量反应过程中挥发易凝结产物的热重装置
327	2012-10-22	201210404482.8	土木与环境工程学院	董颖博	一种适用于低品位铜尾矿浸出的浸矿细菌诱变选育方法
328	2012-10-22	201210404903.7	自动化学院	陈先中	一种新的测量高炉料面形状的机械式扫描雷达装置
329	2012-10-24	201210407860.8	土木与环境工程学院	倪　文	一种以废弃混凝土制备超低水泥人工鱼礁混凝土的方法
330	2012-10-26	201210415453.1	冶金与生态工程学院	孙彦辉	一种管线钢炉外精炼用高碱度合成渣
331	2012-10-26	201210414179.6	冶金与生态工程学院	孙彦辉	一种锅炉管钢炉外精炼用低碱度合成渣
332	2012-10-26	201210414247.9	新材料技术研究院	任淑彬	一种制备低体积分数多孔碳化硅陶瓷坯体的方法
333	2012-10-29	201210421099.3	土木与环境工程学院	林　海	一种利用微波辐射结合助剂改性氨氮吸附材料的方法
334	2012-10-29	201210420813.7	冶金与生态工程学院	吴胜利	一种高炉配加高反应性焦炭后能量利用计算方法
335	2012-10-29	201210409915.9	冶金与生态工程学院	吴胜利	一种含铁炉料高温软熔滴落特性的评价方法
336	2012-10-29	201210408620.X	冶金与生态工程学院	吴胜利	高反应性焦炭下高炉直接还原度及煤气利用率的计算方法

续表

序号	申请日期	申请号	所属单位	第一发明人	专利名称
337	2012-10-29	201210419778.7	冶金与生态工程学院	吴胜利	一种使用高反应性焦炭提升高炉还原效率的方法及装置
338	2012-10-29	201210419872.2	材料科学与工程学院	王　冬	一种高浓度纳米Al_2O_3复合的耐电晕聚酰亚胺薄膜及其制备方法
339	2012-10-29	201210421031.5	材料科学与工程学院	于广华	一种霍尔自旋天平材料及元器件
340	2012-10-29	201210419491.4	冶金工程研究院	武会宾	一种低碳免回火全贝氏体组织塑料模具钢及制备方法
341	2012-10-30	201210425027.6	冶金与生态工程学院	李建玲	一种NAF包覆富锂锰基层状正极材料的制备方法
342	2012-10-30	201210422713.8	材料科学与工程学院	尚成嘉	石油天然气钻采用J55级膨胀管材成分设计及制备方法
343	2012-10-31	201210428162.6	计算机与通信工程学院	孙昌爱	基于方面的可靠WEB服务组装方法和系统
344	2012-11-01	201210431971.2	土木与环境工程学院	杨慧芬	一种快速筛选浮选难选赤铁矿的微生物捕收剂的方法
345	2012-11-01	201210431651.7	冶金工程研究院	武会宾	一种含Nb微/钠结构超高强塑性不锈钢的制备方法
346	2012-11-02	201210432365.2	新材料技术研究院	张深根	一种废铝易拉罐绿色循环保级再利用的方法
347	2012-11-06	201210438451.4	材料科学与工程学院	孙　超	一种用于钢的显微组织演化的原位追踪金相分析方法
348	2012-11-08	201210443948.5	冶金与生态工程学院	李宏煦	一种超临界水体系氧化制备纳米CeO_2粉末装置及工艺
349	2012-11-08	201210444261.3	机械工程学院	王　恒	高浓度煤粉燃烧器
350	2012-11-09	201210447720.3	土木与环境工程学院	韩　斌	一种矿山采场和巷道掘进工作面底眼防堵塞方法
351	2012-11-09	201210447299.6	土木与环境工程学院	吴爱祥	一种测试尾矿膏体堆存体受雨水侵蚀的试验装置
352	2012-11-09	201210445230.X	材料科学与工程学院	连　芳	一种聚合物多孔膜及其制备方法和在凝胶聚合物电解质中的应用
353	2012-11-09	201210446002.4	机械工程学院	李　疆	基于工业标准印刷电路板工艺的新型微流控芯片制作方法
354	2012-11-12	201218005449.9	新金属材料国家重点实验室	王西涛	一种具有高热导率的铝/金刚石复合材料的制备方法
355	2012-11-12	201210449480.0	新材料技术研究院	柳　伟	一种评价原油油船货油舱甲板用腐蚀性能的实验系统
356	2012-11-13	201210454624.1	材料科学与工程学院	李静媛	一种高性能耐磨热作模具钢及其制备工艺
357	2012-11-13	201210452268.X	材料科学与工程学院	张　跃	一种制备图案化ZnO纳米棒陈列的方法
358	2012-11-14	201210457022.1	机械工程学院	张欣欣	一种介孔仪质复合材料热物性的计算方法

续表

序号	申请日期	申请号	所属单位	第一发明人	专利名称
359	2012-11-14	201210456988.3	自动化学院	王　涛	一种特种车辆仪表指针的提取方法
360	2012-11-15	201210461103.9	冶金与生态工程学院	张　梅	一种用铝土矿尾矿合成刚玉-莫来石复合相材料的方法
361	2012-11-19	201210466307.1	土木与环境工程学院	倪　文	一种具有微膨胀效应的矿山充填用胶凝材料
362	2012-11-21	201210474580.9	新材料技术研究院	郭志猛	一种球形钨粉的制备方法
363	2012-11-21	201210475290.6	新材料技术研究院	刘　波	一种冷轧铁泥制备云母氧化铁的方法
364	2012-11-21	201210475308.2	新材料技术研究院	潘德安	一种铜阳极泥分银渣金银回收的方法
365	2012-11-22	201210479533.3	材料科学与工程学院	王　戈	一种苯乙烯催化氧化为环氧苯乙烷的催化剂的制备方法
366	2012-11-23	201210484305.5	新金属材料国家重点实验室	惠希东	一种锆基非晶合金及其粉体和大尺寸块体的制备方法
367	2012-11-23	201210480388.0	新金属材料国家重点实验室	林均品	耐熔锌腐蚀Ti-Al-Nb涂层的电火花沉积方法
368	2012-11-26	201210484516.9	材料科学与工程学院	张　虎	具有大磁热效应的稀土-镍-硅材料的制备方法和用途
369	2012-11-28	201210497092.X	冶金与生态工程学院	郭　敏	一种从含钛电炉熔分渣中制备六钛酸钾纳米晶须的方法
370	2012-11-28	201210497061.4	机械工程学院	刘　江	新型数控雕铣机的主轴箱机构
371	2012-11-29	201210497818.X	冶金与生态工程学院	马瑞新	一种赤泥和高磷铁矿综合利用的方法
372	2012-11-29	201210500212.7	材料科学与工程学院	尚成嘉	同时获得逆转奥氏体和纳米析出的低合金钢的制备方法
373	2012-11-30	201210504211.X	冶金与生态工程学院	朱　荣	一种获得高温高压气体的方法
374	2012-11-30	201210497491.6	材料科学与工程学院	张　旭	一种加速耐候钢表面锈层稳定化的喷液预处理方法
375	2012-12-03	201210511022.5	土木与环境工程学院	汪群慧	一种可移动转鼓式堆肥反应器
376	2012-12-03	201210511395.2	自动化学院	白真龙	一种基于计算机视觉的特种部队车辆仪表自动识别系统及算法
377	2012-12-03	201210509245.8	自动化学院	张伏龙	一种基于图像特征的特种车辆仪表类型识别与标定的方法
378	2012-12-04	201210515028.X	新金属材料国家重点实验室	杨　滨	一种耐Ar离子和质子辐照的$Zr^{61}.5Cu^{21}.5Fe5Al^{12}$大块非晶合金、制备方法及其应用
379	2012-12-05	201210518340.4	冶金与生态工程学院	张　梅	一种用铝土矿尾矿制备4A分子筛的方法
380	2012-12-05	201210517296.5	自动化学院	刘　涛	基于容迟容断传感器网络的捆绑层改进算法

续表

序号	申请日期	申请号	所属单位	第一发明人	专利名称
381	2012-12-06	201210521737.9	新材料技术研究院	黄海友	一种连续柱状晶组织高铝青铜板材高效轧制工艺
382	2012-12-07	201210526607.4	冶金与生态工程学院	陈　骏	一种具有优异压电性能的材料及其制备方法
383	2012-12-07	201210526658.7	冶金与生态工程学院	陈　骏	一种具有高居里温度大剩余极化及疲劳特性好的$Bi(Zn_{1/2}Zr_{1/2})0_3$-$PbTI0_3$)基铁电薄膜及其制备方法
384	2012-12-10	201210530848.6	自动化学院	刘　涛	一种容迟容断网络的路由算法
385	2012-12-10	201210529624.3	自动化学院	刘　涛	一种低时延的容迟容断传感器网络的组播路由算法
386	2012-12-10	201210527903.6	新金属材料国家重点实验室	杨　滨	一种TiB_2/Si-Al电子封装复合材料及制备方法
387	2012-12-10	201210528922.0	冶金工程研究院	陈银莉	一种汽车用超高强薄钢板的淬火退火制备方法
388	2012-12-11	201210533478.1	材料科学与工程学院	郑裕东	改性纳米纤维素多孔复合型高吸渗止血敷料的制备方法
389	2012-12-11	201210532202.1	机械工程学院	杨　珏	一种电驱动矿用汽车制动过程节能控制系统及方法
390	2012-12-12	201210536141.6	冶金与生态工程学院	唐惠庆	强化气基还原联合高温熔分实现鲕状高磷铁矿脱磷的方法
391	2012-12-12	201210536595.3	材料科学与工程学院	田文怀	热压模具及利用该热压模具制备铝铁合金药型罩的方法
392	2012-12-13	201210536730.4	新材料技术研究院	贾成厂	一种短纤维与颗粒协同增强铜基复合材料及其制备方法
393	2012-12-13	201210536786.X	新材料技术研究院	贾成厂	一种高导热微波衰减AlN基复合材料及其制备方法
394	2012-12-14	201210543882.7	土木与环境工程学院	韩　斌	一种边坡自动排水系统及其方法
395	2012-12-14	201210546049.8	自动化学院	郭迎春	一种针对特种车辆指针式仪表的半自动校验方法
396	2012-12-14	201210546149.0	化学与生物工程学院	姜建壮	在液相中通过纳米颗粒定向聚集制备有机卟啉单晶的方法
397	2012-12-14	201210545875.0	新材料技术研究院	孙爱芝	采用保压固化工艺制备各向异性粘结磁体的方法
398	2012-12-17	201210546735.5	材料科学与工程学院	王　冬	应用于OFET的一类联五元环聚合物及合成工艺
399	2012-12-18	201210551495.8	冶金与生态工程学院	侯新梅	一种用于热重分析仪的液封连接装置
400	2012-12-18	201210553102.7	材料科学与工程学院	王　冬	一种双支链芳香胺及其衍生物和制备方法
401	2012-12-18	201210553401.0	材料科学与工程学院	王　冬	一种芳香胺、芳香胺-富勒烯衍生物及其制备方法
402	2012-12-18	201210553796.4	自动化学院	郭　敏	一种城市道路交通状态评估方法

续表

序号	申请日期	申请号	所属单位	第一发明人	专利名称
403	2012-12-18	201210553037.8	自动化学院	蓝金辉	一种城市道路交通态势评估系统
404	2012-12-18	201210550339.X	化学与生物工程学院	杜宏武	制备个体全蛋白质组芯片的方法及其应用
405	2012-12-18	201210551533.X	新金属材料国家重点实验室	张来启	一种硅粉表面除氧的方法
406	2012-12-19	201210553216.1	冶金与生态工程学院	于然波	球形铋基Bi-DMF光催化剂的制备及性能检测方法
407	2012-12-20	201210560226.8	材料科学与工程学院	李立东	三唑类衍生物、其制备方法及其纳米粒子和纳米粒子的应用
408	2012-12-21	201210564122.4	土木与环境工程学院	孙体昌	一种用高磷鲕状赤铁矿含碳球团生产金属铁粉的工艺方法
409	2012-12-24	201210567997.X	冶金与生态工程学院	国宏伟	一种焦炭气孔特征的检测方法
410	2012-12-25	201210568646.0	冶金与生态工程学院	王新东	直接甲醇燃料电池高效膜电极的制备方法

2012年实用新型专利申请明细表

序号	申请日期	申请号	所属单位	第一发明人	专利名称
1	2012-01-06	201220005039.9	土木与环境工程学院	李子富	一种沼气贮气膜甲烷透过性测试装置
2	2012-01-06	201220005899.2	冶金与生态工程学院	周国治	一种四电极法测量熔盐电导率的装置
3	2012-01-13	201220016697.8	土木与环境工程学院	成　旭	提高露天矿山台阶深孔爆破边坡稳定角度的控制爆破装置
4	2012-02-08	201220040247.2	机械工程学院	苏庆泉	天然气燃烧供热系统
5	2012-02-13	201220045341.7	机械工程学院	韩　天	一种高炉出铁和堵塞铁口用的高炉辅助装置
6	2012-02-22	201220060237.5	冶金工程研究院	刘华强	一种镁合金板带卷单、双面抛光装置
7	2012-02-27	201220069203.2	土木与环境工程学院	王洪江	一种尾矿浓密动态模拟装置
8	2012-03-15	201220098113.6	自动化学院	徐令仪	一种汽车油门踏板误踩检测装置
9	2012-03-19	201220103828.6	机械工程学院	苏庆泉	热泵循环系统及干燥系统
10	2012-03-20	201220106397.9	机械工程学院	苏庆泉	热泵系统及干燥系统
11	2012-03-20	201220106668.0	机械工程学院	苏庆泉	一种热泵系统及干燥系统
12	2012-03-21	201220107888.5	土木与环境工程学院	成　旭	大幅增加岩体边坡爆破开挖稳定性的缓冲垫

续表

序号	申请日期	申请号	所属单位	第一发明人	专利名称
13	2012-03-21	201220109642.1	土木与环境工程学院	成　旭	家庭粪便快速生成有机肥装置
14	2012-03-28	201220123898.8	机械工程学院	尹忠俊	转底炉用双层炉料径向等厚布料机
15	2012-03-31	201220133249.6	材料科学与工程学院	田文怀	一种微光夜视仪像增强用碱金属蒸发器蒸发本体
16	2012-04-19	201220168201.9	自动化学院	霍　建	一种分离式直流电压采集与处理系统
17	2012-04-28	201220195830.0	材料科学与工程学院	孙　超	一种用于透射电镜薄膜样品制备的机械预减薄装置
18	2012-04-30	201220191358.3	土木与环境工程学院	唐军华	煤矿应急救援指挥信息管理系统
19	2012-04-30	201220194368.2	冶金工程研究院	李　静	一种永磁感应密封垂直热镀锌装置
20	2012-05-06	201220201458.X	新材料技术研究院	魏俊俊	一种大面积沉积金刚石膜的热丝架
21	2012-05-07	201220201499.9	机械工程学院	陈博宇	电火花线切割、打孔组合机床
22	2012-05-15	201220217787.3	土木与环境工程学院	林　海	一种快速去除高硫煤矿井下硫化氢气体的设备
23	2012-06-01	201220257247.8	新材料技术研究院	徐旻轩	小试样疲劳测试装置
24	2012-06-08	201220270607.8	材料科学与工程学院	田文怀	一种制备夜视仪用碱金属蒸发器蒸发本体的模具
25	2012-06-18	201220292035.3	机械工程学院	杨　珏	一种电驱动矿用汽车制动过程节能控制系统
26	2012-06-21	201220301176.7	新材料技术研究院	郭志猛	一种钢丝预应力缠绕飞轮转子转毂
27	2012-06-25	201220296206.X	计算机与通信工程学院	李　刚	组合式专用高亮LED补光照明装置
28	2012-06-25	201220295960.1	计算机与通信工程学院	李　刚	全天候一体化摄像机防护罩
29	2012-06-29	201220312856.9	计算机与通信工程学院	李　刚	基于高清视频图像目标自动定位识别系统
30	2012-06-29	201220313298.8	计算机与通信工程学院	李　刚	高清视频监控图像的车辆目标快速定位、事件监测系统
31	2012-06-29	201220313552.4	计算机与通信工程学院	李　刚	高清视频监控图像的行人快速定位、事件监测系统
32	2012-06-29	201220313297.3	计算机与通信工程学院	李　刚	基于高清视频监控图像的不明物品、事件监测系统及方法
33	2012-07-13	201220342966.X	土木与环境工程学院	尹升华	超细尾矿流态化开采及细菌浸出的系统
34	2012-07-20	201220356747.7	冶金工程研究院	刘华强	一种全连续镁合金带卷精整装置及精整方法

续表

序号	申请日期	申请号	所属单位	第一发明人	专利名称
35	2012-07-20	201220356223.8	冶金工程研究院	刘华强	一种镁合金薄板带卷连续异步轧制装置
36	2012-07-30	201220375279.8	机械工程学院	刘训良	一种回转式固定床化学链燃烧反应装置
37	2012-08-03	201220385240.4	冶金与生态工程学院	孙彦辉	一种转炉水模型实验模拟装置
38	2012-08-10	201220396620.8	机械工程学院	闫晓强	一种轧机振动监测分析装置
39	2012-08-16	201220408486.9	土木与环境工程学院	宋存义	一种新型竖窑
40	2012-08-16	201220407458.5	新材料技术研究院	董超芳	一种研究磁场载荷下金属电化学行为的实验装置
41	2012-08-21	201220416982.9	冶金与生态工程学院	张立峰	一种利用电磁法生产超纯多晶硅锭装置
42	2012-08-21	201220417818.X	冶金与生态工程学院	张立峰	一种电磁法回收线锯硅泥中硅组分的装置
43	2012-08-22	201220419850.1	冶金与生态工程学院	张立峰	一种用于金属连续浇注的旋流反应系统
44	2012-08-23	201220421278.2	冶金与生态工程学院	张立峰	一种长水口连铸中间包
45	2012-08-23	201220421488.1	冶金与生态工程学院	张立峰	一种测量钢水液面波形及保护渣液渣层厚度的装置
46	2012-08-23	201220421464.6	冶金与生态工程学院	张立峰	一种用于双水口浇注宽厚板坯的浇注系统
47	2012-08-23	201220421318.3	冶金与生态工程学院	张立峰	一种金属模铸用旋流浇注系统
48	2012-08-24	201210307178.1	材料科学与工程学院	张　华	一种用于连接异种材料的搅拌摩擦熔纤焊复合焊接方法
49	2012-08-30	201220438151.1	机械工程学院	范让林	一种三线扭摆振动自动周期测量装置
50	2012-08-31	201220444005.X	材料科学与工程学院	吴成义	一种高速固相颗粒喷射成形装置
51	2012-09-06	201220452811.1	冶金与生态工程学院	张立峰	一种真空精炼装置
52	2012-09-10	201220460251.4	材料科学与工程学院	康永林	一种复合搅拌半固态浆料连续制备装置
53	2012-09-14	201220472139.2	冶金与生态工程学院	张立峰	一种用于金属精炼的反向过滤器
54	2012-09-14	201220472157.0	冶金与生态工程学院	张立峰	一种吹氩侧开口高纯度钢液取样器
55	2012-09-14	201220472134.X	冶金与生态工程学院	张立峰	一种抽真空侧开口高纯度钢液取样器
56	2012-09-17	201220474011.X	冶金与生态工程学院	张立峰	一种净化金属用多级过滤器
57	2012-09-17	201220473933.9	冶金与生态工程学院	张立峰	一种高度净化钢液用新型中间包

续表

序号	申请日期	申请号	所属单位	第一发明人	专利名称
58	2012-09-17	201220474040.6	冶金与生态工程学院	张立峰	一种净化金属用多级孔度过滤器
59	2012-09-19	201220479332.9	冶金与生态工程学院	张立峰	一种净化金属用新型过滤器
60	2012-09-24	201220489965.8	机械工程学院	王长松	一种用于钻探时电磁波随钻测量中传输数据用的绝缘短节
61	2012-09-25	201220493112.1	材料科学与工程学院	康永林	一种连续制备半固态浆料装置
62	2012-10-09	201220515865.8	冶金与生态工程学院	周国治	一种差热分析与伏安法联用的分析系统
63	2012-10-11	201220520554.0	土木与环境工程学院	王洪江	一种预防深锥浓密机压耙装置
64	2012-10-16	201220529802.8	土木与环境工程学院	宋存义	一种半干法脱硫设备
65	2012-10-20	201220539128.1	冶金与生态工程学院	张立峰	一种提高金属洁净度的模铸浇注装置
66	2012-10-20	201220539130.9	冶金与生态工程学院	张立峰	一种减少铸锭中夹杂物的浇注装置
67	2012-10-21	201220540171.X	冶金与生态工程学院	侯新梅	一种测量反应过程中挥发易凝结产物的热重装置
68	2012-10-22	201220542806.X	冶金与生态工程学院	李建玲	一种空气电池测试模具
69	2012-10-30	201220561678.3	新材料技术研究院	赵　博	一种适用于薄层溶液电化学测试的参比电极
70	2012-11-08	201220586698.6	机械工程学院	王　恒	高浓度煤粉燃烧器
71	2012-11-09	201220592264.7	土木与环境工程学院	吴爱祥	一种测试尾矿膏体堆存体受雨水侵蚀的试验装置
72	2012-11-09	201220591625.6	冶金与生态工程学院	张立峰	一种顶吹氩侧开口双桶样钢液取样器
73	2012-11-09	201220592245.4	冶金与生态工程学院	张立峰	一种侧开口双桶样钢液取样器
74	2012-11-12	201220593443.2	新材料技术研究院	柳　伟	一种评价原油油船货油舱甲板用腐蚀性能的实验系统
75	2012-11-29	201220103828.6	机械工程学院	苏庆泉	热泵循环系统及干燥系统
76	2012-12-11	201220681261.3	机械工程学院	杨　珏	一种电驱动矿用汽车制动过程节能控制系统
77	2012-12-12	201220682890.5	材料科学与工程学院	田文怀	一种用于制备铝铁合金药型罩的热压模具
78	2012-12-14	201220694117.0	土木与环境工程学院	韩　斌	一种边坡自动排水系统
79	2012-12-18	201220702452.0	冶金与生态工程学院	侯新梅	一种用于热重分析仪的液封连接装置
80	2012-12-20	201220713193.1	冶金与生态工程学院	张立峰	一种单嘴真空精炼装置

2012年发明专利授权明细表

序号	申请日期	申请号	所属单位	第一发明人	专利名称
1	2011-02-23	201110042895.1	土木与环境工程学院	蔡美峰	基于GIS的矿山安全管理信息系统
2	2011-02-19	201110040670.2	土木与环境工程学院	蔡美峰	一种溜矿井堵塞的疏通方法及系统
3	2011-01-30	201110032860.X	土木与环境工程学院	冯雅丽	一种从高镁型低品位硫化镍矿中回收镍和镁元素的方法
4	2010-11-11	201010541319.7	土木与环境工程学院	冯雅丽	一种以盐湖氯化镁卤水为原料制备七水硫酸镁的方法
5	2011-04-22	201110101508.7	土木与环境工程学院	高永涛	一种特大塌方后立井、竖井井筒再造恢复技术
6	2010-05-24	201010188598.3	土木与环境工程学院	顾晓春	一种高含泥氧化矿分级浸出的方法
7	2010-10-14	201010506169.6	土木与环境工程学院	纪洪广	岩石类脆性材料多频段声发射检测分析方法和装置
8	2011-02-18	201110041042.6	土木与环境工程学院	李长洪	一种相似实验模型的侧向加力装置
9	2010-07-21	201010234968.2	土木与环境工程学院	李子富	浮球控制新型初期雨水弃流装置
10	2009-11-18	200910237508.2	土木与环境工程学院	李子富	一种超声波紫外线一体化消毒装置
11	2008-11-21	200810226945.X	土木与环境工程学院	马鸿志	一种适用于餐厨垃圾乙醇发酵的预处理设备
12	2010-05-28	201010194520.2	土木与环境工程学院	倪　文	一种利用花岗岩石渣粉制备的鱼礁材料的制备方法
13	2008-12-30	200810247563.5	土木与环境工程学院	倪　文	一种以油页岩废渣为主要原料的凝石胶凝材料的制备方法
14	2008-09-18	200810222380.8	土木与环境工程学院	倪　文	一种含废石粉的高性能特细砂混凝土胶凝材料及其应用方法
15	2008-09-02	200810119302.5	土木与环境工程学院	倪　文	磁铁石英岩型铁尾矿制备高性能混凝土专用水泥的方法
16	2009-05-19	200910084733.7	土木与环境工程学院	陈　华	一种纳米二氧化硅与膨胀蛭石的复合板材及其制造方法
17	2011-05-27	201110140369.9	土木与环境工程学院	宋存义	一种烟气脱硝催化剂的制备方法
18	2010-06-12	201010205981.5	土木与环境工程学院	宋存义	一种卧式密相循环流化干塔脱硫装置
19	2010-03-19	201010127707.0	土木与环境工程学院	宋存义	一种密相循环流化干塔脱硫装置
20	2008-10-17	200810224502.7	土木与环境工程学院	孙恒虎	惰性硅铝质物料的热液蚀变预处理工艺
21	2011-05-06	201110116645.8	土木与环境工程学院	汪群慧	一种适用于城市内河底泥综合处理的系统
22	2010-11-25	201010567266.6	土木与环境工程学院	汪群慧	一种发酵液中目标产物提取的预处理方法
23	2010-04-07	201010140173.5	土木与环境工程学院	汪群慧	一种自动化的沼气干发酵装置

续表

序号	申请日期	申请号	所属单位	第一发明人	专利名称
24	2010-03-31	201010139391.7	土木与环境工程学院	汪群慧	透过絮凝从发酵液中分离乳酸并对絮凝物综合利用的方法
25	2009-09-22	200910093048.0	土木与环境工程学院	汪群慧	一种适用于餐厨垃圾乙醇发酵的乳酸抑菌方法
26	2008-07-08	200810116333.5	土木与环境工程学院	汪群慧	一种以菌糠作为调理剂的餐厨垃圾堆肥方法
27	2011-03-08	201110054748.6	土木与环境工程学院	王洪江	一种利用矿山固体废弃物的膏体联合充填方法
28	2011-03-15	201110061302.6	土木与环境工程学院	吴顺川	一种带尖齿的新型灌注桩扩地装置及方法
29	2010-03-24	201010131071.7	土木与环境工程学院	吴顺川	一种表面粘贴型振弦式钢筋应变计
30	2009-11-13	200910237329.9	土木与环境工程学院	吴顺川	一种基于岩土体应变状态突变的边坡稳定性监测及失稳预测方法
31	2011-03-10	201110057325.X	土木与环境工程学院	邢　奕	一种高热值剩余污泥的处置方法
32	2009-12-11	200910242368.8	土木与环境工程学院	邢　奕	一种低温储存还原式氮氧化物净化方法
33	2010-12-09	201010580601.6	土木与环境工程学院	张英华	一种煤矿井下用快速密闭装置
34	2009-10-27	200910180638.7	土木与环境工程学院	张英华	一种煤岩体注浆加固材料及其制备方法
35	2009-11-25	200910238773.2	土木与环境工程学院	朱维耀	一种使特低渗透储层有效动用的开采原油方法
36	2010-07-05	201010225763.8	冶金与生态工程学院	苍大强	一种熔渣节能保温剂
37	2011-03-31	201110079677.5	冶金与生态工程学院	成泽伟	一种多功能连铸水模型试验装置
38	2010-01-22	201010034519.3	冶金与生态工程学院	郭兴敏	一种高铁、高硅有色金属冶炼渣中提取有价元素方法
39	2011-04-18	201110096864.4	冶金与生态工程学院	郭占成	一种金属钒冶炼工艺
40	2009-11-11	200910237258.2	冶金与生态工程学院	郭占成	一种电脱氧法制备金属钛的改进工艺
41	2009-01-23	200910077844.5	冶金与生态工程学院	郭占成	一种促进粉煤燃烧的钙基稀土复合催化剂的生产及应用方法
42	2011-02-24	201110045892.3	冶金与生态工程学院	黄　凯	一种珠光色泽草酸锌和氧化锌粉末制备方法
43	2011-01-18	201110009420.2	冶金与生态工程学院	孔　为（学）	一种通过脉冲电场热处理提高取向硅钢磁性能的方法
44	2011-02-14	201110044380.5	冶金与生态工程学院	李　宏	一种节能减排提取钒渣及处理的方法
45	2010-09-08	201010276148.X	冶金与生态工程学院	李　宇	一种双炉膛高温熔融炉
46	2010-11-23	201010562543.4	冶金与生态工程学院	马瑞新	一种高纯钛的生产方法

续表

序号	申请日期	申请号	所属单位	第一发明人	专利名称
47	2011-08-24	201110243835.6	冶金与生态工程学院	王新华	一种对连铸钢坯保温以消除宏观C偏析的方法
48	2011-03-29	201110077464.9	冶金与生态工程学院	王新华	一种结晶器保护渣结晶温度的测量装置及其方法
49	2010-06-12	201010205978.3	冶金与生态工程学院	王新华	RH-VD“双工位”真空精炼装置及其工艺方法
50	2009-12-23	200910243429.2	冶金与生态工程学院	邢献然	一种负热膨胀材料$TaVO_5$及其制备方法
51	2011-03-18	201110066165.5	冶金与生态工程学院	薛庆国	一种运用转底炉铸铁工艺综合利用硼铁矿的方法
52	2010-04-14	201010148721.9	冶金与生态工程学院	严鹏程	一种对铁矿石烧结燃料脱硫的方法
53	2009-01-16	200910002562.9	冶金与生态工程学院	杨　岩	一种高炉炼铁方法
54	2010-11-25	201010567255.8	冶金与生态工程学院	于然波	一种草酸体系氧化铈球的水热制备及其对Cr^{6+}的去除应用
55	2010-05-31	201010195538.4	冶金与生态工程学院	张家泉	连铸机二冷区高温铸坯摄像测温系统及测温方法
56	2010-10-11	201010501867.7	冶金与生态工程学院	张建良	一种红土镍矿在隧道窑-电炉中生产镍铁的方法
57	2009-01-04	200910076060.0	冶金与生态工程学院	张　梅	还原氮化法原位合成镁阿隆/B－赛隆复相陶瓷材料
58	2011-08-23	201110242432.X	冶金与生态工程学院	朱　荣	一种采用低碳或无碳铁液炼钢的方法
59	2011-07-18	201110200723.2	冶金与生态工程学院	朱　荣	一种利用CO_2实现转炉高效提钒的方法
60	2011-04-20	201110099863.5	材料科学与工程学院	常永勤	一种Sn催化的Ga掺杂ZnO纳米线的制备方法
61	2010-04-29	201010159713.4	材料科学与工程学院	陈俊红	水泥窑用预热器陶瓷内筒
62	2010-02-03	201010104503.5	材料科学与工程学院	陈俊红	合成亚铁铝尖晶石的方法
63	2008-11-18	200810226854.6	材料科学与工程学院	陈俊红	一种钢包工作衬用可塑修补料
64	2010-07-21	201010234944.7	材料科学与工程学院	仇卫华	一种采用流变相方法合成双草酸基硼酸锂的方法
65	2009-12-17	200910243306.9	材料科学与工程学院	范丽珍	一种多孔炭超级电容器电极材料及其制备方法
66	2011-07-18	201110201469.8	材料科学与工程学院	葛昌纯	一种采用冷气动力喷涂技术制备钨涂层的方法
67	2010-11-15	201010546203.2	材料科学与工程学院	官月平	一种磁性介质萃取贵金属离子的方法
68	2010-05-05	201010168903.2	材料科学与工程学院	官月平	一种合成超顺磁性聚合物微球的方法
69	2008-06-30	200810012151.3	材料科学与工程学院	侯华兴	一种低碳高铌高强度焊接结构用钢板及其制造方法

续表

序号	申请日期	申请号	所属单位	第一发明人	专利名称
70	2011-05-13	201110124341.6	材料科学与工程学院	皇甫加顺	一种高磁电阻值NiFe薄膜材料及其制备方法
71	2011-05-16	201110126569.9	材料科学与工程学院	康永林	轧机斜楔液压压下装置
72	2011-02-17	201110039519.7	材料科学与工程学院	康永林	一种铝冷却板的复合铸造方法
73	2010-10-26	201010527944.6	材料科学与工程学院	康永林	一种生产0.6～0.8mm热轧带钢的方法
74	2010-07-23	201010237764.4	材料科学与工程学院	康永林	半无头轧制超长铸坯头尾温差的控制方法
75	2009-07-20	200910088819.7	材料科学与工程学院	李立东	一种具有金属表面缓蚀及自修复功能的涂层制备方法
76	2010-09-08	201010276139.0	材料科学与工程学院	李明华	一种提高交换偏置薄膜磁性和热稳定性的方法
77	2010-04-23	201010159957.2	材料科学与工程学院	连　芳	一种表面表面复合的层状锂锰镍氧化物正极材料及其制备方法
78	2010-09-29	201010298648.3	材料科学与工程学院	龙　毅	制备高性能的具有$NaZn_{13}$结构稀土-铁钴硅化合物的方法
79	2002-03-01	02104349.3	材料科学与工程学院	毛卫民	球状初晶半固态金属或合金浆料直接成型方法及装置
80	2010-03-31	201010138885.3	材料科学与工程学院	庞晓露	一种用于气浮轴承的复合涂层制备方法
81	2010-08-26	201010262931.0	材料科学与工程学院	沈卫平	一种精密喷射成形用电加热陶瓷模具的制备方法
82	2010-07-13	201010226369.6	材料科学与工程学院	沈卫平	一种低温合成碳化硼粉末的制备方法
83	2010-12-06	201010573708.8	材料科学与工程学院	宋仁伯	一种抗拉强度1200MPa级冷轧双相钢板及制备方法
84	2010-12-03	201010578817.9	材料科学与工程学院	宋仁伯	一种铌-硼复合热轧高强度集装箱钢板及其制备方法
85	2011-06-21	201110168036.7	材料科学与工程学院	孙　超	一种在热扰动下保持恒定硬度的低合金钢的制备方法
86	2010-12-06	201010573738.9	材料科学与工程学院	王　戈	一种形貌可控的镍钴氢氧化物的制备方法
87	2010-10-21	201010514563.4	材料科学与工程学院	王　戈	一种单双层空腔结构及海胆状的二氧化钛微球制备方法
88	2011-06-23	201110171497.X	材料科学与工程学院	王国杰	荧光基团芘接枝的聚（甲基）丙烯酸二甲氨基乙酯的阳离子聚电解质的制备方法
89	2009-05-19	200910084731.8	材料科学与工程学院	吴春京	一种包复材料受压顶出充芯连铸精细成形的设备与工艺
90	2010-08-03	201010243267.5	材料科学与工程学院	徐利华	一种从钼选矿尾矿中回收稀有金属元素钼的方法
91	2010-09-29	201010298801.2	材料科学与工程学院	燕青芝	一种钨/低活化钢的真空电子束钎焊连接方法

续表

序号	申请日期	申请号	所属单位	第一发明人	专利名称
92	2011-04-28	201110108066.9	材料科学与工程学院	杨　槐	一种聚合物分散液晶薄膜材料的制备方法
93	2010-01-26	201010101464.3	材料科学与工程学院	杨　槐	一种具有形状记忆功能的眼用植入材料及制备方法
94	2009-06-05	200910085962.0	材料科学与工程学院	杨　槐	一种丙烯酸脂类形状记忆性人工晶状体材料及制备方法
95	2010-03-31	201010139345.7	材料科学与工程学院	杨　洲	4-（4-二甲基氨基苯乙烯基）甲基吡啶3-羧基-4-羟基苯磺酸盐、其非线性光学晶体及制备方法
96	2007-01-18	200710062833.0	材料科学与工程学院	于　贵	空穴传输型蓝色发光材料及制备和应用
97	2010-10-14	201010506696.7	材料科学与工程学院	张波萍	一种控制硫化铋多晶热电材料织构的方法
98	2010-01-21	201010034474.X	材料科学与工程学院	张波萍	一种银纳米颗粒分散四氧化三钴功能薄膜材料及制备方法
99	2009-02-24	200910078280.7	材料科学与工程学院	张波萍	一种纳米铜颗粒分散氧化钴复合光学薄膜及制备方法
100	2009-02-24	200910078279.4	材料科学与工程学院	张波萍	一种纳米金颗粒分散氧化钴复合光学薄膜及制备方法
101	2009-05-18	200910203403.5	材料科学与工程学院	张　华	可改善焊缝性能的多足式搅拌摩擦焊焊接方法
102	2010-09-30	201010500518.3	材料科学与工程学院	张石磊	一种高灵敏度金属霍尔传感器薄膜材料及其制备方法
103	2010-12-01	201010575369.7	材料科学与工程学院	张迎春	在纯铜或铜合金基体上熔盐电镀厚钨涂层的制备方法
104	2010-05-14	201010176942.7	材料科学与工程学院	张迎春	一种光催化材料$Bi_{12}TiO_{20}$的制备方法
105	2011-01-10	201110004415.2	材料科学与工程学院	张　跃	肖特基接触性ZnO纳米阵列紫外光探测器件的制备方法
106	2010-12-01	201010575341.3	材料科学与工程学院	张　跃	一种Al_2O_3-ZnO纳米棒阵列复合电极的制备方法
107	2010-12-01	201010575239.3	材料科学与工程学院	张　跃	SiO_2修饰的ZnO纳米多孔薄膜复合电极的制备方法
108	2010-05-14	201010176983.6	材料科学与工程学院	张　跃	一种大面积高取向性的氧化锌纳米薄片阵列的制备方法
109	2009-11-20	200910237676.1	材料科学与工程学院	张　跃	一种纳米线/微米线原位弯曲下力电性能测试方法
110	2010-11-23	201010562548.7	材料科学与工程学院	赵海雷	一种Sr_2MgMoO_6型电池阳极材料致密化方法
111	2010-08-13	201010253234.9	材料科学与工程学院	赵海雷	一种高纯度硅酸锂材料的制备方法
112	2010-05-10	201010173797.7	材料科学与工程学院	赵海雷	一种高电导率双钙钛矿型Al掺杂$Sr_2Al_xMg_{1-x}MoO_{6-\delta}$阳极材料及其制备方法

续表

序号	申请日期	申请号	所属单位	第一发明人	专利名称
113	2009-09-29	200910093129.0	材料科学与工程学院	郑裕东	长效抗菌不锈钢薄膜的制备方法
114	2009-06-18	200910087235.8	材料科学与工程学院	郑裕东	一种原位复合单质纳米银的细菌纤维素膜的制备方法
115	2010-08-06	201010246776.3	材料科学与工程学院	周　平（外）	屈服强度960MPa以上低成本工艺操作窗口宽的超高强度钢板制造方法
116	2010-08-11	201010250552.X	材料科学与工程学院	周张建	一种纳米氧化物弥散增强超细晶钨基复合材料的制备方法
117	2011-08-23	201110242173.0	材料科学与工程学院	周张健	氧化物弥散强化型不锈钢粉末制备方法及不锈钢
118	2011-04-14	201110093161.6	材料科学与工程学院	周张健	一种钨-钢/铁功能梯度材料的制备方法
119	2010-06-12	201010205980.0	机械工程学院	金　纯	一种电传动重型汽车轮边电机制动装置
120	2010-12-16	201010591007.7	机械工程学院	刘　江	四轴四联动倒置式车铣复合加工装置
121	2010-05-28	201010194544.8	机械工程学院	刘晋平	一种汽车发动机气门毛坯的二次楔入楔横轧精确成形方法
122	2010-05-20	201010184508.3	机械工程学院	刘晋平	一种金属棒料、管料精密热斜轧下料的轧辊及其下料方法
123	2011-11-02	201110340875.2	机械工程学院	王宝雨	一种斜轧球磨钢球在线连续淬火装置
124	2010-11-11	201010540109.6	机械工程学院	王宝雨	一种安全密闭型低噪音斜轧铜球进料装置
125	2010-10-29	201010527306.4	机械工程学院	王　立	利用重力作用实现液体蒸发制冷和热机过程的机构和方法
126	2010-11-22	201010553703.9	机械工程学院	夏德宏	利用镁还原炉炉渣生产高效钙镁硫硅肥的新工艺
127	2010-11-18	201010550297.0	机械工程学院	夏德宏	一种含钒石煤—火提钒的脱碳焙烧装置及其工艺
128	2010-11-12	201010544090.2	机械工程学院	夏德宏	一种低烧损工业炉
129	2010-11-11	201010541318.2	机械工程学院	夏德宏	一种碳化钙常压还原煅烧菱镁矿的方法
130	2010-11-04	201010536573.8	机械工程学院	夏德宏	一种含钒石煤全资源化利用的方法
131	2010-03-31	201010139353.1	机械工程学院	阳建宏	一种基于声信号的热轧带钢甩尾故障识别方法
132	2011-02-15	201110038082.5	机械工程学院	杨　珏	一种用汽车油气悬挂压力平衡装置
133	2009-11-13	200910237176.8	机械工程学院	杨　珏	一种具有差速输出功能的驱动电机
134	2010-08-23	201010260942.5	机械工程学院	杨耀东	电传动矿用汽车后桥钳盘式制动器

续表

序号	申请日期	申请号	所属单位	第一发明人	专利名称
135	2009-07-28	200910055471.1	机械工程学院	张清东	一种基于来料板廓的冷轧板形前馈控制设定方法
136	2011-05-09	201110117429.5	机械工程学院	张文明	一种交流电传动铰接式自卸车
137	2010-03-17	201010127881.5	机械工程学院	张文明	一种自适应海底复杂地形的复合轮式行走机构
138	2010-01-26	201010101430.4	自动化学院	陈先中	一种基于太阳能供电的无线网络测距系统
139	2009-07-31	200910089128.9	自动化学院	陈先中	一种用于高温含尘测量的雷达天线冷却抗粘附装置
140	2011-02-05	201019114025.3	自动化学院	蓝金辉	一种城市环形道路交通流预测系统
141	2009-12-15	200910242369.2	自动化学院	蓝金辉	一种多传感器的异形轴类工件尺寸在线测量系统及方法
142	2009-09-16	200910092658.9	自动化学院	刘　涛	一种多域波长路由光网络的路径建立方法
143	2011-03-04	201110053437.8	自动化学院	穆志纯	一种适用于焦化粗苯回收的在线建模与优化方法
144	2010-02-02	201010103989.0	自动化学院	孙昌国	一种机器人用异步电动机伺服驱动方法及系统
145	2010-09-02	201010271291.X	计算机与通信工程学院	班晓娟	一种基于DXF文件格式的读取与XML转换的方法
146	2011-01-13	201110007075.9	计算机与通信工程学院	陈金香	一种复杂挠性航天器模糊奇异摄像建模与姿态控制方法
147	2008-09-02	200810119300.6	计算机与通信工程学院	陈月云	一种双正交加扰调制传输方法
148	2010-03-15	201010126350.4	计算机与通信工程学院	杜利平	一种认知无线电中检测授权用户到达角的频谱感知方法
149	2011-03-18	201110066274.7	计算机与通信工程学院	解　仑	三轮式全向移动控制装置及自闭症儿童监护辅助系统
150	2009-09-22	200910093049.5	计算机与通信工程学院	万亚东	无线传感器网络低功耗邀请重传方法及其装置
151	2010-06-30	201010214344.4	计算机与通信工程学院	王建萍	一种基于链路回溯恢复策略的双向启动恢复方法
152	2009-11-02	200910236639.9	计算机与通信工程学院	王建萍	一种基于优先级的域间资源预留方法
153	2008-10-21	200810224589.8	计算机与通信工程学院	王　沁	一种面向水声传感器网络的现场级测试系统及方法
154	2009-09-29	200910093127.1	计算机与通信工程学院	王志良	用于视线追踪系统的眼部特征参数检测方法
155	2009-03-10	200910079582.6	计算机与通信工程学院	张晓彤	一种流水结构的水声扩频通信带通信号捕获电路
156	2010-05-26	201010192019.2	计算机与通信工程学院	周贤伟	一种基于能量感知可靠性多径路由算法

续表

序号	申请日期	申请号	所属单位	第一发明人	专利名称
157	2010-05-10	201010173546.9	计算机与通信工程学院	周贤伟	一种基于时延约束的认知无线电组播路由方法
158	2010-05-07	201010171610.X	计算机与通信工程学院	周贤伟	一种基于能量优化的认知无线电组播路由方法
159	2010-04-22	201010158609.3	计算机与通信工程学院	周贤伟	一种基于认知自组织网的能量优化组播路由方法
160	2009-12-24	200910243479.0	计算机与通信工程学院	周贤伟	基于秘密共享加密的实体认证方法
161	2010-12-15	201010591234.X	化学与生物工程学院	弓爱君	一种气湿耦合固态发酵罐及其发酵工艺
162	2008-04-23	200810104712.2	化学与生物工程学院	弓爱君	一种苏云金芽孢杆菌伴孢晶体反浮选分离纯化生产工艺
163	2011-08-17	201110235491.4	化学与生物工程学院	刘世香	一种发黄光的低温共烧陶瓷材料及其制备方法
164	2009-04-30	200910083112.7	化学与生物工程学院	刘旭东	一种香叶硫醇的制备方法
165	2009-03-20	200910080395.X	化学与生物工程学院	刘旭东	一种4-甲基辛酸的制备方法
166	2009-05-15	200910084423.5	化学与生物工程学院	时国庆	一种快速检测汞化合物的生物检测仪
167	2010-07-16	201010232566.9	化学与生物工程学院	谢　丹	聚合物复合材料嵌入式微电容及其制备方法
168	2010-12-09	201010593503.6	新金属材料国家重点实验室	蔡元华	一种高导电耐热铝合金导线及其制备方法
169	2011-11-30	201110391539.0	新金属材料国家重点实验室	高学绪	一种超声测量磁致伸缩材料弹性模量的装置及测量方法
170	2010-07-23	201010237745.1	新金属材料国家重点实验室	高学绪	一种可降低输油管道内石油粘度的磁化装置
171	2011-08-09	201110227481.6	新金属材料国家重点实验室	惠希东	一种含高钯低铜的钛基块体非晶合金及制备方法
172	2010-10-29	201010530204.8	新金属材料国家重点实验室	惠希东	一种含Li和Ca的轻质Al基非晶合金
173	2011-03-17	201110064613.8	新金属材料国家重点实验室	林均品	一种热轧{111}取向高硅钢板的制造方法
174	2010-12-15	201010588872.6	新金属材料国家重点实验室	林均品	利用定向凝固板坯制备取向高硅冷轧薄板的方法
175	2010-12-15	201010588874.5	新金属材料国家重点实验室	林均品	一种取向高硅钢薄板的制备方法
176	2011-03-08	201110054749.0	新金属材料国家重点实验室	王　辉	一种利用废旧泡沫铝制备泡沫铝夹芯板的方法
177	2011-03-04	201110051966.4	新金属材料国家重点实验室	王　辉	一种高速列车地板和厢体结构材料的制备方法
178	2010-11-02	201010533848.2	新金属材料国家重点实验室	王　辉	一种梯度孔多孔高铌钛铝合金的制备方法

续表

序号	申请日期	申请号	所属单位	第一发明人	专利名称
179	2009-11-27	200910238605.3	新金属材料国家重点实验室	王西涛	一种高性能金刚石强化AL基电子封装复合材料的制备方法
180	2010-02-05	201010106006.9	新金属材料国家重点实验室	吴　渊	具有拉伸塑性和加工硬化能力的块体金属玻璃复合材料
181	2010-07-16	201010232852.5	新金属材料国家重点实验室	张海龙	一种水热法制备铁酸铋－钛酸钡粉末的方法
182	2010-04-23	201010159956.8	新金属材料国家重点实验室	张海龙	一种从钼选矿尾矿中提取金属元素铁、镁、钙的方法
183	2009-03-25	200910080665.7	新金属材料国家重点实验室	张海龙	一种镍颗粒分散锂掺杂铌酸钾钠压电驱动器的制备方法
184	2010-11-23	201010562562.7	新金属材料国家重点实验室	张来启	一种钛铝合金定向凝固用坩埚型模的制备方法
185	2009-07-03	200910088151.6	新金属材料国家重点实验室	张来启	一种改善镍基涂层抗冲蚀性能的方法
186	2011-01-30	201110032907.2	新金属材料国家重点实验室	张　勇	一种连续制备非晶合金丝的方法及其装置
187	2011-09-02	201110259342.1	冶金工程研究院	陈银莉	一种双相热成形钢及其制备方法
188	2011-06-09	201110154471.4	冶金工程研究院	江海涛	一种冷轧相变诱导塑性钢的淬火配分生产工艺
189	2011-05-11	201110121651.2	冶金工程研究院	刘华强	一种镁合金板带卷单、双面抛光装置
190	2011-07-11	201110192697.3	冶金工程研究院	米振莉	一种辨别热轧TRIP钢中贝氏体及计算其三相比的方法
191	2008-12-19	200810239893.X	冶金工程研究院	米振莉	一种磷强化的孪晶诱导塑性钢铁材料及其制备工艺
192	2008-12-19	200810239894.4	冶金工程研究院	米振莉	一种氮强化高碳孪晶诱导塑性钢铁材料及其制备方法
193	2010-10-18	201010510316.7	冶金工程研究院	邵　健	一种兼顾轧制稳定性和横断面形状的中厚板轧机辊系配置方法
194	2009-11-05	200910211122.4	冶金工程研究院	孙蓟泉	一种利用夹送辊调整带钢横向翘曲的方法及装置
195	2008-09-11	200810119819.4	冶金工程研究院	孙蓟泉	一种用于模拟连铸坯轻压下技术的铸模实验设备及方法
196	2009-11-13	200910237333.5	冶金工程研究院	唐　荻	一种基于回转奥氏体韧化的低温钢及其制备方法
197	2009-09-11	200910092409.X	冶金工程研究院	徐　科	一种钢轨表面缺陷的三维检测方法
198	2010-09-15	201010283882.9	冶金工程研究院	余　伟	一种高延伸率高强度钢板及其生产工艺
199	2010-09-15	201010283896.0	冶金工程研究院	张立杰	一种热轧带钢控制轧制中间坯的冷却方法
200	2010-09-15	201010283939.5	冶金工程研究院	赵爱民	一种含V热轧相变诱发塑性钢的制备方法

序号	申请日期	申请号	所属单位	第一发明人	专利名称
201	2010-08-13	201010252892.6	新材料技术研究院	曹江利	一种控制金属氧化物材料表面半导化速度及程度的方法
202	2010-08-13	201010253603.4	新材料技术研究院	曹江利	一种高电阻率金属氧化物材料表面金属图案印刷方法
203	2010-02-05	201010106000.1	新材料技术研究院	曹江利	一种无铅化金属电极浆料用无铅玻璃粘结剂及其制备方法
204	2010-10-20	201010520740.X	新材料技术研究院	程学群	一种铝件表面锌化处理粉剂的制备方法及其涂覆方法
205	2009-08-27	200910090569.0	新材料技术研究院	程学群	锌镀层钝化液及其制备方法和涂覆方法
206	2008-11-18	200810181240.0	新材料技术研究院	杜艳霞	混凝土管阴极保护测试探头及测试方法
207	2011-05-06	201110116377.X	新材料技术研究院	郭志猛	一种利用粗颗粒碳化钛基粉末制备耐磨耐腐蚀涂层的方法
208	2011-03-30	201110078330.9	新材料技术研究院	郭志猛	一种热喷涂用碳化钛基金属陶瓷粉末材料的制备方法
209	2011-01-20	201110022838.7	新材料技术研究院	郭志猛	一种金属零部件的凝胶离心成型方法
210	2011-01-20	201110023158.7	新材料技术研究院	郭志猛	一种凝胶离心硬质合金棒材成型机及棒材成型制备方法
211	2010-12-09	201010580088.0	新材料技术研究院	郭志猛	一种铜基受电弓滑板材料的制备方法
212	2010-01-05	201010033732.2	新材料技术研究院	郭志猛	微细球形Nd-Fe-B粉的制备方法
213	2008-10-13	200810223797.6	新材料技术研究院	郭志猛	一种自蔓延高温合成制备锰锌铁氧体粉料的方法
214	2010-09-19	201010287789.5	新材料技术研究院	郝俊杰	一种低温燃烧合成法制备弥散强化金属用预合金粉末的方法
215	2011-03-17	201110065272.6	新材料技术研究院	何新波	高性能Diamond/SiC电子封装材料的制备工艺
216	2010-11-11	201010541467.9	新材料技术研究院	何新波	一种金刚石/碳化硅陶瓷基复合材料的制备方法
217	2010-07-19	201010230573.5	新材料技术研究院	何新波	一种制备碳化硅颗粒增强氮化硅复相陶瓷零件的方法
218	2010-07-19	201010230561.2	新材料技术研究院	何新波	一种粉末注射成形用先驱体水溶性粘结剂的制备方法
219	2010-01-05	201010033735.6	新材料技术研究院	何新波	高体积分数金刚石颗粒增强铜基复合材料零件的制备方法
220	2010-01-18	201010034134.7	新材料技术研究院	贾成厂	一种制备高导热性铝-金刚石双相连续复合材料的方法
221	2006-09-21	200610113269.6	新材料技术研究院	贾成厂	一种凝胶注模成型用凝胶组合物及其制备方法
222	2010-01-04	201010033653.1	新材料技术研究院	孔祥华	炭基材料防氧化涂层的微波制备方法
223	2009-12-23	200910243717.8	新材料技术研究院	孔祥华	一种应用于钢材合金板坯热处理的抗氧化涂料

续表

序号	申请日期	申请号	所属单位	第一发明人	专利名称
224	2010-12-03	201010578837.6	新材料技术研究院	李成明	一种高导热集成电路用金刚石基片的制备方法
225	2010-07-13	201010226367.7	新材料技术研究院	李　平	一种含Mg贮氢合金的制备方法
226	2009-11-27	200910238607.2	新材料技术研究院	李晓刚	一种模拟硫酸露点腐蚀的实验装置及测试方法
227	2008-04-30	200810105651.1	新材料技术研究院	李晓刚	一种催化裂化降硫材料及其制备方法
228	2010-12-27	201010607044.2	新材料技术研究院	林　涛	一种铜包钨钨铜复合粉的制备方法
229	2010-04-14	201010148612.7	新材料技术研究院	刘雪峰	一种铸型温度为固液两相区温度的铸造设备与方法
230	2009-12-10	200910242384.7	新材料技术研究院	刘雪峰	一种金属层状复合材料放电等离子体制备方法
231	2009-11-11	200910237262.9	新材料技术研究院	刘雪峰	一种金银合金/铜基层状复合材料及其制备方法
232	2008-12-25	200810187554.1	新材料技术研究院	刘雪峰	一种以纳米无机粉体为自催化活性表面的复合材料及其制备方法
233	2009-09-14	200910177512.4	新材料技术研究院	路民旭	膜基界面疲劳试验机
234	2011-04-07	201110085837.7	新材料技术研究院	潘德安	一种镀锡铜块料铜锡分离的喷淋方法和装置
235	2011-03-30	201110077957.2	新材料技术研究院	潘德安	一种镀锡铜米铜锡分离的喷淋甩浸方法和装置
236	2010-12-22	201010601277.1	新材料技术研究院	潘德安	一种废铅酸蓄电池铅膏中回收金属铅的方法和装置
237	2010-09-10	201010279564.5	新材料技术研究院	潘德安	一种镀锡铜米分离回收金属铜锡的方法和装置
238	2010-10-20	201010520736.3	新材料技术研究院	曲选辉	一种氮化铝陶瓷表面化学镀镍的方法
239	2010-06-23	201010216980.0	新材料技术研究院	曲选辉	一种采用粉末冶金工艺制备高性能铁镍系软磁合金的方法
240	2010-05-24	201010188608.3	新材料技术研究院	曲选辉	一种热管用多孔材料极限热流密度的测试装置及测试方法
241	2009-05-15	200910084124.X	新材料技术研究院	曲选辉	一种制备高导热金刚石/CU复合材料方法
242	2010-10-13	201010512704.9	新材料技术研究院	邵慧萍	一种低成本工业化提纯酸洗铁红的方法
243	2010-09-29	201010298627.1	新材料技术研究院	邵慧萍	一种凝胶注模-自蔓延高温合成制备钛合金材料的方法
244	2010-06-30	201010214364.1	新材料技术研究院	邵慧萍	一种利用爆炸喷涂制备铌钛铝合金涂层的方法
245	2009-05-04	201110114119.8	新材料技术研究院	邵慧萍	一种高密度磁性流体及其制备方法

续表

序号	申请日期	申请号	所属单位	第一发明人	专利名称
246	2009-03-31	200910080985.2	新材料技术研究院	邵慧萍	一种制备聚变堆包层中陶瓷增值剂的方法
247	2009-10-21	200910235690.8	新材料技术研究院	孙建林	含纳米六方氮化硼粒子的板带钢冷轧乳化油及制备方法
248	2011-05-20	201110131937.9	新材料技术研究院	吴成义	一种制备硬质合金空心球体的模具及制备方法
249	2011-04-25	201110104328.4	新材料技术研究院	吴成义	钴包纳米碳化钨硬质合金喷涂粉的制备方法
250	2010-10-25	201010526125.X	新材料技术研究院	吴　茂	一种钎焊铝碳化硅复合材料的中文钎料及制备方法
251	2011-07-26	201110210692.9	新材料技术研究院	谢建新	一种黄铜管材的短流程高效生产方法
252	2011-03-17	201110064777.0	新材料技术研究院	谢建新	一种白铜合金管材短流程高效生产方法
253	2010-10-09	201010501407.4	新材料技术研究院	谢建新	一种白铜管材热冷组合铸型水平连铸设备及其工艺
254	2009-11-17	200910237524.1	新材料技术研究院	谢建新	一种通过加氮改进H13模具钢性能的方法
255	2010-09-29	201010298603.6	新材料技术研究院	杨　霞	一种高致密纳米晶铝合金及其制备方法
256	2010-07-19	201010230531.1	新材料技术研究院	张深根	一种铁基磨削废料的无污染再利用技术
257	2010-07-19	201010230229.6	新材料技术研究院	张深根	一种用铁基废料制备SHS陶瓷内衬金属管材的方法
258	2010-05-28	201010194555.6	新材料技术研究院	张深根	无氰全湿成套工艺绿色回收废旧电路板的方法
259	2010-05-28	201010194437.5	新材料技术研究院	张深根	一种可控温度梯度定向凝固装置及方法
260	2011-06-30	201110180744.2	新材料技术研究院	章　林	一种制备注射成形镍基ODS合金的方法
261	2010-10-13	201010513441.3	新材料技术研究院	章　林	一种氧化物弥散强化钴基超合金的制备方法

2012年实用新型专利授权明细表

序号	申请日期	申请号	所属单位	第一发明人	专利名称
1	2012-01-13	201220016697.8	土木与环境工程学院	成　旭	提高露天矿山台阶深孔爆破边坡稳定角度的控制爆破装置
2	2012-01-06	201220005039.9	土木与环境工程学院	李子富	一种沼气贮气膜甲烷透过性测试装置
3	2011-12-23	201120548328.9	土木与环境工程学院	李子富	一种人便有氧堆肥化装置

续表

序号	申请日期	申请号	所属单位	第一发明人	专利名称
4	2012-05-15	201220217787.3	土木与环境工程学院	林　海	一种快速去除高硫煤矿井下硫化氢气体的设备
5	2011-11-20	201120535127.5	土木与环境工程学院	任奋华	一种钻孔变径导向装置
6	2011-11-09	201120440913.7	土木与环境工程学院	宋存义	一种新型节能半干法烟气脱硫装置
7	2011-10-20	201120402436.5	土木与环境工程学院	宋存义	一种波纹板式SCR脱硝催化剂结构
8	2011-05-31	201120187284.1	土木与环境工程学院	宋存义	一种半干烟气脱硫除尘一体化装置
9	2012-02-27	201220069203.2	土木与环境工程学院	王洪江	一种尾矿浓密动态模拟装置
10	2011-06-02	201120184480.3	土木与环境工程学院	吴顺川	一种锚杆（锚索）用止浆塞及止浆系统
11	2011-03-15	201120066703.6	土木与环境工程学院	吴顺川	一种锥阻式摩擦套筒大变形锚杆
12	2010-12-04	201020641984.9	土木与环境工程学院	杨　鹏	一种高原非煤矿井采掘工作面增氧装置
13	2011-12-22	201120544352.5	土木与环境工程学院	周北海	一种太阳能曝气的农村生活污水处理装置
14	2011-04-18	201120113440.X	土木与环境工程学院	周北海	一种农村生活污水减排装置
15	2011-04-15	201120111629.5	冶金与生态工程学院	侯新梅	一种水蒸汽压可控的饱和水蒸汽发生装置
16	2012-01-06	201220005899.2	冶金与生态工程学院	周国治	一种四电极法测量熔盐电导率的装置
17	2011-09-28	201120374860.3	材料科学与工程学院	葛昌纯	一种金属有机气相化学沉积装置
18	2011-11-01	201120425807.1	材料科学与工程学院	康永林	一种轻合金半固态浆料制备装置
19	2012-04-28	201220195830.0	材料科学与工程学院	孙　超	一种用于透射电镜薄膜样品制备的机械预减薄装置
20	2011-07-30	201120275063.X	材料科学与工程学院	孙　超	一种用于透射电镜薄膜样品预减薄研磨的固定结构
21	2012-03-31	201220133249.6	材料科学与工程学院	田文怀	一种微光夜视仪像增强用碱金属蒸发器蒸发本体
22	2011-12-27	201120555715.5	材料科学与工程学院	田文怀	一种制备大尺寸电铸复合金属药型罩的装置
23	2011-11-06	201120435086.2	材料科学与工程学院	田文怀	一种微光夜视仪像增强用碱金属增发器
24	2012-05-07	201220201499.9	机械工程学院	陈博宇	电火花线切割、打孔组合机床
25	2011-09-26	201120362182.9	机械工程学院	冯　明	一种易拆装的力矩轴承
26	2012-02-13	201220045341.7	机械工程学院	韩　天	一种高炉出铁和堵塞铁口用的高炉辅助装置
27	2011-10-11	201120383898.7	机械工程学院	李永玲	一种带吸附塔排气端抽排步骤的煤矿乏风瓦斯富集装置

续表

序号	申请日期	申请号	所属单位	第一发明人	专利名称
28	2011-10-11	201120384478.0	机械工程学院	李永玲	多塔真空变压吸附法提浓煤矿乏风瓦斯的装置
29	2010-12-16	201020663117.5	机械工程学院	刘　江	压弹式自动上料装置
30	2012-03-20	201220106397.9	机械工程学院	苏庆泉	热泵系统及干燥系统
31	2012-03-20	201220106668.0	机械工程学院	苏庆泉	一种热泵系统及干燥系统
32	2012-03-19	201220103828.6	机械工程学院	苏庆泉	热泵循环系统及干燥系统
33	2012-02-08	201220040247.2	机械工程学院	苏庆泉	天然气燃烧供热系统
34	2011-12-05	201120500689.6	机械工程学院	苏庆泉	化学链燃烧系统
35	2011-11-23	201120469341.5	机械工程学院	苏庆泉	热泵循环系统及蒸发系统
36	2011-11-07	201120437731.4	机械工程学院	苏庆泉	热泵循环系统及蒸发系统
37	2011-11-01	201120425747.3	机械工程学院	苏庆泉	动力供给系统
38	2011-12-21	201120541562.9	机械工程学院	夏德宏	一种板式弹性金属蜂巢及热交换装置
39	2011-12-21	201120541561.4	机械工程学院	夏德宏	一种同心环式弹性金属蜂巢及热交换装置
40	2011-12-05	201120501760.2	机械工程学院	杨　珏	一种矿用汽车用转向机构
41	2011-11-22	201120468284.9	机械工程学院	杨耀东	矿用电传动重型汽车轮边减速器
42	2012-03-28	201220123898.8	机械工程学院	尹忠俊	转底炉用双层炉料径向等厚布料机
43	2012-04-19	201220168201.9	自动化学院	霍　建	一种分离式直流电压采集与处理系统
44	2012-03-15	201220098113.6	自动化学院	徐令仪	一种汽车油门踏板误踩检测装置
45	2011-11-30	201120490786.1	新金属材料国家重点实验室	高学绪	一种超声测量磁致伸缩材料弹性模量的装置
46	2011-11-24	201120474190.2	新金属材料国家重点实验室	高学绪	一种基于磁致伸缩效应的扭矩传感器
47	2012-04-30	201220194368.2	冶金工程研究院	李　静	一种永磁感应密封垂直热镀锌装置
48	2012-02-22	201220060237.5	冶金工程研究院	刘华强	一种镁合金板带卷单、双面抛光装置
49	2011-05-11	201120148896.X	冶金工程研究院	刘华强	一种制备高强韧、高成形性镁合金薄板带卷用的轧制装置
50	2011-11-22	201120468324.X	新材料技术研究院	常　磊	一种恒载荷应力腐蚀试验机
51	2012-06-01	201220257247.8	新材料技术研究院	徐旻轩	小试样疲劳测试装置
52	2009-12-30	201120565860.1	新材料技术研究院	周　芳	一种摩擦磨损性能及腐蚀电化学测试装置

2012年国际PCT申请明细表

序号	国际申请日	优先权日	国际申请号	国内优先权申请号	单位	第一发明人	发明名称
1	20120720	20120514	23.10.2012	201210148454.4	新金属材料国家重点实验室	梁永锋	一种钛铝铌合金片层组织方向控制方法
2	20120807	20121213	24.10.2012	201110413441.0	新金属材料国家重点实验室	梁永锋	一种利用高能电脉冲提高高硅钢制备加工能力的方法
3	20121023	20120129	21.11.2012	201210020461.6	新金属材料国家重点实验室	梁永锋	一种高硅钢板带材热处理方法
4	20121024	20120510	20.07.2012	201210144094.0	新材料技术研究院	张深根	一种从废旧稀土发光材料回收稀土的方法
5	20121121	20121102	07.08.2012	201210432365.2	新材料技术研究院	张深根	一种废铝易拉罐绿色循环保级再利用的方法

2012年计算机软件登记明细表

序号	登记号	软件名称	单位	第一设计人
1	2012SR082178	岩爆灾害危险性多维信息综合分析系统V1.0	土木与环境工程学院	纪洪广
2	2012SR117024	数字化环保科普资源共享平台	土木与环境工程学院	周北海
3	2012SR003602	北科轧环自动控制系统	材料科学与工程学院	韩静涛
4	2012SR067941	三线扭摆复杂缸体动力学参数测试数据处理软件	机械工程学院	范让林
5	2012SR067966	三线扭摆振动自动周期计数计时软件	机械工程学院	范让林
6	2012SR012447	空分系统有用能分析软件	机械工程学院	童莉葛
7	2012SR093172	连轧机振动报警装置	机械工程学院	闫晓强
8	2012SR016085	焦炉热过程分析应用软件	机械工程学院	张欣欣
9	2012SR016053	现代焦炉炉休优化生产和仿真软件	机械工程学院	张欣欣
10	2012SR016543	焦炉能质平衡与气体系统水力计算软件	机械工程学院	张欣欣
11	2012SR012669	隧洞沉降分布式测量软件	自动化学院	迟健男
12	2012SR102986	基于物联网技术的实时车位查询系统	自动化学院	王粉花
13	2012SR010007	基于元数据的数据服务中间件软件	计算机与通信工程学院	班晓娟

续表

序号	登记号	软件名称	单位	第一设计人
14	2012SR003526	虚拟实验构建接口测试工具（简称：构建服务接口测试）	计算机与通信工程学院	胡长军
15	2012SR006788	分布式结点间跨域用户认证及权限管理软件	计算机与通信工程学院	胡长军
16	2012SR006786	金属材料本体检索软件	计算机与通信工程学院	胡长军
17	2012SR006784	有机高分子材料数据检索软件	计算机与通信工程学院	胡长军
18	2012SR006785	基于进化编程的图案设计软件	计算机与通信工程学院	李　扬
19	2012SR009892	基于元数据的定制查询系统	计算机与通信工程学院	马忠贵
20	2012SR015751	虚拟水草与人工鱼交互软件	计算机与通信工程学院	宁淑荣
21	2012SR015907	压电电磁发电计算机软件	计算机与通信工程学院	宁淑荣
22	2012SR023267	面向布尔表达式的高效测试用例生成软件	计算机与通信工程学院	孙昌爱
23	2012SR006448	基于SaaS的Java软件度量系统（简称：JM40SS）	计算机与通信工程学院	孙昌爱
24	2012SR105059	基于Java的Web服务可信性度量软件	计算机与通信工程学院	孙昌爱
25	2012SR105193	基于可变性管理的是影响服务组装设计软件	计算机与通信工程学院	孙昌爱
26	2012SR105186	基于变换的UML活动图模型测试路径生成软件	计算机与通信工程学院	孙昌爱
27	2012SR105485	面向服务组装的可变性分析软件	计算机与通信工程学院	孙昌爱
28	2012SR129029	基于Aspect的支持服务组装中事务集成软件	计算机与通信工程学院	孙昌爱
29	2012SR128924	面向Web服务的蜕变测试软件	计算机与通信工程学院	孙昌爱
30	2012SR010095	三层元数据设计软件（简称：元数据管理工具）	计算机与通信工程学院	王成耀
31	2012SR010055	数据源元数据自动抽取软件	计算机与通信工程学院	王成耀
32	2012SR031489	面部关键姿态与动作检测系统	计算机与通信工程学院	王先梅
33	2012SR107198	大型门座起重机安全监控系统	计算机与通信工程学院	谢　仑
34	2012SR048870	基于TRIZ创新理论的中医诊断系统	计算机与通信工程学院	张德政
35	2012SR042408	北科工业无线传感器节点协议栈软件	计算机与通信工程学院	张晓彤
36	2012SR027416	北科工业无线传感器网络资源管理服务应用软件	计算机与通信工程学院	张晓彤

续表

序号	登记号	软件名称	单位	第一设计人
37	2012SR077857	高维数据聚类实验系统	东凌经济管理学院	武　森
38	2012SR074732	智能情境英语软件	外国语学院、东凌经济管理学院	李晓东
39	2012SR067925	适用于在线控制的四辊轧机系变形快速计算软件	冶金工程研究院	何安瑞
40	2012SR097387	材料失效案例共享系统	重大工程材料服役安全研究评价设施项目建设指挥部	时　鹏

2012年科研项目奖励明细表

单位：元

序号	单位	负责人	项目名称	项目类别	合同金额	本年度到款累计金额	上交学校管理费	奖励金额
1	土木与环境工程学院	姚　俊	油藏环境地微生物及先进的微生物驱油技术	科技部国际合作	4690000.00	4690000.00	150600.00	30120.00
2	材料科学与工程学院	张迎春	厚涂层面向等离子体材料和部件的制备与应用研究	“973”	2250000.00	2250000.00	76500.00	15300.00
3	材料科学与工程学院	王　戈	绿色烯烃环氧化用固体催化材料开发	北京市科委	2000000.00	2000000.00	54000.00	10800.00
4	材料科学与工程学院	毛卫民A	取向硅钢微观组织转变规律及相关原理	厂校协作	4350000.00	3700000.00	181800.00	36360.00
5	材料科学与工程学院	毛卫民A	无取向电工钢高牌号和高效产品机理研究	厂校协作	2550000.00	2030000.00	103200.00	20640.00
6	材料科学与工程学院	韩静涛	铁路货车轴箱衬板近终型轧制工艺与关键装备开发	厂校协作	7900000.00	7110000.00	425500.00	85100.00
7	机械工程学院	张欣欣	炉顶煤气循环氧气鼓风高炉炼铁技术	科技支撑计划	5000000.00	3330000.00	167060.00	33412.00
8	机械工程学院	刘应书	煤矿乏风瓦斯分离富集技术	“863”	7330000.00	1370000.00	13314.96	2663.00

续表

序号	单位	负责人	项目名称	项目类别	合同金额	本年度到款累计金额	上交学校管理费	奖励金额
9	计算机与通信工程学院	隆克平	中国移动广东公司电子渠道产品体验优化项目	厂校协作	2200000.00	2030000.00	109440.00	21888.00
10	计算机与通信工程学院	班晓娟	基于数据挖掘的用户消费行为分析系统	厂校协作	2000000.00	2000000.00	108000.00	21600.00
11	新金属材料国家重点实验室	高学绪	高性能稀土永磁材料关键技术研究	厂校协作	2000000.00	2000000.00	108000.00	21600.00
12	新材料技术研究院	李晓刚	国家材料环境腐蚀野外科学观测研究平台（2012）	科技部 平台运行费	32000000.00	32000000.00	466872.00	93374.00
13	新材料技术研究院	郝俊杰	XXXX	XXXX	2500000.00	2500000.00	93000.00	18600.00
14	新材料技术研究院	唐伟忠	XXXX	科技部 国际合作	4060000.00	810000.00	26942.48	5388.00
15	国家材料服役安全科学中心（筹）	陆永浩	靖边气田地面集输系统腐蚀监测技术研究	厂校协作	2000000.00	2000000.00	108000.00	21600.00
合计					82830000.00	69820000.00	2192229.44	438445.00

2012年北京科技大学优秀科研成果奖

序号	项目名称	完成人	所属单位
1	奇异积分算子的有界性研究	陈艳萍	数理学院
2	量子化学理论及其在分子体系中的应用	陈飞武等	化学与生物工程学院
3	政府过程视角下的行政立法腐败问题研究	冯　英	文法学院
4	陕西汉中出土商代铜器的科学分析研究	梅建军等	冶金与生态工程学院
5	功能时态理论研究	何　伟等	外国语学院

2012年北京科技大学出版学术专著奖励

序号	专著名称	作者	出版社	所属单位
1	高寒地区矿山深部通风防尘技术研究	杨　鹏等	冶金工业出版社	土木与环境工程学院
2	强化采油复杂渗流理论及开发方法	朱维耀等	科学出版社	土木与环境工程学院
3	数字矿山理论、技术及工程	李翠平等	科学出版社	土木与环境工程学院
4	矿产经济学–原理、方法、技术与实践	袁怀雨等	冶金工业出版社	土木与环境工程学院
5	电容器铝箔加工的材料学原理	毛卫民等	高等教育出版社	材料科学与工程学院
6	生物特征识别技术-人耳自动识别	穆志纯等	科学出版社	自动化学院
7	协调学	涂序彦等	科学出版社	计算机与通信工程学院
8	广义人工智能	涂序彦等	国防工业出版社	计算机与通信工程学院
9	巨量串匹配基础	高庆狮等	科学出版社	计算机与通信工程学院
10	农村劳动力迁移对中国经济的影响：微观证据与宏观（CGE）模拟	胡等枫等	经济科学出版社	东凌经济管理学院
11	钢铁企业价值创造与盈利模式变化趋势	戴淑芬	冶金工业出版社	东凌经济管理学院
12	区域物流规划--理论、方法及应用	孙等莹	冶金工业出版社	东凌经济管理学院
13	全球化背景下的国家经济安全与发展	何维达	机械工业出版社	东凌经济管理学院
14	研究性学习的理论与实践	黄耀杰等	北京师范大学出版社	文法学院
15	仲裁协议法律制度研究–意思自治视野下当事人权利程序保障	侯登华	知识产权出版社	文法学院
16	行政法实施效果研究	王霁霞	中国法制出版社	文法学院
17	多元时代的正义寻求	马晓燕	光明日报出版社	马克思主义学院
18	南茜·弗雷泽正义理论研究	鲁春霞	光明日报出版社	马克思主义学院
19	社会主义和谐社会建构中的中华民族精神研究	孙文营	光明日报出版社	马克思主义学院
20	唯物史观视阈中的马克思科学货币观	杨兴业	光明日报出版社	马克思主义学院
21	西方生态现代化理论与当代中国生态文明建设	周鑫等	光明日报出版社	马克思主义学院
22	中国新新人类的日本留学	范玉梅	中国戏剧出版社	外国语学院
23	金属挤压理论与技术	谢建新等	冶金工业出版社	新材料技术研究院
24	The Y-type Hexagonal Ferrite for Hyper-Frequency	白　洋	Nova Science PublishersInc.	新材料技术研究院

续表

序号	专著名称	作者	出版社	所属单位
25	电气设备诊断现场实用技术	杨 斌等	机械工业出版社	国家材料服役安全科学中心（筹）
26	商业智能理论与应用实践	苏力萍	中国科学技术出版社	中国教育经济信息网

2001～2011年北京科技大学SCIE、EI、CPCI–S在全国高校排序表

年份	SCIE	排名	EI	排名	CPCI–S	排名
2001	197篇	23名	223篇	16名	32篇	48名
2002	287篇	22名	206篇	22名	64篇	40名
2003	255篇	24名	254篇	22名	56篇	49名
2004	241篇	31名	347篇	25名	34篇	71名
2005	383篇	26名	571篇	27名	156篇	42名
2006	376篇	34名	618篇	27名	147篇	54名
2007	441篇	33名	838篇	25名	296篇	36名
2008	552篇	33名	981篇	22名	373篇	42名
2009	577篇	37名	941篇	29名	335篇	36名
2010	680篇	39名	1156篇	26名	608篇	30名
2011	816篇	33名	1137篇	28名	473篇	13名

数据来源：中国科学技术信息研究所

2011年各单位SCIE、EI、CPCI–S收录论文统计表

单位	SCIE	EI	CPCI–S
土木与环境工程学院	32	146	43
冶金与生态工程学院	121	154	40
材料科学与工程学院	238	249	48
机械工程学院	35	107	78
自动化学院	9	38	8
计算机与通信工程学院	22	56	15
数理学院	99	67	8
化学与生物工程学院	70	48	1
东凌经济与管理学院	5	16	12
新金属材料国家重点实验室	61	65	3

续表

单位	SCIE	EI	CPCI—S
冶金工程研究院	17	52	8
新材料技术研究院	116	173	14
国家材料服役安全科学中心（筹）	11	15	3
其他	0	2	3
合计	836	1188	284

数据来源：北京科技大学图书馆

2011年SCIE论文影响因子排名

名次	姓名	影响因子	题名	刊名
1	贺 芳	9.427	Water-Soluble Conjugated Polymers for Amplified Fluorescence Detection of Template-Independent DNA Elongation Catalyzed by Polymerase	ADVANCED FUNCTIONAL MATERIALS
2	陈 骏	8.979	The Role of Spontaneous Polarization in the Negative Thermal Expansion of Tetragonal $PbTiO_3$-Based Compounds	JOURNAL OF THE AMERICAN CHEMICAL SOCIETY
3	李立东	7.545	TiO_2-decorated graphenes as efficient photoswitches with high oxygen sensitivity	CHEMICAL SCIENCE
4	姜建壮	5.992	The first solution-processable n-type phthalocyaninato copper semiconductor: Tuning the semiconducting nature via peripheral electron-withdrawing octyloxycarbonyl substituents	JOURNAL OF MATERIALS CHEMISTRY
4	姜建壮	5.992	Morphology and chirality controlled self-assembled nanostructures of porphyrin-pentapeptide conjugate: effect of the peptide secondary conformation	JOURNAL OF MATERIALS CHEMISTRY
4	杜振民	5.992	Tri-wing bismuth telluride nanoribbons with quasi-periodic rough surfaces	JOURNAL OF MATERIALS CHEMISTRY
7	张 跃	5.914	Electronic transport properties of In-doped ZnO nanobelts with different concentration	NANOSCALE
7	张 跃	5.914	Diameter-dependent internal gain in ZnO micro/nanowires under electron beam irradiation	NANOSCALE
7	齐俊杰	5.914	A novel logic switch based on individual ZnO nanotetrapods	NANOSCALE
7	顾有松	5.914	Facile synthesis of highly uniform Mn/Co-codoped ZnO nanowires: Optical electrical and magnetic properties	NANOSCALE
7	常雁红	5.914	Chemical amination of graphene oxides and their extraordinary properties in the detection of lead ions	NANOSCALE
7	许利苹	5.914	Interfacial self-assembly of amino acids and peptides: Scanning tunneling microscopy investigation	NANOSCALE

数据来源：北京科技大学图书馆

产业工作

【概况】2012年，学校深入贯彻落实科学发展观，加强对学校科技产业的支持和管理，确保科技产业持续、健康、快速发展。科技产业在学校党政的坚强领导下，坚持解放思想、求真务实、开拓创新，在加强企业管理、规范企业发展、加强平台建设、创新管理体制机制和加强党群管理等方面取得了较好的成绩，圆满地完成了2012年的工作任务和工作目标。至年底，学校科技产业全口径统计企业共有47家，其中一级企业6家，二级企业29家，三级企业12家。47家企业中，全资企业8家，控股企业6家，参股企业33家。科技产业共有职工1000余名，其中学校编制职工52名。至年底，投资企业总资产为20.9亿元，科技产业按股比占有净资产为3.17亿元，投资企业实现收入总额13.58亿元，缴纳各类税费1443.18万元，净利润3638.63万元。

（陆　钢）

【规范化建设】2012年，资产公司采取多项举措实现了“减员、增效、节支”，同时为加强对经营性国有资产的管理，制定并完善各项管理制度，稳步推进企业管理的制度化、规范化。①根据市教委文件要求，在原有内控体系的基础上，从投资企业管理、财务管理和三重一大等方面入手，在修订原有14项管理制度的基础上，新制定了《北京科大资产经营有限公司技术入股管理办法》等6个重要管理办法，以制度规范资产公司和所属企业的股权管理、审计管理、股东代表及董监事派出管理等，进一步加强和完善了公司内控体系建设。10月，顺利通过北京市教委组织的内控评审，获得优秀的成绩。②对几家全资和控股公司管理模式进行了调整，对企业推行目标责任制和全面预算管理，实现了“财务集中、人事集中、业务放开、薪酬独立”，在规范管理、风险防控、业务拓展、统筹运作等方面表现出积极的效果。③资产公司已全面执行现代企业管理决策机制，注重加强与投资企业的沟通联系，派出股东代表、董事、监事共参加投资企业的股东会、董事会、监事会30余次。同时，严格执行相关会议决议批准流程，认真细致的做好各类财务统计报表工作，并及时存档。

（张宏伟、杨　林）

【投资与股权管理】年内，资产公司注重加强对外投资和股权的管理，根据科技产业股权结构状况，制定股权调整方案，对10余家公司的股权关系进行重新梳理，提高经营性资产的风险防控能力，保障学校的合理收益。①完成高瑞得公司和三泰公司股权转让，实现股权转让收入152万元，加强股权管理，清理退出了部分存在潜在风险的公司。②完成国泰公司等4家公司的投资下账，推动鼎新公司、智能玻璃公司注销。③聘请专业法律顾问，解除了与若干公司的合作关系。④顺利推进方兴爆破公司的股权转让，并处理了该公司的历史遗留问题。

（张宏伟、杨　林）

【参股类企业经营业绩】2012年，钢铁行业发展形势非常严峻，科技产业各参股企业司发扬了艰苦奋斗的精神，群策群力，在工程承包、知识产权建设和资质荣誉等方面取得良好的成绩。

年内，各企业新签订、正在施工及已完工的重大项目有40余项，合同总金额7.6亿元。其中超过亿元的大合同有：北京北科麦思科自动化工程技术有限公司承包的合同额1.96亿元的沧州中铁1450mm热连轧工程；莱芜钢铁冶金生态工程技术有限公司承包的合同额1.93亿元的宁夏宏岩矿业有限公司新材料项目工程；北京科大中冶技术发展有限公司承包的合同额1.15亿元的江苏天淮钢管油井管热处理工程。

年内，各企业加强自主知识产权建设，取得了多项重大技术突破：北京科大机翔科技有限公司突破楔横轧轿车轴（精度高内部组织要求高）技术瓶颈，达到年产百万件产量，并通过安徽省科技厅科技成果鉴定；时光科技有限公司获得电动车CAN总线通讯控制等6款软件著作权；北京科大国泰能源环境工程技术有限公司的电炉炼钢底吹技术达到世界先进水平。

年内，各企业的工作成绩显著，得到了上级部门和行业的认可：北京首科兴业工程技术有限公司获得“2012年度高等学校科学研究优秀成果奖（科技进步奖）二等奖”；北京科大机翔科技有限公司获得中国有色总公司颁发的“2012年度科技进步一等奖”。

（张宏伟、杨　林）

【北京科大天工科技服务有限公司】 2012年1月，北京科大天工科技有限公司注册成立。年内，天工公司全体员工团结一致，攻克困难，无私奉献，圆满完成了科大天工大厦正式开业前的各项筹备工作：拆除五道口服装市场及其他地上建筑，按期完成大厦基建消缺和新增工程74项；圆满地完成大厦C座整体回租，与中科院北京纳米能源与系统研究所签订C座租赁合同；顺利完成大厦租赁任务，写字楼签约进驻企业73家，出租面积58972m^2，出租率96.7%，商业配套签约进驻服务企业9家，出租面积11666m^2，出租率99%。

2012年5月3日，“中关村高端人才创业基地”启用仪式在科大天工大厦成功举行。这标志着全国第一家高端人才创业基地正式启动成立。2012年，“中关村高端人才创业基地”管理办公室圆满完成了“中关村高端人才创业基地”建设的各项工作任务。①73家高端人才创办企业顺利入驻，其中“千人计划”企业和研发机构9家，“高聚工程”企业5家，“海聚工程”企业2家，“瞪羚计划”企业7家。②落实企业房屋补贴1600余万元。③落实政府给予学校的专项经费补贴745万元。④组织召开校企合作座谈会，有4位“千人计划”入选者被聘为学校兼职教授；举办知识产权培训及其他专业讲座，推荐400余名科大学生到大厦内企业实习，接待交流访问30余次，协助企业申报政府产业化项目10项，协助入驻企业申报年度“海聚”、“高聚”工程，协助企业成功申请企业“博士后工作站”并获得政府资助；组织基地企业赴江苏、青海等地开展对外交流与合作。⑤初步建立入驻企业信息库，做好高端企业人才、自有知识产权、产业化项目统计及储备工作。

（刘　临）

【科技园与孵化器】 2012年，科技园公司和孵化器公司协同作战，很好地完成了自身资质建设、园区服务体系建设和创新创业教育等方面的工作。科技园公司被北京市科委认定为“北京市战略性新兴产业孵育基地”、被北京市经信委认定为首批“北京市小企业创业基地”，累计获得政府各类支持资金234万元。年内，面向园区企业提供政策咨询服务100余人次，内容涵盖专项资金申报、资质认定等，累计获得服务性收入52.5万元。同时，科技园与学校相关部处合作，积极推动学校学生创新创业教育，在第九届“北京科大科技园杯”学生创业计划竞赛的推动下，北京科技大学学生创业团队斩获自参加“挑战杯”中国大学生创业计划竞赛以来历史最好成绩。

（刘俊友）

【北京北科大新兴产业技术研究院】2012年，北京北科大新兴产业技术研究院扎实地推进自身建设，出台了《中试基地项目遴选管理办法》、《绩效考核制度》等制度文件，逐步实现产研院管理制度化、规范化。同时，积极加强与政府和兄弟院校产研院之间的交流与合作，着力推动科技与产业相结合，获得中关村管委会“2011年度产研院支持资金”200万元；牵头成立了中关村示范区产业技术研究院联盟，作为秘书处单位承担联盟建设工作，推动成员单位产学研合作、强化组织凝聚力。

2012年，对入驻西三旗中试基地的“金属钛新型制取技术”和“金属键合丝”项目开展中试，钛项目中试示范线已完成安装，实现日产百公斤级规模，且产物的质量达到了一级金属钛的标准；《电子信息材料超细金属键合丝制备技术产业化研究》项目获得北京市教委30万元成果转化与产业化资金支持。年内，与上海支点投资有限公司签署了“合作框架协议”，推动中试基金的建立。

（刘俊友）

【分析检验中心】2012年，北京科大分析检验中心有限公司克服学校政策调整的影响，积极拓展赢利渠道，加快自主发展的步伐，开拓创新，取得了不错的成绩。①顺利地完成了体系监督及检测资质扩项，检测资质13个领域、260个项目。截至年底，发出规范的科测报告430份，CNAS、CMA资质报告195份。②积极开拓新业务，成立机加工服务中心。③启动西三旗研发实验服务基地建设，建设公司第一个自主的、以产品检测为重点的第三方商业化实验室。④继续加强政府课题和政府项目申报，全年累计获得政府资金支持249万元。⑤分析检验中心被认定为中关村开放实验室，是学校被认定的第3个开放实验室。

（刘亚东）

【技术转移中心】2012年，技术转移中心扎实工作，获得政府各类支持资金50余万元，被科技部认定为“国家技术转移示范机构”。年内，中心积极开展技术转移与技术服务工作，与青海瑞合铝箔有限公司续签30万元技术咨询与顾问协议，继续为“12kt三层液法高纯铝电子铝箔制备技术”项目提供全面支持；继续推进与广西贺投集团合作，推动投资7亿元的广西桂海铝业科技有限公司偏析法高纯铝生产电解电容器铝箔项目，项目进入全面建设阶段；与南车集团戚墅堰研究所合作，继续组织推动“高铁扣件用弹条技术开发与产业化项目”，已完成高铁弹条用特种钢的开发及成形设备的制造和安装调试验收。

年内，中心积极开展国内外产学研合作与交流，先后与国内30家企业、美国及中国台湾地区企业进行技术交流与合作；与荣成、烟台、广元和三门峡等地方政府开展合作，实现产学研用对接；积极推动国际技术转移合作，开展香港基金和以色列技术的引进工作。

（刘俊友）

【物业管理工作】2012年，北京宏洁物业管理有限公司克服组织架构和运营模式的变化，调整优化人员构成，实现了制度化、规范化管理，认真做好方兴大厦和西三旗校区的各项物业管理工作，所有物业设施设备在公司的维护保养下运营良好，全年未发生任何安全责任事故，物业管理水平得到有效提升。顺利地完成了与北京科大天工科技服务有限公司的人事、财务和资产分割交接。方兴大厦以提升管理服务水平为目标，在认真做好了方兴大厦幕墙清洁等硬件设施的维修管理的同时，不断提升管理服务水平，广大业主一致认为物业服务及时有效，热情到位。西三旗校区以供暖系统管道改造等多项基础设施建设为重点，认真做好了物业经营管理的各项工作，不断地提升物业管理水平，可经营物业使用率达100%。

（陈兴禹）

【党群工作】2012年，科技产业党委深入宣传贯彻落实科学发展观，加强组织管理，创新管理机制，规范党群工作，圆满地完成了年初制订的各项工作目标。①梳理党建制度和规定，制定党支部规章制度，修订完成了《科技产业集团党委工作手册（2012年版）》，校级党组织文件由13个增加到17个，科技产业集团党委工作制度由7个增加到13个，新增党支部工作制度8个，逐步推动党建工作制度化、规范化。②党群共建，通过优化支部设置、加强流动党员管理和做好非在编职工加入工会等措施，加强非在编职工的组织管理，增强了企业的稳定性和党组织的凝聚力。至年底，科技产业非在编职工入会管理办法已出台，6家所属单位，113名非在编职工自愿申请加入工会组织，非在编职工入会的手续办理等工作正在稳步推进中。③创新形式和载体，通过民主生活会、理论中心组学习和参观调研等活动，不断加强党员思想政治建设，提升党建工作水平。④党委书记亲自主抓校庆工作，圆满完成了学校60周年校庆的各项工作，包括北科大新校徽的推广更换、新疆校友会的沟通联系、换届和校庆捐款等。

（刘　焱、杨　林）

【特色工作】2012年，资产公司加强与国际间的交流合作，积极推动建设国际技术转移中心。经过较长时间的酝酿和考察，7月，与香港方面签署了面向以色列共同开展国际技术转移的合作协议。“国际高技术应用研究中心”的建设方案已完成，几项具体技术的转移事项正在推进。另外，以色列商管学院与科技产业、北京科技大学经管学院的培训及EMBA合作事宜也正在商谈过程中，以中以合作为题材的校园南线及东南角开发方案正在推进。

（杨　林）

附　录

北京科技大学企业一览表

单位：万元

序号	公司名称	注册资本	法人
1	北京科大资产经营有限公司	4500	孙冬柏
2	北京科大科技园有限公司	1000	刘俊友
3	北京宏洁物业管理有限公司	100	王会中
4	北京科大分析检验中心有限公司	50	刘　临
5	北京科大方兴科技孵化器有限责任公司	100	刘　临
6	北京科大华科高新技术有限公司	100	郭　俊
7	北京科大方兴加油站有限公司	200	张卫钢

续表

序号	公司名称	注册资本	法人
8	北京科技大科教技术服务中心	50	赵　雨
9	北京科大天工科技服务有限公司	500	陈向明
10	广东北科科技发展有限公司	600	李　晶
11	北京科技大学设计研究院有限公司	453	唐　荻
12	北京科大恒兴高技术有限公司	500	唐　荻
13	北京科大印刷有限公司	200	蒋宏潮
14	北京科大永兴科技有限公司	500	张深根
15	赛能杰高新技术股份有限公司	5000	刘　洪
16	北京科大中冶技术发展有限公司	5000	陈向明
17	北京北科麦思科自动化工程技术有限公司	3334	刘伟嶂
18	时光科技有限公司	3000	王成桥
19	北京银河昊星置业投资有限公司	1000	洪　亮
20	北京首科兴业工程技术有限公司	1000	陆　钢
21	北京科大朗涤环保工程技术有限公司	1000	黄钢汉
22	北京北科麦思科新材料技术有限公司	1000	刘伟嶂
23	北京科大方兴高新技术有限公司	100	王会中
24	北京科大机翔科技有限公司	100	胡正寰
25	北京新材料孵化器有限公司	500	王　兵
26	北京麦特冶金渣有限公司	400	后　力
27	北京科大华冶工程技术有限公司	300	王满元
28	北京科大联创冶金技术有限公司	220	刘京山
29	北京科大国泰能源环境工程技术有限公司	200	李士琦
30	北京北科威斯迈技术发展有限公司	200	向永清
31	北京科大京都高新技术有限公司	108	刘　勇
32	北京科大鑫冶机电设备有限公司	100	高　庆

续表

序号	公司名称	注册资本	法人
33	北京科大京科技术有限公司	100	王振声
34	北京科大迈捷科技有限公司	100	闫晓强
35	北京科大森浪信息技术有限公司	100	王宗杰
36	北京联力源科技有限公司	100	苏庆泉
37	北京中渣冶金技术有限公司	50	牛四通
38	北京科大博联科技发展有限公司	50	黄重国
39	北京科大和兴科技有限公司	50	刘　钊
40	蓝天科大新材料有限责任公司	7500	朱明龙
41	新冶高科技集团有限公司	7500	黄容生
42	亿源科大磁性材料有限责任公司	5000	丁穆源
43	苏州创基精密制造有限公司	5000	姚长琪
44	莱芜冶金生态工程技术有限公司	1000	董　杰
45	北京科光磁性材料有限公司	50万美元	黄光南
46	常熟中科创管理有限公司	200	李　军
47	北京中关村海归文化发展有限公司	140	周树鑫

（张宏伟）

科研基地及研发平台

“重大工程材料服役安全研究评价设施”暨“国家材料服役安全科学中心（筹）”

【概况】“国家材料服役安全科学中心（筹）（以下简称NCMS）”于2008年12月由国家发展改革委员会批复组建，依托于我国重大科技基础设施“重大工程材料服役安全研究评价设施”(以下简称MSAF)，由“重大工程材料服役安全研究评价设施”项目建设指挥部（以下简称指挥部）负责相关的筹建工作，中国科学院金属研究所和西北工业大学共建，哈尔滨工业大学参与建设。NCMS位于国家自主创新基础能力建设“十一五”规划研究实验体系的最高层，是首个由教育部部属高校承建的国家科学中心，位于北京市昌平区的中关村国家工程技术创新基地，共占地约31.33万m^2，建设总投资约12亿元，建成后将达到研究人员（含客座研究员、访问学者、博士后）500人，研究生（含博士、硕士研究生）2000人的规模。

NCMS建设包括多相流环境结构材料试验装置，高温高压水汽环境结构材料试验装置，极端、多因素耦合环境材料试验装置在内的8套具有公共性、通用性，开放共享、世界领先水平的大型工程结构材料服役安全科学研究试验装置，全面提升大尺寸/全尺寸构件及材料的试验研究能力和安全评价技术的整体实力，建立我国自主的工程材料安全服役标准和规范。NCMS的战略目标是在建设世界先进水平的大型工程结构材料服役安全科学研究试验装置——MSAF的基础上，凝聚一支世界一流的研发团队，建立我国自主的工程材料安全服役标准和规范，最终成为世界一流的、国际化的科学研究机构。

（徐文超）

【人员状况】2012年，指挥部共有建设人员68人（北京科技大学34人、中科院沈阳金属研究所9人、西北工业大学10人、哈尔滨工业大学15人），其中北科大专职在编人员27人，兼职、外聘及返聘人员7人。为保障MSAF暨NCMS建设的顺利进行，指挥部的子项目设立了专家组，聘请业内知名专家学者，共同参与装置详细设计工作。

（王祎炜）

【装置建设工作】2012年，指挥部在关键技术攻关上取得了突破性的进展，完成了全部装置的详细设计工作，编制完成8个子项目、共39万余字的工程技术任务书。

力学化学子项目组突破了“3000吨试验机摩擦磨损”这个关键难题；采用六自由度控制技术，实现大吨位多自由度加载；采用模拟仿真方法，优化强力地板和反力墙设计方案；采用环境设备模块化，集成技术实现力学化学耦合。蠕变试验部分在设计过程中突破了多项关键技术，包括低成本限量冗余设计，保证温控系统的长时间可靠性；双光栅容错冗余技术，实现杠杆调平机构长时间连续工作；深冷处理工艺，提高关键零件的长时寿命；先进测试技术集成，确保长时试验结果的精度和可靠性。多相流子项目组实现了对稳态多相流环境的模拟以及气液分离罐的优化设计。在国际专家组的支持与配合下，联合国际先进多相流环路设计单位，完成了项目的设计方案中4套不同温度压力参数的4英寸管径的多相流腐蚀试验环路施工图设计。高温高压子项目、自然大气子项目在完成详细设计方案的基础上，完成了实验室平面布局设计和装置安装条件的对接工作。特殊地域环境结构材料试验装置是世界上首个耦合多种环境条件的试验环道，处于世界领先水平。在设计过程中，主要考虑了如何对控制因素进行排序和筛选，确定主要控制因素，并在此基础上优化设计及合理安排经费分配。工程结构材料损伤仿真试验系统和开放共享配套设施引入了云计算模式，采用了元数据和本体技术构建完备数据体系，构建工程材料的全生命周期安全评价支撑服务体系。

（陆永浩、于龙洋）

【土建与园区规划工作】 2012年，指挥部完成了包括建设用地土地开发前期验收、收回国有土地使用权、征地、土地入市等重要环节的30多项工作，涉及国家部委、市、区、镇、村多级机构十多个部门的审批程序，获得了项目建设用地的国有土地使用证。

一期试验厂房施工以来，指挥部和学校后勤基建管理处还先后赴奔驰亦庄厂房、经纬纺织机械公司厂房、施耐德厂房和北泡轻钢加工厂等地进行实地考察。在保障厂房的安全性、先进性、合理性和实用性前提条件下，优化施工方案，减少工程造价，为学校节省投资。至年底，一期试验厂房区9173m^2工程已基本完成，进入验收阶段。

在试验厂房建设的同时，指挥部与基建处共同联合设计院，积极加快生活区的学生宿舍、博士后公寓、专家公寓、食堂及办公区的深化设计。先后针对生活区的施工图设计和办公区的主楼及力学化学多场耦合环境结构材料试验装置厂房初步设计召开2次专家评审会，聘请中科院建筑设计研究院和中国电子工程设计院、中国建筑科学研究院的专家对清华设计院的设计方案进行了严格评审，把问题解决在施工以前。指挥部联合学校后勤基建管理处先后考察了北京航空航天大学沙河校区、中央财经大学沙河校区和宝贵石艺公司等地。吸取先进设计、建设理念，保障了园区规划设计的安全性、合理性和经济性。

2012年，完成昌平创新园二期工程24580m^2，生活区的学生宿舍、博士后宿舍、专家宿舍及食堂全部工程项目施工图，获得生活区的建设工程规划许可证，并开工建设。三期50000m^2的办公区主楼及力学化学多场耦合环境结构材料试验装置厂房工程初步设计工作已完成，进入施工图设计阶段。

（王志强）

【装置招标工作】 指挥部进一步完善了项目管理制度，按照国家和学校相关规定，结合项目情况，制定了重大项目招投标实施办法，完成了包括力学化学、多相流、高温高压、自然大气等8个子项目近20万字的技术标书编制工作。2012年，完成了部分设备的采购，包括力学－化学子项目中反力墙和强力地板、数字声发射仪等设备的招标采购工作。在招标过程中，理顺了招标流程，为装置的大规模招标采购奠定了基础。

（杨　斌）

【国际化进程推进工作】 NCMS本着“以我为主，按需引进，为我所用”的原则，大力建设国际化科研平台，开展以我为主的国际合作科技创新活动。2012年度，NCMS继续与日本物质材料研究机构（NIMS）、美国西南研究院（SwRI）、美国电力科学研究院（EPRI）和弗吉尼亚理工大学（VT）等国外材料服役相关领域一流研究机构保持长期、稳定的合作关系的基础上，进一步与瑞典皇家工学院（KTH）签订了合作协议。此外，2012年，NCMS成功加入了环境致裂国际合作组织，并与日本东北大学筹备建立高温高压环境材料联合实验室。与德国斯图加特MPA研究所、美国福特汽车公司达成了合作意向。

2012年，NCMS累计来访国际知名专家30人次，举办学术讲座20余次，研究生教授专业课程累计36学时。同时组织NCMS的科研人员、装置建设人员及研究生出访参会、交流20余人次。至年底，资源库中专家人数已有221人。组织召开“NIMS-NCMS协同创新研讨会”、“研究生教育国际论坛”2次国际研讨会；申请的“高端外国专家——庄子教授（Shoji）”项目成功获批。

（金　莹、贺诗琪）

【人才引进和团队建设】2012年度，NCMS成功聘任法国工程院院士、香港城市大学吕坚教授及日本东北大学庄子教授（Shoji）为北京科技大学名誉教授；续聘国际知名专家八木晃一（Yagi）博士为特聘高级顾问；与德国斯图加特大学材料测试研究所（MPA，Stuttgart）前所长Roos教授达成合作协议，指导力学化学实验室及科学中心建设并开展项目合作研究。2011年，引进的国家“千人计划”获得者汪林兵教授被学校任命为指挥部副指挥，主持项目建设全面工作。

（王祎炜）

【预研工作与用户拓展】指挥部在“边建设、边科研”的指导思想下，继续加强推进预研项目的执行，围绕装置建设完成“高温高压水中材料行为的原位检测方法研究”、“电化学噪声监测仪器研制”等预研课题的关键技术，“工程构件大气环境适应性试验中关键技术研制”、“特殊地域环境加速加载试验路模型相似性研究”、“工程结构材料服役安全数字仿真系统集成技术”等预研课题已完成了主要设计方案及配套装置研制。

2012年度，新增“863”专项、“国家重大科技专项”、“国家自然科学基金”等国家级项目11项。其中国家自然科学基金获资助率再创新高，到50%以上，近3年新进人员80%获得过国家自然基金资助。新增基本科研业务费及地方产学研等项目11项。12月，加入中广核核电设备国产化联合研发中心，已经形成具有实质合作关系的用户20余家，涵盖核电火电、能源交通、高速铁路、航空航天以及有色冶金等领域的生产制造和研究单位。

（张利欣）

【研究生培养工作】NCMS将争取优质生源作为招生工作重点，以多种形式开展招生宣传工作。2012年，NCMS先后赴哈尔滨、西安等5地召开8场招生宣讲会。在研究生培养工作中，NCMS借鉴国际一流研究机构的优秀做法，在学生培养的各个环节节点上制定明确的实施办法，已形成4套20余份文件，严把研究生培养的质量。2012学年开设短期课程2门、共计40学时；共组织国内外知名专家学者为研究生开展学术讲座、交流18次，涉及材料、机械、控制、土木和固体力学等多个学科；组织研究生参与国际学术研讨会4次；派出一名博士生赴美国密歇根大学进行联合培养。

2012年，组织了多次毕业生座谈会，为毕业生讲解就业政策，并动员NCMS全体教师为毕业生提供有关单位人才需求信息。至2012年6月11日，NCMS首届13名毕业生已全部就业，就业率为100%，在北科大15个研究生培养单位中位居第1名，获学校“就业工作贡献奖”。在首届毕业生中，4人将继续在国内外攻读博士学位；其余毕业生在国内企事业单位就业，其中1人获“志愿服务西部奖”和“启航奖励金”。

（章立军、艾轶博）

【党建工作】2012年，指挥部党支部在学校组织部和机关党委的领导和支持下，抓住创建“北京高校2010～2012年创先争优先进基层党组织”的契机，围绕项目建设这个中心工作，积极开展创建活动。2012年度荣获“北京市创新争优先进基层党组织”荣誉称号及“北京高校创新争优先进基层党组织”荣誉称号。

党支部认真抓好日常工作，加强积极分子培养工作，逐步壮大党员队伍，推进支部的各项建设。2012年，党支部共发展3名预备党员，培养了7名入党积极分子参加业余党校学习。党支部积极发挥基层党组织的凝聚作用，在建设过程中，深化基层党支部活动的模式创新。2012年，联合后勤基建处党支部组织开展了以“走访昌平高教园区，交流建设管理经验；争创中心优秀业绩，向党的十八大献礼”为主题的党日活动，结合中心工作，为如何更好地开展园区管理打好基础，为创新园区的圆满完工和顺利运行打下基础。

（于龙洋、王祎炜）

新金属材料国家重点实验室

【概况】新金属材料国家重点实验室（以下简称重点实验室）是国家科技创新体系的重要组成部分，学术研究立足于金属材料科学的前沿问题和我国国民经济建设中的重大金属材料科学的基础研究和应用基础问题，从金属材料的科学规律、制备技术与工艺、计算模拟与设计、服役评价和实验技术5个方面进行全面系统研究，目标是发展以新金属间化合物结构材料及功能材料为主的新型金属材料、新一代基础材料及先进制备技术。研究工作以应用基础研究为主，强调发展新材料，注重新材料的设计模拟－制备工艺－组织结构－性能表征－服役行为关系研究；同时强化开放与交流，深入开展产学研合作和成果转化，力争获得有影响力的、代表国家金属材料研究水平的创新性成果。研究方向主要包括：新金属结构材料、新金属功能材料、新一代基础金属材料、材料制备新技术与新工艺、新材料的计算模拟与辅助设计、能源电站材料及寿命评估。

重点实验室下设有材料性能测试、物理模拟系统、组织结构分析、制备与加工以及高性能计算模拟5个公共实验检测平台，建设了若干个专业实验研究平台，正在建设5个合作研究基地（国家111创新引智基地滚动支持、国家优势学科创新平台、军工材料平台、轻合金国际研发中心、产学研合作基地）。具备了较完备的材料合成与加工、性能测试与组织结构分析、材料计算模拟与安全服役评估的仪器设备和装置系统。重点实验室正建设成为聚集和培养优秀科技人才、开展高水平学术交流、科研装备先进的重要基地。

（隋延力）

【学术梯队建设】重点实验室于2012年6月23日召开了第六届第二次学术委员会会议，根据委员们对实验室的发展提出的建议和宝贵意见，结合国家“十二五”材料规划和国民经济建设对高性能特殊合金以及高温合金的重大需求，不断凝练学科方向，调整学术梯队。2012年，重点实验室成功引进“长江学者”特聘教授、杰出青年基金获得者王沿东教授作为先进钢铁材料梯队学术带头人。

重点实验室生存和发展的关键是建设高水平的研究队伍。重点实验室坚持以人为本，以学术梯队建设为核心，挖掘人才资源，培养青年领军人才，促进高水平学术团队的成长，有针对性地进行开放课题和自主课题布局，取得了成效，为重点实验室可持续发展奠定了基础。2011～2012年承担科研项目持续增长，科研经费到款比上一年增加约2000万元，申请“十二五”、“863”重点项目3项。在自然科学基金申请上也获得历史性突破，获得8个项目，申请到的项目都是在主研究方向上深入研究或扩展。科研产出继续攀升，成果突出，在论文数量保持稳定的基础上，论文质量得到大幅度提升，影响因子大于10的论文达到4篇。非晶梯队由于长期在非晶和高熵合金方向上的深入研究，被著名学术杂志《Progress in Materials Science》邀请撰写相关研究领域的综述性论文。

重点实验室正努力造就学术严谨、勇于创新的高水平学术梯队。重点实验室现有美国工程院院士、中国工程院外籍院士1人，固定人员54人，其中博士生导师26人，教授和研究员31人、副教授、副研究员和高级工程师18人。教师中博士学位人员占100%。“973”首席科学家2人，国家“千人计划”入选者1人，国家“外专千人计划”入选者1人，国家自然科学基金杰出青年基金获得者5人，国家自然科学基金优秀青年基金1人，教育部“长江学者”奖励计划特聘教授7人、讲座教授1人，百千万人才3人，教育部跨（新）世纪优秀人才16人，北京市科技新星5人，重点实验室共有25人在国际学术机构任职。高层次人才队伍正不断壮大。

（吕昭平）

【科研工作】重点实验室在科研工作中继续坚持前沿性、创新性、系统性、深入性和长期性的研究特色，并不断地追求和探索新的学科领域和方向，强化学科和科学研究的交叉与融合。在科研工作中重视国家在材料领域的重大需求，积极组织和争取国家重大科技计划，注重自主课题的重点布局和国家重大科技计划的培育，促进科研工作稳步发展和突破。2012年，共计承担科研项目177项，其中纵向课题120项（新增23项）、横向课题57项（新增14项）。纵向课题包括“973”课题11项，“863”课题6项（新增3项），国家自然科学基金课题44项（新增14项），国际合作课题6项，其他省部级项目34项（新增6项）等。科研经费到款5138万元，其中纵向课题经费4164万元，横向课题经费974万元。科研产出继续攀升，成果突出。共发表期刊论文190篇，其中国外期刊134篇，国内核心期刊53篇。SCI收录143篇，EI收录36篇。影响因子大于10的4篇，影响因子3～10的19篇，影响因子2～3的46篇，影响因子1～2的43篇。授权国家发明专利46项，申请发明专利37项。省部级一等奖2项，二等奖2项、三等奖1项，承办学术会议10次，其中国际会议8次。提交学术报告78篇，其中特邀报告31篇，国际会议45篇。

（李龙飞）

【实验室建设】新金属材料重点实验室建设有5个公共实验平台，6个专业实验研究平台，以及5个合作研究基地。2012年，继续紧紧围绕实验室的主要任务和研究方向，致力于公共实验平台和基地的软、硬件建设。

在软件方面，重点实验室一直注重制度建设和试验技术人员的培训工作。健全了质量管理体系，确保了实验的规范化，量值的溯源化，检测结果的公正性、准确性和可靠性，提高了科研教学的服务质量和实验技术的知名度。作为同时取得CNAS和CMA资质的国家重点实验室，2012年的主要工作是维持体系的运行，不断持续改进检测技术与管理能力，为迎接2013年国家认证认可监督管理委员会和中国合格评定国家认可委员会对实验室进行实验室认可（CNAS）和资质认定（CMA）“二合一”现场复评审做好准备。

重点实验室在公共实验平台软件建设的同时，积极、稳妥地进行实验仪器设备升级改造工作等硬件建设。重点实验室注重建立管理有序、运行高效的仪器设备公用和科研平台，并优化布局实验场地，仪器设备集中放置，采用按功能划分的方法，将所有仪器设备按功能集中放置，统一管理，专人负责，大大地提高了实验空间的利用率。至年底，实验室拥有仪器设备共1614台/套，设备原值近8000万元，其中100万元以上设备21台/套，30万元以上设备43台/套，具备了较完整的从材料合成与制备、相与组织结构分析、性能测试与服役评价到计算与模拟的各种精密仪器设备和装置。

实验室为了充分利用仪器设备，在完成学校的教学科研和实验任务的同时，实验室的大型精密仪器与设备均向社会开放，积极为科研院所、大专院校和工矿企业提供优质服务。同时利用基地与平台的优势开展相关技术培训，培养研究生的技术创新能力。

（王建国）

【开放交流与合作】2012年，新金属材料国家重点实验室接待了15批，共133人次来访。全年组织学术报告14场，2位教授在国家重点实验室为研究生授课。来访者中有许多国际知名的学者，如美国E.Ma教授，比利时根特大学的Kestens教授等，也包括近年在材料领域活跃的青年专家，如田纳西大学的GaoYF教授，美国西弗吉尼亚大学的Liu Xinbo教授等。举办Gamma(TiAl) alloy technolgy 2012国际会议，促进了重点实验室人员对专门领域的了解，加强了重点实验室与工业领域的交流。美国田纳西大学的TG Nieh教授和Gao YF分30学时讲授“高温下材料的力学行为”。包括重点实验室、材料学院和冶金工程研究院等有关专业的研究生和本科生40人选修了该课程。2位海外青年学者来实验室做短期访问学者，与实验室进行合作研究，瑞典的Mao Huahai博士访问2个月，比利时的Sidor博士访问1个月。

2010年，批准的17项开放课题已经验收。各课题均较好地完成了研究工作，达到了预定的研究目标。据不完全统计，共发表了包含Acta Materilia等期刊的学术论文32篇，已接受论文8篇，投稿论文5篇，申报国家发明专利3项。

2012年，重点实验室共接受开放课题申请20项，研究内容涉及实验室主要研究方向。经各方评议，最终批准16项，其中重点开放课题5项，访问课题3项，自由申请课题8项，经费38万元，资助经费总额109.5万元。

2012年，北京科技大学迎来了60年校庆，重点实验室作为重点接待单位，先后接待了来自全国10个省市地区人员的参观考察，共1500余人次。其中包括：内蒙古包头铝产业园区等政府职能部门，齐鲁石化集团、宝钢集团、山西中汇等企业单位，中科院电工所、621所、中国钢铁研究总院等科研院所，天津大学等高校，以及北京科技大学众校友，弘扬了国家重点实验室面向全社会开放的精神，取得了良好的社会效益。

（蔡元华、叶　丰、乔　祎）

【党建、工会与研究生工作】重点实验室分党委在校党委的正确领导下，在全体党员干部的共同努力下，紧紧围绕着学校中心工作，较好的完成了校庆工作和二级党委验收工作。同时抓好班子自身建设，完善制度，积极举办党支部书记培训，推进学习型党组织建设。使基层党组织和广大党员在思想上有新的认识，在理念上有突破，在素质上有提高。2012年，基层党组织活动立项活动覆盖率达到100%。重点实验室积极开展各种形式的支部活动和工会小组活动，争先创优，凝聚人心。

重点实验室分工会实施以教代会为基本形式的民主管理制度，以工会活动为载体搭建职工沟通平台。分工会开展了为职工办实事、慰问退休职工和心理讲座等活动，还开展了一系列的文体活动，组织教职工参观国家博物馆、革命圣地延安，进行革命传统教育实践活动；到延庆龙庆峡接触大自然，放松身心；参加北科大教职工第三十六届田径及趣味运动会，在集体项目8字跳绳中获得第二名；参加以庆祝六一国际儿童节、宣传计划生育政策成果的儿童摄影比赛，朱洁的作品《自己吃自己做》获二等奖；杨滨入选校合唱团；重点实验室获得北京科技大学第八届研究生师生轻体运动会团体总分第一、学生项目总分第一、教师团体总分第二和开幕式第一，拔河比赛第一的优异成绩，获《分析检验中心杯》羽毛球大赛团体赛冠军，男子单打冠军、季军。

2012年，重点实验室研究生培养工作坚持以科学发展观为指导，在培养工作中严把"三关"：一是生源关，举办招生宣传咨询会，吸引优质生源。二是培养关，因材施教、开展各种形式多样的学术研讨活动，每两周举办一次实验室研究生学生论坛活动，邀请国内外同行专家、学者来室讲学，送学生到国外参加高水平学术会议等丰富多彩的学术活动，并进行经验交流，总结提升活动水平。三是加强研究生教务管理，完善研究生培养制度，使实验室的研究生培养工作进入规范化与制度化的有机运行轨道。

2012年，重点实验室认真做好研究生党建和学风建设2项重点工作，推进实验室的学风建设、骨干队伍建设及班级建设，从新生入学教育、科研能力教育、心理健康教育及生涯规划教育4个方面入手，开展丰富多彩的学术、体育和文化等活动，促进师生、年级、梯队间的交流，形成团结合作的良好氛围。2012年，重点实验室研究生管理工作获得校心理健康教育工作专项奖。2012届就业工作获校研究生签约率优胜奖，暑期研究生科技服务和挂职锻炼工作获优秀成果奖和优秀组织奖。房现石等11人获国家奖学金，潘坤明获北京市"三好学生"称号，房现石获"校研究生十佳学术之星"称号。

（孙学辉、王海骊、刘斌斌）

钢铁冶金新技术国家重点实验室

【概况】 钢铁冶金新技术国家重点实验室（以下简称重点实验室），以国家重大需求为导向，紧密围绕碳素能源高效转化、冶金资源高效利用和高端钢铁材料高效生产等关乎我国钢铁工业可持续发展的基础理论和关键新工艺、新技术开展系统深入的科学技术研究。重点实验室坚持有组织的科学研究与自由探索相结合、基础研究与技术创新并重、长期目标与短期目标兼顾的原则，针对高温过程反应机理与动力学、能量高效转换与链接、铁矿资源高效利用、钢的纯净化及夹杂物控制4个方向开展科学技术基础研究，通过基础理论的突破，力争在复杂矿选择性还原与元素高效分离、煤氧强化燃烧与氧气高炉炼铁和洁净钢高效精炼等关键技术上建立工业技术原型。研究成果为我国钢铁工业CO_2减排、复杂共生和劣质化铁矿高效利用及钢铁产品的低成本高效冶炼等提供理论基础和技术支撑，对于提高我国钢铁冶金及相关学科的基础理论研究水平，提升自主创新能力，培养钢铁冶金领域的创新人才，促进我国钢铁工业的可持续发展具有重要作用。

（郭占成）

【科研工作】重点实验室承担的研究课题主要来源于国家科技部、国家自然科学基金委员会及大中型钢铁企业，2012年，新增国家级重要科研项目20多项，企业合作项目100多项，科研项目合同总经费1.6亿元，其中纵向经费和横向经费各约50%。在高温反应机理与反应动力学研究方向上，重要的研究课题包括高温冶金物理化学原位在线研究方法（重点基金项目）、冶金物理化学研究教育部创新团队等；在能量高效转化与链接研究方向上，重要的研究课题包括冶金过程CO_2资源化利用（科技支撑，项目主持）、全氧条件下高炉高温热化学反应与能质传递协同原理（“973”课题）等；在铁矿资源高效利用研究方向上，重要的研究课题包括基于金属化球团法处理钢厂含锌铁回收料关键技术研究（重点基金项目）、新型钒钛磁铁矿清洁冶炼技术研究（“863”课题）；在钢的洁净化与夹杂物控制研究方向上，重要的研究课题包括钢中有益稀土夹杂物诱导晶内铁素体形核基础研究（基金项目）、超低铁损变压器用高硅电工钢开发（863课题）等。这些课题都是钢铁冶金行业的重要研究课题，代表了钢铁行业新技术的发展方向。

在自主研发方面，2012年，利用依托单位北京科技大学提供的经费，重点实验室在4个方向上安排了14项自主研究课题，每个课题15万元。重点资助了以下研究领域：高温过程矿相/金相重构理论、复杂矿冶炼新技术、特种钢的夹杂物去除与凝固组织控制、冶金过程节能减排新技术以及熔体物性/反应动力学。

在开放课题方面，2012年，利用依托单位北京科技大学提供的经费，重点实验室在4个方向上安排了12项开发研究课题，每个课题10万元。重点资助了以下研究领域：共生矿的冶金理论与新技术、低碳冶金新工艺、冶金能源技术（焦化/生物质能源）、连铸凝固组织控制、熔体结构与性质以及二次资源综合利用。来自东北大学、钢铁研究总院等12个校外单位的教授获得了资助，其研究课题与实验室的自主研发课题具有互补和强强联合的关系。

在仪器设备建设方面，2012年，实验室完成了总价值1000万元人民币的7台/套大型设备购置，部分设备已投入使用，实验室的研究设施水平进一步提高。

（刘　青）

【师资队伍与研究生培养建设】重点实验室现有固定研究人员60人，比上年增加4人，其中教授、研究员39人（博士生导师34人），副教授、高工10人；具有博士学位的51人，人员结构基本合理。除固定工作人员外，还有400余名博士后、博士研究生和硕士研究生在实验室从事相关研究工作。重点实验室设有行政管理、仪器设备管理人员6人。同时重点实验室还聘请国内外知名专家、学者作为客座人员，合作进行课题申报、人才培养，并参与实验室的研究工作。

在人才培养方面，以培养和造就高水平创新人才为目标，建立完善的人才培养机制，以国家重要科研项目为依托，加强国内外学术交流，营造良好的学术氛围，促进拔尖创新人才脱颖而出，帮助青年学术骨干快速成长，使实验室形成若干以学术带头人为核心的充满活力的科技创新团队。

2012年度，重点实验室有2位青年骨干成长为“新世纪人才”，1篇博士毕业论文被评选为“全国百篇优秀博士论文”，1篇博士毕业论文被评为“北京市百篇优秀博士论文”，2名科研骨干人员成为“863”主题专家。

（张迎芳）

【对外交流】在国际学术交流方面，2012年，重点实验室主办了“第12届世界熔渣、熔剂与熔盐学术研讨会”和“2012国际合金热力学会议”，在北京举行。此外，重点实验室研究人员积极参加相关国际学术交流会议，2012年度组团参加美国TMS年会。年内，重点实验室有50人次参加国际学术会议，邀请国外学者来实验室进行学术讲座和交流30人次，10名研究生赴海外短期交流学习。重点实验室与冶金学院合作，从2012年开始举办冶金大讲堂学术活动，已成功举办8期，10余名国内外知名学者应邀作了讲演。

2012年度，重点实验室承担了每年一次的日本东北大学工学部－北京科技大学创新工程交流任务，承担了世界钢模大赛中国区的比赛任务，承担了全国青少年科技夏令营北京科技大学分营的活动。

（赵世强）

【实验平台建设与管理】重点实验室的仪器设备不仅为实验室自身提供了服务，也为校内外其他单位提供服务。利用重点实验室的研究条件，多家大型钢铁企业与实验室建立了联合研发中心，为企业开展技术研发创造了条件。此外，重点实验室为社会提供分析检测服务，并参加了首都科技服务平台。

此外，结合重点实验室设备条件，对钢铁企业及其他单位开放仪器设备应用技术培训服务，许多企业及高校科研及工程技术人员来此参观、咨询仪器设备，重点实验室配备专人给以接待、演示。这些工作不仅服务了社会，同时对实验室的建设也起到了促进作用，对于实验室了解社会需求、了解兄弟单位新的仪器设备情况起到了积极作用；特别是重点实验室参加了首都科技服务平台后，对于实验室规模设备管理、提高分析检测水平起到了很好的作用。

（李　晶）

附　录

2012年钢铁冶金重点实验室承担的主要纵向课题

序号	项目类别	项目（课题）名称	负责人
1	“863”计划	超低铁损变压器用高硅电工钢开发	王静松
2	“863”计划	重大装备用轴承钢关键技术开发	成国光
3	“863”计划	烧结烟气净化与联产氯化技术示范	郭占成
4	“863”计划	硅铁烟尘与高铝粉煤灰硅钙资源协同利用关键技术及示范	唐惠庆
5	国家科技支撑计划	复杂金矿高效开采工艺技术	吴爱祥
6	国家科技支撑计划	CO_2-O_2混合喷吹炼钢工艺技术及装备	朱　荣
7	国家科技支撑计划	金矿短流程磨浮工艺研究及示范	刘　青
8	国家科技支撑计划	直接利用石灰石造渣炼钢工艺技术及装备示范	李　宏

续表

序号	项目类别	项目（课题）名称	负责人
9	国家自然科学基金	有序分级结构柔性光阳极材料的制备与性能研究	郭　敏
10	国家自然科学基金	高炉散料层内半焦和低质焦炭气化和燃烧反应过程动力学的研究	吴　铿
11	国家自然科学基金	钢中有益稀土夹杂物诱导晶内铁素体形核基础研究	宋　波
12	国家自然科学基金	PEM纯水电解制氢催化材料制备机理、微结构调控及多相界面研究	王新东
13	国家自然科学基金	BN型环境友好易切削钢的基础研究	包燕平
14	国家自然科学基金	热作模具钢中纳米析出物的析出机理及其对钢的强化作用	郭汉杰
15	国家自然科学基金	铸态微合金钢第二相粒子析出机制及耦合模型研究	孙彦辉
16	国家自然科学基金	转底炉珠铁工艺综合利用硼铁精矿新工艺的技术基础	王静松
17	国家自然科学基金	连铸过程中钢水中夹杂物的形核、长大、运动与捕捉的模拟研究	张立峰
18	国家自然科学基金	高炉燃烧带温度场重建及炉缸工作均匀性评价系统	程树森
19	国家自然科学基金	高性能中厚板钢中微小氧化物夹杂在凝固前沿行为研究	黄福祥
20	国家自然科学基金	第九届国际熔渣、溶剂与熔盐学术会议	闫柏军
21	国家自然科学基金	火法冶金过程若干物理化学问题原位在线研究方法	郭占成
22	国家自然科学基金	多功能负热膨胀化合物的合成和机理研究	邢献然
23	国家自然科学基金	基于金属化球团法处理钢厂含锌铁回收料关键技术研究	张建良
24	省部级项目	冶金物理化学创新团队	邢献然
25	省部级项目	XXX	朱　荣
26	省部级项目	工业节能与能效分析（“111”计划）	张欣欣
27	省部级项目	海外名师	张立峰

（赵世强）

钢铁冶金新技术国家重点实验室主要仪器设备表

实验室名称	主要仪器、设备	主要检测项目
物相分析实验室	Kratos AXIS Ultra DLD X射线光电子能谱仪（XPS）	表面分析、元素成分、组成、价态、价带分析、晶体结构及深度剖析等
	矿相解离分析仪（MLA250）	矿物物质组成分析、成份定量、矿物粒级分布、矿物解离度等自动定量分析
	JSM-6701F冷场发射扫描电镜及Thermo NS7能谱仪	电镜观察和能谱（低真空、高放大倍数）
	JSM-6480LV扫描电镜及Noran System Six能谱仪	电镜观察和能谱
	Laitz DMRX偏光显微镜及LEICA Q500图像分析仪	岩、矿相、金相分析、夹杂物鉴定、图像分析等

续表

实验室名称	主要仪器、设备	主要检测项目
X射线物相及成分分析实验室	XRF-1800X荧光光谱仪	元素及成分分析
	高分辨拉曼光谱仪	拉曼测量、拉曼成像、远距离测量及温度测量等
	MAC-21及超高功率高温X射线衍射仪	物相、结构分析
综合热分析实验室	STA409C热分析仪 DSC204扫描量热仪 DIL402热膨胀仪	差热、热重、扫描量热、热膨胀等热分析
粉体物性分析实验室	LMS-30激光粒度分布测定仪	粉体粒度分析
	MT-1000粉体物性测定仪	粉体密度、堆角、喷流性及流动性等检测
仪器分析实验室	AUTOSORB-1C物理化学吸附仪	比表面积、孔隙测定
	AA-6800原子吸收分光光度计	元素分析（带石墨炉）
	AA-6300原子吸收分光光度计	元素分析
	OPTIMA 7000DV电感耦合等离子体光谱仪（ICP）	微量元素分析（含硼元素）
	TCH600氧、氮、氢分析仪	氧、氮、氢含量分析
	EMIA-820V碳、硫分析仪	碳、硫含量分析
	GCMS-QP2010气质联用仪	化合物定性、定量分析
实验车间	50千克及10千克真空感应炉	金属熔炼
	电渣炉	电热渣冶金
	高温真空碳管炉	真空加热反应
	铁矿粉烧结、球团装置	铁矿粉造块

（李　晶）

固体电解质冶金测试技术国家专业实验室
（新能源材料与技术北京市重点实验室）

【概况】固体电解质冶金测试技术国家专业实验室的学术研究立足于功能材料，特别是新能源材料的学科前沿问题以及纳米材料和技术在能源材料方面的应用基础问题，主要进行锂离子电池、燃料电池、混合导体透氧材料、太阳能电池关键材料，以及核能、热电、介电、传感器等材料及纳米技术的研究。实验室的目标是建设成为北京地区新能源材料的研究基地，进而加强北京地区在新能源理论、技术与应用上的研究，促进北京地区能源、电力、交通和电子等相关行业的迅猛发展；同时成为立足北京、面向全国的培养博士和硕士学位研究生的先进育人基地。

自2005年11月批准成立“新能源材料与技术北京市重点实验室”以来，固体电解质冶金测试技术国家专业实验室并新能源材料与技术北京市重点实验室拥有注射成型机、磁控溅射仪、热压炉、热分析仪、表面性质分析仪、电化学工作站、热膨胀仪、冷等静压机、高温X射线仪、多功能热分析仪、红外分析仪、真空烧结炉、交流阻抗频谱仪、手套箱、显微拉曼光谱仪和热场发射扫描电子显微镜等8万元以上设备26台/套，具备开展诸如高能锂离子电池、燃料电池、太阳电池、热电材料、薄膜传感器、氧化物－非氧化物复合陶瓷、陶瓷注射成型等较高水平的研究能力。实验室面积1000m²，专职人员27人，兼职人员10人。2012年，培养本科生45人、研究生112人。

（赵海雷）

【科研活动】2012年，实验室承担各种科研项目59项，其中国家级项目32项，其他项目27项；科研经费到位2335.5万元；发表论文190篇，其中SCI、EI、ISTP检索收录110篇；申报专利26项，获授权专利26项。

（赵海雷）

【对外交流】实验室按照国家重点实验室开放、联合与交流的方针，利用设备及技术上的优势，实行对外开放，承担了国内外高校、科研单位和企业的科学研究、性能测试、检验及分析等技术服务与咨询工作。2012年，实验室与北京市青少年科技创新学院合作进行“翱翔计划”培养活动，让优秀的中学生走进实验室，接触前沿的科学问题，培养科研的兴趣和创新能力。同时，实验室还加强了与国际材料科学领域的学术交流与合作。年内，实验室人员参加国际学术会议50人次。

（赵海雷）

国家板带生产先进装备工程技术研究中心

【概况】2006年，经教育部批复（教技函〔2006〕30号），依托学校建设“先进板带生产装备与控制教育部工程研究中心”。2011年，该研究中心通过验收（教技函〔2011〕9号）并开放运行，任命了工程技术委员会主任和中心主任。2009年，经科技部批复（国科发计〔2009〕73号）依托学校建设“国家板带生产先进装备工程技术研究中心”。学校成立了专门机构承担建设任务。2012年，学校国家板带中心经过3年建设期的努力拼搏，出色完成了各项组建任务，于2012年8月18日进行了科技部组织的现场考察，11月22日完成总汇报。2012年12月28日，科技部发文（国科发计〔2012〕1215号）同意国家板带生产先进装备工程技术研究中心等25个中心通过验收，并予以正式命名。国家板带中心验收结果为优秀，总排名第2。“教育部板带中心”和“国家板带中心”的组织管理机构归一，与机械工程学院共建。校内外的协建单位主要有冶金工程研究院和北京赛能杰高新技术股份有限公司等。

中心设管理委员会、建设工作组、工程技术委员会、主任管理团队和技术研发部、工程项目部、综合管理部等职能部门。中心建立健全了管理制度，初步形成人才队伍、管理机制和经营效益的自我良性循环，在国内本研发领域具有一流的专业人才团队、一流的实验设备和开发条件、一流的科技创新成果和一流的开放式服务体系，为今后的长期高效运行和发展打下了坚实的基础。预计到“十二五”末期，中心将更加实力雄厚、优势突出、成果丰硕，为行业的科技进步和人才培养做出更大贡献。

（杨 荃）

【管理运行】板带中心作为北京科技大学的二级单位，其机构建设及管理运行特点是：①健全规章制度管理体系。板带中心按照“边建设、边运行、边发展”的运行模式，树立“模拟法人，集中管理，用心工作，开心生活”的现代化管理理念，参照工程技术公司管理制度和质量认证体系，初步建立了规章制度管理体系，并将通过“十二五”的具体实践加以改进和健全。这是确保中心各项事业和谐发展、繁荣校园文化的一项基本制度保证。管理制度包括例会制度、财务管理制度、项目管理制度、福利激励制度以及人才培育制度。人才培育制度是在学校人事管理制度下，根据中心的工作性质及特点，设立的“三个自主”的人才培育制度，即“自主聘职”、“自主资助”和“自主奖学”。②充分发挥依托单位学科人才优势，探索人员双聘制度。中心在人事管理上，具有充分的用人自主权，除管理委员会任命的“中心”主要负责人外，其他人员全部由“中心”自主聘任与解聘，依托单位对“中心”使用人员提供了充分支持与帮助。针对依托单位现行的人事考核体系特点，中心采用“双聘双算”的原则，发挥依托单位人才资源优势，完善双聘专家的激励机制和考核机制。此外，还充分利用“流动岗”，使中心的人才需求得到了有效补充。

（梁治国）

【科研活动】新一代板带生产技术装备的发展趋势是：生产过程的绿色化、产品质量的精准化和装备运行的可靠化。板带中心根据国内外发展的需要，进一步凝炼了主要研究领域和研究方向。板带中心的主要研究方向有：板带生产的新流程和新工艺，板带生产的质量测控和信息化和板带生产的节能环保技术和装备。2012年，板带中心承担了国家“十二五”科技支撑项目、北京市教委共建项目以及企业联合研究的横向合作项目，充分利用中心多学科优势，有效整合了高校、科研机构和企业资源优势，共同开展板带装备及控制的研究和工程技术攻关，形成了“产、学、研、用”的良好局面。

（何 飞）

【学术交流与合作】2012年，成功地举办了“第二届轧钢设备新技术国际研讨会”，协办了2012中国冶金装备论坛，参加“亚洲钢铁大会”等国内外学术交流70人次，为企业进行技术培训80人次以上。聘请外籍名誉教授1人。2012年12月3日，国家板带中心与佰事德工业技术（中国）有限公司签署合作意向，商讨共建“国家板带中心高新技术产学研基地”。2012年12月30日，国家板带中心与北京恒通润滑油有限公司签署合作意向，商讨共建“国家板带中心轧制润滑油生产基地”。

（马 粹）

附　录

国家板带中心2012年参加国内外学术交流情况一览表

序号	会议和交流名称	人次
1	第二届轧钢设备新技术国际研讨会（北京）	20
2	亚洲钢铁大会（北京）	2
3	中国金属学会冶金设备分会2012工作会议暨学术研讨会（上海）	3
4	全国有色金属加工产业发展高层论坛暨首届有色金属加工理事会年会（西双版纳）	1
5	全国冷轧板带生产技术交流会暨第六届冷轧板带学术委员会工作会议（北京）	2
6	中国冶金装备论坛（沈阳）	3
7	轧制技术新进展暨王国栋院士专题讲座（北京）	6
8	宝钢检测技术交流会（上海）	3
9	苏州有色金属研究院技术交流（苏州）	3
10	科技部技术项目交流会（海南）	1
11	清华浙江研究院新技术洽谈交流会（台州）	2
12	新技术交流洽谈会（河北涿州、高碑店）	1
13	江苏佰事德炉业合作交流（宜兴）	3
14	天津轧一集团冷轧合作交流（天津）	3
15	伊春轧钢培训软件交流（伊春）	1
16	前进钢铁中宽带板形交流（霸州）	4
17	建龙钢铁中宽带及冷轧交流（遵化）	4
18	日照钢铁热连轧机振动交流（日照）	2
19	河北三强冷轧光亮退火交流（霸州）	2
20	伊朗冷轧工程项目技术交流（北京）	2
21	伊朗热轧工程项目技术交流（北京）	1
22	天津北辰冷轧技术交流（天津）	2
合计		70

国家板带中心2012年进行企业技术培训情况一览表

序号	培训名称	人次
1	高精度冷轧自动化控制技术（北京）	20
2	板带轧机质量精准控制技术（鞍钢）	50
3	先进检测技术（广东四会）	10
合计		80

（马　粹）

材料科学数据共享网

【概况】 材料科学数据共享网项目于2009年10月由国家科技部批复建设，由教育部担任牵头部门。项目承担单位包括北京科技大学、中国科学院金属研究所和西北工业大学等16家高校和科研院所，项目管理办公室设在北京科技大学。

材料科学数据是工程与装备设计、制造与服役安全评估以及新材料研发等活动不可缺少的重要信息。材料科学数据共享网项目建设的总体目标是：以满足国家经济与国防建设和材料科学技术创新研究与快速发展需求为目标，以现有较为成熟的材料科学数据资源为基础，结合国家重大工程、支柱产业发展和国防建设等实际应用需求，评价、整合和重构材料科学数据资源，建立跨部门、跨地区、多层次、异构、分布、有序共享的材料科学数据体系。形成数据齐全完整、存储安全可靠以及使用灵活方便的材料数据服务体系和共享网，最大限度地发挥数据信息的效益，满足国家建设、社会发展与科技创新的迫切需要。研究制定符合材料数据特点的共享机制和数据共享相关的标准规范体系。构建面向社会的网络化、智能化的材料科学数据共享服务平台，形成数据采集提交、质量控制、数据存储、安全保障、资源共享、面向应用与数据重构的管理体系。按照统一的标准规范对材料数据进行整合集成，形成材料领域专门化数据共享资源结点，在此基础上建设数据管理服务中心，初步构建成材料科学数据共享网。

至年底，材料科学数据共享网项目已完成了全部10个材料数据共享资源结点和2个面向应用的主体库的结构建设，即材料基础、有色金属材料及特种合金、黑色金属材料、复合材料、有机高分子材料、无机非金属材料、生物医用材料、能源材料、信息材料、天然材料及制品数据共享资源结点和建筑材料、道路交通材料应用主体库。制定了16个标准规范草案，形成了5项相关技术软件，并已登记，形成1部名词术语对照词典，3项规章制度，3个材料数据的环境、收集整理及质量分析的分析评价方法。完成了材料科学数据共享网的网站建设，建成了共享网管理与服务中心，纳入中心的数据为25.2万条，分布数据源的数据为40.7万条，合计65.9万条，涉及材料约24250种。通过搜索引擎的多种检索方式，可以实现对各类材料数据的检索。材料科学数据共享网的元数据及共享网运行日志已提交至国家科技基础条件平台信息技术中心。

（尹海清）

【科研活动】 2012年9月21日，材料科学数据共享网在北京召开了材料科学数据共享网项目数据会议，会议对材料共享网的网站的数据的类型、数据的上传和更新、数据检索，以及网站的可持续发展等问题进行了共同讨论，对各数据共享资源结点的共性和个性问题进行了分析和总结，对中心网站与分布数据库的无障碍全文检索进行了讨论，各数据共享资源结点的属性汇总后进行共同讨论，最终确定了材料科学数据共享网体系的全部属性数据和信息，实现了网站上材料数据的全面检索。

（尹海清）

【国际交流】 2012年4月15～

18日，材料科学数据共享网项目组成员一行近40人参加了在日本冲绳召开的第三届亚洲材料数据会议，会议有来自北美和欧洲等多国的数据库专家以及亚洲多个国家和地区的材料数据研究者参加，与会人员对材料数据库的建设、材料数据的质量、更新、维护和共享等问题进行了深入的探讨。亚洲材料数据委员会同时进行了换届，第二届委员会主席由日本国际材料研究所（NIMS）的OGATA教授担任。

（尹海清）

【队伍建设与人才培养】 2012年，共有40余名学者参与了材料科学数据共享网项目的建设，其中教授23人，副教授14人，讲师或博士后4人，全部具有博士学位，50岁以下的中青年占95%。共有15人参与到项目的建设中，其中教授9人，副教授4人。材料科学数据共享网项目已经基本建成一支稳定的建设队伍。2012年，共培养学生4人，其中博士生1人，硕士生1人，本科生2人。

（尹海清）

环境断裂教育部重点实验室

【概况】 环境断裂教育部重点研究室（以下简称研究室）具有30多年的发展历史，长期从事结构材料特别是钢铁材料的腐蚀、断裂和环境敏感断裂的基础和应用基础研究，获得了丰硕的研究成果，在国内外具有重要影响。几十年来，环境断裂研究室培养了一批高水平的研究型人才，他们在国内外知名研究单位，如首钢、宝钢等国家大型企业从事科研工作，取得了重要成绩。近年来，研究室在保持原有优势的基础上，开展铁电、铁磁等新型功能材料的制备和性能研究，以及纳米材料的性能研究。

研究室经过近10年的发展和积累，1990年，教育部正式批准其为教育部开放实验室；1999年，更名为环境断裂教育部重点实验室（以下简称实验室）。

2012年，环境断裂教育部重点实验室有固定人员34人，其中中国科学院院士1人，教授18人、副教授14人，博士生导师18人，“长江学者”奖励计划特聘教授2人、讲座教授1人，国家杰出青年基金获得者1人，教育部跨（新）世纪优秀人才5人，新世纪百千万创新人才1人，北京市科技新星6人。培养出1名中组部拔尖人才，1名国家自然科学基金优秀青年基金获得者。研究室拥有原子力显微镜、高分辨率电镜、透射电镜、俄歇电子能谱仪、场离子显微镜、宏－微摩擦磨损测试系统和纳米力学探针仪等较为先进的仪器设备149台/套，设备价值2200万元，其中30万元以上设备21台/套。

（李金许）

【科研活动】 2012年，实验室承担了国家支撑计划项目2项，国家科技重大专项2项，“973”项目3项，“863”项目2项，“十二五”国家科技基础条件平台建设重点任务研究1项，国家自然科学基金重点项目2项、面上项目14项，军工课题3项，其他省部级项目5项，厂协项目20余项等。在国内外核心期刊上发表了论文80余篇，其中SCI收录50余篇。

（李金许）

【人才培养】 实验室采取加强国内外交流、培养和引进高层次人才、创造有利的学术环境等措施，积极建设高水平研究队伍，拓宽研究领域，已经培养出一支年龄结构合理、专业方向有机结合、学术气氛浓厚、凝聚力强的研究队伍。

2012年，研究室在读研究生159人，其中硕士生102人，博士生57人；毕业硕士生43人，博士生13人。

（李金许）

【学术交流】2012年，实验室进一步加强材料科学领域的学术合作与交流。9月，研究室7名教授和副教授参加了在土耳其伊斯坦布尔举办的2013欧洲腐蚀大会（EUROCORR 2013）；2012年，研究室共有17人次参加了国际学术交流；年内，邀请了来自加拿大、英国、日本、美国、中国香港等国家和地区的多位知名学者到研究室讲学和交流。10月，实验室主要学术带头人路民旭教授等代表NACE中国分会组织并主办了NACE上海腐蚀大会。2012年8月下旬，实验室接受了教育部重点实验室每5年一次的评估，获得良好的评价。

（李金许）

附　录

环境断裂教育部重点实验室2012年在研课题一览表

项目名称	项目来源	负责人	起止年限	经费（万元）
基于纳米材料及结构力学新理论的表征方法和测量原理	国家“973”计划	宿彦京	2012.7.1～2016.12.31	160
高性能钢的组织调控理论与技术基础研究	国家“973”计划	尚成嘉	2010.7.1～2014.12.31	193
核电关键材料及焊接部位在微纳米尺度下的环境行为与蚀效机理工—辐照损伤的计算机模拟和实验研究	国家“973”计划	宿彦京	2011.1.1～2015.12.31	70
大型水利水电工程高陡边坡全生命周期性能演化与安全控制—高陡边坡体锚固机理与性能演化特征	国家“973”计划	何积铨	2011.1.1～2015.12.31	70
十二五国家科技基础条件平台建设重点任务研究	科技部	李晓刚	2010.1.1～2013.6.30	2047
南海深水油气开发示范工程	国家科技重大专项	路民旭	2011.1.1～2015.6.30	233
大型油气田及煤层气开发—南海深水油气开发示范工程—荔湾3-1气田设施内腐蚀控制及选材设计	国家科技重大专项	路民旭	2011.1.1～2015.6.30	580
核电超大型冷却塔结构耐久性研究及技术支持—大型先进压水堆及高温气冷堆核电	国家科技重大专项	何积铨	2010.1.1～2012.12.31	228
基于风险的特种设备事故预防关键技术研究	国家科技支撑计划	李晓刚	2011.1.1～2014.12.31	51
氧化物冶金技术在低成本高性能车轮钢中的应用研究	国家“863”计划	任学冲	2009.7.1～2012.12.31	10
CO_2驱油和封存系统高效防腐技术研究	国家“863”计划	杜翠薇 李晓刚	2009.7.1～2012.12.31	85
高强度管线钢土壤腐蚀的关键影响因素及机理研究	国家自然科学基金-重点项目	李晓刚	2012.1.1～2016.12.31	300
腐蚀产物膜对高含硫气田元素硫局部腐蚀机制的影响研究	国家自然科学基金-面上项目	路民旭	2010.1.1～2012.12.31	40

续表

项目名称	项目来源	负责人	起止年限	经费（万元）
纳米多孔金属的力-电-化学介质多场耦合效应研究	国际（地区）合作与交流项目	乔利杰	2012.1.1～2014.12.31	45
交流干扰与阴极保护在管/地界面上的叠加效应研究	国家自然科学基金-青年项目	杜艳霞	2012.1.1～2014.12.31	25
多场耦合条件下铁电多层厚膜电卡效应的动力学研究	国家自然科学基金-面上项目	白　洋	2012.1.1～2015.12.31	60
高强管线钢在深海环境中的应力腐蚀规律与机理研究	国家自然科学基金-面上项目	李晓刚	2012.1.1～2015.12.31	60
裂纹在沿晶氧化膜内形核的应力腐蚀新机理	国家自然科学基金-面上项目	李金许	2012.1.1～2015.12.31	55
先进超高强度不锈钢钝化膜稳定性及其主控机制研究	国家自然科学基金-面上项目	董超芳	2012.1.1～2015.12.31	65
大面积阴极等离子电解沉积金属涂层的机理及其涂层特性研究	国家自然科学基金-面上项目	何业东	2012.1.1～2015.12.31	55
高含H_2S湿天然气管道冷凝液膜环境下的氢渗透机制	国家自然科学基金-面上项目	张　雷	2012.1.1～2015.12.31	60
逆变奥氏体对马氏体时效钢氢致开裂性能的影响	国家自然科学基金-面上项目	李金许	2011.1.1～2013.12.31	39
金属防护涂层下锈蚀萌生、长大规律及对涂层失效的作用机制	国家自然科学基金-面上项目	高　瑾	2011.1.1～2013.12.31	38
应力腐蚀与腐蚀产物膜力学行为的相关性研究	国家自然科学基金-面上项目	宿彦京	2011.1.1～2013.12.31	38
强弱相间和强强相间层状复合涂层的结构与抗高温氧化特性研究	国家自然科学基金-面上项目	何业东	2011.1.1～2013.12.31	38
氢调控铁电陶瓷性能规律及机理研究	国家自然科学基金-面上项目	乔利杰	2011.1.1～2013.12.31	38
光加速老化条件下有机涂层/金属界面微区腐蚀电化学行为及规律研究	国家自然科学基金-青年项目	卢　琳	2011.1.1～2013.12.31	20
氧化铬薄膜摩擦磨损行为的尺度效应及机理研究	国家自然科学基金-青年项目	庞晓露	2011.1.1~2013.12.31	20
埋地高强管线钢焊接接头显微组织的微区电化学研究	国家自然科学基金-面上项目	杜翠薇	2009.1.1～2011.12.31	36
功能陶瓷基左手材料与新型微波器件的研究	教育部	白　洋	2010.1.1～2014.12.31	50
钢铁材料腐蚀的相电化学关键基础问题研究	教育部	杜翠薇	2010.1.1～2012.12.31	50
生物金属材料微动摩擦与腐蚀的交互作用	教育部	岩　雨	2011.1.1～2012.12.31	20
高压铝箔涂覆有序孔遮蔽膜及隧道孔腐蚀技术的研究开发	厂协	何业东	2009.8.1~2014.12.31	2000
超薄工件超音速火焰喷涂时的热变形、工艺与装备研究	厂协	樊自栓	2009.5.25~2014.3.31	125

续表

项目名称	项目来源	负责人	起止年限	经费（万元）
超高强钢氢致延迟开裂试验方法研究	厂协	李金许	2011.8.20～2013.3.31	49
球墨铸铁管涂层环境加速试验研究	厂协	高　瑾	2011.8.18～2012.6.30	45
流动加速腐蚀及汽水回路实验平台设计	厂协	李晓刚	2011.7.18～2012.12.30	108
青石与钛酸铝蜂窝陶瓷载体的研发	厂协	白　洋	2011.7.1～2014.6.30	60
汽车尾气催化剂失活或活性下降机理研究	厂协	乔利杰	2011.7.1～2014.6.30	60
原油船货油舱耐蚀钢生产关键技术研究与产品研发	厂协	李晓刚	2011.4.29～2014.12.30	140
塔里木油田有机盐完井液腐蚀性能研究	厂协	许立宁	2011.12.24～2012.6.30	49
多线共用阴极保护优化设计与评价开发及阴极保护电位分布规律研究	厂协	杜艳霞	2011.12.14～2012.12.30	39
油漆涂料大气暴晒试验研究	厂协	李晓刚	2011-12-6～2013.12.30	80
镍基铁镍基合金油井管第二相的演变及其对耐蚀性的影响	厂协	张　雷	2011.12.1～2015.12.1	50
番禺4-2/5-1调整项目3Cr钢平台实验服务-3Cr钢平台现场试验	厂协	路民旭	2011.12.1～2012.6.1	205
普光气田集输系统腐蚀检测优化腐蚀监测技术适应性及专家系统研究	厂协	许立宁	2011.12.1～2012.6.1	85
高硫高盐原油集输管道及设备经济性选材研究	厂协	张　雷	2011.11.30～2012.12.30	46
五种材料表面完整性测试与研究	厂协	李晓刚	2011.11.21～2012.12.30	40
大型工程混凝土钢筋的SCC敏感性与腐蚀控制技术开发	厂协	曹　备	2011.8.22～2013.12.30	52

（李金许）

金属矿山高效开采与安全教育部重点实验室

【概况】金属矿山高效开采与安全教育部重点实验室于2003年经教育部批准建立，2004年开始建设，2012年通过教育部评估。实验室覆盖采矿工程（国家重点学科）、工程力学（北京市重点学科）、岩土工程（北京市重点学科）、防灾减灾工程与防护工程和安全科学及工程（一级学科）4个二级学科博士点；拥有性能先进的MTS岩石力学实验机、电液伺服岩石三轴试验机、EH-4大地连续电导率成像系统、矿山减灾结构综合试验系统、数字开采模拟实验系统等一批现代化实验设施；建设了金属矿山采矿系统优化与地压控制、金属矿床高效开采理论与方法、矿山人工环境研究及采动灾害预测与防治、“数字矿山”理论与应用4个实验区，实验室现有建筑面积6400m^2。

至2012年12月31日，实验室设备总值6626万元，设备总数3518台/套，其中10万元以上大型设备85台/套，40万元以上大型设备29台/套。年内购买设备419台/套，总价1643万元，其中10万元以上大型仪器28台/套。

（胡乃联）

【科研活动】实验室以岩石力学理论研究为基础，以金属矿山安全高效开采为目标，形成采矿系统优化与地压控制、矿床高效开采理论与方法、矿山安全与灾害防治、矿山系统工程与矿业经济4个研究方向。2012年，实验室承担包括“973”计划、“863”计划、国家科技支撑计划、自然科学基金重点项目在内的各类科研项目120余项，项目经费6000余万元；获国家科技进步二等奖4项，省部级科技奖励22项，申请专利30项，授权专利20项。

（胡乃联）

【学术交流】实验室与国内外同行开展了广泛的学术交流活动，提高了实验室在国内外的影响力。2012年，实验室先后接待了前来参观和进行技术交流的学术团体10余次；组织国内学术会议3次，参加国际学术会议20余人次。

（胡乃联）

钢铁流程先进控制教育部重点实验室

【概况】钢铁流程先进控制教育部重点实验室（以下简称重点实验室）依托控制科学与工程、仪器科学与技术、计算机科学与技术等学科，开展钢铁冶金自动化理论和技术研究。在数据驱动与模式控制、先进控制理论、高精高速轧制技术、统计过程控制、嵌入式控制器、高性能计算与数据工程、电机驱动技术、冶金传感器、现代测试技术、智能交互技术、设施安全监测、无损检测技术、网络传感技术、红外技术和科学数据挖掘与共享及计算机视觉技术等方面开展科学研究与人才培养工作。

2012年度围绕重点实验室的建设目标，开展了重点项目申报、技术开发、条件平台建设、人才培养和学术交流等工作，于11月份进行了工作总结，并于2012年底向学术委员会委员发送了工作简报。

（张朝晖）

【队伍建设】2012年，在前一年组建的多支学术梯队的基础上，通过优势互补、强强联合，形成冶金自动化团队，承担了“863”计划项目，并组织进行了国家自然科学重点项目的申报。通过具体的项目驱动，强化了冶金自动化团队的集体攻坚意识，项目策划、项目执行能力得到加强。

（张朝晖）

【人才培养】2012年，重点实验室培养毕业博士生8人，普通及专业硕士生43人。

（张朝晖）

【科研活动】2012年，尹怡欣教授领导多支学术梯队，对电解铝过程高能耗问题集中攻关。其中“基于精确感知与智能决策的铝电解MES开发与应用”被列入科技部“863”计划先进制造领域2013年度优先启动项目，已于年内组织实施。

童朝南教授、彭开香博士领导的科研梯队发挥实验室传统优势并不断取得新成就。2012年，该梯队承担了“面向热轧薄带钢生产的润滑轧制模型与窜辊模型系统开发”、“鞍凌1700热连轧机控制系统软件合作开发”重点项目2项，承担了“铝箔冷轧机振动抑制与控制系统开发”、“中铝洛阳铜业有限公司铜板带厂AGC系统”、“高性能VME控制软件平台开发”和“磨具钢在线预硬装置计算机控制系统研究与开发”普通项目4项，开发了“高精高速板带冷轧机实时仿真系统”。

陈先中教授领导的科研梯队在系列雷达高炉料面监测系统研发中取得重大成果。其中最新的相控阵雷达高炉料面监测系统在武钢炼铁厂7号高炉成功运行达半年之久，准确获得了冶炼状态下高炉料面的形状过程，对精准布料，节能减排起到了促进作用；阵列雷达高炉料面监测系统在宝钢不锈钢公司炼铁厂稳定运行5年，并不断得到改进和完善；基于机械式旋转雷达原理的高炉炉内料面形状监测系统，已经与首钢迁钢公司炼铁部签订技术协议和合同，将于2013年在1号高炉实施。

此外，重点实验室还承担了“智能全自动汽车抛物线板簧生产线研制”、“工业无线网络设备配套软件开发测试”、“Cybersecurity组态软件及测试”、“AODV协议及IP双栈分析技术研究”等项目的研究开发。

（张朝晖）

【学术交流】重点实验室承办了2012年第三届中外智能科学与数据工程研讨会；邀请了海外学者来院进行学术交流共14次，主题涉及控制与检测系统集成、模型与数据驱动方法、机器人工作空间感知与传感器融合等；建立了重点实验室网站 klac.ustb.edu.cn。

（张朝晖）

【条件平台建设】重点实验室根据建设规划，搭建了一个基于网络的控制系统平台，供研究人员远程访问实验室内的控制设备资源，远程开发控制算法，并进行控制性能的实物验证。至年底，平台已经开发完毕，并进行了多个控制对象的联网调试。

（张朝晖）

【与企业共建研发基地】为巩固与企业之间业已存在的合作关系，积极探索新的合作方式，重点实验室与宣钢、安钢、中冶南方、唐钢4家企业签署了联合研发基地协议，着力推进由问题驱动的立项、研发、互利和人才培养等全方位的合作关系。

（张朝晖）

科技部材料模拟设计实验室

【概况】科技部材料模拟设计实验室前身是国家“863”计划新材料模拟设计实验室。实验室结合北京科技大学在材料科学方面的优势，依靠独创的晶格反演方法建立起固体材料体系和界面系统第一性原理计算到原子级计算机模拟的桥梁，在材料模拟计算方面进行了多方面的探索，努力拓展新的学科发展方向。

成立以来，实验室先后承担了国家“973”计划——“材料计算设计与性能预测基础问题”(2000～2005年)以及“面向性能的材料集成设计的科学基础问题”(2006～2010年)项目中的课题研究。2011年，实验室承担国家“973”计划项目“基于集成计算的材料设计基础科学问题”(2011～2015年)。实验室有研究人员6人，其中中国科学院院士1人，教授1人，副教授4人。

(陈难先、申　江)

【科研活动】2012年，实验室重点工作主要围绕国家“973”计划项目“基于集成计算的材料设计基础科学问题”中课题“复杂材料原子间相互作用势库的创新与拓展”(课题经费484万元)进行。2012年8月，该课题通过了国家科技部组织的“973”计划项目中期评审，审批通过了下一阶段(2013年1月至2015年12月)课题研究及经费使用计划。2012年度实验室进行的主要研究工作有：①稀土与锕系金属间化合物研究。②晶格反演EAM势的研究进展，重点在晶格反演EAM合金势的探索。③金属／碳化物的界面势研究进展。④新型金属硼化物研究，包括Fe_7CB_3和$Fe_{23}CB_6$材料设计。⑤GaN三体原子间相互作用势反演研究。⑥ZnO原子间相互作用势研究探索等。

(陈难先、申　江)

【科研展望】材料中原子势库是材料集成设计中的一个重要组成部分。精确、可靠的原子势是当前材料学科发展的重大瓶颈。如果有了有效的势场，将大大促进材料设计的发展。在研究中实验室尽力发掘第一原理难以解决，而原子势和分子模拟能够回答的问题。在具体工作中，很多材料科学家所关心的问题都是微米量级、介观尺度。实验室的办法是将理论分析结合中等规模的原子级模拟计算来解决问题。事实上，在现有的计算机条件下，将模型扩大几倍会极大地增加计算时间和资源，但模拟的特性并不会因此得到本质性提高。反而选择适当的模型，控制计算时间，但结合理论分析和合适的唯象模型能够解答一些材料科学中的基本问题。下一步实验室将继续系统地探索原子相互作用势获取的新方法，并运用所构建的势库服务于材料科学中多种有价值的材料体系。将进一步研究锕系金属氧化物。深入研究晶格反演嵌入原子势，将其拓展到不同领域中加以应用。在ZnO、U-N核能材料、金属/碳化物及金属/氮化物与硼化物的界面势研究方面加大力度。要进一步与其他实验组展开服务和讨论，努力扩大势库的创新服务。

(陈难先、申　江)

北京市先进粉末冶金材料与技术重点实验室

【概况】2012年，北京市先进粉末冶金材料与技术重点实验室有教师和研究人员25人，其中教授8人，博士生导师9人，主要学术骨干均有在国外留学和工作的经历。

2012年，实验室下设4个研究室：

①纳米粉体及材料研究室。研究方向：超细和纳米粉体制备技术、机械合金化技粉技术、雾化制粉技术、磁屏蔽材料、纳米硬质合金、钨基高比重合金、难熔金属与合金和高温合金等。

②反应合成技术与复合材料研究室。研究方向：自蔓延高温合成技术、陶瓷/钢复合管制造技术、核废料处理技术、粉末冶金多孔材料、粉末冶金层状与梯度结

构材料、AlN-BN复合陶瓷、耐热及抗氧化涂层粉末与涂层技术、高性能SiC和Si_3N_4陶瓷、C/SiC陶瓷基复合材料、超高温陶瓷基复合材料和高性能粉末冶金金属基复合材料等。

③先进成形与烧结技术研究室。研究方向：粉末注射成形技术及其智能化、粉末微注射成形技术、温压成形技术、高速压制成形技术、等静压成形技术、胶态成形技术、放电等离子烧结技术以及粉末冶金材料设计与工艺过程模拟等。

④功能材料研究室。研究方向：NdFeB粘结磁体、Sm-Co合金、磁温度补偿合金、超磁致伸缩材料、电工合金、新型电子封装材料、能源材料、储氢合金、光电信息材料以及功能陶瓷等。

（何新波、曲选辉）

【科研活动】2012年，实验室共承担各类科研课题29项，包括国家“973”计划课题1项、国家“863”计划课题2项、国家支撑计划项目2项、国家科技基础条件平台建设计划项目1项、国家自然科学基金项目11项、国防军工项目9项、教育部项目4项、北京市项目3项，其余为各类厂协(横向）等项目，在研项目合同经费总计超过3300万元。年内，实验室实到研究经费1520万元；发表学术论文85篇；申请国家发明专利22项，获专利授权20项。2012年，实验室购买了真空热压炉、真空钨丝烧结炉和箱式气氛烧结炉等先进实验设备和仪器，科研条件得到进一步改善。

（何新波、曲选辉）

【师资队伍】2012年，实验室师资队伍得到进一步加强。7月，尹海清副教授晋升教授职称，路新博士晋升副研究员职称。

（何新波、曲选辉）

【人才培养】2012年，29名博士生（含2名外国留学生）、85名硕士生和30名本科生在实验室进行毕业论文等相关研究工作。年内，实验室毕业博士生9名，硕士生22名。

（何新波、曲选辉）

【学术交流与合作】2012年，实验室继续与美国、英国、日本、澳大利亚、俄罗斯等国家以及大陆、香港、台湾地区的学校、科研机构和企业保持紧密的合作关系，学术交流活动频繁。4月，曲选辉教授出席了在日本召开的第三届亚洲材料数据会议，并作了特邀报告；4月，郭志猛教授出席了在上海举办的全国粉末冶金会议；6月，路新参加了在北京举办的国际钛合金会议，并作了分会报告；7月，路新、张瑞杰、范丽珍出席了在太原举办的中国材料大会，并分别作了分会报告；8月，郝俊杰参加了在辽宁喀左举办的2012粉末冶金注射成型专题研讨会，并作了大会特邀报告；10月，李平赴美国犹他大学进行为期半年的访问学者研究。

（何新波、曲选辉）

附　录

2012年北京市先进粉末冶金材料与技术重点实验室主要在研项目

序号	项目名称	项目来源	起止时间	经费（万元）	负责人
1	金属材料智能制备成形技术的基础研究	国家“973”计划	2011～2015年	450	曲选辉
2	新型钢结构公共建筑体系及节能环保维护材料关键技术研究与应用	国家“863”项目-子课题	2010～2012年	39	尹海清
3	高速列车受电弓滑板研制	国家科技支撑计划-子课题	2009～2012年	100	罗　骥

续表

序号	项目名称	项目来源	起止时间	经费（万元）	负责人
4	钒、钛材料的清洁生产及高附加值产品开发	国家科技支撑计划	2012～2014年	250	何新波
5	TiAl金属间化合物近终形成形的相关基础研究	国家自然科学基金	2010～2012年	36	曲选辉
6	高导热复合材料中界面对导热的作用机理	国家自然科学基金	2010～2012年	29	贾成厂
7	高导热金刚石/Al复合材料界面设计与近净形成形研究	国家自然科学基金	2011～2013年	20	任淑彬
8	层状结构铝基复合材料近终形制备技术基础的研究	国家自然科学基金	2012～2015年	68	曲选辉
9	金刚石薄膜包覆铜金刚石复合材料介电及导热性能研究	国家自然科学基金	2011～2012年	9	贾成厂
10	高导热氮化铝（AlN）陶瓷近净成形的相关基础问题	国家自然科学基金	2012～2015年	60	秦明礼
11	微米尺度氧化铝微型齿轮的微注射成形研究	国家自然科学基金	2012～2015年	60	尹海清
12	基于相场法对时效强化过程材料机械性能的预测	国家自然科学基金	2012～2015年	24	张瑞杰
13	γ'相和纳米复合氧化物强化新型钴基ODS合金的研究	国家自然科学基金	2012～2015年	25	章　林
14	全固高比能量锂离子电池聚合物电解质与正负电极的作用机制	国家自然科学基金	2012～2015年	60	范丽珍
15	新世纪优秀人才支持计划	教育部	2010～2012年	50	范丽珍
16	新世纪优秀人才支持计划	教育部	2011～2013年	50	秦明礼
17	微纳米硬质合金的研发及产业	教育部产学研项目	2010～2012年	80	林　涛
18	高性能粉末冶金零部件制备技术研究及产业化-汽车用高性能粉末冶金零部件产业化关键技术研究	北京市科技计划项目	2009～2011年	120	曲选辉
19	低温燃烧合成氮化铝（AlN）陶瓷粉末的研究	北京市自然科学基金	2010～2012年	11	秦明礼
20	钨材料应用基础研究	横向课题	2011～2014年	40	果世驹
21	粉末注射成形鱼坠及光纤基座零件的研制	横向课题	2011～2012年	20	曲选辉
22	XXX	军工	2011～2013年	385	曲选辉
23	XXX	军工	2011～2013年	228	罗　骥
24	XXX	军工	2011～2013年	200	秦明礼

续表

序号	项目名称	项目来源	起止时间	经费（万元）	负责人
25	XXX	军工	2011～2013年	92	田建军
26	XXX	军工	2011～2013年	315	章　林
27	XXX	军工	2011～2012年	120	曲选辉
28	XXX	军口863计划	2011～2013年	300	秦明礼
29	XXX	武器装备预研基金项目	2011～2013年	100	曲选辉
项目合同经费总计：				3341	

（何新波、曲选辉）

北京市腐蚀、磨蚀与表面技术重点实验室

【概况】北京市腐蚀、磨蚀与表面技术重点实验室（以下简称实验室）设材料表面化学与技术、腐蚀控制系统工程、电化学工程与材料、环境敏感断裂、环境损伤评估与控制研究共5个学术梯队。实验室有固定人员31人，其中中国科学院院士1人，国家级突出贡献专家1人，博士生导师12人，教授12人，副教授17人，讲师2人。50岁以下的中青年研究人员中，有长江学者1人，全国优秀教师1人，教育部跨（新）世纪优秀人才2人，北京市科技新星3人，国家自然科学基金优秀青年基金获得者1人。

实验室拥有一系列世界水平的成套仪器和设备，包括在研究开发新测试技术基础上研制的一系列新型实用研究设备和测试装置，总计1080台/套，总价值10625万元。在硬件建设方面，建设了具有国际先进水平的材料环境腐蚀研究中心，拥有开展材料环境腐蚀基础研究的环境扫描电子显微镜、X射线光电子能谱、傅立叶红外光谱、M370微区电化学工作站和多通道电化学工作站等先进的分析检测设备，原子力显微镜、纳米力学压痕仪、UMT摩擦磨损仪以及Atlas综合腐蚀试验箱、Atlas氙灯老化和紫外老化等加速腐蚀设备，并拥有自主知识产权的多种类型的自然环境腐蚀加速模拟试验设备，如用于模拟管道腐蚀和在多相流环境工作的高压釜装置等，在保证材料环境腐蚀基础研究工作的同时，还可以为国内外的企事业单位提供材料环境腐蚀试验。

腐蚀、磨蚀与表面技术涉及材料科学、化学、电化学、力学、表面科学和生物、生命科学等众多学科领域。实验室主要从事基础、应用基础和高新技术研究。基于科学、经济和社会的发展，实验室形成了独具特色的研究方

向：①腐蚀与防护机理研究：包括环境敏感断裂、高温腐蚀与防护机理研究、油气田腐蚀与控制、电化学腐蚀机理研究、腐蚀防护系统工程。②磨蚀机理及其控制研究：包括生物、医用材料研制、磨蚀机理及控制，材料微振腐蚀机理及控制研究，多相流中材料的腐蚀及控制研究，摩擦条件下金属材料的电化学行为。③高新表面技术研究与应用：包括锌溴电池电极材料表面修饰处理等高新功能表面技术研究与应用。

（张　津、王德仁）

【科研活动】实验室在腐蚀、磨蚀与表面技术领域开展了大量的科研工作，获得一批重要的成果，其中一些具有创新性的成果达到了世界先进水平或国内领先水平。实验室在材料环境腐蚀观察平台建设、燃气管道安全评估和国家高新国防工程等领域开展了大量的研究和卓有成效的工作，取得了较为突出的成果。2012年，实验室承担了国家“973”项目2项，国家“863”项目1项，国家科技重大专项1项，国家自然科学基金29项，各部委项目27项，累计科研经费6958万元。同时，实验室申请专利14项，获得专利授权15项。2012年，在国内外期刊和学术会议发表论文144篇，其中SCI收录论文63篇，EI收录论文45篇，核心期刊论文22篇，国内、国际会议论文14篇。

（张　津、王德仁）

【人才培养】实验室所属学科专业在国内高校中首批获得硕士、博士学位授予权，是当时该学科专业的唯一的博士点和设立博士后流动站的单位。2012年，实验室共培养博士生9人、硕士生64人、本科生88人。

（张　津、王德仁）

【对外交流】2012年，实验室邀请国际知名教授学者来校讲学8次，并派出20余人次到国外进行短期访问交流，与国外相关单位进行联合研究，实验室教师应邀在国际学术会议作报告40次，国内学术会议作报告14次。

（张　津、王德仁）

金属与矿冶文化遗产研究国家文物局重点科研基地

【概况】金属与矿冶文化遗产研究国家文物局重点科研基地（北京科技大学）是国家文物局批准设立的13个重点科研基地之一，总体定位于开展全国范围内的金属与矿冶文化遗产研究与保护工作。至2012年底，基地有全职研究人员14名，其中教授8名，副教授2名，讲师1名，博士后2名，实验员1名；兼职研究人员13名，其中教授（研究员）8人，副教授（副研究员）5名。

（李延祥、陈坤龙）

【基地建设】2012年4月15日，经过精心筹备和组织，“金属与矿冶文化遗产研究国家文物局重点科研基地”举行了正式的揭牌仪式。北京科技大学党委书记罗维东教授、国家文物局宋新潮副局长和北京市文物局的负责同志应邀出席了揭牌仪式。仪式之后举行了基地学术委员会第一次会议，国家文物局科技司罗静司长在会上做了重要讲话。重点科研基地的正式揭牌，标志着建制化方向上又迈出了一大步。

2012年10月30日，在河南博物院举行了“北京科技大学科技考古与文物保护科研教学实习基地”揭牌仪式。北京科技大学副校长权良柱教授、河南省文化厅杨丽萍厅长和河南博物院张文军院长出席了揭牌仪式。与全国各地的考古文博科研机构合作建立以“科技考古与文物保护”为主要方向的科研教学实习基地，是加强基地学科建设的一项战略性举措。此举旨在更深地融入国家文化遗产事业的发展进程，为实践型研究生的培养拓展空间和机遇。至年底，重点科研基地已在陕西考古研究院、河南博物院建立了科研教学实习基地，未来还将稳步推进这项工作。

（李延祥、陈坤龙）

【科学研究】2012年，基地承担的国家科技支撑计划项目“中华文明探源工程”第三期“早期冶金”和“早期矿产资源”子课题，如期圆满地完成了相关的研究任务，顺利结项。基地承担的“指南针计划”课题“中国古代生铁冶炼遗址研究——以北京延庆水泉沟冶炼遗址为例”完成相关的研究任务，进入结题阶段。国家文物局科研基地专项课题“陕西汉中出土商代铜器的科学分析研究：区域性特征的揭示及其意义”和“甘肃黑水河流域早期冶铜技术”均已完成预期的研究任务，并已提交结项报告。

在新课题的申请与获得方面，2012年度基地获批国家“指南针计划”课题2项，“中国古代冶铁炉型复原研究”（研究经费120万）和“中国古代镍白铜发明创造与技术传播研究”（研究经费70万）；获批国家文物局重点科研基地专项课题1项，“河南郑韩故城出土金属器及冶铸遗物科学分析研究（研究经费40万）；获批中央高校基本科研业务费资助的项目1项：“中国古代冶铁竖炉复原的基础研究”（研究经费30万）。

2012年，科研基地出版了学术专著2部，期刊和文集收录的中英文论文共计43篇，会议论文14篇，合计57篇；报刊书评及科普文章总计7篇。

（李延祥、陈坤龙）

【人才培养】2012年，录取研究生22名，其中博士研究生7名，硕士研究生15名；与2011年相比，入学学生数已由29名降到22名，这是科研基地主动进行调整的结果，目的是为了集中教学力量，努力提高学生的培养质量。2012年1月和6月毕业的学生共计24名，其中博士研究生9名，硕士研究生15名，比2011年的14名毕业生有了显著的增加。至年底，在校就读的学生总数为97名。

（李延祥、陈坤龙）

【国际交流】2012年，基地组织和参加了多项学术交流与合作活动。与国外大学合作举办了3期研习班，成果极为显著：①5月与意大利卡塔尼亚大学合作举办“中意文化遗产保护科技国际研习班”，为期一周，有30余位中意师生参加。②6月与美国里海大学继续合作举办第三届“中国古代文化”夏令营，为期12天，有20位中美师生参加。③7月与韩国公州大学和龙仁大学合作举办“古代冶铁文化”暑期研讨班，为期一周，有25位中韩师生参加。这3期研习班的举办极大地扩展了科研基地在国内外学术界的影响力，赢得了中外师生的好评。此外，还举办了16次“科学技术史论坛”学术讲座活动，基地科研人员参加了包括“第13届中国科学史国际学术研讨会”、“第39届科技考古国际研讨会”、“2012东亚古代青铜冶铸业国际论坛”以及“文物保护与科技融合战略研讨会”等国际、国内学术会议30余人次。

（李延祥、陈坤龙）

北京市冶金工业节能减排重点实验室

【概况】北京市冶金工业节能减排重点实验室（以下简称重点实验室）建设单位包括机械工程学院热能工程系和土木与环境工程学院环境工程系，依托学科是“动力工程及工程热物理”和“环境科学与工程”学科。重点实验室拥有“动力工程及工程热物理”一级学科博士学位授予权，其中“热能工程”学科是国家重点学科，“动力工程及工程热物学”一级学科是北京市重点学科；还拥有“环境工程”学科博士学位授予权。“动力工程及工程热物理”学科和“环境科学与工程”学科均已设立了博士后流动站。这些学科均为北京科技大学国家“211”工程和优势学科创新平台等重点建设项目的主要学科方向。

冶金工业节能减排重点实验室自2011年初得到北京市科委的认可后，在平台建设、人才队伍建设、研究成果转化、管理体制、产学研合作等方面取得长足进步。

（温　治、童莉葛）

【人才队伍】北京市冶金工业节能减排重点实验室作为北京科技大学工业节能减排领域科学研究和成果转化的平台，通过学科队伍建设、科研实验平台建设以及成果转化机制建设等体制建设，在人才资源管理探索过程中，不断总结经验，吸引和稳定了一大批该领域高水平人才。至年底，有研发人员46名，技术人员7名，管理人员2名，其他人员8名。

（温　治、童莉葛）

【研究生培养】2012年，新接收博士后1名。毕业硕士研究生50名，博士研究生4名。至年底，有在读硕士和博士研究生180人。

（温　治、童莉葛）

【实验室建设】2012年，重点实验室获得了来自中央高校基础科研业务费、中央级普通高校改善基本办学条件专项资金等项目的重点资助。至年底，有大型设备100余台／套。

（温　治、童莉葛）

【科研成果】北京市冶金工业节能减排重点实验室自成立以来，积极响应北京市中长期发展规划和北京市科委“发展循环经济、建设节约型社会”的主题，在脱硫脱硝、CO_2捕集处理、垃圾及废弃物焚烧、污水处理、天然气重整制氢、分布式能源、建筑节能、建筑材料和低谷电利用等方面进行了节能与环保技术的推广与示范工作，为首都建设、学校学科建设和国家的节能与环保做出贡献。2012年，重点实验室承担项目总数为27项，经费总额为1281万元，获得包括国家自然科学基金重点基金、国家自然科学基金以及国家科技支撑等高水平科研项目经费支持。作为首席科学家单位承担了国家“973”项目1项。

（温　治、童莉葛）

【产学研合作】2012年，重点实验室与重庆赛迪工业炉有限公司、山东大展冶金科技有限公司等企业合作开展科学研究，科研项目经费共计623万元。这些研究项目的开展，大幅度提升了本学科的科研实力与行业影响力。

（温　治、童莉葛）

【交流与合作】2012年，重点实验室组织了北京工业炉节能减排2012年学术年会和中国工业炉分会热过程仿真与控制专业委员会年会。

（温　治、童莉葛）

教育部金属电子信息材料工程研究中心

【概况】教育部金属电子信息材料工程研究中心（以下简称中心）于2001年4月经教育部批准成立，依托于北京科技大学建设，是由教育部和北京市共建的技术创新和高新技术产业化基地。中心采用现代企业制度进行管理，实行多元化投资，与注册成立的具有独立法人资格的北京科大永兴科技有限公司为同一个实体。

中心设有粉末冶金事业部、高技术薄膜材料事业部、微电子辅助材料事业部和有色加工事业部，另设有办公财务部、投资发展部。

（雷　诺）

【粉末冶金事业部】粉末冶金事业部成立于2001年。至2012年底，有教师和研究人员25人，其中教授7人，博士生导师9人，主要学术骨干均有在国外留学和工作的经历。2012年，39名博士生（含3名外国留学生）、92名硕士生和29名本科生在事业部进行毕业论文等相关研究工作。

事业部拥有较为先进的专用仪器设备，设备原值近800万元，其中进口设备日本岛津烧结炉一台，价值205万。10万元以上设备10台/套，如永磁材料测量系统、磁滞回线仪、磁场注射机、粉末冶金注射机、转矩流变仪、高效混炼挤出造粒机以及热等静压烧结炉等。

事业部主要业务范围是高技术新材料的研究、开发与生产，新材料制备与加工设备的制造，新型电子信息元器件的开发与制造，计算机控制系统集成、机电一体化技术开发，铁基合金、不锈钢、高比重合金、硬质合金、磁性材料、金属陶瓷、高温合金、难熔合金、低合金钢、钛合金等产品的生产与销售。产品广泛应用于医疗器械、电子通讯、办公机械、仪器仪表、纺织机械、食品饮料机械、计算机工程、汽车工业、机械武器以及体育娱乐器械等领域。

近期重点研究与产业开发方向有：①纳米粉体及材料的研究。超细和纳米粉体制备技术、机械合金化技粉技术、雾化制粉技术、磁屏蔽材料、纳米硬质合金、钨基高比重合金、难熔金属与合金、高温合金。②反应合成技术与复合材料的研究。自蔓延高温合成技术、陶瓷／钢复合管制造技术、核废料处理技术、粉末冶金多孔材料、粉末冶金层状与梯度结构材料、AlN-BN复合陶瓷、耐热及抗氧化涂层粉末与涂层技术、高性能SiC和Si_3N_4陶瓷、C/SiC陶瓷基复合材料、超高温陶瓷基复合材料、高性能粉末冶金金属基复合材料。③先进成形与烧结技术的研究。粉末注射成形技术及其智能化、粉末微注射成形技术、温压成形技术、高速压制成形技术、等静压成形技术、胶态成形技术、放电等离子烧结技术、粉末冶金材料设计与工艺过程模拟。④功能材料的研究。NdFeB粘结磁体、Sm-Co合金、磁温度补偿合金、超磁致伸缩材料、电工合金、新型电子封装材料、能源材料、储氢合金、光电信息材料、功能陶瓷。⑤钴基高温合的研究等。

（雷　诺）

【微电子辅助材料事业部】微电子辅助事业部成立于2002年。至2012年年底，有教授2人，副教授2人，技术员2人，在读博士生和硕士生32人。

事业部具有较完备的

材料制备和组织性能检测的设备，如100kg真空熔炼下拉式连续定向凝固设备、50kg下拉式连续定向凝固设备，反重力铸造设备以及完整的拉丝设备等，能生产各种规格的高性能有色金属丝材。主要业务集中在微电子超细丝材的研究、开发与生产，高性能铜及铜合金、铝及铝合金超细丝材制备与加工成套设备及产品的研制和开发。产品主要有：直径为100μm、75μm、50μm、32μm和25μmAl-Si合金集成电路用键合丝，具有单晶或连续纤维晶组织的各种规格的高性能铜及铜合金线材等。广泛应用于电线电缆、集成电路、仪器仪表、纺织机械、汽车工业、航空航天、高级音响等领域。

近期重点研究与产业开发方向有：①航空航天用特种电线电缆。②高性能无氧铜杆。③25μmAl-Si合金集成电路用键合丝。④高性能铂金丝。⑤微细Ag包Al丝。⑥高性能铜及白铜管等。

（雷　诺）

【高技术薄膜材料事业部】 2012年，高技术薄膜材料事业部有教授3人，讲师2人，技术人员2人，在读博士生10人，硕士生8人。

事业部拥有包括100kW直流电弧等离子体喷射、10kW直流电弧等离子体喷射、5kW微波等离子体化学气相薄膜沉积系统和强电流直流伸展电弧（HCEDCA）等离子体CVD系统等多种金刚石薄膜制备设备，拥有电子束真空蒸镀机、磁控溅射仪、射频等离子体CVD装置、金刚石膜研磨机、金刚石膜抛光机及光学材料砂蚀试验机、金刚石膜力学性能试验机等常规薄膜材料制备手段。固定资产总价值约300万元。主要业务集中于以金刚石厚膜、薄膜为主的各种高技术薄膜材料、各种硬质涂层材料与技术、各种非常规的等离子体化学沉积设备等。

近期重点研究和产业开发方向有：①大面积金刚石光学窗口材料。②金刚石薄膜光学涂层。③声表面波器件金刚石薄膜基片。④金刚石膜热沉材料及其在微电子和光电子器件或系统中的应用。⑤掺硼金刚石膜（BDD）及其在废水处理和生物医学中的应用。⑥高性能粒子探测器、紫外探测器、X-射线探测器用高质量（探测器级）金刚石膜材料。⑦金刚石涂层硬质合金工具。⑧金刚石膜基探测器和传感器。⑨类金刚石硬质防护涂层。⑩金刚石薄膜化学气相工业化生产技术和设备开发等。

（雷　诺）

高效零件轧制技术研究推广中心
（零件近净轧制成形教育部工程研究中心）

【概况】 高效零件轧制技术研究推广中心（以下简称轧制中心）主要从事轴类零件轧制（楔横轧与斜轧）技术的研究、开发与推广工作。总体技术水平与实验条件处于国内领先水平，并达到国际先进水平。2007年，经教育部批准建设成立“零件近净轧制成形教育部工程研究中心”。

2012年，轧制中心下设：①研究与开发室：主要从事理论研究、模具设计、设备设计、新产品开发等。②轧制实验室：主要从事实验研究、新产品试制，拥有楔横轧与斜轧机6台及其相关设备与仪器等。③模具制造车间：主要从事楔横轧与斜轧模具的制造，每年开发并生产500副左右的模具供生产厂使用。至年底，中心共有数控机床7台，其中大型数控车床3台，高速铣床1台；大型模具专用加工机床4台；共有工作人员20余人，其中中国工程院院士1人、国家“千人计划”特聘教授1人、具有高级技术职称人员8人。

（王宝雨）

【科研活动】轧制中心与工厂合作，在北京、重庆、山东和湖北等26个省市建成零件轧制生产线300余条，其中有7条生产线出口美国、印尼等国家，建成零件轧制专业化工厂10余家。累计开发并投产的零件500余种，如红旗轿车的输出轴、玉林柴油机六缸凸轮轴以及东风与解放载重车变速箱传动轴等。已累计生产轴类零件500余万吨，产值400余亿元，直接经济效益30余亿元。由于推广工作成绩显著，该项技术被国家科委评为“全国十大典型推广项目”之一。项目先后获国家级奖5项、省部级奖11项。

2012年，轧制中心承担的主要任务有：国家科技部重点研究与推广项目，平均每年推广零件轧制生产线6～10条；国家科技重大专项“精密锻轧成套新技术”；广东省科技重大专项“汽车轴类零件近净轧制成形工艺与装备研究”；国家自然科学基金项目“齿轮轴类零件楔横轧精密成形关键技术研究”、“楔横轧近净成形非对称轴类零件的理论研究”；厂协项目“湖北新冶钢——高铁车轴生产技术研究与开发”等。年内，轧制中心发表论文20余篇，获国家发明专利3项，完成横向课题20余项，经费收入近2000万元。

（王宝雨）

【人才培养与对外交流】轧制中心从1995年开始招收研究生。2012年，共有30余名研究生在轧制中心就读和从事科研工作，主要研究零件轧制成形机理、轧制工艺模具CAD/CAM、轧制设备控制与自动化技术等。

年内，轧制中心派出1人到国外参加国际会议、科技合作交流和访问研究等活动，并与英国帝国理工学院合作开展零件近净轧制成形项目的研究。

（王宝雨）

附　录

高效零件轧制研究推广中心2012年科研项目

编号	性质	项目名称	年度	经费（万元）
1	江苏省科技基础设施建设计划	江苏省企业院士工作站	2012～2014年	100
2	首都钢铁公司	超高强度硼钢热成形技术研究与开发	2012～2014年	70
3	国家自然科学基金项目	齿轮轴类零件楔横轧精密成形关键技术研究	2010～2012年	36
4	国家自然科学基金项目	楔横轧近净成形非对称轴类零件的理论研究	2011～2013年	39
5	高等学校博士学科点专项科研基金	汽车轴类零件近净轧制成形工艺与装备研究	2013～2015年	12
6	湖北新冶钢有限公司	高铁车轴生产技术研究与开发	2011～2013年	300

续表

编号	性质	项目名称	年度	经费（万元）
7	哈尔滨工业大学	TA15管材热态内压成形组织演变预测	2010～2011年	70
8	AGBT Minerals S.A.C.（秘鲁）	60mm钢球生产线项目	2012～2013年	120
9	土耳其	40mm钢球生产线项目	2012～2013年	70

（王宝雨）

北京表面纳米技术工程研究中心

【概况】北京表面纳米技术工程研究中心于2002年4月由北京市科委批复成立，依托北京科技大学建设，集中北京地区表面纳米科技优势，吸纳优秀成果和杰出人才，开发具有自主知识产权的表面纳米工程技术和产品，形成一流的研发平台、技术转移平台和信息服务平台，成为推动国家表面纳米产业发展的重要节点。

中心设有中心建设管委会，下设学术委员会及战略研究委员会，具体包括3个专业实验室、1个管理办公室及1个信息服务中心。2012年，中心有研究人员11人，其中教授8人，副教授3人；“长江计划”特聘教授2人，国家杰出青年基金获得者1人，教育部跨（新）世纪优秀人才1人，新世纪百千万创新人才1人，北京市科技新星2人。

中心拥有宏观－微观摩擦磨损测试系统、纳米力学探针、超音速火焰喷涂设备以及金属纳米粉末制备系统等10余套先进的仪器设备，条件建设经费1500万元，建设面积1000m^2；建立了表面纳米摩擦磨损检测平台，表面纳米微观性能测试平台。

（孟惠民）

【科研活动】中心以国家和北京市项目为基础，围绕纳米功能涂层材料与制备技术、纳米催化净化材料与制备技术、纳米光电（能源）材料与制备技术、表面纳米检测、分析、表征及标准4个研究方向，建设了3个专业研究实验室。2012年，中心在研项目18项，其中省部级以上项目15项，包括国家重大专项1项，国际合作项目1项，国家自然科学基金项目3项，横向合作5项。在先进武器装备，海洋腐蚀与装备制造，京沪、京深等高铁建设，南水北调工程等国家重大工程中均做出了贡献。授权国家发明专利3项，在国内外学术期刊上发表论文52篇，其中SCI/EI收录41篇；参加国际学术交流会议2次，国内学术交流会议8次；培养毕业博士生3人、硕士生12人、本科生12人。至年底，在读硕士研究生42人，博士研究生18人。

（孟惠民）

【对外交流】中心利用设备和技术优势，积极加强与国内外企业的合作，承担了性能测试、检验及分析等技术服务与咨询工作。同时，中心与国内外表面纳米技术研究机构建立了广泛的合作关系，通过主办和联合举办国际国内学术研讨会，积极加强表面纳米技术领域内的学术交流与合作。

（孟惠民）

北京高校节能与环保工程研究中心

【概况】北京高校节能与环保工程研究中心成立于1997年，并于2010年1月获得北京高等学校工程研究中心批复，立项建设。研究中心建设单位包括机械工程学院热能工程系和土木与环境工程学院环境工程系。中心依托“动力工程及工程热物理”学科和“环境科学与工程”学科，致力于节能与环保技术研发和推广，已建设成为学科队伍齐整、科研业绩突出、成果转化畅通以及综合效益显著的科研开发和技术推广平台。

工程研究中心拥有“动力工程及工程热物理”一级学科博士学位授予权，其中“热能工程”学科是国家重点学科，“动力工程及工程热物学”一级科学是北京市重点学科；拥有“环境工程”学科博士学位授予权；拥有“动力工程及工程热物理”和“环境科学与工程”2个博士后流动站。工程研究中心已逐步形成了“能量转换与梯级利用”、“清洁燃烧与污染治理”、“节能新工艺、新设备和新材料”、“新能源技术”、“气体制备与处理”等多个有特色、高水平的研究方向。

（温　治、童莉葛）

【研究生培养】2012年，工程研究中心招收研究生75人，其中硕士生65人，博士生10人；毕业研究生45人，其中硕士生39人（冶金工程专业3人，动力工程1人，全日制工程硕士1人），博士生5人。至年底，在读硕士和博士研究生196人。

（温　治、童莉葛）

【实验室建设】2012年，工程研究中心充分利用现有大型设备100余台/套，其中包括：固体表面Zeta电位/流动电势分析仪、火焰瞬态观测ICCD、颗粒高温流化与输送系统、气相色谱质谱联用仪、高温热重仪、高温高精度热成像仪、激光粒度分析仪、扫描探针显微镜以及Material Studio 材料与物性模拟软件等。

（温　治、童莉葛）

【科研成果】工程研究中心成立以来，积极响应北京中长期发展规划要求，围绕北京市科委“发展循环经济、建设节约型社会”的主题，在脱硫脱硝、CO_2捕集处理、垃圾及废弃物焚烧、污水处理、天然气重整制氢、分布式能源、建筑节能、建筑材料和低谷电利用等方面进行了节能与环保技术的推广与示范工作，为学校学科发展、首都建设和国家的节能与环保事业做出贡献。至年底，工程研究中心获得纵向科研经费660万元，横向科研经费503万元，其中包括科技支撑计划、自然科学基金、军工“973”、教育部博士学科点专项等项目经费支持。中心作为首席科学家单位承担了国家“973”项目1项。

工程中心在节能与环保领域成果显著，近3年科技成果转化的典型成果包括：①蓄热式有机废气焚烧炉关键技术研究与应用示范。②质子交换膜燃料电池核心技术研发。③脱硫技术成果转化。④低谷电蓄能供暖技术。⑤煤矿乏气瓦斯分离富集与氧化作用关键技术与设备。⑥干熄焦成套技术。⑦工业炉节能减排成套技术。⑧新一代辐射管研发。⑨全氧高炉炼铁关键技术研究。⑩炉顶煤气循环氧气鼓风高炉炼铁技术。

（温　治、童莉葛）

【产学研合作】2012年，工程中心与企业合作开展科学研究，涉及科研项目经费503万元。这些合作研究项目的开展，大幅度提升了本学科的科研实力与行业影响力。

（温 治、童莉葛）

【交流与合作】2012年，工程中心邀请来了自美国夏威夷大学等国际学者进行专题讲座和专题报告。2010年1月，由北京科技大学组织成立的“中国工业节能减排大学联盟”发展至2012年，已具有71家联盟单位，并与美国劳伦斯伯克利国家实验室、美国橡树岭国家实验室等国际著名实验室签署了合作协议。

（温 治、童莉葛）

国家环境与能源国际联合基地

【概况】国家环境与能源国际联合基地（以下简称基地）于2010年11月由国家科技部国际合作司批复成立，依托北京科技大学建设，集中国内外环境与能源研究领域的一流优势科研院所，吸纳优秀成果和杰出人才，开发具有自主知识产权的环境与能源领域技术与产品，形成一流的研发平台、技术转移平台和信息服务平台，达到国内领先及国际先进水平。

2012年，基地有固定人员27名，流动人员80名。其中教授10人（全部为博士研究生导师），副教授10人，外聘中国工程院院士2人，中国科学院院士2人，外籍院士2人，著名国外学者客座教授4人。拥有国家“千人计划”入选者3人、国家杰出青年基金获得者1人、中科院“百人计划”入选者1人、新世纪百千万人才工程北京市人选1人、北京市优秀青年骨干教师和北京市科技新星培养计划各1人。基地的国际科技合作与学术交流十分活跃，先后与美国、德国、英国、加拿大、俄罗斯、瑞典、挪威、意大利、法国、日本、韩国、欧盟和联合国环保署UNEP等国家和组织的同行建立了长期稳定的科研合作关系，主持、参加过多次国际学术会议，形成了“基地—项目—人才培养—成果”的循环模式，有力地推动了基地的科研水平。

（姚 俊）

【科研活动】基地以国家、北京市、厂协项目为基础，围绕环境生态毒理学、工业废气污染控制与治理、水污染控制与治理、固体废物处理及资源化、环境生物技术、能源与环境流体力学及环境管理7个研究方向，建设有5个专业研究实验室。2012年，基地在研项目82项，新申请国家项目17项，包括国家重大专项2项、国家“863”主题项目1项、国家自然科学基金面上项目5项、国家自然科学基金青年项目3项、科技部国际合作项目4项、环保公益项目2项等。获国家科技进步二等奖1项、环境保护部环境保护科学技术二等奖1项、“中国环境科学学会优秀环境科技工作者”称号1项、中国环境科学学会“青年科技奖”2项。申请并授权专利10余项，在国内外学术期刊发表学术论文70余篇，其中SCI、EI、ISTP三大检索论文40篇，出版2本英文专著。

（姚 俊）

【对外交流】基地积极与国内外一流的科研院所及知名公司合作。至年底，已经与基地建立良好合作关系的科研单位有：美国耶鲁大学、哈佛大学、麻省理工、杜克大学、奥克拉荷马大学、德国国家UFZ环境研究中心、德国国际沼气与生物质能源中心、瑞典斯德哥尔摩环境研究院、英国伦敦大学、意大利比萨国家研究中心、法国巴黎十一大、挪威科技大学、加拿大国家生物技术中心、加拿大卡尔加里大学、比利时林堡大学、匈牙利罗兰大学、斯洛文尼亚新戈里察大学、韩国首尔大学以及日本九州大学；国外公司有：德国技术合作公司、德国KFW开发银行、德国IHC公司、德国MUP环境技术咨询公司、法国ACF公益组织、挪威SOBY公司以及亚洲开发银行（ADB）等。2012年，实验室人员参加国际会议21人次，进行国际学术交流与讲座24人次。为促进我国环境治理和修复行业的发展，加强国际交流与合作，基地于2012年5月25日在北京组织召开了“第二届土壤与水体修复理论与技术国际论坛”。

（姚　俊）

北京企业低碳运营战略研究基地

【概况】北京企业低碳运营战略研究基地（以下简称基地）成立于2012年9月。基地以学校优势学科为基础，整合首都地区生产管理、环境管理和生态经济等相关学科研究资源，发挥学科交叉、渗透和融合优势，加强北京市企业低碳运营数据平台建设和人才培养，使基地成为服务绿色北京建设、促进城市低碳化进程的公共政策智库。

基地联合北京市政府部门、其他科研院所等以服务“三个北京”，特别是“绿色北京”为目标，主要涉及以下几个研究领域：①北京市重点工业企业低碳运营战略研究。研究企业的工艺流程、管理技术，运用发达国家城市或者城市群进行低碳运营的先进经验，建立低碳排放评价指标体系，计算碳成本，进行碳效率研究，探索实现“绿色北京”，降低碳排放，实现低碳运营的技术路线，为北京市城市绿色发展规划和环保政策制定提出建议。②北京市公共事业“绿色运营服务链”研究。研究实现公共服务业向绿色运营的跨越式发展转变，建立公共服务运营的绿色服务链，在其运营服务链上实现低消耗、低排放、低成本以及高效的优质服务，并实现资源的优化部署。③北京企业低碳文化与市民低碳行为研究。研究市民建立低碳生活的理念，形成低碳文化，使低碳成为人们的一种时尚生活方式，分析低碳社区对居民行为的影响，以及向低碳社区转变过程中，居民行为方式从单一具体行为向系统性行为的转变。

（李　岭）

【管理运行】基地实行实体与虚拟形式相结合的管理方式；以项目作为牵引，加强与政府、企业和其他学术研究机构的合作。基地设主任1名，副主任2名，建立专家委员会。组织机构如图所示。

专家委员会由基地负责人和知名专家组成。其主要职责是负责提出基地的发展规划和研究方向，以及年度研究计划；负责基地重大研究项目的立项、申报、评审和验收等工作。

基地主任负责日常管理工作；负责基地人员的招聘和管理；负责向专家委员会汇报工作；负责向政府相关部门汇报工作。

（李　岭）

【科研活动】2012年，基地承担并完成各级各类科研项目10项，其中国家自然科学基金2项，基本科研业务费3项。撰写研究报告，出版相关著作、译作，在高层次学术刊物发表学术论文20篇，

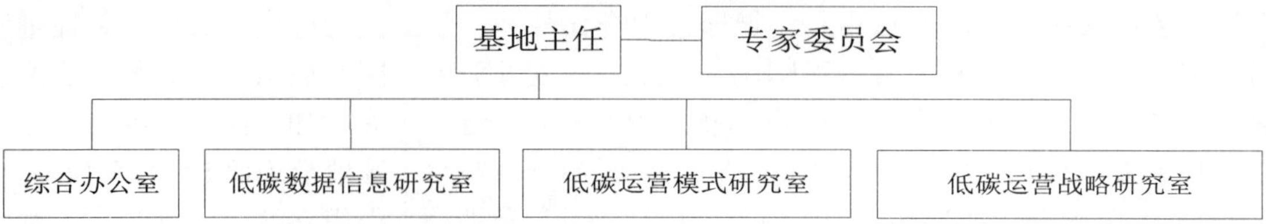

其中SCI11篇，EI8篇。

（李　岭）

【**学术交流**】2012年，基地与德国相关机构合作组织国际会议1次，组织国内会议3次，参加国际国内会议20人次。2012年11月，召开了中国钢铁工业风险应对研讨会。组织成员参加国内相关研究领域的其他会议，如自然基金委组织召开的稀土发展战略研讨会等。

（李　岭）

材料领域知识工程北京市重点实验室

【**概况**】2012年5月，经北京市科委组织初审、专家评审，北京科技大学计算机与通信工程学院组织申报的"材料领域知识工程北京市重点实验室"被认定为2011年度北京市重点实验室。

材料领域知识工程北京市重点实验室（以下简称重点实验室）依托北京科技大学计算机科学与技术、智能科学与技术、材料科学与工程等优势学科，以解决材料领域的知识工程、材料创新方法以及支撑技术等共性关键问题为研究重点，以材料领域创新知识工程技术体系的形成、发展与产业化为目标，通过人工智能、知识工程与材料科学领域的学科交叉，研究基于知识的新材料开发、新材料制备、材料优化设计支撑理论与技术，形成具有自主知识产权的技术成果，切实满足材料科学与工程发展需要的智能技术。

重点实验室已经成为材料科学数据集成、数据分析挖掘，高性能金属材料设计与计算机仿真，新材料开发相关智能技术研究和应用示范的综合研究机构；为高性能金属材料制备与加工、材料成形过程控制与模拟仿真、加工技术工艺等材料科学与工程试验测试数据的数据分析挖掘、面向材料设计与技术创新支撑平台建设、材料领域知识管理系统建设以及材料生产工艺优化仿真等提供咨询、技术与产品服务；走在国内材料领域知识产品与知识服务领域的前列，并逐渐具备国际竞争力。通过汇聚优势资源，逐步建成国家一流的材料领域知识工程的理论与技术创新成果转化及培养高层次科学技术人才的基地。

（张德政）

【**科研工作**】在北京市科委和北京科技大学的支持下，重点实验室在深化原有在智能技术与知识发现、机器翻译与自然语言处理、智能控制与智能管理系统、创新方法与知识管理、大系统智能管理与控制、高性能计算技术与数据工程等方面研究基础的同时，改进重点实验室组织结构，初步形成了海量材料数据整合挖掘技术研究、大规模知识处理与获取技术研究及材料领域智能应用共性技术研究3个主要的研究方向。

2012年，重点实验室新增39项国家"973"、国家"863"、国家自然科学基金、国家科技攻关、国家科技基础平台等国家级以及省部级与企业的重大课题。经费总计1379.96万元，其中“863”计划76万元，国家自然科学基金242万元，“973”计划54万元，北京市科委支持项目经费234万元。完成重要专著10部，申请专利11项，发表三大检索论文85篇，其中SCI15篇、EI69篇。

（张德政）

【学术梯队建设】重点实验室由19位国内著名专家组成的学术委员会和55名固定研究人员组成，其中中国工程院院士1人，中科院“长江学者”特聘教授1人，国家杰出青年科学基金获得者1人，教育部新世纪（跨世纪）优秀人才2人，北京市教学名师1人；具有副高级职称以上的研究人员占80%以上。还有部分兼职、流动研究人员和200余名博士、硕士研究生参与重点实验室的项目研究工作。2012年，重点实验室引进了1名高水平人才，并吸收了1名博士后和2名博士，更加充实了重点实验室的科研队伍。

重点实验室设有主任1名，副主任3名，其中专职管理副主任1名，负责重点实验室日常行政管理与对内对外协调工作。重点实验室下设有1个办公室，3个研究室。学术委员会负责重点实验室建设目标、发展规划、学科建设和发展、科研方向和学术活动、人才培养和开放课题等重大问题的研究、制定和控制。

（张德政）

【交流与合作】开放和交流是重点实验室的基本特征之一。近一年来，重点实验室对开放与交流的认识不断升华。不断加大重点实验室的开放力度，通过参加国际会议、邀请讲学和聘请兼职研究人员等方式，吸引国内外高水平研究人员进行交叉研究，制度化与国际同行的实质性交流与合作，并选派部分中青年教师到国外进行访问交流。

2012年，聘请8位国际、国内著名教授和学者来讲学；积极组织人员参加高水平国际学术会议，加强与同行的学术联系，扩大重点实验室的学术影响，年内参加高水平学术会议30余人次；选派多名优秀中青年研究人员到国外高水平高等院校，如麻省理工大学等进行访问交流；积极与高等院校、科研院所、骨干企业或者其他单位建设长效稳定的产学研联盟，与国内大型钢铁企业如宝钢、鞍钢建立紧密的合作关系，合作承担项目。

（张德政）

北京市弱磁检测及应用工程技术研究中心

【概况】北京市弱磁检测及应用工程技术研究中心（以下简称中心）成立于2012年5月。中心针对现代先进智能测量技术及控制系统、电子通信设备、工业测试设备以及军事应用领域中对新型小尺寸、高灵敏度、高热稳定性、低功耗磁敏传感器的巨大需求，以北京科技大学已有的低维磁性材料、磁敏芯片的制备技术、磁敏传感器的设计制造技术为基础，以特殊功能IC芯片的设计与开发、传感器通用结构设计及磁路优化为手段，研究系列磁敏旋转和线性位移传感器制造技术、高灵敏度隧道结巨磁电阻（TMR）器件制造技术、高灵敏度高温超导量子干涉器件（SQUID）制造技术、高灵敏磁光和磁激发拉曼散射器件制造技术建立完整的弱磁检测技术框架、知识库和工程技术标准。开发出能实现高精度、轻量化、多用途的系列无触点磁敏传感，用于恶劣工业环境下的自动控制系统、军事惯性导航系统和地磁匹配制导领域；研制弱磁无损检测装置，解决特殊行业大型金属工程构件的无损检测难题，设置应力集中容限，实时检测并警报从而为金属工程结构延寿。联合中国科学院空间科学与应用研究中心建立空间三维正交磁场测量系统，解决影响弱磁检测器件的温度稳定性和噪声，研制出先进磁敏载荷，服务我国深空探测重大专项。

（孙明明、张　超）

【管理运行】中心整体并入学校GJB9001B-2009版认证体系管理，产品生产获得武器装备科研生产许可授权。中心设主任1名，常务副主任1名。中心实行主任负责制，主任由学校聘任和考核。主任负责中心全面工作，包括技术开发、科研计划的制定、新项目开展、项目的组织落实和监督管理以及协调与共建单位的合作事宜等。常务副主任负责日常管理，包括研究生培养、各学术梯队的科研协调、技术推广、技术培训、产品开发及市场协调等工作。

（孙明明、张　超）

【人才队伍培养和建设情况】2102年，中心有固定成员25名，其中博士18名，有海外研究经历的12名，“长江学者”特聘教授1名、杰出青年基金获得者1名、教育部新世纪优秀人才1名、北京市科技新星2名和霍英东青年教师奖获得者1名。2012年，针对工程仪器开发特别引进朱敏博士作为实验室物理电子学方向的正式教工。

（孙明明、张　超）

【科研活动】中心成立以来，全面贯彻GJB9001B-2009标准，建成了一条柔性数字量传感器生产线，以批量稳定的供货能力为重点型号配套，并实现经济效益380余万元。先后承担国防科研任务3项，其中国防科研任务中有一项XX用磁致伸缩传感器完成项目后将配套具体型号。投资200万元，完成有效空间1m^3、地磁屏蔽效果10nT以下的电磁屏蔽系统的建设。针对高精度磁场矢量探测器三轴正交性标定方法及设备研制，学校与合作单位中国科学院空间中心将投入经费250万元。中心利用投入经费着手进行实验室改装，包括电路改造、简单电磁屏蔽、防震台的设计与加工，初步完成了该项目第一年度的计划任务。

（孙明明、张　超）

【学术交流】2012年7月1～4日，受中国材料学会计算材料分会委托，北京科技大学于成功举办了第五届“2012多尺度材料计算与模拟国际研讨会”，会议由中心的马星桥教授担任秘书长并具体负责组织和邀请工作。会议由邀请报告和培训两部分组成，共22位高水平学者作邀请报告，其中包括6位中国科学院院士，多位来自美国、日本、新加坡、中国香港以及来自中国大陆地区的学者。会议得到中国计算材料学会、国家自然科学基金委员会、北京科技大学和美国英伟达公司的经费支持。

（孙明明、张　超）

2012年中心参加国内外学术交流情况

序号	会议名称	会议类别	参与情况（主办/参与）	时间	地点	主要议题/内容
1	INTERMAG 2008	国　际	参　与	2008～05～05	西班牙，马德里	欧洲磁学年会
2	Spin-master Workshop	国　际	参　与	2011～12～14	法　国，巴　黎	自旋振荡器专题研讨会
3	1012 MRS Fall meeting	国　际	参　与	2012～11～25	美　国，波士顿	美国材料学会年会
4	2012多尺度材料模拟计算国际研讨会	国　际	主　办	2012-07-01	中　国，北　京	计算材料学会年会

（孙明明、张　超）

冶金工程研究院
（高效轧制国家工程研究中心）

【概况】 冶金工程研究院（以下简称研究院）成立于2005年，主要由高效轧制国家工程研究中心（以下简称高效轧制中心）和冶金技术工程研究中心组建而成。其中高效轧制国家工程研究中心成立于1996年，依托于北京科技大学建设，是原国家计委第一批批复设立的47家国家工程研究中心之一，也是轧制技术领域唯一的国家级工程中心。现运行模式成熟，项目比较饱满。

2012年，研究院共有教职员工64人。年内，新增高级职称2名，中级职称1名。教职工队伍中，教授11人，副教授及高级职称23人，中级职称26人。教授中有博士生导师7人，特聘专家6人，其中中国工程院院士2人。

（米振莉）

【科研工作】 2012年，高效轧制中心新增纵向科研项目11项，合同经费1802万元。其中新增国家级科研项目8项，合同经费1669万元。包括国家自然科学基金面上项目3项，合同经费240万元；国家“863”计划课题1项，合同经费480万元；国家科技支撑计划课题4项，合同经费949万元；其他纵向项目3项，合同经费133万元。新增横向科研项目合同20项，合同额1270万元。2012年，还新增1项8万美元的国际合作项目。

2012年，是研究院纵向课题增加最快的一年，随着国家对于科技事业的重视和投入的加大，研究院提出要由引进、消化和推广的方式向创新、研发和工程化的方式转变，不断重视申请纵向课题，采取了一些具体措施。2012年度研究院的纵向科研合同经费超过横向科研合同经费。

2012年，研究院获成果鉴定1项。其中“宽带钢热连轧自由规程轧制关键技术研究”于11月16日由辽宁省科技厅组织鉴定，被鉴定单位为鞍钢股份有限公司和北京科技大学，鉴定意见为整体达到了国际先进水平，其中板形控制等指标达到国际领先水平。获省部二等奖2项，其中“连铸板坯表面缺陷在线检测技术的开发与应用”获冶金科学技术二等奖；“金属板带表面缺陷在线检测技术的研发与应用”获教育部科技进步二等奖。获省部级三等奖1项，“短流程全工序高品质用钢的板形质量控制”获冶金科学技术三等奖。2012年，研究院申请发明专利23项，授权14项；申请实用新型专利4项，授权3项；申请软件著作权1项。

2012年，高效轧制中心获“国家工程研究中心杰出贡献奖”。2012年是国家工程研究中心建设20周年，为进一步发挥国家工程研究中心的带动示范作用，国家发展改革委对取得突出成绩的国家工程研究中心予以表彰。表彰共分3个层次，其中“国家工程研究中心杰出贡献奖”是最高层次，用来表彰已完成工程中心规定建设任务和目标，累计获得2次评估优秀及以上，科研和工程化能力处于国际先进水平，对行业做出突出贡献的工程中心。在已建设的130家国家工程研究中心中共有12家工程中心获得“国家工程研究中心杰出贡献奖”。

2012年，研究院参加学校申报教育部“2011计划”项目——“钢铁共性技术协同创新中心”，全院共有3名老师参加项目具体的申报与建设工作，其中唐荻院长作为项目首席科学家，徐科作为项目申报材料写作小组主要成员，赵征志作为学校“2011计划”办公室成员。

连续4年设立“冶金工程研究院基础理论基金”，2012年，研究院继续提供资金，资助外国语、文法、数理、马克思学院和学校机关部处的基础研究项目。

（徐　科）

【工程技术领域】2012年7月30日，邯钢横切线项目一次热负荷试车成功，标志着冶金工程研究院完成了国内首套宽幅热轧板横切线电气系统国产化项目，这个系统打破了国外的垄断，其电气系统、核心的数学模型和关键的控制功能均由研究院自主开发成功。

年内，两条热连轧不锈钢生产线均顺利投产，其中鼎信不锈钢项目于7月26日顺利过钢，北海成德1580不锈钢项目于11月11日顺利投产，并很快进行了功能完善及品种、规格扩展，并能稳定生产合同要求的极限规格。至此，国内所有国产化不锈钢热连轧生产线全部由研究院提供的全线自动化的控制系统。

另外，曾经是研究院第一条宽带钢自动化控制系统的莱钢1500热连轧生产线年内进行了部分系统的更新换代。年内，还完成了20辊冷轧机控制系统的开发和调试，这也是研究院在高精度轧机控制系统方面的又一尝试，对于提高研究院整体技术水平、扩展业务领域具有重要的意义。

在有色领域，研究院承接的四条铝轧制自动化控制系统的均按照用户要求的计划执行过程中，永杰、巨科、银海和银邦等铝热轧生产线陆续在2013年初投产。

继续强化项目质量管理，按照ISO9000的质量体系要求对项目实施过程进行严格控制和管理，规范项目实施过程，及早发现存在的问题，提高项目的顾客满意度。由于各项管理落实到位，对过程进行了有效控制，顺利通过了公司质量体系的内外审工作。

（何安瑞）

【合作交流】2012年，高效轧制中心作为主办单位之一，组织了第一届全国物理模拟技术研讨会，参加会议的与会代表达到80余人，扩大了学校在同行业中的影响，获得了GLEEBLE热模拟试验机亚洲培训中心的授权。年内，有1人出国进修半年，因公出国和参加国际学术会议7人次，国内学术会议30余人次。

为了迎接北京科技大学建校60周年，以冶金工程研究院汽车用钢研发中心为主要题材，录制了“走进科学”节目《百变精钢》，并于校庆期间在中央十套播出，很好地宣传了学校科研成果转化的体制和实例。校庆期间，高效轧制中心编制了《高效轧制关键技术——北京科技大学建校60周年专辑》，介绍了轧制中心的发展历史和主要业绩，并收录了中心“十一五”以来发表的重要文章摘要。

年内，研究院还参加了国家发改委在深圳高交会上组织的“国家工程研究中心建设20周年专题展览”，获得了“优秀展示奖”。以研究院获得“国家工程研究中心杰出贡献奖”为题材，在《世界金属导报》和学校网站上播发《高效轧制国家工程研究中心荣获“国家工程研究中心杰出贡献奖”》的新闻稿，在行业内引起强烈反响。

（米振莉）

【实验室建设】2012年，由于高效轧制中心连续2次评估均为优秀，获得了发改委的创新能力建设资金的支持，于2011年申报成功。2012年开始组织并实施了该项创新能力建设项目，在时间紧、任务重的情况下，克服多种困难，在多部门的配合下顺利完成计划内国拨经费设备采购任务，共采购大小设备及软件8台/套，包括2台大型进口设备：高速拉伸试验机和环境扫描电镜，一台自主研发的国产实验设备：平面应变热模拟试验机，另外还有2台小型设备，原位拉伸台和台式扫描电镜；3个分析开发软件，夹杂物分析软件、轧制工艺二级开发软件和Thermo－Calc/DICTRA计算软件网络版，合计采购金额超过1200万元，圆满完成2012年的直采任务。

不断完善并落实实验室各项规章制度，继续推行设备运行管理日志制度，实验设备每天的开关机时间、实验内容和设备运转情况都有明确的记载，可以非常方便地了解设备的运行情况，设备运行机时的查验。

（胡水平）

【研究生培养】2012年，高效轧制中心进一步完善了研究生培养的过程管理，在制定规章制度方面需兼顾6个专业方向的特点及各学院的管理特点，统筹安排、积极应对，着力提高研究生的培养质量。自研究院2009年独立招收研究生以来，已经进入第4年，而且从2012年开始，研究院有了硕士毕业生。

2012年，招收博士20人，硕士34人，全日制专业学位研究生44人，硕士、博士生生源来自“211”院校的比例分别为68%、74%，完成了学校下达的招生任务。2012年，研究院首届毕业研究生75人，是所有研究生培养单位中毕业生人数最多的，其中定向生1名，读博继续深造学生1名，其余73名非定向生全部自主择业，就业率100%，签约率83.56%。有八成毕业生进入国企、事业单位及科研院所，就业质量较高且一半以上毕业生留京工作，获得了学校2012届毕业生就业率优胜奖。至年底，学籍在研究院的研究生262人，其中博士73人，硕士115人，全日制专业学位74人。

做好招生工作，加强了招生宣传工作。先后2次到学生宿舍发放宣传册，组织了一次招生宣讲会。2012年的报名人数有了大幅增长。2013年，硕士、博士招生报名已经结束。硕士生计划招生78人，报名人数126人；博士生计划招生16人，36人报考研究院。

在研究生培养方面，完成2010级硕士研究生中期考核、2011级开题及奖学金的评定工作。经10级按中期考核成绩、11级按学位必修课成绩分专业、学科排序，10级40人、11级54人获一等奖学金，其中11级的专业学位硕士生全部为一等奖学金。

在国际交流和研究生公派工作中，完成“211”工程海外学者讲座及博士生短期访学项目。邀请了美国Wayne state University的吴昕教授、奥地利莱奥本大学Johannes L.Schenk教授进行了讲学和交流，双方都表示了进一步合作的愿望，达到了预期目标。材料专业博士生李烁已派往澳大利亚卧龙岗大学进行为期6个月的短期访学。

年内，还举办了冶金工程研究院第三届（暨学校第八届）研究生学术论坛；共安排44场学术报告（其中专家报告9场，外国专家2场），研究院学生在“北京科技大学学术论坛”活动中积极提交论文82篇，经专家小组评选，评选出3人获“院学术之星”，4篇论文到学校参评“优秀论文奖”。

在原有研究生培养规章制度的基础上，进一步加以完善，加强了招生以及研究生培养过程管理。重新修订了《硕士、博士研究生管理补充规定》，设立了《冶金工程研究院研究生奖学金》，以表彰学业优异、为研究院做出突出贡献的学生。博士研究生2人获一等奖学金，4人获二等奖学金。硕士研究生3人获一等奖学金，14人获二等奖学金。

做好研究生思想政治工作，迎新工作中邀请唐荻院长作“‘良师益友’谈为人为学”报告、新生安全教育大会、组织学生参观学校校史馆等一系列活动。紧密关注学生的思想动态，经心理测试和初步排查，有4名同学作为重点关注对象。关心家庭贫困的同学，2012年，通过提供助管岗位的形式给予了帮助。协助研究生申请“国家助学贷款”，2011级3人获得资助。每年研究院都为新生统一购买《人身意外保险》。

关注研究生的各类评优评奖活动。2012年，共评出优秀团干部3人，优秀团员8人，“三好学生”27人，优秀“三好学生”11人，优秀研究生干部9人，学院学术之星3人；在特种奖学金、个人荣誉和优秀班集体的评选中有1人获宝钢奖学金，1人获建龙二等奖学金，7人获研究生国家奖学金，1人获“北京市三好学生”称号，硕士2011工硕班荣获“团结合作标兵班集体”称号。此外，研究院在2012年的学生宿舍检查和评比中，所有宿舍均为合格宿舍，其中有3个宿舍评为文明宿舍，1个标兵宿舍，3人被评为优秀宿舍长，1个标兵宿舍长。

组织研究生积极开展各种文体活动，丰富业余文化生活。举办了第三届梯队篮球赛，参加了学校第八届师生轻体运动会，获开幕式最佳入场式奖、拔河比赛第3名及总成绩第3名的好成绩；通过举办各种丰富多彩的文体活动，极大丰富了全院师生的校园文化生活，增进了全院师生之间的沟通和交流，很好地促进同学们集体归属感和核心凝聚力。

（刘云清）

【党建与工会工作】

①基层组织建设。冶金工程研究院党委共9个支部，其中包括3个教工支部和6个学生支部。有党员203人，其中教工党员58人，学生党员145人。2012年度发展预备党员20人，转为正式党员15人。完成了学生6个支部的换届改选，共有5人参加支部书记培训。

进一步加强学生党建工作，先后组织学生参加了2期学校党校培训，41人取得结业证书，另有2人参加2012年教工党校培训；2名新任学生支部党支书和8名预备党员参加了2012年研究生党支部书记和预备党员培训班；5名院研会骨干参加了北京科技大学“红色钢铁摇篮”训练营第五期研究生骨干培训班；工艺设备学生支部和机械学生支部分别组织并开展了红色“1+1”主题教育活动；工艺设备学生支部和品种一学生支部在研究生党支部中开展创建两型党支部活动中积极参与并有突出表现。

②党建评估工作。3月份完成了冶金工程研究院的党建评估工作。为迎接学校党委组织部的党建评估审查，经过一个月的努力和筹备，在各支部的积极配合下，经过资料的收集、整理、归类和编排目录，将近3年工程院党委的各项工作做了深入透彻的总结，形成了完整的总结报告和评估材料，给党建评估检查组做了详尽的汇报，并组织党员和教师进行座谈讨论，最终得到党建评估检查组的认可，顺利通过评估。

③党风廉政建设。年内，根据学校要求，制订了冶金工程研究院的“三重一大”实施草案，规定集体决策的原则。另外针对学校颁发的党风廉政建设条例，对照进行了工程院的党风廉政的自查工作，并制定了冶金工程研究院党务公开管理办法，以保障党风廉政工作的顺利进行。专门召开党政联席会强调廉洁自律的内容，加强重点岗位的监控。

④工会工作。根据学校《关于非事业编制职工入会暂行办法（试行）》的相关文件，及时组织单位非事业编制职工加入学校工会组织，符合入会条件的人员已100%加入了校工会组织。为发挥工会监督职能，维护职工合法权益，年初工程院召开了一届六次教代会。为增强凝聚力和团队协作能力，坚持自身特色，构建良好的人员关系和协同环境，积极组织职工参加“师生轻体运动会”、“庆校庆教职工趣味运动会”、“教职工乒乓球赛”和“冬季教职工跳绳比赛”等活动，利用休息时间组织大家练球、踢毽子，在领导的支持、同志们的积极

配合和共同努力下，研究院取得了踢毽子团体冠军、乒乓球赛团体亚军、轻体运动会教工团体总分第一、跳绳第8名的好成绩。

年内，在关心职工的生活上，慰问教职工及家属7人次；在第28个教师节来临之际，对曾经为高校轧制中心的申请和建设做出重要贡献的胡正寰院士、钟廷珍、王先进和孙一康教授进行了走访慰问；关心青年教师的成长，研究院召开青年教师座谈会。工会还积极为教职工办实事，院行政拨出专款为职工购买大米和橙子，并及时将出差职工的福利运送到家里。每年为所有职工上意外保险和进行一次全面体检。

（刘云清）

附　录

2012年新增纵向科研项目表

序号	项目名称	项目来源
1	新一代可循环钢铁制造流程物流与能流协调运行机制研究	国家自然科学基金面上项目
2	铁素体基Ti-Mo微合金钢单位纳米析出机制及控制方法	国家自然科学基金面上项目
3	超细晶相变诱导塑性钢的组织控制与TRIP效应的多尺度分析	国家自然科学基金面上项目
4	高性能耐磨钢开发	国家“863”计划
5	金属板带表面三维在线检测分析仪	国家科技支撑计划
6	高端冶金轧机关键装备研制及主传动系统集成与应用示范	国家科技支撑计划
7	高硫高酸油气环境下低合金钢的耐腐蚀与强韧化技术	国家科技支撑计划
8	交通运输用超大规格热连轧铝板带生产集成技术的开发与应用	国家科技支撑计划
9	冶金产业服务化转型战略研究	中国工程院项目
10	基于灰度与深度信息融合的表面缺陷三维检测方法	博士点专项基金资助课题
11	面向冶金领域的质量分析与控制策略优化技术	中央高校基本科研业务费

2012年新增横向科研项目表

序号	项目名称	甲方名称
1	$12Cr_2Mo_1R$高温性能实验分析	新余钢铁股份有限公司
2	高效轧制中心-邢台钢铁钢铁有限责任公司冷成型用材研究基地	邢台钢铁有限责任公司
3	热轧黑皮钢的工艺实验及组织性能研究	莱芜钢铁集团银山型钢有限公司
4	高品质冷镦钢产品的研发	河北钢铁股份有限公司邯郸分公司
5	北京科技大学与浦项之间的研究协议（基于HVC技术的弧形工作辊辊型的研究与开发）	POSCO（韩国浦项）
6	Q620、Q690高强钢的研究与开发	重庆钢铁股份有限公司
7	低成本Q550高强钢的研究与开发	重庆钢铁股份有限公司
8	热轧双相钢DP600研究与开发	莱芜钢铁集团银山型钢有限公司

续表

序号	项目名称	甲方名称
9	中间包结构优化的水模型研究	淄博张钢钢铁有限公司
10	钢包底吹工艺与流场优化的水模型研究	淄博张钢钢铁有限公司
11	高品质低氧铜杆生产工艺实验及组织性能研究	天津市华北电缆厂
12	抗CO_2腐蚀管线钢的研制与开发	南京钢铁股份有限公司
13	管线钢抗点蚀技术研究	南京钢铁股份有限公司
14	典型钢种控冷工艺基础技术研究	南京钢铁股份有限公司
15	高淬透性耐磨合金钢的开发	山西金圆耐磨材料科技股份有限公司
16	我国海洋工程装备制造现状及用钢技术发展方向研究	南京钢铁股份有限公司
17	耐磨管线钢的研制与开发	南京钢铁股份有限公司
18	高品质弹簧钢夹杂物控制技术研究	武汉钢铁（集团）公司
19	Ti_3Al合金热暴露实验及其氧化行为研究	中国航空工业集团公司北京航空材料研究院
20	汽车板低成本稳定生产技术研究及新一代高强度汽车用钢前沿钢种开发	首钢总公司
21	新光凯乐扭力杆性能改进研究	北京新光凯乐汽车冷成型件有限责任公司

2012年新增工程项目表

序号	合同名称
1	首钢矿业公司水厂矿02电铲全数字驱动改造
2	南钢4700mm宽厚板工程表面检测设备供货
3	北海诚德1450mm热轧工程新增F8轧机和2#卷取机三电系统
4	邯钢2250mm热轧生产线CTC装置供货
5	邯钢2250mm热轧生产线CTC系统开发
6	重钢炼钢项目1#连铸机板坯表面缺陷在线检测系统
7	柞水年产40万吨棒材生产线搬迁改造工程
8	莱钢板带厂1500mm热轧带钢生产线宽度控制改造
9	武安市广耀铸业有限公司二期高速线材生产线工程设计及技术服务
10	福建鼎信1780mm不锈钢热轧机组传动及自动化系统供货
11	重钢4100mm中间冷却装置供货
12	北海诚德1450mm热轧自动化备件采购

新材料技术研究院

【概况】 2012年，是新材料技术研究院（以下简称研究院）全面发展的一年，是辉煌的一年，是研究院历程中具有里程碑意义的一年。全体教师本着“组织大项目、出标志性成果、积极推进成果转化”的定位和目标，刻苦努力、扎实工作，积极创建地方产学研基地和平台，着力建设具有国内领先、国际一流的高水平研究院。经过全院教职工的共同努力，圆满地完成2012年学校布置的各项观测点指标、重点工作和工作要点，并取得了新的突破和进展。

（曲选辉、吴春京）

【师资队伍建设】 ①积极引进高层次人才，不断优化师资队伍。在过去几年中，研究院在引进一、二层次高端人才的基础上同时注重了青年拔尖人才的引进，为后续发展储备人才。在学校大力支持下，经多方努力，引进中科院张统一院士来学校工作的情况已基本落实，正在办理相关手续；推荐的加拿大阿尔伯大学王鲁宁博士已获批中组部青年“千人计划”入选者。

2012年，学校给研究院新增教学科研岗1人。年内，接待求职人员5人，接收各类求职简历20份。按照研究院进人程序，组织了3场次的求职学术报告，通过公开考评、面视，经学校批准，已有1人报到并读师资博士后。3名师资博士后通过出站考核正式进行梯队工作，完成2012的进人计划。

2012年，有1名教师晋升研究员，4名晋升副研究员。4人通过教师资格认定。至年底，共有8人接受了不同层次和不同内容的培训，5名教师参加了暑假出国英语培训，并派3名教师出国留学做访问学者。另外，有42人次教师因公短期出国进行不同层次的学术交流并做了特邀报名，对提高教师的对外交流、科研合作等方面均起到了积极的推动作用。

至年底，研究院有教师69人（其中教授28人，副教授29人，讲师10人，博士后2人）。具有博士学位的65人，占教师总数的94%；45岁以下的教师43人，具有博士学位的40人，占45岁以下教师总数的93%。全院有39人具有境外半年以上留学经历。实验技术人员47人，行政管理人员4人。研究院拥有一支职称结构、学历结构、学缘结构、年龄结构合理，且专业学术能力强、创新意识浓厚、富有生机与活力的学术队伍。

②有重点、有计划地选拔和培养青年学科带头人、学术骨干。在重大项目和重大工程申请过程中，有意安排青年教师参与申请报告的编写、论证等工作，使一批青年教师在实际工作中得到有效的锻炼。同时，实行了青年教师导师制，进一步明确了研究室首席教授在青年教师培养中的作用，促进了创新团队和学术队伍的建设。此外，为了加强与地方企事业单位的合作，还派张深根教授前去新疆有色金属集团公司挂职副总经理，挂职一年中，为该公司出谋划策，获得公司上下一致好评；派郝俊杰教授作为江苏省第5批“科技镇长团”前去挂职，为学校与地方的科研项目合作起到一定的促进作用，签单项横向课题200万元以上。

（曲选辉、李　芊）

【学科项目建设】 ①新老学科并驾齐驱。在传统材料方面，材料设计与计算材料学在科技部条件平台建设和“863”以及“211”工程的支持下，以材料基因组研究为导向，利用第一性原理、分子动力学、相场理论等不同方法和不同尺度的模拟计算，建立了材料设计、快速制备、快速性能测量以及研发了具有特色的材料设计与模拟基础数据库共享网等，凝聚形成了较强的材料设计与计算学科方向，并获得了国家“863”主题项目的支持。材料服役研究除在管线钢、高强钢等传统领域的继续研究外，在“211”、优科平台以及国家各部委支持下，建立了深海、微观测量平台，在功能材料、低维材料的环境服役行为与机理以及传统材料在深空深海环境下的服役行为和服役安全评价方面取得重要进展，为天宫1号、2号、大运载火箭以及战略战术武器的安全储备等做出了重要贡献，使金属腐蚀与防护学科从常温常压的普通环境拓展到高温、高压、高真空等极端严酷环境。在纳米材料与器件构建方面，构建了基于一维ZnO纳米材料的光电、电子、力电纳米器件。文章发表在Aav. Mater.、Nano Lett.等刊物上，受到国际同行的高度评价，被引用100余次。该研究方向以张跃教授为首席科学家的“低维材料的高效能量转换与器件基础”项目获得了科技部“973”计划支持，为“纳米材料与器件物理学”的交叉学科方向奠定了坚实基础；催化材料、新能源材料、高分子光电材料以及磁性材料与器件均取得了重要进展并获得了不同国家重大项目的支持。功能材料方面的研究已经与结构材料达到并驾齐驱的程度。

②学科平台建设进展顺利，产学研联合研发平台进一步延伸。新材料技术研究院有7个省部级重点实验室和2个工程技术中心，11个学术梯队分别整合到6个相应的省部级实验室（工程中心），实行实验室的实体化运作。

“现代交通金属材料与加工技术北京实验室”获得批准成立。由学校牵头，北京工业大学、北京交通大学、北京汽车集团有限公司、首都钢铁集团有限公司、中国铝业公司以及北京有色金属研究总院等单位联合申报的“现代交通金属材料与加工技术北京实验室”经论证答辩、专家评议及现场考评，于2012年6月13日由北京市教委正式批准通过，资助金额即将到位，这将为研究院的基地建设和科技发展得到新的目标和方向。

环境断裂教育部重点实验室通过5年一度的实验室评估。2012年9月1～2日，教育部科技司组织专家对依托学校建设的环境断裂教育部重点实验室进行了现场评估。专家组认为无论从实验室条件、研究方向、队伍建设还是依托单位支持等方面都较上一个评估期有更为显著的提升，研究实力得到进一步增强。

（曲选辉、乔利杰）

【科研成果方面】①加强团队合作，积极申请国家重大、重点科研项目，科研经费稳步增长。研究院在科研工作中继续坚持“注重基础，加强应用，发展交叉，促进联合”的科技工作方针，面向国际科技前沿和国家重大需求，开展基础研究和技术创新工作，积极推进科技成果的转化与产业化。以创新、基地、人才和项目一体化推进全年科技工作，圆满地完成了各项年度工作目标任务。在申报国家重大、重点项目上采取了学科交叉团队组合的策略，取得了显著的效果。2012年，研究院新增各类科研项目172项，包括国家“863”计划课题3项，国家“973”计划课题（含INTER、腐蚀基础专项）2项，国家自然科学基金20项，国家支撑计划项目7项等纵向课题67项，厂协课题105项，合同总经费达到1.09亿元。2012年，研究院在研科研项目共计303项，其中纵向课题167项（包括“973”计划及课题6项，“863”计划及课题8项，国家重大专项1项，国家支撑计划10项，国家自然基金53项，科技部项目7项，教育部12项，其他省部级8项，实验室开放课题6项，校级课题31项，军工项目25项），横向课题136项；到账科研经费11753.3万元，与上一年相比增长了63%。其中纵向经费9640万元，横向经费2113.3万元。

②提高研究水平，出创新性成果。年内，研究院教师共出版科技专（译）著5部，其中著作4部、译著1部。2012考核年度内被3大机构检索论文共341篇，其中被SCI收录116篇，EI收录214篇，ISTP收录11篇。影响因子大于1的有65篇，SCI影响因子大于4的2篇，SCI影响因子大于2的39篇。2012年，研究院共申请专利数83项（其中发明专利68项，实用新型9项，国际PCT申请2项，国防专利4项），授权专利62项（其中发明专利60项，实用新型2项）。2012年，共获奖7项，其中省部级科技一等奖1项，二等奖1项，三等奖3项，地方市级奖项2项。鉴定项目3项。

③积极与企业合作，促进成果转化。研究院继续与地方政府和企业的技术合作，进一步加强成果转化，取得明显成效。2011年11月，张深根教授随中组部博士团赴新疆工作，挂职新疆有色金属集团公司副总经理。一年期间，张教授深入集团一线厂矿企业，调研提出技术需求，吸引全国智力资源为新疆有色发展服务，主动出击，加强产学研合作，编制出了《新疆再生资源循环经济示范园——“城市矿产”示范基地实施方案》，为新疆有色集团公司明确了循环经济8大重点项目。2012年，张深根教授为该公司与学校合作牵线，筹划成立北京科技大学新材料技术研究院新疆有色金属研究院分院。

研究院与山东省临沂市高新科技区的进一步合作也取得新的进展，新材料技术研究院临沂分院的建立也初建成效，刘雪峰和曹文斌2位教授负责的“氮掺杂纳米二氧化钛室内墙用空气净化喷气中试开发”在山东亿康环保科技有限公司已获成功，该项目填补了国内外空白，是一个重大突破，该中试线生产的产品已经获得国家有关最权威机构的检测，项目成果转化费已到校230万元。

（曲选辉、李晓刚）

【对外交流】2012年，研究院教师主办或参加国际、国内各类学术会议共78次，其中国际会议38人次（主办6次），国内会议人40次（主办3次），作特邀报告36次，外出讲学35次。

承办了“2012NACE东亚及太平洋地区国际腐蚀大会暨第三届NACE上海国际腐蚀年会及展览”。大会由美国腐蚀工程师协会（NACE）东亚及太平洋地区和NACE上海中国分会主办，北京科技大学腐蚀与防护中心、NACE中国学生分会（挂靠腐蚀中心）承办，共有国内外50余家企业、协会及科研院所参与协办，取得了圆满成功。在学校腐蚀与防护中心以及挂靠于中心的NACE中国学生分会的努力下，大会圆满成功。腐蚀中心路民旭教授受邀作为大会组委会主席，乔利杰教授受邀作了大会主题报告。大会组织了包括特邀大会报告、8个主题分会场、7个专题技术研讨会、5个工作会议和论文简报等，共吸引了超过700名注册代表参会，150余篇技术报告，演讲人中包括数十位国际知名专家和学者；同期同地举办的NACE中国上海腐蚀控制展览会共吸引展商60余家，累计专业观众人数超过1000人。随着此次大会的圆满成功，也进一步扩大了学校在腐蚀防护相关的各工业领域的影响，得到国际专家学者和国内工业领域技术人员的高度认可。

（曲选辉、乔利杰）

【实验室建设】①实验中心在完成实验教学任务的同时，加强了实验教学课程的管理。实验中心除积极配合教学做好各类实验课程的教学任务的同时，2012年4月，还正式建成了虚拟实验室，并在全校范围内开放，已有重庆大学、湖南大学、中南大学和国防科技大学等多所大学提出共享、共建。

实验中心的实验教学改革在国内高校起到了较好的示范作用，年内，有上海交大、哈尔滨工业大学、中南大学、北京工业大学、北方民族大学、德国亚琛工业大学和比利时鲁文大学等国内外多所高校材料类实验室负责人来实验中心进行交流和学习。

②积极组织开展各项科技创新活动。暑假实验中心接待全国青少年高校科学营的观摩、实验，获得了兄弟院校的一致好评。7月，举办了第二届北科大金相技能大赛暨首届全国大学生金相技能大赛选拔赛和实验中心开放日活动，共有60余名同学参赛，选出了3名优胜者参加12月份的决赛。12月5～7日承办首届全国大学生金相技能大赛，来自清华大学、中南大学和上海交通大学等23所高校的70余名参赛选手参加比赛。学校派出3名选手参赛，获得一等奖1名、二等奖1名、三等奖1名。11月30日，完成了国家级实验教学示范中心验收工作，为此实验中心做了大量的精心的准备工作。

此外，实验中心还制定了材料学院本科教学条件建设5年规划，共规划国拨资金1400万元，分5期建设，争取到“十二五”末期各学科实验条件达到国内先进水平。完成了冲压实验室建设，下学期已准备开设实验课。2012年，修购计划研究院共4项正在建设中，分别是材料学院金属材料实验室教学硬件条件建设104万元、材料科学与工程学院冷热轧实验条件建设144万元、纳米加工设备144万元以及北京科技大学粉末冶金实验室设备购置100万元。

（曲选辉、孙建林）

广东研究院

【概述】2012年，是北京科技大学广东研究院（广东北科科技发展有限公司，以下简称研究院）在广东省开展产学研工作的第6年，始终遵循“学校指导与市场导向原则、开放协作与资源共享原则、争取广东省科技厅经费支持，带动市、区、镇、企业资金投入原则”，按照“以服务求生存、以贡献求发展”的思路，通过实体化建设，将北京科技大学的科技创新资源与广东省的产学研相结合，稳步推进各项目实施、技术攻关、产品研发和教育培训等工作。研究院在广东省设有4个实体机构：①在广州设立广东研究院（广东北科科技发展有限公司），谢建新副校长任院长，何新波教授任常务副院长。主要负责产学研项目的对接、技术研究与开发、成果转让及高分子材料实验室建设等。②在佛山市设立“佛山市北京科技大学研究院”，主要负责佛山地区的产学研工作开展及远程教育招生、MPA招生等。③在广州南沙设立“新材料制备加工技术联合研究中心”，主要开展腐蚀与防护技术实验室建设及项目合作等工作。④在云浮市设立北京科技大学云浮研究院，在云浮市各区开展产学研相关工作。

2012年，在全体人员共同努力下，研究院各项工作迈向崭新的台阶。佛山研究院成绩显著，在21所高校研究机构所设立的研究院评比中再获佛山市政府嘉奖，被评为“2011年度优秀高校研究院所”，获得佛山市政府的30万元资金奖励。由此统计，这是佛山研究院连续第5年被评为优秀单位，累积获得奖励金额100万元；“新材料制备加工技术联合研究中心”成功研发了涂料产品并进入产业化阶段；佛山研究院远程学习中心招生工作、云浮研究院的各项工作均取得了良好成绩；另外，湛江工业技术研究院已于年底启动筹建。

（姚　迪）

【队伍建设】研究院注重人才队伍建设，现共有工作人员20人（其中学校在编人员3人，广州总部工作人员7人，佛山研究院4人，材料中心6人）。其中博士学历2人，硕士学历4人，本科学历10人，大专学历3人，中专学历1人。设有5个部门：办公室、财务部、项目部、教育培训部和高分子实验室。

2012年，经学校研究决定任命材料科学与工程学院何新波教授接任北京科技大学广东研究院常务副院长职务，全面负责研究院的日常运营。研究院全体人员在谢建新副校长领导下、何新波副院长的带领下，迅速统一思想、明确目标，各项工作得以迅速推进。

（何　惠）

【科技成果与转化】研究院按照学校产学研发展思路，以研究院建设为基础，在广东成立一系列研发机构、实施一批高科技项目、培养一批创新型人才，进而为创新型广东建设服务。先后承担广东省重大项目、粤港招标项目、市区级各类项目共计30余项。

2012年，研究院加强了与深圳市科技局、广州市科技局、佛山市科技局、云浮市科技局、佛山顺德区科技局、河源市科技局等单位的联系，走访了企业50余家，共申报项目10余项，获批项目4项。同时与企业开展技术合作，获得100万元经费支持。组织学校老师联合企业成功申报广东省科技项目10项，合同金额为640万元。同时，研究院全面开展已立项项目的实施工作，据统计，重大科技专项“车辆及电子工业用铝镁合金产业共性技术”等11项项目顺利通过验收。研究院还在项目研发中形成自主知识产权，成功申报专利2项。佛山研究院与佛山市南海中南机械有限公司承担的“大型船用电控共轨柴油机共轨单元研制”项目获2012年度佛山科学技术一等奖。

（刘锦洲）

【科技交流与合作】研究院积极与各市区科技局开展科技交流合作，利用相互资源优势促成科技成果转化。年内，研究院先后参加高明区杨和镇举办的“金属材料专业镇技术创新中心启动仪式”、顺德区经济和科技促进局主办的“北京科技大学院士报告暨新材料科研成果推介会”，并邀请中国科学院院士、北京科技大学材料学院教授葛昌纯出席并作报告。12月，研究院与德庆康纳国兴有限公司签署共建“新材料联合研发中心”协议；云浮研究院与云浮市质计所合作成立“广东省质量监督不锈钢制品检验站（云浮）暨北京科技大学云浮研究院与云浮市质计所共建不锈钢制品实验室”，这标志着北京科技大学云浮研究院不锈钢制品实验室正式成立，北京科技大学云浮研究院具备了在不锈钢相关领域的基本实验分析检测能力。

（姚　迪）

【人才培养】佛山研究院充分发挥北京科技大学在冶金、材料、机械和管理等学科领域的教育资源，利用网络等现代技术手段开展本、专科学历教育、学士学位教育以及研究生专业学位的非学历教育，面向行业企业、面向广东各地区进行教育培训招生工作。据统计，2012年，全年招生400人左右。至年底，共招生860人，其中专科750人、本科110人，招生人数为上一年的2倍。佛山研究院保持与文法学院MPA中心的联系与合作，在广州、佛山等地逐步开展MPA专业学位教育。

（杜　娟）

【实验室建设】新材料制备加工技术联合中心于2010年下半年启动，经过近2年建设，工作取得重大进展。成功开发新型车间底漆产品，并与广州健邦化学有限公司签订中试及产业化协议，共同开展车间底漆的产业化和推广工作。材料中心还积极申报各类科研项目5项（其中广东省科技项目1项、广州市科技项目1项、广州市南沙区科技项目1项、佛山市科技项目1项、佛山市院地合作项目1项），同时，在项目研发中形成自主知识产权，成功申报发明专利2项。

（张　涛）

管理与服务

校务管理

【概况】北京科技大学校务管理工作主要由党委办公室、校长办公室承担。党委办公室、校长办公室是学校党委和行政的综合办事机构，负责处理学校党委和行政的日常工作。党委办公室成立于1956年4月，1964年9月学校建立政治部后属政治部领导，“文化大革命”期间停止工作，1978年恢复建制。校长办公室成立于1953年10月（时称院长办公室），1964年5月改为政治部办公室，“文化大革命”期间停止工作，1978年恢复建制。根据不同时期的工作需要，校长办公室下设机构几经调整。至1992年，校长办公室下设综合室、文秘室、信息室、档案室、校史编辑研究室。1997年，档案室、校史编辑研究室与人事处的人事档案室合并成立档案馆。1999年5月，学校机构改革后，党委办公室、校长办公室、统战部合署办公，下设综合接待室、信息文秘室、校友会与校董会办公室、法律事务中心。2001年，统战部从党办、校办、统战部合署中分离，党办、校办合署办公，下设机构不变。2012年，党办、校办（以下简称办公室）下设有信息文秘室、综合接待室、法律事务中心等机构。

（张卫冬）

【综合管理工作】2012年，办公室坚持管理、服务与效能相统一的原则，紧密围绕学校工作主线，不断创新工作方式和方法，提高学校综合管理水平。

①各类重要活动的接待服务工作。办公室继续提高综合协调的主动性，积极加强与学院、机关部门的沟通联系和协调配合，做好各类活动的接待服务工作。全年组织完成2012年寒假、暑假党（常）委扩大会议，《北京高校党建和思想政治工作基本标准》检查组来校检查活动，“2011计划”协议签字仪式，教育部直属高校国家教育体制改革试点项目及“三重一大”决策制度执行情况检查组来校专项检查及意见反馈会议，“卓越工程师教育培养计划”专家委员会成立仪式暨第一次工作会议，IET大学校长奖颁奖，十八大精神学习等重大活动；牵头组织与广西壮族自治区科技厅、黑龙江安达市等地方政府的合作签约；完成迎新、开学及毕业典礼等多项重大活动及数百次上级领导、企业、兄弟院校和外宾来校参观视察合作等接待工作。

②公务用车管理。面对机动车每周停驶一天和学校公务活动日益增多的实际问题，办公室进一步做好协调工作，科学合理做好公务车辆的调度工作。办公室依照《校长办公室公务用车管理办法》，一方面建立工作记录，按时办理保险年审业务、定期维修保养车辆，保证车辆良好运转；另一方面，严格实行使用登记、借用批准制度，加强对各类

公务用车的统一调度安排，较好地保证了车辆正常使用和学校用车需要。全年，专用公务车共履行出车任务约1500次，行程约9万千米。

③信访接待工作。2012年，办公室全面落实《北京科技大学信访工作条例》，坚持群众来访接待、领导接待日制度和领导主动约访、下访，全年共处理来信（含电子邮件）70余封，接待群众来访150余人次，开展人民内部矛盾排查工作2次。全年专门安排校领导接待群众来访40次，主动到老干部活动站接待离退休人员来访8次,接待来访离退休人员60余人次，群众反映的绝大部分问题基本做到及时回复、妥善处理。2012年，学校总体信访秩序良好，无非正常上访和越级上访情况。此外，依托校长信箱，做好了日常师生的服务工作。至年底，校长信箱共受理各类问题68个，涉及教学科研、学生事务、行政管理、后勤服务、校园文化和党务工作6大类。对于所有问题，办公室均按照《校长信箱网络平台使用管理办法》要求，做到了及时、认真答复，答复率为100%。

④安全稳定工作。2012年，办公室根据上级工作部署，起草《北京科技大学2012年安全稳定工作方案》，并按照学校2012年安保工作方案等要求，积极协调各部门认真开展矛盾隐患排查工作，清查校园安全管理和整体防控中存在的死角、漏洞和不足，分类建立了专门基础台账和数据库，并有针对性地提出各项对策、措施，制定完善工作方案、预案，落实工作责任。年内，教育部党组成员、纪检组组长王立英，北京市委教育工委委员李中水先后来校调研检查安全稳定工作，并给予肯定。全年编辑整理安稳工作会议纪要2期，《情况反映》8期，信息零报告60余期。此外，办公室积极发挥自身优势，做好校园安全稳定工作的理论研究工作。年内，依托办公室，牵头承担了北京市教育工委“平安校园”建设课题研究——《首都高校安全稳定工作队伍建设研究》工作，立项经费8.5万元。10月中旬，课题以优异成绩通过教工委领导和专家组的验收。

⑤定点扶贫工作。定点扶贫工作是党中央、国务院的一项重要工作。2012年11月，国务院扶贫开发领导小组办公室等8部委下发了《关于做好新一轮中央、国家机关和有关单位定点扶贫工作的通知》，确立北京科技大学与甘肃六盘山区秦安县为扶贫结对关系。收到国务院扶贫办通知后，办公室积极联系秦安县政府，并邀请县领导来校洽谈扶贫合作事宜。至年底，学校和秦安县已经达成初步定点对口扶贫工作意向，初步确定了率先在干部培训、人才培养和设备资助等方面的开展帮扶工作，并在此基础上制定了各自的定点扶贫工作需求和工作方案，做好定点扶贫相关工作。

（郭志恒）

【信息工作】2012年，办公室牢固树立精品意识，努力打造信息工作的“品牌效应”。年内，负责编辑《北科大信息》22期，编辑《北科大简报》26期，报送北京教委信息近90期，报送教育部信息100余期。其中教育部网站采用10篇，北京市教委采用10篇，被评为“教育部信息报送先进单位”，较好地实现了对外展示发展成果、树立学校良好形象的工作目标。高质量地编辑出版了《北京科技大学年鉴》（2012卷），完成《中国教育年鉴》、《北京教育年鉴》、《中国有色金属工业年鉴》北京科技大学部分的撰写工作，学校年鉴荣获第六届全国年鉴编校质量检查评比一等奖。

（郑安阳、赵　萌、金剑芭）

【办公自动化工作】2012年，办公室立足调研，完成了OA办公自动化系统优化升级准备工作。在对北京大学、中国人民大学、北京理工大学、中国农业大学、对外经贸大学和北京化工大学等高校开展深入调研后，组织力量攻关完成了OA办公自动化系统升级改版的研发工作，形成一套较为成熟的升级改造方案。新OA系统将涵盖公文流转、无线网络会议系统、移动办公、信息发布与管理、会议投票、会议室管理以及签报管理等多元化功能，为建成学校统一的协同办公管理集成平台奠定下良好基础。

（郑安阳、金剑芭）

【信息公开、党务公开工作】2011～2012学年度，学校信息公开工作运行正常，信息公开咨询、申请以及答复工作顺利开展。年内，学校积极推进信息公开进程，制定并发布了《北京科技大学党务公开管理办法》及《公开目录》，完善了“党委统一领导，行政主体到位，工会主动配合，纪委监督检查，职工积极参与”的信息公开领导体制和工作机制，并将公开制度延伸至学校所有二级单位，构建起覆盖全校的透明的信息平台，为校院两级决策机制提供详实可靠的信息依据，也为广大师生员工行使监督权、参与管理权提供信息支撑。

（郑安阳、赵　萌）

【统计工作】办公室牵头做好综合统计工作，年内，高质量地向上级单位报送了《普通高等学校基层报表》、《普通高等学校科技统计年报》等大型统计报表，按时保质完成北京市服务业2011年统计年报及2012年定期统计报表数十份，学校再次荣获北京市“教育事业统计工作质量评估优秀集体一等奖”。

（郑安阳、赵　萌）

【法律事务】2012年，学校建立并完善体制机制，提高法律事务工作效率。进一步理顺管理、规范流程、明确分工，充分发挥专兼职法律事务工作队伍力量，工作质量和工作效率显著提高。协助处理北京科学技术出版社有限公司诉学校侵犯其著作权纠纷一案。为其他部门提供法律服务方面，协助学生部门处理学生意外死亡补偿事件，为科研部门及教师的科研纠纷提供法律咨询20余次。草拟、审查对外合同10余份，并为学校和师生提供了法律咨询服务。根据《商标法》，对“北京科技大学”、“北科大”和“科大”等9件商标进行续展，将新校徽图标注册成为学校商标，及时保护了学校各类商标的合法使用权。

（郑安阳、李　凯）

校友会、基金会工作

【概况】2012年是学校60周年校庆年。校庆办（校友会、基金会办公室）作为校庆工作的重要组织单位和参与单位，圆满地完成了校庆筹备及校庆组织的各项任务，为学校甲子校庆贡献了力量。3月，校友会、基金会办公室正式成立，在出色完成校庆活动及其收尾工作的基础上，办公室以“强基、规范、提高”为工作思路，紧紧围绕学校中心工作，狠抓办公室建设和校友会、基金会各项工作，努力为学校发展建设做贡献。

（于成文）

【圆满完成60周年校庆工作】经过2011年紧张的校庆筹备工作，学校60周年校庆的各种方案和工作思路已基本确定，前期筹备工作有序推进。进入2012年，校庆筹备进入冲刺阶段，校庆办（校友会、基金会办公室）的工作主要围绕“冲刺、统筹、庆典、收官”几个关键词来开展。

（1）全力冲刺，抓紧落实各项筹备工作任务。从2012年1月13日校庆倒计时100天起，校庆工作正式进入冲刺阶段。校庆办负责完成落实的工作主要包括：①加强宣传，努力营造校庆氛围。先后举行了新校徽、校训发布仪式，2012年校友工作研讨会，老领导及北京校友校庆情况通报会，全校动员大会暨校庆志愿者通用培训；并通过广泛发布第二号《校庆公告》、《致全校师生的一封信》、《致海内外校友的一封信》、《校友通讯》，加大校庆网宣传力度等，有效地调动了学校师生、校友以及社会各界参与校庆的积极性和爱校热情，使校庆氛围迅速升温。②广泛联络，做好嘉宾校友邀请工作。将校友、嘉宾的邀请和接待分为学校、学院2个层面。其中学校层面的邀请名单经过了20余次的修改核定，并通过各种途径收集每位校友嘉宾的有效通讯方式；在邀请阶段，校庆办发出正式邀请函2000余封，涉及嘉宾校友1500余人。发出邀请后经过先后三次逐一的沟通确认和动态调整，最终确定了参会人员名单。③挖掘渠道，邀请国家领导人出席大会或题词、贺信。沟通学校领导、知名校友等，通过各种渠道邀请党和国家领导人，针对不同领导起草不同内容的请示报告和贺信，并进行密切的跟踪。最终，刘淇、刘延东、李岚清、罗干、陈至立、周铁农、蒋树声、黄孟复、张梅颖、郑万通和徐匡迪11位领导人为学校校庆题词或发来贺信；4位领导人亲临庆祝大会。④精心设计制作校庆所需各种物资。经统计，校庆之前校庆办负责设计并制作校庆所需的各种邀请函、证件、指示牌、旗帜、条幅和手册等共31大类、135种，每种均反复推敲，力求精美，风格统一。经过多次修改，最终确定13种校庆礼品，校庆期间共制作发放礼品数量总计20余万件，受到校友、嘉宾广泛好评。⑤认真策划校庆庆典、校庆接待等工作。校庆前，校庆办牵头制定了详细的校庆庆典及接待工作方案，并负责校庆庆典所有文稿的起草工作。针对接待和会务工作，充实各部处人员新组建了接待组，认真细化并落实各项工作内容，形成了配合密切、程序流畅、反应迅速的工作机制，为校庆的圆满举办奠定了组织保障。

（2）统筹协调，全面地把握各项活动及工作进展。校庆办（校友会、基金会办公室）除全力完成本职承担的各项筹备任务外，作为负责校庆日常工作的部门，还兼顾统筹协调学校各个方面，做到校庆筹备工作有序推进、按时高质量落实。2012年1～4月的主要工作包括：①统筹推进校友分会建设。严格按照2011年制定的工作目标，督促各学院并与各学院一起狠抓校友分会建设。②统筹推进校庆募捐工作。广泛宣传学校关于校庆捐款的奖励办法和鸣谢办法，深入挖掘校友和社会资源开展募捐工作，督促各单位完成募捐工作任务，并负责捐赠的前期洽谈、签订协议、转账及手续办理等工作。③统筹推进校庆筹备和主要活动安排。在各个阶段有重点地检查、督促各工作组和各学院的工作，协调处理诸如活动安排、任务分解、进度落实、资源分配和经费划拨等工作事项。2012年1～4月，由校庆办召集的相关工作会议16次，发布相关通知及公告20余件，有效解决了工作中存在的问题，确保了工作进度，落实了工作任务。

（3）精益求精，出色地完成校庆核心期各项活动。校庆日前后一周是整个校庆活动的核心时段，校庆的主要活动都在这段时间集中举行。校庆办统筹协调，合理安排时间、场地和参加人员，提供各种所需物资；细致到参加大会、晚会的人数分配、车辆安排以及所有活动的具体议程和程序等。经过校庆各工作组和各学院的共同努力和通力配合，各项活动均取得了圆满成功。校庆办承担的主要活动有：①庆祝大会。2012年1月，启动了诸如议程拟定、文稿起草、会场设计、座席安排、观众组织、安全保卫、贵宾接待、大会礼仪及会场播音培训等所有工作。4月22日上午，庆祝大会在校体育馆正式举行，大会气氛庄重热烈、会议流程衔接顺畅、会场环境典雅大气，得到与会人员的一致好评。刘淇、陈至立、黄孟复、徐匡迪等党和国家领导人以及近4000名嘉宾和校友亲临大会现场。②校董事会全体会议。校庆筹备期间，完成了上届董事会成员的确认、新董事的增补、大会的策划组织以及参会董事接待等所有工作。4月22日下午，第三届董事会全体会议在逸夫科技馆二层报告厅召开，徐匡迪和54位董事及董事单位代表参加会议，顺利地完成了董事会的换届工作，并对学校的建设发展提出了很多宝贵建议和意见。

（4）及时收官，认真完成校庆总结收尾工作。在校庆结束3天内就完成庆典1000余份“校庆感谢信”的设计、制作和寄送工作，第一时间向所有参加校庆活动的校友和嘉宾表达了感激之情；联合宣传部、团委完成了校庆庆祝大会光盘、校庆文艺晚会光盘等校庆影像的编辑和制作，在最短的时间内编辑、印刷《校友通讯》（校庆专刊），利用暑假时间向学校知名校友、各地校友会、捐资单位寄送4000余份；配合审计室完成了对校庆财务支出的审计工作；组织各单位完成了对校庆形成的文字资料、音频视频、实物资料等的整理和归档，为学校今后发展提供宝贵的史料。此外，学校校庆筹备工作也成为兄弟高校举办校庆的样板工程，校庆结束后陆续接待了国防科学技术大学、中国地质大学（北京）、北京林业大学、北京航空航天大学、中国音乐学院以及黑龙江工程学院等兄弟高校来访学习交流。

（于成文、吕朝伟、常馨悦）

【校友分会建设】校友分会是联系和凝聚各地校友的重要平台，是校友工作的有力抓手和重要组成部分。利用校庆契机，学校在各地新建或恢复了22个校友分会，至年底，学校共有正常开展活动的校友分会45个。校庆之后，校友会办公室不断加强与各地校友会的沟通和联系，积极推动校领导走访各地校友会的常态化机制，争取做到校友分会有重要活动都有校领导参加，校领导到外地出差能与当地校友见面。2012年，校友会办公室共组织和安排校领导参加和走访各地校友分会22次，均受到了当地校友的积极响应和热情接待。通过各地校友会的桥梁纽带作用，校友会也积极促进学校与当地政府或校友企业的合作，与浙江温州市政府和海南省的合作正在初步洽谈中。此外，从2012年起，校友会开始推行“校友分会年会制度”和各地“校友分会迎新制度”。

【校友返校活动】4月21日，“志在四方，情系摇篮——北科大88级校友毕业20周年庆祝大会”隆重举行，来自海内外的600余名88级校友，带着对母校、恩师、同窗和挚友20年的思念再次聚首母校。同时，校友会办公室积极利用各种机会为校友的日常聚会搭建平台，提供服务。3月，在“两会”召开期间，组织两会代表中的12位校友、校董齐聚一堂，共话友谊。9月，组织11名校友参加了中央电视台教师节晚会《至高荣耀》的节目录制工作。11月，在十八大召开期间，邀请十八大代表中14位北科大校友聚首母校，郭声琨校友也专程参加。此外，还参与了包括“土环学院博

2002级校友入学10年”、“压加62届校友毕业50年”、“采矿62、63届校友”等各年级、班级聚会活动。此外，配合日常学生活动及教育工作，邀请杰出校友助力学生成长成才。2012年，共邀请葛红林、王志强等校友主讲“杰出校友讲坛”6场；邀请黄昌富校友在新生开学典礼上发言；邀请胡鞍钢校友为学校作党的十八大精神学习辅导报告会；邀请陆正耀等33位校友担任学生“励志成长导师”；邀请齐向东等3位校友担任学生“创业导师”。

（于成文、郭晓东）

【校友沟通联络】2012年，校友会办公室从基础工作做起，不断加强与广大校友的联系，并从细微处入手，时刻体现母校对校友的关注。①优化《校友通讯》内容，增加了发行频率，从之前的每年发行2期增加到每年发行4期，有效地提高了《校友通讯》的针对性和可读性。同时从10月起，开始编辑《北科大校友工作动态》，以更快地印发频率和更广泛的覆盖面，让学校师生、校友都能尽快了解到母校的声音和校友的有关动态，年内共发行3期。②通过“一网一库”做好校友信息化工作。“一网”指校友网，“一库”指校友信息系统。2012年度对校友网进行了内容调整和功能完善；初步建成了校友数据库，并完成了8万条校友信息的整理和导入工作。此外，校友会还开通了新浪官方微博和人人网公共主页，通过这些新媒体及时发布学校及校友最新动态，加强与校友的沟通和联系。③密切掌握校友动态，以罗维东书记、徐金梧校长的名义及时为升迁、获奖的校友寄发贺信；每逢重要节假日，都制作精美贺卡或编制祝福短信向各校友分会负责人和重要校友发送，有效增进校友与母校间的感情。

（吕朝伟、郭晓东）

【北京科技大学教育发展基金会申报工作】学校基金会于2006年在北京市民政局注册。随着发展和工作的不断深入，以及学校校友大部分分布在京外冶金企业的实际情况，原有基金会已不能满足京外捐赠人的需求（不能享受免税政策）。为加强学校与社会各界的联系与合作，吸引更多的捐资支持学校事业发展，学校决定出资2000万元在国家民政部注册全国性的基金会。经过充分调研，多次沟通教育部和民政部相关单位，同意学校申请注册全国性的教育基金会。基金会办公室立即着手制定了《北京科技大学教育发展基金会章程》、《北京科技大学教育发展基金会管理办法》等文件，并向教育部和民政部提交了相关申请材料。2011年9月，申请材料得到教育部批复同意。2012年6月，得到国务院和民政部正式批复同意设立。随后，又经历税务登记、银行开户等审批环节后，最终完成注册工作。

（吕朝伟、陈晔明）

【基金会日常管理】为确保基金会工作的规范化、制度化，基金会办公室编印了《基金会政策法规汇编》，收录国家现有的关于基金会、非营利组织、财政、税收等方面的法律法规、政策制度12篇，基金会内部制度3项，做到基金会工作有章可循、有据可依。全面改版了教育基金会网站，增加了捐款查询、在线捐赠、基金使用、募捐项目和鸣谢办法等板块，提高了基金会工作的透明度和公信力。尝试项目化管理专项基金，对指定用途的社会捐赠，在按照协议完成当年捐赠资金使用后向捐赠者寄送“基金使用情况报告”，让捐赠者清楚基金使用情况、乐于后续捐赠。2012年，学校教育基金会共接受捐赠3100多万元，举办捐赠仪式9场。全年公益项目支出总计约900万元，资助公益项目54个，举办颁奖仪式3场。此外，基金会2012年两次向教育部申请中央级普通高校捐赠收入财政配比资金，共获教育部配比2697万元。

（吕朝伟、陈晔明）

发展规划工作

【概况】 学校“十二五”教育事业发展规划的编制是学校全面提高教育教学质量，坚持内涵发展，实现由规模化发展到内涵提升战略转变的重要保障；是全校师生员工谋划未来、统一思想、达成共识、整体推进的重要过程。学校按照教育规划纲要精神和《教育部办公厅关于推进直属高校改革和发展“十二五”规划制定工作的意见》（教直厅〔2010〕1号）的相关要求，编制了《北京科技大学“十二五”教育事业发展规划》。

（乔　兰、张武军、张云仙）

【规划完善】 按照教育部《关于反馈“十二五”规划审核意见的函》的要求，认真领会和全面贯彻《教育部关于全面提高高等教育质量的若干意见》（教高〔2012〕4号）和《教育部财政部关于实施高等学校创新能力提升计划的意见》（教技〔2012〕6号）的精神，按照教育部反馈学校“十二五”规划审核意见，以及对学校规划文本进一步完善的建议，联合研究生院、科研部、国际处和产业集团等部门，统一思想，凝聚共识，立足校情，与时俱进，进一步完善了规划文本，增强规划的战略性、宏观性和前瞻性，在继续突出学校特色和保持学校优势的同时，积极倡导创新。通过多方研究、论证、修订，最终形成《北京科技大学“十二五”教育事业发展规划》终稿，经学校常委会审定后上报教育部。

在学校“十二五”规划的基础上，组织各学院编写学院“学科建设五年规划（2013～2017）”，以明确学科发展定位，着眼学科长远发展，突出学科优势，彰显学科特色，积极探索学科建设新的管理体制、管理模式和运行机制。要求各学院完善本学院“十二五”发展规划，要求指标、措施和方案与学校总体规划对接，成为学校总体规划的重要组成部分。11月20日，召开了学院“十二五”发展规划审核会，各学院院长从总体目标、学科建设、人才培养、队伍建设、科学研究以及国际交流与合作等方面对学院“十二五”发展规划进行了汇报，校内外专家对各学院规划进行认真审核，研究实施过程中合理和必要的政策保证、组织保证、计划保证，并对进一步完善各学院发展规划提出了意见和建议。会后，校领导认真审阅了各学院“十二五”规划文本，根据学校发展的新形势和具体要求，针对学院实际情况，提出了修改意见。规划与学科建设办公室及时将专家和校领导提出的修改意见反馈回各学院，督促各学院根据修改意见完善具体实施方案和措施，细化文本，最终形成了学院“十二五”发展规划。

（乔　兰、张武军、张云仙）

人事管理

【概况】2012年，人事工作围绕学校总体发展规划和具体工作要求，继续推进人才强校战略，切实加强人才队伍建设，深化实施人事分配制度改革，充分调动各方面积极性，顺利完成了年度工作计划，为各项事业发展提供了强有力的人才保障和智力支持。

2012年，学校共补充人员100人，其中教师51人（含引进的高水平拔尖人才及人才团队），占51%；具有博士学位57人，占57%；具有高级专业技术职务6人，具有海外留学经历25人，教师博士后32人。

至年底，学校在职职工总数为2917人，其中专任教师1789人，教辅人员247人，行政人员374人，专职科研人员22人，工勤人员及其他人员485人。专任教师队伍中具有博士学位的1126人，占63%。

（朱宝善、苏 靖）

【专业技术职务评聘工作】2012年，学校专业技术职务评聘工作坚持规范评聘程序，公开评聘标准，严格聘任条件，加强公示监督。经过资格审查、校外专家评审、学科评议小组评审、学校评审委员会评议以及结果公示等阶段和环节，全校共有181人申请10个系列的高、中级专业技术职务评审，最终有122人晋升高一级专业技术职务，其中晋升正高级职务14人、副高级职务58人、中级50人，另有认定高级职务1人、转系列人员4人。

为进一步完善专业技术职务评聘工作，在充分调研讨论的基础上，起草、制定并颁布《2014年教师系列高级职务任职条件讨论稿》，明确2年后专业技术职务晋升的任职条件，为职聘工作提供指导性意见。同时为确保2014年教师系列高级职务评聘文件有效实施，在保证政策连续性的基础上，2012年，专业技术职务评聘工作过程中已逐步向新标准导向，促进专业技术职务评聘工作的平稳过渡。

（白云菲、陈 旭）

【高层次人才引进工作】2012年，学校进一步推进实施人才振兴工程，把目光瞄准海内外高层次人才，大力加强人才引进力度，成功引进了“千人计划”入选者、德国亥姆霍兹国家研究联合会UFZ环境研究中心主任Hans Hermann Richnow（汉斯·瑞查诺）教授，“千人计划”入选者、美国耶鲁大学Ruth Elaine Blake（鲁思·布莱克）教授，“青年千人计划”入选者、加拿大阿尔伯塔大学王鲁宁博士后，国家杰出青年科学基金获得者孙长银教授，中国科学院“百人计划”入选者季宏兵研究员等多位高水平拔尖人才。学校继续实施高级管理人才引进培养机制，聘请海内外优秀高级管理人才到学校管理岗位工作，汪林兵教授担任“重大工程材料服役安全研究评价设施”项目建设指挥部副指挥（主持工作），孙长银教授担任自动化学院院长。

（刘 伟）

【高层次人才推评工作】2012年，学校按照“坚持标准、公正公开、实事求是”的原则，顺利地完成各类人才工程项目的推评工作。经科研、教务、人事等部门推评，王戈入选“长江学者奖励计划”特聘教授，邢献然团队入选“教育部创新团队发展计划”，Hans Hermann Richnow（汉斯·瑞查诺）和Ruth Elaine Blake（鲁思·布莱克）入选“千人计划”创新人才短期项目，张立峰、王鲁宁入选“青年千人计划”，白洋入选“青年拔尖人才支持计划”，董超芳获“国家优秀青年科学基金资助”，何枫、杜宏武、张中山、冯志鹏、易红宏、廖庆亮、曹江利、侯新梅和白洋入选“教育部新世纪优秀人才支持计划”，吴胜利、陈红薇获“北京市教学名师奖”，张欣欣获“宝钢教育基金优秀教师特等奖提名奖”，李长洪、吴胜利获“宝钢教育基金优秀教师奖”，董超芳获“霍英东教育基金青年教师奖三等奖”，陈骏、庞晓露入选“霍英东教育基金研究课题资助项目”，庞晓露入选2012年度“香江学者计划”。推荐9人申报第八、九批“千人计划”，16人申报2011年度“长江学者奖励计划”，1人申报2012年度“国家特支计划”百千万工程领军人才，5人为2012年度享受政府特殊津贴候选人。

（刘　伟、陈　旭、焦丽君）

【考核聘任】①新一轮岗位聘任工作。2012年，根据学校总体工作安排以及相关文件规定，核定了各类人员编制和各单位各类岗位职数，在此基础上合理、公平、有序地开展了新一轮岗位聘任工作。为保证岗位聘任工作顺利进行，多次调研兄弟院校岗位聘任的具体做法，分析各学校间的特点及差异，逐步形成明确的竞聘条件及新聘期的岗位职责。同时，根据2008年9月至2012年8月期间的教师学术业绩情况，进行了大量的基础数据分析，为政策制定提供了强有力的数据支撑。在此基础上，多次与二级单位沟通和座谈，并向教代会及教授会做专题汇报，按学校总体工作安排启动岗位聘任工作。

②聘用合同期满考核工作。2012年9月，对2012年6月30日前聘用合同期满的专任教师进行了考评，主要从业绩水平、发展潜力及综合表现等方面进行定量和定性的评价。参加考核的教师共有9人，其中正高2人、副高5人、中级2人，均考核合格并续签了聘用合同。

③年度考核及聘期考核工作。12月，2012年度考核及2008～2012年聘期考核启动。参加年度考核教职工2917人，其中考核结果为合格2864人，基本合格29人，不合格24人；参加聘期考核教职工共有2335人，其中考核结果为合格2241人，基本合格66人，不合格28人。

④回国人员期满考核工作。2012年，为加强公派留学人员管理，明确留学期间的工作目标，提高公派留学效益，学校首次对回国期满一年的公派留学人员进行综合考评。按照留学人员签订的《出国留学协议书》中“留学目标”的要求，对教师进行了考评。教师均严格履行协议，圆满完成了留学目标任务。回国人员考评工作将有利于加强教师的跟踪培养，有利于提高留学经费的投入产出比，促进学校师资队伍的建设。

（郝　媛、陈　旭、朱宝善、苏　靖）

【师资培养培训】①教师国际学术交流。学校积极通过国家公派、单位公派等多种形式拓宽出国留学渠道，分学科、有计划地选派不同层次的教师赴海外知名高校、科研院所进行学术交流。年内，共推荐29人申报国家全额资助项目，20人入选；推荐23人申报青年骨干教师出国研修项目（即1:1配套资助项目），全部入选。此外，推荐1人申报2012年度中德合作项目（PPP），2人申报2013～2014年度“中美富布赖特项目”研究学者子项目，2人（及其博士生）申报中英博士生教育及科研合作伙伴关系项目。充分利用海外经费资助及科研经费资助，共有28人申请单位公派出国研修。至年底，学校共派出60人赴海外高水平大学或机构进行学术研修，其中国家公派32人、单位公派28人；完成学术交流按期回国人员共有51人，其中国家公派28人、单位公派23人。为确保海外研修经费的合理使用，规范由科研经费资助出国报销流程，制定并出台《北京科技大学教师长期因公出国（境）费用报销管理办法》。

②新教师岗前培训。2012年，学校积极开展新入校教师岗前培训，共有92人参加，其中教师岗位47人、实验岗位11人、辅导员岗位12人、行政岗位18人、其他岗位人员4人。

③教师资格认定。年内，学校组织落实北京市教育委员会的教师资格认定工作，对参与认定教师的材料进行了审核、整理、录入，共为63人申领了教师资格证书，其中教学科研岗位46人、辅导员岗位17人，具有博士学位的46人、具有硕士学位的17人。

④其他培养培训工作。2012年，学校依据《北京科技大学青年骨干人才培养计划实施办法》，继续实施对35岁以下青年教师提供科研启动费。鼓励和资助现有教师在职攻读学位，申请在职攻读博士学位24人，审批通过19人，录取14人；在职攻读学位毕业人数为30人，其中博士毕业22人、硕士毕业5人。组织青年教师49人参加教学技能培训，着力提高其教育教学能力；选派教师52人参加英语培训，旨在提高教师的英语交流及双语教学能力；组织青年教师300余人次参加侯伯宇、林俊德院士的先进事迹报告会及人才报告会等；对92名青年教师进行职业道德、科研素质和校园安全稳定等方面的培训，进一步提高青年教师的综合素养。

（白云菲、陈　旭）

【先进工作者评选】为激励广大教职工在教学、科研和管理服务等岗位做出的突出贡献，形成树立先进典型、弘扬高尚情操的良好氛围，学校开展了2010～2012年度先进集体和先进工作者的评选、表彰和奖励工作，各单位共推选先进集体29个，最终评选出11个，其中教学科研单位7个、非教学科研单位4个，同时评选出校级“先进工作者”65名。

（郝　媛、陈　旭）

【研究生助教、助管岗位管理】2012年，根据学校工作安排及相关文件规定，开展了研究生助教岗位设置、岗位职责制订、竞聘人员选拔、签约上岗以及聘后管理等工作。年内，共选拔博士研究生助教32名、硕士研究生助教132名、硕士研究生助管19名。

（朱宝善、苏　靖）

【博士后科研流动站工作与博士后管理工作】2012年，在人力资源与社会保障部和全国博士后管理委员会开展的第八批博士后科研流动站申报工作中，经专家组评审、人社部和全国博士后管委会审批，学校新增安全科学与工程、软件工程、信息与通信工程3个博士后科研流动站，其中安全科学与工程、软件工程学科是全国首次设站。

2012年，学校共招收博士后研究人员67人，其中学校流动站单独招收56人（含拟聘教师博士后26人），与企业联合招收11人；办理出站博士后104人。至年底，在站博士后186人，其中教师博士后59人。年内，学校有15名博士后人员申报中国博士后科学基金特别资助，其中4人获得资助，资助金额共60万元；有89名博士后人员申报中国博士后科学基金面上资助，其中2人获得一等资助，21人获得二等资助，资助金额共121万元。

（焦丽君）

【社会保障工作】2012年，人才交流中心管理的上交人员共23人，其中安排了消防安全岗人员16人，另外，残疾人员1人、待岗人员2人、其他人员4人。此外，继续做好待岗人员的安置与管理工作，为病残人员、生活困难及重病患者申请特困补助1.1万元。做好全校3800余名教职工和合同制员工的社会保险（养老、失业、工伤、医疗、生育）日常管理工作，向社保中心上缴各类保险1235万元，切实保障教职工切身利益。

送出职工49人次进行有关业务的学习和培训，包括财务人员39人次、护士8人次、审计室2人次。组织了9名工人参加中央国家机关工考委的工人考核。

（陈小玲、张茵波）

财务工作

【概况】学校实行“统一领导、集中管理”的财务管理体制。财务处是学校的一级财务机构，在主管校长的直接领导下开展工作。财务处负有贯彻执行国家财经法规、执行上级主管部门指示精神的职责，统一管理学校的各项财经工作。2012年，学校财务工作以科学发展观为统领，在热情服务中坚持规范化、科学化管理，积极筹措办学经费，统筹各项经费支出，加强资金管理，努力提高经费使用效益，提高科学理财能力，圆满地完成了2012年各项工作计划。

（何民庆）

【总体财务状况】2012年，学校事业费收入总计192784万元，包括教育经费拨款77162万元，占收入的40%；科研经费拨款34413万元，占总收入的17.8%；其他拨款7595万元，占总收入的3.9%；教育事业收入22329万元，占总收入的11.6%；科研事业收入27660万元，占总收入的14.4%；基本建设拨款11200万元，占总收入的5.8%；其他收入12425万元，占总收入的6.5%。学校事业费收入中财政拨款为130399万元，占总经费的67.6%；自筹经费为62385万元，占总经费的32.4%。2012年，学校事业费支出总计160076万元，包括工资福利支出29720万元，占总支出的18.6%；商品和服务支出67135万元，占总支出的41.9%；对个人和家庭补助支出33977万元，占总支出的21.2%；基本建设经费支出7999万元，占总支出的5.0%；其他资本性支出20010万元，占总支出的12.5%；经营支出1235万元，占总支出的0.8%。

2012年，学校基本建设完成投资10152万元，其中教育部拨款7999万元，自筹经费2153万元。

至年底，学校拥有资产总值475497万元，比上年增加92656万元，增长24%。其中固定资产292999万元，比上年增加48010万元，增长20%。

至年底，学校负债总额为35385万元，比上年增加258万元，增长0.73%。资产负债率为7.44%，比上年降低3.16个百分点。

至年底，学校账面净资产440112万元，占资产总值的93%，比上年增加92398万元，增长2%。

（管　耘）

【财务管理】①制定管理办法。为规范和加强学校教学科研岗位教师长期因公出国（境）费用报销的管理，根据教育部、财政部的相关文件规定，财务处和人事处制定并下发了《北京科技大学教师长期因公出国（境）费用报销管理办法（试行）》（校发〔2012〕61号），规范了长期出国人员资助金额标准以及财务报销的相关流程。

②加强教育收费检查工作。年内，财务处会同纪委、监察室对教育收费工作进行了专项检查，将教育收费自查自纠工作与规范教育收费、治理教育乱收费工作紧密结合。教育收费专项检

查对规范二级单位的财务工作起到了促进作用。

③做好各类检查和审计工作。5月，学校接受了国家发展和改革委员会价格认证中心对学校2011年度各项收费及票据的重点年审，检查人员对学校收取的各类学费标准、票据使用情况、收费公示情况等进行了检查；12月，北京市医疗保险事务管理中心委托会计师事务所对学校2011年度公费医疗收支情况进行了专项审计。检查和审计人员对学校收费和公费医疗工作都给予了充分的肯定和高度评价。

④进一步规范财务行为。根据人民银行、财政部等七部委要求规范预算资金管理，严禁使用预算资金购买商业预付卡的相关规定。4月，财务处下发了《北京科技大学关于严禁使用学校预算资金购买商业预付卡（购物卡）的通知》，明确指出使用预算资金购买商业预付卡（购物卡）是一种严重违反财经纪律的行为，要求各单位严格预算资金的管理，严禁使用预算资金购买商业预付卡（购物卡）。

⑤加强二级单位财务管理及培训工作。年内，共有15个二级单位编制了自有资金预算，预算收入4293万元，实际实现收入4843万元，预算收入执行比率112.81%；预算支出5139万元，实际完成支出4435万元，预算支出执行比率86.30%，基本实现了预算收支平衡，年度预算执行情况良好；针对新的财经政策和法规，财务处不定期组织对二级单位会计人员的培训，就各单位在经费使用过程中遇到的问题进行研讨并提出建议。12月，财务处专门举办了财务报销专题培训，让学校师生更加了解财务报销的相关手续和业务流程，进一步提高财务报销水平和效率；为了指导和规范二级单位的财务工作，年内，先后对机械工程学院、新材料技术研究院、后勤基建管理处和管庄校区进行了财务工作重点检查，并针对在各单位经费使用过程中遇到的问题进行了充分沟通。对今后规范财务管理工作、做好财务服务工作起到了重要作用。

⑥严格执行相关政策，做好营改增调整工作。根据《财政部国家税务总局关于在北京等8省市开展交通运输业和部分现代服务业营业税改征增值税试点的通知》（财税〔2012〕71号）的要求，学校从9月1日起将技术开发、技术转让以及相关的技术咨询、技术服务收入由过去征收营业税改为征收增值税，税率从5%改为6%，同时在账务设置及会计处理上作了相应的调整，严格执行营业税改增值税的相关政策规定。

⑦加强信息化建设，拓宽服务途径。财务处一直高度重视信息化建设，自财务处网站建立以来，通过各类财务信息发布及实时查询，为师生提供了优质的电子信息服务。年内，财务处开发了学生补助网上申报系统，取代了以往以电子邮件形式提交学生补助数据的方式，实现了学生补助电子数据24小时网络在线上报、学生个人信息自动核对等新功能，解决了以前因为学生个人信息不准确、邮件发送不及时和邮件丢失等原因造成的无法及时发放补助的问题，大大减少了在数据提交过程中出现差错的可能性。

（何民庆）

资产管理

【概况】 2012年，学校共有本科教学实验室60个，校级公共服务平台2个，依托学校建设的各级重点实验室、工程中心等科研基地42个，实验室建筑总面积14.1万m^2。其中，国家重点实验室2个，国家工程（技术）中心2个，国家科学中心（重大科技基础设施）1个，国家科技基础条件平台2个，省部级重点实验室、研究中心24个，其他国际、国内研究机构10个，国家级教学示范中心2个，北京市教学示范中心7个。实验室工作人员251人，其中高级职称66人（正高职1人）、中级职称111人、初级职称50人、工人24人。

至年底，全校各类仪器设备共计44569台/套，价值88348.79万元。其中教学科研仪器设备33167台/套，价值69621.63万元；单价10万元以上大型教学科研教学设备1191台/件，价值53073.04万元；单价40万元以上教学科研设备342台，价值35401.17万元。学校土地面积共80.38万m^2（合1205.78亩），其中本部57.8万m^2（合867.06亩）、管庄校区5.69万m^2（合85.35亩），西三旗校区3.53万m^2（52.98亩），昌平创新园13.36万m^2（合200.39亩），全校总建筑面积97.01万m^2。

（钱大益）

【实验室管理】 ①制定《北京科技大学实验室分析测试服务管理办法》（校发〔2012〕13号），加强了实验室分析测试服务的管理；制定《北京科技大学仪器设备维修基金管理办法》（校发〔2012〕45号），有效地提高资源利用率，规范了维修基金的有效管理和高效使用。②顺利地完成第十届实验技术成果奖评审工作，共评选出一等奖5项，二等奖6项。③组织冶金工程实验教学中心申报“十二五”国家级实验教学示范中心，并获批准。④组织实验技术人员参加实验室工作论坛及年会的征文活动，11篇学术论文获奖。⑤及时、准确地完成了教育部“2011～2012学年高等学校实验室信息统计数据”的报送工作。主要包括：实验教学情况、实验室人员情况、实验室使用面积、实验室经费情况及实验室基本情况。⑥完成国家重点实验室开放运行经费和基本科研业务费管理。至2012年12月10日，国家总拨款405.05万元，共支出377.6万元。其中开放运行费拨款400万元，支出368.6万元；基本科研业务费拨款5.05万元，支出9万元（含上年结转部分）。⑦实验室生产与社会服务费用管理。至2012年12月10日，学校全年对外服务收入733.73万元，共支出205.65万元，2012年上交维修费183.43万元。

（钱大益）

【设备管理】 ①制定《北京科技大学仪器设备采购管理办法》（校发〔2012〕25号）、《北京科技大学仪器设备招标管理办法》（校发〔2012〕26号）、《北京科技大学仪器设备采购监督管理办法》（校发〔2012〕27号）。完善设备招标—采购—监督规章制度。②完成招标采购任务27批次，其中委托招标3批次，总值人民币788.6万元，120.59万美元；校内招标24批次，总值人民币1865.91万元，109.32万美元。③全校购置仪器设备2773台/套，价值8422.95万元。其中教学科研类2453台/套，价值7807.65万元。

单台10万以上104台/套，价值4816.86万元。④加强进口仪器设备管理工作，学校顺利地通过北京海关年度审验。2012年，完成进口设备采购83台，共计528.5万美元，13.44万欧元，333.42万日元。⑤完成零散政府采购1199台/（件、套），总计734.48万元。其中：电子设备类价值688.78万元，家具类价值45.70万元。⑥办理报废仪器设备917台/（件、套），价值1311.56万元，报废入库后再次领用45台/（件、套）；批量处理报废物资6次，现场处理报废23次，报废处理变现16.43万元。延续资产管理处一贯“扶贫助学”的优良传统，2012年度为延庆县井庄镇小学捐赠42套台式电脑，支持基础教育事业发展。⑦加强对大型仪器设备的考核工作，参加考核仪器设备148台。⑧核实、修改、完善了基础数据30000条，完成了院系间调拨仪器设备7500台/（件、套）。

（钱大益）

【专项建设项目管理】①配合相关部门完成“211”工程三期验收工作。②组织了优势学科平台建设项目2012年度大型贵重仪器设备8台/套，价值1000万元，设备合同基本已签订。③中央修购计划。已完成2011年度21个项目的验收工作，总计2880万元，启动了2012年度建设项目35个，金额5081万元，现启动的建设项目大部分建设完成。配合教务处编制2013～2017中央级普通高校改善基本办学条件专项资金项目规划，其中2013年项目已经通过评估。④完成冶金工程院1200万元专项资金设备的采购工作。

（钱大益）

【公房管理与土地管理】①2012年在对兄弟高校进行调研的基础上，重点对学校教学科研单位进行了情况摸底和用房测算，经过资料整理和分析，形成了“定额配置，超额收费”的基本细化方案。②参与了原轧钢所、科技园D座、低温楼和西三旗厂房等楼宇改造后投入教学科研使用的调配工作。③2012年整理、收集关于学校用地各项文档，分别赴校档案馆、北京市城市建设档案馆、海淀区国土资源局、教育部和国管局等多个部门，收集了大量学校学院路、管庄、西三旗和昌平沙河等校区和水关长城植树基地用地情况的文档、图纸，包括相关的请示、批示等宝贵文件，汇编成册。

（钱大益）

【人防及地下空间管理】①加强地下空间安全监督管理。组建了8人的队伍，负责地下空间的日常性巡视、检查和设施维修、维护任务。尤其在两会、十八大、汛期等重点时期内，坚持做到24小时值班制。特别是在“7.21”北京特大暴雨期间，巡视队员及时出动，冒着危险两人一组分头对校园进行不间断巡视，发现包括配电室、电梯井漏水等多处、多种险情，做到了首先发现、首先处置，第一时间通知有关管理人员，及时采取了关、停电梯、拦阻配电室进水等有效措施，避免了更大损失。十八大期间，为保障校园平安，资产管理处还在一些使用交叉易出现管理漏洞的区域加装一批防盗门，杜绝了闲杂人员的进入，从而消除安全隐患。②继续推进学校地下室的综合整治工作。年内累计抽取地下空间积水1460余m^3，清运垃圾数十车，对照明、水箱、应急灯等有关人防设施，进行了检查、维修和更换，堵塞因各类管线穿管造成的漏水点数百个。

（钱大益）

【环保与技术安全管理】①制定《北京科技大学实验室高压釜安全管理规定》（校资发〔2013〕1号）。②2012年共进行了3次全面的检查和气体钢瓶、危险化学品、高温高压加热设备、水电卫生4项专项检查，发现潜在隐患，及时对规章制度、化学危险品、设备使用、用水用电、废弃物排放等存在问题提出了书面的整改意见，并要求限期落实。③按上级环保和卫生部门要求共处理实验室废弃试剂、废液6780千克，废弃试剂瓶11320千克，医用污水110吨。为了规范废弃物的处理，减少实验室废物堆放，在科教中心库房处建立了废弃物暂存库，以便定期收纳和运输废弃物。④强调实验室安全的日常注意事项，提高进入实验室各类人员的安全意识。2012年度共向实验室发放《安全提示单》2910余份。

（钱大益）

【其他工作】①资产管理处以《高校实验室文化建设的目标取向研究》为研究内容，申报北京科技大学2012年党建研究课题，批准立项并完成。北京科技大学资产管理处作为负责单位，联合北京部分高校，承担北京市高等教育学会技术物资研究会2012年学术研究课题《基于实验室资质建设下的实验室资源共享模式探讨》、《中国教育装备采购网易采购系统》2项课题。另外，还承担了北京市高等教育学会技术物资研究会2012年学术研究课题《高校实验技术队伍建设考核评价激励机制研究》、《北京市高等学校安全生产管理体系研究》、《高校化学类实验室安全标准配置初研》、《高校仪器设备采购务实及难点问题探索》、《高校仪器设备跨院系共享平台模式研究》5项课题。②完成包括《政府采购信息统计报表》、《事业单位资产统计报表》、《中央行政事业单位国有资产年度决算报表》、《信息化基础条件统计报表》、《北京科技大学实验室信息统计情况表》和《事业单位公务用车配备使用管理情况清查报表》6套报表的统计上报工作。③监管各机房机时费的分配与使用，统计各机房全年机时情况提供给教务处。废除机票统计方式，改为机时汇总表统计模式。

（钱大益）

信息化建设与管理

【概况】2012年，信息化建设与管理办公室在编人员共10名，负责全校校园网、校园卡和数据的管理、运维、数字化校园建设、校园网中英文主页的建设与维护、校园网站的安全与管理、校园信息化基础保障环境改造与规范等工作。

2012年，在全力做好学校信息化建设的顶层规划和系统建设同时，坚持以师生为本、实用为先的原则，充分挖掘和发挥信息化的优势，积极为学校的各项工作提供信息化支撑和保障，在改善信息化基础环境，简化、优化业务流程，整合数据资源、构建服务平台等方面开展了大量的工作；充分用好信息化的技术和手段，为师生员工创建良好的信息化环境和保障条件，推进教学、科研、管理、服务等信息化的应用。通过信息业务系统、数据中心的建设与拓展，逐步提升校园信息化在学校教学、科研、管理和服务的支撑作用。

在学工系统年内完成的学风状况调研结果显示，“校园网络建设”满意率增加幅度最大，比上一年同期增加16.5%。

（杨德斌）

【数字化校园】2012年，围绕学校中心工作，校内核心业务系统已经逐步平移至校园信息门户平台，信息门户已经成为广大师生必不可少的常态化访问站点。随着网上职称评定、财务信息申报与查询等业务系统开始广泛使用，业务流程进一步得到简化和优化，数据进入合理有序的流通轨道。构建起与中国人民大学、北京交通大学等在京高校基于下一代互联网的高校互通平台，首批联入高校资源共享通道。

2012年，“数字迎新”以网络和信息化手段，实现了“数字”“赢心”，有效地提高了学校迎新工作效率。包括“网”前移——以网站为载体，让新生提前了解熟悉校园；“早”沟通——以电子邮箱为通道，增强和新生间的互动交流；“梳”流程、“合”数据——通过快速的信息传递和数据实时统计、分析和共享，有效整合了迎新流程，实现了数据共享。

学校的数字化校园应用效果已经走在了全国高校的前列，得到同行们的认可。年内，接待京内外多家高校来校交流信息化建设及应用经验。2012年10月，学校被指定为北京市教育信息化工作会议的典型代表，代表北京市高校介绍信息化建设的经验。

（张广彬、何　敏）

【网络中心】网络中心主要承担校园网络的维护、监控、实施和技术培训等任务。年内，主要完成如下工作：①圆满完成“下一代互联网教育科研基础设施北京科技大学校园网IPV6技术升级”项目的总体验收工作。②增加具有IPV6安全属性的高性能接入层交换设备400余台，很好地支撑着以IPV6为核心的下一代校园网及其应用，也有效解决了接入层设备老化导致的校园网络不稳定因素。③在完善校园网络环境的基础上，建设起下一代互联网管理、认证服务体系，为学校的教学、科研、管理提供更加安全、稳定、快捷的网络环境和新技术支持。④教学区无线网络的扩建和改造为教学区的校园网用户提供了新的上网方式，使得学校的无线网络更加便捷与通畅，更好的服务于学校的校园网用户。⑤采用高性能服务器，针对电子邮件、门户网站、认证服务、计费刷新以及OA等服务器升级更新，使得校园网基础服务性能大幅提升。⑥分布式校园网节点设备间智能监控系统实现了节点设备间温湿度、烟雾监测及交换机电力供给的在线监控，为网络设备故障早期预警、校园网络稳定性提供了准确、科学的依据。⑦自主研发的网上客服平台（网上报修系统和网络服务）用网络手段解决各类信息化相关咨询和求助，大幅度提升了网络中心的服务水平。⑧圆满地完成了各阶段的校园网络安全保卫工作。2012年，学校未发生一起网络安全事件，保障了各时期的校园网络安保工作，获北京高校“信息与网络安全先进单位”称号，并被选派为先进代表进行典型发言。

（梁　哲、谢海波）

【校园卡管理中心】2012年，校园卡管理中心共计制卡、发卡、补卡万余张，接待师生用户约2万人。按时完成2012级新生大批量制卡、发卡，全力配合数字迎新，实现了校园卡数据与数字迎新系统的对接；完成校园卡的提前制作与发放；完成南门地库门禁与一卡通系统对接的升级改造工作，同时全力配合地库门禁系统的升级；完成了学校楼宇智能门禁系统的全面建设工作，为广大师生的出入提供了便利；对学生早操考勤系统进行硬件与软件升级，完成学生早操出勤使用校园卡签到的全过程；采用信息化手段实现了银校转账系统与一卡通业务系统的手工对账，提升了银校转账的对账工作效率；进一步加深了一卡通数据与学校数据交换平台的数据交换与同步工作，实现数据的深度集成；开通校园卡遗失卡查询功能，方便丢卡用户查询校园卡遗失情况。

（张广彬、董　勇）

招生与就业指导

【招生工作】2012年8月上旬，学校圆满地完成了招生录取工作，本科和高职在全国各省市继续实行网上录取。2012年，学校有理科实验班，“五大类”（包括机械类、能源动力类、工商管理类、管理科学与工程类和经济学类）和“四卓越”（包括材料科学与工程“卓越计划”、机械工程及自动化“卓越计划”、冶金工程“卓越计划”、矿物资源工程“卓越计划”）招生，另有26个理工科专业、6个文科专业，8个文理兼收的专业，面向全国31个省、市、自治区招收本科生3358人（含港澳台1人），其中文科413人，理工科2945人。总人数中含2011年学校招收的少数民族预科生22人，新疆民考汉20人，新疆、西藏内地班学生18人，艺术设计（艺术类）39人，招收专科生（高职）100人。同时，新招收少数民族预科生22人和新疆民考汉20人（在北京邮电大学读一年预科）。

从新生情况看，男生2066人，占61.5%；女生1292人，占38.5%。城镇户口2143人，占63.8%；农村户口1215人，占36.2%。应届生3009人，占89.6%；往届生349人，占10.4%。汉族学生3000人，占89.3%；少数民族学生358人，占10.7%。党员13人，占0.4%；团员3250人，占96.8%；其他95人，占2.8%。2012年，第一志愿录取率为98.6%，调剂志愿录取率为0.0%。2012年，学校采取了多种措施加大招生宣传力度，一方面认真组织立足本校的现场咨询、电话咨询和网上答疑，如组织校园开放日活动，开通多部电话、在线咨询BBS、咨询电子邮箱和微博等。另一方面走出学校参加各类现场咨询、报刊杂志、广播电视及网络宣传活动，如参加各地的现场咨询，在《中国青年报》、《北京考试报》以及《求学》等杂志报纸上刊登招生宣传稿件，参加各大网络媒体和电视台的访谈。此外，进一步开展与知名重点中学共建优质生源基地工作，以此助力招生宣传工作的落实和提高。

2012年，学校加强招生录取流程中存在的风险点研判，从制度上确保录取的公平，包括落实“阳光工程”6公开、6不准各项要求，保证做到“逢录必考”，保证每一人次录取均经招生工作领导小组研究审批决定，保证录取结果全部公开，保证纪检监察部门全程参与、监督，保证群众投诉渠道公开、畅通、“首问负责”。通过实现“有章可循”、“有章必循”的责任制度，2012年度的招生录取继续实现“零投诉”。

（王占奎、王　彬）

附　录

北京科技大学2012年录取分数统计表

		学生来源								
		北京	天津	河北	山西	内蒙古	辽宁	吉林	黑龙江	上海
理工类	招生人数(不含保送生)	233	63	175	127	96	91	64	69	14
	省重点线(理工科)	477	530	564	530	469	517	515	514	423
	最高分/最低分	652/566	644/618	648/625	614/587	599/565	627/596	617/580	623/524	453/436
	学校录取平均分	588	623	630	594	576	605	592	579	442
		江苏	浙江	安徽	福建	江西	山东	河南	湖北	湖南
	招生人数(不含保送生)	80	84	121	67	98	129	123	104	104
	省重点线(理工科)	340	593	544	546	547	582	540	551	520
	最高分/最低分	374/364	669/652	635/617	636/606	623/604	669/631	632/603	633/593	608/583
	学校录取平均分	368	656	622	614	609	648	608	600	590
		广东	广西	海南	重庆	四川	贵州	云南	西藏	陕西
	招生人数(不含保送生)	47	45	15	60	89	52	46	6	105
	省重点线(理工科)	585	528	614	522	518	470	465	460	517
	最高分/最低分	625/609	617/589	749/716	622/576	612/520	609/573	599/561	533/513	620/591
	学校录取平均分	614	600	729	592	568	580	574	525	602
		甘肃	青海	宁夏	新疆					
	招生人数(不含保送生)	49	37	34	67					
	省重点线(理工科)	517	401	440	445					
	最高分/最低分	617/557	564/496	578/505	586/537					
	学校录取平均分	590	530	524	551					

续表

		北京	天津	河北	山西	内蒙古	辽宁	吉林	黑龙江	江苏
文史类	招生人数(不含保送生)	32	20	25	19	18	18	11	18	15
	省重点线(文科)	495	549	572	539	492	563	529	526	341
	最高分/最低分	582/548	623/614	620/609	582/569	571/536	620/597	590/579	595/561	371/354
	学校录取平均分	558	618	613	573	557	607	583	578	359
		浙江	江西	山东	河南	湖南	重庆	四川		
	招生人数(不含保送生)	15	14	23	21	21	13	16		
	省重点线(文科)	606	570	573	557	571	554	516		
	最高分/最低分	656/643	606/598	628/616	602/594	616/607	614/594	557/526		
	学校录取平均分	646	600	621	596	610	603	540		

【就业工作】学校2012届毕业生共计5840人，其中研究生2530人，本科生3310人。至2012年8月31日，全校平均就业率为96.73%，其中研究生就业率98.81%，本科生就业率95.14%。研究生和本科生的签约率、初次就业率及高质量就业率基本与2011届持平。

①完善生涯辅导体系，提升学生综合竞争力。就业指导中心继续致力于打造一二课堂互动互融的大学生生涯辅导体系。2012年，职业生涯规划教研室全年累计授课840学时，课程满意度在90%以上。3～4月，由就业中心携手各学院以“职业生涯规划辅导活动月”为载体，通过生涯规划讲座、毕业校友访谈、团体辅导以及单独咨询等活动，用学生喜闻乐见的形式，帮助学生认清就业形势、合理定位和科学规划。在此期间，学校先后组织专题讲座19场、现场答疑10场、简历大赛8场、工作坊6场以及模拟面试大赛3场，职业生涯系列电影免费放映4场。5～10月，学校继续秉承以人为本的服务理念，用人性化的就业服务措施有针对性地解决学生的实际困难：对就业相对困难的学生给予更多的关注与支持，对经济困难学生直接给予经济补贴，对心理承受力较差的学生，进行心理疏导、排解就业压力，对个人能力较差的学生组织一对一专项辅导。1月，学校先后组织41位就业专职教师、辅导员参加北森教育集团举办的“TTT课程培训”提高教学水平及生涯辅导技能。12月，学校组织任课教师完成了课堂教学视频录制，授课角度更加丰富多彩，为学校就业网络课堂的进一步改版奠定了基础。

②加强校企平台建设，稳步开拓就业市场。学校在稳固已有就业渠道基础上，继续开拓就业市场。2012年下半年，我国冶金、机械等行业受到冲击，单位进校招

聘数量减少，为此学校积极联系冶金材料、航空航天和汽车制造等行业的知名企业，保障了航天科工、科技集团、中船和北汽等知名企业接收学校毕业生的规模。2012年，学校共举办大型双选会2场，中型双选会11场，专场宣讲会339场，发布就业实习信息4500余条，各学院新引进企业66家，初步建起符合学院专业特色的行业市场。为了让非应届毕业生有机会提前体验职场、接触企业，5月，学校继续举办“实习生双选会”，共有107家单位参展，展会规模进一步扩大，单位质量不断上升，吸引了中兴通讯、北京现代汽车和北京京东方科技集团等国内知名企业。

③科学优化日常管理工作，提高就业服务水平。为了进一步提高服务水平，学校积极开展就业工作的标准化、日程化。2012年，学校就业中心结合就业工作的时间特点，制作了《2012～2013学年就业工作年历》。同时在本科生咨询派遣、研究生咨询派遣、就业指导课程建设、就业市场开拓、签约咨询指导等具体分工的基础上，大力开展具体工作书面化、流程标准化工作，初步形成了《签约咨询指导手册（草稿）》、《双选会实用手册（草稿）》等书面材料，基本实现了就业工作的标准化传承。

④贴近实际着重调研，保障就业工作质量。学校以专业化、专家化的就业工作队伍为抓手，开展各项就业调研和调查。2012年1月，学校特色工作“建设一支高水平、专业化的就业工作队伍”成功入选北京市教委“创业就业示范项目—就业特色项目”，并获得50万元专项经费支持。2月，学校开展签约状况调查。5月，走访太钢、太重等重点用人单位，调查反馈毕业生工作状况及用人单位关于人才培养的意见，同时校内开展未就业状况调查，深入推荐未就业毕业生。9月，根据2012届毕业生基本状况，学校制作了《北京科技大学2012届毕业生就业状况白皮书》，系统总结了学校2012届毕业生就业状况，并对各个学院、研究生培养单位的就业情况进行逐个剖析，通过具体数字详细解读了学校毕业生在行业分布、地域分布、薪酬情况、专业相关性以及未就业学生等不同问题。10月，召开2011～2012学年度就业工作会议，校党委书记罗维东、校长徐金梧、副书记谢辉以及各学院和相关部处的领导均参加了会议。

（尹兆华、刘晓杰）

审计工作

【概况】2012年，审计室根据学校工作的总体部署，在校党委、行政的领导下，认真执行年初制订的审计工作计划，圆满地完成了经济责任与财务收支审计、基建与修缮项目审计等重点工作和日常工作，充分地发挥了内部审计的监督和服务职能，为学校教学和科研工作提供了良好的服务。

（刘淑华）

【队伍建设】重视政治理论和专业知识学习，努力提高审计工作水平。按照教育内审和会计岗位资格的制度要求3人次完成2012年度会计继续教育培训；4人次参加了中国教育审计学会组织的审计后续教育培训；1人次参加了教育部直属高校第四协作组学习交流会，为会议准备的稿件被收录协作组的交流学习材料中，受到参会人员的一致好评。按照要求，全体党员参加了北京高校教师党员在线学习，完成了规定的学时数。

加强审计理论研究，完成中国教育审计学会资助的课题1项，被评为获奖项目。发表审计会计相关论文5篇。

（刘淑华）

【主要工作】按照学校党风廉政建设工作要求，结合审计工作的实际情况，制定了《审计室贯彻落实党风廉政建设责任制实施细则》，以文件的形式明确了审计工作的原则及各岗位党风廉政建设的责任，从制度上保障了审计工作的客观公正。结合教育系统和内部审计协会新出台的制度文件，继续规范审计工作流程，修订了《经济责任审计工作流程图》，各项经济责任审计工作严格按照工作流程执行，促进了内部审计工作机制的进一步完善。制定了《北京科技大学审计室审计档案管理规定》，保证了审计资料的完整性，促进了审计工作的规范化和制度化。

①经济责任审计和财务收支审计。按照《教育部关于做好教育系统经济责任审计工作的通知》和学校年度审计工作计划，审计室分别对机械学院、材料学院、国重、团委和国际处5个单位负责人进行了任期经济责任审计，接受组织部委托，对广东研究院原负责人进行了离任经济责任审计，同步开展了所在单位的财务收支审计，共提出审计建议23条。

审计程序按照教育部17号令和《内部审计准则》及学校内部审计规定进行，主要针对预算编制及执行、财务收支、财经内控制度建设及执行、资产管理以及部分合同的管理和执行情况进行审计。

审计中注重从制度入手解决审计发现的问题。在2012年度审计过程中，特别强调了制度审计的重要性，除了对被审计单位内控制度的健全性和有效性进行测试外，还从查出的问题入手分析制度的合理性，防止因管理体制机制不合理导致经济业务出现问题，通过审计，大大推动了被审计单位内控制度的进一步完善。

审计时与被审计单位加强沟通，深入交换意见，提升服务水平。交换意见时，不仅指出问题所在，同时提出防范同类问题再次发生的措施和方法，详细解答被审计人员的疑惑，耐心宣传财经管理知识，指导被审计单位财务人员利用网络资源进行发票真伪的识别、企业信用的查询，协助被审计单位与资产管理部门及时解决资产管理中存在的问题。目的是帮助被审计单位不仅做好现存问题的整改，更重要的是防范同类问题的再次发生。贴心周到的审计服务得到被审计单位的一致认可。

细化审计工作，提高审计效率和效果。进一步细化了审计通知书中所需资料清单，使被审计单位第一时间知道审计工作的主要内容和重点，同时可以更快地收集到审计资料。注重审计问题的整改落实，要求被审计单位在规定期限内反馈整改报告，根据反馈情况，适当进行抽查，同时，结合党风廉政建设责任制落实情况检查工作，监督各单位进行整改落实，通过以上方式大大提高了审计工作的效率和效果。及时更新“审计问题数据库”，对审计问题进行分类汇总，区分共性和个性问题，并将审计情况上报主管校领导，为学校财经管理决策提供服务，发挥了内部审计监督与服务的功能。

通过处级领导干部任期经济责任审计，强化了被审计干部任职内应履行的经济责任和党风廉政建设职责，增强了被审计单位财经管理人员的岗位责任意识，推动了二级单位内部财经管理制度的建设，充分发挥了审计在学校落实“三重一大”决策制度工作过程中的监督作用，这一作用也得到教育部对学校落实“三重一大”决策制度执行情况检查工作组的肯定。

②基建项目审计。2012年，工程项目审计的重点是继续对大项目一期厂房建设实施全过程审计。为保证全过程审计质量，审计室加强对外委审计的监督力度，要求外审人员定期汇报全过程审计情况，特殊事项和重大事项随时报告。针对外审发现的问题，及时协调相关部门进行解决，保证了大项目一期厂房的顺利建设。

在全过程审计中，加大事前审计力度，有效地控制了工程总造价。加强招标文件的审核，对直接影响工程造价的量、项、价、费4大因素，要求尽可能在招标文件中体现，以利于控制工程总造价；参与制定拦标价，依据招标文件、设计及施工图纸和工程量清单等资料编制招标参考价，尽可能使招标价趋于合理，在保证工程质量和工期的前提下，尽可能为学校节省资金。细化事中审计事项，保证工程质量。在施工期间，定期不定期对工程量和隐蔽工程进行抽查，严格按照合同内容进行审查，及时提出合理化建议及控制意见，并监督落实情况，确保工程施工质量。事前和事中的审计监督，提前控制和核减了工程造价中的不合理因素，使工程结算时的造价基本趋于合理，减轻了工程完工后决算时的审计工作量，避免了工程结算时的扯皮现象，同时也更好地保证了工程的质量安全，达到了审计关口前移的目的。

③修缮项目审计。2012年，修缮审计工作人员参与学校部分招标文件的制定，进行了校本部和管庄校区的招标文件与合同审核，对施工过程中的工程质量进行抽检、抽查隐蔽工程、核定形象进度、参与竣工验收，工程结算审计时对工程量进行实地丈量、确认主材价格、复算洽商内容等。同时，还解答和协助相关部门人员处理工程施工中和预算结算中遇到的一些疑难问题。

2012年，共完成修缮工程结算审计项目67项，报审金额1192.31万元（其中中标10项，计601.67万元；包死价5项，计46.25万元），在后勤基建管理处和管庄校区审核基础上审减43.42万元。协助后勤管理科完成工程结算项目审核4份，节省资金约10万元；帮助后勤基建管理处主管领导解决工程结算疑难问题2份，节省资金约25万元。共计审查工程合同43份，协助管庄校区制定招标文件3份，参加管庄校区工程招标4次，参加本部与校区竣工验收25次，出行管庄校区进行工程审计相关工作共56天。

④专项经费审计。按照“211”部协办〔2012〕1号《关于做好“211”工程三期验收工作的通知》和校发〔2012〕8号《关于做好“211”工程三期验收工作的通知》要求，审计室分别对学校“211”工程三期9个建设项目的经费使用情况出具审计报告，并对学校“211”工程三期总体经费使用情况出具了总报告，配合其他部门顺利完成了学校“211”工程三期的验收工作。

根据学校第17次校长办公会决定，审计室对学校60周年校庆专项经费使用情况进行了审计，提出了完善学校服务和材料的采购管理制度以及进一步规范经济合同管理2条审计建议。

⑤日常审计检查工作。根据《教育部、财政部关于清理检查直属高校资金往来情况，加强资金管理，确保资金安全的通知》（教财〔2002〕2号）精神，认真落实银行对账单“双签”制度，对学校财务处定期报送的银行对账单进行审签。对学校科研部报送的纵向科研经费进行审签。

单位负责人兼任中国教育审计学会信息委员会主任，负责信息委员会年度工作计划的制定，负责“CEE-中国教育审计网”重大信息的审核、网页改版、定期更新以及不同栏目工作的协调和联系工作。

1人借调教育部发展规划司2个月，协助完成全国民办高校债务调查及分析工作；参加学校党风廉政建设责任制落实情况和治理教育乱收费等检查工作；完成审计档案的整理和移交工作；完成校领导交办的其他临时性审计任务。

（刘淑华、高文义）

国际及港澳台交流与合作

【概况】2012年，学校朝着建设“国内一流，国际知名的高水平研究型大学”的发展目标，积极构建全方位的国际化建设格局，提升并深化与友好学校战略合作关系，建设并发展高层次国际化合作平台，推进多元化学生国际化培养体系，实质推进国际化建设的各项工作。

2012年，学校新签约10所海外合作高校，并与6所知名海外高校续签了合作协议；共执行58项学生海境外交流项目，新达成学生项目10个；共接待各类来访人员860人；共聘请来自亚、欧、美等30多个国家和地区的专家学者446人；共办理短期因公出入境手续536人次；共计派遣491名学生出国（境）进行学术交流。

（梁志扬）

【校际交流与合作】2012年，校际合作与交流工作通过构建有重点、多层次、全方位的合作网络，推动校际交流的整体发展。

①以对欧合作为重心，强化同欧洲高水平大学的校际合作关系，充分利用欧洲丰富且发达的高等教育资源提升学校的教育水平。新建立的校际合作伙伴中，5个集中在欧洲，创单年度欧洲区新增合作伙伴之最，其中包括巴黎第十一大（世界排名49）、巴黎第十三大（法国大学综合排名31）。年内，罗维东书记、徐金梧校长、张跃副校长等校领导与英国邓迪大学、瑞典皇家工学院、英国波次茅斯大学以及爱尔兰圣三一学院等世界名校的校长进行了会晤；徐金梧校长出席了中英高级别人文交流机制系列活动。领导层的交流为学校与对方院校开展或深化校际合作交流奠定了基础。

进一步构筑北美合作关系，拓展国际合作交流新渠道，优化学校国际合作关系格局。年内，与美国加州大学伯克利分校（世界排名前十）、美国工程师教育联盟和美国德克萨斯阿灵顿分校新签署或续签了合作协议；以国际科研合作为平台，推动学校科研合作平台的建设和国际交流关系的发展。与美国橡树岭国家实验室等世界一流研究机构联合开展科研、互聘专家授课讲学、共办国际学术研讨会。

以亚太为立足点，充分利用地缘、语言的优势开展合作交流，巩固睦邻友好的区域合作关系。10月，校党委书记罗维东率团访问韩国国立顺天大学，同与会高校就“大学特性化发展”这一会议主题进行广泛和深入交流，为学校国际化发展提供了依据和参考，推动了多边合作平台的搭建，合作格局得以扩展和优化，开创了工作的新局面。

②继续推进“外国大学日”品牌活动。年内举办了法国大学日活动，邀请巴黎政治学院、图卢兹三大、图尔大学工程师学院、奥尔良大学工程师学院等法国知名高校的代表前来参加；举办了东北大学日活动，东北大学里见进校长亲自率团前来参加，并签署了两校合作协议，进一步深化了两校的教学和科研交流。

③共接待各类来访人员860人，其中部长级3人，大学校长30人，来访学生团组442人。首次举办了北京科技大学－意大利卡塔尼亚大学文化遗产保护科技研习班，安排了专业讲座、博物馆实地考察和名胜古迹参访等充实丰富的培训内容；接待亚琛工业大学学生实习团，安排包括金工实习、汉语学习、学生交流、文化交流和企业参访在内的多种活动；接待了美国弗吉尼亚理工大学学生团、美国杰克逊州立大学学生团、韩国彩虹之桥项目学生团以及马来西亚理工大学学生团等优质学生团组。

④继续推动教师出国研修及参加国际学术会议，共办理短期因公出入境手续536人次，其中参加国际会议280人次，学术交流212人次，访问考察27人次，其他17人次。制作了《北京科技大学师生短期因公出访指南》，内容包括短期出访行前须知、报销流程等，以为师生提供更好的服务。

⑤学校与英国德蒙福特大学达成一致意见，双方将合作建设新华－德蒙福特－北京科技大学创意产业孔子学院，目前学校已向中国国家汉语国际推广领导小组办公室提交合作建设孔子学院的申请。该孔子学院的建设，将提升学校在海外的影响力和辐射力。

（郭侃俊、梁志扬）

【学生国际化培养】2012年，共执行各类学生海（境）外项目58个，共计派出学生491人，其中中长期学习类项目287人（含校际交换类项目94人、联合培养类项目78人、攻读硕士项目62人、国家公派53人），短期访学、研究类项目派出68人，访问交流类项目派出61人，75人参加了各种国际会议及学术竞赛。新洽谈成功各类学生项目10个。

①项目结构调整优化。本着“以学习为主，长短期结合”的原则，目标明确、重点突出地执行了一批多层次、多模式的学生海境外交流项目。年内，执行的58个学生海境外交流项目中，学习类项目占50项，中长期学习类项目人数占派出人数占总数的58.5%。

积极开拓学生交流方式，为学生创造更多的赴境外学习、交流的机会。其中，加大了短期出国（境）交流访学的派出力度，组织学生参加全球集思论坛、世界大学生领导者研讨会、赴美社会调研等国际学术交流活动。

深度挖掘了原有项目，并在此基础上拓展了一批新的高层次交流项目。2012年，新增美国加州大学伯克利分校研修访学项目、赴英国邓迪大学攻读职业会计专业硕士项目等，拓展了与英国邓迪大学3+1+1联合培养项目的选拔专业，与图尔大学工程师学院将合作模式由攻读硕士学位扩展至3+1+2本硕连读。

争取多种形式、多种渠道的奖助学金，支持和鼓励优秀学生赴外学习。年内，成功申请到留学基金委优秀本科生国际交流项目资助，有效推动了学校优质项目的开展。

②校园国际化稳步推进。加强教学理论研究，完善国际理解课程建设；引进国外优质课程及师资，为学生提供国际化教育的在校体验，年内，引进了加拿大滑铁卢大学教授讲授“北美社会与文化”课程；与塔林理工大学联合举办了2期讲习班，教学内容与学校相应课程的教学内容衔接，成功探索与国外大学交流合作的新模式。

③积极探索项目管理新途径。在国际处网站开设专栏整合与发布国际交流项目信息，加强了信息受众的针对性和提高项目管理效率；举办学生海（境）外经历拓展项目说明会，举办学生项目开放日、利用人人网等媒介发布信息、印制《学生海境外学习工作流程》，加强对学生申请项目的指导。

（李　贝、梁志扬）

【港澳台地区交流】2012年，学校对港、台交流工作稳步推进。学生交流活动活跃，以“传承 创新 发展”为主题的对台、对港交流活动均获选教育部港澳台办重点交流项目。年内，举办了“传承 创新 发展”2012北京科技大学海峡两岸大学生科技与文化交流营，共计有16所台湾学校和3所北京高校300余名师生来校交流；学校向12所台湾高校共计派出交换学生64名，成功大学、台北科技大学、朝阳科技大学等高校来校交换学生16人；学校5名学生前往台湾大学参加暑期实验室研修项目，7名学生获邀参加了台湾大学“创新与改变”2012全球集思论坛。

学校与台湾高校双边互动增强，教师交流频繁。4月，台湾大学、台北科技大学、屏东科技大学的校长分别访问学校，参加“北科大与世界”论坛，共同探讨大学国际化发展的理论与实践；5月，学校派出代表团赴台参加了台湾新一代设计展，与台湾高校在工业设计与艺术领域进行了交流；暑期，学校派出第3批中层干部培训团，在辅仁大学的行政单位进行全职挂职锻炼；8月，学校举办“北京科技大学－屏东科技大学第七届学术研讨会”。

（郭侃俊、李　贝、梁志扬）

【引智工作】共聘请来自亚洲、欧洲、北美等30多个国家和地区的专家学者446人，其中长期外籍语言类教师20人，长期专家25人，来访短期专家401人；共聘请名誉教授2人，海外院士8人，高端外国专家项目（外专千人计划配套项目）资助专家1人。执行各类项目37项，举办各类学术讲座100余场，主办9个大型国际学术会议，涉及冶金、材料、环境和机械等重点领域。

①2012年，1项海外名师项目、1项学校特色项目、1项高端外国专家项目新获教育部和外专局批准。至此，学校共获批3项海外名师项目、3项学校特色项目（1项已结题）、3项高端外国专家项目（均已结题）。此外，新申报各类引智项目共54项，其中包含2项海外名师项目、2项学校特色项目、8项学校重点项目。

②通过海外名师项目、“111”创新引智项目和高端外国专家项目（外专千人计划配套引智项目）等，聘请一批高层次专家来校合作研究讲学。日本国立物质研究机构Koichi Yagi博士、日本东京工业大学防灾减灾工程专家Kazuhiko Kawashima（川岛一彦）教授、美国田纳西大学材料专家T. G. Nie教授、美国佐治亚理工学院系统信息与控制方向学科带头人史建军教授等大批国际一流专家学者来校进行短期访学及合作研究。

③有计划地引导各二级单位规划建设院系引智平台，发挥行业特色院校优势，强化工程学科建设，建设国家材料服役安全科学中心平台；服务国家重大热点问题，支持学校冶金矿业安全学科，建设工业节能减排平台，积极推进能源与环境交叉学科研究；面向国家战略需求与布局，促进学科交叉与融合，积极推进高温超导材料、航空航天材料、高性能纳米材料的研究与开发。3大引智平台均获批“111”创新引智基地，围绕相关科研以及高层人才培养进行相关工作。

④继续推进“大师进校园”品牌项目。成功地邀请到美国工程院院士、卡内基麦隆大学计算机科学学院院长Randal Bryant教授，法国科学院院士、香港城市大学科学及工程学院吕坚教授，日本工程院院士、日本东北大学前副校长庄子哲雄教授和德国亚琛工业大学冶金研究所所长Dieter Senk教授等来校讲学。

⑤主办了9个大型国际学术会议，包括高温材料化学国际研讨会，2012多尺度材料计算模拟国际会议，2012多尺度、多功能梯度材料国际会议，轧钢设备新技术国

际研讨会，第二届土壤与水体修复理论与技术国际研讨会，2012中非国际沼气技术研讨会，第九届国际熔渣、溶剂与熔盐学术会议，第三届智能科学与智能数据工程国际会议和Gamma钛铝合金技术国际研讨会等多个学术领域的会议。来自世界30多个国家的一流高校及科研机构的代表以及中科院等国内众多科研院所共计800余名知名学者参加了会议。

⑥配合院（系）的教学需求，协助院（系）聘请长期专业类外籍教师，并鼓励专家来华授课，从而丰富教学体系；资助教师出国参加国际学术会议，积极推进师资队伍国际化；鼓励基础学科教师申报教育部引智常规项目，并通过学校基础科研业务费资助人文社科教师聘请外国专家，服务于学校的学科发展；通过国际交流，为学校引进加拿大滑铁卢大学优质课程“北美社会与文化”，并聘请德国大使馆官员主讲“德国文化与高等教育”、“在德国学习和研究”等专题讲座，协助改善部分国际化教育课程体系，促进国际化人才培养。

（郭侃俊）

【出访派出工作】2012年，为贯彻落实推进国际化进程工作会议精神，继续推动教师出国研修及参加国际学术会议，共办理短期因公出入境手续536人次，其中参加国际会议280人次，学术交流212人次，访问考察27人次，其他17人次。制作了《北京科技大学师生短期因公出访指南》，内容包括短期出访行前须知、报销流程等，以为师生提供更好的服务。

（李俊海）

附　录

北京科技大学2012年度授予的外籍及中国台湾地区名誉教授

姓名	国别/地区	单位、职务（职称）
迪特 森克（Dieter Senk）	德国	德国亚琛工业大学冶金所主任
吕坚（Jian Lu）	中国（香港）	香港城市大学科学与工程学院

2012年北京科技大学海（境）外合作高校一览表

序号	国别/地区	高校名称	合作项目	涉及专业领域	备注
1	美国	加州大学伯克利分校	学生联合培养	材料、冶金、机械等工科类	新签
2	美国	工程师教育联盟	师资、课程		新签
3	法国	巴黎十三大	科研、师资	材料、化学、生物	新签
4	法国	巴黎十一大	学生联合培养	材料等	新签
5	英国	曼彻斯特城市大学	学生联合培养	经济管理	新签
6	意大利	卡塔尼亚大学	科研、师资	冶金史	新签
7	芬兰	拉瑞尔应用技术大学	学生交换、交流	经济管理	新签
8	日本	青山学院	学生交换、交流	日语	新签

续表

序号	国别/地区	高校名称	合作项目	涉及专业领域	备注
9	中国（台湾）	中国文化大学	学生交换、交流	法学、行政管理等	新签
10	中国（台湾）	暨南国际大学	科研、师资	材料、机械等	新签
11	日本	东北大学	科研、师资、学生交换	材料、冶金等工科	续签
12	美国	德克萨斯阿灵顿分校	学生联合培养	材料、冶金等工科	续签
13	德国	斯图加特应用技术大学	科研、师资	环境	续签
14	英国	邓迪大学	学生联合培养	数理、计算机、自动化等	续签
15	中国（台湾）	辅仁大学	学生交换、干部培训	不限	续签
16	瑞典	皇家工学院	科研合作、学生联合培养	冶金、材料、土木工程	续签

2012年北京科技大学学生海（境）外交流项目一览表

序号	国家/地区	合作高校/机构	项目类型/名称
1	中国（台湾）	台湾大学	校际交换
2	中国（台湾）	屏东科技大学	校际交换
3	中国（台湾）	朝阳科技大学	校际交换
4	中国（台湾）	明志科技大学	校际交换
5	中国（台湾）	台湾科技大学	校际交换
6	中国（台湾）	成功大学	校际交换
7	中国（台湾）	静宜大学	校际交换
8	中国（台湾）	台北科技大学	校际交换
9	中国（台湾）	中兴大学	校际交换
10	中国（台湾）	辅仁大学	校际交换
11	中国（台湾）	华梵大学	校际交换
12	中国（台湾）	逢甲大学	校际交换
13	中国（台湾）	东海大学	校际交换
14	韩国	浦项工业大学	校际交换
15	韩国	国立昌原大学	校际交换
16	日本	北海道大学	校际交换
17	日本	东北大学	校际交换
18	日本	中央大学	校际交换

续表

序号	国家/地区	合作高校/机构	项目类型/名称
19	日本	室兰工业大学	校际交换
20	日本	京都产业技术大学	校际交换
21	德国	汉诺威大学	校际交换
22	德国	亚琛工业大学	校际交换
23	爱莎尼亚	塔尔图大学	校际交换
24	爱莎尼亚	塔林理工大学	校际交换
25	中国（台湾）	中国文化大学	研修访学
26	美国	加州大学伯克利分校	研修访学
27	美国	加州大学河滨分校	研修访学
28	美国	加州大学圣地亚哥分校	研修访学
29	多国	SAF	研修访学
30	美国	佛罗里达大学	研修访学
31	英国	斯旺西大学	联合培养2+2
32	加拿大	滑铁卢大学	联合培养2+2
33	日本	城西国际大学	联合培养2+2
34	美国	密苏里大学	联合培养2+2
35	英国	兰卡斯特大学	联合培养3+1
36	加拿大	麦克马斯特大学	联合培养3+1
37	美国	普渡大学盖莱默校区	联合培养3+1
38	英国	邓迪大学	联合培养3+1+1
39	英国	斯旺西大学	联合培养3+1+1
40	爱尔兰	利莫瑞克大学	联合培养3+1+1
41	澳大利亚	昆士兰大学	联合培养3+1+1
42	加拿大	滑铁卢大学	联合培养3+1+1
43	中国（台湾）	台湾大学	实验室研修
44	韩国	浦项工业大学	短期实习
45	韩国	浦项工业大学	短期研究
46	德国	亚琛工业大学	攻读硕士
47	比利时	鲁汶大学	攻读硕士

续表

序号	国家/地区	合作高校/机构	项目类型/名称
48	法国	图尔大学工程师学院	攻读硕士/工程师文凭
49	法国	奥尔良大学工程师学院	攻读硕士/工程师文凭
50	加拿大	麦克马斯特大学	优秀本科生国际交流
51	英国	斯旺西大学	专业硕士（国际标准化）
52	英国	邓迪大学	专业硕士/（职业会计）
53	各国	多学校	国家公派
54	韩国	国立顺天大学	文化体验
55	中国（台湾）	中国文化大学	文化体验
56	英国	剑桥大学	文化体验
57	美国	中外服	社会调研
58	爱莎尼亚	塔林理工大学	文化体验

安全保卫与校园综合治理

【概况】2012年，学校安全保卫与综合治理工作在学校党委的正确领导下，在全校各单位积极配合下，围绕“平安校园”创建、60周年校庆和党的“十八大”校园安全保卫3项重点工作，积极组织落实各项措施，有效地维护了学校的安全与稳定。学校先后荣获“国家安全人民防线建设工作先进集体”、“北京市交通安全先进单位”、“北京市消防安全工作先进单位”和“海淀区人民调解工作先进集体”等称号。保卫保密处被北京市公安局记“集体三等功”。1名保卫干部被北京市公安局记“个人三等功”；2名保卫干部获得了北京市公安机关“个人嘉奖”；1名保卫干部获得了“北京市国家安全工作先进个人”称号；1名保卫干部获得了“北京市交通安全先进个人”称号；2名保卫干部被评为“海淀区消防安全工作先进个人”；1名保卫干部被评为“海淀区人民调解先进个人”等。

（刘　伟）

【校园综合治理】2012年，学校认真贯彻教育部、北京市工作部署，切实加强校园综合治理，全面推进校园综合治理工作：①年初与学校二级单位签订了校园防火、危险物品安全管理、安全生产、保密、交通、治安和综合治理等校园安全稳定工作责任书并督促各单位细化分解责任到岗、到人。②与有施工项目的单位签订消防安全、安全生产、交通和综合治理责任书63份、明确施工期间各项安全责任，确保施工安全有序。③制定了《北京科技大学推进“平安校园”创建工作方案》和《北京科技大学网格化安全管理工作方案》，细化各单位任务分工，提高学校精细化管理水平，实现校园安全属地管理、网格化管理的目标要求。④对教学区、学生宿舍区外来人员进行统计，协助有关单位做好教学区出租房屋、外来人员管理工作。⑤整顿入校快递公司投递包裹秩序，规划专用区域，集中快件派发。⑥加强对教学区违规丢弃化学实验用品、违规堆放建筑垃圾、公共设施是否完好的日常巡查，及时发现处理随意丢弃化学实验用品3起，丢弃建筑垃圾5次，对损坏的公共设施督促有关单位维修。⑦治理校内流动商贩违规经营28起；制止散发、张贴小广告56起；配合居委会、后勤集团对废旧自行车进行了集中清理整治，提高了自行车停放区域使用率；指导学生规范教学区和食堂周边地区自行车的停放秩序。

（赵姗姗）

【治安防范】2012年，严格执行门卫管理制度，完善“动静态巡逻联动机制”。加强校门管理，强化校内各楼宇值守并不定期检查与抽查；合理安排巡逻安保力量，加强对教学区、学生宿舍区等学校重点区域、部位巡逻；积极配合公安机关查处各类案件。全年共协助公安机关办案33次，处理各类治安案件12起，处理校内非法传教行为13起；做好矛盾调处和重点人排查管控工作。努力把矛盾纠纷解决在基层、解决在诉讼外，最大限度减少校园不和谐因素。2012年，共调解各类矛盾纠纷11起（其中打架8起、纠纷3起），涉及调解金额20490元；协助相关单位做好重点人员管控，全年开展重点人排查工作2次，协查失踪人员6起。开展便民服务，共建和谐校园。全年共为师生及家属提供查看视频监控服务439次，校园“110”巡逻车提供紧急救援等服务42次；捡拾物品招领交还失主89件；组织保卫力量，有效保障各类大型活动安全有序进行。全年审批文艺演出、毕业生双选会、各类考试等大型活动共计62场次并提供安全保障；指导活动主办单位、承办单位编制应急预案，落实安全措施。

（徐亚伟）

【消防安全】2012年，开展日常检查同时，在节假日及各类重大政治活动期间，对校内各重点部位、人员密集场所有效开展消防安全检查，全年共开展各类消防安全检查10余次，对检查存在的隐患及问题督促责任单位认真整改；在上级消防部门协助下对16斋商贩占用疏散通道从事经营活动、居民在疏散通道堆放杂物进行了清理并为楼内配置灭火器材、安全出口指示标志等消防设备，组织专业维修公司对16斋消防水系统进行更新改造；全年对学校5100间宿舍的智能负荷识别器、39处建筑物避雷装置、38处建筑物的火灾处理及送风排烟系统进行了年度检测，对13446具灭火器、2546处室内（外）消火栓进行检修，更换142个安全出口指示标，保证了运行正常。

（王　晨）

【安全生产】2012年，配合资产管理部门对实验室进行安全监督检查，特别是实验室消防安全及危险化学品、特种设备安全监督管理；配合、指导有关单位加强施工现场安全的监督管理。全年组织开展12次安全大检查，发现安全隐患35处，检查中对存在的隐患和问题责令相关单位做好整改。

（王　晨）

【交通安全】2012年，加强校园机动车管理。根据学校上课时间变化，对货运车辆进入教学区的时间及时进行调整；加强日常巡视，对违规进入教学区车辆及时处理，对违规停放车辆告知、清理，以保证教学区的交通安全；进一步完善交通安全设施及标志。对机动车智能管理系统牌照识别功能进行升级改造，使车辆管理又上升了一个台阶；重新设计安装减速带，改造安装教学区隔离路桩；根据校园交通情况，调整交通设施、标牌，为后勤专用特种车辆规划专用停车位；对学校所属公车进行年检日期核实，增加年检时间提醒服务；严格管控进入教学区摩托车。依据《关于加强教学区环境综合治理工作的通知》对摩托车、电动自行车进行治理，处理在教学区内违规行驶和停放的摩托车、电动自行车42辆，对车主进行有关法律法规、校规教育，并要求驾驶员写出检查和保证书。

（贾秀芳）

【政保工作】2012年，学校根据国内国际安保形势，加强对各类重点人员的监控力度和校园巡逻检查工作，防止不法分子在校内散发非法宣传资料或进行各种破坏活动。加大校园各类信息安全管理力度，加强值班，确保校园舆论环境和谐稳定。同时，努力做好重大政治活动和重大事件等敏感时期的安全稳定工作，确保了重大活动期间校园安全稳定。

（王叶波）

【保密工作】2012年，各单位领导高度重视，认真贯彻《二级保密资格标准》。通过开展保密宣传教育与培训，增强保密意识；组织落实各项工作措施，加强保密管理。及时开展定密工作，重点加强秘密载体、计算机信息系统和办公自动化设备的管理；严格履行涉密人员、涉密会议、涉外活动和宣传报道的审查审批；指导国家各类统一考试保密工作；加强各单位特别是军工科研项目监督检查，积极整改存在的隐患。通过保密工作部门努力，各单位的配合，维护了国家秘密安全，学校保密办公室被教育部推荐为“全国国防科技保密工作先进集体”。

（田　斌）

【户籍管理】2012年，完成了2012年新进校师生户口的接收、毕业生户口迁出工作。在保卫保密处设立新生二代身份证照片采集点，共计完成4013人的户口迁入手续；办理学生毕业、教师调出和退学等户口迁出手续2669人；为师生员工补（初）办二代身份证586人；接待日常查阅、借用户口12000余人次。

（刘京民）

【科技创安】2012年，不断完善校门及重点敏感区域安防系统建设；将日常维修与重点集中维护结合，对出现各类故障的安防设施设备进行及时维修，使整个系统正常运行；抓好安防控制中心值守人员队伍建设，通过推优、面试、学习和实操考核等环节严格选拔值守人员，提高了值守人员实操技能；为公安机关侦办案件提供视频线索。

（刘　伟）

【重大活动安保工作】高度重视做好重大政治活动、国庆、校庆及敏感时期的校园安保工作，严格落实安全管理责任制，切实加强校园巡逻、门卫值守、重要区域监控、矛盾纠纷排查、消防设备巡检和车辆出入管理等工作，实现了维护校园安全稳定的工作目标。校庆期间制定了《北京科技大学建校60周年庆祝大会安全保卫工作方案》和《北京科技大学庆祝建校60周年文艺晚会安全保卫工作方案》，保证庆祝活动安全有序。十八大前制定了《北京科技大学十八大期间校园安稳工作方案》；组织专兼职保卫力量，加强门卫管理和校园巡逻，协助做好有关重点人员管控工作，实现校园安全网格化管理；开展校园安全大检查，积极整改安全隐患；严格落实校园大型活动审批；完善治安、消防、交通管理设施设备及器材并进行全面检测、维护和维修，确保正常运行，维护了校庆及十八大期间校园安全稳定。

（刘　伟）

后勤与基建管理

【概况】 2012年，学校认真落实校园总体规划，积极推进昌平创新园建设。年内，完成昌平创新园东区试验厂房（一）、（二）和试样制作厂房工程等建设项目，建筑面积9742m²，总投资4078万。完成昌平创新园生活区学生宿舍、博士后宿舍、专家宿舍及食堂项目的审批及监理、施工单位的招投标工作。完成学校工程实践楼一期的立项等前期准备工作，并取得北京市规划委员会关于工程实践基地项目规划意见批复。同时，学校积极推进后勤体制改革和修缮改造项目实施，完成教学区专项维修工程43项，家属区专项维修工程37项，大修工程49项，中央修购项目7项和迎校庆60周年校园环境整治和绿化美化工程19项，积极推进家属楼11栋解危治理和学校周转房市场化改革。

（金仁东）

【基建管理】 2012年，学校认真贯彻落实了中央印发的《建立健全惩治和预防腐败体系2008～2012年工作规划》，组织学习北京市及学校有关工程建设相关规定，修编了工程建设招投标程序，落实各项保密制度，按照工作程序严把基建工程标底的确定程序，扎实做好基建、修缮阳光工程、校务公开工作。

（1）昌平创新园区项目建设。年内，实现园区东区全面开工，完成东区试验厂房建设任务。①3月20日取得一期试验厂房工程《建筑工程施工许可证》包括试验厂房（一）、试验厂房（二）及试样制作厂房；11月1日取得二期生活区《建设工程规划许可证》，包括学生宿舍、博士后宿舍、专家宿舍及食堂，并于11月7日取得消防审查意见；11月21日，取得主楼《人防工程设计审核批准通知书》；12月，先后确定生活区项目的监理单位和施工总承包单位。②完成生活区项目的施工图设计和施工图强制性标准审查报批工作；组织2次专家评审会，修改并完成主楼、南配楼、力学-化学试验厂房的初步设计；完成园区动力中心施工图和园区外管网方案设计工作；完成主楼、生活区、配套设施等项目设计概算审查工作。③完成园区开工建设前三通一平工作，包括园区市政自来水接入的申报、管网接入施工、签订用水协议和供水；临时用电的申报、临时供电系统（线路、变配电箱柜、变压器等）施工、发电等；协调一级开发商砍伐移平道口树木，保证施工道路接入施工现场以及国家科学中心临时办公用房的建设；完成生活区开工建设前的场地平整、实际地形测绘、开工许可证申报等工作。④11月15日，完成一期试验厂房工程主体工程。

（2）校本部区域规划。年内，完成学校工程实践楼立项等前期准备工作和校园教学区整体规划指标调整工作。其中校园教学区容积率1.43调至1.48；校园教学区绿化率37%调至36.5%；校园教学区地上面积从593174.2m²增至621096.3m²；校园教学区建筑面积从659521.8m²增至700008.9m²。初步确定了工厂区所在地块建设技术指标（容积率、绿化率、建筑密度、控高、地上面积、建筑面积等）和功能划分、建设构想（平面图、立面图、剖面图）等。11月26号，取得北京市规划委员会关于工程实践基地项目规划意见批复。同时研究讨论家属区11栋危楼改造工程设计方案。

（张东平）

【后勤管理】2012年，学校进一步推进了后勤管理体制改革，认真落实了修缮改造项目，以服务教学、科研等开展工作，营造了良好校园环境。

①组织实施2012年中央修购（修缮）工程并编报2013年修购计划，编制教学区、家属区维修专项维修计划。根据“计划”内容，组织实施修购项目及各专项维修，确定工程改造方案并编制工程任务单，组织开展项目招投标，认真安排施工和竣工验收、决算审核及工程档案整理等工作。

②完成教学区专项维修工程43项，包括逸夫教学楼卫生间顶棚更换；学生公寓屋面防水和浴室门更换；体育场看台电路改造；图书馆天井视频监控系统和消防广播系统改造；办公楼中央空调系统维修以及教学区其他地方的防水、粉刷、水暖、电路等各项维修改造工程。完成家属区专项维修工程37项，包括东门至科大附小学校围墙护栏更换；售电室粉刷墙皮维修、屋面修理；家属楼10～12栋、19～20栋自来水管更换；家属楼26、27、40栋地沟内暖气管更换；小学校暖气管、下水管更换、操场塑胶跑道恢复；锅炉房循环泵软启动电源改造工程；东井变频柜修复等工程。

③完成大修工程累计49项，其中包括西锅炉房、东换热站水泵、阀门、管道例行检修；西锅炉房供暖板式换热器拆洗、打碱；教学楼暖气干管更换管道及加装阀门；科技楼、冶金生态楼、腐蚀楼、国际交流处、理化楼等更换闸阀；冶金楼东侧及体育馆南侧、学生公寓3斋北侧热水抢修；全校化粪池和污水干管清淘疏通；逸夫教学楼路灯改造工程；管理楼照明线路改造工程及其他楼宇空调维修、卫生间维修和外墙维修等工程。

④完成了中央修购项目工程7项，其中包括教学楼（21个教室）空调系统安装、电力增容、吊顶改造；逸夫教学楼南楼地下配电室改造；总配电室抗震加固；办公楼、图书馆修漏雨；足球场人工草坪改造；锅炉房抗震加固；校园环境整治工程等。

⑤完成了迎校庆60年各项工程。为迎接60年校庆，学校后勤基建管理处围绕校园环境整治和绿化美化工作共展开各项工程19项，其中包括体育场看台（跑廊）训练室维修改造工程；大操场铁围栏除锈油漆工程；主席像修饰工程；移理化楼前石像、教学楼前及主楼前拆、移石碑座等工程；西门标志石材吊运安装工程（泰山石）；主楼南门厅油漆粉刷工程；体育馆西侧南、北段广场绿地（绿化）改造；图书馆天井、学生公寓7斋西侧、西门广场、校史馆两侧、低温楼西侧、体育馆北侧等地绿地（绿化）改造工程等。

⑥处理应急抢险工程23项，其他改造项目6项。其中包括办公楼南侧路面塌陷、给水管道跑水抢修；腐蚀楼下水管道抢修；天燃气调压站设备抢修更换；东换热站换泵；机电信息楼临时电源工程；学生公寓3、6斋外电源电缆抢修和42号楼外电源电缆抢修工程。其他改造工程包括附小屋面改造；金物楼暖气系统改造；35栋、37栋电梯更换工程；马克思主义学院、文法楼维修改造；西三旗污水系统改造等。

（仇安兵）

【节能管理】2012年，学校积极推进节能工作，开展节能教育宣传，稳步落实节能要求。广泛开展节能宣传，组织志愿者参加全国城市节水宣传周活动，参加北京市绿色回收进校园宣传活动启动仪式暨再生资源回收利用现场交流会。配合北京市水务局完成北京市第一次水务普查，完成自备井普查系列工作；配合完成高校节能项目调查；测算学生宿舍开水使用情况，对学生宿舍开水收费情况提出报告。参加重点用能单位的能源管理培训；参加节约型学校建设培训等。按照节能要求，学校更换4口自备井取水许可证；落实北京市碳排放权交易试点建设要求，开展用能单位二氧化碳排放核算方法及报送工作。此外，积极配合节能部门各项检查，完善节能管理不足，查找问题，落实整改。

2012年11月，北京市发改委委托北京市电子工业环保技安中心对学校用能情况进行了现场节能监测，并对配电室、锅炉房等重点用能部位进行了现场监测。此次检查对学校东南变、西南变、锅炉房配电室、东变4个配电室进行了检查，对变压器的运行方式、负荷情况进行了检测，检测结果较为满意。对锅炉房烟道探孔和水泵配电柜等进行了检测，没有发现大的问题，对于检测中提出的变压器名牌厂家安装位置不明显等问题，学校积极进行整改。为落实国家发改委《关于印发万家企业节能低碳行动实施方案的通知》，北京市发改委及北京节能环保中心对学校进行了2011年度节能目标责任考核。根据学校类节能目标责任评价考核指标及评分标准，对学校“十二五”节能目标完成情况、节能目标分解情况、能源自查报告及节能管理方面的档案资料及进行了检查考核。发改委为学校下达的“十二五”节能量目标为2544吨标煤，学校2011年完成节能量6376吨标煤，考评为93分。此外，北京市发改委节能监察大队还对学校报送的能源利用状况报告进行监察，审查了学校按规定设立能源管理岗位、聘任能源管理负责人及备案、能源利用报告状况等内容。检查后按规定整改了能源利用状况报告内容以及“十二五”节能规划等相关内容。

2012年，学校共上缴水电费2856万元，比2011年增加150万元，增长5.54%（其中教学区电费从2012年7月1日起由0.4783上涨至0.5003元/度）。全校总用电量为4458万千瓦时，与2011年相比增加198万千瓦时，增长4.64%，增长原因主要为科研教学设备增加及建筑面积增加用电量增加。全校总用水量为191万吨，与2011年相比总量基本持平，自来水用量比重增大。全校供暖、热水天然气消耗量为826万m^3，与2011年相比增加6万m^3，增长原因主要为供暖面积增加。2012年，学校共下达补贴165.86万元，比2011年增加45752元。各单位使用补贴112.02万元。学校回收各项能源费用共计1939.76万元，比2011年增加558万元。

（姜春梅、鲁　晓）

【房产管理】2012年，学校进一步落实住房制度改革政策，完成各项补贴发放工作，可售区公有住房的出售和已售公房上市工作，在职职工政策性住房申请和初审工作。

①全年共完成各类住房补贴1736.53万元，涉及职工1587人。另外，2012年是国家无房补贴冲抵学校附加月购房补贴八年发放的最后一年，涉及教职工194人，发放金额为45.5万元。

②完成《2011年中央行政事业单位住房改革支出决算》的编制和上报工作，享受补贴的职工共计1283人，补贴金额1702万元。年底完成《2012年中央行政事业单位住房改革支出决算》的编制、上报和发放工作，享受补贴的职工共计1372人，拟落实补贴1965.32万元。完成《2013年中央行政事业单位住房改革支出预算》的编制，涉及职工共计1457人，拟落实补贴2080.10万元。

③对居住在校内可售区已通过审核按房改成本价出售现住房的97户，经过与海淀区房管局协调，完成其中95户的产权证办理工作。

④办理已售公房上市出售、过户及抵押手续37户（其中二手房申请上市出售15户，成交12户；产权过

户、继承、赠予18户；房产抵押4户）。据统计，学校二手房成交平均价格从2009年底的每平方米1.81万元，到2010年中期升至每平方米2.5万元，2010年底达到2.9～3.3万元。2011年，房屋成交价格维持在相对高位运行，成交均价约每平方米3.28万元，其中9～10月份均价到3.5万元。至年底，受国家政策导向影响，成交量减少，但价格仍在3.8万元以上。

⑤全年申请限价房10人，通过初审4人，取得备案资格号9人。2012年，学校安排新教师和调整教师周转房涉及79人；其中包括成套30人、床位41人、调整8人。回收临时租房、出国、调出和校外自购房人员住房32套。此外，安排维修改造周转房约30套，多数为防水、上下水改造、粉刷和电路改造工作。学校共回收周转房租金744万元；对外租房租金145万元；社会户房屋租金7万元；供暖费22万元，累计回收费用918万元；累计发放各类供暖补贴210万元。根据学校对有线电视改造整体安排，继续服务居民住户，开具证明材料29份，收取押金45820元。

（张东平、吕瑞平、高牧野）

后勤服务

【概况】后勤服务集团主要工作内容涉及餐饮、学生宿舍、物业维修、环境卫生、校园绿化、房屋出租、动力运行、幼儿教育以及会议接待等多个方面。2012年，集团共有职工946人（不含会议中心），其中事业编制职工271人，非事业编制职工675人。2012年12月，根据《北京科技大学后勤服务改革方案》（校发〔2012〕68号）文件要求，集团对原有下属实体单位进行整合调整，实施机构改革。集团下设10个单位，其中集团直属4个机关单位包括集团办公室、财务部、调度督察室、人力资源部；下属6个实体单位包括物业服务部、运行保障部、经营管理部、饮食中心、幼教中心和会议中心。2012年，集团各项工作取得了可喜成绩，先后荣获“全国高校学生公寓管理服务工作先进单位”、“全国高校农校对接与食堂采购工作先进院校”、“北京高校学生公寓工作先进集体”、“北京高校食堂工作先进集体”、“北京高校‘伙联采’‘农校对接’工作先进学校”、“海淀区学前教育三年行动计划先进集体”、“海淀区高校系统交通安全先进单位”等荣誉称号。

（蒋宏潮）

【党建工作】2012年，后勤党委有12个支部，党员162人，非事业编制党员33人。全年共发展党员12人，其中非事业编制党员9人；转正党员14人，其中非事业编制党员7人；25人参加了后勤党委承办的北京科技大学第22届教职工骨干党的知识培训班，并全部顺利获得结业证书。完成《北京高校后勤系统非事业编制人员思想状况研究》党建课题的研究。

2012年，后勤党委紧紧围绕学校和后勤系统的中心任务，扎实开展学习型党组织建设和“创先争优”活动，充分发挥党组织战斗堡垒作用和党员先锋模范作用，不断增强党建工作的活力和实效，为后勤工作稳定、可持续发展提供了强有力的组织保证和精神动力。召开了后勤系统中层干部民主生活会，交流各部门之间的工作经验及体会，增进了相互了解，形成了全力做好后勤工作的共识。不断完善培训机制，承办了北京科技大学第22届教职工骨干党的知识培训班、举办了主题为“喜迎十八大，党建工作我先行”的2012年党支部书记培训班，组织了后100多名党员和积极分子赴焦庄户地道战遗址、慕田峪长城参观，接受了爱国主义教育。构建了骨干分子培养、发展党员、党员骨干、中层领导等多层级教育培训体。

继续推进“党建工作进宿舍”工作。2012年9月，成立了学生公寓1斋和5斋2012级公寓党支部。新生公寓党支部在学生公寓党总支的指导下正式开展各项具体工作，建立了楼层党支部书记、党员在楼层“亮名身份”制度，开展了安全卫生检查和宿舍走访等活动，提高了公寓党支部的整体工作实效。

稳步推进了后勤非编职工入会工作，截至到2012年12月，后勤分工会非事业编制会员共有194人，占非事业编制职工的33%。为入会的65名非编职工办理了学校图书馆借书证。

（张俊燕　童　华）

【财务管理】后勤服务集团是学校二级财务核算单位。集团现有饮食中心、物业服务部、运行保障部、经营管理部、会议中心5个单位实体和幼教中心、印刷厂、科教服务中心3个独立法人实体。会议中心实行独立经营、财务独立核算。

集团实行“统一领导、集中管理”的财务管理体制，实行财务集中管理，增强集团整体调控能力。集团所属各单位的主管会计均由集团财务部委派,各单位各项经济业务全部纳入集团集中管理。集团加强财务管理，严格财务收支审批制度，集团收入、支出及利润实行目标管理；加强收费管理，配合学校做好集团各项收费全面自查和对教育收费专项检查及上报工作，严格“收支两条线”；加强固定资产管理，完善集团固定资产明细账，定期与学校设备及房产家具管理部门对账，年末进行资产核资清查，确保国有资产保值和不流失。

为配合学校后勤服务改革要求，2012年，集团财务部对后勤服务所需经费进行多次测算，将原有的后勤经费拨款方式调整为基本物业服务费、事业编制人员基本工资和特殊事项经费，保障了后勤服务的正常运行。2012年，后勤服务集团全年收入9921万元，其中饮食中心主营业务收入5537万元。由于学校事业编制职工岗位薪调整、非事业编制最低工资标准和社会保障缴费比例提高、原材料价格上涨等因素导致后勤服务成本增加，全年支出较上年增多，基本实现收支平衡。2012年，集团资产总额为1288万元（不含会议中心及独立法人实体）。

（卞　宁）

【校庆工作】按照学校统一安排，后勤服务集团承担校庆活动环境整治组、校庆接待组的有关工作。自2011年起后勤服务集团就启动了校庆筹备工作，成立校庆后勤服务保障工作领导小组，制定周密的工作计划和预案，排列工作时间表，召开专题会议，有序开展了各项准备工作。

①绿化及校园环境整治工作。校庆前期，集团总计补种324棵乔木、360棵灌木、1650株花卉、20300棵黄杨、31棵黄杨球、9800m^{2}草坪的种植工作、2500m^{2}绿地改造工作。做好了西锅炉区域11户职工的搬迁、安置工作，对西锅炉房区域进行了整治、美化。校庆期间，集团认真完成校庆环境布置工作。在西校门、西南校门设置校庆“60周年”字样的背景板；学校各主要校门、会议中心、奥运场馆及主干道摆放各种鲜花绿植36800盆；为校庆7场主要活动场所摆放绿植和花卉2540余盆，摆放桌椅575张／把。完成校园内68条横幅、140套灯杆旗、100面彩旗的悬挂，180个果

皮箱的更换和安装，58个移动式卫生间的租赁工作。为保障校庆活动期间校园环境卫生，校庆前期，集团购买道路清扫车1台，并对3辆校园垃圾清运车、20辆三轮保洁车进行了维修保养，突击清理校园小广告5000余张。由集团与东城环卫集团协商，使用其2辆大型道路清扫车清理校园主干及分支马路的环境卫生。为保证校庆活动结束后教学活动的正常进行，当晚校庆文艺演出结束后，集团深夜组织职工突击对学校操场进行保洁，尽快恢复了校园环境秩序。此外，校庆前集团对负责的各楼宇内公共区域的楼道、楼梯、卫生间、教室及门窗玻璃做了彻底保洁，配合各学院完成了50项各类校庆活动的楼内环境卫生保障工作。

②接待及餐饮服务工作。2011年，集团与学校周边宾馆进行联系，调查统计校内外有关宾馆各类住房数量及服务标准，为校庆接待预订充足客房，保障校庆期间校友的住宿需求。期间，积极主动与校庆办公室沟通，随时了解校友住宿情况及需求，并对校庆志愿者开展专题培训。4月20～23日期间，共安排嘉宾、校友470余人入住辽宁大厦、北京五洲皇冠假日大酒店及学校会议中心，做好了入住人员的各项服务工作。校庆期间，按照集团预先制订的校庆餐饮服务工作方案，各项餐饮工作有序开展。4月21日晚，学校分别在辽宁大厦和会议中心举行了欢迎晚宴，接待了包括嘉宾校友、各地方校友会、香港校友团、广东校友团、校领导及中层干部等270余人。4月22日中午，学校分别在会议中心、万秀园四层餐饮举行招待午宴，接待了包括重要嘉宾、重要校友及学校院士等650余人，学校在鸿博园、万秀园两食堂专门为其他校友提供了午餐，完成了13471名校友及学校工作人员的就餐接待任务；为全体在校学生提供了快餐19750份。4月21、22日万秀园食堂为校庆志愿者、安保人员和校友司机约11400人次提供了餐饮服务。

③水电暖运行保障工作。校庆前夕，对全校公共区域照明设施、各楼宇及教室照明设施、电梯等重大设备设施进行了全面检修，确保校庆期间各种设施的正常运行。完成国家重点实验室道路架空通信电缆20余米。为保证校庆期间供电需求及浴水的正常供应，对配电室、锅炉房和水井等重点部位进行检查，提前对锅炉房外线、锅炉设备和电梯等重点设备进行检修，并对3斋地下室、东门公寓浴水设备进行大修，对东门公寓两台换热器进行打碱处理。为配合校庆文艺演出活动顺利进行，按要求拆除21扇操场防护栏，新安装配电箱9个，铺设电缆电线约40000余米，各类照明设施320余盏。校庆活动结束后，及时完成操场新安装设施的拆除工作并恢复原貌。

④筹资工作。集团先后与北京可口可乐公司、物美股份公司和江谷粮油公司达成了捐款、捐物意向。至年底，共到账捐资款25万元人民币，全部用来建立北京科技大学非事业编制职工奖励基金，接收捐赠瓶装水3万多瓶、价值人民币5万余元。

（蒋宏潮　陈　潇）

【后勤服务改革】为促进后勤服务工作健康发展，使后勤服务工作能够更好地适应学校工作的要求，2012年，全面启动后勤服务改革工作。经过调研、座谈、起草和论证，起草了《北京科技大学后勤服务改革方案》，内容包括深化集团内部改革，提高工作效率；实施拨款机制改革，增强经费保障程度；完善监督评价机制，提高服务水平3个方面。该方案于2012年12月17日经十届党委第166次常委会讨论通过，以校发〔2012〕68号文件形式发布实施。

年内集团结合改革方案的起草和实施工作，一是实施机构改革，2012年，将下属实体单位由原有的8个整合为6个。二是实施人事改革，按照学校工作要求及集团实际情况，按需设岗，并会同学校人事处做好集团定编定岗、定职定责工作；将集团内部岗位区分为关键岗位和非关键岗位，结合新一轮聘任工作推进同工同酬政策实施，激励员工尤其是非事业编制员工的工作积极性。三是研究制定、实施了内部考评及约束激励政策；充分发挥督察作用，建立专职部门主导，兼职队伍、服务对象广泛参与的督察体系，在奖优的同时加大罚劣的力度，完善约束机制。

（蒋宏潮）

【质量工程建设】为推动精细化管理工作的落实，全面提高后勤服务质量，提出以科学发展观为指导，坚持精细化管理思想，以服务为中心，以质量为核心，以全员参与为途径，以管理为手段，以改革为动力，全面实施“质量工程”建设工作。通过“质量工程”建设的实施，完善规章制度，按照岗位要求、职工培训、监督考核、奖惩制度、安全工作等类别，完善、修订、补充各项规章制度150余份；加强职工培训，继续按照“分类别、分层次、分阶段”的培训原则，在新员工入职培训、生产安全培训、业务技能培训以及人才工程专项培训等方面，共组织了培训课程和实操演练40余场，共计1100余人次参加，外派技能培训18人次；建立了全方位的考核评价体系，明确考核内容、指标和周期，加强干部职工考核工作。完善督察队伍体系，加强对工作的检查、监督，做好质量反馈工作。在做好自查的同时，集团还积极配合学校相关部门，进行防火安全、地下空间安全、食品安全等专项检查工作，加强对重点部位、重点工作的巡查。

（张　林、曹光远）

【服务工作】①饮食服务。为切实保障食堂饭菜价格稳定和为师生提供质优价廉、安全可靠的饮食服务，不断丰富品种，创新伙食花样，调整菜品结构，提高加工制作水平，吸引广大师生到食堂就餐。全年实现回收5190万元，比原计划增长190余万元。严格防控，加强原材料进货渠道及食品加工流程的管理。集团积极参加高校伙食联合采购招标，不断扩大厂校对接、农校对接，减少中间环节，通过多方对比采购质优价廉的原材料，全年食堂采购总量3700多万元，保证了伙食质量，降低了采购成本。定期组织食堂员工进行食品卫生安全知识培训，增强员工安全卫生意识，确保食品加工全过程的干净卫生。加强外部监督和与广大就餐者的沟通交流，主动邀请学生代表、离退休干部和集团督察员参观食堂；设立学生食堂经理岗位，增加餐饮服务透明度，加强食堂与学生间的沟通交流，及时迅速解决就餐人员反映的餐饮问题。

②公寓服务。2012年，顺利地完成6000名新生入住、直博生宿舍调整和延期就业住宿安排等工作任务。完善各项公寓规章制度、岗位职责和安全规定，提高公寓服务管理的制度化、规范化；加强楼宇经理、管理员和保洁员的教育培训工作，促进公寓员工个人素质和工作技能的提高；结合工作实际，优化公寓考核制度，推行优秀员工培养计划的开展，充分调动员工的积极性；进一步完善学生公寓管理与服务新机制，健全以楼层长为主导的学生自我管理体系的建设工作；加强值班巡逻，切实落实来访登记和携带大件物品登记制度，保障学生公寓的安全。积极配合保卫部门和学院加强学生安全教育工作、开展消防疏散演练工作，通过张贴宣传海报、展示宣传展板等形式有效宣传消防、防盗等安全常识，提高学生在公寓内的安全防范能力。

③绿化卫生服务。在校园绿化方面，按照“统一规划、增建绿量、打造特色、提高标准”的原则，全年新

增及改造绿地6000余m^2，栽种树木75棵，灌木121棵，黄杨11800余棵，黄杨球31棵、花卉1050株，修剪危险树木445棵，防寒防虫粉刷树木1102棵，冬季防寒捆扎树木264棵，修剪花灌木592棵，另设立绿地防寒8000m^2。4、7、9月集中对校园行道树、乔灌木及绿地的病虫害进行了及时防治，对全校1102棵大树进行了粉刷石灰的工作。入秋后对重点区域的重点树种进行了捆扎草绳进行保暖，保暖树木264棵。11月4日，北京普降大雪，第一时间采取抢险措施，清理折断树枝、扶起倒伏的树木以及伐除危险树木树枝325株，有效消除了安全隐患。同时，进一步完善了保洁工作制度，加强考核和监督检查，确保校园整洁卫生。此外，积极为学生提供勤工助学的岗位，加强对上岗人员的培训，并建立了完善的检查体系，实行绩效考核，保证了学生勤工助学工作的实际效果能够达到预期目标。

④维修服务。全年共完成的专项及大修工程74项，主要包括学生宿舍粉刷、学生宿舍卫生间浴室门维修及更换、冶金生态楼南侧地面硬化、部分家属楼上下水、暖气外线干管改造以及35栋公共照明线路改造等工程。配合学校相关部门完成学生公寓3斋、6斋，家属区38栋、42栋以及信息楼、材料实验室，西南门路灯电缆大修工作。完成各类维修工作20114次，其中教学区、家属区8828次，学生公寓11286次。顺利完成了二次供水、供暖维修、各配电室运行维护、全校路灯维修、排污泵巡视维修、开水器打碱和浴室维修等日常维修工作。

⑤幼教服务。继续以“一课三研连环跟进”的园本教研为载体，不断提高幼儿园教师开展科学探究活动的水平，促进幼儿主动发展，固化早教成果，培育科学办园特色，以优质的服务质量确保幼儿健康成长。在办园过程中，坚持为学校服务，确保学校教师子女优先、优惠入园。利用政府拨款完成了幼儿园的装修改造工程，为保证工程顺利开工、施工以及幼儿的正常教学，幼教中心成立了工程领导小组，制定了缜密的工程前、中、后实施方案，确保了幼儿园教学秩序和各项工作的正常运转。

⑥其他服务。通过规范工作流程、强化员工考核等方式加强管理，确保全校的报刊、信函收发及时准确、方便快捷、安全投递。全年共收发信函190万件，投递各类文件、报纸、杂志125万件，接收本、硕、博新生档案3300多份，报刊征订10多万元。同时，全年共为学生新办补办公交卡5234张，征订火车票11339张。

（李新义、张晓媛、李建达、姚　昕、张志民、宋玉梅）

【保障工作】①水电暖运行保障。在供暖工作方面，锅炉房采取看天烧火，连续供暖，以质调节为主、量调节为辅的方式，保证供暖各项指标的实现，最大限度地节约能源，2011～2012年供暖季实际用气653.62万m^3，节约86.80万m^3。在供水工作方面，集团主要在自备井供水、二次供水、浴水供应和开水供应方面开展送检、打碱、巡视等工作，并控制供水指标、节约用水，确保供水设备安全正常运行，保证水质合格、浴水稳定供应。同时，及时完成全校100多个下水道过井清掏及学校下水干线疏通工作，保证污水出水顺畅。在供电工作方面，做到记录准确、巡视认真、安全可靠，2012年1～11月，总配电室总供电量为31807303度。在保证正常供电的前提下，配合学校相关部门完成了总配电室抗震加固工程和总配电室供电设备测试、效验、定值工作，为供电安全运行提供保障。

②教材、科研用品供应。认真做好春秋季教材的预订、采购及发放工作，全年销售图书124325册，总销售额3197293.6元，其中班级发放图书122413册，销售额

3140982.6元；教师领用655册，销售额17932元；留学生领用教材1257本，销售额38379元。通过改善印刷厂经营方式、提高工作效率，超额完成既定目标任务，至2012年10月底，印刷厂营业收入为1037864.46元，完成学校的教学、科研、行政公文等160余种共20万册，试卷印刷30万余张，自印教材10393册，其他外协印刷制作10万余册等工作。通过优化采购渠道、优选商品供应商等方式使科教服务部增加经济效益，至10月底，科教服务部完成销售额1939502.45元。

（余　涛、李建达）

【经营工作】规范房屋出租管理工作，做好经费的及时回收，共新签合同2家，续签合同19家，合同金额共计427.8万元。在保证行驶安全的前提下，车队全年共行驶81121千米，出行1000余次，在为教学科研服务的同时也取得了一定的经济效益。年内，针对物美就校内超市专柜上调租金一事，进行深入调查，多次与超市负责人进行座谈，提出合理建议，保证了校内超市商品价格稳定，保障了校内师生、居民利益。全年会议中心圆满完成各项接待工作，超额完成学校确定的财务上交任务。

（张志民）

图书馆

【概况】2012年，图书馆下设有资源建设部、图书流通部、期刊部、信息咨询部、技术部和办公室6个部门，并设有新书阅览室、保存本阅览室、多功能学习室、中外文科技现刊、中文社科报刊、中文科技图书、中文社科图书、工具书阅览室、文献检索与学位论文、外文过刊（冶金、材料）、外文图书阅览室和外文过刊等开架书库。

馆藏文献总量182万册（卷）。图书馆每周开放时间为91小时，网上文献信息资源每天24小时对外服务。图书馆在职正式职工63人，其中研究馆员1人，副研究馆员9人，中级职称23人，中级职称以上的人数占52%；博士1人、硕士21人、本科16人、大专学历10人，大专以上学历人数占全馆人数的76%。

（季淑娟、田　园）

【文献资源建设】2012年，图书馆新增9万余册纸质文献资源并开通试用了60余种电子资源，新增32种国内外网络资源，尤其是著名国外出版商的外文电子图书数据库，丰富了学校文献信息资源。2012年，完成90010册纸质图书、17890册纸质期刊、51000余份报纸及3701册期刊合订本、177册报纸装订本、3269种光盘等文献资源的编目、加工、典藏和上架工作，完成学校电子学位论文2843条全文数据的收集、上传、标引及发布；完成中文科技现刊篇名题录数据7485条的建设工作，清点外文图书24868册及中外文过刊9209册。进一步宣传和推广BALIS馆际互借与原文传递服务，2012年，图书馆馆际互借与原文传递的宣传主题是“共知、共享、快捷——馆际互借/原文传递免费获取校外文献”，原文传递累计完成9267篇论文及109382页图书，馆际互借556人，借阅中外文图书514册，并荣获“2012年度BALIS馆际互借先进集体二等奖”、“2012年度BALIS馆际互借服务最佳宣传推广奖”。图书馆将继续推进学校自有特色资源的数字化建设工作，做好学位论文数据库的建设，完善机构知识库平台和教学参考资源服务系统功能。

（季淑娟、田　园）

【对外服务】2012年，图书馆认真贯彻“读者至上，服务第一”的理念，主动了解读者需求，切实做好图书馆书刊借还、阅览、上架、整架和信息咨询等日常读者服务与管理工作，采用多元化的服务与管理模式，使图书馆的服务融入到读者的学习与科研过程中。①2012年，入馆读者为163.98万人次，借还书102.34万册，多媒体资源点播访问46万余次。②为了使读者了解图书馆服务，利用图书馆资源，图书馆学科馆员采取分层培训、预约培训、网络培训等多种多样的方式，举办“了解图书馆资源，开启学习之门”、“印象图书馆”、“新读者培训专题”和“科学研究专题”等一系列专题讲座，针对材料学院、冶金学院、机械学院、计通学院、外国语学院以及马克思主义学院等学院，开展了20场专题数据库培训，共计1300余名教师和学生参与了学习。③不断深化信息情报服务，开展全方位、多途径的信息咨询服务，开展以信息检索、整合、处理、分析为主的信息分析与研究工作，提高信息咨询服务的水平。2012年，共完成查新项目1070项，完成“2011年教育部科技发展中心查新年检报告”，通过了教育部查新年检。④加强图书馆中心机房的安全管理，保证中心机房动力与环境保障设备20套、服务器存储等IT设备50台、各类服务软件应用系统（包括底层支撑系统）30余套、图书馆各类服务应用系统36套等中心机房各类软硬件系统稳定运行，完成中心机房的每日巡检工作365次、定期全面设备设施巡检与保养。保证图书馆300余台计算机、70余台各类电脑外设等各类服务设备的正常运行。确保图书馆全年365天24小时不间断的网络信息服务，为读者提供可靠文献信息资源保障。

（季淑娟、田　园）

【内部建设】①北京科技大学图书馆始终坚持以人为本的建设理念，在积极引进2名硕士研究生的基础上，十分重视全馆在职人员的业务培训与继续教育。2012年，积极邀请专家学者来馆内做学术报告和学术交流，举办馆内培训6次，培训内容涉及文化、管理、写作和图书情报学等多个专业领域。②图书馆十分重视与国内外图书馆界的交流与合作，与众多图书馆建立了密切合作和业务交流关系，支持馆员参加各种学术会议，2012年，共计参加馆外培训和会议28次，参与40余人次，共计276.5学时。③图书馆为馆员进行学术研究和申请研究课题提供多方面支持与帮助，设立了图书馆科研基金，充分调动馆员结合实际工作开展科学研究的积极性，提高图书馆的整体科研能力，活跃图书馆的学术氛围。2012年，全馆共有5项科研项目立项，其中校级科研项目1项，馆内科研基金项目4项。全年共发表论文23篇，其中核心期刊7篇，EI收录论文3篇，CSSCI收录论文5篇，另有7项相关的研究案例分析、基本功比赛、会议论文、学位论文数据库建设等荣获全国图书馆界的相关奖励，充分显示了图书馆馆员在学术研究方面的成果。④完成2011年教育部修购项目“图书馆新学科文献资源建设（一）”总结验收，积极推进并完成2012年教育部修购项目“图书馆新学科数字资源建设（二）”，完成了2013年中央级普通高校改善基本办学条件专项资金项目“2013年图书馆文献信息资源建设”和“图书馆数字化自助服务平台建设”2个项目的申报工作，通过调研，完成了“北京科技大学图书馆教学条件建设五年规划”。⑤加强分工会建设，充分发挥工会的作用，保障职工的知情权、表达权和监督权，广泛开展三级小家建设，组织丰富多彩的文体活动；加强支部建设，积极发展党员，进一步扩大党员和入党积极分子队伍，全年培养积极分子4人，完成3名预备党员的转正工作。⑥加强图书馆安全保卫和物业管理工作。增强全馆的安全防范意识，进一步落实岗位安全责任制，同时，加强了保安队伍的制度建设及日常管理，确保图书馆2个大门的秩序。在人事处和保卫处的支持下，从9月起，图书馆增加2名保安力量，加强巡逻和换班，保证了图书馆的安全和稳定。

（季淑娟、田　园）

附　录

2012年各种文献资源的订购情况

项目		总计	
		种	册
图书	中文	32157	88070
	外文影印	546	752
	外文原版	1477	1477
	图书总计	34180	90299
报刊	中文	1682	1695
	外文影印	34	34
	外文原版	160	160
	报刊总计	1876	1889
音像资料		145	145
网络数据库		68	193（个）

2012年读者服务情况表

项目	2012年
进馆人次（万）	163.98
图书馆主页访问量（万次）	92.8
借书刊（万册）	51.2511
还书刊（万册）	51.0925
阅览书刊（万册）	15.9377
电子图书阅览（篇、次）	84228
读者注册（人）	7700
上书（万册）	83.5207
借还光盘（张）	9834
复印/打印/扫描（张）	110281

续表

项目	2012年
校外读者办证（个）	150
上机检索（万人次）	12.21
上机检索（万小时）	12.24
课题查新	1070
检索与收录	1623+3114条职称记录+7200条记录SCI分区
资源宣传与推广（场/人）	21
馆际互借（人/册）	556/514
原文传递服务（篇）	3288篇+读秀139191页百链7973篇
多媒体资源点播频次	340203
科技文献检索与计算应用（学时/人）	70学时

2012年多媒体服务使用情况

项目		2012年
多媒体阅览室（人次）		122075
空间和设施服务（场次）		207
自建电子资源浏览与检索（频次）		139839
外购多媒体资源	访问量	350661
	点播量	340203
随书盘在线服务（频次）		1897

2012年网络数据库使用情况

数据库名称	2012年
外文电子期刊全文下载	928438
中文电子期刊全文下载	2776365
外文学位论文全文下载	13890
中文学位论文全文下载	564170
中文会议论文全文下载	128109
外文文摘数据库检索	595641

（季淑娟、田　园）

档案馆

【概况】2012年，档案馆下设办公室、综合档案室和人事档案室，定编9人，为北京高校档案研究会理事单位。至年底，在职正式职工8人，其中副研究馆员1人，中级职称5人，初级职称2人。

2012年，档案馆实施“优先保障支持校庆工作、确保人事档案与学生档案业务、维持综合档案基本业务”的方针，积极应对八个月间缺员1/3的特殊情况在馆内实行大跨度高频率岗位调度和轮岗、替岗，有力地支持了学校年度重点工作并保障了师生的切身利益。全年档案馆入馆档案12383卷，移出档案6046卷。至年底，馆藏总计124717卷，其中包括《高等学校档案管理办法》规定的12门类档案95410卷，干部人事档案和全日制本科、硕士研究生、博士研究生档案29307卷。

（罗明书）

【校庆工作】2012年，档案馆确保服务学校重点工作，一切为校庆工作让路。校庆期间全力服务校史馆建设，重点提供以建校初期档案为主的史料档案利用，协助联络兄弟院校相关单位提供重要文件；服务校友会对校友学籍档案的扫描利用；服务学校多个学院和部门，提供档案查阅、复印材料；精心参与完成《北京科技大学（北京钢铁学院）纪事》的编写出版工作，为《纪事》编写组反复查找、核实建校初期和学校归属教育部之前的各类事件和人物的档案记载，协助比对和鉴别；校庆结束即与校庆办合作进行校庆档案归档事宜，做好收集整理工作；校庆后至年底，陆续接待了不少对学校历史感兴趣的老校友和校内外人士，按照制度对一部分查档需求予以满足，对另一部分则进行了辅助资料的提供和不能提供档案利用的政策解释工作。校庆相关工作中，档案馆职工对外注意树立学校良好形象，对内为学校各单位提供高质量的档案工作服务。

（罗明书）

【综合档案管理】2012年，全校年度归档工作限期调整至年底。综合档案主要工作有：①保证校庆工作中的档案利用，主动进行校庆档案的收集，进行有关史料积累。②按期组织完成学校各类档案的收集、整理和管理。③根据学校各个部门的实际工作需求提供相应的档案利用。④招生录取材料、学籍档案、科研证书和专利等档案的数字化工作继续以“人机两不闲”的状态进行。⑤配合项目（课题）审计、干部经济责任审计提供大量财会凭证的查阅复印工作。⑥配合科研管理，协助组织学校部分军工项目的档案分项验收。⑦继续追补各单位历年积存不交的应归档材料。⑧其他：配合基建项目查档、接待校友查证本人学历学位等。

2012年，综合档案室通过网络通知、电话指导和上门服务等多种方式完成了具体的业务协调和工作指导，当年共接收档案6683卷，文件11102件，图片与电子文档上传850件，综合档案部分的馆藏达到9.5万卷。年内，为了配合学校各项工作，提供档案内阅服务14235人次，阅印档案14405卷（件）；提供校内有关部门档案的借阅服务288人次，借阅档案1252卷（件），提供学历认证信息108人次，查无相关信息7人次，提供了档案材料复印20048张。年内，积欠未归的151卷共3608件档案入馆。包括1988～2011年的公派出国申请表、2007～2011年上级有关出国文件及校发文、1999～2009年教师学历层次提高及职务评定、2004～2009年聘请校外专家登记表和2007～2011年国内访问学者材料等；自行扫描1985～2012年本科生招生录取名册、2005～2012年研究生录取名册、1999年成人教育录取名册等2365页，扫描学籍卡2100页，刻录专利证书、科研获奖图片数据光盘30余张。完成了校庆档案的收集。协助完成学校第一项大型固定资产投资（军工项目）的档案验收。

（李丹黎、于海荣、李　倩）

【人事档案管理】2012年，该岗位专职人员因重大疾病未开展工作，因告知迟缓，档案馆于3月做出首次调整，由综合档案室2人轮值替岗工作至8月，于第二学期确认该岗位专职人员不再到岗工作后，由综合档案室调整1名档案专业硕士任职该岗，力保工作衔接。

2012年，接收新入校教职工档案111卷（科研助理7卷）；归档各类零散材料2069件；装订转出教职工档案19卷；调转退休职工档案144卷，死亡职工档案31卷。2012年，核对问题档案42卷，提供利用借阅档案148卷。数据库信息进行了梳理，增补在职职工信息311人次，新设职工档案名册2册。

2012年，人事档案管理系统软件进行升级，电脑、装订设备和打印设备更新。年底，按照中组部、教育部的要求着手准备3项工作：①干部档案核查的整卷工作。②干部档案装具彻底更换。③干部档案库房与密集架调整配备。

（王桂珍、高　阳）

【学生档案管理】2012年，档案馆接收整理新生档案5589卷，其中研究生档案2234卷，本科生档案3355卷；转递毕业生档案6027卷，其中研究生档案2556卷，本科生档案3471卷；核查整理学生档案14770卷，其中研究生档案2916卷（含当年新生2234卷），本科生档案11854卷。

2012年，档案馆日常接收并归入档案的零散材料共计52787份，其中研究生25122份，本科生27665份，转出零散材料357份；计算机录入修订信息21889条，其中研究生5681条，本科生16208条。此外，学籍变动等特殊事项变更信息470人次，申报查单24人次，回执收发粘贴核对2243份，建立目录36册。日常接待办理各类学生咨询、查档、调档、阅档、交档、利用、出国学生办理各种公证交费等各类人员2000余人次。

2012年，研究生档案工作于年底进行了工作交底和传帮带。原岗位人员面临退休，档案馆拟录用的工作保研的学生进行了上岗学习和寒假档案转递工作。

（王桂珍、劳　力、高　阳）

【业务合作与交流】2012年，档案馆继续出任北京高校档案研究会理事，借力推动学校档案工作，于繁重工作之下仍然注重专业素质养成和服务能力建设。一方面，利用业务合作与交流机会，以干部人事档案与学生档案为研究方向，于4月底申请到北京高校档案研究会科研项目1项，通过高校联合和馆内以老带新的方式积极开展业务研究；另一方面，于暑假内借力中国政法大学的培训机会对档案馆档案专职人员进行了工作软件培训。此外，档案馆年内先后接待浙江大学、对外经贸大学、山东科技大学等院校档案馆馆长以及同济大学出版社编审等人员来访，全馆于下半年分期分赴清华大学、中国政法大学、中国地质大学和北京交通大学等院校进行了工作调研。

（罗明书）

现代教育技术中心

【概况】2012年，现代教育技术中心有在编工作人员7人。其中拥有中级职称4人，初级职称2人，新入校职工1人。长期患病在家休息职工1人，返聘退休教工6人。拥有各类设备1400余台/套，固定资产1500余万元。中心拥有多个结构完整、功能齐备的数字化教学平台，主要包括：本科教学服务管理平台、多媒体课件制作系统、电视节目制作系统、数字化教学平台、用于播放教学课件的教学区有线电视网络、支持多种外国语教学的外语学习平台以及家属区数字化有线电视系统。教学公共服务体系的72间设施齐全的网络化多功能教室；多媒体教室教学评估系统升级改造为可任意5间同时录课的云录播系统；建设2间具有手动、自动录制功能的精品课程录课系统，录课系统的设计理念、系统方案和设备构成在北京市乃至全国高校中名列前茅，使课堂教学活动实现了全方位、全信息的记录。此外，中心还拥有相当数量的录音复制设备及课件刻录设备等。

（段海涛）

【教学服务工作】2012年，共有760门类课程，公共服务体系有1936个讲台使用多媒体教室，总计约77502学时服务本科教学，在北京科技大学数字化教学平台上载课件260余学时，接收传输12套IPTV节目，点击率10750次，向外国语学院提供BBC、CNN、NHK、DW、NGC、STARMOVIE6套卫星境外接收节目源。同时，中心积极搭建了教学公共服务体系多媒体课件技术教学平台，为教学工作提供技术支持，完成教学素材编目620学时，复制、刻录教学软件180学时，为兄弟院校复制各类教学软件240学时。

中心利用2011年修购项目，修购计划款项190万元，改造了全校82间、100座以上的多媒体教室扩声系统，扩声系统中安装蓝牙无线接收机，每位任课教师发放一只蓝牙无线麦克，教师在授课时可在教室中任意走动，与学生交流、互动，活跃教室气氛，提高学生对授课内容的关注度。采购的无线麦克发射功率≤2.5mw，经无线电管理委员会认证，对身体无害，此项目受到任课教师的好评，并确保了教学活动的正常进行。

中心还利用下拨2009年修购资金项目的144万元，搭建全新数字精品课程录制系统。建设竣工后居北京市高校前列。

①教学楼501、503教室建设成固定录课教室，可以实现手动和自动录制2种方式，采用4机位录制，使用高分辨率摄像机，一台拍摄主讲教师的形体语言，一台拍摄教师板书内容兼顾主讲教师近景镜头，一台拍摄学生上课场景，所有摄像机均可平滑升降、精准定位地推、拉、摇、移，实现了课堂教学内容全记录的应用理念，由于资金的限制，需要在今后添置部分设备。

②云录播系统，即利用公共服务教学体系中的70间多媒体教室中的任意5间教学评估摄像机输出的视频信号一分为二，一路送教学评估系统，另一路可任意选择5间多媒体教室，将授课过程全程录制下来进行编码处理，并上传到数字化教学资源管理平台，供教师、学生点播观看、学习。

③更新多媒体教室投

影机34台，多媒体教室维修维护共计2600余次，安装各类教学软件百余次。保证了全校200余间多媒体教室设备正常运行，设备完好率达100%。

④积极搭建北京科技大学数字化教学平台，为教学工作提供了技术支持，在数字化教学平台上载课件147余学时。

（张　捷、王　敬）

【精品课程和电视片制作】 2012年，现代教育技术中心制作各种电视片及课件共计46部，申报教育部国家精品视频公开课4门课，获准录制的1门课6学时；教育部资源共享课6门课275学时；摄制了北京市教育委员会关于开展《2012年“国家高层次人才特殊支持计划”教学名师（高等学校国家级顶尖人才）》申报片1部；摄制第八届北京市高等学校教学名师申报片2门课10学时；申报国家级示范教学中心2部，其中冶金与生态工程学院实验中心获“国家级教学示范中心”称号；拍摄制作精品课程300学时，包括“机械设计”、“钢铁冶金学”等8门课程；制作招生就业处的“大学生就业指导”讲座8部；拍摄制作了教务处校企人才联合培养暨实习工作研讨会；录制教师发展中心的“教师教学能力提升”讲座6学时；拍摄、编辑、制作学生工作部布置的《2008级毕业生毕业典礼》宣传片1部；拍摄、制作组织部布置的党课课件5学时；为国际交流处申报国家重点实验室制作录音课件1部；摄制外国语学院主办的第三届“外教社杯”全国高校外语教学大赛，外语演讲比赛实况录像等。

（冀燕丽、高玉峰）

【有线电视网络系统】 2012年，有线电视网络前端系统故障设备维修23次，中心还完成有线电视系统前端机房设备测试50余次，对卫星地面站测试与维修30多次。由于学校家属区有线电视系统已于2011年1月1日归北京歌华有线公司进行维修，中心负责将学校自办节目转成数字化电视节目，并且融入到北京歌华公司的学校有线电视系统内，供学校教职工收看。此外，更换学生区、教学区和办公区光站9台，因遭雷击、刮大风、密封不严导致接头氧化，维修更换室外光站、放大器50多次。对有故障的有线电视用户进行登记，上门调整和维修，更换损坏严重的线路及器件，据不完全统计维修故障120余次，保证了系统的正常运行和教师学生的收视质量。

（段海涛、余　涛）

社区卫生服务中心（校医院）

【概况】 社区卫生服务中心（校医院）始建于1954年，由医务室逐步发展为校医院，1989年，新建成建筑面积3586m^2，业务用房2000m^2。1996年，定为“一级甲等”医院，2002年4月，通过市评审成为社区卫生服务中心，可对外服务。中心服务辐射半径为43万多m^2，服务人口约3.5万人，承担预防、医疗、保健、健康教育、康复和计划生育技术指导“六位一体”的医疗卫生服务。

2012年，中心设有急诊科、内科、药剂科、外科、妇科、中医科、眼科、耳鼻喉科、口腔科、推拿针灸科、预防保健科及护理部，另有药房、化验室、B超室、心电图室以及放射科等辅助科室。中心现有医务人员59人，其中在职43人、返聘2

人、人事代理合同制14人；临床大夫21人，临床护士12人，医技人员17人，财会人员4人，党政管理人员5人。正高级职称1人，副高级职称11人，中级职称26人，初级及以下职称21人；具有硕士研究生及以上学历5人，本科学历28人。

（褚　洪、艾　茹）

【医疗服务】2012年，中心不断加强职业道德教育和医德医风建设，不断强化服务意识、责任意识，端正服务态度，为师生员工提供了较好的医疗服务。①开展慢病管理工作。开设高血压、糖尿病和知己门诊；整合资源，进行中西医结合服务。②规范中医药特色门诊服务。开展康复理疗、针灸按摩，治疗、咨询、指导等工作，深受患者欢迎，在社区"六位一体"的综合性服务中发挥了积极作用，被评为"海淀区中医药特色社区卫生示范单位"。③配合学校完成日常献血工作。年内，累计成功献血262人次。

2012年，中心完成门、急诊量131402人次，比上年同期增加了约6.5%，日门诊量约700人次，处方总数110020张。肌肉注射5935人次，静脉输液8221人次，生化、透视、B超和心电图等各类特殊检查11109人次，代煎药33389付，开展三伏贴约450人次。完成各种体检13460人次，包括学生入学、离校、就业体检、职工体检及居民体检等。

（李素君、艾　茹）

【健康教育及预防保健】2012年，中心积极开展健康教育，普及科学防病保健知识。开展各种健康教育讲座和宣传服务活动47人次，受教育人数近5.5万人次。同时，认真做好传染病防控工作，对出现的流感、结核、乙肝和水痘等传染病及时进行登记和网上直报。年内，学校共发现结核病人14例，在校采用DOTS（督导短程化疗）规范管理用药7人。对3338名新生进行了PPD（结核菌素）的筛查，试验率为99.49%，复查率100%，231人为强阳性，强阳性率6.62%，强阳性学生的拍片率100%，其中75人开始预防用药，服药率34%。管理密接人员2起、共247人，并对其进行了讲座、拍片、预防用药等管理。同时，对54例水痘、痢疾等传染病例进行了访视、消毒和宣教。

中心还承担着全校学生以及教职工、流动人口、居民、散居儿童等的计划免疫工作。年内，校医院顺利通过"北京市免疫预防接种门诊A级单位"的复核验收。管理散居儿童264人、小学生850人。全年共接种疫苗25324人次，其中为儿童接种1804人次、小学生569人次、大学生接种21155人次，为本社区及周边地区60岁以上老人免费接种季节流感疫苗971人次，为其他人员接种825人次。多年来，社区计免、接种率均达到100%。

（李素君）

【特色工作】①中医特色门诊管理。中医特色门诊包括中医专家门诊（外请专家）、中医门诊（校内）、多功能康复室、康复理疗室、针灸按摩室等诊室，设有独立的中药房、中药库，使用面积180m^2，中药饮片524种、中成药180种。中医特色门诊现有副主任医师1名、主治医师1名，技师、主管护士各1名、外聘专家3名。开展有针刺、火针、梅花针、耳针、穴位贴敷、艾灸、火罐、刮痧、推拿、按摩和手法正脊等23种中医传统治疗方法。②家庭医生式服务。2012年，培养家庭保健员46名，建立社区卫生服务团队6个，社区居民签约7260人，功能社区签约25个单位，共涉及28077人。

（褚　洪、马巧焕）

体育馆

【概况】在学校的统一领导下，2012年度体育馆全体员工团结奋进，开拓创新，根据年初工作计划和工作要点，不断加强自身建设，实行科学合理化的经营和管理，紧抓场馆安全生产，全面提高服务质量，以一流的工作标准、求真务实的工作作风、热情饱满的精神状态圆满完成2012年各项任务，实现社会效益与经济效益双丰收，并连续3年获“北京市优秀体育场馆”荣誉称号。

（邹华东）

【队伍建设】为能够高效率、高质量的落实开展各项工作，紧密围绕学校全年工作要求，体育馆以提高全员综合素质为基础，以贯彻落实规章制度为保障，以确保场馆安全运营和提升服务质量为重点，以创造社会价值和场馆知名度为目标，以全面做好服务学校、服务师生、服务社会工作为长远发展规划。

体育馆在年初继续沿用主管聘任制度，在更新管理队伍的同时更加强了员工的危机意识。主管竞聘工作采取自愿报名、优胜劣汰的竞争模式，通过笔试、面试，由场馆考核组统一测评，最终选出合适的骨干人才加入体育馆管理队伍。体育馆设有场馆管理部、市场服务部、物业管理部和设备运行部4个部门，共有管理人员15人。组织高校体育馆互访活动，取长补短，实现共赢。技术岗位的管理人员积极参加技能培训学习，在不断深化岗位技能理论知识的同时也为开展节能降耗的工作做好了技术准备。通过一系列的活动，实现了核心人员内强素质、外树形象的初期目标，逐步建立了一支干得好、留得住的骨干队伍。

（鞠　洋）

【安全运营】体育馆在2012年加强了对游泳馆安全管理工作的细化和环境卫生的考核、执行和监督力度。在泳池环境方面，体育馆在泳池循环、泳池吸污和泳池保洁等方面的工作均有所改善：通过缩短浅水区冲污周期和延长单次冲污时间，加大泳池的循环效果；采用水龟自动吸污与人工吸污相结合的办法加强吸污效果，缩短吸污时间；着重加强泳池周边的保洁频度，每半月冲洗一次泳池南北两侧水篦子，每周冲洗一次泳池周边地面，定期维护跳台、椅子等。

在泳池安全管理方面，体育馆着重加强了深水资质考评、游泳顾客监督和泳池纪律执行等工作：严格执行深水证考核标准、认真查验深水证，杜绝不具备深水资质人员进入深水区；针对酒后、有传染性疾病等不适宜游泳的客人及时发现、及时劝阻并坚决禁止游泳；针对老年人、儿童等敏感人群，提高警惕，重点关注；对水中打闹者及时制止，并严格禁止跳水。通过全体救生员的努力，2012年，游泳馆做到了安全平稳零事故运行。

在环境卫生方面，体育馆针对运营发展的实际情况，严格执行海淀区卫生局公共场所卫生A级标准要求，加强了环境卫生消毒工作和体育馆卫生检查监督工作。在日常管理中严格执行保洁员管理办法与考核办法，奖惩分明，及时纠正错误、总结不足，不断提高员工工作效率和工作水准。

（李　龙）

【服务校内】按照2012年度工作计划，2012年1月1日至11月30日期间，体育馆共承办7项校级大型活动：60周年校庆、开学典礼、毕业典礼、校园春季、秋季招聘会、校友会、CUBA联赛、新生羽毛球赛、乒乓球赛、游泳比赛。

体育馆自2012年1月1日至11月30日共接待学生76032人次，每周有2376人次在体育馆上课，全年共开设了羽毛球、游泳、乒乓球、柔道、跆拳道、健美操和艺术体操等9项体育教学项目，为体育教学工作提供优良的场地设施与人员服务。在承担体育教学任务的同时，体育馆为校男女篮、跆拳道、羽毛球队提供训练场地，根据代表队训练时间，合理安排场地，确保代表队的日常训练与场地使用需求。

体育馆持续执行差别定价策略，将最大的优惠让利于校内师生。通过3年多的实践运营，差别定价策略得到了一致认可与肯定，既为校内师生提供了优质便捷的运动环境，又推进了快乐工作、健康生活的养生理念。

（郑　璐）

【加强维护】在日常运营中，体育馆踏实做好场馆日常维护。每周将场馆各系统的水表读数做记录，对泳池进行水质处理，每月将馆内各系统的电表读数做记录，做好机房安全巡检及记录，清洗健身房的空调过滤网，整理库房并更新库房物品数据，对太阳能、淋浴水箱进行清洗保养，每年清洗所有空调的过滤网，配合消防年度校验。

除了例行工作外，为营造良好的办公环境和运动环境，保障设施设备的完好和正常使用，体育馆还根据实际情况做了以下工作：①太阳能支架的除水垢、刷漆。②沙缸过滤网改造。③羽毛球场地更换方灯。④周围场地修换砖块。⑤配合前台换位重新布线等。

同时，体育馆为科学合理的维护工作做了如下努力：①化被动为主动，从源头上解决问题。加强对设备设施的巡检和保养，制定科学的设备保养周期，将部门巡检纳入报修管理，每月对部门巡检维修占维修总数的比例进行统计分析，对故障率高的设备设施积极寻找原因。②加强分类工作，推行数字化管理。对重要设备设施的技术资料、图纸等进行分类并建立手工档案便于查阅，建立电脑设备档案方便维修保养及配件更换。在仓库材料管理上，将物品按用途分类分区，规范摆放，通过数字化处理加强工具的收纳与保存。

（翟金金）

【对外经营】在满足校内使用需求的同时，体育馆积极开拓市场，通过优质的服务和良好的社会口碑，不仅得到了往年合作单位的认可，2012年，在新客户挖掘方面又有了明显提高。年内，体育馆收入比上一年增长了6%。2012年1月1日至11月30日，体育馆接待校外顾客共计230564人次，接洽了14家合作单位的大型活动。通过与不同单位间的合作与沟通，提高了体育馆的整体运营水平，随着各类大型活动的数量与质量的日益提升，标志着体育馆的品牌化经营逐渐走向正轨，这种积极的品牌效应将不断扩大体育馆的社会影响。

（邹华东）

【60周年校庆工作】2012年，是学校成立60周年的大庆之年，为校庆大会提供主场地、做好承办工作是体育馆全年的重点工作，体育馆全体员工积极响应校庆工作安排，做好各项筹备工作，提供安全舒适的场地环境和热情优质的人员服务。

根据校庆活动安排，体育馆针对全体员工专门组织开展了校庆活动培训工作，加强日常设备检修，为校庆大会提供有力的硬件保障。同时，体育馆在场馆设施、服务质量和形象景观等方面进行了认真筹备，为来馆参观的校友提供了优美舒适的环境。在全体员工的共同努力下，体育馆与学校相关部门紧密合作，圆满地完成了校庆工作。

（邹华东）

附属小学

【概况】2012年，北京科技大学附属小学在校学生826人，23个教学班。毕业学生126人，新招学生164人。教职工33人，中学高级教师1人，小学高级教师31人；具有本科学历的教师29人；所有任课教师均达到国家规定学历。

（张美娜）

【德育工作】2012年，附小认真落实了中央、市、区德育要求，坚持德育科学理念，组织教师学习了《国家中长期教育改革和发展规划纲要（2010～2020）》、北京市教委《关于进一步提高中小学教学质量切实减轻学生课业负担的意见》，积极开展践行“北京精神”相关活动。

学校利用集会和教研组活动时间组织教师学习师德典型事迹，通过师德先进个人的评选活动，树立身边的典型和榜样，组织教师外出参观、访问、听专家讲座，不断激发教师工作的自豪感和责任感。学校定期召开家长会，发放家长调查问卷，及时听取意见和建议，改进工作。2012年，2位教师分别被评为“海淀区先进教育工作者”和“海淀区先进青年教师”。德育干部、少先队辅导员和3名班主任的德育征文在东升学区评比中获奖。

附小坚持做好各项常规养成教育工作，坚持每周按班级升旗并全员参与国旗下讲话、红领巾广播以及班级各项评比等一系列养成教育活动，并开展了“文明礼仪”教育、“书香校园”工程等系列活动。附小从日常着装、按规定佩戴少先队标志、做有益的课间活动入手，面向全体学生提出注重个人卫生、着装整洁的要求，利用入校、晨检和早操等时机提醒和纠正学生关注和改善自己的形象，树立文明形象；以班级为单位积极开展有益的课间活动，活跃校园气氛，增强年级、班级的凝聚力；挑选学生喜闻乐见的书目，配发到各班图书角，再由各班的图书管理员按借阅时间发放、回收、交换，每月利用广播站、宣传栏和各班的板报宣读和张贴学生优秀读后感，再辅以美术教师开设的学生美术社团不定期展出优秀学生作品和教师点评，打造“书香校园”；红领巾广播每周开设歌曲赏析等栏目。

此外，附小还组织全校师生赴鸟巢开展了“我的奥林匹克”主题教育活动，在巩固原有游泳校本课程的基础上，继续与北科大体育馆合作开设乒乓球、羽毛球课程，鼓励学生通过国家优势体育项目的学习，强健身心，自立自强；与北科大学生民乐团合作建立了科大附小国乐团，加强了传统文化教育。

（张美娜、潘　翔）

【教学工作】2012年，附小鼓励教师积极参加海淀区教师阅读工程，开展“好读书，多读书，读好书”来提升内涵的读书活动，并参与“读书与研究”为主题的阅读征文活动。在业务理论方面，依据北京市教师基本功培训手册，组织教师继续学习新课标，准确把握各学科、各年段的课程标准。具体教学管理方面主要开展了以下几个方面的工作。

①结合减负增效研究，重点规范、提升和创新各科教师备课，期末各年级组长交叉进行了教师备课的检查，重点检查教师的复备课和复习课，每位教师上交一

节重点研究课的教案和课件，促进教师的备课更加有针对性、实效性。以教学内容整合和教学模式创新，提高课堂实效性为突破口，配合学区“践行课标，构建高效的课堂教学”的评优课活动，在10月举行了校级研究课展评活动。全校全学科17名教师参与。同时，附小组织语文、数学、英语、品德、音乐和科学6个学科的6位老师参加了学区评优课，其中冯鑫鑫老师获得科学学科特等奖成绩，其余5位获得一等奖。

②各科、各年级针对教学中的问题进行教研活动。学校领导深入课堂，开学第二周开始每周一个年级，深入各年级进行常态课的跟踪听评课和校本教研指导，帮助教师挖掘优势，诊断问题。之后，学校进行了阶段性的全校总结，将全校23个班级的听课情况，班级文化突出的特色整理出来，供全校师生学习分享。

③以培养学生良好学习习惯为重点，以规范学生课前准备、听讲、作业习惯等为抓手，开展了一月一次专项评比活动，分别评选了“优秀假期作业”、“认真倾听”、“积极发言”、“书写工整”、“学科全优”的月标兵，并进行了奖励。

④坚持教研与科研紧密结合，继续进行经典诵读实践研究和英语教学案例研究，使科研、教研与课堂教学有机结合，提高科研工作的实效。变异课题进入结题阶段，课题组教师上展示课，获得了教科所科研成果奖。2012年，又申请了“新教育研究”课题，主要以师生共读书，打造完美课堂，培养学生良好习惯为主，与读经典活动相结合，倡导通过读书提升学生幸福童年。

⑤注重全学科质量监控，在学期中分类抽查了全校各班学生作业，重点检查学生改错和教师复批，督促教师、学生重视作业质量。

⑥规范学籍档案管理，做好小升初和招生工作。开学初梳理排查学生学籍档案，进一步规范电子学籍管理，确保学生信息准确。对于小升初工作，学校认真核对毕业学生信息，按时召开毕业生家长会，准确地宣传海淀区小升初政策，126名学生顺利地通过毕业考试毕业。在一年级招生工作中，首次尝试网上报名，学校审核，学校、家长双方确认的招生方式，招收新生162名。

（高　彦、王　旭）

附　录

2012年北京科技大学附属小学师生获奖一览表

序号	奖项名称	获奖级别	获奖者	授奖单位
1	北京教科院基础教育科学研究所2012年北京市“减负增效大家谈”征文活动	一等奖	高　彦	北京教科院基础教育科学研究所
2	中国发明协会中小学创造教育分会第十八届年会论文	一等奖	刘建玲　冯鑫鑫　莫晓云　周　喆　崔红梅　钟美艳	中国发明协会中小学创造教育分会
		二等奖	王秀兰　吕　梅　赵　晖　魏　辉	
3	北京市中小学生智能控制竞赛智能控制实践赛项目	优秀辅导教师	刘江山	北京市教育委员会

续表

序号	奖项名称	获奖级别	获奖者	授奖单位
4	北京市教育学会创造教育研究会2012优秀论文评选	二等奖	冯鑫鑫　周　喆　崔红梅　刘建玲　莫晓云　王秀兰	北京市教育学会创造教育研究会
		三等奖	赵　晖　吕　梅　魏　辉	
5	CCTV中学生频道全国实用英语超级联赛一等奖选手	优秀辅导员	陈玉冰　王群艳	CCTV中学生频道全国实用英语超级联赛组委会
6	北京市海淀区	优秀教师 “三八”红旗手	张渝玲	北京市海淀区委、海淀区人民政府
7	海淀区数学学科	骨干教师	唐明华	北京市海淀区教委
8	第十三届全国青少年“春蕾杯”征文比赛	园丁奖	乔俊玲　赖兆慧　徐永红　张渝玲　张雅丽　刘建玲　王秀兰　魏　辉　吕　梅　李　源　高　彦　吴再斐　冀秀婵	中国儿童少年基金会、全国青少年春雷杯征文组织委员会
9	“变异教学理论的课堂实践研究”课题优秀论文	二等奖 三等奖	崔红梅 唐明华	海淀区教育科学研究所
10	海淀区中小学生计算机知识技能、中小学航空模型、航海模型、科幻画、中小学“世纪杯”计算机竞赛	优秀组织奖	科大附小	海淀区校外管理中心
11	海淀区中小学生航海模型、航空模型、金鹏科技论坛优秀辅导员	优秀辅导教师	刘江山	海淀区青少年活动管理中心
12	海淀区中小学生单片机比赛	优秀组织奖	刘江山	海淀区青少年活动管理中心
13	海淀区中小学生航海模型比赛、定向越野比赛	优秀辅导教师优秀教练员	梁　爽	海淀区体育局、海淀区青少年活动管理中心
14	海淀区小学“减负增效”论文评比	二等奖	田金霞　唐明华	海淀教委、海淀教科所
15	海淀区中小学生计算机知识技能比赛	优秀辅导教师	沈　磊	海淀区青少年活动管理中心
16	海淀区中小学生建筑模型、无线电测向比赛	优秀辅导教师	刘江山　冯鑫鑫　梁　爽	海淀区青少年活动管理中心
17	“海拓杯”国际定向越野旅游节定向越野短距离少年女子W12组团体	第一名	科大附小	“海拓杯”国际定向越野组委会

续表

序号	奖项名称	获奖级别	获奖者	授奖单位
18	第十三届全国青少年“春蕾杯”征文比赛	一等奖	郭佳璐　郝家祺	中国儿童少年基金会、全国青少年春雷杯征文组织委员会
		二等奖	赵一玮　张艺铭　尚土人　龙沛源	
		三等奖	王史晴等18人	
19	CCTV中学生频道全国实用英语超级联赛北京赛区	希望奖	张馨桐　廖圣元　邹沛萱　王秋硕　刘　澳　王芷若　邹宇萌	全国实用英语超级联赛组委会
20	第四届青少年外语艺术大赛北京邀请赛	二等奖	董瀚文	北京人民广播电台外语广播、国绿化基金会青少年工作委员会、北京广发青少年文化交流中心
21	2012年全国青少年无线电测向锦标赛3.5MHZ测向机制作评比儿童男子组	二等奖	董瀚文	国家体育总局航空无线电模型运动管理中心
22	第32届北京青少年科技创新大赛优秀项目	一等奖	钱李潜馨	北京市教委、北京市科协
23	北京市中小学生无线电测25向竞赛	体育道德文明奖		北京市教委
24	北京市少先队	红领巾奖章	钱李潜馨	北京市少工委
25	2012北京市三好学生	三好学生	韩　萌　高东方　蔡　园　张馨怡　方浩旭　蒋文瑾	北京市教委
26	北京市中小学生定向越野锦标赛	第一名	陈嘉慧	北京市教委、北京市体育局
		第二名	喻　典	
		第四名	杜赫奕	
27	北京市中小学无线电测向竞赛短距离2米小学个人女子组	第四名		北京市教委、北京市体育局
28	北京市中小学无线电测向竞赛短距离80米小学个人女子组	二等奖	王　奕	北京市教委、北京市体育局
		三等奖	杜赫奕　王浥珺	
29	北京市中小学无线电测向竞赛短距离80米小学个人男子组	二等奖	万升昊	北京市教委、北京市体育局
		三等奖	许家骐　李雨辰　沈一墨　韩　旭　董瀚文　庞博思	
30	北京市中小学生智能控制竞赛智能控制实践赛项目	一等奖	曹伯炜	北京市教委

续表

序号	奖项名称	获奖级别	获奖者	授奖单位
31	北京市2012中小学生“水立方杯”游泳比赛	女子甲组蝶泳100米、50米第三名	郭紫琪	北京市教委、北京市体育局
		女子4×50米混合泳接力第五名	王海露 李佳欣 邢 悦 郭紫琪	
		男子4×50米自由泳接力第七名	王淇正 黄一芃 李楷鑫 张派瑞	
32	“海拓杯”国际定向越野旅游节定向越野短距离	少年女子W12组	第三名：喻 言 陈嘉慧 第四名：喻 典	“海拓杯”国际定向越野组委会
33	体育传统项目学校定向越野比赛短距离项目少年女子W12组	第七名	陈嘉慧	北京市体育局、北京市教委
34	体育传统项目学校定向越野比赛M12组	团体第四名		北京市体育局、北京市教委
35	海淀区中小学生科技竞赛航空模型比赛五年级组个人	一等奖	吕方怡等5人	海淀区青少年活动管理中心
		二等奖	周禹轩等10人	
		三等奖	高 涵等9人	
36	海淀区中小学生科技竞赛航海模型比赛五年级组	一等奖	韩 旭等6人	海淀区青少年活动管理中心
		二等奖	高 涵等10人	
		三等奖	李云龙等5人	
37	海淀区中小学生科技竞赛计算机知识技能比赛	一等奖	陈佳一	海淀区青少年活动管理中心
		二等奖	陈之初	
		三等奖	刘欣潼等6人	
38	海淀区中小学科技竞赛无线电测向制作赛	一等奖	喻 言	海淀区青少年活动管理中心
		二等奖	王浥珺 董瀚文	
		三等奖	米 潇等8人	
39	海淀区中小学科技竞赛无线电测向短2米	一等奖	万升昊	海淀区青少年活动管理中心
		三等奖	庞博思	
40	海淀区中小学科技竞赛无线电测向短80米	三等奖	李千溪 勇 岳 尚土人	海淀区青少年活动管理中心
41	海淀区中小学生建筑模型比赛	二等奖	李霁峣	海淀区青少年活动管理中心
		三等奖	李千溪等6人	
42	海淀区中小学生科学幻想画比赛	一等奖	丁 弈 张茹惠 张子良	海淀区青少年活动管理中心
		二等奖	张派瑞等10人	
		三等奖	邹沛萱等15人	

续表

序号	奖项名称	获奖级别	获奖者	授奖单位
43	海淀区中小学生建筑模型比赛	一等奖	张颢议　毛歆怡	海淀区青少年活动管理中心
		二等奖	沈康宁　段雅萱　李浩洋	
		三等奖	杨济慈等6人	
44	海淀区中小学生“世纪杯”计算机比赛	一等奖	田昕妍　郭瑛玮　刘欣潼	海淀区青少年活动管理中心
		二等奖	李博威	
		三等奖	方　辰等8人	
45	海淀区中小学生单片机比赛	一等奖	王新立等9人	海淀区青少年活动管理中心
		二等奖	刘子言等4人	
		三等奖	徐雨婷等7人	
46	海淀区中小学数字德育平台2012年暑假征文活动	一等奖	郝俊萍	海淀区教育科学研究所
		二等奖	池宇珊等11人	
		三等奖	李知非	
47	2012海淀区中小学生秋季运动会女甲200米、女甲跳远	第二名 第五名	姜卉欣	海淀教委、海淀区体育局
48	海淀区三好学生	区级三好生	张大维等20人	海淀区教育委员会
49	海淀区金鹏科技论坛	三等奖	高一凡	海淀区青少年活动管理中心
50	海淀区青少年科技创新大赛优秀项目	一等奖	钱李潜馨	海淀区青少年活动管理中心
		三等奖	张大维　李博威	
51	海淀区中小学生艺术节重唱	二等奖	孙浩扬　许家骐	海淀区青少年活动管理中心
52	海淀区中小学生艺术节独唱	二等奖	陈孟哲	海淀区青少年活动管理中心
		三等奖	崔卓凡等4人	
53	海淀区中小学生艺术节钢琴独奏	一等奖	倪知行　钱李潜馨	海淀区青少年活动管理中心
		二等奖	孟雨琢等5人	
		三等奖	薛晚亭等6人	
54	2012年海淀区中小学生定向越野比赛小学	女子乙组第三名	田昕妍	海淀区体育局
		女子乙组第四名	陈嘉慧	
		女子甲组第六名	甄欣然　杜赫奕	
		男子乙组第六名	董瀚文	
55	北京首届点众杯定向越野锦标赛青少年女子W14组短距离个人赛	第二名	陈嘉慧	北京市无线电协会、海淀区无线电定向越野运动协会
		第五名	喻　典	
		第八名	陈席远	
56	2012年海淀区少先队	红领巾奖章	田昕妍	海淀区少工委

续表

序号	奖项名称	获奖级别	获奖者	授奖单位
57	海淀区中小学数字德育平台2012年寒假征文活动	二等奖	李知非　张辽川	海淀区教育科学研究所、海淀区教育信息中心
		三等奖	赵丹秀	
58	海淀区中小学区生春季田径运动会	女甲200米第三名	李子悦	海淀区体育局
		400米第五名	李子悦	
		跳远第五名	姜卉欣	
59	2011～2012海淀区小学信息技术课程学生作品评比	一等奖	方浩旭　王子怡　米　潇	海淀区教育信息中心信息技术教研室
		二等奖	林清晨　邵月红	
		三等奖	张择宇　郭奥旗	
60	第十届海淀区英语风采大赛C组	二等奖	段雅萱	海淀区教委、海淀区教师进修学校
		三等奖	王子良　陈之初	
61	海淀区青少年活动管理中心合唱	三等奖	陈思涵等19人	海淀区青少年活动管理中心
62	海淀区中小学生艺术节独唱比赛	二等奖	王　烁等4人	海淀区青少年活动管理中心
		三等奖	杨坤燕等8人	
63	海淀区中小学生合唱、独唱比赛	优秀辅导老师	张　晋　郭　燕	海淀区青少年活动管理中心

社区居委会

【概况】2012年，社区有居民3251户、10035人；60岁以上老龄人2190人，残疾人142人；享受低保14户、20人，困补134人；孤老10人；空巢老人519户、984人；优抚对象34人；帮教对象7人；矫正对象1人；在押人员1人；居住3个月以上流动人口859人。

（杨　峰）

【社区党建】2012年，社区党委把党的思想建设和组织建设工作作为社区建设的“聚力工程”来抓，加强组织建设。上半年圆满完成党委换届选举工作，产生了由5位委员组成的新一届社区党委班子。年内，社区党委采取多项措施加强社区党建。①坚持“三会一课”制度，加强党员教育管理。②推进党务公开，借助9大平台全面公开社区党务信息。③落实“三级联创”，深入开展创先争优，加强廉政风险防范。④开展丰富多彩的组织活动，增强党组织向心力。⑤开展党内关怀活动，做好党员服务工作。⑥加强党建理论研究，完成了题为《高校社区党建工作特色与创新研究——基于北科大社区党建工作的调查与分析》的结题报告及12000余字的论文写作。

（杨　峰）

【社区服务】2012年，社区积极推进网格化建设进程，依托网格力量充分发挥6大委员会职能，特别是借助六型社区等创建活动，切实做好惠民服务，着力提升社区服务管理软实力。年内，社区通过制作宣传购物袋、小旗子和便民卡片，借助开展健步走、党员运动会等活动，广泛进行六型社区宣传，先后召开自查和整改工作会议6次，查缺补漏，积极做好社区服务各项工作。居委会自制犬只牌号，组织环境义务监督队，实施社区养犬封闭化管理，促进了居民文明养犬。通过实施垃圾分类激励机制，自制激励卡片，利用集卡换奖品的形式，激励全体居民自觉形成垃圾分类的良好习惯。社区增设了社工服务室和家家福宁服务点，提供电子产品答疑和家政服务咨询，拓展了为民服务领域。年初，在新浪和腾讯2大主流媒体开通社区官方微博。年底，社区顺利通过第三方验收评估，获得北京市首批“六型社区”示范社区称号。

（杨　峰、李秀兰）

【社区维稳】2012年，社区紧紧围绕街道综治办的工作部署，以创建国际安全社区为契机，周密部署，多措并举，建立有效机制圆满完成了各项社区维稳工作。居委会积极动员居民志愿者参与值班巡逻，及时排查解决社区矛盾纠纷，着力稳控社区重点人，为校庆和“十八大”的顺利召开保驾护航，并圆满完成了社区全年各项安保维稳工作。日常工作中，居委会对居民加强安全生产、生活的宣传教育，建立社区环境维护队，扩充社区原有的治安巡逻志愿者队伍，完善社区治安治理机制。此外，社区加大综合治理工作力度，为居民营造稳定祥和的宜居环境。

（杨　峰）

【社区环境】社区服务管理中心负责社区保洁、绿化、居民房屋装修管理以及协调城管，并与学校有关部门一同进行社区私搭乱建的治理以及居民楼栋门禁报修和门禁钥匙更换管理工作。通过精细化管理，社区卫生状况有了很大改观，居民装修垃圾能够及时清运，私搭乱建现象也得到了有效治理。社区绿化工作中，除了开展正常的绿化养护外，还积极进行花种采摘和播撒，对施工损毁的绿地进行及时补种。根据街道工作布置，开展大面积的灭鼠、灭蟑和灭蚊蝇投药工作，全年投药量大约30千克，有效的控制了老鼠、蟑螂和蚊蝇的蔓延，7月，根据北京市灭蚁安排对社区170余户居民进行了入户灭蚁工作。此外，社区广泛宣传安全健康知识，加强居民自我保护意识，预防和减少疾病的发生，提高居民的健康生活水平。积极争取学校领导和相关部门支持，对社区东区围墙护栏进行了更新，更换了部分老旧给水和排水管线，对存在问题的38栋、42栋外电源电缆进行了更换和维修，对社区26、27、40栋地下供暖管线进行了更新维护。为消除消防安全隐患，整治社区环境，在保卫处的支持配合下，清理楼道杂物20余车，废旧自行车100余辆。

（殷官朝）

【居委会换届选举】按照北京市、海淀区及学院路街道办事处的工作部署，社区居委会于4月9日至6月5日进行了换届选举工作，产生新一届居委会委员9名。选举前期，居委会加大宣传力度，创新宣传途径，自制了社区工作纪念册，帮助选民了解居委会3年以来的工作成绩。在选举过程中，严格依照法定程序，充分发扬民主，依托网格力量进行2次入户，开展选民登记、居民小组长推选和居民小组代表推选。选举采用差额选举、公开唱票的方式，确保选举过程合法有效，圆满地完成了居委会换届选举工作，进一步深化了居委会领导班子年轻化和高学历的趋势。

（杨　峰）

【社区自治】2012年，社区多次召开全体居民代表大会和居民代表大会常务委员会会议，增补常务委员，推选常委会主任，推动常委会积极参与安装晾衣杆、遮雨棚、地区为民办实事意见征求和制定社区公益金使用计划等多项社区事务，在原有基础上进一步完善了居民代表大会常务委员会制度。10月，社区开展走访月活动，利用多种形式走访居民约610人次，收集汇总意见建议160条，深入了解了民情民意，并积极就相关问题进行解决和上报。其中学校的区人大代表进社区同居民进行座谈，就生活中存在的民生问题和普遍关注的热点问题进行了面对面的交流，推选3名社区联络员，代表社区居民与人大代表长期联系，协助人大代表更好的倾听民声民意，进一步提高社区居民的满意度。

（杨　峰）

【网格化管理】2012年，社区网格化服务进一步完善，充分利用网格信息系统和“一刻钟便民服务网”2套系统覆盖全网格，畅通网格化沟通渠道，深化原有服务项目，使居民的日常生活方便、高效、快捷、顺畅，极大地便利了居民生活。同时，在整合力量、建立渠道、网格联动、加强培训等方面工作成效明显，及时发现并处理安全隐患20多起，避免了安全事故的发生。在2012年夏天社区35、37栋高层进行老旧电梯改造时，将这2栋楼再细致地划分成10个微小网格单元，安排居委会干部负责对口走访，为十个微小网格内有需求的居民提供帮助和服务。由于2012年社区网格化管理工作较为突出，北科大网格多次代表学院路地区迎接上级领导的检查，海淀区相关领导以及区人大代表团等都对北科大网格工作的开展和在为民服务方面取得的成效给予了充分肯定。

（杨　峰）

【获奖情况】2012年，社区先后接受了《北京日报》、《北京社区报》、《城市周刊》和海淀电视台等新闻媒体的采访报道。此外，社区获得“北京市‘六型社区’示范单位”、“首都文明社区”、“北京市体育生活化社区”、“北京市生活垃圾分类居住小区贡献奖”、“北京市高校青年教师社会实践基地”、“北京市规范化人民调解委员会”、“海淀区创先争优先进基层党组织”、“海淀区社会管理综合治理工作先进单位”以及“海淀区社区志愿服务工作先进集体”等荣誉称号，社区工作者1人被评为“北京市先进社区居委会主任”、1人被评为首届“首都优秀社工奖”、1人被评为“海淀区优秀人民调解员”以及1人被评为“海淀区法制宣传先进个人”等。

（杨　峰）

附　录

社区居委会全年完成的具体服务工作

类别		具体工作内容	数量
福利工作	社区服务和社区	办理及发放、转出、注销80岁以上居家养老服务券	1756人
福利工作	社区服务和社区	青松老年护理公司每周二、四为居民免费服务	865人
福利工作	社区服务和社区	统计侨务人员情况、组织侨务人员参加活动	154人
福利工作	社区服务和社区	春节、三节慰问地退人员和举办各类活动，医保登记等慰问	491人

续表

类别	具体工作内容	数量
社区服务和社区福利工作	春节慰问大病、重病、困难人员军烈属、伤残军人等各类人员	132人
	办理新申请80岁以上居家养老服务券、90岁高龄津贴	82人
	为65岁以上老年人办理老年优待卡	52人
	为60岁以上老年人办理老年优待证	53人
	申请安装“一按灵”、“一键式”呼叫器	27户
	申请安装无障碍设施、配发浴凳	3户
	新申请低保及低保复审	45人
	“冬衣送暖”捐款、捐物（捐助贫困地区）	30人
	90岁高龄老人重阳节慰问、95岁以上老人家庭安装无障碍设施	39人
	为低保人员办理助老慈善医疗卡、病困救助	6人
	社区特殊老年人免费体检	22人
计划生育工作	为失业、无业独生子女家庭审核独生子女费的工作	85人
	办理、审核《生育服务证》	69人
	为新生儿家庭进行了产后慰问及政策指导	49人
	办理独生子女证	19人
	户籍孕妇（包括婚嫁媳妇）共计开具围产证明	32人
	做好特殊家庭申请补助及慰问工作	26人/次
	协助社保所核实转档案人员的婚育情况	76人
	为社区流动育龄妇女组织2次孕检工作	24人
	为社区居民办理独生子女年老一次性补助手续	15人
	为流动人口儿童开具打疫苗证明	20人
	积极为低保重残困难独生子女家庭申请困难补助	1人
	开展计划生育宣传日活动5次；开展各类讲座活动3次	社区居民
	药具发放	社区居民
	签订计划生育责任书	12份

续表

类别	具体工作内容	数量
环境与物业管理工作	道路修整	32栋
	维修更新居民住宅下水道	17户
	暖气管道维修	26、27栋
	处理暴雨雪损毁树木	118棵
	修复暴雨（7·21）造成的地面塌陷	5处
	清理居民乱扔座便器、水盆等	4卡车
	安装温馨提示牌	2个
	安装广告栏	5个
	为独居老人入户免费维修	3次
	清理废旧自行车	100余辆
	更新垃圾桶	12个
	消灭四害投药	30千克
	铺设草坪	1300余m^2
	清理楼道	20余车
司法工作	调解居民矛盾纠纷	90件
	社区法制宣传栏宣传	12期
	律师接待居民咨询	69人次
	为残疾人、90岁以上高龄老人、低保人员发放发放援助卡	166人
	为帮教人员（低保）救助	2人
文教工作	组织居民春游、棋牌比赛、运动会	621人次
	新春联欢会	520人
	居民健步走活动	435人
	举办夏日文化广场	250余人
	合唱团代表社区参加市、区、街道比赛及表演	132人
	青少年社会实践活动	72人

续表

类别	具体工作内容	数量
残联工作	春节、助残日、国庆节慰问社区残疾人	148人
	为社区残疾人办理残疾人摩托车燃油补贴	9人
	为社区残疾人办理保险补贴	3人
	社区新办理残疾人证	17人
	为社区残疾人申请、发放辅助器具	6人
	为社区残疾人申报残疾人技能培训	3人
	为社区残疾人办理残疾人生活补助	2人
	为精神残疾人办理免费服药	1人
	申请社区无障碍改造3处，残疾人家庭无障碍改造20户	社区居民
	助残日开展对低保残疾人进行入户慰问5人	社区居民
	社区残协参加市残联文艺汇演活动	1次
	组织3位残疾人参加技能竞赛，1位进入决赛	1次
	为社区残疾儿童办理康复补助	1人
	组织社区残疾人参加街道残疾人乒乓球比赛	6人
	为社区智力、残疾人办理社区就业生活补助	1人
	办理社会养老保险认证	32人
住保工作	咨询相关政策和办理手续家庭，发放宣传资料	30余户
	领取各种保障房申请表格家庭	28户
	通过初审、公示的各种保障房申请家庭	8户
	入户调查、公示异地申请家庭	7户
养犬工作	召开养犬自律会会议2次	2次
	年检69只，居住地年检犬2只，年度内丧犬12只	83
	引导养犬户与居委会签订《北科大社区文明养犬公约》和《北科大社区养犬承诺书》	80余户
	10月参与宠物运动会2人，宠物摄影比赛1人	3人
	上报违规养犬户	3户

续表

类别	具体工作内容	数量
养犬工作	10月份，组织社区文明养犬宣传活动一次	70
	向社区养犬户发放，北科大养犬牌及清理宠物粪便工具	36户
	发放致养犬户的一封信	80余份
	7月，经过街道流管办和东升派出所协调，派出所民警到社区及时抓捕了一只流浪犬	2只
大讲堂	大讲堂共13次（涉及计生政策、计生药具、青少年安全、健康养生保健、消防、燃气安全、低碳环保等方面）	400人次
志愿者活动	清理社区环境卫生	160人
	社区趣味运动会、创建“六型”社区、低碳环保等宣传活动5次	76人
	参与居委会各项工作	454人

中国教育经济信息网

【概况】2012年，中国教育经济信息网（China Education Economy Information Net，简称CEE）在确保各业务系统稳定运行的基础上，进一步提高系统稳定性和安全性，对系统核心网络设备进行了更新和优化，进一步完善数据存储和备份平台，整合网络管理软件和设备，同时，继续扩展业务应用范围，新增“全国农村义务教育学和营养改善计划月报表 系统”；不断提升数据分析能力，定期报送业务分析报告，深入开展数据挖掘项目。

（高　杰）

【系统建设】2012年，CEE管理中心顺利地完成了年度系统运行维护工作，对核心网络设备进行了更新优化，继续整合软硬件应用，重点提高系统安全性能，在确保业务系统稳定运行的同时，完成了多项业务应用系统的设计开发工作。

CEE管理中心对核心网络架构进行了优化，综合提升了系统网络性能。年内，将核心网络设备升级为千兆设备，优化调整了网络访问地址配置，根据用户的网络线路情况自动匹配访问地址，优化了访问速度。同时，建立了网络核心交换线路双机热备结构，全面确保业务系统稳定持续运行。

年内，CEE管理中心继续进行软硬件和技术的优化整合。完成了Citrix虚拟桌面系统的升级部署，对Citrix系统的底层支持平台和相关组件进行了升级，提高了系统性能和桌面发布的易用性，初步构建了安全便捷的虚拟桌面办公环境。按照统一存储、备份的架构设计，整合NetApp存储与IBM存储，将磁带库和备份软件统一纳入FC-SAN光纤网络中，实现了管理中心现有数据和存储空间的统一管理和备份。

为了提高信息系统的安全性，CEE管理中心选用WEB应用防火墙安全设备，对CEE平台上运行的各业务系统进行防护。设备上线后，发现并阻止了多次非法漏洞扫描和攻击行为，提高了系统的防篡改能力；整合网络管理软件和设备，优化天元IT管理软件，购置Pigoss日志服务器，对主机、网络、数据库和应用程序等进行全方位监控，构建全面、便捷的信息系统管理模式。

（孙辰宇）

【应用拓展】2012年，CEE系统业务应用范围稳步扩展，新增“全国农村义务教育学生营养改善计划月报表系统”，改版了“全国学生资助管理中心”网站和“教育审计”网站，初步完成了“教育部直属高校财务月报系统”的升级工作。

2012年5月，CEE管理中心设计开发了“全国农村义务教育学生营养改善计划月报表系统”，系统主要功能为数据录入、校验审核和统计汇总等，报送单位为实施“农村义务教育学生营养改善计划”的省、市、县各级教育部门。5月29日，系统开发完成，CEE管理中心在北京科技大学举办了业务培训，向各省教育部业务人员演示并讲解了系统的主要功能和操作流程。6月15日，管理中心启动首次业务上报。至年底，已经顺利完成7次上报任务，各级用户数超过1380个。

3月，根据教育部财务司工作需要，管理中心对“教育审计”网站进行了版面调整，对部分栏目进行了合并和优化，完善了各栏目信息排序等功能。5月，受教育部全国学生资助管理中心的委托，CEE管理中心对全国学生资助管理中心门户网站进行了改版升级，重新规划设计了网站的版面和功能，于9月中旬完成设计开发并正式上线运行。年内，经教育部财务司批准，CEE管理中心对“教育部直属高校财务月报系统”进行了重新设计和升级开发，将原有的客户端上报模式改为在线上报模式，并对原有系统的各项功能模块进行了完善和优化。年底，完成系统开发和测试工作，并在部分高校进行了试点运行。

至年底，在CEE系统上运行的中央部委级应用项目为16个，应用项目主管部门涵盖了全国保障办、全国学生资助管理中心等多个中央级单位以及财政部教科文司、教育部财务司、贷款办与审计署教育审计局等多个司局级单位，各业务应用系统的县级及以上用户超过9500个，用户规模继续稳步增长。

（杨绮雯）

【数据采集】2012年，CEE管理中心共完成财政部和教育部下达的常规业务和临时业务115项。

常规业务包括：①2013年中央高校预算编制基础数据表的上报审核和统计汇总。②2011年行政事业单位资产管理信息系统统计报表的上报审核和统计汇总。③教育部直属高校资金监控1～12月共12期数据上报。④教育部直属高校财务月报1～11月共11期数据上报。⑤“农村义务教育保障新机制系统”和“城市义务教育免除学杂费系统”3～6月、9～12月共8期数据上报。⑥“中西部农村初中校舍改造工程”系统1～11月共11期数据上报。

临时业务主要包括：①2011年度教育部直属高校和事业单位财务决算上报及审核汇总。②2011年中央部门所属高校减轻债务负担情况调查。③2012年中央级普通高校捐赠收入财政配比专项资金申报。④2011年教育部直属高校和事业单位政府采购信息统计。⑤教育部直属高校“985”工程中央财政专项资金预算执行情况。⑥教育部直属高校2013年预算编制及汇审工作。⑦2012年教育系统审计工作总结。⑧教育部直属高校2013～2015年重大项目经费需求情况调查。⑨2013年教育部直属高校住房改革支出预算编制工作。⑩2013年中央高校及附属中小学改善基本办学条件专项资金申报、评审工作。年内，还完成了教育部直属高校拨款对账、重大项目财政拨款支出情况统计、教育部事业单位公务用车清查、高等学校科研项目经费情况调查表、教育部直属高校财务信息化现状调查以及教育部直属高校内部控制制度建设现状调查等多项上报业务。

（杨绮雯）

【数据分析】2012年，CEE管理中心进一步加强教育部直属高校资金监控数据分析工作。在教育部经费监管事务中心指导下，CEE管理中心对教育部直属高校资金监控工作进行了完善，在报送月度分析报告的基础上，增加了双月报告和季度报告，并完善了资金监控工作的业务流程、工作规范和信息审核标准等内容。年内，财政部教科文司、教育部财务司预审处以及教育部经费监管事务中心相关负责人先后多次视察CEE管理中心，了解资金监控业务开展情况，提出了加强日常监控、保障资金使用安全规范的工作目标。

2012年，管理中心继续编写《教育部直属高校2011年财务运行白皮书》，主要包括教育部直属高校财务运行情况、专项投入情况、财务管理重大政策、资金监控与审计、财务管理问题及经验借鉴5部分内容，重点分析了2011年度教育部直属高校的财务收支状况和资产负债情况，总结了“211”工程、“985”工程、“高校化债”等国家重大专项资金的投入情况，并介绍了高校总会计师制度、直属高校生均拨款标准提高、教育收费收入收缴管理制度改革等年度重大政策的执行情况。同时，以各高校年度财务决算文字说明为依据，总结了各高校在财务管理方面提出的意见和建议，并归纳了各高校财务工作中的先进经验。

2012年3月，CEE管理中心教育经济与管理研究所出版发行了《中国教育经济评论2011》，以“大学教育投资与发展战略”为主题，着重探讨了金融危机以后世界各国针对大学投资所采取的积极措施。出版后，管理中心向教育部直属高校财务处赠书，扩大了管理中心和教育经济与管理研究所的社会影响力。

为了对现有数据资源进行深入分析，2011年起，CEE管理中心与北京科技大学东凌经济管理学院合作开展了数据挖掘项目，初步确定了“义务教育保障机制报表”、“教育部直属高校财务月报”以及“教育部直属高校资金监控”3个分析主题。2012年，管理中心与经济管理学院项目组，通过对现有数据的分析，对业务指标进行了建模，结合实际业务发掘数据之间的联系以及数据规则，9月，形成了《CEE数据仓库数据模型（讨论稿）》以及《业务数据库数据探查报告》等阶段性成果。

（杨绮雯）

【组织建设】2012年，CEE管理中心在制度建设、党员发展等方面积极探索，不断推进组织建设。4月，管理中心结合上级主管部门对重大事件期间网络安全的要求，制定并下发了《中国教育经济信息网管理中心“特殊时期”信息安全监控方案》（信网发〔2012〕2号），明确了“特殊时期”网络系统监控的组织机构、各岗位人员的职责分工以及工作流程，以确保CEE各业务系统网络及信息的安全。

至年底，CEE管理中心下设系统运行室、数据分析室、行政办公室、技术研发室和客户服务室5个科室以及教育经济与管理研究所1个直属研究机构；共有职工29人，其中校内正式职工15人，合同制员工13人，返聘员工1人。CEE党支部共有正式党员14人，预备党员2人。年内，发展预备党员2名，转正预备党员1名，确定入党积极分子4名。

（姜佳男）

党建与思想政治工作

组织工作

【概况】2012年，北京科技大学共有基层党委19个，党支部526个，其中直属党支部1个。共有党员10241名，占全校总人数的30.42%。其中干部党员477名，占干部总数的69.11%；教师党员975名，占教师总数的67.43%；工人党员55名，占工人总数的16.12%；其他专业技术人员党员432名，占其他专业技术人员总数的64.46%。学生党员6614名，占学生总数的23.14%。其中研究生党员4445名，占研究生总数的45.53%；本科生党员2169名，占本科生总数的11.67%。

全校共有在职校级干部12名。处级干部218名。其中正处级干部68名，副处级干部150名；女干部53名，占处级干部总数的24.31%；少数民族干部11名，占处级干部总数的5.05%；党外干部28名，占处级干部总数的12.84%。45岁及以下107名，占处级干部总数的49.08%。具有硕士研究生及以上学历的处级干部170名，占处级干部总数的77.98%；具有高级专业技术职务的处级干部171名，占处级干部总数的78.44%；专职管理干部102人，占处级干部总数的46.79%；"双肩挑"干部116人，占处级干部总数的53.21%。

（孙景宏、史立伟）

【干部工作】①做好机构调整和干部配备工作。结合学校事业发展需要，根据《党政领导干部选拔任用工作条例》和《北京科技大学处级干部选拔任用工作规定》有关要求，完成了新成立二级单位的班子配备和个别干部调整工作。年内，共调整处级干部30人，其中，提任处级干部17人（正处级4人，副处级13人），调动任职6人，不再担任处级领导职务7人（其中调出学校2人）。在提任的17名处级干部中，"双肩挑"干部11人，占64.71%。年内，所提任的副处级干部中，均已参加各类干部培训或挂职工作。

②完善干部选拔任用机制。协助学校党委完成了自动化学院院长的公开招聘工作，引进国家杰出青年基金获得者、教育部新世纪人才1人。在计算机与通信工程学院等二级党委继续推行二级党委负责人公推直选，加强了干部选任工作的民主。此外，根据《教育部直属高校三级、四级职员聘任暂行办法》的有关规定，学校党委制订了《北京科技大学三级、四级职员岗位聘任暂行办法》，并开展了2012年三级、四级职员的聘任工作。协助教育部做好校长的公开选拔工作。

③加强干部监督管理和培养工作。根据上级党组织关于贯彻落实干部选拔任用工作四项监督制度的文件要求，对学校2011年干部选拔任用工作情况向党委全委

会做了专题汇报。同时，根据上级有关精神，完善了领导干部个人有关事项报告制度，提高了干部的监督意识和自律意识。此外，在做好常规干部培训的基础上，年内选派20名一线教师和青年干部在校内学院和机关部处开展双向挂职锻炼；加大挂职培养工作力度，选派管庄校区徐新华副教授等4名同志到江苏省江阴市、湖南湘西土家族自治州和新疆伊犁州等地方政府挂职，选派2名同志赴台湾台北科技大学进行挂职培训，选派5名辅导员赴华东理工大学、华南理工大学等国内院校进行挂职交流；向北京市委组织部推荐优秀中青年教师，获北京市优秀人才培养资助4人。积极向国家教育行政学院、市委教育工委等上级部门举办的培训班选派学员共40余人次。

④加大对后备干部和青年人才的培养。针对青年后备干部的培养力度不够、选人用人视野有待拓宽等问题，组织部、党校在2011年举办优秀青年干部培训班取得良好效果的基础上，举办了第三期优秀青年干部培训班，各学院、机关部门、直属单位推荐的41名青年教师和青年干部参加了培训。培训历时4个月，分为“理论学习”、“能力提升”、“实践调研”和“总结表彰”4个阶段，采取专题讲座、专题调研、实践考察和素质拓展等形式，充分调动学员的积极性和主动性，取得了很好的学习效果。其间青干班学员围绕学校的中心工作，开展的青年教师利益诉求表达途径调查、青年人才培养机制调查、以及本科生生产实习现状调研及对策分析等调研，具有很强的现实意义和参考价值。继续做好首期青年高层次人才培训工作。培训班包括百千万、新世纪、北京市科技新星、全国优博在内的32名青年人才。通过邀请中国科学院院士、香港科技大学教授张统一校友，党的十八大代表、“千人计划”入选者、学校生物工程与传感技术研究中心主任张学记教授与青年人才交流学术感悟和人生经验，邀请经管学院裴利芳教授专题讲授“领导干部心理健康与心理调适辅导报告”，赴中关村国家自主创新示范园区展示中心调研考察等活动，进一步加强了学校青年高层次人才队伍建设。

⑤加强对处级干部的考核管理。严格执行处级领导干部试用期制度，年内，对试用期满的17名处级干部进行了考核工作。同时，继续加大基层代表的测评范围，进一步完善体现科学发展观要求，组织评价、群众评价、自我评价有机结合、相互印证的处级单位和干部年度考核评价体系，不断提高干部考核工作的科学化水平。

（孙景宏、史立伟）

【组织工作】①组织开展基层组织建设年。按照上级文件要求和学校党委的统一部署，制定了《关于深化创先争优活动开展基层组织建设年工作方案》，并与党员民主评议和党支部工作评估结合开展。全校502个基层党组织对照《北京科技大学教师党支部考核测评标准（试行）》、《北京科技大学学生党支部考核测评标准(试行)》以及《北京科技大学教职工共产党员行为规范(试行)》《北京科技大学学生共产党员行为规范（试行）》进行自查，通过分类定级，定级为“好”的支部348个，定级为“较好”的支部147个，定级为“一般”的支部7个。在定级基础上，各支部通过制定改进计划，设定有限目标，对标改进、创先争优。通过基层组织建设年，在认真总结改进计划的落实情况，并与活动开始时分类定级情况进行对照的基础上，各党支部在原有基础上都有新的提高，基层党支部的工作水平普遍提升。

②圆满地完成北京市《基本标准》集中检查工作。根据上级相关要求，制定了《迎接北京普通高等学校党建和思想政治工作基本标准集中检查工作方案》，提交了自

查报告和特色工作报告。在入校检查前，针对10项重点检查内容开展专项调研，并形成了10个高质量重点专项报告；组织召开二级党委书记党建工作专题培训会，针对实地走访的4个专项工作进行了交流学习。入校检查当天，检查组专家通过听取学校党委汇报、召开座谈会和实地走访，对学校的党建和思想政治工作进行了入校集中检查。通过为期一天的集中检查，检查组专家高度肯定了北科大的党建和思想政治工作。同时，对本次检查过程中基层创造的好经验、好做法进行了认真梳理和总结，有关成果在《思想教育研究》进行了专刊出版。

③积极做好党代表的推荐工作。一是做好党的十八大代表推荐工作。按照上级相关工作安排，学校充分发扬党内民主，严把标准和程序，积极组织基层党组织和广大党员踊跃参加党的十八大代表候选人推荐提名工作。经过逐级推荐、组织考察、广泛征求意见，“千人计划”入选者、学校生物工程与传感技术中心主任张学记教授当选党的十八大代表，成为学校建校60周年来第一位全国党代会代表。二是做好北京市第十一次党代会代表推荐工作。根据《中共北京市委关于中国共产党北京市第十一次代表大会代表选举工作的通知》、《中共北京市委教育工作委员会关于中国共产党北京市第十一次代表大会代表选举工作方案》的精神和有关要求，经过逐级推荐、组织考察、广泛征求意见、党员代表大会选举，罗维东、班晓娟和戴淑芬3名同志当选为北京市第十一次党代会代表。

④组织开展二级党委党建和思想政治工作评估及总结表彰工作。根据《关于开展对二级党委党建和思想政治工作整体评估的通知》的有关要求和工作安排，年内完成了东凌经济管理学院、管庄校区和天津学院等7个申报党委的党建评估工作。至2012年7月，历时3年，全校20个二级党委（党总支）的评估工作全部完成，党建评估专家组向党委书记会做了专题汇报，充分肯定了近年来学校二级党委在党建和思想政治工作方面取得的成绩。根据评估结果，授予材料科学与工程学院党委、机械工程学院党委等6个党委“北京科技大学党的建设和思想政治工作先进单位”称号，授予土木与环境工程学院党委、机关党委等3个党委“北京科技大学党的建设和思想政治工作先进单位提名奖”。二级党委评估相关成果获全国党建研究会2011年度调研课题优秀成果二等奖。同时，结合学院党建工作的评估情况，针对存在的问题，组织制定了《关于进一步加强学院党建和思想政治工作的实施意见（试行）》，明确了进一步加强学院党建和思想政治工作的思路和目标，提出了20项主要工作任务，指导二级学院不断完善基层党建工作制度、增强基层党建工作活力、提高基层党建工作实效，努力提升基层党建工作的科学化水平。

⑤做好创先争优活动总结工作。自2010年5月创先争优活动启动以来，根据上级党组织的工作部署，学校党委围绕推进“内涵发展”这一战略选择，以“深入学习实践科学发展观，推进学校教育事业科学发展”为活动主题，以实施“固本强基工程、先锋引领工程、学风建设工程”为载体，突出重点、强化特色，深入开展创先争优活动。两年多以来，全校各基层党组织和广大党员积极投身于活动中，按照“五好五带头”争创要求，围绕学校中心工作，立足本职岗位，在推动学校科学发展、推进教育教学改革、提高自主创新能力等中心工作中创先争优。2012年9月，学校召开创先争优活动总结大会，对创先争优活动的开展情况进行了总结。至年底，学校累计获得北京市委、北京市委教育工委等上级党组织表彰先进党员7人次，党组织

4个，获得校级先进表彰的党员131人，党组织32个。2012年，国家材料服役安全科学中心党支部获评北京市、北京高校创先争优先进基层党组织，外国语学院党委获评北京高校创先争优先进基层党组织，计算机与通信工程学院王志良教授、东凌经济管理学院魏钧教授获“北京高校创先争优优秀共产党员”称号。

⑥组织开展基层党组织活动立项申报和优秀基层党组织活动评选。结合基层组织建设年活动，指导各基层党组织以迎接党的十八大召开和学校60周年校庆为契机，精心选题立项，积极创新活动载体，改进活动方式，开展了许多主题鲜明、形式多样、生动丰富、时代感强的组织活动。据统计，2012年各二级党委批准基层党组织立项活动420项，批准立项活动覆盖面占全校基层党组织的95.23%。至年底，经基层党组织申报、专家评审，共评选出“优秀基层党组织活动（优秀党日活动）”40项，计算机与通信工程学院党委等5个党委被评为“基层党组织活动优秀组织奖”。

⑦认真做好发展党员工作，着力提升党员发展质量。按照“坚持标准、保证质量、改善结构、慎重发展”的方针，认真贯彻落实学校和各二级党委党员发展年度发展计划，积极稳妥地做好发展党员工作。按照《北京科技大学2011～2015年发展党员工作规划》，强化入党积极分子培养环节和发展过程中的质量控制，并通过多种手段，确保党员发展质量。加强组织员制度建设，研究制定《关于聘请离退休老同志担任特邀党建组织员的实施意见》；进行积极分子全员测试，加强监督环节，多角度考察积极分子；积极创新学生业余党校的工作机制，充分发挥马克思主义学院的师资优势，逐步建立起以党校为主渠道、以马克思主义学院为重要补充的入党积极分子培养模式；进行党员发展大会纪实，进一步规范党员发展大会流程，增强大会的严肃性和庄重性，加强党员发展过程的监督管理。2012年，学校共发展党员1420人，其中发展学生党员1387人，发展教职工党员33人。至年底，学校共有党员10241人，其中本科生党员为11.67%，研究生党员为45.53%，教职工党员为57.63%，均保持较高水平。指导后勤党委加强外来务工人员骨干队伍建设，在外来务工人员中开展党的工作，培养入党积极分子21名，发展党员5名。

⑧加强二级党委负责人公推直选实践总结。2009年以来，在8个二级党委开展了二级党委负责人的公推直选工作，为北京高校循序渐进、积极稳妥推进这项工作提供具有较高参考价值的实践范式。以学校公推直选实践为基础，协助北京市委教育工委完成《北京高校院（系）党组织负责人公推直选办法》。实践做法先后获得“北京高校党建研究会优秀调研成果”、“北京高校优秀党建工作创新项目”和“北京市优秀党建工作创新项目”。2012年，荣获2010～2011年度北京高校党的建设和思想政治工作优秀成果一等奖和创新成果奖，并在教育部直属高校第十五次组织工作会上进行了大会主题发言和经验介绍。

（孙景宏、肖晓玲）

【党校工作】（1）认真组织好各类培训班。年内，学校党校共举办日常培训班6期，包括处级领导干部理论学习班、第22、23期教职工骨干入党积极分子培训班、新任教职工党支部书记培训班、优秀青年干部培训班、二级党委书记培训班，境外挂职干部培训1批，培训人数200余人次。5月，举办处级领导干部理论学习班，33名学院、机关处级正、副职干部参加了培训。学习班开设了政策理论、高等教育、领导能力和个人修养等方面的课程，采用专题讲座、网上课堂以及自学提高等方式，并赴临沂大学、临沂革命红色教育基地、高新技术开发区进行了参观考察，与高新区管委会进行座谈交流，就产学研开发高新技术产品的途径进行了共同探讨。9月，举办了二级党委书记党建工作专题培训会，各二级党委书记、副书记，各学院副院长参加了此次培训。3～5月，党校和后勤党委联合举办了面向后勤职工的党的知识培训班，25名后勤系统的骨干参加了培训。10～11月举办第23期教职工骨干入党积极分子培训班，30名来自全校各学院、机关、产业的教职工骨干参加了培训。培训班包含5个单元：理论学习单元、专题讲座单元、交流座谈单元、课外阅读单元和社会实践单元，通过网上学习、在线考试、专题讲座、与老党员面对面以及讨论交流等多种方式开展培训。12月，举办新任教职工党支部书记培训班，以学习贯彻十八大精神为主线，采用了专题报告、网上在线学习和支部活动评选观摩等多种形式。此外，培训班还充分发挥学校标杆党支部的带动和辐射作用，邀请标杆党支部书记为培训班学员介绍支部工作开展的经验，鼓励新任支部向标杆党支部学习，开展合作共建，共同提高支部工作。

(2) 继续实行干部培训课程选修制度，加强“处级干部在线学习系统”的课程建设和题库建设，不断充实网上在线学习的内容，增加课程数量。至年底，“在线学习系统”共有视频、文本等网络课程115门。

(3) 总结新一轮大规模干部培训工作经验，顺利地完成北京市《基本标准》集中检查工作。9月，北京市教育工委对学校进行《北京普通高等学校党建和思想政治工作基本标准集中检查工作》，新一轮大规模培训干部落实情况被列为重点检查内容之一。党校认真总结工作，高质量完成《开拓思路 科学发展 以改革创新精神扎实推进新一轮大规模干部培训》专项报告，全面细致的准备集中检查的支撑材料，协助召开新一轮大规模干部培训落实情况座谈会，圆满地完成干部培训的集中检查工作。

(4) 承接第九届北京高校党校协作组组长单位工作。①积极开展北京高校党校的教育培训交流活动。5月23～25日，承办了第六期北京高校优秀党支部书记示范培训班，204名来自北京各高校的优秀党支部书记参加了培训。11月20～22日，由北京市委组织部、北京市委教育工委主办，学校承办了“北京高校第七期基层党组织负责人示范培训班”。来自北京60多所高校二级学院的党委书记、高校党校负责人280余人参加了本次培训班的学习。2012年12月至2013年1月，举办2012年北京高校党校干部培训班，59所高校党校干部参加了培训，并赴广西大学和红色教育基地学习考察。

②举办北京高校党校协作组成立20周年系列纪念活动。一是拍摄协作组成立20周年专题片《播撒红色火种 铸就时代熔炉——北京高校党校协作组成立20周年发展纪实》，全方位展示了协作组成立以来所做的工作和取得的成绩。二是举办了2场“协作组成立20周年”历程回顾座谈会，分别邀请了协作组历届组长单位的原党委副书记和党校负责同志畅谈工作心得。三是邀请各成员高校梳理本校党校20多年来的发展历史和工作经验，撰写有关回忆文章，编印了《党校工作——20周年纪念专刊》。四是召开庆祝“北京高校党校成立20周年纪念大会”暨2012年年会，59所高校的党校校长、党委主管副书记、党校副校长以及历届协作组组长单位党委原主管副书记、党校原副校长共110人参加了会议。

③发挥党校理论研究职能，积极开展教育培训方面的研究工作。由北科大牵头申报的北京市党建研究会课题《大学生入党积极分子培训规范化研究》，经专家评审为北京市党建研究会优秀课题。

（祝利克、李　宁）

宣传工作

【概况】2012年，学校党委宣传部设有办公室、校刊编辑部和广播电视台，有专职工作人员12人。有2支新闻宣传辅助队伍，其中教师队伍是由机关部处干部、各学院党政干部、学生工作干部等50余人组成的宣传负责人、通讯员；学生队伍主体为北科传媒理事会，是一支由百余名同学组成的学生骨干记者队伍。

（章东辉、李　洁）

【理论学习】2012年，理论学习突出校、院两级领导班子科学发展能力建设这一主题，力求在理论学习的深入、在理论联系实际、分析解决问题、推动改革发展上达成共识，汇集认同的力量。按照中宣部、教育部和北京市的要求，积极组织参加上级部门开展的理论学习活动。选派和组织了34名教师参加中共中央党校和北京市委党校举办的哲学社会科学教学科研骨干研修工作，集中研修中国特色社会主义理论体系。在两会、涉日游行、党的十八大等敏感期，做好教职工思想政治状况滚动调查和网络调查，深入细致了解教职工思想政治状况，及时、准确做好舆情、引导舆论正确方向，为学校改革发展稳定服务。党委宣传部也因此被评为“2012年北京高校宣传工作先进单位”。

积极开展十八大精神专题学习。组织师生集体收看党的十八大电视直播，闭路电视、食堂电视和校园大屏幕同步转播了大会实况。新闻网开设学习宣传贯彻党的十八大精神专题，广播电视台先后播出多部十八大献礼影片和专题节目，并通过电子邮件为全校师生发送了十八大报告、新党章和习近平同志重要讲话，要求领导干部和广大师生认真研读党的十八大文件，深刻领会十八大的精神实质。先后邀请了十八大代表王志强、张学记和胡鞍钢等为师生作十八大精神的学习辅导报告，广大师生对十八大报告的丰富内涵特别是报告中提出的一系列新思想、新论断和新观点进一步加深了理解。

（章东辉、李　洁）

【新闻宣传】2012年，学校新闻宣传工作以“树立形象、凝聚人心、传播文化、促进发展”为目标，喜迎校庆60周年和党的十八大，围绕学校中心工作，以理论学习、校庆60周年宣传和校园文化建设为重点，积极创造良好的思想舆论氛围和校园文化气息。

精心组织，打造精品，确保校庆宣传工作实效。①发布校庆公告。分别在人民日报海外版、中国教育版、《中国冶金报》刊发校庆预告和校庆公告，并通过北科大新闻网、校庆专题网和学校官方微博等平台进行再宣传，使得广大师生、校友和社会各界了解学校、关注校庆、参与校庆。②开展专题宣传。通过60周年校庆专题网站，为师生校友全面了解校庆活动资讯，深入了解学校历史和办学成就，参与校庆互动祝福提供了窗口和平台。校报编辑校庆专刊2期（各为8版彩印），作为校庆活动资料和校庆活动记录，深受师生校友欢迎和珍藏。③编辑60周年校庆画册（中英文），全面介绍建校60年来各方面的突出成绩，采用大16方形开本，覆膜UV烫金封面，篇章页大气，内页简约，具有较强的艺术性。④拍摄制作60周年校庆纪念宣传片（中英文版），时长各约20分钟，采用国际化趋势的16:9宽幅画面，从穿越、跨越、卓越、超越4个篇章突出学校发展的历史脉络、文化底蕴、创新发展和时代气息，全高清拍摄制作。⑤通过新华社、人民日报、中国教育报以及科技日报等40多家媒体，从不同侧面宣传报道校庆60周年活动和北科大六十年辉煌成就，广大师生深受鼓舞，校友引以自豪，社会各界广泛关注。

积极开展党的十八大专题宣传报道。组织师生收看党的十八大电视直播，闭路电视、食堂电视、校园大屏幕同步转播大会实况；策划制作“学习宣传贯彻党的十八大精神专题”网站，宣传师生员工学习贯彻十八大精神的最新动态，力求以图片、文字、视频等多渠道、全方位、立体式的展开报道，同时为师生提供网上学习的交流平台；制作播出十八大代表张学记、胡鞍钢等为师生作十八大精神的学习辅导报告，并在校内大屏幕和闭路电视滚动播出《辛亥革命》、《部长进校园》、《教育十年间》、《伟业之魂》、《旗帜》和《信仰》等十八大献礼影片和专题节目。

（章东辉、李　洁）

【校刊工作】2012年，共出版校报19期，包括教师节特刊和2期校庆专刊。围绕学校各阶段的工作重点，校报采访了张学记、彭漪、吴胜利和白秋梅等教师及学生典型20余个，策划了十佳辅导员、青年五四奖、十佳团支书等专题，开设了北科大人物、创先争优、我身边的榜样、本科教育教学与创新人才培养、院系风采等专栏。

（章东辉、李　伟）

【网络宣传】以60周年校庆为契机，从更好地为师生服务的角度出发，北科新闻网成功改版，首次在高校媒体门户中引入新浪微博、人人网和视友网等师生喜爱的信息传播渠道，突出师生关注的焦点新闻和多媒体信息等。积极寻求网路宣传的新思路，与视友网合作，精心打造了具有北科大人文特色的网络专区，依托视友网优质的微视频移动互联平台，以及视频微博、微直播等优势，为学校各项活动开展了精彩纷呈的宣传报道。

（章东辉、李　洁）

【广播电视】2012年内，拍摄新闻素材约200条，全程摄制14次，现场直播10余次，累计时长约250小时。制作完成《北科大新闻》63期、校庆宣传片（中英文版）、88级校友毕业20年、学习宣传贯彻党的十八大精神系列报告、招生就业2012年宣传片；全程录制话剧《燃烧》等校庆热身活动，对校庆大会和晚会进行全校范围的现场直播（闭路电视和大屏幕），以及全球范围的网络直播（视友网）；全程录制了教师节表彰大会、道德模范进校园和校园歌手大赛等活动。广播视频节目能及时上传新闻网，2012年新闻素材目录索引清晰，定期清查、妥善保管。

（章东辉、刘明明）

【对外宣传】加强对外宣传力度，扩大学校社会影响力。通过中央电视台《走进科学》栏目制作和播出了《百变精钢》专题节目；和凤凰卫视中文台合作，录制和播出5期《世纪大讲堂》，突出了学校办学成就、学科特色和科技成果；制作“求实鼎新”校训宣传片，在中国教育电视台连续播放6个月，弘扬大学精神，树立北科大形象。校庆期间，通过新华社、人民日报、中国教育报和科技日报等40多家媒体，从不同侧面宣传报道校庆60周年活动和北科大六十年辉煌成就。2012年，校外媒体报道学校390余条次，其中央视新闻11条。教学方面新闻占32%；科研方面新闻占46%；学生思想工作方面新闻22%。紧紧抓住校庆活动宣传契机，运用北京科技大学官方微博，在新浪网、搜狐网、腾讯网、人人网、视友网和移动飞信等媒体上播发校庆活动，建立微群，祝福母校，并以此为契机，建立校友互动长效机制。积极参与北京市教工委在新浪网开通的“首都百万师生微党课”微博互动互学平台，通过校官方微博、各二级机构微博和广大师生微博，发表学习体会，分享学习心得，表达心动感言等。

（章东辉、陈　捷）

【校园文化建设】 完善校园文化机构，统筹校园文化建设。学校党委明确了校园文化建设组织机构，成立了校园文化建设委员会和校园文化建设办公室，挂靠党委宣传部。校庆后，宣传部与校办、党办进行了校史馆交接，校园文化建设办公室也以校史馆为依托正式运转起来。为进一步统筹校园文化建设，成立了关工委校园文化组，聘任6位老干部，加大对规划调研、校史资料和校史研究等基础性工作。

以60周年校庆为契机，大力传播校园文化。制作“求实鼎新”校训宣传片，在中国教育电视台连续播放6个月，弘扬北科精神，树立北科大形象。在网络、广播、电视、大屏幕播放《摇篮颂歌》MV和《北科华章》短片，营造浓郁的校园文化氛围。配合基建处对西校门、主楼广场、五环广场和学生宿舍区等规划设计，开展校园人文景观调查，对“业精于勤”、“志存高远”、“众志成城”、“智慧阶梯”等人文景观进行整体规划和恢复重建。大力挖掘和整理学校优良传统和办学特色、人物丰碑、人文景观、校园新貌，编辑出版了学校人文画册《校园》。

创新校园文化载体，提升校园文化软实力。做好五环广场大屏幕、鸿博园大屏幕、校园广播以及校史馆电子显示屏等传播阵地建设，推进校报、广播、电视、网络等多媒体一体化，继续提高传播质量和显示度，提升新闻传播效果。加强与新华网、人民网等社会媒体共建，拓展与新浪网、搜狐网、腾讯网、人人网和视友网等微博频道合作，运用微博、微博群、微直播、手机报以及短信平台等新媒体，以学校官方微博为支点，整合学校各机构、教师和学生微博，形成强有力的微博群，增强校园文化传播主动性、及时性和互动性，开辟传播新途径和新空间。

（章东辉、李　洁）

附　录

北京科技大学2012年电视广播对外宣传情况统计表

序号	报道时间	报道媒体	报道内容
1	01-07	凤凰卫视《世纪大讲堂》	铸铁与中华文明
2	01-28	中国教育电视台《中国教育报道》	70多所高校教师在京研讨高校思政课教学
3	02-01	中央电视台《共同关注》	首都高校保障在校学生快乐过年
4	02-19	中央电视台《新闻直播间》	“五校联考”又掀自主招生小高峰
5	02-20	中央电视台《朝闻天下》	关注高校自主招生 走进面试现场：功夫在题外
6	02-22	中国教育电视台《中国教育报道》	大学生：雷锋精神重在践行
7	03-06	中国教育电视台《中国教育报道》	“卓越工程师教育培养计划”专家委员会在京成立
8	03-11	凤凰卫视《世纪大讲堂》	青铜与中国古代文明
9	03-17	凤凰卫视《世纪大讲堂》	材料之美
10	04-01	中国教育电视台《中国教育报道》	大学生就业故事：许建博——面对现实 接受现实 心存理想（一）

续表

序号	报道时间	报道媒体	报道内容
11	04-04	中国教育电视台《中国教育报道》	大学生就业故事：许建博——面对现实 接受现实 心存理想（二）
12	04-07	凤凰卫视《世纪大讲堂》	中国矿难及其避险对策分析
13	04-13	中国教育电视台《中国教育报道》	大学生就业故事：许建博——面对现实 接受现实 心存理想（三）
14	04-14	凤凰卫视《世纪大讲堂》	白铜西传的历史启示
15	04-14	中国教育电视台《中国教育报道》	大学生就业故事：许建博——面对现实 接受现实 心存理想（四）
16	04-15	中央电视台《朝闻天下》	高校招生咨询活动全面开始 咨询现场：招办主任们的苦恼
17	04-20	中央电视台《走近科学》	百变精钢
18	04-22	北京电视台《北京新闻》	北京科技大学建校 60 周年庆祝大会举行
19	04-23	中央电视台《朝闻天下》	钢铁冶金新技术国家实验室成立
20	04-23	中国教育电视台《中国教育报道》	北京科技大学庆建校 60 年 刘淇出席刘延东致贺信
21	04-29	中央电视台《新闻联播》	钢铁冶金新技术国家重点实验室成立
22	05-04	北京电视台《北京您早》	中关村高端人才创业基地挂牌
23	05-07	中央电视台《新闻联播》	广大青年团员将学习胡总书记讲话落实在行动
24	06-26	中央电视台《中国新闻》	海峡两岸大学生共聚北京 开展科技与文化交流
25	06-27	中新社视频	两岸大学生相聚北京共叙中华文化
26	07-15	北京电视台《最强阵容》	校园群英会　北科大 VS 北航
27	08-16	中新社视频	中国钢铁业协同创新 解亏损难题
28	08-19	中央电视台《新闻联播》	【十八大代表风采录】张学记：报效国家不需要理由
29	09-10	中央电视台《至高荣耀》	感谢师恩
30	12-01	中央电视台《新闻联播》	梦想照亮现实 脚踏实地共筑“中国梦”
31	12-30	中央电视台《新闻直播间》	4 选 1 北京科技大学公选校长

北京科技大学 2012 年报纸网络对外宣传情况统计表

序号	报道时间	报道媒体	报道内容
1	01-06	中国冶金科工集团	中冶集团与北京科技大学签署全面战略合作协议
2	01-06	国资委网站	中冶集团与北京科技大学签署全面战略合作协议
3	01-09	光明日报	大学生调研关注新生代农民工
4	01-10	新浪网	万向集团获中国最佳企业奖 北京科技大学博士生导师周天勇教授颁奖
5	01-10	新浪网	中国校友会 2012 中国大学十大科技进展排行榜

续表

序号	报道时间	报道媒体	报道内容
6	01-10	中国教育网	北京科技大学主办第四届一维纳米材料国际会议
7	01-10	MBA 中国网	黄晓霞：MBA 案例教学要更贴近学员的需求
8	01-15	昌乐传媒网讯	全国最大矿用井下可移动式救生舱通过真人试验
9	01-31	新华网河北频道	“钢老大”的转型抉择
10	02-09	中国冶金报	邯钢三炼钢厂钢包全程加盖项目热试成功
11	02-10	商界财视网	崔海斌：不要错过创业激情
12	02-12	北京考试报	北京 5 所特色高校 19 日自主招生联考
13	02-13	TOM 网	与北科大合作北京强进太阳能被认定为高新技术企业
14	02-14	慧聪教育网	物联网首席科学家王志良教授谈物联网
15	02-16	佛山日报	两佛企榜上有名 两个科技项目获“国”字殊荣
16	02-16	阿里巴巴	脚下的创业路，你到底该怎么走？
17	02-19	法制晚报	“京都联盟”自主招生上午开考
18	02-20	东北特钢官方网	国内首条模具钢预硬化生产线建成投产
19	02-28	广州日报	叙校友情谊 深化市校合作 陈建华会见北京科技大学党委书记罗维东
20	03-01	湛江日报	加强校地合作 谋求共同发展 北科大党委书记罗维东会见王中丙
21	03-01	中国教育在线	2011 教育部部属高校新增专业名单（56 个）
22	03-01	中国铝业网	天海镁业应用技术研究院筹建会议召开
23	03-02	湛江日报	北科大拟成立湛江工业研究院
24	03-05	人民日报海外版	原全国政协副主席徐匡迪北京科技大学参加“卓越工程师教育培养计划”专家委员会成立大会
25	03-05	新华网	钢铁业精英共商“卓越工程师”培养计划
26	03-05	中国教育报	北科大成立“卓越计划”专家委员会
27	03-07	科学时报	北科大成立“卓越计划”专家委员会 探索钢铁行业工程师培养模式
28	03-13	中国冶金报	人才培养与企业实际需求脱节，知识学历与职业精神不匹配——高素质冶金工程技术人才该如何培养？
29	03-16	帮考网	2012 年北京科技大学 EMBA 考试招生简章
30	03-19	人民日报	北京科技大学校庆六十年《公告》
31	03-19	中国教育报	北京科技大学 60 周年校庆公告
32	03-19	中国冶金报	北京科技大学 60 周年校庆公告（第二号）
33	03-19	中国工控网	2012 年物联网技术应用研讨会在京隆重召开
34	03-20	南方日报	湛江向世界推介投资环境和项目
35	03-26	山东国资委	山东黄金集团归来庄矿业公司 国家“十二五”科技攻关项目正式启动
36	03-27	搜狐网	甘肃张掖西城驿遗址
37	03-28	包头新闻网	稀土院承担国家“863” 和国际合作项目
38	03-30	中华建筑报	北京科技大学试验厂房建设工程开工

续表

序号	报道时间	报 道 媒 体	报 道 内 容
39	04-01	中国管道商务网	天津钢管集团公司与北京科技大学签署战略合作协议
40	04-10	中国河北	新能装备给气体储运装上“千里眼”
41	04-10	帮考网	北京科技大学2012年秋季MBA复试相关信息
42	04-12	人民网－教育频道	北京科技大学2012年在京招生计划略有减少
43	04-13	千龙网	北京科技大学成功举办杰出校友讲坛
44	04-13	新兴际华集团有限公司	新兴际华集团实现天然气储运装备全套产品进口替代
45	04-18	中国科学报	加快我国核材料与新兴能源材料研究
46	04-22	新华社	北京科技大学建校60周年庆祝大会22日在北京举行
47	04-23	中国冶金报	北京科技大学60周年校庆公告（第二号）
48	04-23	科技日报	北京科技大学实现多科性大学战略转型
49	04-23	北京日报	北京科技大学建校60周年庆祝大会举行
50	04-23	中国教育报	北京科技大学庆祝建校60周年 刘淇出席庆祝大会 刘延东致贺信
51	04-23	新浪网	北京科技大学庆建校60年 刘淇出席刘延东致贺信
52	04-23	北京青年报	校友北科大“校庆墙”签名
53	04-23	中国文物报	金属与矿冶文化遗产研究国家文物局 重点科研基地落户北京科技大学
54	04-23	中国广播网	北京科技大学喜迎60周年校庆
55	04-23	人民日报	北京科技大学庆祝建校60周年 刘淇陈至立黄孟复出席庆祝大会
56	04-24	京华时报	北京科技大学举行60年校庆
57	04-24	光明日报	北京科技大学迎来建校60周年
58	04-24	中国冶金报	北京科技大学举行建校60周年庆祝大会
59	04-24	信报	北科大迎来60周年校庆
60	04-24	仪器信息网	北京科技大学钢研纳克基金设立
61	04-25	中国青年报	北京科技大学庆祝建校60周年
62	04-25	中国科学报	北科大六十年培养人才十四万
63	04-25	新浪教育	北京科技大学国际学院与加拿大维多利亚大学签署合作备忘录
64	04-26	渤海早报	天津大港农民登上大学讲坛 靠潜心苦读成为学者
65	04-26	科技日报	210T炼钢区域节能技改项目实现节能降耗 济钢宽厚板厂钢包全程加盖项目一次性热试成功
66	04-28	人民日报海外版	北科大庆祝建校60周年
67	05-03	新华网	中关村高端人才创业基地打造人才服务“高地”
68	05-04	科技日报	中关村高端人才创业基地揭牌
69	05-04	千龙网	中关村高端人才创业基地揭牌 落户北科大校园
70	05-04	中国教育新闻网	北京科技大学招生就业处处长韩经谈2012年高考招生
71	05-05	北京日报	中关村高端人才创业基地揭牌
72	05-07	中国教育报	全国首家高端人才创业基地揭牌

续表

序号	报道时间	报　道　媒　体	报　道　内　容
73	05-07	光明日报	全国首家高端人才创业基地揭牌
74	05-09	中国科学报	中关村高端人才创业基地落户北科大
75	05-09	慧聪工程机械网	北京科技大学康明斯传动系统实验室揭牌
76	05-11	中铝网	专业优质团队为中阳热能公司发展保驾护航
77	05-18	物联网	物联网产业研究和物联网专业建设研讨会在京成功召开
78	05-22	南方日报	围棋产业化显雏形
79	05-23	北京科委网	2011 北京重点实验室和工程技术中心名单公布
80	05-23	欧浦钢网	首钢与东北大学、北科大联合培养工程硕士研究生喜结硕果
81	05-23	新华社	广西科技厅牵手北京科技大学助推八桂创新
82	05-29	人民政协报	对北京高校产学研战略的思考
83	05-29	机电在线	北京科技大学郭汉杰教授和香港客人莅临太行全利重工考察
84	05-30	中国科学报	认知结构教学论在北科大通过鉴定
85	06-08	北科新闻网	北京科技大学创新研究生党员教育模式
86	06-08	大学生创业网	创业者支招：大学毕业啦，创业之路从哪起步？
87	06-08	安青网	高考专业选择的几大误区
88	06-13	北京青少年科技活动中心	2012 年全国青少年高校科学营北京科学营会议召开
89	06-15	北科新闻网	“纽曼平板杯”工业设计大赛邂逅北京科技大学
90	06-15	中国化工报	给气体储运装上“千里眼” ——新兴能源装备公司智能化气瓶拖车研发纪实
91	06-15	三晋都市报	阳煤两项成果达国际先进水平
92	06-15	新京报	中央给北京增加两个十八大代表名额胡鞍钢入围
93	06-15	新华网	新华网记者探秘高校新专业：马科、彩票专业是“不务正业”吗？
94	06-22	光明网	“促进文化大发展大繁荣”座谈会今日举行
95	06-22	中国科学报	北科大教授傅杰文选首发式举行
96	06-25	中国教育报	毕业季：感恩母校感谢师长
97	06-25	MBA 中国网	台朝阳科技大学到访北科大东凌经济管理学院
98	06-25	燕赵都市报	90 后女孩历时一年调查北京 38 条河流
99	06-26	新浪网	海峡两岸高校交流营首次承载文化命题
100	06-26	中国新闻网	两岸大学生相聚北京共叙中华文化
101	06-26	海峡之声	海峡两岸大学生共聚北京 开展科技与文化交流
102	06-27	新华网	2012 海峡两岸大学生科技与文化交流营开营
103	06-27	星岛环球网	两岸大学生相聚北京共叙中华文化
104	06-28	科技日报	2012 海峡两岸大学生 科技与文化交流营开营
105	06-30	中国教育报	海峡两岸大学生科技与文化交流营开幕

续表

序号	报道时间	报 道 媒 体	报 道 内 容
106	06-30	人民日报海外版	两岸高校交流营开营
107	07-03	京华时报	两岸学生共同感受中华文化魅力
108	07-04	中国科学报	两岸高校交流营传承中华文化
109	07-16	中国教育报	科研创新要源于企业高于企业
110	07-20	江南都市网	北京科技大学来都昌开展暑期实践活动
111	07-31	中国网	老骥伏枥——记北京科技大学终身教授、博士生导师李士琦
112	08-15	人民日报	我国钢铁共性技术协同创新中心在京成立
113	08-15	网易新闻	我国钢铁共性技术协同创新中心在京成立
114	08-16	中国网	钢铁共性技术协同创新中心协议签字
115	08-16	中国新闻网	中国钢铁业协同创新 解亏损难题
116	08-16	科技日报	钢铁共性技术协同创新中心协议签字仪式在北京举行
117	08-16	中国广播网	我国钢铁共性技术协同创新中心成立 行业需求将获满足
118	08-16	新华网	高校科研院所与企业组建钢铁共性技术协同创新中心
119	08-19	光明日报	张学记：把爱国之心化为报国之行
120	08-19	新华网	北京科技大学教授张学记：丈量科研路 点亮中国心
121	08-19	人民日报	孜孜科研路 拳拳报国心（十八大代表风采录） ——记北京科技大学生物工程与传感技术研究中心主任张学记
122	08-19	中国广播网	[十八大代表风采录]归国科学家张学记
123	08-20	中国冶金报	努力转变分散、封闭的技术创新局面钢铁共性技术协同创新中心在京成立
124	08-22	中国科学报	校企合作助力钢铁大国转型——北科大等高校科研院所 与企业组建钢铁共性技术协同创新中心
125	08-23	太阳能联盟网	强进平板热水器蓝膜项目获国家新产品计划立项
126	08-28	新华社	“绿色通道”助贫困新生入学
127	08-28	法制晚报	北科大迎新生 推出创意梦想卡——入学领“车票”
128	08-28	法制晚报	上午北科大首用数字化迎新系统———分钟刷“报”
129	08-30	北京青年报	理科女生爱上古典文化
130	09-03	鞍山政府网	“鞍山纳美”开启全球工业润滑节能环保新时代
131	09-05	中国科学报	“北京比莫斯科更近”字号
132	09-10	中国化工仪器网	卡尔蔡司全球首发 AURIGA COMPACT 聚焦离子束电镜
133	09-12	中国冶金报	协同创新，真正协同起来是关键
134	09-14	北方网	伊戈达拉进校园
135	09-16	华奥星空网	伊格达拉变身“汗水导师” 亲自传授训练心得
136	09-16	中国钢铁新闻网	如何建立中国特色钢铁技术市场

续表

序号	报道时间	报道媒体	报道内容
137	09-16	中国钢铁工业协会网	专业技术人才知识更新工程高研班开班
138	09-16	华奥星空网	与中国大学生同场竞技 伊戈达拉“梦回”校园时光
139	09-16	中国中小企业河南网	三门峡义马市21个项目获省科技成果奖
140	09-16	光明网	舒肤佳邀NBA篮球巨星伊戈达拉走进校园
141	09-17	中国教育报	协同创新：中国高校在行动 北科大—东大组建协同创新中心
142	09-17	中国经济网	淄川经济开发区打造“三个平台”推动科技创新
143	09-21	中国教育在线	北京科技大学2013年计划接收推荐免试生500人
144	09-21	国际在线报道	第十五届唐山中国陶瓷博览会 人才技术交流大会成果丰硕
145	09-21	河北日报	打造智能感知装备产业集群 邯郸十个国内首创装备新品亮相
146	10-09	中国科学报	基金申请量质齐升的背后——北京科技大学 国家自然科学基金工作成效扫描字号
147	10-09	珠海三思泰捷 电气设备有限公司	北京科技大学订购三思泰捷电子蠕变试验机交付使用
148	10-15	搜狐网	爱心志愿者队伍壮大 为贫困地区学校捐体育用品
149	10-15	中国教育装备采购网	北京科技大学台式机项目网上采购阳光高效
150	10-15	北京青少年科技活动中心	楷模的力量是无穷的—北京科技大学分营活动巡礼
151	10-18	新兴际华集团有限公司	新兴际华集团与北京科技大学签订冶金专业人才培养协议
152	10-18	北京晚报	“八大学院”2012年迎来60华诞
153	10-18	淮北日报	淮北产学研合作结硕果
154	10-18	北方网	爱心　开心
155	10-23	比特网	宜搜开启校园招聘 继续扩充工程师团队
156	10-24	天极网	天极网直击Win8发布：Win8平板适用工作学习
157	10-24	北京晨报	陈坤出新书总结行走感悟 亮相高校谈体会
158	10-24	北京青年报	北青与北大、北科大 确立战略合作关系
159	10-29	中国教育报	北京科技大学：建设世界冶金材料教育科研中心
160	10-31	中国青年网	“甲骨文教育中心”研讨会在北科大顺利召开
161	10-31	中国青年网	北科大与东城区携手开展服务管理创新工作
162	11-01	大河网	河南博物院牵手北京科大为国家级科研课题申报铺路
163	11-01	东北大学新闻网	北京科技大学期刊中心来东北大学访问
164	11-01	宝坻报	北科大天津学院成立全国高校首个孝心社
165	11-02	新兴际华集团有限公司	新兴际华集团与北京科技大学签订冶金专业人才培养协议
166	11-02	中国教育新闻网	北京科技大学：建设世界冶金材料教育科研中心
167	11-02	中国钢材网	【聚焦十八大】钢铁技术十年创新大事记

续表

序号	报道时间	报道媒体	报道内容
168	11-03	珠江商报	北科大“教授团”顺德推介科研成果
169	11-03	人民网	河南博物院与北京科技大学牵手共建科研教学实习基地
170	11-03	大公报	对话北科大学者张学记 尽己所能为国家做事
171	11-03	求是理论网	以课程化机制推进大学生社会实践持续深入发展——北京科技大学实践教学模式及其经验与启示
172	11-05	求是理论网	讲台传真知 实践育英才——来自“走转改”一线的报告
173	11-05	求是	讲台传真知 实践育英才——来自“走转改”一线的报告
174	11-06	中国科学报	十八大代表张学记：科学无国界，科学家有祖国
175	11-07	科技日报	涂序彦获“吴文俊人工智能科学技术奖成就奖”
176	11-09	中国教育装备采购网	北京科技大学数据存储设备采购于e采购平台顺利完成
177	11-16	游戏港口	星际II锦标赛 北京科技大学校园选拔赛战报
178	11-16	中国新闻网	北京高校国防教育协会首次研讨征兵工作
179	12-07	燕赵都市报	北京科技大学等三高校公开招聘校长
180	12-07	海南日报	北科大校友欢聚三亚
181	12-07	中国MBA网	北科MBA山鹰队尖峰时刻大赛获得全国二等奖
182	12-07	中央财经大学	北京科技大学校友会、基金会办公室主任于成文一行走访学校
183	12-13	中国科学报	特殊钢发展应回归理性——钢企为了抢占未来的市场份额，纷纷上马同类特殊钢项目
184	12-18	北青网	北科大鼓励学生走出校园调研
185	12-18	仪器信息网	百家实验室：访北京科技大学分析检验中心
186	12-23	中国教育发展网	中国校友会网2013中国大学排行榜100强
187	12-26	中国科学报	“双电渣技术工业化应用50周年”纪念会举行
188	12-29	北京晚报	4位公选人上午面试北科大校长
189	12-29	法制晚报	教育部全球公开选拔三直属高校校长 共14人入围 其中——5选1 北科大公选校长今“面试”
190	12-30	京华时报	4人公选北科大校长 首所在京院校公选校长面试
191	12-30	光明日报	首场公选校长面试会北科大“开考”
192	12-30	北京青年报	竞职北科大校长 200师生考问候选人
193	12-30	新华网	“假如我当选校长……”——直击教育部直属高校公开选拔校长面试会
194	12-31	北京日报	北科大公选校长
195	12-31	中国新闻网	北科大首试校长公开面试

（章东辉、陈　捷）

纪检监察工作

【概况】2012年学校纪检监察工作以邓小平理论、“三个代表”重要思想和科学发展观为指导，深入学习党的十八精神、贯彻落实上级纪检监察会议精神，围绕学校中心工作，以落实党风廉政建设责任制为龙头，贯彻执行“三重一大”决策制度和推进廉政风险防范管理工作，按照“抓责任、促规范、看落实”的工作思路，继续落实《建立健全惩治和预防腐败体系2008～2012年工作规划》（以下简称《规划》）、《中共中央纪委教育部监察部关于加强高等学校反腐倡廉建设的意见》（以下简称《意见》），坚持标本兼治、综合治理、惩防并举、注重预防的方针，为学校工作顺利开展提供保证。

（夏秀芹、李霞飞）

【党风廉政建设】学校纪委、监察室坚持完善责任制，明确责任分工，加强监督检查，推进责任制落实。2012年初，结合《规划》、《意见》和学校实际，协助党委制定并下发《2012年北京科技大学党风廉政建设和反腐败工作主要任务分工》，任务共分7类32项，主要涉及责任制、廉政教育、重点岗位的监督等内容。按照谁主管谁负责、一级抓一级的原则，明确领导班子成员的具体责任和各牵头单位、协办单位的工作目标及任务要求。11月，对全校贯彻落实党风廉政建设责任制进行检查，学校所有二级单位针对领导班子贯彻落实党风廉政建设责任制、推进惩防体系建设、党员干部反腐倡廉宣传教育和廉政风险防范管理、党务公开、校（院）务公开情况进行了自查，并形成自查报告。

年内，46个二级单位根据学校的责任制实施办法，结合本单位实际，重新修订了各单位的实施细则，明确了校、院（部、处）、系、所（科、室）的分工和廉政责任，将责任制向三级延伸，形成了适合学校管理体制的三级党风廉政建设责任制责任体系。

（夏秀芹、李霞飞）

【宣传教育】2012年，主要围绕加强科研经费监管开展廉政宣传教育活动。①召开党风廉政建设工作会议。4月6日，学校召开2012年党风廉政建设工作会议，会议邀请中纪委驻教育部纪检组副组长、监察局局长徐开瀶，以加强科研经费管理为主题，做教育系统反腐倡廉形势报告。②签订科研项目负责人廉洁自律责任书。为加强科研经费管理，学校在2011年国家重点项目课题负责人范围内签订了《北京科技大学科研项目（课题）负责人廉洁自律责任书》，通过签订责任书倡导科研负责人遵守国家法律法规、廉洁自律规定及学校科技经费管理相关规定，当好学术带头人。③发放《廉洁教育读本》。北京市纪委、市教育纪工委联合组织编写的《高等学校教职工廉洁教育知识读本》对高校教职工关注的问题进行了分析和阐述，可读性非常强，纪委积极组织在各学院和机关各部处开展学习，发放教育读本近1000册。④编印廉政教育简报。编印2期《纪检监察简报》，及时将教育系统教育收费及工程建设领域相关典型案件进行刊发，警示广大党员干部加强学习，促进各单位完善工作程序，强调对重点岗位工作人员、学术带头人和科研项目负责人的廉政教育，并将纪检监察工作情况进行通报。⑤做好网络宣传。及时更新纪检监察网页宣传教育学习内容，将十八大、中纪委和教育部等上级纪检监察会议精神及时上传到网页，加强对党员领导干部的廉政宣传教育。

（夏秀芹、李霞飞）

【监察工作】①监督干部选拔工作程序。对新提任的干部，从提名推荐、民主测评、谈话考察到公示等环节，纪委全程参与，并与组织部共同对试用期满的领导干部进行测评与考察，完成了处级干部任用前书面征求纪委意见的工作。落实干部监督工作联席会议制度，加强沟通协作。②完善基建项目监督管理。2012年，继续对制度执行情况加强监督。监察室参与基建招投标监督工作逾20次，涉及金额3859万余元。继续坚持评标当日定标底制度，保证了基建招投标工作的顺利进行。③规范采购流程。继续加强对大型仪器设备、教材和图书等大宗物资采购进行监督。对教材采购情况进行了调研，并提出建议。协助资产处完成了采购程序性制度建设。根据工作实践，牵头完成了大型仪器设备采购保障性制度，制定了《北京科技大学仪器设备采购监督管理办法》，明确了具体的监督环节和监督职责。2012年，纪委监察室参与大宗物资设备采购招投标30余次，涉及金额3400余万元。④做好招生监督工作。在本科生招生录取工作中，严格落实招生“阳光工程”。针对特殊类型招生和自主招生，从考试报名、资格审查、试卷印封、专业项目测试、录取等环节，监察室全程参与，全面监督，保证学校招生工作顺利进行。2012年7月，接受了北京市教委对北京高校招生巡视检查，检查组通过听取学校汇报、查阅招生录取相关材料，对学校执行招生规定、贯彻招生执法监察等相关情况进行了检查，并对学校招生管理和招生监察工作的规范性给予肯定。在硕士生招生考试过程中，监察室派专人参加考试过程中的关键环节，全程参与考试过程监督。⑤严格学校财务管理。加强预算外资金管理，防止“小金库”问题发生。结合春秋两季教育收费检查工作，督促各单位严格执行各项规章制度，规范收费行为；学校52个二级单位全部进行了自查。

（夏秀芹、李霞飞）

【“三个体系”建设】2012年6月，北京市教育纪工委在北京市高校开展推进“三个体系”建设，即“推进权力结构科学化配置体系、权力运行规范化监督体系和廉政风险信息化防控体系”，要求在4～5年内完成北科大是9所试点高校之一。通过前期调研，梳理工作程序，逐步探索工作方式和切入点。①前期调研。纪委监察室先后到中国石油大学、对外经贸大学、北京工业大学进行了调研，并与北京试点高校进行学习交流，通过交流理清工作思路，统一思想，就存在的共性问题提出工作建议。②工作梳理。在调研的基础上，主要梳理了党委常委会和校长办公会议题，并进行分类整理，梳理出十余类议题范围，主要涉及干部任免、人事管理、财务管理、资产管理、基建管理、招生工作、产业以及重要奖惩等事项，为确定决策的重点领域范围和廉政风险防范管理工作的深化提供了参考依据。③制定方案。根据调研和工作梳理情况，初步拟定工作方案。

（夏秀芹、李霞飞）

【完善“三重一大”制度】2012年，协助学校党委完善校、院两级“三重一大”决策制度，加强“三重一大”执行情况的监督检查，推进决策制度贯彻落实，做好迎接教育部对学校“三重一大”决策制度执行情况的检查工作。①制定校、院两级决策制度。根据教育部《关于进一步推进直属高校贯彻落实“三重一大”决策制度的意见》，纪委在调研多所高校的基础上，协助党委修订了《北京科技大学关于党政领导班子执行“三重一大”制度的规定》，制定了《北京科技大学进一步推进学院党政领导班子贯彻落实“三重一大”决策制度的指导意见》（以下简称《指导意见》），各学院根据《指导意见》，认真梳理学院“三重一大”相关制度，明确学院“三重一大”决策事项和决策程序，全部制定了学院贯彻落实“三重一大”决策制度的实施办法。②开展督促检查。11月，校领导带队，重点对13个学院贯彻落实“三重一大”决策制度情况进行检查，通过查阅学院党政联席会议、党委会会议记录情况等形式，促进了学院“三重一大”决策制度的落实。对12个学院进行了书面反馈，并提出改进意见和建议。③迎接教育部检查。10月，教育部对75所部属高校贯彻执行“三重一大”情况开展专项检查。学校党委、纪委组织各单位认真进行自查。纪委在健全决策机制、校务、党务公开、重点领域决策以及决策制度保障机制建设等方面进行全面总结，形成自查报告，与党、校办共同准备支撑材料100多份。10月10日，教育部检查组对学校贯彻执行“三重一大”决策制度情况进行全面检查。检查组通过听取校领导的专项汇报，与领导干部、教师代表、民主党派代表座谈交流，到学院和职能部处进行实地考察等方式，重点了解校级、学院贯彻执行“三重一大”决策制度情况，并详细查阅了有关制度材料。检查组于11月13日进行检查情况反馈，对学校科学决策机制、党务、校务公开、重点领域规范决策，尤其是对学校“公推直选”“干部考核”、“纪检与审计监督”等工作给予充分肯定，并建议总结工作中的经验和做法以进一步推广。同时，建议进一步加强对“三重一大”决策制度落实情况的监督、检查和评价。

（夏秀芹、李霞飞）

【信访工作】2012年，共有信访件18件，其中来信8件，来电5件，来访5件，均严格按照信访工作程序进行处理，信访件件有领导批示，事事有调查结果。对日常工作中反映的问题，深入分析，规范管理工作。同时，对信访中反映制度方面存在的问题，及时督促有关单位进行整改。

（夏秀芹、李霞飞）

【队伍建设】坚持纪委全委会制度。年内召开3次纪委全委会，讨论纪检监察重点工作，学习领会十八大精神，促进纪检监察工作全面推进。充分发挥党风廉政监督员和纪委退休人员的作用，通过座谈等形式，了解对学校发展以及对纪检监察工作的意见和建议。同时，纪检监察工作人员积极参加各种业务培训，开展理论研究，提高业务能力。3月，学校成立了廉政研究中心，挂靠马克思主义学院，推动学校反腐倡廉建设宣传、教育和研究各项工作。1人参加国家留学基金委高等教育行政管理人员研修项目，赴英国里丁大学学习研修3个月；1人参加教育部培训项目，赴香港学习培训；1人校内学院挂职；1人借调到校庆办支持校庆工作；在纪检监察内部开展“如何提高业务技能”专题培训。2012年，学校纪委监察室牵头完成的论文《高校处级单位党风廉政建设责任制考核评估体系研究》获北京教育纪检监察工作研究会优秀调研论文一等奖。1人被评为“北京科技大学2010～2012年度先进工作者”。1人参加教育部对直属高校落实“三重一大”决策制度执行情况专项检查工作。1人参加北京市教委对普通高等学校招生巡视检查。通过一系列的培训、学习、交流，开拓了视野，提高了能力。

（夏秀芹、李霞飞）

统战工作

【概况】2012年，北京科技大学共有民主党派基层组织2个：民盟支部、九三支社。民主党派成员92人，其中中国国民党革命委员会7人，中国民主同盟43人，中国民主建国会3人，中国民主促进会2人，中国农工民主党1人，中国致公党3人，九三学社33人。党外高级知识分子461人，占全校高级知识分子总数的40.4%，其中正高职称149人，副高职称312人；党外中层实职干部25人，占全校中层干部总数的11.47%。有归侨23人、侨眷131人，台属54人，定居台胞2人，港澳台侨在校学生2人，少数民族教职工151人，少数民族学生1863人。

（刘　晋、徐宏潇）

【民主党派和党外代表人物工作】①支持和协助民主党派加强基层组织建设。加强与民盟支部、九三支社的联系与沟通，支持和协助民主党派基层组织加强思想建设、组织建设和制度建设。

②协助民主党派基层组织做好党派成员发展工作。在民主党派发展成员的过程中，统战部认真做好发展对象的考察工作，贯彻党对民主党派的各项方针政策，加强与各二级党委的沟通，按照各民主党派章程，做到有质量、有计划地稳步发展民主党派新成员。

③根据《北京科技大学党外代表人士队伍建设规划（2009～2013）》的有关要求，结合学校机构调整，及时调整党外代表人士后备队伍名单，对党外代表人士及后备队伍名单实行动态管理。

④坚持校领导与党外人士交朋友制度。通过学校领导与重点培养的党外代表人士联系交友，沟通思想，听取他们对学校工作的意见和建议，帮助他们解决思想、工作和生活等方面的困难和问题，并通过他们联系更多的党外人士，使他们真正成为我党的诤友、挚友。

⑤坚持“双月座谈会（情况通报会）”制度。坚持每学期2次向党外代表人士通报学校情况，听取党外代表人士对学校发展的意见和建议，充分发挥民主党派在民主监督和学校各项管理中的作用。2012年，组织党外代表人士参加2012年春季全体教授会议、60周年校庆庆祝大会和其他庆祝活动，同时，组织党外代表人士参观在建的国家材料服役安全科学中心、组织学习十八大精神和中央4号文件。在活动中，党委统战部进行情况通报并征求党外人士对相关工作的意见和建议。

⑥坚持邀请统战人士参加学校有关会议、活动制度。教职工代表大会、学校工作会、校处级干部年终考评等学校重要会议和活动，坚持邀请民主党派负责人、党外代表人士列席或参加，使党外代表人士真正参与到学校的各项管理之中。

⑦积极选派党外代表人士参加中央统战部、北京市委统战部和北京市委教育工委组织的各类培训及考察，提高党外代表人士的理论水平和参政议政的能力。年内，共3人次参加了培训。

⑧举办党外代表人士培训班。2012年10月，党委统战部举办2012年度北京科技大学党外代表人士培训班，进行中央4号文件和十八大报告辅导培训活动，并组织学员赴延安考察，党外代表人士反响强烈。

⑨积极为民主党派开展活动创造条件，提供必要的

经费支持。

（刘　晋、徐宏潇）

【民族宗教工作】①有针对性地开展民族、宗教的宣传教育工作。为加强马克思主义宗教观、党的宗教工作方针政策和国家相关法律法规的宣传教育工作，抵御利用宗教进行渗透和防范校园传教，统战部从基础工作入手，积极选派教师参加由北京市委教育工委举办的“中外宗教概览”课程的专门培训。继续面向全体本科生开设“宗教概览”选修课，共18学时。课程以马克思主义宗教观为主线，贯穿世界宗教概况、宗教学原理、世界和我国主要宗教的历史和知识、我国的宗教现状以及我国的宗教政策和中外宗教法规等内容。150余名同学选修了该课程，发放教材150余册。在研究生范围内，设立科技与人文素养课程并开设宗教讲座，通过讲述中西文化交流视域下的基督教及其传播，论述了宗教如何与社会主义相适应，全年参加讲座的学生近200人。宗教课程和讲座的开设充分发挥了思想政治教育主渠道的作用，达到教育引导大学生树立马克思主义宗教观、正确理解党的民族宗教工作方针政策、正确认识和处理宗教问题的预期目的。

②圆满地完成专项工作任务。根据上级有关要求，2012年统战部与有关部门统一思想，密切配合，认真研究工作方案，及时了解和掌握工作对象的思想动态和有关情况，有针对性地开展工作。在开展深入细致思想工作的同时，制定相应工作措施，明确要求，严格管理，使2名人员完全脱离了“守望”教会，圆满地完成专项工作任务。

③坚持巩固和发展平等、团结、互助、和谐的社会主义民族关系，努力做好民族工作。在学校各项工作中，严格贯彻执行党和国家的有关政策，关心少数民族师生的工作、生活和学习。8月19日，开斋节期间，学校为10个少数民族近200名穆斯林师生加餐，学校领导、学生工作部、研究生工作部和统战部负责人到清真食堂看望过节师生，向他们表示节日的祝贺。

④配合学校有关部门做好学校民族学生的安全稳定工作。党委统战部确保全年，特别是两会期间、校庆期间、十八大召开前后等关键时期无民族宗教突发事件。

（刘　晋、徐宏潇）

【港澳台侨工作】①认真做好港澳台侨专项工作，关心港澳台侨师生的工作、学习和生活，邀请港澳台侨师生参加新年招待会。

②积极帮助归侨、侨眷教职工解决在工作和生活中遇到的困难和问题。2011～2012年，党委统战部详细了解情况，认真研究文件精神，调研多所教育部属高校，与人事处反复沟通，多次向相关校领导汇报情况。2012年，经校长办公会通过，为符合条件的15名离退休归侨补发每人每月100元归侨补贴。

③支持学校侨联开展各项活动，并提供适当的经费支持。

④协助北京市政府侨办做好学校华侨学生的相关工作。2012年6月，与国际处沟通，向北京市人民政府侨务办公室报送《高校发展对侨需求和华人留学生管理教育现状调研提纲》和《北京地区高校华人留学生汇总表》，并推荐学校3名学生为优秀华人留学生。

（刘　晋、徐宏潇）

【自身建设】①积极参加各类培训学习活动。2012年，统战部深入加强理论学习，认真组织干部学习“北京高校教师党员在线”，不断提高工作人员的理论素养。统战部的领导干部积极参加中央统战部、北京市委组织的中央4号文件培训和其他各类培训班、会议，及时了解和掌握统战工作的方针、政策，不断提高统战工作的理论水平和政策水平。年内，安排1名工作人员每周参加“中外宗教概览”课程学习，努力提高全员的业务知识和专业能力。

②加强理论研究工作。2012年，统战部参与完成了教工委组织的《2012年北京高校党外知识分子思想状况调研》课题研究工作，成功申报并承担学校党建研究会的2项重点专项课题：《北京科技大学党外代表人士队伍建设研究》和《北京科技大学抵御和防范校园传教渗透工作研究》，通过调研、访谈和文献整理，完成2篇调研报告，并顺利结题。年内，部门撰写论文《新时期高校党外代表人士队伍建设时效性研究》在投，向市委统战部报送统战课题研究成果一项，向市委教工委报送统战工作创新成果一项。

③认真做好各类统计。年内，高质量完成北京市教工委《北京高等学校统战工作对象情况统计》、《2012年港澳台侨少数民族外国留学生统计》、北京市人民政府侨务办公室《北京地区高校华人留学生统计》、北京市教育委员会《2012/2013学年初高等学校教育事业统计》统战相关部分等。

（刘　晋、徐宏潇）

【政协委员换届工作】根据中央和北京市的有关精神，按照北京市教工委的相关要求，学校党委统战部对全国政协第十一届委员和政协第十一届北京市委员的情况进行细致调查。经基层推荐、前期考察，并由校党委常委会讨论，确定1人为全国政协第十二届委员推荐人选、3人为政协第十二届北京市委员推荐人选，上报北京市教工委，最终确定1人为全国政协第十二届委员最终推荐人选、1人为政协第十二届北京市委员最终推荐人选。2012年11～12月，统战部根据北京市委教工委的要求对全国政协第十二届委员推荐人选和政协北京市委员推荐人选进行考核和综合评价。

（刘　晋、徐宏潇）

【党建迎评工作】2012年9月，北京市委教工委对学校贯彻落实《北京普通高等学校党建和思想政治工作基本标准》（以下简称《基本标准》）的情况进行集中检查。在学校党委全面自查阶段，党委统战部全面总结本部门贯彻落实《基本标准》的情况，撰写自查报告。在市委教育工委入校重点检查阶段，党委统战部承担了9项重点检查专项中的2项，即党外代表人士队伍建设情况、抵御和防范校园传教渗透工作情况，期间，准备并提供了2个重点检查专项的支撑材料，全面总结、开展针对性研究，撰写针对2个重点专项的特色总结。

（刘　晋、徐宏潇）

工会工作

【概况】2012年，校工会下属的学院、机关、后勤和产业分工会增加到23个（其中新增天津学院分工会），153个工会小组，会员2917人。校工会下设组宣部、文体部、生活部、工会办公室，负责协调各部门工作并承担教代会的工作，处理日常工会工作。工会有专兼职干部9人，工会主席由校党委副书记张文明同志兼任。常务副主席1人，专职副主席2人，兼职副主席2人，专职干部3人。

（李　芹）

【教代会】教代会是教职工依法参与学校民主管理和监督的平台。2012年，学校共召开教代会2次。4月12日，召开了第七届教代会三次会议，参加代表共200余人。徐金梧校长作“凝聚发展合力，提升教育质量，稳步推进高水平研究型大学建设步伐”主题报告。同时，会上还印发了学校财务工作报告、工会工作报告、提案工作报告等会议资料，全体代表进行了认真讨论和审议。12月5日，学校深入学习、贯彻教育部32号令（《学校教职工代表大会规定》）相关要求，召开了第七届教代会四次会议暨全体教授会，来自教学、科研、管理等岗位教授和教职工代表近300人参加会议。会议专题是“认真做好新一轮岗位聘任，努力提高师资队伍建设水平”。校长助理、人事处处长朱鸿民教授作了专题报告。召开代表团团长会议，将代表的意见和建议落到实处。4月18日，工会组织召开七届三次教代会代表团团长会。校党委副书记、工会主席张文明参加汇报会，全校13个代表团团长（各单位书记）对代表讨论情况进行了汇报。各代表团对校长工作报告、财务工作报告、工会教代会工作报告、提案工作报告进行了认真学习和讨论。代表们对学校的发展改革给予很大关心和关注，从学校宏观发展乃至学校食堂饭菜质量等都提出了宝贵的意见和建议，代表提案数比上次教代会有较大增加。12月10日、11日工会组织召开七届四次教代会代表团反馈会。学校人事部门逐个听取了各代表团对学校新一轮岗位聘任和新入校人员考核聘用管理思路的意见或建议。广泛征集代表提案，提案工作有序规范。第七届教代会三次会议共征集到教学、科研、管理方面的提案41件（比上次增加200%）。5月14日，七届三次教代会提案工作会议召开。按照提案工作规则，确定39个提案符合立案规定。

（李　芹）

【师德建设】2012年，校工会以师德建设为切入点，加强教职工队伍建设。构建了以教育为引导，以活动为载体，以表彰为激励全方位师德建设培育体系。①以教育为引导。为了学习贯彻《高等学校教师职业道德规范》，2012年4月18日第七届三次教代会上，将《高等学校教师职业道德规范》以会议文件形式下发到每位代表，并要求各代表团组织教职工认真学习，以新的师德规范为标准，领会新理念，践行新标准。10月11日，为学校新入职教师做岗前师德培训，邀请北京市师德先进个人——材料学院赵海雷老师传授与学生的相处之道，做学生的知心人。引导青年教师从第一堂课开始，树立职业荣誉感。②以活动为载体。6月20日，校工会组织了2012年师德先进的评选。评选活动在各分工会推荐基础上，主要从一线教学教师中推出，学校17个教学单位共推荐出21名教师。评选工作由工会牵头，人事处、教务处、研究生院、宣传部和教学督导组共同组织。最后评选出学校师德先进个人12人，推荐3人为北京市师德先进个人。组织青年教师学术沙龙。12月6日，青年教师联谊会和青年教师工作委员会联合召开围绕青年教师成长成才为主题的“第二届青年教师学术沙龙”，由特聘兼职教授吴洪流博士作主题报告。旨在搭建以促进广大青年教师科研活动交流、寻求青年教师各学科科研活动交叉点、推进青年教师科研工作合作为目标的交流平台。关心学校高端人才。2012年，校工会每逢生日慰问学校的院士、国家千人计划入选教师、长江学者、国家名师等优秀教师39人。③以表彰为激励。在第28个教师节来临之际，学校精心策划，以“忠诚党的教育事业，争当教书育人模范”为主题，召开第28个教师节庆祝暨表彰大会。表彰了近一年来学校教育教学、科学研究、人才培养、管理服务、建校60年校庆等工作中做出了突出贡献，涌现出的一批先进集体和个人。

（李　芹）

【理论研究】2012年，校工会积极开展各项调研，为学校各项决策提供理论依据。①教职工思想状况调研。学校60年校庆前夕，围绕教职工关心、关注的问题，开展教职工状况的调研，课题由马克思主义学院和校工会共同负责。课题组成员由专业教师和学院分工会主席组成，调查问卷经学校9个相关部门审核，提出建议，使调查能够真实反映教职工思想、工作、学习和生活状况，全面了解和真实反映教职工的心声，为学校党委提供参考，为学校的决策提供支持。②组织工会干部赴京外高校调研。为更好地考察学习京外高校在学校民主管理、非事业编职工入会、关注青年教师、工会理论研究等方面的成功经验，4月25～29日，由各分工会主席一行23人组成考察团赴浙江大学、浙江工业大学、南京农业大学3所高校考察调研工会工作。考察以调研南方高校在教代会、工会工作方面的经验为主线，重点学习了3所高校在民主管理工作、工会理论研究、非事业编职工入会等方面的工作经验。③积极申报学校党建课题调研。校工会作为负责单位，申报学校党建课题—青年教师入党意愿及其培育的实践研究。青年教师发展党员工作是高校青年教师思想政治建设的重要组成部分，如何抓好青年教师的思想政治工作，扎实有效地做好青年教师发展党员工作有利于推进学校各项工作的开展。经过书面调研、问卷调查、座谈会等，最终形成调研报告并顺利通过了课题检查。

（李　芹）

【文体活动】①组团参加首都教育系统运动会并获佳绩。5月26日，首都教育系统运动会在奥体中心体育场落下了帷幕。此次运动会是“健康快乐年活动”的重要内容之一，共设田径、游泳、羽毛球等10个大项，历时2个多月，吸引了65所高校、16个区县12000多名教职工参加。学校对此次比赛给予高度重视，成立了由近200名运动员组成的代表团，报名参加了游泳、桥牌、围棋、田径等9个大项目，取得了桥牌比赛团体第一名，田径比赛团体第三名，游泳比赛团体第四名、围棋比赛团体第五名，以及获得个人参赛项目10项第一名的好成绩。②成立教师合唱团。5月25日，学校教职工合唱团成员选拔活动在教工活动中心举行。来自学校教学、科研、管理岗位的中青年教师70多名教职工报名。经过评委的打分和参考，选拔出50多名教职工作为合唱团成员，成立北京科技大学教职工合唱团。③求实鼎新杯校园摄影比赛。2012年，恰逢学校的60华诞和中国银行的百年盛典。校工会与中国银行北京科大支行联合举办了以“感动中行，情满北科”为主题的求实鼎新杯校园摄影比赛。在全校师生员工和中行员工选送的参赛作品中，由评委会认真评选出特等奖2名、一等奖4名、二等奖6名、三等奖10名、优秀奖和鼓励奖共50名。④举办教职工网球培训及网球比赛。由校工会主办，校网球协会承办了2012年教职工网球培训和网球比赛。报名参加培训的教职工有100多人，在教练的精心教导下，教职工网球水平有很大提高。⑤组织工会干部秋游。10月24日，校工会组织各分工会委员以上干部100余人赴昌平十三陵水库脚下开展秋游采摘活动。⑥教职工冬季跳绳比赛。12月7日下午，在校工会的精心策划和组织下，教职工冬季跳绳比赛在主楼前展开，全校21个分工会，共300余名教职工参加了此次活动。⑦教职工乒乓球邀请赛。12月12日，2012年北京科技大学教职工乒乓球邀请赛圆满落幕。比赛于11月27日拉开帷幕。此次比赛以分工会为单位报名组队，每组报4人，分男单、女单、混双共3场比赛。历经半个月的激烈角逐，乒乓球邀请赛圆满成果：计算机与通信工程学院荣获冠军，机械工程学院荣获亚军，土木与环境工程学院荣获季军，数理学院荣获第四名。⑧推荐评选首都教育系统健康之星。按照文件的要求，组织各分工会积极推荐候选人，推荐材料学院葛昌纯、经管学院何润宇2人为北京市首都教育系统健康之星。⑨教职工冬季长跑健身活动。2012年12月20日，教职工冬季长跑健身活动在体育馆前启动，全校近600名教职工参加。围绕校园长跑活动主要是鼓励教职工锻炼身体，倡导健康生活。

（李 芹）

【自身建设】①外国语学院荣获北京市模范职工小家。6月14日，北京市教育工会的北京市模范职工小家验收专家组一行9人对外国语学院申报北京市模范职工小家进行验收。验收组专家在听取学院党政工的汇报，查阅文件资料，实地考察职工小家以及召开教职工座谈会等工作，专家组一致同意并通过外国语学院成为北京市模范职工小家。北京市教育工会主席史利国为外国语学院授牌。外国语学院是学校第6个获得北京市模范职工小家称号的分工会。②评选工会工作先进单位。12月6日，工会工作先进单位评选活动展开。全校有14个分工会报名参加。经评委打分，机械学院分工会、外国语学院分工会、机关分工会、后勤集团分工会以及材料学院分工会5个单位获得工会工作先进单位称号。③组织暑期干部培训。7月3～5日，组织2012年暑期工会干部培训，全校专兼职工会干部近百人参加。邀请了北京市教育工会主席史利国为工会干部解读教育部32号令《学校教职工代表大会规定》。④成立天津学院分工会。9月12日，北京科技大学天津学院分工会成立大会暨第一届教职工代表大会召开。大会选举产生了新一届工会委员和教代会代表，正式成立天津学院分工会。⑤稳步推进非事业编职工入会。9月11日，召开后勤系统第二批非事业编制职工入会仪式，有143名非事业编制职工正式成为工会会员。为非事业编会员办理借书证。11月15日，16名非事业编会员代表参观了图书馆，非事业编制职工入会后均可办理借书证，充分享受图书馆丰富的信息资源。

（李 芹）

【服务教工】扎扎实实地为教职工做好事、办实事。①长期有效地开展送温暖、献爱心活动，对生病、生活困难的教职工做到及时了解、及时帮扶，协助党政为教职工解决实际困难。至年底，发放困难补助200128元。②坚持每年11月为教职工办实事服务月活动，满足教职工生活需要。由于农产品市场价格不断上涨，校工会提前联系，在大幅涨价前为全校教职工引进大米、粉条、脐橙、柚子等物美价廉的过冬食品，深受全校教职工的欢迎。③为教职工办理互助保险，年内，有1899人次参保，9名教职工出险，理赔金额148408元。④组织教职工暑期集体学车，150名教职工报名参加。⑤组织教职工境内外旅游，共有110名教职工及家属参加欧洲、马尔代夫和南非等地的自费旅游。⑥以教职工互助保障为契机，动员教师办理京卡互助服务卡，会员信息采集率达到100%。⑧利用教职工活动中心为全校师生服务，2012年活动中心开展了录制凤凰卫视的《世纪大讲堂》节目、迎校庆院士学术报告、全国道德模范首都高校巡讲活动、88级校友毕业20周年庆祝大会、思想政治理论系列讲座、迎校庆活动彩排等活动。

（李 芹）

本科生工作

【概况】2012年，学生工作部（处）、武装部以迎接和学习宣传党的十八大精神为契机，以社会主义核心价值体系为引领，以学风建设为中心，切实加强学生基层组织建设，大力推进辅导员队伍和学生骨干队伍建设，着力做好心理素质教育和学生资助工作，提高服务意识，增强工作实效，为学生的健康成长成才和学校的发展稳定服务。年内，高等工程师学院工程师094班以第2名的成绩获北京高校“十佳示范班集体”荣誉称号。

（何　进）

【学生党建】①加强入党积极分子和各类学生党员的教育培训。分类做好入党积极分子、预备党员、新生党员、毕业生党员和党支部书记的集中培训，强化实践体验，确保培训实效。2012年，共举办学生业余党校培训班15期，培训学生入党积极分子和学生党员4272人。②充分发挥学生党员的先锋模范作用。大力开展学生党员“先锋引领计划”，引导学生党员在服务班级宿舍建设、帮扶学业困难同学的过程中密切联系群众，改进工作作风，提高党性修养。2012年，共组建86个引领团队，帮扶学习困难同学101名，被帮扶学生不及格门次由140门次下降到45门次，不及格课程总学分由660余学分下降到190余学分，27人实现零挂科。③深入开展学生党员实践教育。依托北京市专项工作，鼓励和支持学生党支部与京郊农村、社区党支部合作共建，在深入基层、服务群众的实践中，密切与群众的联系，增强党支部的凝聚力和战斗力。2012年，共有60个学生党支部完成红色“1+1”共建活动，20个学生党支部获得北京市奖励和表彰，位列北京高校首位，学校获得优秀组织奖；高等工程师学院本10级联合党支部获得北京高校红色“1+1”示范活动评比第一名。

（秦　涛、鲍　博）

【学生教育】坚持以科学发展观为指导，从提高思想政治教育的实效性、针对性出发，根据学生成长规律，逐步培育参与广泛、特色突出、效果显著的教育项目。

(1)日常思想政治教育。①新生教育。总结往年新生教育经验，按照“适应教育”、“理想信念教育”、“专业思想教育”、“心理素质教育”以及“基层组织建设”5大板块，对新生教育方案进行了调整和完善。加强新生入学前教育，组织新生学习《师韵——北科大走出的院士》和《2012新生攻略》，帮助他们认识学校的历史文化，树立正确的大学观。实行新生党员提前一周入学报到和集中培训制度，努力引导新生党员成为学习标兵、工作榜样和生活模范。依托团校，举办新生骨干培训班，做好新生班长、团支书的轮训工作，帮助他们提高服务同学的能力和水平。切实提高新生辅导员的工作技能，围绕辅导员岗位职责，设置6大培训主题，强化实践体验和交流研讨，开展为期3周、100余学时的集中培训。精心设计开学典礼，通过温情的感恩环节和隆重的入校仪式，增强新生对学校的认同感和归属感。②毕业教育。开展“毕业生文化衫方案征集”、“毕业生旧货交易市场”、“照片视频征集”等形式新颖的活动，营造温馨和谐的毕业氛围，引导毕业生分享毕业情感，表达感恩母校之情；

发动各学院根据实际情况和学生特点，组织开展以“毕业生文艺晚会”“微电影创作”、“毕业班风采展示”为主要形式的毕业季系列活动，引导毕业生正确、恰当地表达情感、释放情绪；深化毕业典礼育人功能，围绕感恩教育主线，突出爱校荣校重点，精心设计答谢感恩、校长寄语、合唱校歌环节，引导毕业生感谢师长、情寄母校，同时隆重表彰优秀毕业生和“启航奖励金”、“校长奖章”获奖学生，引导广大毕业生到祖国最需要的地方建功立业。③推进形势与政策教育。加强与马克思主义学院合作，举办11场高水平形势与政策专题报告会，近5200名学生参与，同时积极组织学生参加教育部、北京市主办的主题报告和展览活动。④加强党风廉政教育和监督机制建设。依托学生业余党校，加强学生党员、入党积极分子的党风廉政教育，强化廉政责任和民主监督；在学生评奖评优、学生资助和学生工作干部选拔等工作中，完善公示制度，建立监督机制。

(2)学生心理健康教育。①课程教学。开设1学分、16学时的必修课“大学生心理健康”，为全体本科新生提供课堂教学与实践体验相结合的心理素质教育；开设全校公共选修课“心理辅导能力训练”、“心理训练与潜能开发”以及“成功之道——领袖及领导力训练”，满足学生学习心理健康知识的需求。②宣传教育。组织开展第十二届心理健康文化月活动，通过心理电影放映、情景剧大赛、“微爱对对碰”、“漂流瓶”传递等活动，加强心理健康知识的宣传和普及。获得2012年首都大学生心理健康节“最佳参与奖”。③心理咨询工作。加强咨询师队伍建设，通过督导培训、个案回访、满意度测评等途径，提高咨询服务的质量和水平。2012年，共组织咨询师开展督导培训25次；加大个体咨询、团体辅导和网络咨询的工作力度，2012年，心理咨询与发展中心共接待学生近14000人次，个别咨询量超过2275人次，比2011年增长600余人次，个别咨询平均周接待时数达81.6小时，比2011年增长近10个小时。学生对心理健康教育与咨询服务的满意度为91.4%，比2010年提升6个百分点。④危机预防和干预工作。继续做好春、秋季心理排查和新生测查工作。全年共排查重点关注学生966人，研判三星（含）以上学生485人，约谈新生661人。学生、教师以及家长的危机防范意识得到增强，危机发现渠道更加多元化，近80%的危机事件属于学生主动报告或学院有效识别。2012年，心理咨询与发展中心被北京高教学会心理咨询研究会评为“大学生心理素质教育工作先进单位”。

(3)国防教育教学、征兵等工作。①课程教学。完成3500余名学生、476学时必修课及72学时选修课的教学任务；增加课堂“互动式教学”，推动军事理论课教学与新生教育的有效结合；完善军事理论教学，开展《高等学校军事课状况调研》；1名教师在学校2012年“我爱我师”评选活动中被在校学生评选为“我心目中最喜爱的老师”。②实践教学。打造军训育人的实践平台，充分挖掘军训的教育功能。2012级3273名本科学生及47名教师，在北京市学生军训基地（怀柔）学习训练12天，共完成军事课目5项、教育讲座6次、训练竞赛5次、文体竞赛8次；组织教师培训3次、学生骨干培训12次，并在《教育部国防教育办公室关于学生军事训练安全专项检查的通报》中获得通报嘉奖。③征兵工作。2012年22名男生和5名女生光荣入伍；6名学生光荣退伍复学，4名学生以所在部队第一名的成绩考取了军队高校；正式成立北京科技大学戎程研究会，完成了《北京市大学生征兵工作的调研》和《北京市退伍大学生士兵就业状况的调研》。④国防教育活动。积极开展国防教育讲座，举办“国防知识爱好者协会成立20周年庆典”活动；国防知识爱好者协会代表学校获北京地区高校第八届“华山论剑”军事知识比赛季军；以国防体育协会为主体的学生代表队在北京高校学生校园定向运动联赛中多次获得男子团体第一、总团体第一；组织召开中国高等教育学会国防教育研究分会一届二次理事会议，开展经验交流、专题报告等一系列活动。

（曲　涛、秦　涛、王　艳、臧伟伟、鲍　博、潘佳奇）

【学生管理】（1）家庭经济困难学生资助。①科学管理勤工助学岗位。与后勤集团、图书馆、学院等单位开展深度合作，设置校内勤工助学岗位1500余个，包括“学生公寓管理系列、教室管理系列”、“小班主任系列”、“食堂学生值班经理”、“学生图书管理员”等优质项目，实现“岗位设置有申请、用人单位有主管、专项资助有依据”的规范化管理；拓展校外勤工助学项目，推荐500余人次参与校外勤工助学项目。②做好助贷评审发放工作。2012年，评审出国家助学金获得者2900名（其中本科生2835人，高职生（专科）65人），其他资助195人，约占学校本专科学生总数的23%，资助总金额874.3万元。2012年，共有2213名学生获得助学贷款，金额共计1248.1万元，其中包括416名学生申请生源地贷款。积极落实面向不同群体衍生出的各类贷款工作，包括生源地贷款、毕业生中西部地区基层就业学费补偿和贷款代偿、应届毕业生应征入伍服兵役学费补偿和贷款代偿等工作。完善家庭经济困难学生资助工作的动态管理，通过推进预申报和密切关注学院各年级助学金分配比例对助学金评选加强监测。③开展资助育人实践。推进“公益学时”活动，要求获得各类助学金学生须在规定时间内完成20小时的公益服务，培养受助学生的感恩回报意识；开展“国家资助、助我成长”征文活动，征集作品2189篇，引导学生在表达、倾述的过程中加深对励志感恩的理解。④其他资助工作。369名本科生通过迎新现场“绿色通道”入学，为282名本科生办理了缓交学杂费手续，发放临时困难补助和学习生活用品，共计15万元；开展第七届“冬季送温暖”活动，发放羽绒服290余件，价值8万余元。

（2）学风建设。①调整奖学金评定程序。学校在2011年调整奖学金方案的基础上，对人民奖学金评定程序进行调整，颁发了《北京科技大学人民奖学金评定程序调整通知（校学函【2012】6号）》，根据学院参评的学生人数划拨奖学金的额度，学院可在不改变奖学金等级和等级金额的前提下自行分配评选比例，获奖比例控制在本学院参评学生人数的30%～40%。2012年，共发放奖学金935.396万元，获奖学生7836人次，获奖比例45.8%。其中学校自设奖学金436.066万元，获奖学生6698人次；其他特等奖学金423.8万元，获奖学生770人次；学院奖学金75.53万元，获奖学生368人次。评选出第六届“校长奖章”获得者6名，北京地区高等学校优秀毕业生171名，校三好毕业生677名，校优秀三好学生465名，校三好学生943名，校优秀学生干部579名，北京市三好学生14名，“87级校友基金优秀学生干部”20名。②加强对班级和宿舍建设指导。在部分学院新生班级试行小班主任制度，促进新生学习行为管理；与选培办合作试行国防生小班主任制度，加强国防生学风建设。确立“全员动员、提前申报、重在建设”的方针，完善集体评奖评优制度，加强对先进集体的指导和宣传，对最佳团队、参评北京高校“我的班级我的家”创建活动班级以及优秀本科生班导师指导班级开展针对性指导，总结和推广班级建设经验。学校积极探索建立“职能部门主导、学生积极参与”的学生公寓管理与服务机制，不断推进学生宿舍达标创优工作，将宿舍达标创优纳入到学生个人和集体评奖评优指标体系当中，以宿舍文化节为依托，激发学生创建“文明整洁、安全和谐、学风良好”宿舍的积极性。2011~2012学年本科生先进集体评选活动中，288个班级、团支部和1219个宿舍参与创建，共评选出北京科技大学先进班集体、优秀团支部70个，先进班集体、优秀团支部标兵35个，87级校友基金最佳团队10个，北京市优秀班集体9个，文明宿舍439个，标兵宿舍59个，优秀宿舍长352名，标兵宿舍长74名。在北京高校“我的班级我的家”优秀班集体创建活动中，机械工程学院工设1001班获得“示范班集体”荣誉称号，高等工程师学院工程师094班以第2名的成绩获得“十佳示范班集体”荣誉称号。③开展期中学风状况调研。重点结合新生教育等工作，组织开展两次期中学风状况调研。首次邀请部分辅导员参与宿舍长、楼层长代表座谈会，理顺辅导员和楼层长在促进宿舍学风建设中的地位作用和相互关系，加强辅导员与楼层长功能互补；针对学业困难学生开展调研，了解他们学业困难的影响因素，探索督促他们学习的有效方式。累计发放问卷2800余份，召开学风建设座谈会、研讨会80余场，学生工作干部累计听课280余门次。④健全联动机制。完善辅导员与学生家长之间的联动机制，发放《致新生家长的一封信》3400余封和《致学生家长的一封信》11000余封，从学生学习方式、生活方式、人际交往、社会责任等方面与家长进行沟通，使家长实时掌握学生的学习、生活、心理及思想动态，充分发挥家长在学生教育管理服务中的作用。⑤宣传先进典型。通过评奖评优工作，深入挖掘先进集体和个人事迹121例，整理先进事迹汇编成册，以网络、视频、平面媒体等形式进行宣传，年内举办“87级校友基金”颁奖仪式、“冠之奖学金”颁奖仪式、“三晋奖学金”颁奖仪式。做好第六届校长奖章获得者的宣传表彰，编写发放2012级新生《象牙塔里的足迹》。

（3）日常管理。①修订发放《2012本科生学生手册》。组织2012级本科新生参加校规校纪考试，着重考察新生对校规校纪的掌握情况，强化学生对自己权利和义务的认识。2012年，共有5名学生因打架等行为受到违纪处理。②组织2012届学生毕业典礼暨学位授予仪式和2012级新生开学典礼，分别有4000余名2012届毕业生和2012级新生及新生家长参加典礼。③向全体2012级本科生发放《本科生保险手册》，引导学生学习安全、保险及医疗相关规定，为3104名新生办理大学生人身意外伤害保险。2012年，共为99名学生办理了保险理赔，理赔总金额13.123万元。

（4）学生安全稳定。①做好安全教育。与保卫保密处、后勤服务集团联合组织举行“北京科技大学2012级新生学生公寓火灾疏散演习”，学生公寓1斋、5斋、6斋、7斋、8斋，共3097名新生参加演习。发挥学生公寓自律组织作用，加强对楼层长、宿舍长的培训，完善公寓安全、卫生检查的相关标准。做好寒暑假、元旦等节假日及特殊敏感时期的学生安全教育和学院值班工作。②做好危机应对。建立学生突发事件案例汇集机制，整理完成《2012年学生突发事件案例选集》。做好违纪处理、学业困难、宗教信仰、心理危机学生的教育管理工作。

（5）少数民族学生培养和管理。重视少数民族学生的培养和管理工作，在尊重其民族习惯的同时，充分发挥专职工作人员的作用，继续提高对学生的服务意识，不断加强对学生学习的帮助和引导。2012年，有50人次获得民考汉、内地班学生奖学金，4名2013届少数民族本科毕业生获得免试攻读硕士学位研究生的资格；开斋节期间，组织220余名回族、维吾尔族、哈萨克族等信仰伊斯兰教的少数民族学生共度节日。

（丁煦生、万玉刚、李艳芳、夏春生、王金蕊、杨 雄、张同华）

【辅导员队伍建设】①强化辅导员培训工作实效。以提高辅导员履责能力为重点，逐步建立起以基础培训、专项培训、常规培训和高级研修为主体，以实践体验、案例教学、课题研究为特色，"点面结合，层层递进"的"四级培训体系"。2012年，共组织实施辅导员培训项目16个，参训人员338人次。其中国外境外学习考察、京外高校挂职锻炼、教育部培训基地高级研修、"红色之旅"理想信念实践体验等高级研修项目，有助于辅导员开阔视野、启发思维、丰富经历、促进成长；年级组交流研讨、辅导员创新团队、兄弟高校参观考察等培训项目，为辅导员搭建起分享经验、开阔思路、提高水平、缓解压力的良好平台。②加强辅导员履责能力考评。建立以学院为主导，以辅导员履行岗位职责情况和学生满意度为观测点，以公开述职和学生测评为途径的考核办法，切实引导辅导员深入一线开展工作；设立辅导员工作专项奖、优秀学生工作者、十佳辅导员奖项和学院学生工作专项奖，激励辅导员队伍的工作热情和主动性。其中设置16项辅导员专项奖，近三分之二的辅导员主动申报，58名辅导员获奖。2012年，有两篇辅导员博文荣获第二届全国高校优秀辅导员百篇优秀博文奖。辅导员工作受到学生认可，2名学生在北京市"我和我的辅导员"征文活动中获得一等奖。

（秦 涛、鲍 博、潘佳奇）

【学生工作调研与宣传】①做好舆情调研工作。加强学生思想动态调查和舆情焦点、热点分析，做好大学生思想状况滚动调查、高校学生假期返乡调查、敏感时期学生思想状况调查及其他专项调研工作，及时掌握学生的思想动态和重要问题，加强工作的预见性和针对性。2012年，共撰写调研报告和情况简报49篇。②做好新闻宣传工作。改版"学子在线"网站，加强与主流媒体联系，提高学生工作新闻宣传能力，充分运用校内外宣传载体，将学生工作的动态、经验和成绩及时准确的进行报道。2012年，在校内外网站、报纸等媒体发表学生工作快讯79篇。

（秦 涛、鲍 博、潘佳奇）

研究生工作

【概况】2012年，研究生工作部以科学发展观为指导，坚持以育人为中心，以创新争优、服务学生为抓手，以改革创新为动力，以造就拔尖创新人才为目标，以迎接建校60周年和学习贯彻"十八大"精神为契机，坚持贴近实际、贴近生活、贴近学生的工作原则，努力促进研究生德育和培养的紧密结合，建立特色突出的研究生工作体系，积极服务于研究生的健康成长成才，促进研究生全面发展和综合素质提高，为学校的改革发展稳定服务。

（张 颖）

【研究生管理】①结合实际情况，与研究生院联合对《北京科技大学研究生手册》中有关研究生管理的文件进行了全面修订。同时，认真总结、完善和规范研究生年度评优工作，积极探索以评促建，加强学风建设的有效途径。②积极关注研究生心理健康状况，探索研究生心理健康教育的有效途径。在2012级新生中开展心理教育的团体辅导活动，使新生最快的适应新的生活和学习环境，学会正确认识和评价自我的方法，为今后顺利完成学习科研任务打下良好的基础，同时配合心理咨询中心在全体研究生新生中进行心理测试和普查工作。并从新生中筛查出200名可能存在心理问题的学生，配合心理咨询中心进行进一步的约谈工作，为建立学生心理健康档案，有针对性地开展心理健康教育打下良好基础。③完善研究生安全教育体系和危机应对工作机制，妥善处理研究生中出现的突发事件，维护校园稳定。研究生工作部和有关单位密切配合，有力地维护了学校正常的教学科研秩序，确保了学校稳定工作大局。同时，与各学院联合做好安全知识的普及工作，要求各学院组织全体研究生新生通过观看安全教育影片、宿舍火灾疏散演习、实验室设备使用及防护等途径，切实提高新生的安全意识。④坚持以人为本，改善研究生学习、科研以及生活条件，如为学生办理申请困难补助、助学贷款、意外伤害保险、结婚、购买两限房等事宜。2012年，共计为2197名研究生办理了意外伤害投保手续，为61人办理了保险理赔，总金额68136.1元。

（宗燕兵、王　佳）

【研究生党建工作】①制定并实施研究生党建工作指导意见。在总结近年来研究生党建工作经验的基础上，出台了《关于进一步加强研究生党建工作的指导意见》。明确提出研究生党建的“四结合”工作原则；在党支部的设置形式上，坚持“支部建在班上”，按照“三个有利于”的原则优化研究生党支部设置形式；对研究生党支部活动的目标、宗旨、制度、载体等提出明确要求。②开展两型党支部建设。2012年5~12月，共有90个研究生党支部开展了为期半年的“创两型党支部”活动，经过党建专家对申报项目进行审核和验收，最终从所有申报的研究生党支部中评选出38个创两型党支部活动的优秀方案予以立项，并给予经费支持，至年底，立项的38个党支部全部完成项目展示和验收。③发挥“红色钢铁摇篮”训练营的平台作用，做好培训工作。2012年，研工部继续以红色钢铁摇篮训练营为平台，深化“分层次、体系化、重实效”党建培训模式，先后组织开展了研究生新任党支部书记、研究生骨干、研究生预备党员3个层次的培训活动，共有37名新任研究生党支部书记，110名研究生骨干，218名研究生预备党员参加培训并顺利结业，先后开展20次集中培训，10次课题调研，涉及理论学习、工作实务、思想引领、主题讨论、素质拓展、实践锻炼、无领导小组讨论等。其中“新时期我国研究生思想政治教育的探索与研究”获北京科技大学第25届教育教学成果奖二等奖。

（张　颖、宗燕兵）

【研究生教育】2012年，学校继续有针对性地开展入学教育、毕业教育、形势政策教育和安全教育等工作。

（1）充实新生入学教育内容。为了帮助和引导新生尽快适应研究生专业学习和科研工作，研工部在2012年在新生中实行为期一个学期的新生学术生涯教育计划，帮助研究生建立积极心态，熟悉学习环境，适应科研节奏，引导研究生确定学习科研目标，为顺利完成学业奠定基础。从4个角度强化4种意识，即“学习校规校纪，强化安全意识；传承优良学风，强化归属意识；倡导学术诚信，培养科研意识；加强“三自”教育，培养责任意识”，研究生工作部与各学院一起开展了一系列的新生入学教育活动。①组织参观校史馆，了解学校发展规划，开展学校历史及校风教育。②组织学习《研究生手册》、开展新生与导师座谈会、新老学生经验交流会、学术规范教育、安全教育等活动，帮助新生尽快适应环境，完成角色转换。③组织全校2700余名研究生新生签订《遵守校纪校规承诺书》。④继续将专业前沿专题报告列入入学教育，引导新生了解专业最新科研动态及成果，大力推进学术诚信品德专题教育，树立严谨创新的科学精神。

(2)丰富毕业教育形式。为增强毕业研究生与学校之间的感情，2012届春、夏两季研究生毕业离校之前，学校以“尊师、爱校、成才、报国”为主题，开展了“爱校感恩教育”、“优秀毕业论文交流会”、“温情送别、文明离校”、“过好最后一次组织生活会”、“为学校发展献计献策”以及“在创业中实现人生理想”等一系列活动，促进毕业研究生文明离校、安全离校和有序离校。

(3)利用各种契机深化思想政治教育。以选修课形式开设人文素质课程，从人文社科等各个学科不同角度提高研究生价值判断能力、社会认知能力、科研学术能力等。

（王　佳）

【研究生德育工作基层组织建设】①加强提升研究生辅导员胜任力的培训交流。为加强研究生辅导员队伍建设，提高辅导员的职业素养和业务水平，增强辅导员工作的规范性和科学性，研工部分别在春季、秋季组织了“研究生辅导员培训与交流研讨会”和“研究生辅导员素质拓展培训”。通过开展集体专项学习、讨论交流和拓展训练等活动，强化辅导员针对具体情况的分析问题和解决问题的能力，切实提升研究生辅导员的胜任力。40余名研究生辅导员参加培训，实现了全覆盖。

②积极拓展科学道德与学风建设的新途径和好做法，不断深化对研究生的科学道德宣传和教育。将学术道德和诚信教育贯穿于学习型党组织建设和优良学风建设之中，在学术论坛、入学教育、毕业教育、党支部组织生活、评优评奖等环节中引入学术诚信和学术规范的教育。4月和11月组织学校500名研究生代表和教师代表参加了由教育部举办的首都高校“科学道德和学风建设宣讲教育活动”，聆听了师昌绪院士、袁隆平院士和徐匡迪院士等科学大师的学风建设宣讲教育活动。同时，发挥各学院及研究生培养单位的“学风宣讲专家组”，有13名教授担任宣讲专家在全校范围内进行科学道德宣讲活动，并于11月份向全体2012级研究生新生下发了《科学道德简明读本》，保证人手一册。

（宗燕兵）

【科研学术及实践活动】(1)搭建学术平台，促进交流沟通。3月底，正式启动第八届“研究生学术论坛”，累计举办494场各类学术讲座或活动，参加人次近4万人次，共产生了111篇校级优秀论文，土木与环境工程学院、冶金与生态工程学院、材料科学与工程学院、机械工程学院、东凌经济管理学院获得了学术论坛“优秀组织奖”的称号。在研究生群体中反响强烈，对培养学术氛围、弘扬学术道德起到了十分积极的作用。各学院均表现出了自己的特色，其中机械学院的国际学术讲座和材料学院的网络论坛受到了评委的一致好评。在研究生群体中反响强烈，对培养学术氛围、弘扬学术道德起到了十分积极的作用。

(2)树立优秀典型，发挥示范效应。在广泛征求意见的基础上，研工部对“十佳学术之星”评选办法作了进一步完善，继续设置“学院学术之星”奖项，坚持对候选人的匿名评审和现场答辩相结合的方式，以使评审环节更加科学和严谨。首先，各学院和培养单位组成初评委员会，制定本单位学术之星评选细则，按照评选细则评选出学院学术之星，共100名，并择优推荐“北京科技大学研究生十佳学术之星”候选人30名进入终评阶段。终评活动分为2个环节，首先是30进20的匿名评审环节，产生20名“十佳学术之星入围人选”。最终通过层层筛选，评选出学校第八届研究生十佳学术之星10名，十佳学术之星提名奖获得者10名，学院学术之星80名。在树立和宣传学术典型的过程中，坚持公开、公正、科学、独立的原则，加大公示和宣传力度，有效地激励了全体研究生提升思想道德水平、激发学术科研兴趣、坚定成才报国志向、实现全面成长成才，并促进优良学风校风建设。

(3) 扎实做好研究生社会实践活动。①定位清晰。对理工科研究生，2012年的社会实践定位为科技服务，在科技服务过程中，实践基地基本做到了“人人有其岗，岗上显专长”的要求，在太原、迁安等地实习的200余名研究生深深感受到了专业的价值，增强了对实践的认识，实现了发挥专长、服务社会、增长才干的目的。对于文科类的研究生，2012年的社会实践定位为挂职锻炼，先后派出33名优秀研究生在北京市多个街道实习，他们深入基层，学习业务，参加文件起草和法规制订，设计和组织了多项大型活动，受到了当地部门的认可和群众的欢迎，研究生也在实践中认识了社会，提高了本领。另外，2012年，派出15名博士生参加北京市的挂职，均在自己的新岗位上实践着自己的价值。②模式成熟。一是制度建设科学化。研工部进一步完善了《关于北京科技大学开展优秀研究生深入地方服务基层活动的函》、《北京科技大学研究生挂职锻炼工作实施办法》、《北京科技大学优秀研究生深入地方服务基层活动管理制度》、《北京科技大学优秀研究生深入地方服务基层活动指导教师工作职责》、《北京科技大学研究生科技服务与挂职锻炼优秀团队评选办法（试行）》等一系列文件。二是过程管理规范化。按照“广泛宣传、积极申报、严格选拔、岗前培训、过程考核、总结表彰”的“6步走”模式，各学院以及研究生培养单位高度重视、积极组织，广大研究生认真准备、踊跃报名，经过前期的选拔、培训、上岗以及中期的走访、座谈、考察和后期的总结、评比、宣传，完成了近40万字的汇编材料，召开了挂职锻炼交流会和总结大会，评选出5个研究生社会实践优秀组织奖，并向每个学院进行了书面意见反馈。三是基地建设实效化。2012年，研工部先后在太原、迁安、北京朝阳、东城和方庄等地积极沟通联系，建立了北京科技大学研究生社会实践基地，签订了多份合作协议和工作计划，内容涉及组织机构、职责分工、工作制度、项目进度、岗前培训、信息反馈、考核鉴定、劳资待遇等方面。③效果突出，社会反响好。年内共有近150名研究生组成12个团队参加了科技服务与挂职锻炼活动，受到了全校研究生的热烈欢迎和实践单位的高度评价。其中冶金学院博士生赴山西建邦集团科技服务团结合企业所需，为企业解决了实际问题，山西建邦集团高度赞扬并专程来学校赠送锦旗。学校研究生科技服务与挂职锻炼工作也得到了优学网多家媒体的报道。

（宗燕兵、王　佳）

【学生工作调研与宣传】开展学风调研，以考风促学风。研工部在以往调研的基础上，继续进行学风调研，与研究生院一起，发挥督导员的优势，从研究生考风建设着手，以考风好转促学风改进。①在全校研究生中就学风、考风问题进行问卷调查，共发放问卷1650份，回收有效问卷1501份。②分别组织博士生、硕士生、全日制工程硕士开展学风建设座谈会，通过调查、座谈，深入了解分析学校研究生学风中存在的问题，为更好的改进研究生的学风提供了依据。最终形成了学校2012年研究生学风调研报告。同时，积极承担课题，加强工作研究。2012年，承担教育部研究课题2项，教工委党建与思想教育课题2

项，学校党建课题3项，并已结题完成教育部、教工委课题各1项。通过对研究生相关课题的研究增加了对研究生工作的认识和理解，对未来研究生工作的开展提供理论支持。

（张　颖、李勇威）

【校庆礼品组工作】在60周年校庆之际，研工部作为礼品组负责校友礼品的接收、保管以及校庆纪念品的发放。礼品组克服工作人员少、历时时间长、发放种类多、工作量大的困难，工作周期近1个月，共接收捐赠礼品73件，入库各类纪念品共22种近20万件，发放各类纪念品172239个。

（张　颖、宗燕兵、王　佳、李勇威）

【中国学位与研究生教育学会德育委员会工作】中国学位与研究生教育学会德育委员会秘书处设在北京科技大学，主任委员由北京科技大学副校长张跃担任，秘书长由北京科技大学研究生工作部张颖部长担任。至2012年年底，学会有167个会员单位，涵盖了全国27个省市自治区、各类型、各层次的高等院校。学会已成为教育主管部门的参谋和助手，全国研究生思想政治教育工作的重要桥梁和纽带，也成为学校展示研究生工作的重要窗口。2012年主要开展的工作有：

①组织并完成德育委员会第八届学术年会征文活动。5月，德育委员会同《思想教育研究》杂志社共同开展第二届全国“研究生思想政治教育工作研究”暨中国学位与研究生教育学会德育委员会第八届学术年会征文活动，确定了7个征文主题，面向各地、各高校党委教育工作部门有关负责同志和高校从事研究生思想政治教育工作的相关人员进行论文征集，共收到238篇来稿，委员会组织8个片区的专家组成评审组，并在各个片区初评和委员会终评的基础上最终产生了126篇优秀论文。

②完善工作制度，完成德育委员会财务制度立项审批相关工作。2012年4~10月，组织申请建立健全德育委员会财务手续和相关财务细则，办理各类手续共计13项，办理财务章、发票章以及开立专用账户等手续，细化了内部管理制度和办事流程，并于2012年8月聘请德育委员会专职会计1名，负责德育委员会日常财务管理工作，推动了学会的内部制度合理化、规范化和正规化运行。

③加强课题研究，推动学术科研和交流工作再上一个台阶。年内，学会坚持学术性与实践性相结合原则，充分发挥各片区的能动性，调动各基层会员单位开展课题研究，提升工作主动性，为学会充分发挥团结、沟通、协调的功能提供组织基础。此外，学会积极配合思政司做好全国学工、研工部长论坛，提前组织和筹备了德育委员会第八届学术年会相关工作。通过学术科研和交流工作，为会员单位和全国高校努力建设高水平的工作研讨和交流平台，做好教育主管部门的好参谋和助手，充分发挥学会的“三大平台”作用。

（张　颖、李勇威）

共青团工作

【概况】2012年，校团委下设办公室、组织部、宣传部、实践部、志愿者工作部、文体部、学术科技部、学生创业中心、素质拓展中心、社团部，共有学生团员16257人，学生社团91个。北京科技大学团委以中国特色社会主义理论体系为指导，在学校党委和上级团组织的领导下，紧密结合党的十八大召开、建团90周年、校庆60周年等重要契机，紧密围绕学校2012年中心工作，坚持以育人为核心，继续着力构建思想引领、成长服务、校园文化和组织建设四大工作体系，系统提升共青团工作的科学性和对学校发展、学生成长的整体贡献力，团结带领全校青年在学校高水平研究型大学建设中贡献青春力量。

（刘晓东、郗基辉、臧甜甜）

【思想政治教育与组织建设】 2012年，校团委坚持“成长导向、分类引导”的原则，结合党的十八大召开、建团90周年、建校60周年和雷锋同志逝世50周年等重要历史契机，深入推进爱国主义教育、爱校荣校教育和理想信念教育，全年开展主题教育活动4项，吸引了全校师生的广泛参与，500余个团支部全年开展活动超过2000场次，覆盖青年3万余人次。在“追寻发展印记•谱写青春华章”学习实践党的十八大精神“七个一”活动中，493个基层团支部开展了“举办一次团日活动”、“发布一条微博状态”、“寻访一个民生故事”、“制作一部原创微电影”、“聆听一场主题报告”、“编排一个文艺节目”以及“参观一次主题展览”等活动超过500场次，4000名青年参观“科学发展 成就辉煌”大型图片展，活动中形成了37部微电影、128个文艺作品、233个民生故事和近1000篇主题宣讲等一大批原创性成果，十八大期间在网络上编发微博状态1.5万条，取得了很好的教育效果。在“传承雷锋精神 共迎母校华诞 唱响青春乐章”活动中，邀请“全国学雷锋先进个人”姚志祥校友为团员青年作事迹报告，组织100名青年代表赴人民大会堂参加建团90周年庆祝大会，各级团组织举办雷锋精神宣讲会110余场，开展“学雷锋”活动120余次，校庆期间在微博上发布感言861条、祝福1435条，五四期间举办青春榜样宣讲179场次，9963名青年将记载着梦想和目标的《青春励志铭》上交团组织。在“我的大学与我的中国梦”新生活动中，引导新生认知大学、树立梦想，全校开展“走好大学第一步”宣讲公开课37场，举办榜样论坛100余场次，寄送学子梦想卡超过3300张，近3500名新生在活动中走上讲台，深情演说“我的中国梦”。在“咏师恩 颂校情 效祖国”毕业生离校活动中，引导毕业生寄送感恩明信片500余张、拍摄离别全家福70多个，营造了浓郁的毕业感恩氛围。

2012年，校团委认真贯彻实施《北京科技大学推优入党工作实施办法》，巩固党建带团建成果，统一规划、整体推进，发挥推优入党工作的思想引领作用。各级团组织规范程序，创新推优工作实施形式，用青年人喜闻乐见的形式吸引和凝聚青年。年内，各级团组织共举行推优大会534场次，1846名优秀学生被党组织确定为党的重点培养和发展对象，全校一体化推优格局进一步巩固。此外，校团委还探索将研究生群体、学生组织和学生社团纳入推优整体格局，探索修订本科新生、国防生推优细则，进一步完善《北京科技大学推优入党工作实施办法》。

2012年，学校团组织建设进一步夯实。①深入推进本科生、研究生团组织建设，在校院团委层面全面整合本、研团委，在研究生群体中积极探索建设学术梯队团组织，加强对研究生青年的组织覆盖和活动影响。②工作对象进一步拓展，加强对青年教师、员工和留学生群体的吸引和凝聚，指导后勤团委开展团员意识教育和思想政治教育，主题教育、十佳团支书评选、青年五四奖章评选等共青团活动品牌首次覆盖到青年教师和员工群体，有效地延伸了团组织的工作手臂。③新型团组织焕发活力，依托学生社团建立团组织91个，依托网络微博建立团组织472个，实现了对青年的多重覆盖，学校共青团官方微博的运营情况高居全国第2名。④探索建立共青团工作考核与评价体系，面向学院

（单位）和团委机关部门实施量化考核与评价，紧扣科学发展，强化目标导向，有效地提升共青团工作的科学化水平和育人实效。⑤基层团组织职能化建设进一步加强，梳理校院两级团委工作体制，开展校院团委工作例会、校院团委部长联席会、班团委员联谊会，在基层团支部深入推进“细胞工程”，为基层团组织提供政策倾斜和资源支持。⑥召开学校共青团第二十二届委员会三次全体会议，完成团委常委、委员的换届选举工作，进一步统一了思想，明确了工作任务和发展目标。

（刘晓东、马　聪、徐洪业、崔　睿）

【社会实践与志愿服务】2012年，校团委围绕“深度实践”的思路，深入推进“大学生社会实践”课程建设，不断提升育人实效。①教学指导更加有力。实践前期集中开展的“社会实践概论”、“社会实践方法”和“报告撰写”三门课程均列入学生课表，教学内容和实践进度更加科学；参与实践指导师生比达到1:18.5，学生实践技能与研究能力显著提升。②课程运行管理与综合保障得到加强。课程管理工作向学院进一步下移，微博等新媒体的运用成为保障课程运行管理的有效平台。③实践项目实施更加务实。全校369支实践团队以“挥洒青春访民生 投身实践走基层”为主题深入基层一线做实事、解难事，其中前往中西部、老少边穷地区的团队占45%。学校被中国环境科学学会评为“千乡万村环保科普行动”优秀组织单位。④确立了长效的社会实践成果转化模式。组织学生社会实践优秀论文评选，1篇论文在北京高校思想政治理论课学生社会实践优秀论文评选中获一等奖；建立长效的社会实践基地管理机制，保障优秀实践项目长期深入运作，现已建立实践基地10个；组织社会实践优秀图片和微电影展，扩大实践育人辐射效应。2012年第21期《求是》杂志刊发了题为《讲台传真知 实践育英才》的文章，介绍“社会实践的北科大模式”，《中国青年报》等媒体报道学生实践活动近百次，产生了广泛的社会影响。

2012年，校团委继续创新志愿服务管理机制，完善“大学生志愿服务”课程管理体系，促进志愿服务文化日渐浓厚、持续繁荣。①加强志愿服务基地和项目的建设与拓展，保障志愿活动蓬勃开展。制定《志愿服务基地和项目管理办法》，进一步规范管理，鼓励精品，建成志愿服务基地18个、长期志愿服务项目54个，参与人数累计25779人次，累计认证135217工时。②创新宣传方式，丰富校园志愿服务文化内涵。通过人人网和微博发布志愿服务信息、展示优秀事迹和志愿微电影，有效凝聚了更多青年参与志愿服务。结合公益节日开展主题教育、培训交流、技能大赛等志愿服务文化推广活动90余场次，以优秀志愿服务文化影响学生。特别是以60周年校庆志愿服务为契机，创新工作载体，“让微笑在北科绽放”的志愿文化理念深入人心，学生参与志愿服务热情空前高涨。

（郗基辉、胡智林、修祎帆）

【学术科技与创业就业】2012年，学校团委以提升大学生创新能力为目标，着力构建多层次、全方位的大学生学术科技创新平台，营造浓郁的校园学术科技创新氛围。①学术讲座平台的建设。全年共举办各类科技创新类讲座82场，累计参与人数18000人。其中重点建设《名家讲坛》和《校友讲坛》，全年共举办8场高水平讲座，为广大学生启迪智慧、指引方向，营造了学校浓厚的人文氛围。②建立和完善科技竞赛平台。举办第十四届“摇篮杯”大学生课外科技作品大赛，共收取作品179件，在作品数量上创历史最高纪录，涌现出一批优秀的科技作品和科技创新团队。坚持校院联动、重心下移，积极推进“团系合作”，依托专业搭建第一课堂的延展性实践竞赛平台，倡导各级团学组织开展各类科技创新活动，全年与各院系合作举办各类专业与科技竞赛14场次。③建设学术科技文化交流平台。校团委成功申报全国高校科普创作与传播试点并开展科普作品创作和科技文化传播，征集作品参加第二届北京市大学生创意集市，参与首都大学生科技创新作品与专利发明博览会，充分展示学校科技创新项目成果，营造浓厚的学术科技文化氛围。成功组织承办2012年全国青少年科学营北科大分营活动并获“优秀组织奖”称号。

2012年，校团委以“帮助学生提高创新能力、创造能力和创业能力”为目标，与科技创新、文化创意相结合，不断完善创业教育体系，推动创业教育发展。①完善创业竞赛平台。积极组织学生参加各类创业竞赛，在第七届“挑战杯”首都大学生创业计划竞赛获得金奖3项、银奖8项、铜奖2项，金银奖总数位居北京市高校首位；在第八届“挑战杯”中国大学生创业计划竞赛决赛中，学校“瑞迪恩特新材料有限责任公司”创业团队在比赛中一举获得金奖，学校另有2支团队获得铜奖，这是学校在全国“挑战杯”创业计划竞赛中取得的历史最好成绩；与科技园合作举办第十届“北京科大科技园杯”学生创业计划竞赛，聘请创业导师、强化创业指导、烘托创业气氛，不断完善赛事组织，至年底，已有80支创业团队申报参加比赛。②积极举办创业讲坛，全年开展创业论坛11场、创业讲坛4场，覆盖人数超过5000人次，邀请创业领域专家与同学交流创业经验，培养学生的创业精神、启发学生的创业思维。③搭建创业实践及训练平台，与教务处联合，对学校8支创业团队进行项目孵化，其中创业实践团队2只，年扶植经费10万元，创业训练团队6只，年扶植经费1万元，给予学生足够的时间及经费深化优质创业项目，提高学生的创业热情和创新能力。

2012年，校团委以培养学生职业生涯发展所需要的能力为出发点，积极提供就业创业服务和支持，不断开拓就业创业见习基地。为2009级实习学生颁发就业版素质拓展证书578份，客观真实地记录了学生在提高综合素质方面的重要经历和主要成绩。面向大一新生发放了《大学生素质拓展指导手册》，引导新生认真规划大学生涯，注重提升自身的综合素质。进一步完善大学生社会化技能培养平台，开展“磁力魔方”学术沙龙活动28场，覆盖1000人次，就业创业指导和社会化技能培养稳步推进。

（孙长林、马　聪、王　鹏、梅亚光）

【文化艺术与社团活动】 2012年，校团委以校园文化活动体系建设为出发点，营造艺术与科学共融、人文与创新并存的文化氛围，促进学生的人文与科学素养不断提升。

校园文化活动蓬勃开展。校团委充分发挥导向作用，打造和推广一批具有明显育人功效、深受青年学生喜爱、具有广泛影响力的精品校园文化活动，搭建起蓬勃多元、异彩纷呈、彰显青春活力的校园文化活动舞台。①注重突出时代性和青年责任感，结合建团90周年、建校60周年、中共十八大的胜利召开等历史契机，发动学生组织和学生社团举办主题展览、主题宣讲、演讲比赛、征文比赛等活动，激发学生爱国热情。②注重弘扬优良传统、彰显学校特色，通过开展柿子文化节、对联征集大赛、校史知识竞赛等活动，解读“求实鼎新”校训精神，引导学生了解学校历史和特色，增强爱校荣誉感。③通过丰富的校园文化活动，搭建青年展示平台，开展贝壳青年文化节、主持人大赛、歌手大赛、街舞挑战赛、新年晚会、辩论赛等活动积极营造和谐向上的校园文化氛围，彰显人文精神，为学校的人才培养发挥补充和促进作用。

大学生艺术教育硕果累累。2012年，校团委制定艺术教育“十二五”规划，坚持“高雅艺术、原创艺术、群众艺术”三元并举，全面推动学校艺术教育工作发展繁荣。①采用“请进来”、“走出去”模式，继续推动高雅艺术普及。全年举办高水平演出10场，组织同学赴国家大剧院观看演出讲座20余场，覆盖青年学生8000余人。②挖掘特色，注重原创艺术精品的创作。积极围绕学校历史、校园文化和青年特点开展原创艺术精品创作，打造学校首部大型原创文献史诗剧《燃烧》、朗诵《为中华之崛起》、舞蹈《火焰的力量》、歌曲《鼎立中华》、《北科有我强》和校歌候选曲目《摇篮颂歌》、《北科华章》等一批文艺精品。“鼎立中华”校庆文艺晚会完美呈现，充分展现了60年来，北科大所传承的文化精神以及所承载的历史使命，反映北科大发生的翻天覆地的沧桑巨变，受到了广大师生和校友的一致好评。③培育精品艺术，重点建设艺术团。艺术团成绩优异，实现重大突破，管乐团于2月获得全国大学生艺术展演一等奖（第2名）的历史最好成绩，话剧团于10月凭借话剧《燃烧》入围第三届中国校园戏剧节并一举获得“优秀剧目”、“校园戏剧之星”、“优秀组织奖”三项荣誉。积极筹备民乐团申报北京大学生艺术团评审工作，学校艺术教育成果和民乐团建设获得评审团的高度评价，最终民乐团获得“北京大学生艺术团”荣誉称号。

此外，校团委深入发挥青年榜样的影响力和示范性，凝练北科大青年昂扬向上的精神特质和敢于争先的价值追求，引导广大青年思考人生价值和使命责任，营造学习青年榜样、争做时代先锋的良好氛围。①开展“青年榜样 青春励志”教育引导系列活动，选树宣传10名胸怀梦想、自强不息的优秀青年典型，依托微电影、微博等新媒体形式向全校推广，营造励志文化。②隆重举办第四届“青年五四奖章”评选活动，授予洪华、廖庆亮、王丹阳、崔睿、苏凌菲、学生管乐团、校庆志愿者等7个获奖个人和集体“青年五四奖章”，为广大青年树立了学习和奋斗的榜样。③开展个性化评选活动，举办校园“十佳”评选活动13项，近400名学生通过技能竞赛、风采交流等活动展示风采，3000余人次学生现场观看比赛、答辩会等活动，形成了群星闪耀、百花齐放的校园文化氛围。

2012年，校团委加强社团管理与精英社团建设。①进一步完善社团管理机制，细化社团分类，充分挖掘社团发展潜力，重点扶持精品社团建设。全年共指导91家学生社团开展活动项目282项，通过贝壳青年文化节、社团文化节、十佳社团评比等将精品项目有机组合，形成合力，营造了和谐向上的校园文化氛围。②实施社团领袖培养计划，选拔来自不同社团的65名社团骨干参与，通过专题讲座、技能培训、社会调研等形式切实提升社团骨干的思想水平、工作能力和国际视野，推动社团精品化建设。③探索社团党建团建工作，在条件成熟的学生社团中建立学生团支部，对全国39所重点大学的学生社团党建工作进行了充分调研，形成具有一定参考价值的调研报告，对于今后探索党建走进学生社团，进一步加强学生社团的教育管理提供了重要的工作参考。

（刘晓东、王　鹏、董俊杰、王　钰、张雅洁、石　苇、任玉楠、杨志达）

【骨干培养与宣传工作】 2012年，校团委稳步推进“青年马克思主义者培养工程”。①完善团校培养模式，推进“全方位、多维度、立体式”的四级培养格局，着力加强理想信念教育和胜任力培养，实现学生骨干的全体覆盖和全体影响。全年共开展团校20期，其中校级团学组织骨干培训班6期，院级团学组织骨干培训班14期，培训学生超过4000人次。②“励志计划”培养模式日趋成熟，第二届励志计划19名学员顺利结业，第三届励志计划招募20名学员，实施杰出校友导师指导计划和“理论+技能+实践”式培训，至年底，共聘请校友导师35名、课程讲师6名，举办基层实践活动1次、优秀校友论坛3场、理论课程学习4次，全面提升了学员的争先意识和创新能力。③启动团委委员深入联系基层“走进”活动，每名团委委员联系2个社团和2个团支部，结交认识10名团学组织负责人，每半年撰写1份基层调研报告，用求真务实的行动转变工作作风、提升工作水平。至年底，39名团委委员联系基层团学组织负责人420余名，开展联系基层活动100余次，形成调研报告30余份，在活动中强化了对基层的认识，加强了与基层的联系，提高了工作的科学化水平。④开展创新型团干部培养，推进创新型团组织建设，坚持“思悟行进”学习，开展创新论坛，设立“创新书架”，分批次组织团干部赴兄弟高校学习交流。11月底组织第一批团干部赴上海交大、复旦大学、同济大学、上海大学和苏州大学调研共青团工作，借鉴先进经验，拓展工作视野。

2012年，全媒体建设取得明显实效。校团委积极适应媒体传播和学生生活方式的新变化，建立起集5470网站、“Z-北科大青年”网络报纸、“M-北科大青年”手机报、“e-北科大青年”微主页、Ibeike论坛、学子路宣传栏等媒体为一体的全媒体群。其中新开辟的“M-北科大青年”手机报坚持思想性与服务性并重，每周发送一期，至年底，共发送彩信50万条，成为全校唯一能够实现与全体同学即时沟通的媒体渠道。在新媒体工作模式探索方面，校团委在人人网建立网络平台20个，总访问量突破200000人次，在新浪微博开设主页10个，总粉丝量20000人次，在腾讯微博建立起覆盖所有团支部的微博群；在网络新媒体中用青年喜闻乐见的流行语言和沟通方式开展工作，“e-北科大青年”微主页开辟的“新闻早知道”、“晚间播报”、“晚安贝壳儿”等7个栏目全年不断线发送，树立北科大共青团崭新的“青年友”形象。校团委重视加强青年的思想动态研判，全年共完成“青年关注排行榜”调查8次、专项舆情座谈会5次、北科大青年读书会20次，确保了对青年思想的实时掌控，在敏感时期有效遏制了网络谣言及不良信息的传播，实现了思想引领的全程化。

（刘晓东、马　聪、徐洪业、臧甜甜、崔　睿）

【学生会与研究生会】2012年，学生会和研究生会职能定位进一步明晰。校团委指导学生会由“活动型”向“代表型”转变，切实增强学生会在服务学生权益、促进学校发展、增进师生友谊、学生干部培养、繁荣校园文化5个方面的能力。召开北京科技大学第二十三次学生代表大会，选举学生代表412人，委员70人，成立新一届学生委员会，收集各类提案近1300条。开展了第十三届“我爱我师”评选、第十四届歌手大赛、第八届主持人大赛、第七届柿子文化节等校园精品活动；举行了“名师面对面”、“保研考研交流会”、“学习经验交流系列讲座”等活动13场次；举办部处见面会4场，代表座谈会5场，撰写调研报告13项，解决学生权益问题60余件，为营造良好学风、丰富校园文化、服务学生成长和学校发展做出了贡献。配合学校开展2012级学生早操，在工作协调、项目设计、考勤管理、活动组织等方面扎实开展工作，使早操工作更加富有成效。推进研究生会由“活动型”向“学术型”转变，加强服务研究生学术发展的能力和水平，进一步做好学术人生、学术文化节等精品活动。成功举办以学术交流、师生和谐、人文精神等为主题的博士生沙龙、“学术人生”访谈栏目等活动6场，组织研究生英语演讲比赛，举办第八届研究生师生轻体运动会、第四届研究生篮球赛、“情聚北科 缘来是你”研究生校际联谊活动等活动丰富研究生课余文化生活，开展就业技能交流会等就业服务活动，切实服务研究生成长成才。

（孙长林、马 聪、董俊杰、郭少斐、杨明明）

【校庆专项工作】2012年4月22日，学校成功举办60周年校庆盛典。校团委紧密围绕“回顾历史、凝聚人心、彰显特色、创新发展”的校庆工作思路，开展了筹办校庆晚会、创作校歌、编撰《师韵——北科大走出的院士》、组织校庆志愿者、开展校庆校园文化活动5项主要工作。

（1）精心筹备校庆文艺晚会。校团委成立校庆晚会专项工作组，以“回顾历史、讴歌发展、振奋精神、凝聚人心”为主旨，以“钢铁情怀、科技报国”为主线进行创作。经过精心筹备，4月22日晚，在学校运动场举行的《鼎立中华》校庆60周年文艺晚会，场面壮丽，气势恢宏，观众组织井然有序，现场气氛热烈，获得了巨大成功，得到全校师生、广大校友及社会各界的一致好评。晚会紧扣“鼎立中华”的精神主题，融“思想性、艺术性、观赏性”于一体，突出体现“钢铁（科技）、治学、人才”3个核心理念，充分展现了60年来北科大所传承的文化精神以及所承载的历史使命。晚会从舞美设计到节目编排均为原创，为学校留下了一笔宝贵的文化遗产。

（2）创作校歌候选歌曲。为深刻凝练学校的优良传统，更好地传承学校求实鼎新的精神品格，校团委面向全校师生、广大校友开展校歌征集活动。通过集思广益、精心创作，《北科华章》和《摇篮颂歌》在瞩目中诞生。《北科华章》由校团委师生集体创作，以北科60年历史积淀与展望为主要内容，风格庄重大气、文词精炼务实，展现了一代代北科人的神采风貌。《摇篮颂歌》风格写意明快，以青春蓬勃的角度表达对北科60年来深厚的感情和歌颂。两首校歌候选歌曲均对学校60年来积淀的历史底蕴和文化气息进行了深刻的熔炼，在广泛传唱的过程中引起全校师生员工和广大校友的广泛共鸣与普遍好评。合唱《北科华章》作为开学典礼的重要环节，成为学校新生教育的重要组成部分；《摇篮颂歌》则用于毕业典礼，以表达毕业生对学校的眷恋之情。

（3）编纂《师韵——北科大走出的院士》书籍。作为对学校60周年校庆的重要献礼，2012年3月《师韵——北科大走出的院士》一书经过校团委写作团队近一年的创作，最终正式出版。《师韵》全书分上、下两篇，分别收录了15位中国科学院院士和16位中国工程院院士的传略文章，总计43万余字。书籍以院士的特殊视角，讲述了一代代北科人爱国奉献、求实鼎新的奋斗历程，描绘了北科大献力国家科学技术发展的历史缩影，汇集了北科人追求卓越自我的真实写照。图书在全校师生及广大校友中广泛传阅，受到了一致好评。校团委还注重拓展图书的广泛和持久影响力，建立《师韵》阅读网站，并编撰新生读后感汇编材料《品读师韵 筑梦北科》，进一步扩大《师韵》的文化影响和育人效应。

（4）做好校庆志愿者组织工作。校团委制定《60周年校庆志愿者工作方案》，积极做好校庆志愿者的招募选拔、文化氛围营造、培训保障、上岗服务等工作。①做好选拔组织，研发“校庆志愿者报名选拔系统”，选拔招募校级志愿者2063名。②营造浓厚文化，发布校庆志愿者标识“北科印象”、口号及主题曲“让微笑在北科绽放”，构成创新、时尚、活力、动感的志愿服务文化，增强了广大志愿者的认同感、归属感和荣誉感。③加强培训保障，组织编写《60周年校庆志愿者手册》作为校庆志愿者通用教材，进行校级集中培训和各岗位培训总计428小时。校庆期间，接待、会务、讲解、礼仪、引导、翻译、安保、技术支持等9大类、3000余名志愿者总计服务376531小时，用实际行动兑现了“爱心献校庆，微笑绽北科”的承诺，为校庆各项活动的顺利进行提供了保障。

(5) 开展“青春北科”系列校庆文化活动。以“主题鲜明，立意新颖，彰显特色，创新发展”为原则，积极开展校庆文化活动，营造了浓厚的校庆文化氛围。①以表达爱校感情为主线，开展“青春北科 爱”主题活动，开展校史知识竞赛，举办“共楹六十华章”对联征集活动、“甲子华章、微笑绽放”微笑征集活动和“心手相印”手印征集活动，表达了在校师生、广大校友对母校深深的热爱。②秉承颂扬母校文化的思路，开展“青春北科 颂”主题活动，举办“爱我北科”校园文化原创作品大赛等活动，为校庆征集原创作品560件。③以校庆期间集中开展的校园活动为依托，开展“青春北科 绽”主题活动，举办“实践育人，科技报国”成果展、“群英会萃”北科大历届学生会主席论坛、“满井桃李情”杰出校友讲坛、“燃烧”话剧专场演出等活动，营造了浓厚的校庆氛围，点燃了青年学生积极参与校庆的青春激情。

(刘晓东、孙长林、都基辉、王 鹂、马 聪、董俊杰、王 钰、张雅洁、石 苇、徐洪业)

离退休干部工作

【概况】 2012年，离退休干部处共有离退休干部1679人，其中离休干部125人，退休干部1554人。离退休干部党委共有党员847名，支部17个，其中离休支部4个，退休支部12个，在职支部1个。离退休干部处在职工作人员7人。

(张文平、庄心怡)

【组织及思想建设】 ①举办喜迎十八大系列活动并开展深入学习十八大报告活动。党委举办喜迎十八大体育节、书画展、手工作品展等系列活动。十八大召开之后，带领支部书记参观“科学发展 铸就辉煌”展览，播放系列十八大辅导报告，并举办支部书记培训班认真学习十八大精神。②党的建设和思想政治工作取得良好成绩。2012年，离退休干部党委被评为学校“党的建设和思想政治工作先进单位”，2个支部被评为“北京高校离退休干部创先争优先进党支部”，一人被评为“北京高校离退休干部创先争优先进个人”。③党员发展工作实现零的突破。退休第七支部吸收2位老同志加入了党组织。这是离退休干部党委成立以来第一次发展党员，具有重要的意义。④学习型党组织建设激发新的动力。离退休干部党委把学习型党组织建设作为推进离退休干部党支部建设的强有力抓手、辐射带动离退休党建工作全面发展的载体，把学习型组织理念贯穿、应用于整个工作，重点解决好“为何学、学什么、如何学、何处学、学至何程度”5大问题，不断发展完善学习型党组织建设模式。⑤党建研究工作形成阶段成果。离退休干部党委独立申报并承担一项北京高校党建研究会课题“加强和创新高校离退休干部学习型党组织建设研究”，1项学校党建研究会课题“干部离退休制度建立30年背景下高校离退休干部思想政治工作研究”，并与学院联合申报1项学校党建研究会课题。

（乔 哲、杨 燕）

【热烈庆祝学校60周年华诞工作】①4月17日，举办“庆祝北科大校庆暨院系调整60周年‘八大学院’甲子风华书画联展”活动。北京市教工委领导、北京航空航天大学、中国农业大学等9所兄弟院校离退休干部处领导、老同志到会，校党委副书记谢辉和北京市教工委领导为开幕式剪彩并讲话。此次展出作品100多幅，一些兄弟院校老同志的作品是专门为北京科技大学校庆所做。八大学院老同志共襄盛事，同庆北科大60华诞。②组织老同志参加校庆系列活动。组织120余位老同志参加校庆大会，为建校元老拍摄制作纪念照片，发放校庆纪念品1600余份，为老校友在校开展活动提供场地支持等。

（庄心怡、乔 哲）

【纪念干部离退休制度建立30周年活动】1982年2月中央颁布实施了《关于建立老干部退休制度的决定》，在党的历史上具有里程碑意义。为总结经验，发扬传统，召开纪念干部退休制度建立30周年座谈会，邀请老干部、离退休工作老领导参会，回顾学校30年来离退休工作，总结宝贵经验，推动离退休干部工作在新的历史起点上科学发展。

离退休干部处积极参加教育部、北京市征文活动，《加强和改进“双高期”高校离休干部思想政治和服务管理工作研究》获教育部“纪念干部离退休制度建立30周年理论研讨征文”三等奖，并被收入《教育部直属高校离退休干部工作优秀论文集》；《做好新形势下高校离退休干部党建工作》被收入《北京教育》，同时离退休干部处还荣获北京高校“纪念干部离退休制度建立30周年”征文比赛优秀组织奖。

（乔 哲、刘淑红）

【落实两项待遇】2012年，认真落实离退休干部政治待遇与生活待遇。①政治待遇。离退休干部党委认真落实离退休干部阅读文件、走访慰问、参观考察等各项政治待遇。及时向离退休干部传达中央及上级的重要文件、会议精神等，定期通报情况，每月发薪日邀请校领导接待老同志。②生活待遇。协助人事处提高离退休干部工资标准。元旦、春节、七一等重大节日前后，走访慰问困难离退休干部，接近200人；平时去医院看望生病离退休干部近100人次；重阳节为108位寿星集体祝寿；发放生日慰问金300余人，重阳节发放慰问金、春节发放慰问品3000余人次。元旦、春节两节期间，二级单位慰问离退休干部3544人次。学校从2012年起为离退休干部免费体检，离退休干部党委（处）认真做好宣传、报名、体检组织、结果发放等相关工作，1000余名老同志顺利完成体检工作。日常工作方面，组织趣味运动会、游艺会、各种体育竞赛，离退休干部1000余人次参加，春、秋游以及大型集体活动参加人次3000余人次。③关注新退休干部。为了褒扬新退休干部为学校发展所作贡献，帮助新退休干部尽快融入队伍、适应退休生活、享受退休时光，离退休干部处每年召开2次“迎新会”，介绍部门情况，提示心态调试，推介活动项目，提供规划设计退休生活的建议等等，反响不错，效果良好。

（庄心怡、刘淑红）

【老年大学】2012年，老年大学开办计算机应用专业初、中级班、健身舞（操）专业、健康知识系列讲座等，104位老同志获得结业证书，300余位老同志参加学习。健身舞（操）专业是新开办的专业，根据参加学习的老同志特点，选取音乐，编排舞蹈动作，并根据实际情况不断调整，中期参加北京市教工委的健身风采展，充分展示了老年大学学员的风采。

（庄心怡、李惠珍）

【关心下一代工作委员会】2012年，召开关工委工作会议，总结部署工作。围绕学校60周年校庆召开了建校60周年座谈会，举办了建校60周年书画展，开展了“回忆学校发展历史，继承学校优良传统”主题思考教育活动。举办喜迎校庆和十八大书画展和十八大学习报告会。本科教育教学督导组严把教学质量关，全年共听课600门次，编印督导组工作简报22期，参加了学院的各类教育教学活动30余次，完成了《研究型大学督导工作内容和方法的探讨与实践》课题研究，编印总结材料，充分发挥传帮带的作用，为青年教师举办教学讲座3讲，对参加学校第13届“QJP”课堂教学评比的青年教师进行了“一对一”帮助，对32位新入职教师进行上台前的“准入听课”，研讨“准入听课”评价体系。党建组织员15位老同志认真负责地做好学生党员发展工作，积极配合做好学生党建工作。“大学生之友”工作组把握重点，注重调研，注重把学生需求与自身优势相结合，围绕新生教育、学生党建和辅导员督导3方面开展，有针对性地开展大学生思想政治教育。6月，“大学生之友”工作组被北京市教工委授予“老有所为先进集体”称号，2位同志被授予“老有所为先进个人”荣誉称号。成立校园文化组，通过多种形式和途径搜集资料、研究校史，提炼学校精神，丰富文化内涵，反映学校特色，提出具体措施，创造和谐校园文化氛围，积极配合宣传部开展各项工作。

（乔　哲、许炳春）

【获奖情况】参加“美丽新北京 喜迎十八大”北京教育系统老同志摄影作品展，四幅作品分别获一、二、三等奖。参加北京高校老同志健身风采展，获二等奖。一位老干部的作品《笔情》被《中华民间文化记忆作品选集》收录，获金奖。一位老干部的作品获“海淀区文明市民艺术风采大赛”绘画比赛三等奖。时装组参加“北京教育系统老教育工作者（西北片）文艺演出”的节目“灿烂年华”充分展示了学校老同志积极向上的阳光心态与乐享晚年的精神风貌，得到广大观众的好评。

（刘焕章、高晓森）

【队伍建设】继续秉持“民主、团结、奉献、进取”的团队文化，充实丰富其内涵，使其成为单位文化、队伍之魂。可用“4个事”概括队伍建设成果：集思广益谋事，紧密合作共事，不计名利做事，追求卓越成事。干部离退休制度建立30周年，离退休干部处一位在职工作人员受到教育部和北京市教工委的表彰，2位已退休的离退休工作人员受到北京市教工委的表彰。离退休干部处被评为“教育部离退休干部统计优秀报表单位”，负责人和填表人也得到教育部的表彰。一位工作人员被评为机关党委2010～2012年“先进工作者”。

（张文平、乔　哲）

人　　物

知名专家学者

一、中国科学院院士（7人）

魏寿昆　柯　俊　肖纪美　高庆狮　周国治　陈难先　葛昌纯

二、中国工程院院士（4人）

陈先霖　胡正寰　陈国良　王一德（双聘）

三、国务院学位委员会委员（1人）

徐金梧(2008年4月19日起任职)

四、国务院学位委员会学科评议组成员（5人）

徐金梧　张　跃　蔡美峰　杨　荃　邢献然

五、国家千人计划入选者（含国家"青年千人计划"入选者）（10人）

胡国华　张学记　林建国　林　平　庄林忠　汪林兵　汉斯·瑞查诺　鲁思·布莱克　张立峰　王鲁宁

六、北京市学位委员会委员（1人）

张　跃

七、国家级突出贡献专家（16人）

周国治　刘庆国☆　张公绪　高庆狮　胡正寰　李连诗☆　钟廷珍☆　傅　杰☆　葛昌纯　冯铭瀚☆　朱允言☆　褚武扬☆　高泽标☆　杨天钧　王燕斌☆　高征铠☆

八、省部级突出贡献专家　（14人）

谢锡善☆　陈国良　陈景榕☆　李承基☆　林　实☆　管克智☆　周纪华☆　邹家祥☆　陈难先　张圣弼☆　周寿增☆　田乃媛☆　赵立合☆　王新华

九、国家“973”（含国家重大科学研究计划）、ITER项目首席科学家（5人）

谢建新　林均品　张欣欣　张　跃　燕青芝

十、“长江学者奖励计划”特聘教授　（14人）

乔利杰　张济山　曲选辉　朱鸿民　谢建新　杨　槐*　姜建壮　邢献然　姜　勇　吴爱祥
吕昭平　林均品　隆克平　王　戈

十一、“长江学者奖励计划”讲座教授　（3人）

陈龙庆　张志良　王循理

十二、　“国家杰出青年科学基金”获得者（16人）

乔利杰　曲选辉　谢建新　张　跃　吴爱祥　郭占成　姜建壮　王习东*　陈龙庆　李庆峰
邢献然　隆克平　吕昭平　姚　俊　杨　槐*　孙长银

十三、国家优秀青年科学基金资助（1人）

董超芳

十四、国家级教学名师（2人）

余永宁☆　蔡美峰

十五、北京市教学名师（21人）

余永宁☆　郗安民　高学东　吴　平　尹常治☆　张欣欣　杨　平　戴淑芬　蔡美峰
周国治　张　群　张敬源　邱　宏　强文江　李长洪　马星桥　彭庆红　彭　漪
杨炳儒☆　吴胜利　陈红薇

十六、新世纪百千万人才工程国家级人选（12人）

毛卫民　曲选辉　吴爱祥　谢建新　姜福兴　孙冬柏　张欣欣　邢献然　高永涛
郭占成　王习东*　吴顺川

十七、中国青年科技奖（5人）

王　立　曲选辉　吴爱祥　高永涛　张清东

十八、享受政府特殊津贴专家（2000年以后）（38人）

曹国辉☆　范玉妹☆　何知礼☆　高永涛　李　阳　李华德☆　郭志猛　谢建新　王　立
李谋渭☆　张文明　唐　荻　刘应书　孙加林　乔　兰　孙冬柏　邢献然　林均品
纪洪广　王习东*　臧　勇　康永林　郗安民　朱鸿民　金龙哲　高学东　惠希东
姜建壮　吕昭平　王金安　王志良　李仲学　郭占成　高俊山　李晓刚　尹常治☆
蔡嗣经　王　京

十九、高等学校优秀青年教师教学和科研奖励基金（简称“青年教师奖”）（3人）

董建新　邢献然　何富连*

二十、教育部“跨世纪优秀人才培养计划”入选者（12人）

毛卫民　徐金梧　刘国权　田文怀　曲选辉　张　跃　张欣欣　孙冬柏　倪　文
惠希东　姜建壮　吴爱祥

二十一、教育部“新世纪优秀人才支持计划”入选者（84人）

何维达　王新东　林均品　张波萍　宋卫东　于广华　隆克平　高学东　谢谟文
宿彦京　高克玮　李　威　姜　勇　王西涛　张　勇　张深根　王　戈　顾　强
彭庆红　吴顺川　冯　强　耿文通　刘泉林　何新波　刘雪峰　袁文霞　于然波
党智敏　梅建军　赵海雷　黄运华　王洪江　刘　青　马　飞　张　梅　曹文斌
常永勤　冯妍卉　王坤鹏*　郭　敏　范丽珍　李立东　徐　科　李延祥　张晓冬
李晓岑　高学绪　李希胜　黄晓霞　何　伟　叶　丰　刘杰民　李建玲　闫小琴
阳小龙　李翠平　边永忠　何安瑞　班晓娟　秦明礼　张海龙　金　莹　张敬源
刘　洋　陈　骏　潜　伟　焦树强　贺　芳　王国杰　李晓理　陈艳萍　时国庆
魏　钧　董超芳　温永强　何　枫　杜宏武　张中山　冯志鹏　易红宏　廖庆亮
曹江利　侯新梅　白　洋

二十二、教育部“高校优秀青年骨干教师资助计划”入选者（17人）

葛昌纯　万发荣　李育苗*　原　魁*　王新东　徐金梧　李仲学　康永林　张欣欣
邢献然　吴爱祥　王　沁　倪　文　姜福兴　李　阳　乔　兰　肖建国*

二十三、北京市高等学校青年学科带头人　（34人）

乔利杰　黄继华　童朝南　康永林　潘永泉　刘建平*　张宗贤*　黄典冰*　郑敏辉*
郜卫华*　万发荣　廖福成　张欣欣　杨　扬　李仲学　臧　勇　唐伟忠　刘增良*
丁玉龙*　张济山　谢建新　田文怀　王志良　韩建友　张晓丹　殷晓静*　翟启杰*
倪　文　温　治　王　沁　李　阳　张　跃　高学东　陆　俊

二十四、北京市高等学校优秀青年骨干教师（105人）

周湘斌　董绍华　王志良　臧　勇　李仲学　王新东　尹怡欣　吴春京　权良柱
温　治　于晓红☆　郭志猛　马星桥　张晓丹　吴　平　申亚男　章荣江　李文军
冯　澎　李长荣　李维佳*　李毅红*　闫凤桥*　丁玉龙*　郑秋宝*　李明楚*　徐福昌*
胡　颖*　肖玉新*　翟启杰*　马中庭*　张　杰　任学平　高学东　龙　毅　王元玮*
杨晓明　齐慧滨*　夏德宏　王　平　杨海波　陈广平　程国全　包燕平　张少军
杜振民　黄效国　郗安民　储方杰　彭　漪　殷晓静*　邓　陟*　刘绍军*　高永生*
方　智*　何　评*　尹弘斌*　刘惠敏*　倪　文　杨　鹏*　成国光　张建良　王　立
韩静涛　张清东　李苏剑　王　沁　李　阳　张　跃　宋　波　何积铨　陈章华

王维才	何民庆	陈闽红	张　健	张　伟*	王新桥*	陈　清*	张文清*	何家接*
刘新宇*	夏　新*	许世静*	郑慧民*	王国彪*	张家泉	李京社	王忠民	徐　尔
尹　红	赵海雷	王爱红	周振平	贾志新	于　祥	董建新	毛卫民	戴淑芬
刘　克*	魏玉杰*	王晓萍*	田毅盛*	庞永军*	胡海萍*			

二十五、霍英东教育基金（26人）

年度	青年教师基金获得者	优选资助课题	青年教师奖		
			教学奖		科研奖
1987	赵建国*　李育苗*				
1989			刘国权（一等）	李维佳*（三等）	
1991	吕雪山*				王　立（三等）
1993				廖福成（三等）	乔利杰（二等）
1995				翟启杰*（三等）	
1997				夏　新*（三等）	温　治（三等）
2001	李江涛*			于　文*（三等）	
2004	高克玮				
2006	顾　强　王　戈	于　浩（人事）		袁文霞（三等）	
2009	范丽珍　冯妍卉 金爱兵　苗　君 秦明礼				
2011		陈　骏 庞晓露		董超芳（三等）	

二十六、宝钢教育基金优秀教师奖（64人）

年度	特等奖	特等奖　提名奖	优秀奖
1994	刘国权		马星桥　申亚男　许世静*
1995	苍大强		闵乐泉　张　健　彭　漪
1996	王燕斌☆		吴　平　卢晋福　贾建华
1997	陈先霖		温美娟☆　杨世成*　许纪倩☆
1998	邹家祥☆		佟玉兰☆　管荻华☆　王维才
1999			李　杰　王新华　王小萍*　桂伟珍☆
2000			潘礼庆*　许三星☆　王志明　蔡美峰
2001			李文军　瞿国忠☆　康永林
2002			汪飞星　张敬源　王　立
2003			郗安民　高俊山　陆　俊
2004			邱　宏　于晓红☆　张志刚
2005			郗安民　戴淑芬　左　鹏
2006	吴　平		袁文霞　周贤伟

续表

年度	特等奖	特等奖 提名奖	优秀奖
2007			张欣欣　张 群　郑雪峰
2008			郭汉杰　尹常治☆　范玉姝☆
2009			罗 胜☆　金龙哲　杨 平
2010	蔡美峰		杜振民　陈红薇
2011			张 群　强文江　彭庆红
2012		张欣欣	吴胜利　李长洪

二十七、北京科技大学建龙讲座教授（21人）

乔利杰　张济山　曲选辉　朱鸿民　吴爱祥　郭占成　苏庆泉　吕昭平　耿文通
谢建新　杨 槐*　张立峰　张建良　吴胜利　苍大强　刘 青　高克玮　孔祥华
冯俊小　温 治　徐 科

注：带“*”者现已离校，带“☆”者现已退休，带“□”者现已去世

二十八、2011年在岗博士生指导教师名单（350人）

学院	姓名
土木与环境工程学院(47)	蒋仲安　金龙哲　吴宗之*　何学秋*　李仲学　蔡嗣经　胡乃联　徐九华　杨 鹏* 姜福兴　吴爱祥　李克庆　于润沧*　谢谟文　蔡美峰　高 谦　王金安　汪旭光* 宋存义　汪群慧　李子富　姚 俊　周北海　魏复盛*　谢玉玲　倪 文　孙体昌 林 海　冯雅丽　孙春宝　王淀佐*　孙传尧*　朱维耀　韩大臣*　乔 兰　高永涛 李长洪　纪洪广　宋 波　谭卓英　吴顺川　李成江*　季宏兵　刘娟红　牟在根 夏晓鸥*　张英华
冶金与生态工程学院(52)	苍大强　杨天钧　王新华　陈伟庆　吴胜利　张建良　李京社　吴 铿　程树森 薛庆国　张立峰　朱 荣　郭占成　崔 健*　郭汉杰　李 宏　李 晶　刘 青 王建中*　张炯明　朱立光*　孙彦辉　殷瑞钰*　赵 沛*　安胜利*　刘 浏*　王中丙* 李延祥　梅建军　李晓岑　潜 伟　魏寿昆　周国治　王福明　王新东　朱鸿民 邢献然　宋 波　郭兴敏　李建业　郭 敏　于然波　张 梅　董元篪*　杨裕生* 杜嗣琛*　薛济来　包燕平　陈 骏　焦树强　李宏煦　邱定蕃*
材料科学与工程学院（97）	康永林　谢建新　韩静涛　刘雅政　吴春京　毛卫民　任学平　孙建林　李 俊* 王开坤　于 浩　赵志毅　王一德*　王燕斌　张 跃　万发荣　田文怀　杨 槐 高克玮　姜 勇　于广华　耿文通　刘泉林　尚成嘉　杨善武　李立东　王 戈 黄运华　李金许　卢云峰　闫小琴　杨 洲　詹 倩　王中林*　张统一*　朱思泉* 葛昌纯　孙祖庆　刘国权　毛卫民　龙 毅　杨王玥　黄继华　李长荣　杜振民 孙冬柏　孙加林　董建新　杨 平　张波萍　赵海雷　曹文斌　张迎春　郑裕东 范丽珍　强文江　徐桂英　燕青芝　王金相*　吴其晔*　李惠东*　李惠琪*　张 弘* 奚廷斐*　徐滨士*　韩恩厚*　卢世壁*　朱国辉*　柯 俊　曹江利　董超芳　杜翠微 郭志猛　郝俊杰　何新波　何业东　贾成厂　李成明　李 平　李晓刚　刘雪峰 路民旭　孟惠民　乔利杰　秦明礼　曲选辉　宋仁伯　宿彦京　唐伟忠　王学敏 肖纪美　徐利华　尹海清　张 津　张深根　张学记　周张健

续表

学 院	姓 名
新金属材料国家重点实验室（13）	张济山 林均品 惠希东 杨 滨 朱 洁 叶 丰 张 勇 王西涛 吕昭平 高学绪 宋西平 王艳丽 庄林忠
机械工程学院（30）	张文明 罗维东 马 飞 饶绮麟* 战 凯* 郗安民 冯 明 杨德斌 胡正寰 徐金梧 王长松 杨 荃 臧 勇 张 杰 张清东 王宝雨 李 威 林建国 刘建平* 李苏剑 曹建国 张欣欣 王 立 温 治 刘应书 苏庆泉 冯妍卉 殷晓静* 李红霞* 刘向军
自动化学院（14）	蓝金辉 童朝南 穆志纯 刘贺平 杨卫东 张朝晖 胡广大 付冬梅 刘 玠* 李崇坚* 史建军* 王飞跃* 徐正光 李晓理
计算机与通信工程学院（22）	王 沁 郑雪峰 胡长军 曾广平 郝红卫 班晓娟 林 闯* 周炯槃* 王志良 杨 扬 周贤伟 谢 毅* 王建萍 李世鹤* 邬贺铨* 解 仑 隆克平 彭云峰 宋俊德* 阳小龙 张德政 张晓彤
东凌经济管理学院（26）	高学东 李铁克 张 群 王道平 杨建华 武 森 张晓冬 高俊山 佘元冠 何维达 刘 澄 赵 晓 戴淑芬 王维才 武德昆 肖 明 何 枫 魏 钧 张 剑 周天勇* 白津夫* 刘明忠* 董绍华 黄晓霞 王文彬 杨 青
数理学院（17）	尚新春 陈章华 魏培君 林 平 廖福成 马万彪 陈难先 邱 宏 陈龙庆* 巩馥洲* 顾 强 巨 新 马星桥 闵乐泉 潘礼庆 吴 平 郑连存
化学与生物工程学院（10）	党智敏 姜建壮 边永忠 弓爱君 袁文霞 陈飞武 胡国华 杨运旭 刘杰民 闫 海
文法学院（3）	曲绍卫 冯 英 时立荣
马克思主义学院（5）	陆 俊 彭庆红 李晓光 左 鹏 王民忠*
外国语学院（4）	陈红薇 何 伟 黄国文* 张敬源
冶研院（7）	刘建华 唐 荻 徐 科 何安瑞 吕志民 王 京 赵爱民
大项目（3）	冯 强 陆永浩 汪林兵

注：带“*”者为外单位专家聘为学校博士生导师

人大代表、政协委员

人大代表

北京市人大代表　　唐　荻

海淀区人大代表　　王维才　左　鹏　范玉妹

政协委员

全国政协委员　　朱鸿民

北京市政协常委　　张济山

海淀区政协委员　　陈章华

校友风采

一、在北京科技大学学习和工作过的中国科学院院士

姓　名	工作单位/职务	毕业学校
魏寿昆	北京科技大学教授	北洋大学
吴自良	中科院上海微系统与信息技术研究所研究员	北洋大学
柯　俊	北京科技大学教授	武汉大学
张兴钤	中国工程物理研究院研究员	武汉大学
肖纪美	北京科技大学教授	唐山交大
邹世昌	中科院上海微系统与信息技术研究所研究员	唐山交大
王崇愚	钢铁研究总院教授	北京钢院相54届
徐祖耀	上海交通大学教授	唐山交大
高庆狮	北京科技大学教授	北京大学
陈难先	北京科技大学教授	北京大学
李依依	中科院金属研究所研究员	北京钢院铁57届
周国治	北京科技大学教授	北京钢院冶60届
叶恒强	中科院金属研究所研究员	北京钢院金物62届
葛昌纯	北京科技大学教授	唐山交大
张统一	香港科技大学教授	北京钢院金物研79级、博82级
雒建斌	清华大学教授	北京科大压加研85级

二、在北京科技大学学习和工作过的中国工程院院士

姓　名	工作单位/职务	毕业学校
范维唐	中国煤炭工业协会会长	北京钢院矿56届
徐匡迪	中共中央委员、全国政协副主席、中国工程院院长、党组书记	北京钢院冶59届
殷瑞钰	钢铁研究总院名誉院长	北京钢院钢57届
陈先霖	北京科技大学教授	上海交大
周邦新	上海大学研究员	北京钢院相56届
涂铭旌	四川大学教授	北京钢院55研究生班
崔　昆	华中科技大学教授	北京钢院54研究生班
雷廷权	哈尔滨工业大学教授	北京钢院55研究生班
胡正寰	北京科技大学教授	北京钢院机56届
陈国良	北京科技大学教授	北京钢院相55届
柯　伟	中科院金属研究所研究员	北京钢院相57届
钟　掘	中南大学教授	北京钢院机60届
关　杰	西安重型机械研究所副总工程师	北京钢院机63届
刘　玠	中共十五届、十六届中央候补委员、中国科协副主席、原鞍山钢铁集团公司董事长、总经理、党委书记	北京钢院机64届
才鸿年	中国兵器装备集团公司顾问	北京钢院钢62届
何季麟	宁夏东方钽业股份有限公司董事长	北京钢院物化69届
王一德	太原钢铁集团公司董事会规划委副主任	北京钢院轧61、轧（硕）68届
张玉卓	神华集团有限责任公司党组成员、总经理	北京科大采矿博86级

三、曾任和现任省部级以上党、政领导的部分校友

姓　名	职　　务	在校专业
罗　干	中共十六届中央政治局常委，中央政法委原书记	轧57届
刘　淇	中共十六届、十七届中央政治局委员，北京市原市委书记，中央文明委主任	铁64届、冶研68届
徐匡迪	中共十五届、十六届中央委员，十届全国政协副主席，中国工程院原党组书记、院长	冶59届
黄孟复	十届、十一届全国政协副主席，全国工商联原主席，全国工商联名誉主席	铁67届
范长龙	中共十七届中央委员，中共十八届中央政治局委员，中共中央军事委员会副主席	信息国防研2000级
郭声琨	中共十七届中央候补委员，中共十八届中央委员，公安部部长、党委书记	管理博2003级
孙安民	十一届全国人大常务委员会委员、全国人大法律委员会副主任，全国工商联原专职副主席	机72级

续表

姓　名	职　　　务	在校专业
殷晓静	中央政府驻港联络办副主任	炉77级
袁　隐	国务院参事，国务院办公厅原局长	金相69、金物研79
刘晓峰	十一届全国政协常务委员、副秘书长（兼职），农工党中央常务副主席	金物78级
付双建	国家工商行政管理局副局长	管工91级
哈斯巴根	内蒙古自治区人大常委会副主任，第十一届全国人大常委、民族委员会副主任委员	物化72级
王永明	浙江省人大党组书记、常务副主任	机72级
靳善忠	山西省人大常委会副主任	矿机78级、管研92级
龚世萍	辽宁省人大常委会副主任，全国政协第十届常委	相69届
曹文虎	青海省人大副主任	
史和平	江苏省副省长	思政91级
冯炯华	宁夏回族自治区人大常委会副主任、宁夏回族自治区原副主任	粉68届
陈德荣	浙江省委常委，副省长，温州市委书记	钢79级
郝　远	甘肃省副省长	冶研86届
王汀明	湖南省政协副主席	铁70届
陈建华	广东省广州市委副书记、市长	机78级
黄楚平	湖北省委常委、宜昌市委书记、人大常委会主任	思政研88级
毛小兵	青海省委常委、西宁市市委书记	电81级
葛红林	四川省成都市委副书记、市长	材博86
孙瑞彬	河北省委常委、石家庄市委书记、石家庄警备区党委第一书记	管工91级
郑新立	中国国际经济交流中心常务副理事长，中央政策研究室原副主任	矿69届
刘振江	中国钢铁工业协会党委书记兼副会长	相73级
邢书成	中国人民解放军广州军区副司令员、中将	2001级工硕班
张祁斌	中国人民解放军济南军区副参谋长、少将	军队班
方凌江	中国人民解放军济南军区联勤部自动化站站长、少将	军队班
费爱国	空军装备研究院某研究所所长、少将	自控博2000级
高德福	中国人民解放军吉林军区参谋长、少将	2001工硕级
张吾乐	十五届中纪委委员、国家有色工业局原局长、甘肃省原省长	机60届
刘　玠	中共十五届、十六届中央候补委员、中国工程院院士、中国科协副主席、原鞍山钢铁集团公司董事长、总经理、党委书记	机研68届
李登柱	十五届中纪委常委、中央国家机关纪工委原书记	轧59届
吴溪淳	冶金工业部原副部长、中国钢铁工业协会原会长	铁55届
赵公卿	重庆市原副市长、重庆市人大常委会副主任	相68届
李敏宽	第八、九届全国政协委员，九届全国政协副秘书长，十届全国政协常委、副秘书长，第七届台盟中央副主席	矿机63届

续表

姓　名	职　　务	在校专业
桂中岳	陕西省人大常委会原副主任	矿61届
贾锡太	福建省原副省长	轧67届
马锡广	宁夏回族自治区原常务副主席	轧68届
沈国俊	十五届中纪委委员、四川省纪委原书记	钢62届
郝振贤	四川省政协常务原副主席	相65届
应文华	大型企业监事会原主席、国内贸易部原副部长	机62届
陆　江	中国物流与采购联合会会长，中国物流学会名誉会长，亚太物流联盟副主席，国内贸易部原副部长	轧63届
范维唐	煤炭工业部原副部长	矿56届
殷瑞钰	冶金工业部原副部长	钢57届
陆叙生	物资部原副部长	钢57届
朱新均	国家语言文字工作委员会原党组书记	铸60届
周荣昌	内蒙古自治区人大常委会原副主任	轧55届
朱宗葆	上海市原副市长	机61届
马仲才	山东省人大常委会原副主任	机60届
王宏民	江苏省人大原副主任、南京市原市长、江苏省扶贫领导小组副组长	铁64届
朱志辉	云南省委原副书记、华东冶金学院原党委书记	铁56届
王四连	湖南省人大常委会原副主任、党组成员	稀有冶炼65级
刘　沛	中国驻联合国军事参谋代表团原团长、少将	政治师资78级
单亦和	保利集团原董事长、党委书记、大型企业监事会原主席	冶68届
李克诚	中国石油天然气集团总公司监事会原主席	相66届

四、担任司、局和地、市级正局级领导的部分校友

姓　名	职　　务	在校专业
巴建光	内蒙古自治区纪律检查委员会副书记	行管（92-95）
卜劲松	广东省地质勘查局巡视员、原局长	机70级
陈国猛	厦门市中级人民法院院长	工管98级
陈明德	中共广州市市委常委、副市长兼统战部部长	工业工程硕2001级
陈　石	贵阳市政协政协主席	化学工程在职硕士03级
董晓民	内蒙古烟草专卖局局长	管工博2006级
丰立祥	中共大同市市委书记	管工研92级
高小玫	政协上海市第十一届委员会副主席，民革中央常委、上海市委主委，上海市知识产权局副局长	材研83级
韩宝柱	九三学社中央研究室副主任	政教师资78级

续表

姓　名	职　　务	在校专业
侯宝珠	国资委有色金属离退休干部局党委副书记、局长	高温76级
胡玉亭	山西省经济和信息化委员会主任	冶82级
贾银松	工业和信息化部原材料司巡视员、原司长	铁79级
江　光	环境保护部华北核与辐射安全监督站主任	腐蚀81级、材研88级
孔东风	河南省国资委副主任、党委委员	铸造77级
李　放	中国社保基金理事会秘书长	金属物理76级
李惠东	民革中央秘书长兼办公厅主任	腐蚀博90级
李瑞阳	上海市教育委员会巡视员、上海市教育考试院院长	热能工程77级
李新中	国务院新闻中心舆情研究所所长	在校工作
刘　捷	中共江西省新余市委副书记、市长	冶88级
刘　伟	北京市房山区区委书记	精密合金77级
罗兆慈	广东省广州市南沙区人大常委会主任	管工博05级
马燕合	科技部社会发展科技司司长	采矿87级
彭华岗	国有资产管理委员会理论研究局局长	机79级
彭学增	河北省邯郸市政协主席	社科91级（函）
邵蜀望	中央纪委外事局副局长	英研85级
师建平	晋城市政协主席	钢74级
宋春婴	河北省环境保护厅巡视员、原环保局副局长	冶金77级
苏　靖	国家科技部国家科技基础条件平台中心主任	矿业工程博士后
孙耀唯	国家电力监管委员会政策法规部副主任	管研85级
邰　展	重庆市人民政府副秘书长	成教
汪　韧	安徽省省政府副秘书长、驻京办主任	钢79级
王顶岐	淄博市第十四届人大常委会第一副主任，淄博市原市委常委、副市长	压加77级
王　可	中共广西壮族自治区贵港市市委书记	相77级
王民忠	中共北京市委党校（北京行政学院）常务副校长	铸81级
王守祯	山西省人大财政经济委员会副主任，原运城市市长	采矿73级
王　伟	财政部关税司司长	电77级
王增明	石家庄市市委副书记、市人大常委会主任、党组书记	铸造74级
王中丙	广东省湛江市市政府市长	冶博98级
武高山	北京西站地区管理委员会党组书记、主任	选77级
夏　兵	国家外专局信息中心主任	
肖文荪	广西壮族自治区国资委主任	管工研98级
熊必琳	发展和改革委员会产业协调司巡视员	理化稀有73级
闫立刚	顺义区区委副书记、北京天竺综合保税区常务副主任	电80级

续表

姓 名	职 务	在校专业
杨 璐	国家土地督察西安局局长、党组书记	选矿78级
杨天梁	海南省知识产权局局长	自动化
于言良	辽宁省委党校常务副校长	思政研89级
余龙武	天津银监局局长	相85级
袁 春	中纪委副秘书长	电77级
张汉东	发展与改革委员会社会发展司医改办副主任	冶博02级
张义全	人力资源与社会保障部军官转业安置司司长	机82级
赵光华	民进中央常委、秘书长，第十一届全国政协委员	社科系进修86-88
赵金生	中国轻工业联合会副秘书长、原国资委轻工离退休干部局局长	电72级
周维现	中央党校中直分校、中央管理事务局常务副校长	矿机86级、思政双学位91级
司永涛	内蒙古国有资产管理委员会副主任、党组成员	轧76级
张长富	中国钢铁工业协会副会长兼秘书长	机68届

五、部分曾任正局级领导职务现已离退休或调动的校友

姓 名	职 务	在校专业
楼大鹏	国际田联副主席、原亚田联主席、原国家体委司长	机59届
梁 才	中国钢铁协会秘书长	轧65届
孙本先	四川省攀枝花市人大主任	矿65届
张泽宇	山西省省长助理、山西省信息化领导小组办公室主任	矿68届
孙建群	河北省廊坊市市委书记	机70届
赵禄祥	河北省人事厅厅长	轧68届
高盈民	陕西省企业工委常务副主任、陕西省政协常委	冶70届
程 光	上海市虹口区区长	管研88届
许华忠	国家经贸委市场流通司司长	铁65届
徐金堃	国家自然科学基金委综合计划局局长	金物66届
李国栋	黑龙江省齐齐哈尔市政法委书记	铸70届
闫承宗	北京市经委主任	轧54届
余宗森	冶金工业部外事司司长	轧54届
谢汝煊	广西南宁市市长	铸62届
谷向阳	青海省重工业厅厅长	冶65届
于瀛洪	河北省冶金工业厅厅长	铁65届
乔致奇	国家环保总局监督管理司司长	铁64届
何泽民	河南省洛阳市人大常委会主任	相61届
冯治益	中纪委北京培训中心主任	轧60届

续表

姓　名	职　　务	在校专业
李其世	上海市冶金工业局局长	函授冶61届
李腊望	四川省黄金管理局局长	轧64届
雷秀祥	四川省建材工业局局长	机64届
王大名	河北省秦皇岛市市委书记	机61届
姜文韬	江苏省冶金工业厅厅长	铁67届
王克昌	天津市冶金工业局局长	轧60届
吕耘方	黑龙江省冶金工业厅厅长	金物
汪同建	甘肃省建材工业局局长	矿机64届
王乃立	上海市旅游局局长	轧57届
刘树和	外国专家局经济技术专家司司长	机76级
王世民	最高人民法院司法行政装备管理局局长	稀72级

六、部分在高等学校、科研院所、文化部门担任主要职务的校友

姓　名	职　　务	在校专业
刘建平	天津大学党委书记	机73级
王志强	电子科技大学党委书记	炼钢77级
吴晚云	北方工业大学党委书记	机77级
闫拓时	中国音乐学院党委书记	粉末冶金77级
曹胜利	冶金工业出版社社长	选72级
常跃峰	河北钢铁技术研究总院院长	轧钢78级
狄　涛	北京教育音像报刊总社党委书记兼社长	电92级
姜　军	辽宁广播电视大学校长	制氧78级
孔留安	河南城建学院院长	安全工程博03级
雷平喜	中国冶金矿山企业协会常务副会长	矿86级
李保卫	内蒙古科技大学党委书记、校长	冶博99级
李丰生	梧州学院院长	思政双学位86级
李家新	安徽工业大学党委副书记、校长	冶博02级
李新创	冶金工业规划研究院党委书记、院长	采矿硕88级
刘树琪	泰山学院党委书记	管研97级
刘振江	中国钢铁工业协会党委书记兼副会长	相73级
马宪平	北京教育学院党委书记	选矿76级
任雁秋	包头轻工职业技术学院院长	炉78级
王建中	辽宁工业大学党委书记	冶研88届，
王萍辉	福建信息职业技术学院院长	矿机84级

杨　帆	北京商务科技学校	数学师资班78级
张少明	北京有色金属研究总院党委书记、院长	相80级
张宇春	冶金工业信息标准研究院院长	金物81级
张玉柱	河北联合大学党委书记	炼铁研85
刘海峰	中国财经报社社长	政教78级

七、曾任高等学校、科研院所、文化部门主要领导，现已离退休的部分校友

姓　名	职　　务	在校专业
仇春霖	北方工业大学校长	轧57届
王起桢	北方工业大学党委书记	机57届
张先青	北京工业设计院院长	轧63届
韩景春	钢铁研究总院党委书记	思政84级
张　挺	北京农学院党委书记	铁59届
王希周	北京电子信息工程学院党委书记	轧59届
杨静云	北京市委党校党委书记、常务副校长	机61届
许　秀	北京建工学院党委书记	铸61届
齐鸿恩	江西冶金学院院长	机59届
刘正义	华南理工大学党委书记、校长	金物进修
刘景云	广东机械学院院长	北京科技大学调出
黎樵燊	广东工业大学校长	相57届
霍银海	冶金自动化研究院党委书记	机62届
朱耀中	冶金部情报研究所党委书记	北京科技大学调出
张成吉	钢铁研究总院党委书记	铁57届
樊源兴	中国冶金报社党委书记	矿57届
张训毅	中国冶金报社社长	铁61届
江仲圣	北京冶金设备研究院院长	机59届
严圣祥	北京钢铁设计研究总院院长	轧64届
董元篪	安徽工业大学校长	物化博80级
高兆祖	北京有色金属研究总院党委书记	粉66届

八、在企业中担任主要职务的部分校友

姓　名	职　　务	在校专业
王青海	首钢总公司党委书记、董事长	冶79级
刘明忠	新兴际华集团有限公司董事长	冶博01级
韩　庆	首钢股份有限公司总经理	钢冶84级
刘建辉	首钢销售公司总经理	冶研86级

续表

姓　名	职　　务	在校专业
徐和谊	北京汽车集团有限公司党委书记、董事长	铁78级
韩永贵	北京汽车股份有限公司总经理	电81级
张清富	中国光大国际经济技术合作公司总经理	机73级
韩巍强	中国国际金融有限公司公司行政总监、董事总经理	政教师资78级
何建昌	中国华冶科工集团有限公司总经理	矿70届
宋　鑫	中国黄金集团公司副总经理、中国黄金国际资源有限公司总裁	采矿工程博03
陆志方	中国恩菲工程技术有限公司董事长	热能工程80
张克利	中国有色矿业集团公司党委书记	采矿77级
廖世波	中钢集团金信咨询有限责任公司总经理	冶研87级
范文胜	中钢集团物业管理有限公司总经理	电83级
连民杰	中钢矿业开发有限公司总经理	采矿工程博02级
陆鹏程	中钢设备有限公司总经理	压加92届
魏　新	北大方正集团董事长	高温合金78级
汪子章	国家开发银行行务委员	管研85级
康　典	新华人寿保险股份有限公司董事长	机械77级
秘增信	中信资源控股有限公司董事会主席	轧78级
姜德义	北京金隅集团执行董事兼总裁	钢铁冶金博09级
汪声娟	北京佰能电气技术有限公司董事长	机64届
孙　杰	北京二商集团有限责任公司党委书记、董事长	EMBA
任亚光	北京京城机电控股有限责任公司党委书记、董事长	铸78级
王　东	北京控股集团有限公司党委书记、董事长	矿机82级
夏晓鸥	北京矿冶研究总院党委书记、副院长	工程力学博03级
黄孝斌	北京时代凌宇科技有限公司董事长	自动化90级
杜凤超	北京市华远集团有限公司董事长	管工硕94级
杨启瑞	北京天客隆集团公司总经理	轧钢77级
王锐兵	国资委群星集团公司总经理	化88级
李　琦	太平洋证券股份有限公司党委书记	热能87级
丁传锡	正元国际矿业有限公司董事长	管工82级
王开力	中科创新园高新技术有限公司董事长	金物研87级
周伟坪	中青旅控股股份有限公司总经理	政师78级
陈　喆	中国兵器工业集团中兵矿业公司董事长	国贸93级
李京北	中房集团城市房地产投资有限公司总经理	管研86级
马国强	宝钢集团公司党委常委、宝钢股份公司总经理	管研84级
何汝迎	宁波宝新不锈钢有限公司总经理	机81级

续表

姓　名	职　　务	在校专业
陆志新	宁波钢铁公司总经理	冶博00级
张广宁	鞍山钢铁集团公司董事长、党委书记	管工81级
张晓刚	鞍山钢铁集团公司总经理	冶博00级
白　刚	鞍钢建设公司总经理	管工博02级
王义栋	鞍钢鲅鱼圈分公司总经理	
周秉利	包头钢铁集团党委书记、董事长	管博05
李晓波	太原钢铁（集团）有限公司董事长	轧80级
彭存根	太钢集团临汾钢铁有限公司总经理	冶金84级
王义芳	河北钢铁集团有限公司董事长、总经理	冶博00级
刘如军	河北钢铁集团有限公司党委书记、副董事长	铁73级
李贵阳	河北钢铁集团邯钢公司董事长、党委书记	冶博03级
张　海	河北钢铁集团宣化钢铁集团公司董事长、党委书记	轧78级
迟桂友	河北钢铁集团宣化钢铁集团公司总经理、副董事长	冶博05级
于　勇	河北钢铁集团唐钢公司董事长、总经理	冶博00级
崔　健	宁波钢铁有限公司董事长、党委书记	冶博98级
刘　安	宁波钢铁有限公司总经理	压加83级
李士才	山东日照钢铁集团总经理	铁88级
任　浩	山东钢铁集团总经理	轧78级
陈启祥	山东钢铁集团莱芜钢铁公司总经理	轧77级
郭长波	青岛钢铁控股集团有限责任公司总经理	钢79级
余自甦	攀钢集团有限公司党委书记、攀钢股份公司总经理、党委书记	冶研91届
张　虎	攀钢集团国际贸易有限公司总经理	冶金86级
段向东	攀枝花钢钒有限公司总经理	材料86级
周　灿	重庆钢铁集团建设公司董事长	热工84级
杨　忠	西宁特殊钢股份有限公司总经理	压加87级
王子亮	安阳钢铁集团有限责任公司董事长、总经理	冶博01级
曹慧泉	湖南华菱钢铁集团有限责任公司董事长、湖南华菱钢铁股份有限公司董事长	金物88硕
张若生	广州钢铁股份有限公司董事长、党委书记	管博05级
钱　刚	湖北新冶钢有限公司总经理	冶博02级
高国华	大冶特殊钢股份有限公司总经理	机87级
王庐嘉	合肥钢铁集团有限公司总经理	机75级
刘　伟	东北特殊钢集团有限责任公司总经理	
杜东兴	陕西龙门钢铁有限公司总经理	冶90级

续表

姓 名	职 务	在校专业
尹小鹏	武钢矿业公司总经理	矿85届
谢俊文	甘肃华亭煤业集团总经理	安全工程博03级
刘明东	海南矿业股份有限公司总经理	管工85级
黄宝利	本钢机械制造有限责任公司党委书记、董事长	制氧80级
陶方国	华菱钢管控股公司总经理	
杨志强	金川集团有限公司董事长、党委书记	工程力学博04级
吕 鹏	南京钢铁联合有限公司总经理	钢78级
朱津秋	上海有色集团公司总经理	机76级
张同波	新兴铸管有限责任公司总经理	
路朝晖	新兴铸管(新疆)资源发展有限公司董事长	钢77级
宋占江	中国一冶集团有限公司董事长	机82级
梁津源	中色镍业有限公司总经理	冶研87
王定洪	中冶东方工程技术股份有限公司总经理	冶80级
赖宁昌	广东东凌集团董事长	管工博05级
王德兴	哈尔滨锅炉厂有限责任公司董事长、总经理	高温合金78级
吴晓松	平安人寿天津分公司总经理	矿机87级
赵宇峰	清华紫光股份有限公司总经理	轧82级
陈玉民	山东黄金集团有限公司副总经理、山东黄金矿业股份有限公司董事长	采矿工程博03级
毕荣福	上海液压气动总公司党委书记	机73级
李培宁	上海光大会展中心有限公司党委书记	
梁铁山	中国平煤神马能源化工集团有限责任公司董事长、党委书记	安全工程博05级
刘庆宾	重庆材料研究院院长（总经理）	相85级
郝树华	首钢矿业公司总经理	采矿工程博03级
王宝桐	中国广厦控股集团总裁	管工研84级
李连平	河北建设投资集团有限责任公司董事长、党委书记	材料博00级
张槐祥	中国水钢集团公司总经理	机制77级
吴 平	迁安钢铁公司党委书记	数学师资78级
束国刚	中广核工程有限公司总经理	材料86级
高本业	大连电机集团董事长	材研85级
邵 军	陕西宝钛新金属有限责任公司总经理	相87级
胡 刚	四川长虹电子系统有限公司总经理	相87级
张晗亮	中国石油装备制造分公司党委书记	机研87级
熊万平	首钢长治钢铁有限公司总经理	冶89级

续表

姓　名	职　　务	在校专业
王树琪	中条山有色金属集团有限公司董事长	采矿77级
高国华	国投创新投资基金管理公司总裁	矿机86级
张战波	北京中冶设备研究设计总院有限公司总经理	思政01级
郑剑辉	中冶南方（武汉）威仕工业炉有限公司总经理	热能97级
任美成	天泽科技董事长	计86级
彭　原	北京华深中色科技发展有限公司名誉董事长	机85级
张晓峰	北京桓裕投资（集团）有限公司董事长	机88级
陆正耀	神州租车（中国）有限公司CEO	自动化87
胡庆周	深圳英唐智能控股有限公司董事长	轧87级
周惠敏	山东慧敏科技开发有限公司董事长、总经理	相77级
王满元	包头市液压机械有限公司董事长	机84级
张荣明	北京爱慕内衣有限公司董事长	物化80级

九、曾在企业担任主要领导职务现已离退休或调动的部分校友

姓　名	职　　务	在校专业
刘　玠	鞍山钢铁集团公司董事长、总经理	机64届
蔡登楼	鞍山钢铁集团公司副董事长	机67届
林滋泉	鞍山钢铁集团公司副总经理	轧68届
李　成	太原钢铁公司总经理	轧54届
林企增	太原钢铁公司副董事长	冶62届
杨盘铭	太原钢铁公司副总经理	矿70届
刘　琦	中国钢铁工贸集团公司党委书记	铁61届
白葆华	中国钢铁工贸集团公司总裁	轧65届
崔锡武	中国黄金总公司总经理	矿66届
杭永益	马鞍山钢铁公司总经理	铁64届
王满仓	成都飞机发动机公司党委书记	稀63届
马俊才	济南钢铁公司总经理	机59届
沈克林	中国重型机械总公司总经理	机57届
刁海章	鲁中冶金矿山公司党委书记	矿机65届
李成群	中国冶金矿业总公司党委书记	冶72级
张振纲	天津钢管公司董事长	钢63届
张建平	天津钢管公司党委书记	函授管理
陈守勋	湘潭钢铁公司总经理	冶61届
林承模	舞阳钢铁公司总经理	相65届
侯树庭	上海第五钢铁厂厂长	函授冶62届

续表

姓　名	职　　务	在校专业
陈英栋	新余钢铁总厂党委书记	函授冶64届
王鸿锷	上海第一钢铁厂党委书记	成教管89级
田锡恩	唐山钢铁公司总经理	钢63届
王国兴	邯郸钢铁公司党委书记	函授铁64届
李前煦	南京钢铁公司总经理	钢61届
刘建功	武汉钢铁公司总工程师	相65届
刘炳南	武汉钢铁公司副总经理	机64届
王跃祖	首钢总公司党委副书记	夜大58届
谢有润	首钢总公司副总经理	机64届
王宪固	西宁特殊钢公司党委书记	相66届
罗忠琳	陕西精密合金公司总经理	金物66届
董稼祥	中国冶金矿业总公司总经理	矿61届
吕聿信	长城特殊钢公司总经理	轧66届
孙公权	上海一钢集团总经理	冶66届
汪铁钢	上海矽钢片厂厂长	轧57届
潘世良	邯邢冶金矿山管理局党委书记	矿65届
赵如月	宝山钢铁集团公司纪委书记	铁66届
吴松春	浙江省中旅集团公司总经理	铁67届
冯国熙	北京自来水公司董事长	矿66届
吴玉林	石家庄钢铁有限责任公司党委书记	铁67届
高成涛	洛阳铜加工厂厂长	机61届
刘本仁	武钢集团公司董事长、总经理	自动化73级
张永昌	唐山钢铁公司党委书记	铸69届
毛小兵	中国西部矿业公司董事长、党委副书记	电81级
俞　兵	亚信联想集团有限公司董事、联想亚信科技有限公司董事长兼CEO	电84级
施嘉良	新余钢铁公司董事长	机70届
顾强圻	邯郸纵横钢铁集团总经理	冶70届
赵占华	陕西钢厂党委书记	铸69届
杨复强	合肥钢铁集团有限公司董事长	轧68届
王庐嘉	合肥钢铁集团有限公司总经理	机75级
何建昌	华北冶金建设公司经理	矿70届
杨福国	宁夏石咀山钢铁厂党委书记	轧67届
吴建民	吉林铁合金集团公司总经理	相68届
金树安	峨嵋铁合金集团公司总经理	冶74级
张心健	锦州铁合金集团公司党委书记	高温70届
陈　明	上海宝冶党委书记、董事长	机64届

续表

姓　名	职　　务	在校专业
王绍成	十九冶金建设公司党委书记	炉68届
程敏直	西安冶金机械厂党委书记	铸70届
鞠祖荣	扬州冶金机械有限公司总工及常务副总	轧69届
胡梓清	乐山冶金机械轧辊厂党委书记	铸66届
杨东升	邢台机械轧辊公司副董事长、总经理	冶66届
张勇钢	（无锡）西姆莱斯钢管公司总经理	相73级
宋　力	福建省烟草总公司总经理	机制75级
梁相钦	深圳自来水集团公司总经理	自68届
张清富	中国光大国际经济技术合作公司总经理	机73级
周伟坪	中国青年旅行社控股股份有限公司总经理	政教78级
朱昌逑	马鞍山钢铁股份有限公司总经理	机70届
陈启祥	莱芜钢铁集团有限公司总经理	轧74级
郭洪成	包头第一机械集团公司董事长	冶67届
朱津秋	上海有色集团公司总经理	机76级
秘增信	中信集团常务董事、副总经理	压加78级
韩永义	乌鲁木齐铁路局党委书记	铸69届
阎胜科	石家庄钢铁有限责任公司董事长、党委书记	轧70届
胡玉亭	太原钢铁（集团）有限公司总经理	冶82级
党　歌	长治钢铁公司董事长、党委书记	钢78级
沈　伟	陕西精密合金股份有限公司总经理	钢77级
刘克忠	承德钢铁公司董事长	铁63届
司永涛	包头钢铁（集团）有限责任公司董事长、党委副书记	轧76级

十、荣获全国劳动模范称号的部分校友

姓　名	获奖时工作单位	在校专业
邓　键	上海斯米克焊材公司	物化66届
常纯哲	上海钢铁工艺技术研究所	机60届
单亦和	西宁特殊钢厂	冶68届
周惠敏	山东冶金科学研究院	材料77级
傅庆馥	山东省淄博市博山水泥厂	56
马俊才	济南钢铁集团公司	机59届
张长富	中国第十九冶金建设公司	机68届
徐和谊	北京汽车工业控股有限责任公司党委书记、董事长	铁78级
刘明忠	新兴铸管集团有限公司董事长	冶博2001级
黄昌富	中铁十六局，北京市重点工程——北京站至北京西站地下直径线工程项目经理	采矿硕95级

注：1、所列校友排名不分先后；
　　2、以上统计情况定有差错和疏漏，敬希广大校友补充、指正。

2012年党发校发文件目录

2012年北京科技大学党发文件目录

校党发【2012】1号	北京科技大学2012年工作要点
校党发【2012】2号	关于发布《北京科技大学出席北京市第十一次党代会代表选举工作方案》的通知
校党发【2012】3号	关于陈大鹏等同志职务任免的通知
校党发【2012】4号	关于发布《北京科技大学2012年安全稳定工作方案》的通知
校党发【2012】5号	关于成立机构的通知
校党发【2012】6号	关于成立“学雷锋行动计划”领导小组的通知
校党发【2012】7号	关于印发《2012年北京科技大学党风廉政建设和反腐败工作主要任务分工》的通知
校党发【2012】8号	关于成立机构和干部任职的通知
校党发【2012】9号	关于深化创先争优活动开展基层组织建设年工作方案
校党发【2012】10号	关于开展民主评议党员、党支部工作评估的通知
校党发【2012】11号	关于同意计算机与通信工程学院党委选举结果的批复
校党发【2012】12号	关于党政领导班子执行“三重一大”制度的规定（修订）
校党发【2012】13号	关于发布《迎接<北京普通高等学校党建和思想政治工作基本标准>集中检查工作方案》的通知
校党发【2012】14号	进一步推进学院党政领导班子贯彻落实“三重一大”决策制度的指导意见
校党发【2012】15号	关于吕伟耀等同志任职的通知
校党发【2012】16号	关于吕朝伟同志职务任免的通知
校党发【2012】17号	关于张卫冬等同志职务任免的通知
校党发【2012】18号	北京科技大学干部教育培训“十二五”规划（2011～2015年）
校党发【2012】19号	关于做好2012年师德先进评选活动的通知
校党发【2012】20号	关于左海滨等同志挂职的通知
校党发【2012】21号	关于表彰第五届师德先进个人的决定
校党发【2012】22号	关于武森等同志职务任免的通知
校党发【2012】23号	关于表彰北京科技大学党的建设和思想政治工作先进单位和先进单位提名奖的决定

校党发【2012】24号	关于发布《北京科技大学深化“平安校园”创建工作方案》的通知
校党发【2012】25号	关于开展教育收费自查自纠工作的通知
校党发【2012】26号	关于进一步加强学院党建和思想政治工作的实施意见（试行）
校党发【2012】27号	北京科技大学三级、四级职员岗位聘任暂行办法
校党发【2012】28号	关于对全校处级单位贯彻执行党风廉政建设责任制及实行党务、校务公开情况进行检查的通知
校党发【2012】29号	关于孙景宏等同志职务任免的通知
校党发【2012】30号	北京科技大学“十八大”期间校园安稳工作方案
校党发【2012】31号	北京科技大学“平安校园”建设网格化安全管理工作方案
校党发【2012】32号	关于史立伟等同志职务任免的通知
校党发【2012】33号	北京科技大学2012年处级单位和处级以上干部考核办法
校党发【2012】34号	关于曹勇等同志职务任免的通知
校党发【2012】35号	关于黄家亮等同志职务任免的通知
校党发【2012】36号	关于发布《校、处级干部学习贯彻党的十八大精神培训方案》的通知

2012年北京科技大学校发文件目录

校发【2012】1号	关于印发和实施《北京科技大学“十二五”教育事业发展规划》的通知
校发【2012】2号	北京科技大学技术安全管理规定（试行）
校发【2012】3号	北京科技大学特种设备安全管理办法（试行）
校发【2012】4号	北京科技大学实验室压力气瓶安全管理办法（试行）方案
校发【2012】5号	关于开展2012年学科评估的工作安排
校发【2012】6号	关于做好2012年寒假、春节期间安全保卫工作的通知
校发【2012】7号	关于启用北京科技大学校训、新校徽的通知
校发【2012】8号	北京科技大学关于做好“211工程”三期验收工作的通知
校发【2012】9号	关于给予部分学生退学处理的决定
校发【2012】10号	北京科技大学新入职教师本科课堂教学准入制度实施办法（试行）
校发【2012】11号	关于刘丽敏等同志任职的通知
校发【2012】12号	关于申报北京科技大学第25届教育教学成果奖的通知
校发【2012】13号	北京科技大学实验室分析测试服务管理办法
校发【2012】14号	北京科技大学教学、科研、行政办公用房管理补充规定
校发【2012】15号	关于批转《北京科大资产经营有限公司企业业绩评估管理暂行规定》的通知
校发【2012】16号	北京科技大学关于技术入股对外投资的补充规定
校发【2012】17号	关于给予一名教职工行政处分的决定
校发【2012】18号	关于做好2012年硕士研究生招生录取工作的通知
校发【2012】19号	关于做好2011～2012学年度第二学期本科期中教学检查的通知

校发【2012】20号	关于何新波等同志职务任免的通知
校发【2012】21号	关于2012年专业技术职务评聘工作的通知
校发【2012】22号	关于严禁使用财政资金购买商业预付卡（购物卡）的通知
校发【2012】23号	关于成立北京科技大学国际工程教育中心的通知
校发【2012】24号	关于2012年博士学位研究生招生录取工作的通知
校发【2012】25号	北京科技大学仪器设备采购管理办法
校发【2012】26号	北京科技大学仪器设备招标管理办法
校发【2012】27号	北京科技大学仪器设备采购监督管理办法
校发【2012】28号	北京科技大学学风建设实施意见
校发【2012】29号	北京科技大学学风建设实施细则
校发【2012】30号	北京科技大学学术不端行为处理规定
校发【2012】31号	关于公布2011～2012学年第二学期校级以上（含校级）本科生科技创新项目获奖结果的通知
校发【2012】32号	关于公布第25届“北京科技大学教育教学成果奖”评选结果的通知
校发【2012】33号	关于调整北京科技大学第九届学位评定委员会及学位评定分委员会的通知
校发【2012】34号	关于2012年进一步规范教育收费工作的意见
校发【2012】35号	关于公布2012届本科优秀毕业设计（论文）评选结果的通知
校发【2012】36号	关于发布《北京科技大学安全生产专项整治行动工作方案》的通知
校发【2012】37号	关于给予一名研究生留校察看处分的决定
校发【2012】38号	关于做好2012年暑期安全工作的通知
校发【2012】39号	北京科技大学本科国防生学籍管理规定
校发【2012】40号	关于做好2010～2012年度先进集体和先进工作者推荐与评选工作的通知
校发【2012】41号	关于给予教师开除处分的决定
校发【2012】42号	关于给予教师开除处分的决定
校发【2012】43号	关于给予教师开除处分的决定
校发【2012】44号	北京科技大学实验技术成果奖评审办法
校发【2012】45号	北京科技大学仪器设备维修基金管理办法
校发【2012】46号	关于成立机构及干部任职的通知
校发【2012】47号	北京科技大学关于表彰2010～2012年度先进集体、先进工作者的决定
校发【2012】48号	关于曹光远等同志职务任免的通知
校发【2012】49号	北京科技大学关于做好“十一”期间安全保卫工作的通知
校发【2012】50号	关于黄伟九同志挂职的通知
校发【2012】51号	关于公布2012～2013学年第一学期校级以上（含校级）本科生科技创新项目获奖结果的通知
校发【2012】52号	关于对部分学生退学处理的决定
校发【2012】53号	关于对部分学生退学处理的决定
校发【2012】54号	关于对部分学生退学处理的决定
校发【2012】55号	关于对部分学生退学处理的决定

校发【2012】56号	关于对部分学生退学处理的决定
校发【2012】57号	关于对部分学生退学处理的决定
校发【2012】58号	关于对部分学生退学处理的决定
校发【2012】59号	关于做好2012～2013学年度第一学期本科期中教学检查的通知
校发【2012】60号	关于给予一名本科生开除学籍处分的决定
校发【2012】61号	北京科技大学教师长期因公出国（境）费用报销管理办法（试行）
校发【2012】62号	关于汪林兵同志任职的通知（试行）
校发【2012】63号	北京科技大学工程建设项目最高投标限价确定办法
校发【2012】64号	关于发布《北京科技大学章程制定实施方案》的通知
校发【2012】65号	关于公布北京科技大学第十届实验技术成果奖获奖结果的通知
校发【2012】66号	北京科技大学研究生国家奖学金评审暂行办法
校发【2012】67号	关于做好2012年冬季防火工作的通知
校发【2012】68号	关于发布《北京科技大学后勤服务改革方案》的通知
校发【2012】69号	关于党智敏同志免职的通知
校发【2012】70号	关于何民庆同志任职的通知

2012年北京科技大学大事记

一 月

7日　召开2012年度“973”计划项目“钢铁生产过程高效节能基础研究”启动会。该项目是学校作为第一承担单位首次在综合交叉领域获得的“973”计划资助，也是学校首个非材料领域的“973”计划项目。

10日　与北京联合大学签订战略合作框架协议。

12日　举行2012届春季研究生毕业典礼暨学位授予仪式。1463名硕士生和179名博士生顺利完成学业。

13日　举行校训、新校徽发布仪式暨校庆倒计时100天揭牌仪式。

二月

9～10日　北京市委教育工委召开了2012年北京高校宣传教育工作会议。北京科技大学荣获“2011年北京高校红色‘1+1’活动优秀组织单位”荣誉称号和“2011年北京高校‘我的班级我的家’优秀班集体创建活动优秀组织奖”荣誉称号。此外，《科学设计、统筹规划，努力提高新生心理健康课程实效》荣获第二届首都大学生思想政治教育工作实效奖一等奖。

11日　北京科技大学学生管乐团代表北京市参加第三届全国大学生艺术展演，学校管乐团荣获一等奖。

14日　2011年国家科学技术奖励大会在北京举行，共评出国家自然科学奖36项、国家技术发明奖通用项目41项、国家科技进步奖通用项目219项，其中北京科技大学共获得5项国家科学技术奖。新材料技术研究院谢建新教授主持研究的“大型铝合金型材挤压成套工模具设计制造技术与应用”获得国家科技进步二等奖；材料科学与工程学院贺信莱教授等参与研究的“大跨度铁路桥梁钢成套技术开发及应用”、土木与环境工程学院谭卓英教授参与研究的“大型矿山排土场安全控制关键技术”、冶金工程研究院参与研究的“高品质船板高效化制造关键技术研发与集成创新”获得国家科技进步二等奖；机械工程学院朱冬梅教师参与研究的“矿用悬浮液压支柱技术及应用”获得国家技术发明二等奖。根据教育部科技发展中心发布的统计数据，2011年北京科技大学获得国家科学技术奖通用项目数量在高校中排名第13位。

17～18日　召开2012年寒假常委（扩大）会议。会议主要围绕2012年工作要点、60周年校庆筹备、财务和人事制度改革等工作进行了认真探讨，并对2012年学校的工作进行了整体部署。

19日　举行2012年自主招生及保送生选拔考试，来自全国的近千名优秀高中生参加了此次考试。

27～28日　北京科技大学党委书记罗维东率学校代表团赴广州市政府交流访问。

29日　财政部教科文司副司长吴国生莅临北京科技

大学中国教育经济信息网（CEE）管理中心视察项目应用工作情况。

29日 北京科技大学4项科研成果荣获2011年度教育部科学研究优秀成果奖。材料科学与工程学院曲选辉教授等完成的项目（内部）获技术发明奖一等奖；冶金与生态工程学院邢献然教授等完成的“负热膨胀氧化物及相关材料的制备和反应机理研究”获自然科学奖二等奖；材料科学与工程学院康永林教授牵头完成的“半无头轧制高质量薄规格宽带钢关键技术与应用”获科技进步奖二等奖；冶金与生态工程学院苍大强教授参与完成的“从低品位含金硫化矿中综合回收硫金铁新技术研究”获科技进步二等奖。

29日 2012年北京科技大学招收在职人员攻读硕士学位研究生录取工作顺利结束，北京科技大学共与首钢总公司、迁安钢铁公司等16个单位签订了联合培养在职人员攻读硕士学位研究生的协议，录取考生564人。

三月

4日 举行“卓越工程师教育培养计划”专家委员会成立仪式暨第一次工作会议。委员会第一届成员由来自中国工程院、宝钢集团有限公司、鞍山钢铁集团公司、武汉钢铁（集团）公司、中国首钢集团、中国钢铁工业协会、中国冶金科工集团有限公司等钢铁企业、行业协会、科研单位的26名院士、行业专家组成，主任委员由原全国政协副主席徐匡迪院士担任，副主任委员分别由殷瑞钰院士、干勇院士、于润沧院士、胡正寰院士、王一德院士、学校党委书记罗维东教授、校长徐金梧教授担任。

5日 昆明理工大学副校长彭金辉率教务、外事等相关部门负责人来北京科技大学就卓越工程师培养计划和实践教学改革与管理等进行交流学习。

5日 第九届北京高校党校协作组第一次领导小组会在北京科技大学305会议室召开，北京科技大学党委副书记陈曦、北京市教育工委组织处处长陈江华、北京大学、清华大学等14所高校的党校负责同志出席会议。

5日 全国学雷锋先进个人、北京科技大学粉末冶金67届校友姚志祥回到母校，以《献身高原管线事业，弘扬三个特别精神，努力做一名廉洁勤政的党员干部》为题，与200余名学生共同分享了人生经历和雷锋情怀。

6日 成立北京科技大学廉政研究中心，挂靠马克思主义学院。

8日 全国政协委员、中国军事科学学会常务理事兼副秘书长罗援少将作客“名家讲坛”，作了题为《国防现代化及周边安全环境》的报告。

13日 “北京科技大学87级校友基金”表彰会在建龙报告厅举行，评选出十佳辅导员、最佳团队、十佳学生社团、创新项目、优秀学生干部和创新个人共36人，31个项目、团队获得个人、集体奖项，总奖金达60万元。

14日 与湛江市人民政府签约共建北京科技大学湛江工业研究院。

14日 爱尔兰教育部国务部长塞伦•坎农（Ciaran Cannon）先生、爱尔兰科技贸易局暨爱尔兰大使馆商务参赞艾伦•巴克利（Alan Buckley）先生、以及利莫瑞克大学副校长保罗•麦古基安（Paul McCutcheon）等一行10人来访北京科技大学。

15日 召开北京科技大学2012年体育工作会议。

18日 由中国数学会主办、同济大学承办的“第三届全国大学生数学竞赛决赛”揭晓获奖名单，北京科技大学获得“非数学专业类”一等奖2名、二等奖1名、三等奖1名。

22日 召开“211”工程”三期建设创新人才培养和队伍建设项目校内验收会。北京科技大学“211”工程”三期建设项目验收工作全面完成，包括“复杂矿床安全高效开采与利用”、“流程工业能源高效利用与污染物治理”、“冶金资源高效循环利用”、“先进功能材料制备与表征”、“冶金装备工作行为与控制”、“复杂工业生产过程的控制理论与技术”、“古代金属技术与中华文明发展”、“队伍建设”和“创新人才培养”9个项目。

22日 首都高校十八大信息与网络安全保卫工作动员部署会在人民大学逸夫会议中心举行，会上授予北京科技大学、人民大学等10个高校“信息与网络安全先进单位”称号。

23日 全国人大常委、民进中央副主席、中国教育学会副会长、“新教育”实验创始人朱永新及北京市海淀区教育科学研究所的相关老师受邀来到北京科技大学附属小学视察工作。

24～25日 举行2012年博士研究生入学考试初试，参加此次考试的考生750人，其中公开招考543人，硕博连读207人，此外还有93名考生参加了申请-考核制选拔博士研究生的考核。

27日 北京科技大学路民旭教授主持完成的北京市自然科学基金重大项目“城市天然气供给体系安全防护与诊断关键技术研究”顺利通过专家组验收。

30日 举行60周年校庆动员大会暨校庆志愿者通用培训。

30日 由乌克兰国立冶金科学院院长维利奇科教授率领的乌克兰教育科学青年和体育部代表团一行12人访问北京科技大学。

四月

1日 北京科技大学党委书记罗维东与天津钢管集团公司总经理、党委副书记李强签署战略合作协议，双方将本着“优势融合、互利互惠、讲求实效、共同发展”的原则，携手推动科技成果向生产力的转化，共同谋求重大技术创新与突破。

6日 召开2012年党风廉政建设工作会议。

12日 召开第十次党代会四次会议、第七届教代会三次会议暨2012年春季全体教授会议。

13日 哥伦比亚弗朗西斯科•德保拉•桑坦德尔（Francisco de Paula Santander）大学校长赫克托•米格尔•帕拉尔•洛佩兹（Hector Miguel Parral Lopez）率领哥伦比亚高校、企业代表团一行12人访问北京科技大学。

13日 北京市委市政府召开北京市科学技术奖励大会暨2012年北京科技工作会议。北京科技大学共有13项科研成果获得表彰，其中一等奖2项、二等奖4项、三等奖7项。

17日 庆祝60周年校庆暨院系调整“八大学院”甲子风华书画联展在北京科技大学铭德楼多功能厅开幕，北京科技大学党委副书记谢辉，北京市委教育工委、市教委离退休干部处处长张健出席本次开幕式。

18日 北京科技大学男、女篮在2012年“STAR”杯首都高校篮球联赛（甲组）中分获联赛第三名和第二名。

19日 举行校史馆新馆开馆仪式。校史馆新馆中，A馆以历史脉络为序，集中展示了学校近60年的办学历程和重大事件；B馆集中展示了“十五”、“十一五”期间，学校在教育教学、科技创新、人才培养、对外交流和校园文化等方面取得的发展成就。此外，校史馆利用先进的数字媒体手段，新建LED屏幕、开发校友信息查询系统客户端和建设网上校史馆等方式，增进互动性和参与度。

20日 英国邓迪大学副校长马尔科姆•霍纳（Malcolm Horner）教授一行3人访问北京科技大学，并参加了“北京科技大学-邓迪大学国际合作办公室”揭牌仪式。

21日 北京科技大学88级校友毕业20周年庆祝大会在教职工活动中心举行。

21日 校庆60周年系列活

动之“北科大与世界”论坛在图书馆报告厅举行，来自世界11个国家和地区的40余名大学校长、嘉宾和北京科技大学师生共100余人参加了论坛。

22日 隆重举行建校60周年庆祝大会。

22日 召开北京科技大学第三届董事会全体会议。

22日 北京科技大学与中国东方演艺集团有限公司联袂打造的“鼎立中华”——60周年校庆文艺晚会在学校体育场上演。

23日 中国材料名师讲坛第52讲在学术报告厅开幕。中国科学院院士王崇愚教授以“多尺度-跨层次建模的算法有其应用”为主题为师生代表作精彩报告。

五月

3日 全国首家高端人才创业基地在北京科技大学天工大厦揭牌。中共北京市委常委、组织部长吕锡文为基地揭牌，中共北京市委常委赵凤桐主持揭牌仪式，副市长苟仲文出席了揭牌仪式并讲话。

3日 在北京市重点学科调整和增补申报工作中，北京科技大学申报的“动力工程及工程热物理”一级学科北京市重点学科、“通信与信息系统”和“环境工程”2个二级学科北京市重点学科，通过专家评议和审核，全部获批增补为北京市重点学科。

3日 汽车轻量化技术创新战略联盟理事会审议通过，北京科技大学作为伙伴单位加入中国汽车轻量化技术创新战略联盟。

3日 由旧金山州立大学、乔治亚格威内特学院、罗彻斯特理工学院、德克萨斯基督教大学和维拉诺瓦大学5所大学相关负责人员组成的美国教育研究会代表团一行6人访问北京科技大学。

7日 美国杰克逊州立大学马克•哈代（Mark Hardy）副校长一行6人访问北京科技大学。

8日 举行北京科技大学“爱慕基金”捐赠仪式。

11日 2012年实习生大型双选会在学校体育馆举行，来自IT、机械制造、冶金材料和教育咨询等行业的107家单位参会，共提供3000余个实习岗位。北京科技大学2013、2014届毕业生2500余人参加了双选会。

15日 海外留学论坛在国际处多功能厅举行。德国驻华大使馆文化处薄翰德（Hardy Boeckle）处长以“德国文化与高等教育”为题作专题报告。

18日 举行北京科技大学“凯得力基金”捐赠仪式。

18日 北京科技大学第四届青年五四奖章授予仪式在建龙报告厅举行。北京科技大学青年五四奖章评委会授予广州亚运会火炬设计师和北京科技大学校徽设计者、引领科技潮流的洪华，德国“洪堡”学者、在纳米研究领域做出突出贡献的廖庆亮，情系淮河流域民生、立足团学工作一线的崔睿，学以致用、将餐厨垃圾转变为生物农药的王丹阳，将志愿精神奉为时尚、用行动续写雷锋日记的苏凌菲，二十余载坚持不懈、一举摘得全国艺术展演一等奖的校学生管乐团，用微笑诠释力量、为北京科技大学60周年校庆做出了巨大贡献的校庆志愿者集体。

20日 由中国计算机学会主办，中国计算机学会嵌入式系统专业委员会承办的2012全国“电脑鼠走迷宫”总决赛在北京交通大学举办。北京科技大学4支代表队分别获得全国总决赛特等奖1项（第三名）和全国总决赛二等奖3项。

22日 “苏博特杯”第二届全国大学生混凝土材料设计大赛在东南大学举行。北京科技大学土木工程本科专业2支代表队获得“苏博特杯”第二届全国大学生混凝土材料设计大赛团体特等奖、个人一等奖等荣誉。

23日 与广西壮族自治区科学技术厅签订科技合作协议，致力于建立长期、稳定、全面的科技合作关系。

23日 瑞典皇家工学院副校长雷蒙•怀斯（Ramon Wyss）一行5人访问北京科技大学。

26日 召开第二十三次学生代表大会、第十次研究生代表大会。

26日 首都教育系统教职工运动会在奥体中心体育场落下了帷幕，由近200名运动员组成的北京科技大学代表团，取得了桥牌比赛团体第一名，田径比赛团体第四名，游泳比赛团体第四名、围棋比赛团体第五名，以及获得个人参赛项目10项第一名的好成绩。

28日 由市委宣传部、首都文明办、市委教育工委、团市委联合组织开展的全国道德模范首都高校巡讲活动在北京科技大学教职工活动中心举行。

六月

1日 召开2012年度本科生招生宣传工作会议。

2日 北京科技大学党委书记罗维东教授荣获第五届“IET—方正大学校长奖”。

6日 国家材料服役安全科学中心——香港城市大学科学及工程学院学术合作备忘录签署仪式暨北京科技大学名誉教授吕坚院士受聘仪式在建龙报告厅举行。香港城市大学吕坚院士受聘为北京科技大学名誉教授。

12日 由教育部科技司组织的教育部2008年度“新世纪优秀人才支持计划”入选者结题验收会在北京科技大学召开。通过汇报、专家提问和专家组评议等环节，专家组一致同意北京科技大学2008年度入选“新世纪优秀人才支持计划”的8名入选者全部通过验收。

13日 由北京科技大学牵头联合北京工业大学、北京交通大学、北京汽车集团有限公司、首都钢铁集团有限公司、中国铝业公司和北京有色金属研究总院等单位组织申报的现代交通金属材料与加工技术北京实验室，经论证答辩、专家评议及现场考评，正式获批。

15日 北京科技大学2012届毕业典礼暨学位授予仪式在体育馆举行。2012年，学校共有毕业生4117名，其中本科生2851名，硕士研究生1061名，博士研究生205名；226人获得北京地区高等学校优秀毕业生荣誉称号，其中本科生171人，研究生55人；842人获得北京科技大学优秀毕业生荣誉称号，其中本科生677人，研究生165人。

18日 举行“北京科技大学-美国国际教育联盟国际工程教育中心”合作建设协议签约暨揭牌仪式。

30日 “比泽尔杯”第六届中国制冷空调行业大学生科技竞赛落下帷幕，北京科技大学机械工程学院学生陈夏获得研究生创新设计一等奖；机械学院“清新卫士”团队和“绝对零度”团队分获本科生组团体比赛一等奖和本科生创新设计节能减排组三等奖。

七月

11日 北京建龙重工集团有限公司与北京科技大学教育基金会签订捐赠协议。根据合作协议，建龙公司每年向学校教育基金会捐资人民币80万元，设立“北京科技大学建龙基金”，专项用于“建龙奖学金”、“特聘教授奖教金”和“建龙重工社团活动资助金”3个部分。

11～13日 国家科学中心（NCMS）与日本国立物质材料研究机构（NIMS）在学校召开以“NCMS/USTB与NIMS国际协同创新”为主题的座谈会。

16日 北京科技大学冶金与生态工程学院吴胜利教授、外国语学院陈红薇教授荣获第八届北京市高等学校教学名师奖。

17日 举行中冶京诚工程技术有限公司-北京科技大学共建国家级大学生校外实践教育基地成立仪式。

30日 根据《“长江学者奖励计划”实施办法》，教育部公布了2011年度长江学者特聘教授、讲座教授入选名单。王戈教授入选2011年“长江学者”特聘教授。

八月

6日　在伦敦奥运会女子铅球决赛中，中国名将、北京科技大学学生巩立姣勇夺铜牌。

9～10日　召开2012年暑期党委（扩大）会议，围绕教育部《关于全面提高高等教育质量的若干意见》，就如何加快学校改革发展，提高教育教学质量和提升协同创新能力等工作开展了深入研讨。

13日　生物工程与传感技术中心主任张学记教授当选中国共产党第十八次全国代表大会代表。

15日　举行钢铁共性技术协同创新中心建设高层论坛及北科大-东大组建协同创新中心协议签字仪式。

18日　北京市教育委员会发布了2012年北京市优秀博士学位论文公示名单，北京科技大学《一维氧化锌纳米材料的力电性能与器件基础》、《含铜尾矿微生物浸矿菌种的选育和浸出规律研究》和《钛酸铅铋基钙钛矿陶瓷材料的铁电、铁磁和热膨胀性》3篇博士学位论文获此殊荣。

17日　北京科技大学冶金工程实验教学中心获批“十二五”国家级实验教学示范中心。

22日　第20届“人工环境工程学科奖学金”竞赛颁奖典礼在北京举行。北京科技大学机械工程学院建筑环境与设备工程专业2009级蔡亮同学在决赛中发挥出色，荣获二等奖。

29日　北京科技大学2012级新生开学典礼在学校体育馆举行。

30日　举行第七届北京科技大学-屏东科技大学学术研讨会。

31日　2012年全国优秀博士学位论文评选专家审定会在北京结束，共评选出了全国优秀博士学位论文100篇。北京科技大学《碳基和氮基无机非金属氧化动力学》、《浸出过程多相介质耦合作用机理及调控技术研究》2篇博士论文进入了全国优博公示名单。

九月

2日　北京科技大学冶金与生态工程学院包燕平教授荣获2012年度美、德联合基金委员会设置的“Willy Korf杰出教育奖”，成为获得该项殊荣的首位中国教授。

9～13日　由北京科技大学主办，国家自然科学基金委员会、中国化学会等协办的“第十四届IUPAC高温材料化学会议”在北京香山举行，来自14个国家的180余名学者参加会议。北京科技大学校长徐金梧出席会议并在大会致辞。

10日　举行北京科技大学2012年教师节庆祝暨表彰大会。

11日　北京科技大学开展首批“全英文教学示范课程”建设工作，共遴选出18门课程，分别为土木与环境工程学院的“桥梁工程”、“环境生物技术”，冶金与生态工程学院的“冶金传输原理”，材料科学与工程学院的“粉末冶金材料”、“材料物理性能B”、“合金化原理及应用”，机械工程学院的“建筑环境与设备工程基础”、“计算机辅助制造”，自动化学院“现代传感器技术”、“电路分析基础”、“计算机网络”，数理学院的“材料物理导论”、“信息安全与密码学”、“概率论与数理统计”，化学与生物工程学院的“应用电化学”，东凌经济管理学院的“企业文化”、“财务管理”、“国际金融”。

13日　举行北京科技大学创先争优活动总结暨《基本标准》入校检查动员大会。

14日　瑞典布莱京理工学院厄休拉•哈斯（Ursula Hass）校长一行3人访问北京科技大学。

18日　教育部党组成员、中纪委驻教育部纪检组组长王立英来北京科技大学调研检查安全稳定工作。

20日 浙江农林大学党委书记宣勇率校办、组织部、研究生处、发展战略管理处、人事处、社会合作处和教务处等部门负责人来北京科技大学调研交流。

20日 北京化工大学李显扬副校长及国资处、后勤集团负责人等一行9人来北京科技大学参观交流。

26日 由市委教育工委委员李中水为组长的《北京高校党建和思想政治工作基本标准》入校检查专家组一行15人莅临北京科技大学检查党建和思想政治工作。

十月

10～11日 教育部直属高校国家教育体制改革试点项目及“三重一大”决策制度执行情况第一检查组来北京科技大学就相关工作进行专项检查。

10日 中国工程院院士、国际宇航科学院院士戚发轫教授应邀作客北京科技大学“当代中国国情与青年的历史责任”系列课程，以《中国航天事业与航天精神》为题，为广大师生详细讲述了中国航天事业发展历程。

11日 由北京市教工委、北京市教委组织的《首都高校“平安校园”建设长效机制研究》专题结题评审会在北京科技大学会议中心举行，北京科技大学《首都高校安全稳定工作队伍建设研究》课题通过了结题检查验收。

15日 台湾屏东科技大学古源光校长一行3人来校访问。

16日 北京科技大学党委书记罗维东一行访问韩国国立顺天大学，并参加了在此举办的“2012北京科技大学-朝阳科技大学-国立顺天大学-西安建筑科技大学学术研讨会”，4校共同探讨了各自高校的教育理念和特色做法。

18日 2012年北京科技大学校企人才联合培养暨实习工作研讨会在会议中心召开，来自首钢、包钢、宣钢、日照钢铁、排水集团等19家企事业单位有关负责人及北京科技大学师生代表共60余人参加会议。

19～21日，第三届“外教社杯”全国高校外语教学大赛北京赛区比赛在北京科技大学举行。北京科技大学白秋梅老师以第一名的成绩荣获一等奖，并将作为北京赛区唯一的教师代表赴上海参加全国总决赛。

22日 2012年北京科技大学法国大学日在会议中心会议楼报告厅举行。图卢兹第三大学、巴黎政治大学、图尔大学工程师学院、奥尔良大学工程师学院及法国高等教育署的相关官员和师生参加了此次活动。

24日 召开2012年度毕业生就业工作会。

24日 “甲骨文（北京科技大学）教育中心”创新型人才培养模式研讨会在办公楼召开。甲骨文（Oracle）大学全球副总裁Mr Robert Green，亚太区副总裁Mr Damien Carey，北亚区总经理吴绍山和职业教育项目中国区总经理叶洋一行4人来校交流。

24日 英国波茨茅斯大学约翰•克莱文（John Craven）校长一行3人访问北京科技大学。

25日 中共黑龙江省安达市委常委、组织部部长关国志和副市长魏红梅等一行4人来北京科技大学交流座谈。

10月 北京科技大学与东城区团委深入交流、沟通商洽，形成了东城区与北京科技大学携手开展共青团参与社会服务管理创新“七进网格”工作方案。

27日 第三届中国校园戏剧节颁奖典礼在上海话剧艺术中心举行。北京科技大学话剧团原创剧目《燃烧》荣获第三届中国校园戏剧节“优秀剧目奖”，北京科技大学获得“组织奖”，主演梁晨同学荣获“校园戏剧之星”称号。

30日 北京科技大学与河南博物院合作共建科技考古与文物保护教学实习基地揭

牌仪式在河南郑州举行。

十一月

1日　北京科技大学涂序彦教授被授予了2012年度吴文俊人工智能科学技术奖成就奖。

1日　中国材料名师讲坛第57讲在学术报告厅举行。中国工程院院士、中国固态离子学创始人之一、中国科学院物理所研究员陈立泉院士为在场师生作了题为《材料基因计划与第三次工业革命》的报告。

2日　解放军后勤学院学术研究部部长沈志男一行14人来北京科技大学交流座谈。

5日　党的十七届七中全会决定，北京科技大学2003届校友范长龙增补为中共中央军事委员会副主席。2000年~2003年期间，范长龙就读于北京科技大学计算机技术专业，并获得计算机技术专业工程硕士学位。

8日　北京科技大学党委书记罗维东、校长徐金梧等全体校领导班子成员在办公楼305会议室集体收看并认真学习胡锦涛总书记的大会报告。学校千余名干部和师生在报告厅、教室、食堂、寝室等场所通过电视、广播和网络等渠道收听、收看党的十八大开幕式。

9日　捷克托马斯拔佳大学副校长艾利斯•格雷戈尔（Ales Gregar）教授一行来访北京科技大学。

10日　中共成都市市委副书记、市长，党的十七大、十八大代表葛红林校友回到母校，作客北京科技大学杰出校友讲坛，为在场师生作了题为《当好城市CEO》的专场报告。

12日　北京科技大学与中冶京诚工程技术有限公司共建国家级大学生校外实践教育基地《工程设计》实践开球仪式暨首批企业指导教师聘任仪式在中冶京诚公司亦庄办公区二楼报告厅举行。

13日　召开“教育部对北京科技大学国家教育体制改革试点项目及‘三重一大’决策制度执行情况检查意见反馈会”。北京科技大学全体校领导班子成员及各相关部门负责人参加了会议。

13日　召开北京科技大学2012年本科生导师工作会。

14日　校友范长龙、郭声琨当选中国共产党第十八届中央委员会委员。

14日　北京科技大学钢77级校友，电子科技大学党委书记王志强作客北京科技大学杰出校友讲坛，与母校师生开展座谈交流。

15日　十八届一中全会选举范长龙校友为中央政治局委员。

16日　国家发改委在深圳第十四届高交会举行国家创新能力建设和国家信息化建设授牌表彰大会。北京科技大学高效轧制国家工程研究中心等12家工程中心获得“国家工程研究中心杰出贡献奖”。

20日　马德里理工大学校长约瑟•路易斯•帕拉•阿尔法罗（Jose Luis Parra y Alfaro）教授一行来校访问。

22日　举办2013届春季毕业生大型双选会，来自冶金、材料、IT、航空、土建、装备制造、文化出版和金融咨询等行业的307家单位参加，其中北京地区单位233家，京外地区单位74家。为毕业生提供就业岗位6000余个，近5000名毕业生参加了此次双选会。

23~26日　中国教育电视协会高校电视专业委员会全体会员大会暨第二届“中国高校电视奖”颁奖大会在重庆大学召开，北京科技大学电视台报送的八部作品分别荣获一、二、三等奖。

28日　第八届“挑战杯”中国大学生创业计划竞赛决赛在上海同济大学落下帷幕。经过激励角逐，北京科技大学“端迪恩特新材料有限责任公司”创业团队在比赛中一举夺魁，获得金奖。这是“挑战杯”创业计划竞赛开办13年以来北京科技大学获得的首金。此外，北京科技大学另外两支团队在决赛中获得铜奖。

十二月

5日 召开第七届教代会四次会议暨全体教授会。

6日 首届全国大学生金相技能大赛开幕式在北京科技大学逸夫馆报告厅举行。北京科技大学党委书记罗维东、教育部高等教育司实验室处处长李平、国家级实验教学示范中心联席会秘书长王兴邦，重庆理工大学副校长、北京科技大学校长助理黄伟九出席开幕式。

6日 甘肃省秦安县副县长杨栋一行来北京科技大学交流探讨定点扶贫相关工作。

7日 北京科技大学-东北大学日在会议中心会议楼举行，东北大学里见进校长、植木俊哉副校长率领团参加活动。

12日 北京科技大学“卓越工程师教育培养计划”校企联合培养工作研讨会在科技会议室召开。中冶京诚工程技术有限公司、首钢总公司、首钢迁钢公司、太原钢铁（集团）有限公司、河北钢铁集团有限公司、山东钢铁集团公司、中国恩菲工程技术有限公司、北京矿冶研究总院和中冶设备研究院等企业人力资源部门相关领导参加了会议。

13日 北京高校党校协作组成立20周年纪念大会暨2012年年会在北京科技大学教职工活动中心举行，北京市委教育工委常务副书记刘建出席会议并讲话，59所高校的党校校长、党委主管副书记及党校副校长共110人参加了会议。

14日 举行北京科技大学关心下一代工作委员会校园文化组成立仪式。

14日 中国科协在北京人民大会堂召开“中国科协会员日暨第五届”全国优秀科技工作者”颁奖大会”。北京科技大学土木与环境工程学院的吴爱祥教授、冶金与生态工程学院的张建良教授荣获“全国优秀科技工作者”称号。

15日 在北京市教育工委“我的班级我的家”优秀班集体建设评比活动中，北京科技大学工程师094班以第2名的优秀成绩荣获2012年北京高校“十佳示范班集体”荣誉称号。

17日 教育部公布了2012年“精品视频公开课”评选结果，北京科技大学计算机与通信工程学院王志良教授、石志国副教授负责的“物联网与科技强国”课程入选2012年度第二批国家“精品视频公开课”建设选题名单。

20日 曾宪梓教育基金会成立二十周年暨2012年度优秀大学生颁奖大会在人民大会堂举行。北京科技大学荣获2012年度“优秀项目管理学校”称号，全国仅3所高校获奖。

20日 北京科技大学钢铁冶金新技术国家重点实验室第一届学术委员会会议在冶金生态楼会议室召开。中国金属学会理事长干勇院士、北京科技大学周国治院士、王一德院士等11名学术委会委员出席会议，会议由学术委员会主任干勇院士主持。

20日 北京科技大学学生民乐团荣获“北京大学生艺术团”称号。

21日 教育部科技司在北京科技大学组织召开“北京科技大学JPPT项目验收会”，北京科技大学参加验收的6个项目中4项验收评定等级为优秀，2项验收评定等级为良好，北京科技大学所有项目顺利通过验收。

24日 举行北京汽车集团有限公司院士专家工作站揭牌仪式，北京科技大学周国治、胡正寰院士成为首批进驻专家。

26日 北京科技大学校友、广西壮族自治区原党委书记郭声琨出任公安部党委书记。

26日 2012年北京高校红色“1+1”示范活动评审会在北京化工大学举行，北京科技大学高等工程师学院本10级联合党支部从765个参评党支部中脱颖而出，以92.43分的成绩赢得第一名。

26日 清华大学图书馆、中国学术期刊（光盘版）电子杂志社和中国科学文献计量评价研究中心发布了《2012年中国最具国际影响力学术期刊》报告，北京科技大学《北京科技大学学报》名列第46位，成为2012年中国最具国际影响力学术期刊。

29日 作为教育部公开选拔直属高校校长的三所高校之一，北京科技大学在教职工活动中心举行了公开选报校长面试会。教育部党组副书记、副部长杜玉波出席面试会，遴选委员会成员、参加民意测验人员参加会议。刘炯天、邹采荣、谢建新和张欣欣4位校长候选人先后参加了上午的竞聘演讲和答辩环节。

2012年毕业生名录

2012年本科毕业生名录

土木与环境工程学院

马奎	卞正涛	王祖琦	王海丰	田昊丰	刘宁	刘志鸿	刘政
刘斌惠	孙钰斐	吴晋瑞	吴瑞东	张栋	张敏艳	李伟	李明阳
汪洵	陈璐	屈云锁	胡志威	赵宏哲	赵明喆	赵春晖	唐君
贾骅	高宇	高翔	崔弘鹏	梁维刚	张建斌	王子龙	王向飞
王旭	王迎辉	王维	田立鹏	刘博纶	刘璐	孙志成	朱学武
纪少芳	达乌来提·波拉提		张戎泽	李希文	李娜	李敏	周洪
孟庆洋	贺昭	赵小山	郭威	高一琪	高莉莉	黄琨	童菲
董鹏程	蒋凯泉	樊晓君	滕云骢	潘开平	马占国	马翼	王瑞
田瑞博	刘麒梁	孙军	孙迪	齐鑫	吴昊燕	张欢	张震
李鹏飞	汪成林	邹颖	陈昊	陈博珊	孟小虎	封鑫	赵一欧
郭小龙	郭浩然	黄舒鹏	谢琰珂	甄晟淇	靳国豪	蔡清池	薛洪亮
余瑞旺	陈国龙	徐霄	理效龙	扎西达瓦	扎西顿珠	王昊	王健
帅奇云	刘曦	朱金瑶	牟进军	邢亮	宋祖疆	张伟康	张密
张晨辉	张程	李海龙	李晶晶	杨凯	杨强海	汪大海	邱燚可可
陈布雷	段一腾	赵伟	徐凡	袁蕴伟	顾毅夫	高静静	龚凯
韩文定	蒙杰	刘剑超	宫宝涵	乌艳嘎	巴哈尔古力·吾斯曼		牛亮
王九龙	王右翼	王顺凯	王振南	王雪梅	冯瑞	白志强	孙立红
孙利北	张笑	张崇骁	肖翔	陈晓娟	周薇	茉莉得尔·金斯汗	
侯霜	哈那提·米拉提汉		赵星	项娟	唐丹琦	聂富祥	郭浩
彭颖菁	游文韬	谭婉乔	丁文杉	丁聪	毛妍妮	王宁	王相懿
王硕寻	王嘉莹	刘通	米乐	张彩云	李名月	陈定	陈焕玺
林晗	段妮桢	赵旻	赵跃	唐琛	徐静	索亚	聂义宁
崔磊	曾杰	韩洋	满德乐呼	靳宇斯	德庆曲珍	张潇尹	任杰
丁增扬平	井泽远	支凯	毛威	王昕彤	王奕	王露露	卢俊杰
刘江瀛	孙妙音	佟兆辉	吴忆凡	宋从波	张可	张宇隆	张晓翔
杨蕾	陈超	周立	林飞	罗俊峰	金萌	姜楠楠	赵文婷

徐明	索南群旦	燕雨薇	顾航	王锐	王嘉悦	王璟瑜	王赟倩
韦玉鼎	付芳	平玉城	伍宝珠	伍亮	刘飞	刘健修	刘峰岩
宋管政	张超	李兴	杜晓梦	武潇依	徐喆	徐晶	袁琦
贾婷	戚轩畅	盛思	黄箫	彭亚	蒋刘芯	韩大兴	詹璐
丁越	牛少青	王跃	王博	邓进	刘风光	吴鹏	李雪伟
花良奎	陈晨	周东洋	周铮磊	屈良嘉	庞炜	易巧明	苑新亮
郭佳佳	高启明	崔翔	常晓娜	黄俊锐	曹帅	米金辉	吴业兴
吴佐汉	张萌	张博然	张毅	沈显岭	谷瑞江	陈金祥	侯杰
娄权	秦九天	秦洁璇	傅钊	戴飞	马朝阳	王龙	王波
王恒	田地	祁明朋	阳振华	佟宗凯	吴长好	张伟	张洪运
汪海萍	陈卓	陈建均	陈银萍	姚鹏飞	柏天航	徐玥	黄东旭
黄蝶	彭乃兵	程光华	锁配师	马玮	卢俊颖	边巴仓拉	达娃卓玛
张开路	罗布卓玛	高月娇	高希宇	滕青	王耀敏	史晓倩	田斌
刘萌	李已磊	肖丽	陆琳斐	段超	贺振华	蒋蓓萍	于春晓
仇夏杰	冯阳	张苠文	陈杏婕	崔强	崔颢		

冶金与生态工程学院

杜柯	陈岱宗	于乔木	马壮	王明扬	付晨曦	包海玉	刘学成
刘嘉晨	朱玉涛	纪元	齐福乐	何俊璋	张亚坤	张建伟	张杰
李东侠	李铄	李鹤	陈哲元	陈铭	周昊	岳越	罗乙娲
郁新芸	胡友清	唐国豪	徐呈亮	章程	赖一玎	雷海萍	赵兰刚
葛军亮	尹尤豪	王亚娴	王克珍	王林珠	王栋	王翠	邓海南
刘宇	刘沁元	刘英东	刘洋	朱广太	闫小柏	张风杰	张明军
李克非	陈业潇	周超	尚帅	庞卫伋	罗艳	苑鹏	苑德志
秦文斌	曹博忠	黄荣彬	阙再青	潘文龙	潘晶	张思远	巨鹏瑞
王硕	王鹏飞	冯超	左伟	巨翔	刘少杰	许建博	张波
张玲鹤	张海强	李钊	杨光	杨梦娇	谷端跃	陆鹏雁	陈业亮
陈俊	陈彦伊	陈维通	周洪旭	赵一博	郝丽璠	徐阳	翁程勇
郭广龙	梁志鹏	黄文师	彭国辉	葛鲁嘉	董经纬	陈卓笛	王雪亮
于成军	于莉	王呈睿	王洪洋	王祖民	贝纪承	付涛	卢茂洲
刘煜	吕昆	许宇杰	许琦	张西超	张音强	李彬	陈秦
陈鹏	陈曦	姜若尧	胡森	赵印	赵祚超	聂嫦平	奥龙飞
虞文鑫	缪育明	冀洪舟	高晗	于韬	王振阳	王润博	王策
宁培峰	田冬东	孙少南	许诺	吴昊然	张庆春	张成鑫	张瑞
张睿峰	李少翔	李宁	李济永	李晓波	李靖宇	陈家春	周力
林挺	竺夏斌	罗文博	金建星	胡磊	柴琳	黄震	龚逸斌
彭蓓	路明莹	李克江	葛建邦	杜辰皓	王玉吉	王伟泽	王欢
王亨	王威	冯欢	刘春秀	刘磊	朱小研	许靖	张杰
张昭亮	李竞雄	杜双龙	杨亮	陈博	罗婷	罗韵泽	修祎帆

胡阳 徐文渊 徐涛 桂涛 高双龙 常凤 潘林森 肖九三
吴燕 杨邑龙 王一 王军伟 王琦 王琳舒 王慧敏 付凌鹏
田冬冬 田罗林 刘伟迪 朱坤明 朱贺 许东方 何蕾 吴胜圣
张原驹 张家志 李风伟 李丙洋 李正 李强 杨方略 杨必文
陈珊 胡一航 郭宝奇 董浩 缪骏 陈亚楠 王天天 王龙飞
王诗 王珉钧 王超 龙云翔 刘肖 刘毅 孙禾 孙浩博
吴启帆 张博 杨小龙 辛彩萍 陈宇 周忠志 侯超刚 姜帆
赵大龙 赵嵩 徐俊 曹明亮 黄仕杰 黄有财 彭志强 彭清远
蒋绍峰 谢文飞 谢伟 韩梦曦 陈贵和 李忆南 吕谷城 于宏渤
马浩源 王一航 王文博 王媛媛 韦明明 刘硕云 安稷 庄志东
何颖 吴语欣 张云涛 张萌 李明 杨术 阿依肯·阿格扎木汗
周园园 林海浪 武维 迪娜尔·叶尔肯 保海彬 美热阿依·吐鲁甫
赵龙 郝香欣 贾昕立 郭玮 董亚林 许彧戈 卜金彪 王京京
王泽玮 王琛 韦克勇 史跃 史雪威 叶利哈力·马勒尕志达尔
刘云 刘权锐 刘许 刘坤 刘蜜 危玮 孙井志 孙靖尧
孙鹤群 努尔沙拉·沙哈提别克 吴比 吴莹莹 李涛 陈冠良
陈燕 潘敏民 穆克德思·阿不都卡德尔

材料科学与工程学院

王博 杨帆 周若琳 秦海霞 王婷 刘雪梅 靳霄曦 张凤波
孟秋玉 金植 侯清辉 徐偲 潘燕丽 刘茜 李颖 方梦雅
孙雪婷 张敬 张瑞 石昊宁 张俊 张靓 宫颂 胡清
赵璐 刘红兰 杨文辉 杨晨 邵岩 贺卓 韩青哲 于跃东
马来君 马嵘 王菲菲 刘山 闫文硕 姚莉 白雪 刘准
刘铭瑞 孙墨一 杨春阳 武军豪 潘笑容 王许月 严春林 杨丹
杨洋 赵丽娜 高森 王姣姣 孙芃 杨彩燕 陈祥春 徐柳静
王珍霖 何逸 周旭 顾一锋 温业霆 葛一瑶 倪文啸 齐振君
谷孝刚 金航 柳芬 刘小浪 张剑 姚森 王宇巍 韩丽璇
姜浩 杨泽南 陈式有 季晓宇 尚正荣 苏星宇 黄建业 刘昊
李栋 董浩 肖卓建 俞翔 沈文波 王萌 林家斌 钱学强
高旻 陈海飞 刘传宝 朱恩泽 赵云驰 钱坤 董京 周笑靥
赵帅 马雁南 王天奇 卢箫 张浩然 郭琦 智慧 程中州
张婉姝 董博闻 付东 张婕 于美娜 徐丽蓉 张玉晶 张济
张晓虎 张维纶 李晶 贾昊 梁驹华 谢声琳 谢炜 熊继光
潘学福 薛浪 魏泰法 田星 李晶琨 赵凯 崔田灏 潘东远
戴子涵 王小楼 边腾 刘小强 朱国帅 朱俊达 何精斌 张帆
栾贺 王立 刘一冰 孙宇航 余艺平 张宝来 张海波 张蹈扬
李力 李俊儒 陈潮 唐欣 高兵 黄健 黄嘉琦 谢兆宛
赖清楠 戈晓达 文强 丛菁华 刘湘 刘翘楚 毕文涛 张泰然

张　强　沈怡东　陈永城　侯慧鹏　姜三川　贾超君　张　奥　王　灿
玉·买提别克　关丹辉　刘东来　刘　翔　苏家南　林起哲　相　顾
赵鹏飞　徐亚军　徐　徐　耿二建　崔成吉　欧阳维杰　沈　超　曲　帅
李胜明　杨宝震　龚　臣　刘程鹏　陆　锋　周进舒　郑　航　姜　伟
黄　勇　霍　亮　王万里　倪泰然　徐　涛　何　博　张　岩　李效贤
杨庆松　杨　阳　苏　莹　胡建朋　王　硕　张澜沁　李佩桓　李　洋
陈　雷　林一良　龚汇斌　王自立　白浩天　任银银　刘　健　刘　涛
宋林强　张伟健　李　巍　赵瑞涛　葛庭言　马　龙　王　龙　刘健铭
张炉冰　迟　海　闻强苗　秦海龙　梁玉新　蒋起清　魏廷辉　赵复庆
铁　颖　王　栋　刘英坤　宋　洋　肖　飞　陈　曦　尚俐君　胡俊洋
常荣耀　王宇超　王茱清　冯　石　包崇茂　叶建水　齐　琳　何飞霞
张彬彬　辛　鑫　陈玮楠　陈　骏　郑明婷　赫　川　孙泽明　左　强
申贝雷　刘珍君　李　伟　李灵洁　李姝睿　李　凌　杨武强　芦博昕
邱培宇　岳远杰　胡山山　贾静焕　高佳伟　梁　灏　章　晨　彭以超
文　雅　马寅峰　田　强　刘庭婷　郎旭泽　韩妮丹　汲家骏　任于甫
刘　洋　闫俊达　张世伟　张喜臻　陈　科　郑盼盼　高　弦　曹　媛
梁　栋　喻　玥　杨　楠　孟　禹　代　珍　卢　淋　吴　雯　张颖骁
李建宽　李晓爽　杨财水　武　冰　钟友龙　曹　璐　吴东翔　宋　遥
毛逸然　王　岩　王　姣　刘晓雪　吴长乐　宋东升　李建忠　陆战钶
郑　超　赵霄昊　赵　耀　唐一超　贾　芳　郭　涛　康彦陶　梁梦媛
李　根　郭俊秋　孟　玲　左振博　刘志颖　吴茂林　张子佳　张欣蔚
张海武　李　玮　沈正波　周倩如　赵　磊　常玉玲　隆　卓　黄弋力
曹　雪　毛旭东　王兆阳　申　琳　刘　前　刘　琳　牟国倩　吴佩阳
张立胜　李　丹　段　凤　胡　超　贺哲丰　钱志超　梁　霄　储平平
谢　颖　郭姝萌　单雪阳　任建伟　安文瑞　沈海山　周　维　贺　婕
赵　楷　聂新宇　魏　薪　于三川　王克钊　王　涛　伦庆宇　刘　抒
张丕敏　郑鑫圆　赵　汪　饶　毅　殷　喆　高　文　彭　力　王　培
王　瀚　叶　政　刘智亮　吕丽丽　吴玲芳　张晓飞　李文道　姚纪政
赵亚陇　秦川穹　聂晓琳　曹　晨　王浩宇　边义午　刘一泽　张小红
李　景　杨　阳　肖娅晨　孟　通　罗　跞　胡佳智　徐姗姗　黄　亮
周　昕　毛　政　刘凯强　张帅琰　杨晓菲　李文迪　王利利　王　维
张晓宇　郑　娟　康昭魁　张赫男　杨卓畅　米热·伊力亚斯　王宇宁
张　婷　魏千惠　刘　亿　张梦迪　曹航超　杨忠岱　刘胤哲　李　琼
丁　航　丁康康　万　迪　马小红　马楚泽　王　晗　王鹏飞　史镜明
申　炜　刘永康　刘　昕　刘　昶　向　伟　吕　垚　张　伟　张君豪
张智宏　李文广　李纪彤　李　星　李　默　杨志达　陆　煦　周　洋
徐冬翔　高　帅　高　齐　高　茜　董相宜　鲍　森　滕　菲　雷天娇
孙一苇

机械工程学院

于方弟	方叶凉	王晋	王睿	史婧	石登仁	伍智宏	宋英哲
张宏	张鹏	杨小龙	杨晔	陆登峰	陈墨	周玉琪	范吉忠
侯振兴	胡荣	赵凯	蒋宇涛	仇实	卢臣智	刘月	刘熹
朱美军	宋云龙	张健	张道童	张雍	李星祥	杨港	陆天杨
罗晓明	校文超	梁艳超	曾华伟	扎玛托夫	王天聪	王文景	王亚飞
王佳	王洪尧	王雷	刘杰	刘皓	宋莎	杜思齐	邵鹤
陈宇峰	陈锋林	侯永兴	姚驰寰	姜宇	赵宝实	郦彬	徐宝龙
高颖	康帅克	黄向宇	蒯声政	虞川一	徐俊伟	仇天阳	王士元
石露露	朱光宇	严进亮	吴学文	张旻远	李彤彤	李辰	李然
姜婕	洪流	祝志刚	郝精诚	彭月	潘一丰	于亮	倪彬彬
赵爱国	丁翰超	孔政	刘帅	刘晓丽	孙明	吴晖	范志强
侯雪鹏	夏聪颖	谢眺	谭勇	周晨初	田晓耕	刘巍俊	朱子睿
朱璐航	张聪	李成龙	杨鹏	周林	易倍羽	苗海宾	郑燕超
凌希信	徐亚康	钱程	韩润启	卜奕	祁梦颖	于得涛	王薇薇
刘近悦	刘超岳	吕宗凯	吕翔宇	李艳辉	杨亚男	杨祖源	陈志华
陈果	陈振星	林双	骆立锋	黄振斐	孟立周	谢卓	丁超成
史全宇	刘炜	孙开	毕龙	张彬	李稌	杨丛莱	沈忱
苏超	陈云龙	林俊	罗春雷	高晓伟	黄陈熙	彭维民	管延刚
蔡向前	于洋	王峦涛	冯逸飞	吴子文	吴浡	张大元	张乐
张颉	李庆龙	李玲艳	李懿	杨龙	周晓帆	周鹏	范城杰
胡旭东	赵彬舟	陶哲	曹文军	彭关伟	陶湖云	马君君	马荣升
叶帅	任娟	任潮群	刘煜	刘赛	李万	罗扬	宫刻
战宇	徐亚闻	耿晴鹏	袁登鹏	崔凯	崔建敏	阎亚军	黄文滔
黄蓉	温正略	魏明远	魏淼	丁蕾	王奇源	成龙	毕培信
张仙文	杨德霖	连亦健	姚伟超	徐美宝	高旭东	逯畅	陈汉
方亚南	车达	刘辉	吴兴	张佳明	李璐	郑先华	段程程
徐壮	殷亚国	殷鹏	郭凯	高浩	詹旭明	么爱东	王辰旭
刘克飞	刘海	张经纬	李秀佳	李豪	杜赛	汪长波	周栋
郑浩	姜靖涛	聂帅	贾瑞鹏	崔健	黄河	廖涛	翟利强
魏龙	于川	马泽祥	尤亚娟	王友祥	代巍	任永俊	刘欢
许可	李轩	李治民	陈祖国	周浩	林潇	胡建龙	高真熙
蒋彬	樊军伟	高俊龙	孔睿	王义	边晓童	刘伟男	孙闯
吴洁雯	李启超	李鹏涛	陈书瀛	周春	范融	姜天龙	唐西豫
唐慧	聂祎	黄应聪	黄南洋	程金辉	门亮	刘译允	孙正涛
孙宇	孙志伟	朱成璋	祁鑫	张一泽	张东旭	张进	李元鹏
李煜德	陈健	周斯宇	范应标	金大兴	金欣鑫	姜恒	崔伯瑞
解亮	潘佩琨	王帅	王启衡	王栋	付可蔚	左迅	石凯
石彦超	吴宁	张斌	李翔	李鹏飞	杨欢欢	杨新龙	周晓龙

罗志晖	赵国斌	程 强	颉旭东	虞学宾	翟文桥	王晓博	邓立伟
余新昌	冷艳威	李艺群	杨 达	杨 健	白惠东	张 帆	张阳阳
李子宜	李梦华	李 斌	钟 铖	邓敏鑫	田思洋	魏云龙	于虹伟
王海俊	刘 敏	吴 非	杨 云	杨合理	陆元翔	周钟檀	梁 策
巴桑次仁	任建良	刘腾跃	何 坤	吴康乾	迟兆武	邱明晶	顾廉斌
詹佳明	谢 飞	李少帅	杜 阳	胡 健	郝鹏飞	夏 勇	袁儒强
高加尧	曹 欢	黄明亮	董 干	谢佳琳	蓝海鹏	石教厅	丁玮强
王 耀	叶 启	张星一	李兴辉	唐 兵	彭玉浒	魏 箭	文 钰
史晓东	白 璐	刘桂桂	吴 昊	李瑞锋	郝骄骄	郝溥俊	葛 聪
李全江	党俊杰	谷京晨	陈道会	周闻华	韩越扬	蒲永先	雷雨川
闫 冬	王 晴	刘晓宁	吕晓星	毕天骄	何昱辰	杜银林	褚学文
戴鹏飞	王莹莹	包建安	吴洪斌	张志红	李成柱	陈 宜	尚 乐
祝 涛	袁 浩	袁海波	曾 诚	韩智领	黎 磊	牛永健	王子龙
王帝杰	王晨飞	张 鑫	罗亚冰	罗 锐	喻宏宇	王文博	刘 娓
成保林	张爱京	庞亚楠	刘志涛	吴 祥	骆 翼	郭 丽	霍进东
沈 策	刘 昭	李皓琰	林 永	林 佳	徐大文	曾义波	檀 鹏
崔文楠	王琛颖	张文晖	李幼琼	李安卫	杜欣阳	杨斯博	肖又歌
陈 巍	周 朦	郭 超	韩 骥	蔡 亮	路文华	么雪佼	王振甲
朱小恬	张绪桐	李元毅	李 岩	李 捷	李 璐	林德强	胡若冲
郭倩倩	黄 鑫	韩 颖	蔡召洲	潘 阳	王 欣	张 乐	李 翔
杨 舟	钱昱婷	姜 宸	李 晨	林明坤	马 艳	牛 萌	王 重
王 倩	王禹诚	郭匀欢	黄 彬	冯晓琳	任昊哲	徐 飞	李冰雪
王虹雾	孙怡莎	朱雨晴	张 帆	张 莹	张潇琳	李冠娇	杨 娜
汪 洋	辛向军	陈瑜金	孟 琥	范晓蕾	贾艳清	顾文峰	韩佳宴
韩雅娣	燕 飞	霍振杰	王 茜	宋聪聪	张伟坤	李少宇	李亚萍
李浩岑	李 崔	杨 堃	肖 霆	孟 涛	庞禹伽	郑 悦	赵 茜
郝燕丽	唐晓萌	袁 蕾	高 杰	崔娜娜	李泽京	丁华骏	文 彬
付林杰	张 宁	陈依可	崔文举	吴 江	龙 潭	杨鹏飞	方文胜
刘尚春	黄晨南	何帅志	王 卫	张佳秀	黄 维	朱兴龙	张芃芃
杨基帆	甘 韬	许曲明	陈思宇	龚登峰	丁 胜	张腾飞	刘云辉
刘剑雄	梁 晨	韩 硕	王 昭	王 洋	刘 尚	刘晓颖	闫德隆
何光辉	李厚泽	王依莉	刘 平	吴承峰	张凯强	郭 飒	万 萌
许 恩	邬松涛	沈 周	邹文瀚	李 楠	于海洲	马 阳	王文俊
王 平	王 健	宁 垒	关 赢	刘 盾	刘 真	朱国稳	朱春波
何 洋	何 淼	冷飞虎	吴靖杰	张 自	张 凯	张 强	李凤娇
李江涛	杨言陇	陈 述	赵 月	贾春宇	高玉冰	曹晶晶	梁 策
暴宇健	戴晓波	凡其涛	马 巍	尹宝乐	王 宇	王冠军	皮水均
孙健宁	许 敏	闫 云	张华清	张志远	张 峰	李义文	李金刚
杨海林	沈 通	陈瑞平	孟繁臣	罗婧怡	姜振华	胡亚松	赵雅丹

郝海龙 徐玉振 巢洋 蒋雪 潘艳飞 黄春鹏 韩富龙 李欣
马千 马瑞璞 邓文庆 付宇 白清瑞 孙国伟 孙鹏 朱继宏
纪宏飞 吴晓蒙 宋博杰 李弘琬 李克冉 李佳骏 李欣 杨军
杨娜娜 杨钦海 陈思源 周丽艳 孟迪文 罗侃 姜倩倩 胡甲国
赵申 赵兴海 钱传绩 高婷 谢颖 贾晨 马维平 殷其德
方捷 王皓 刘洋 刘强 安瑞楠 朱学瑞 朱敏 何晋
吴晓琼 张海昕 李冬冬 李丽霞 杜鹃 邸云竹 邹艾娟 姚雅妮
姜天 殷悦 贾直运 郭雨涵 陶川 高展 崔薇 谢清伟
谢薇

自动化学院

罗颖 刘云鹏 丁昊 于岳 王鹏 陈飞 陈钊 周沈刚
高靖 翟胜男 刘魏魏 李劲鹏 杨易牧 陈龙杰 罗建军 侯成志
姜得瑶 黄静斌 张佳媛 李林树 李祥 杨江峰 邱爽 陈凤林
李下君 季梦奇 姜波 赵浩然 饶煜 牛群 吴勤兵 张强
张瑞 杜冲霄 陆雪松 周亚玲 栾琼琼 潘劲松 冯曼 刘文璐
张赛男 张璇 杜旭元 邹利珍 陈平 陈泽平 丁瑞 文博
冯立青 刘士成 刘亚赟 岑璟 郑诗圣 徐莉莉 韩志峰 徐哲
桑琦 王康 王鑫 乔阳阳 刘昌 吴天源 张伟 李萌
陈泽庆 陈涛 罗孝晨 谢威 韩旭 刘沛卓 朴成日 张志宁
李辉 郭蛟龙 王华昕 刘涛 李璀 杨柳 闵捷 徐乐
梁昌鹏 蒋姚亮 王舆 兰清 王淑君 闫杰 张健 罗双
郝志姣 崔云鹏 韩慧昌 王东 王彬彬 张万书 唐诗洋 徐烨
王玥瑶 卢亚楠 田雪林 张栋 张默 陈建芳 陈诣之 林涛
赵德朋 唐升波 薛彦泽 魏丽 于茜 王党生 任常青 余骁
李宏涛 杨晓凯 邹小毛 刘姗 周雅彬 迪拉娜·多力肯 赵亮东方
原艳龙 崔超伟 曹龙 潘铭心 冯勇 吴炎磊 张洋 李倩茜
李海民 杜康 杨忠岳 郝洪敏 高荟凯 扈亦越 焦瑞华 慕辉
霍建 李晓英 王烁 李超 陈龙 崔大千 游大伟 蒋豹
熊维斌 魏巍 商翰杰 于东阳 王润元 王梅梅 田万里
艾孜买提·艾沙 刘晓彤 刘源 孙亚光 孙冰 朱敏 江雄舟
张沂洲 张泽 张哲 张桂煊 张慧慧 李东海 杨绍明 汪瑞
沈阳 苏珍 阿里甫江·吐尔逊 陈浙 武正阳 郑鑫 姚钰鹏
赵祺慧 高延凯 黄伶俐 曾琳 刘亘 孙果 张彤 陈晨
万川 马莲 王丹 卢跃杰 白东日 阿力黑萨·库尔曼江 刘冰西
孙颖 许轲 齐霁 宋志鹏 张宝 张雨鑫 张晓明 张骏杰
李伟骏 杨芮鉴 陈世峰 陈红旭 周苗 郑宝莹 勇丹丹 赵佳文
徐雅璠 黄孝才 谭明 魏治宇 王慧钰 邓隆接 金标 田九洲
全运洲 毕晓恒 李昀清 杨楠 臧宝龙 潘德鑫 李争 吴昊

迪里夏提·买买提　赵西津　钱锟　楚舒雅　颜士博　李伟泽　肖鹏
石正原

计算机与通信工程学院

戚铁铮	胡倩宇	高宏健	宋扬	徐泽杨	朱红	周星悦	胡敏
徐财雪	高竹青	付锦斌	张立	邵楠竹	吴迪	张海韬	周多焕
盛欣停	龚奥博	潘茂飞	王燕赫	吴愁	李剑飞	姜星宾	梁晓龙
王驰	孔妍	迪娜·艾德力汗		耿绪超	杨畀衡	刁荣华	张成锐
李冰	李通	杨志勇	苏苑晶	陈九任	陈茂龙	郑铭宇	胡波
曹田	曹旭栋	揭建飞	申鹏飞	迟悦	周思远	贺勇	赵鑫
窦克勤	于堃	刘璐	孙仲泽	安世超	吴陶南	李卓宇	杨恺
陈昙昊	巫锡斌	梁荣	梅树	蒋志龙	邓志丹	朱晴	宋娟
祝瑶	高品	韩鹏宇	刘祥龙	姜海洋	王俊蓉	阮斯哲	张天文
陈海欧	钟云捷	倪文显	徐晓巍	童小海	蒋家福	王阳	狄彩林
周宇佳	周凌霄	金黄龙	相叶	赵锦城	贾大为	王云飞	王宁
孙康	李明阳	杨益	王可臻	吴泽坤	杨洁	曾恒	蒋泽亮
李婧	王金喜	王欢	张洪霖	李宇星	陈应虎	陈凌云	钟春燕
刘珂	刘雪峰	张昊	张欣欣	李子超	李玉剑	李贤	赵骏
龚鑫	刘兆燕	姜浩	赵波	徐天宇	徐诚	樊得涛	何光源
陈艺	陈杰	郭翀	毛龙飞	刘天骆	孙伯图	马云	卢洪禄
朱亚俊	张小路	张晨	陆跃	曹雪君	黄薇	廖倡	卢松
田煦	闫建强	李逢安	姜海勇	贾宁	钱承昌	崔野	何川
汪正康	陈凯	赵旸晔	耿海华	刘自伟	肖小龙	邹佩钢	陈登煌
谌俊	樊亚	李跃	王倩	卡合曼·马合木提江		刘莉	朱文琪
宋戈	周亚庆	赵慧杰	郝伟	樊婷	尹诗	王振东	付平成
刘天一	姜星瀚	王鹏	张科	李水庆	杜宪宇	柴晓萌	翟玲
任益萱	张文豪	陈昕	屈伟明	庞璐茗	王硕	冯旭超	乔思宁
沈棣	刘璐	李旭峰	李洋	陆思羽	周宇飞	娄康	钦弯
殷卓	白鹏	张扬	时景昌	李文奎	陈强	贾啸尘	谢万哲
潘晓晔	马小雯	方明哲	王丹丹	刘心平	张宁	张石盟	张旭
祝新鹏	徐晨琳	颜晶	叶建波	孙琦	陈洁	郑乐思	朱金龙
何流	张囡囡	莫然	曹聪哲	黄杏媚	孙长宇	李悦悦	陈立
陈俊	赵副	曹兆军	张俊杰	施浚飞	徐沫	高乐	董秋伟
刘晓萍	汪立强	吴少涵	周雪	夏毓娴	董琛	史姝丽	刘娟
李乐佳	李雪薇	杜茹浩	杨成斌	迟志林	周灵	赵力夫	程曾伟
李骏飞	李霖华	王明睿	王海洋	刘今明	刘重阳	纪萍	张强
张新雨	李波涛	杨琦	尚书	赵仕超	晋辽亮	高杨	董源
王硕	宋秦原	李雯	赵伟	韩露	李玲芮	朱亚洁	张博
陈骏博	和丹	贾丽娜	傅全权	丛骆微	刘茵	蒲凤	熊威

王左翼　高爽　刘伟　胡绍健　梁耀心　李东洋　陈鹏　陈豪
曾婉姝　王渤勋

数理学院

丁学峰　马越　王爽　付建波　刘强　孙瑞男　吴桐　张戈洲
张宇　张鹏　张蕾　杨志伟　陈泓霖　苗博童　郑旭龙　郑晓芬
胡宗满　赵小明　赵中旺　夏楠　徐旭　傅笑晨　彭诗雅　谢子昂
蔡常青　潘凯强　魏家琦　谢剑桥　万小波　于嘉浩　马哲　尹春雨
王子娅　王潇　王蕾　王耀霞　王鑫　任菡　刘进萍　刘勇
曲国良　朱少奇　张健　张焱　张磊　李莉　宗华　郑如强
高波　康路　黄玉庆　翟颖　潘竟乐　朱立伟　李阳　王秋梁子
王硕　白琳静　刘正　刘洋　刘晔　刘盛　刘霄　安旭
许恩泽　吴璠　宋小时　张小亮　张元睿　张亚卿　张琦　李筱
苏孝珊　邹崇良　周圳祥　庞旭　禹学吉　倪阳　温馨　韩世豪
魏亮　孙紫尧　赵鑫　勾廷勋　王秀泽　王策　王越　司元超
刘芬　向婷　朱阳　朱凯　朱琳　朴虎范　邢明亮　吴沛飞
张云　张峥　张聪　李为爱　汪兆洋　陈晋瑜　屈若为　苑瑞宁
徐锴　高驰宇　高楚天　崔永雄　董健　谢镇鸿　熊睿颖　祁璞
马鑫　王宇星　王靖　车文良　冯莉　刘磊　吕昂　何磊
张孟奇　张金旭　张青义　张跃　李米来　李建学　杨可佳　杨霓焕
陈翠　周力平　孟祥来　武蕊　胡瑶　唐克扬　盛捷来　隋济泽
蒋鹏　阚文媛　包海明　尹露　王东海　王永泰　王宇航　王洋
王洪桥　刘旸　齐雪　何森雨　何燚　张宁　张永珩　张驰
李学官　李杰　李炜　李胜刚　陈君　陈希　林雅丽　赵明
赵金虎　高岩涛　梁健泽　惠嘉楠　操磊

化学与生物工程学院

张会　许太林　马秀秀　马岩　方泽亚　毛亚南　王祯文　叶鑫
刘天麒　刘晓凤　吉意　孙娜娜　许威　吴月茜　吴学星　张飞龙
张财明　张珊珊　张潇泰　李小佳　李成龙　李芳冰　芦苒　陈辰
陈超　罗均龙　康宏　曹春　黄春鹏　彭飞　彭媛　童璐
樊晓星　王彦佳　王晨波　兰健　刘小琳　刘田宇　刘茜宇　刘爱洁
安剑波　朱天星　吴传东　吴锡成　张月红　张玲　张振星　张璐
纳斯图　陈文爽　陈章龙　陈祺　范小芬　贺敏　徐桔红　徐媚
袁帅　袁华　高鹏辉　韩易　路颖　井洋　尹凌云　王丹阳
王显扬　王梅　王淳　王强　王皓然　付晨海　代文浩　甘朝
刘翔宇　孙凯　朱天霞　朱芸　朱萍萍　邢鸽　宋伟帅　李云鹤
陈立立　赵津蕊　徐乐　郭媛媛　陶娅玲　黄蔚　蒋银平　谢耀振
鲁庆　戴贝钰　魏璐　刘轶韵　马玥浩　王娅歆　乔世伟　刘志卓

刘 烨	刘 微	牟鉴秋	张渊洲	张雯景	李亚波	李 芳	李 欣
李 康	肖升东	陈凌波	周陆军	林 骏	苗 蕊	倪雨辰	徐世琮
翁锐强	袁俊杰	郭 榕	陶 琳	高 歌	崔濠至	梁圣煜	彭 遥
焦翔宇	童 瑶	端木樊杰					

东凌经济管理学院

牛凯琳	刘 禹	刘 琦	吴 燕	牛 佳	王舒娉	石雨晨	刘 欣
张 旭	李 欢	左汝赫	刘 晔	张昊森	原新宇	鲁 璐	王布陶
林茜茜	赵武苗	马龙宇	齐鸿岳	荀泉慧	金弘义	唐 川	康海鹏
臧翊辰	成 亮	齐庆骄	周雪庭	洪俊俊	赵 洋	梁媚聪	梁 鹏
邓张升	吴 茜	李 苗	邵 茜	徐 佳	耿心怡	贾艳君	蒋海洋
吴梦迪	周宇腾	孟 勇	高宇婧	屠颖旎	焦淑萍	熊家明	王鹏飞
刘丹妮	朱巳昂	李 晶	郑 强	赵鸣夏	赵 雅	徐 翠	孔垂颖
张 川	张国财	杨跃鹏	赵 莉	夏盛强	乔 扬	韩慧琮	张 拓
王阳阳	王琳琳	张 萍	李梦馨	杨少波	杨 萌	周贝贝	赵 航
聂小群	赵自谦	丁园园	马津笛	刘 欢	李 烁	周 敏	曹晓霞
蒜小芳	王梦婷	王 新	王 瑜	史海旭	邢 洋	吴晓娟	陈红伟
武亚绒	俞丽波	崔屹卓	滕冠宏	王晓彤	张 婷	姜富裕	曹 琳
刘恬亦	朱云萍	陈 雪	周 璐	王 爽	左梦鸟	龙颖慧	宋 琳
张 敏	李 瑾	崔 倩	韩璐竹	任玉楠	张 婧	翁玉艳	杨 易
刘笑如	牛硕蕊	边林晚	刘 元	张云晓	张 婧	曹 祎	彭 飞
杨凌日	王文钰	王 瑶	孙 晔	洪雪菲	龚银娟	安 冬	朱 淼
谢 静	潘雪婷	柯 慧	贺 涓	赵雅莉	梁 洋	魏 倩	陈 奇
刘 畅	李 飞	李思远	李梦楠	李 裕	范 璐	徐 姗	徐寅望
董安奇	王 浩	田 林	刘婧雅	李天宇	陈 飞	聂贞勇	高 枫
曹秋月	李冰钰	汪应伟	王秀华	牟安琪	吴 希	张 萍	徐 磊
蒲李子	马曼曼	任梦君	金红善	徐 磊	朱江超	何懿洧	李悦涛
杨竞雄	鄢乔乔	李艳虹	胡佳星	庆轶初	王 洪	王博文	刘 毅
祁 彬	宋瑞超	张玉玺	姚宋旺	晁世健	彭雄驹	于佳鑫	王丽雪
张晓佳	时 跃	李彩芳	杨 迷	郭大林	高境开	蒲 蓉	易邦志
范 婧	姜 蕾	王佳晔	赵皓星	智 宁	邓 斌	陈淼磊	林 淼
王祎旸	王雪亭	刘 威	孙 伟	张 茜	张皓森	夏 雨	奚 玥
徐 通	曾德稳	毛骁丹	朱 敏	郑银巧	段青龙	徐顺利	程筱彪
窦 锋	王 猛	叶雨佳	李宝民	薄启欣	雷天行	申效其	张大川
罗雅文	董 欣	雷 扬	裴艳龙	李 强	王鼎然	李周彤	杨欣泽
叶潇潇	乔文岭	华树维	张 融	李 萍	杜彦南	尚晓蓓	唐志国
熊普化	郭 佩	王 祎	何聪姣	杨晶晶	王广达	王志璐	石 佩
刘自升	陈 红	陈 盈	刘骞妍	卓 遥	夏 婷	郭侃云	王一行
吕梦盈	巩 萌	吴淑娟	赵一硕	陈 琪	王洋洋	刘 畅	齐唯乔

寿俊文	李　旭	高祺璐	蔡晓彤	范　磊	范　雪	孙照勇	李春菠
李晨璐	李　霜	侯丽媛	游　乐	楼　哲	逄　凯	于海微	刘姣姣
刘艳红	刘雯蜀	纪祎欢	宋　暄	鞠茂生	贾　佳	王盈惠	白鹏敏
孙梦阳	孙藤维	邢德鑫	李秋梦	荣　毅	申峥滢	李　天	王　昭
孙馨博	余易行	吴裕杰	李　慧	陈　云	陈志萍	曹倚剑	龚丽雯
刘　晶	丘永练	刘　霞	吕佳哲	张晓睿	李丹丹	李　航	陆嘉骏
季林凯	房　佳	蔡凌雁	汪亚琨	胡艺铭	赵伟欣	高志悦	梁俊亭
黄亚萍	谭　雯	尹诗明	李媛媛	马世卿	白碧滢	闫冰倩	张丹阳
苏晓丽	徐昕钰	韩　雯	乔艳霞	王婧琳	邵子珩	邵　晨	樊超辰
卢谋华	吕林霞	张月阳	周建荣	邢凤巧	宋　盼	李　璇	刘玉泊
冯　烨	罗　雯	阳　蕾	吕小章	李春燕	胡成钢	宋文杰	李飞飞
贾　佳	王振龙	全梦雪	张秋月	秦银银	马赫阳	化　佳	王　茜
王鹤夫	田美子	刘泳知	孙天琦	朱泓恺	宋　琛	张显明	张　搏
李婉阅	李　腾	杨诗超	陈　博	罗晓锋	胡　丹	胡裕龙	贺方玉
赵雪涛	骆晓天	袁雯竹	高　洁	韩　爽	鲁　洋	蔡文帅	

文法学院

丁　力	马冰洋	毛苑入	王丛蕙	王　权	王泽慧	王珊珊	王　哲
韦　琳	田　原	刘宇隆	刘　爽	吴青洋	张　彬	张梦磊	张雅丽
汪　健	周　佳	赵　帅	赵　鹏	徐亦玮	郭　杰	郭　斐	梅莞婷
黄春友	程彬洋	谢丽丽	樊大黎	章淑玲	王夕雯	王　冰	王志文
王春丽	韦　笑	史　玥	田　甜	任玥霖	刘　沂	孙　京	宋　澐
张鸿烨	李梦琪	杜晓霏	汪进京	沈文潇	邵燕波	陈纯华	孟　琳
易　想	郑凤宜	胡丞丞	赵玉杰	徐敏洁	贾　敏	高　扬	董晓竹
戴　玥	于　硕	孔佳琪	文　晖	王　峰	王　简	叶　萌	宁　曈
刘　杨	庄淑雅	何万强	何大千	李笑成	杨　话	杨婧文	周雅琪
季　炼	赵湘婷	钟志辉	倪　菲	袁　娜	郭占宏	崔璐瑶	程　昕
蒋　梦	谢红霞	韩清晨	魏　凌	王　月	王秀敏	王　慧	冯晓亮
龙　杨	刘　佳	孙　莉	朱宇元	何　婧	李　旭	李　阳	杨　翥
杨　鹤	杨　薇	苏旭楠	陈　曦	宗姝洁	金　琳	胡　然	党丹华
唐菁婉	徐文玲	梁秀君	梁　辰	黄飞飞	董姝媛	潘相屹	魏颖颖
魏　馨	孔德明	王四光	王河山	王　茜	王博勋	白图雅	刘　伟
刘邦宇	刘佳怡	刘　蕊	孙文俊	朱豪楠	吴海燕	张成林	张　玲
张钰滢	张　瑶	张　静	李一凡	李勇威	周　曼	桑丽萍	耿国萍
聂亮亮	常　阅	彭颖芳	曾奕婧	钱颖琼	毛盛昌	王武昊	王　焕
王　璜	白乔华	刘大卫	张　驰	张思瑶	李永垒	李　微	杨　希
陈　冲	陈　琛	庞　维	易宇青	侯　颖	胡漪桥	赵京江	赵海铃
赵　静	钟万梅	徐　颖	秦　伟	郭沛廷	郭雪飞	梁聪聪	彭　瑜
解理慧	张沃野						

外国语学院

于孙霞　卞雨心　王天雅　王国才　王松涛　王　茜　王　菁　刘　川
孙浩然　闫合慧　吴　奕　张永娟　张初晴　张睿頔　李秋君　李寅池
杨　苹　陈文郁　赵紫维　耿倩妮　郭　瑾　谢文彬　翟　阳　黎　瑛
方璐笛　王建苓　王　烨　王　晨　王　爽　卢殊彤　刘建锋　刘　珊
印敬泽　张琰玮　张慕词　李思颖　李　晨　谷美颉　孟　佳　罗燕群
宫　珩　唐　熳　徐丹晨　徐月溪　钱艺梦　韩　燕　廖垂莲　吕婷婷
王春宽　王倩倩　买热哈巴·玉米提　刘亚丽　刘　蕾　孙鹏昊　邢　意
宋德懋　张秋圆　李　青　李雪瑶　易　馨　罗梦迪　郑雅婷　郑　楠
胡新满　贺梦真　钟　杰　唐金路　徐　宁　袁　馨　郭颖慧　高香顺
黄金秀　黄笑天　曾宇婕　黎　颖　魏　笑　魏　维　王思佳　王海阔
王　甜　白启龙　石　巍　孙晓丹　孙　涛　安子阳　吴婷婷　宋先婷
张　煜　张　龑　李文睿　李淑娟　杨晓瑜　沈苒萌　苏聿醒　陈梦颖
周玲婷　赵春雨　郝冬毅　徐　硕　秦大林　莫合甫力·莫合塔尔　黄馨仪
程　欣　潘　玥　卫晋津　方怡青　王茵亭　王梦雪　王　晶　冯志萍
刘凯琳　朱　蕊　许文君　吴玉蓉　宋睿宸　张天驹　张成烁　张　敏
杨晓朋　陈　俏　柳子杰　洪牡丹　洪晗昕　相　孟　赵　月　袁　楠
高　菁　焦　蕾　葛晓青　蒋宇灵　霍思华

2012年毕业并获得博士学位的研究生名单

学科、专业	博士研究生	导师	博士研究生	导师	博士研究生	导师
流体力学	王志平	朱维耀				
工程力学	张举兵	蔡美峰	马洪素	纪洪广	赵　迪	尚新春
	曹秋菊	王金安	李　欣	高　谦	刘增辉	高　谦
	赵　康	王金安	王晓军	王金安		
岩土工程	贾金禄	蔡美峰	史　玲	蔡美峰	吴豪伟	蔡美峰
	崔　波	高永涛	王　军	纪洪广	祝江鸿	纪洪广
	宿　辉	李长洪	付　强	谢谟文	黄洁慧	谢谟文
	余建民	乔　兰	刘翔宇	谢谟文	季毛伟	高永涛
防灾减灾工程及防护工程	钟　珉	宋波T	王增福	谢谟文		
矿业工程	段　健	金龙哲	刘丰志	李仲学	胡文韬	孙传尧
	李应栩	谢玉玲	朴道贤	孙体昌		
采矿工程	王进强	胡乃联	胡炳南	蔡美峰	谭玉叶	宋卫东
	杨宏伟	姜福兴	于正兴	姜福兴	李　鑫	李仲学
	王少勇	吴爱祥	刘　钦	杨　鹏		
矿物加工工程	傅开彬	林　海	莫晓兰	林　海	张玉燕	倪　文
	李德忠	倪　文	程琍琍	孙体昌	米丽平	孙春宝

续表

学科、专业	博士研究生	导师	博士研究生	导师	博士研究生	导师
矿物加工工程	何　洋	孙体昌	李永利	孙体昌	闫树芳	孙体昌
安全技术及工程	杨灿生	宋存义	宋冰雪	吴宗之	韩红强	何富连
	刘　艳	蔡美峰	曹耀丰	何富连	谢昱姝	吴宗之
	张小康	何富连	郭晓华	蒋仲安	高　娜	金龙哲
	赵　军	金龙哲				
资源经济与管理	曹志国	李仲学	陈小竹	李仲学	李金克	李仲学
	黄　萍	杨　鹏				
矿山地质工程	林龙华	徐九华				
环境工程	赵　鹏	刘杰民	靳　昕	李子富	苏　伟	汪群慧
	王俊峰	闫　海	王秀艳	刘杰民	周　向	宋存义
	柳　姝	汪群慧	贾　璇	闫　海	郑明月	闫　海
科学技术史	石新明	柯　俊				
冶金工程	孔　为	苍大强	赵志龙	郭占成		
冶金物理化学	张卫东	周国治	刘莲云	朱鸿民	张　俊	郭兴敏
	张　腾	周国治	陈德胜	宋波Y		
钢铁冶金	赵　团	苍大强	李松波	安胜利	赵立华	苍大强
	尹振奎	李京社	杨晓红	成国光	黄冬华	张建良
	赫文秀	安胜利	徐　栋	苍大强	潘宏伟	程树森
	朱经涛	李京社	陈书浩	王新华	景财良	王新华
	张国华	周国治	陈永星	张建良	李桂海	朱　荣
	丁　宁	包燕平	杨志杰	苍大强	马德刚	陈伟庆
	白永强	程树森	邵剑华	郭占成	蔡卓飞	郭占成
	王宏斌	李京社	芦永明	田乃媛	张　博	王福明
	梁　强	郭汉杰	夏云进	王福明	李　强	王新华
	邵肖静	王新华	杨　文	王新华	徐　健	吴胜利
	韩毅华	薛庆国	刘　珂	张家泉	孔德文	张建良
	祁成林	张建良	常　健	张建良	郭明威	朱　荣
	董　凯	朱　荣	张海宁	朱　荣	宁建成	朱　荣
	达　特	吴胜利				
有色金属冶金	王　维	薛济来	刘　勇	朱鸿民		
科学技术史	咏　梅	李晓岑	员雅丽	李晓岑		
	杨瑞栋	李晓岑	李建西	李延祥	董利军	李延祥
	张治国	梅建军	何海平	梅建军	成小林	梅建军
材料科学与工程	王　强	官月平	盛艳伟	郭志猛	石永亮	郭志猛
	马晓旭	何业东	项建英	黄继华	唐　馥	李立东
	韩文妥	万发荣				
材料物理与化学	李　萌	乔利杰	刘　莉	杨　槐	张玉成	高克玮
	孙　鑫	高克玮	李克轩	沈卓身	王　乐	于广华

续表

学科、专业	博士研究生	导师	博士研究生	导师	博士研究生	导师
材料物理与化学	刘志勇	贺信莱	张　欣	姜　勇	邢明军	姜　勇
	汪逸安	乔利杰	何东昱	乔利杰	赵　婧	张　跃
	成生伟	田文怀	李　宁	于广华	雷　洋	张　跃
	任　超	何业东	张德林	姜　勇	周天亮	刘泉林
	张红斌	杨　槐	秦　子	张　跃		
材料学	张俊才	贾成厂	程　竹	王金相	陈家才	孙冬柏
	王　嵬	杜振民	朱航天	杜振民	张　宇	葛昌纯
	李　一	贾成厂	王力伟	李晓刚	生　海	李晓刚
	吴　凯	刘国权	康人木	刘国权	傅　斌	龙　毅
	陈敬波	赵海雷	张翠娟	赵海雷	杨　亮	董建新
	姚志浩	董建新	刘金明	杜振民	吕胜杰	李晓刚
	谈　军	周张健	杨　英	葛昌纯	刘祥庆	郭志猛
	沈晓宇	何新波	聂俊辉	贾成厂	陈　惠	贾成厂
	栾军华	刘国权	李　阳	毛卫民A	闫镇威	孟惠民
	杨栋华	郭志猛	马淑龙	孙加林	尉　磊	孙加林
	于盛旺	唐伟忠	梁雪冰	贾成厂	颜孟奇	杨　平
	陈　婷	赵海雷	谢志翔	赵海雷	王　静	赵海雷
	rafi ud din	曲选辉				
材料加工工程	苏亚军	谢建新	甘春雷	谢建新	杨连宏	刘雅政
	汪贺模	蔡庆伍	姜志忠	黄继华	张　帆	康永林
	孟德亮	康永林	陈雨来	唐　荻	王　宇	谢建新
	王　祯	谢建新	付华栋	谢建新	晏培杰	韩静涛
	周国栋	黄继华	张传臣	黄继华	陈林恒	康永林
	李明扬	刘雅政	陈晓辉	任学平	高　雅	孙建林
	刘宝权	王自东	梁　贺	吴春京		
机械工程	王　凯	王宝雨	张　宁	王宝雨	赵　阳	杨　荃
	王连生	杨　荃	米凯夫	张　杰	王晓飞	张康生
	尹宜勇	李　威				
机械制造及其自动化	远　方	王长松				
机械电子工程	葛永强	王长松	王志宇	王长松	韩立静	徐金梧
	任宇杰	朱超甫				
机械设计及理论	赵　然	张康生	李　宁	李　威	于　杰	王宝雨
车辆工程	刘　立	罗维东	高国华	张文明	杨超	罗维东
	张　艳	罗维东	姜　勇	石博强	靳舜尧	张文明
	王　辉	张文明	李藤飞	石博强	赵志国	石博强
	黄夏旭	张文明				
动力工程及工程热理	杨　雄	刘应书	杨福明	王　立	郑坤灿	温　治

续表

学科、专业	博士研究生	导师	博士研究生	导师	博士研究生	导师
热能工程	万　宾	郑连存	杨业建	张欣欣	明春英	郑连存
物流工程	宋肖青	董绍华				
控制科学与工程	梁　辉	童朝南	胡增嵘	王　京	王　慧	王　京
	杨　溢	王志良	孙昌平	徐正光	秦　进	尹怡欣
	李　歆	余达太	张　斌	余达太	张道山	张朝晖
	张晓星	胡广大	赵明月	刘贺平	卢　菁	刘贺平
	胡长斌	童朝南	王　巍	王志良	赵海英	徐正光
	黄　洪	余达太	曹天扬	李希胜		
控制理论与控制工程	张友春	余达太	王彩凤	巩馥洲		
通信与信息系统	王小波	宋俊德	苗许娜	周贤伟	张　龙	周贤伟
	孟　坤	杨　扬	王　磊	杨　扬	张萌萌	杨　扬
计算机系统结构	王培凤	高庆狮	狄　鹏	胡长军	王　磊	王　沁
	何　杰	王　沁	赵金东	王　沁	赵立永	胡长军
	彭云峰	胡长军	徐　力	王　沁		
计算机应用技术	段世红	王　沁	王成耀	郑雪峰	陈亚睿	杨　扬
	周亦鹏	杨　扬	周　芳	郑雪峰	岳　洋	曾广平
	张清国	郑雪峰	惠　雯	林　闯	隋海峰	杨炳儒
	翟　云	杨炳儒	王莉军	杨炳儒	曲　武	杨炳儒
	姜　伟	杨炳儒	吴爱燕	曾广平	刘行兵	郑雪峰
凝聚态物理	袁晓俭	陈难先	黄秀峰	潘礼庆	王建军	陈龙庆
	李春宏	巨　新	毕　冲	潘礼庆		
材料合成化学	刘坤杰	李文军	赵宁宁	李文军	周　剑	弓爱君
管理科学与工程	吴远巍	高俊山	王　臣	高俊山	罗乾宜	高俊山
	李　华	佘元冠	张　孟	何维达	张　颖	何维达
	夏秀芹	王道平	赵艳艳	李铁克	屈国强	李铁克
	刘丽贤	王道平	程　蕾	王道平	朱晓宁	张　群
	瞿　华	高学东	谷淑娟	高学东	刘燕驰	高学东
	刘雨芙	高学东	周　叶	王道平	赵　耀	王道平
	孙庆彬	王道平	王　英	王道平	韩晓磊	张　群
	陈学昌	高学东	郝　媛	高学东		
企业管理	徐建华	高俊山	王　燕	刘　澄	盛晓娟	佘元冠
	彭　涛	佘元冠	陈金保	赵　晓	王顺江	高俊山
	于　一	何维达	王宾容	何维达	李静澎	佘元冠
	张庆芝	赵　晓	付维会	赵　晓	陶　瑞	佘元冠
科技与教育管理	刘　焱	许　放	翁啟文	毛祖桓	陈　石	毛祖桓
	李志红	许　放	张秋月	许　放		

续表

学科、专业	博士研究生	导师	博士研究生	导师	博士研究生	导师
材料科学与工程	沙庆云	孙祖庆	张　洋	王西涛	许存官	杨　滨
	彭伟杰	张　勇	姚　君	曲选辉	于一鹏	张济山
	巫湘坤	张济山	尤　力	宋西平	甘贵生	杨　滨
机械工程	郭德福	何安瑞				
材料加工工程	张　杰	蔡庆伍	段修刚	蔡庆伍	高绪涛	赵爱民
	庄宝潼	唐　荻	李　振	赵爱民	刘继雄	赵爱民
	周洪宝	蔡庆伍	张　坤	唐　荻		
控制科学与工程	赵建利	王　京				

2012年学术型硕士毕业并获得学位的研究生名单

学科、专业	硕士研究生	导师	硕士研究生	导师	硕士研究生	导师
矿物学、岩石学、矿床学	李琳琳	倪　文	王泉丽	谢玉玲	肖　星	徐九华
流体力学	刘　轩	朱维耀	覃　柏	朱维耀	奚　睿	朱维耀
	伊怀建	朱维耀	郑丹丹	朱维耀		
工程力学	程立年	王德胜	高　翔	高　谦	黄海炼	璩世杰
	李铿铿	高　谦	罗　韧	纪洪广	梅婷婷	李　铁
	盛　磊	璩世杰	孙　超	王德胜	王楚翰	龚　敏
	王　华	龚　敏	王萌杰	吴顺川	王　潇	蔡美峰
	魏　雪	王金安	吴应天	王德胜	谢　田	璩世杰
	杨云鹏	高　谦	张来鹏	王树和	张　旭	高　谦
	周　栋	谭卓英				
土木工程	蔡海鹏	周晓T	陈彩霞	曲世琳	陈吉翔	王金安
	陈首学	谭卓英	陈　阳	宋波T	陈云飞	李长洪
	崔彦飞	刘娟红	杜　红	王金安	冯　哲	杨润林
	高　斌	高永涛	高利立	吴顺川	葛　旭	范慧芳
	宫　志	刘　洋	郭　海	杨润林	郭晶晶	范慧芳
	何兴东	谢谟文	贺文山	宋波T	侯芳芳	刘娟红
	胡　琼	林　海	姬　莉	李成江	姜　峰	刘　洋
	姜佳佳	范慧芳	焦建津	吴顺川	孔德煌	李成江
	李　晶	曲世琳	李亚亮	谭文辉	李　妍	蔡美峰
	李　颖	范慧芳	梁　丹	高　谦	刘　博	高永涛
	刘　璐	曲世琳	刘　敏	陈德平	刘晓磊	龚　敏
	刘娅婷	王树和	罗汉卿	范慧芳	马　坤	宋波T
	孟克明	纪洪广	潘　杨	周晓敏T	孙　晶	谢谟文
	孙　君	李长洪	王大帅	周晓敏T	王光红	李长洪

续表

学科、专业	硕士研究生	导师	硕士研究生	导师	硕士研究生	导师
土木工程	王宏伟	李成江	王娟娟	杨润林	王　凯	牟在根
	王可佳	乔　兰	王　力	牟在根	王清帅	李长洪
	王兴康	周晓敏T	王永林	龚　敏	魏现昊	王金安
	吴　敏	李　铁	吴文萃	蔡美峰	武　玉	宋波T
	相虎昌	杨　珏	肖孝徕	范慧芳	辛　星	潘旦光
	徐　超	高永涛	杨　裔	刘　立	尧金金	牟在根
	越志有	范慧芳	张　琛	刘　立	张建伟	李　铁
	张鹏飞	谭文辉	张　顺	杨润林	张云帆	杨　珏
	赵　晖	乔　兰	赵立东	宋波T	赵学同	刘　洋
	周吉祥	牟在根	周　钦	李长洪	周艳东	李　铁
岩土工程	朱博浩	谭卓英	朱来磊	王金安	马　睿	谢谟文
	闫树新	纪洪广				
结构工程	李　颖	倪　文				
生物化工	侯　莉	常雁红	贾　旭	常雁红	孟苗苗	常雁红
	宋侠侠	时国庆	隋梦琪	林　海	孙远兴	罗　晖
	王衫允	汪群慧	于　翔	汪群慧		
矿产普查与勘探	曹丽娟	刘保顺	龚运辉	徐九华	刘　鑫	张明华
	刘　勇	张树泉	邱立明	谢玉玲	王　超	谢玉玲
	王立宁	李克庆	王天娇	张明华	吴晓贵	刘保顺
	于　鹏	李克庆	俞　迟	张树泉	张　可	李克庆
矿业工程	陈艾吉	黄国忠	陈　丽	杜翠凤	陈　丽	胡乃联
	陈茂林	吕文生	陈晓洋	毛市龙	陈　雅	蒋仲安
	成　鹏	王进强	崔　明	杨　鹏	崔向兰	黄国忠
	崔孝炜	倪　文	单　强	明世祥	丁照忠	段旭琴
	付光华	张英华	高本恒	王化军	高智令	吕文生
	葛　军	张英华	宫建华	张英华	贺臻臻	金龙哲
	胡文志	谢振华	季春伶	王化军	贾海江	刘双跃
	赖怡堃	张英华	李　兵	金爱兵	李豪风	杜翠凤
	李红双	杜翠凤	李宏静	王化军	李　辉	陈广平
	李莉洁	刘双跃	李琳玮	张英华	李　玲	金龙哲
	李　路	明世祥	李晓超	谢振华	李　鑫	刘双跃
	梁玉霞	刘双跃	廖小康	蔡美峰	刘　娟	王化军
	刘　宁	吴宗之	刘鹏博	明世祥	刘倩倩	谢振华
	刘世通	张英华	刘述慈	金龙哲	刘　涛	蒋仲安
	刘兴德	毛市龙	刘泽民	陈广平	刘占华	孙体昌
	刘志伟	杜翠凤	陆　云	高永涛	吕振华	胡乃联
	罗盛康	孙春宝	孟浩亮	刘双跃	欧立懂	蒋仲安
	裴玉斌	张俊燕	宋　娟	谢振华	宋凯东	陈广平
	唐亚男	宋卫东	田明阳	倪　文	田　烨	王化军

续表

学科、专业	硕士研究生	导师	硕士研究生	导师	硕士研究生	导师
矿业工程	万海文	宋卫东	王　彪	孙春宝	王常嶺	蒋仲安
	王　峰	杨慧芬	王纪学	冯雅丽	王　伟	蒋仲安
	王　宇	金爱兵	王　展	杜翠凤	位　哲	杨　鹏
	温洪伟	林　海	肖晶晶	杨慧芬	肖云涛	吴爱祥
	徐恒雷	陈广平	徐　振	胡乃联	闫建浩	张英华
	杨　斌	蒋仲安	杨盛凯	王洪江	余一松	明世祥
	曾志龙	王进强	张朝雷	宋卫东	张琳琳	李翠平
	张　柳	张英华	张　伟	谢振华	赵丹丹	吴宗之
	赵冠军	张英华	赵　坤	明世祥	赵小银	谢振华
	赵紫成	张英华	周　楠	王德胜	田　斌	胡乃联
安全技术及工程	王　鹏	金龙哲	蒙格泰	段旭琴		
环境科学与工程	毕韵之	施春红	边朋沙	孙体昌	曹倩青	林　海
	陈　博	李子富	程　鑫	王化军	邓　晨	孙春宝
	董丽伟	邢　奕	冯慧桃	常雁红	郭佳佳	周北海
	郭家盛	邢　奕	韩嘉艺	宋存义	胡红岩	孙体昌
	胡　萍	王化军	胡雅琴	时国庆	贾小芳	孙春宝
	姜　楠	李子富	孔祥云	周北海	李　芬	孙春宝
	李明颖	孙春宝	刘　卉	陈月芳	刘　婧	邢　奕
	刘　娜	汪群慧	柳栋升	杨慧芬	鲁　鹏	宋存义
	马　芳	夏　新	马星龙	周北海	齐　旭	汪群慧
	谯　耕	邢　奕	邱德侣	孙春宝	石　敏	孙春宝
	唐建军	宋存义	陶娟娟	王化军	田　烨	施春红
	田　祎	邢　奕	王和祥	周北海	王建华	汪　莉
	王　强	黄国忠	王　爽	汪群慧	王婷婷	李子富
	王晓希	李子富	王筱雯	林　海	王　秀	林　海
	王　旭	汪群慧	王亚楠	林　海	王叶晴	李天昕
	韦　威	林　海	吴丰富	李子富	谢兰兰	李子富
	许梦爽	黄国忠	许　卫	杨慧芬	薛　航	宋存义
	荀　磊	李子富	颜　旭	汪　莉	杨　婧	孙春宝
	杨　扬	林　海	十丽莹	周北海	张大定	汪群慧
	张　杰	汪群慧	张　雷	钱大益	张　磊	周北海
	张丽敏	黄国忠	张嫔婕	孙春宝	张　茜	冯雅丽
	张倩倩	李子富	张亚维	甘一萍	张　玉	汪群慧
	张忠园	黄国忠	郑希传	汪群慧	周　芳	李天昕
	周　亮	宋存义	邹　惠	汪群慧	姜长禄	邢　奕
	范　婧	周北海				
环境工程	韩伟宁	孙体昌				
环境科学与工程	路易斯米	李子富	埃里沙	李天昕	弗兰克	汪群慧

续表

学科、专业	硕士研究生	导师	硕士研究生	导师	硕士研究生	导师
冶金工程	巴 茜	程树森	毕秀荣	刘润藻	柴广涛	张克强
	车晓梅	陈伟庆	陈 贵	邹 兴	陈洪智	张家泉
	陈少东	张炯明	戴 婷	徐安军	丁建坤	高 斌
	杜 渊	吴胜利	段飞虎	朱 荣	段剑锋	苍大强
	樊 攀	李 晶	付 平	吴 铿	葛新锋	徐安军
	关春阳	薛济来	郭 凯	张宗旺	郭 亮	吴胜利
	郭瑞兵	闫柏军	郭文波	苍大强	郭新颖	吴胜利
	何肖飞	王新华	贺鑫杰	张建良	胡长松	贾彦忠
	胡海红	王福明	胡招凡	张炯明	华正利	宋波Y
	黄运红	王福明	教传琦	李宏煦	金晓晖	王安仁
	靳 斐	张梅Y	蓝荣宗	薛庆国	郎永沛	储少军
	李 健	张宗旺	李 军	徐安军	李 宁	白 皓
	李士娜	马瑞新	李仕超	贾彦忠	李文广	孙彦辉
	李显非	杨世山	李啸颖	薛庆国	李 燕	马瑞新
	李永超	张延玲	李永卿	李 宏	梁贵生	沈少波
	梁 玲	杨世山	刘彬彬	李宏煦	刘 超	李士琦
	刘旭望	郭兴敏	刘永强	薛济来	龙芳仪	吴胜利
	卢伟佳	张建良	卢 鑫	白 皓	罗玉强	杨世山
	马 超	杨天钧	马静超	李 晶	马 赛	王静松
	明帮生	李建玲	穆衍清	刘 青	庞国耀	李建玲
	乔 峥	孙彦辉	秦丽雪	苍大强	税 烺	田乃媛
	宋洪全	李素芹	宋佳慧	苍大强	孙灵芝	李士琦
	孙士瞳	郭占成	汪玉娇	刘润藻	王 闯	刘 青
	王春龙	杨天钧	王春苗	王中丙	王 广	薛庆国
	王洪远	吴 铿	王 磊	王安仁	王琳涛	王静松
	王 茂	王新华	王明波	杨世山	王其洪	郭占成
	王 俏	李素芹	王祥臻	贾彦忠	王小松	许中波
	王 欣	朱鸿民	危 玮	白 皓	魏代修	田乃媛
	魏芬绒	张延玲	魏小东	王静松	魏鑫燕	朱 荣
	吴亚夫	殷瑞钰	肖阳春	郭汉杰	熊辉辉	许中波
	闫 博	张家泉	严学成	于然波	杨大海	储少军
	杨海阔	成国光	杨鹏鹏	宋波Y	禹华芳	储少军
	苑阳阳	张炯明	岳 明	邹 兴	张建峰	刘 青
	张娟娟	李 晶	张丽肖	贾彦忠	张 盟	郭汉杰
	张 强	高 斌	张 鑫	郭汉杰	张 雪	李素芹
	张亚丽	杨世山	张 莹	朱鸿民	张志梅	郭占成
	张中川	吴 铿	赵昊乾	陈伟庆	赵洁婷	郭兴敏
	赵婷婷	王新东	赵 艳	郭 敏	朱龙沅	张宗旺

续表

学科、专业	硕士研究生	导师	硕士研究生	导师	硕士研究生	导师
冶金工程	朱梅婷	成国光	白　芳	宋波Y	安志庆	杨天钧
	柴瑞萍	郭汉杰	李六一	朱　荣	吴国庆	李京社
	欧洪林	包燕平	元鹏飞	包燕平	苑　品	包燕平
	傅立伟	李京社				
钢铁冶金	汪　兴	张家泉	田东方	李京社		
工业生态	王　洋	苍大强				
科学技术史	程　霞	何积铨	刁美玲	潜　伟	冯训婉	章梅芳
	贺超海	李晓岑	刘　超	李延祥	覃椿筱	李晓岑
	王力丹	李晓岑	王启立	潜　伟	王颖竹	李延祥
	魏　然	李延祥	吴世磊	李晓岑	辛小虎	梅建军
	杨　红	李秀辉	张　明	潜　伟	杜　侃	李延祥
材料科学与工程	艾　超	姜　勇	白　银	郭　晖	鲍婉婷	孙加林
	薄艳艳	康永林	蔡　创	黄继华	曹艳军	黄继华
	常　磊	乔利杰	陈兵华	于　浩	陈传敬	吴春京
	陈冬生	万发荣	陈　昊	张麦仓	陈红谚	郑裕东
	陈　亮	尚成嘉	陈　龙	余万华	陈明明	杜翠薇
	陈舒阳	宋仁伯	陈　松	谢建新	陈　松	于　浩
	陈万华	周张健	陈兴泉	俞宏英	陈燕军	宿彦京
	陈　耀	王德仁	陈　芸	苗　君	程　茜	张麦仓
	程　政	洪慧平	崔传达	张永军	崔慧娟	杨　洲
	崔立川	周　成	崔　青	杨　槐	崔玉杰	赵志毅
	代　俊	柳　伟	单海涛	俞宏英	丁　凯	乔利杰
	丁毅寿	王立锦	董　诚	薛文东	范朋伟	唐伟忠
	方　勇	闫小琴	冯　伟	薛文东	冯寅楠	李成明
	冯子卉	张海龙	付传文	刘泉林	付红亮	叶荣昌
	付盼盼	周　成	傅　斌	余万华	高　港	刘　靖
	高　磊	曹江利	高鹏飞	宋仁伯	高　任	顾有松
	高　云	孟惠民	葛庆艳	徐桂英	关　佳	尹海清
	郭　菲	陈　冷	郭　婧	张麦仓	郭志家	葛昌纯
	哈斯图亚	韩静涛	韩　法	薛文东	郝振佳	连　芳
	何　路	周　成	和宏伟	曹　备	贺君良	李金许
	贺子龙	宋仁伯	侯兴慧	杨王玥	胡　杰	黄继华
	胡淑双	徐桂英	胡文波	贾成厂	胡亚博	董超芳
	胡　阳	顾有松	黄虎豹	贾　贤	黄　化	秦明礼
	黄　雷	李　平	黄　敏	纪　箴	黄　铌	王　戈
	黄顺刚	王丽萍	黄晓晓	薛文东	黄彦奕	董建新
	霍凤萍	徐桂英	季　业	邵慧萍	冀红彦	沈卓身
	贾琪瑾	刘俊友	柯　丹	詹　倩	黎　健	葛昌纯
	黎先辉	王开坤	李　斌	孙加林	李　丹	刘　靖

续表

学科、专业	硕士研究生	导师	硕士研究生	导师	硕士研究生	导师
材料科学与工程	李　东	李静媛	李东鹏	李金许	李　峰	张　津
	李高洋	宿彦京	李汉荣	李晓刚	李宏云	吴俊升
	李金普	贾成厂	李　柯	周　成	李　莉	黄继华
	李　亮	杨　洲	李　敏	国立秋	李　娜	陈　宁
	李　娜	刘国权	李鹏鹏	毛卫民A	李鹏修	黄运华
	李群业	吴俊升	李荣华	王德仁	李　睿	李　勇
	李少华	曾燕屏	李卫红	刘俊友	李　霞	刘雅政
	李现富	葛昌纯	李艳军	林　涛	李　阳	杨　槐
	李　阳	李　勇	李阳阳	郝俊杰	李　杨	强文江
	李永超	赵志毅	李云玲	李晓刚	李正强	海明潭
	李志风	李长荣	李子龙	赵兴科	梁红成	林国标
	梁文建	黄继华	廖宗博	张麦仓	凌　华	康永林
	刘德荣	田文怀	刘　芳	刘俊友	刘　刚	刘雪峰
	刘含伟	毛卫民B	刘晗硕	闫小琴	刘洪权	连　芳
	刘　建	王金伟	刘金坤	范丽珍	刘　军	曹江利
	刘　凯	张　鸿	刘来峰	林国标	刘立现	韩静涛
	刘　敏	樊自栓	刘　楠	何新波	刘　鹏	王旭东
	刘其宗	张迎春	刘　青	曹文斌	刘　青	郭志猛
	刘　翔	官月平	刘小婷	邵慧萍	刘晓彤	赵海雷
	刘秀霞	陈　宁	刘亚璇	柳　伟	刘宇鹏	姜　勇
	刘子玮	韩静涛	吕利鸽	赵志毅	马　奔	王自东
	马　菲	刘　航	马礼涛	孙加林	马　楠	张波萍
	马斯威	黄运华	马毅龙	郭志猛	么文静	孙建林
	孟凡国	王丽萍	莫　露	龙　毅	慕丽娜	杨　槐
	穆立彬	黄继华	倪新雷	尹海清	聂坤坤	强文江
	宁晓阔	刘　航	庞　娜	陈　冷	庞庆海	张志豪
	彭海丽	杨会生	戚君婷	郝俊杰	齐志华	谢建新
	钱　浩	杨　平	乔素燕	范丽珍	秦　芳	刘雪峰
	秦蓬飞	徐利华	秦　升	康永林	邱昊辰	曲选辉
	邱　英	顾有松	邱忠超	赵兴科	屈丹丹	周张健
	任瑞康	高克玮	任秀峰	官月平	邵威娜	曹文斌
	施　诗	万发荣	石宇野	董建新	史　娜	贾成厂
	史　鑫	范丽珍	宋惠军	杨　平	宋普光	王开坤
	宋晓磊	杨　平	苏晓莉	张迎春	孙庆灵	常永勤
	孙瑞虹	孔祥华	孙　森	燕青芝	谭　珏	郑裕东
	汤波楷	何业东	汤召红	张深根	唐　晋	孔祥华
	陶　乔	王　戈	田　茹	郑裕东	田　琰	徐晓伟
	田子健	刘雪峰	仝　辉	毛卫民A	宛　雪	张　鸿
	王　彪	常永勤	王超渊	刘雪峰	王　闯	贾成厂

续表

学科、专业	硕士研究生	导师	硕士研究生	导师	硕士研究生	导师
材料科学与工程	王　聪	曹　林	王　栋	李　勇	王佳飞	李静媛
	王江源	贾　贤	王　琎	孙爱芝	王锂君	张深根
	王　林	刘雪峰	王明明	果世驹	王世刚	张　鸿
	王书真	孟惠民	王文华	齐俊杰	王文平	张志豪
	王文琴	郭志猛	王西霞	郭　晖	王　宪	杨善武
	王鑫茹	张　雷	王学林	尚成嘉	王亚娜	杜振民
	王彦超	韩静涛	王燕妮	徐晓伟	王一军	于广华
	王英贤	秦明礼	王永威	常永勤	王雨萍	贾成厂
	王元宁	王开坤	王　媛	强文江	王　越	何新波
	魏战雷	王自东	温　芳	林　涛	吴　凯	徐晓光
	吴凌康	毛卫民A	吴　强	杨　穆	吴圣杰	尚成嘉
	吴伟平	柳　伟	吴晓燕	苗　君	武伟名	徐桂英
	武玉梁	柳　伟	武元元	孙建林	夏　冰	董建新
	肖　磊	尚成嘉	肖荣亭	于　浩	谢　云	路民旭
	辛栋梅		辛延君	郭志猛	熊　飞	叶荣昌
	熊志平	任学平	徐川川	于广华	徐绍亮	张波萍
	徐　玮	曹江利	薛新程	谢建新	闫冰权	毛卫民B
	闫占奇	陈广超	严　毅	韩静涛	杨　凯	范丽珍
	杨　茜	赵海雷	杨伟刚	张波萍	杨文秀	何积铨
	杨希娜	李金许	杨彦光	张永军	姚文涛	杜翠薇
	叶校瑛	董建新	殷建锋	张志豪	尤琳娜	何积铨
	于昭新	张波萍	余海波	张　跃	余　慧	刘国权
	余雄建	林　涛	原　溢	李长荣	袁付春	刘雅政
	袁　田	贾　贤	臧勃林	吴春京	曾建南	毛卫民B
	翟鲁绪	连　芳	张　虹	齐俊杰	张后宇	乔利杰
	张建立	徐晓光	张　健	王国杰	张金珠	张　雷
	张京京	张　鸿	张　凯	曹江利	张　可	刘　靖
	张丽莉	孙加林	张丽仙	王自东	张　平	李金许
	张苹苹	沈卫平	张庆玲	沈卫平	张　忍	何新波
	张　伟	林国标	张小帆	王学敏	张亚丰	贾成厂
	张　燕	滕　蛟	张勇路	曾燕屏	赵　聪	何新波
	赵菲菲	林国标	赵　鸽	王金伟	赵海涛	刘国权
	赵海兴	孙建林	赵　慧	王学敏	赵丽丽	任学平
	赵　鹏	李静媛	赵鹏飞	王旭东	赵晓静	李成明
	赵永龙	吴春京	赵玉薇	徐新军	郑超超	王学敏
	郑朝升	燕青芝	郑　翔	杜振民	钟　文	路民旭
	周斌斌	余万华	周　芳	乔利杰	周　礼	余万华
	周脉文	于　浩	周亚南	沈卫平	朱郎平	曲选辉

续表

学科、专业	硕士研究生	导师	硕士研究生	导师	硕士研究生	导师
材料科学与工程	朱微	高瑾	朱晓辉	陈宁	朱晓燕	李勇
	朱雪松	毛卫民A	朱政	高克玮	朱志勇	何积铨
	安妮	郑裕东				
材料物理与化学	李顺兴	杨善武	皇甫加顺	于广华	李大宽	尚成嘉
材料学	刘京亮	范丽珍	王秋实	李晓刚		
设计艺术学	杨琳	覃京燕	常馨月	魏东	陈香莹	魏东
	康秋艺	陶晋	冉苒	陈键	王向红	洪华
	赵森	魏东				
机械工程	毕佳	苏兰海	卜侃侃	贾志新	蔡鸣	刘江
	蔡盈	冯明	车识	曹建国	楚中宝	臧勇
	崔元来	王长松	崔媛媛	吕卫阳	邓乐	李威
	丁莽	吴迪平	杜方鑫	刘晋平	方贺兴	王长松
	冯俊波	刘北英	冯彦通	张锁梅	付信玉	贾志新
	龚涛	韩建友	龚子杰	李疆	管文悦	阳建宏
	郭标军	韩建友	郭金龙	阳建宏	郭阳阳	吕卫阳
	郝俊杰	朱超甫	何开元	唐英	何重阳	吴迪平
	侯敬超	朱超甫	狐斌	史小路	胡益鑫	尹忠俊
	黄华政	刘颖	黄欢欢	刘晋平	黄金诚	边新孝
	黄金雷	张少军	霍明磊	邱丽芳	计良	刘北英
	姜淑燕	樊百林	李昂	贾志新	李臣习	阳建宏
	李大鹏	俞瑞霞	李东方	杨海波	李海亮	杨海波
	李宏波	杨德斌	李慧	张清东	李慧慧	张杰
	李璐	张杰	李贞	秦勤	李振东	巩宪锋
	连军伟	冯明	刘晨熙	吕卫阳	刘基盛	刘江
	刘加涛	李疆	刘锟	张清东	刘明	冯明
	刘前勇	张杰	刘书浩	杨竞	刘振环	吕卫阳
	马继标	卞致瑞	马连铭	刘鸿飞	毛杨军	周晓敏J
	孟超	刘鸿飞	孟庆磊	王宝雨	聂文君	陈工
	宁冉	刘颖	潘雷涛	张少军	邱明达	郗安民
	曲亮	冯明	邵桂阳	陈工	司铎	吴迪平
	宋虎	曹彤	谭瑞雷	贾志新	田震	王长松
	汪蕾	臧勇	汪小淞	尹忠俊	王蓬	杨德斌
	王婷婷	臧勇	王小波	曹建国	王雁林	曹建国
	王泽深	唐英	卫晓霞	刘北英	魏巍	张少军
	闻亮	王长松	吴先峰	闫晓强	吴云峰	周晓敏J
	辛立君	边新孝	熊烨	张康生	荀鹏	张少军
	阎阳	徐金梧	杨雷	王宝雨	杨明涛	朱超甫
	杨文广	闫晓强	杨喜恩	闫晓强	杨星	李疆

续表

学科、专业	硕士研究生	导师	硕士研究生	导师	硕士研究生	导师
机械工程	杨　哲	朱超甫	占华龙	边新孝	张　超	尹忠俊
	张大勇	唐　英	张二成	贾志新	张虎威	孙志辉
机械工程	张建民	张清东	张敏庆	黄效国	张明岗	万　静
	张明文	秦　勤	张　沛	樊百林	章培成	张清东
	赵丰显	刘晋平	赵　鑫	张康生	赵　鑫	郗安民
	赵玉波	和　丽	郑　旭	马祥华	周　慧	邱丽芳
	周晓萌	巩宪锋	朱　鹤	刘　江	庄晓飞	徐金梧
	左敬博	郗安民				
机械制造及其自动化	随永帮	刘北英				
机械设计及理论	吕文泉	孙志辉				
车辆工程	邵俊恺	张文明	翟一龙	张文明	陈　强	杨　珏
	陈衍娟	冯志鹏	董鲁波	冯茂林	杜　凯	周志鸿
	房伟萍	申焱华	冯　凯	陈树新	郭　葳	罗维东
	郭晓伟	马　飞	韩　丽	申焱华	胡顺京	冯志鹏
	贾正伟	申焱华	简　虎	王　晶	蒋亮群	刘　立
	李　继	马　飞	李　猛	石博强	李明祥	黄重国
	李　新	周志鸿	刘　譞	马　飞	刘自银	石博强
	吕　洋	冯雅丽	罗婷婷	张文明	马肖丽	周志鸿
	牛国鑫	王　晶	彭　晓	周志鸿	桑志国	王　晶
	孙　涛	刘　立	王　力	石博强	王天金	冯志鹏
	王修通	罗维东	王增全	申焱华	辛加龙	石博强
	杨晓裴	陈树新	杨　志	罗维东	张凤莉	冯茂林
	张　虓	陈树新	张亚文	黄重国	张　勇	王　晶
	赵镭镭	冯志鹏	黄孟超	冯茂林	冯云鹏	刘　立
	王道峰	罗维东	王国宁	张文明		
机械装备及控制	井海远	杨德斌	赵庆林	尹忠俊		
动力工程及工程热物理	方　旭	温　治	曹祥磊	苏庆泉	陈毕杨	姜泽毅
	陈　旭	刘向军	崔格静	夏德宏	邓　利	张欣欣
	杜辉杰	王　恒	杜　争	夏德宏	冯　晴	乐　恺
	郭津汝	刘向军	胡　羽	夏德宏	黄杨杨	王晓东
	霍　婧	夏德宏	姬江峰	冯俊小	贾秋影	刘柏谦
	李俊伟	刘柏谦	刘书选	王　立	刘天力	冯俊小
	桑　岱	孙淑凤	沙会娥	张欣欣	施绍松	刘应书
	宋广懂	王　恒	宋魏鑫	孙淑凤	苏　健	于　帆
	田梦洁	王　立	王智学	王晓东	韦云飞	苏庆泉
	魏　星	苏庆泉	吴　睿	林　林	夏　炎	王　立
	肖宝琦	姜泽毅	肖红俊	于　帆	辛　旭	王　立
	徐　鹏	张欣欣	徐元博	夏德宏	杨海军	刘应书

续表

学科、专业	硕士研究生	导师	硕士研究生	导师	硕士研究生	导师
动力工程及工程热物理	殷　雷	王晓东	翟芳芳	夏德宏	张海兵	童莉葛
	张　琳	冯妍卉	张庆环	冯妍卉	张志远	冯俊小
	赵月晶	乐　恺	周伟峰	刘柏谦	朱彦飞	冯俊小
热能工程	赵志南	冯俊小	许晓润	王　转	陈　瑶	冯爱兰
	程相明	董绍华	范玮萍	丁文英	高　静	张庆华
	高玉艳	冯爱兰	韩　放	李苏剑	黄　锋	李苏剑
	贾桂花	程国全	刘利霞	冯爱兰	刘　悦	王　转
	刘　震	李苏剑	庞　慧	董绍华	庞瑾璇	丁文英
	孙红玉	张庆华	孙银玲	王　转	唐　妮	张庆华
	王　芳	李苏剑	王　薇	王　转	王小飞	程国全
	王艳宇	冯爱兰	邢美芳	王　转	修宁宁	张庆华
	徐　艳	程国全	张潇吟	董绍华	赵　明	丁文英
	周晓艳	程国全				
测试计量技术及仪器	陈　忱	陈先中	段慧贤	康瑞清	多琳琳	陈先中
	方红亮	迟健男	蒋东华	康瑞清	蒋　涛	左　昉
	李　旭	左　昉	李　颖	迟健男	刘康丽	陈先中
	刘梦晨	迟健男	齐敏华	康瑞清	吴　阳	左　昉
	邢海斌	赵小燕	熊代琴	康瑞清	于　辰	迟健男
	朱家礼	左　昉	邹　园	陈先中	当　吉	张朝晖
控制科学与工程	王天威	童朝南	肖晓玲	张朝晖	周　洲	李　擎
	赵平平	尹怡欣	景小波	童朝南	雷　迅	张维存
	艾志勇	孙　衢	白杨杨	董　洁	车跃跃	徐正光
	陈　鹏	李　擎	陈小虎	刘贺平	崔　洋	王志良
	丁　宁	王志良	都　晓	张维存	段玉玲	侯庆文
	方海华	蓝金辉	冯伟宁	胡广大	冯泽斌	李　果
	高　虎	孙昌国	何洪玲	徐正光	和田田	李　擎
	胡　松	罗　熊	胡　宇	董　洁	黄　鹏	石中锁
	贾德翼	孙　衢	颉晓璐	罗　熊	靳伟民	孙　铁
	孔令钦	张维存	李　靖	彭开香	李娟娟	李　擎
	李　明	王先梅	李明刚	付冬梅	李　强	杨卫东
	李　洋	孙　铁	李玉刚	刘贺平	李振红	孙　铁
	廖秋萍	潘月斗	林海博	胡广大	林宗术	蓝金辉
	刘　聪	穆志纯	刘　航	胡广大	刘　洋	李　刚
	刘泽洋	孙　铁	卢　晶	王　莉	马　凯	张　崎
	马志广	侯庆文	孟　亮	彭开香	苗建基	胡广大
	庞　欢	李希胜	彭寿华	尹怡欣	秦　臻	董　洁
	石　磊	高　海	宋　婧	尹怡欣	宋晓丽	刘冀伟
	苏　孝	杨卫东	孙　凯	徐正光	孙雷昌	张　崎

续表

学科、专业	硕士研究生	导师	硕士研究生	导师	硕士研究生	导师
控制科学与工程	孙勇峰	王志良	谭国庆	侯庆文	陶　东	张维存
	万　晓	李　刚	王春旭	高　海	王家源	孙昌国
	王　帅	穆志纯	王　松	童朝南	王　微	潘月斗
	王文峰	杨卫东	王学锋	张朝晖	温茂睿	穆志纯
	吴　迪	刘冀伟	肖自辉	童朝南	邢　程	石中锁
	邢腾飞	穆志纯	熊　浩	杨卫东	徐　军	孙昌国
	徐永云	张朝晖	许家铭	解　仑	姚云云	童朝南
	阴志先	潘月斗	于浩雷	王粉花	张　波	张朝晖
	张　超	李　擎	张　凯	彭开香	张艳红	付冬梅
	赵大军	刘贺平	赵刚刚	彭开香	赵家弘	张维存
	赵丽华	尹怡欣	郑　飞	李晓理	周　翔	李晓理
	周　宇	潘月斗	朱振凯	王　莉	时晓东	刘贺平
	顾保国	石中锁	张伟民	李　刚	安　迪	李晓理
	艾丽卡	付冬梅				
电子科学与技术	李　戊	王志良	周　翔	王志良	罗　棚	李　刚
	段创举	李　刚	徐　晶	董　平	李蕊玲	王先梅
	陈　丽	李　刚	邓　媞	王先梅	冯夏芸	王　莉
	弓　飞	解　仑	郭树强	董　平	邝娇丽	杨淑华
	李道童	张　崎	李　楠	王粉花	李　颖	王先梅
	梁玲燕	解　仑	刘　浩	杨淑华	毛　亮	张　崎
	彭露群	解　仑	乔凤飞	王　莉	史建雷	王粉花
	王帮云	董　平	徐　莹	董　平	杨金阳	解　仑
	杨　莉	王粉花	杨　萍	王先梅	尹长生	刘蕴络
	于艳超	王志良	周　翔	王志良	张富深	董　平
信息与通信工程	西乐达	周贤伟	瓦利斯	周贤伟	曹　乾	杨　扬
	陈宗立	陈月云	高　鹤	刘　丽	高雪峰	周贤伟
	弓　丞	周贤伟	何飞翔	姚　琳	何辉辉	刘　丽
	霍露霞	杨裕亮	寇春静	王建萍	雷　雨	杜利平
	李博宇	李小燕	李　菲	刘莲英	李海涛	杨裕亮
	李　苗	杜利平	李文杰	姚　琳	李　智	王丽娜
	刘　群	杨　扬	刘　飒	刘莲英	刘　逸	王丽娜
	吕　莹	杜利平	孟郁洁	李小燕	裘增辉	杨　扬
	孙大明	王丽娜	孙佳佳	杨　扬	王小群	周贤伟
	谢烈虎	刘蕴络	闫　栓	陈月云	杨　翠	王建萍
	杨　玲	杨裕亮	姚　远	李小燕	喻　民	刘　丽
	曾庆博	王建萍	曾　昱	王丽娜	张兆宇	姚　琳
	郑　拓	刘莲英	朱浩鹏	王建萍	朱跃龙	李小燕
	高立强	陈月云	季　青	周贤伟	杨　斌	王建萍

续表

学科、专业	硕士研究生	导师	硕士研究生	导师	硕士研究生	导师
信息与通信工程	张 燕	王丽娜	吴剑峰	周贤伟	巴 比	周贤伟
	米大龙	周贤伟	诺尔曼	王建萍		
计算机科学与技术	雷 银	曾广平	李翰超	郑雪峰	郭东旭	王昭顺
	郭 南	郝红卫	李清颢	胡长军	郑 亮	王昭顺
	夏扬波	王昭顺	缪尚洁	班晓娟	孔 亮	罗 熊
	包苏日嘎	王志明J	贾立科	孙 义	蔡 薇	赵冲冲
	藏洪磊	阿孜古丽	曹 力	张德政	曹 伟	李建江
	查 强	杨炳儒	常宝木	孙 义	陈 飞	宁淑荣
	陈贵晖	郑雪峰	陈 瑞	赵冲冲	陈 毅	张桃红
	程庆顺	孙昌爱	崔 健	李建江	邓世佳	罗 熊
	丁 卓	王昭顺	董 超	王志明J	杜 佳	王忠民
	段康弘	张晓彤	方 娇	王忠民	冯 超	曾广平
	高钦晴	曾广平	高腾飞	张德政	高 鑫	张晓彤
	高玉峰	王宗杰	谷 佩	张德政	郭 娜	杨炳儒
	郭文哲	郝红卫	韩 洁	王忠民	韩 林	宁淑荣
	何浩琥	胡长军	何 琪	郝红卫	何 山	班晓娟
	侯 晨	孙 义	黄 木	陈红松	黄媛媛	胡长军
	焦盛岚	杨炳儒	金梦非	郝红卫	邝 俊	王 沁
	黎 江	罗 熊	李辉丽	孙 义	李磊训	阿孜古丽
	李立伟	张桃红	李 明	李建江	李 倩	王昭顺
	李 伟	刘宏伟	李 伟	王成耀	李 莹	郑雪峰
	刘冰峰	王 沁	刘 兵	包 宏	刘 金	张晓彤
	刘田甜	胡 玥	刘晓双	王昭顺	刘杏坛	张桃红
	刘学庆	王成耀	卢小萍	赵冲冲	陆中振	曾广平
	逯 娜	包 宏	吕义华	李建江	马金玉	夏克俭
	马 靓	王志明J	苗学思	殷绪成	潘德辉	王昭顺
	亓金玲	阿孜古丽	苏 丹	班晓娟	田 霖	宁淑荣
	田雯迩	王宗杰	王 磊	阿孜古丽	王墨涵	王宗杰
	王 攀	胡 玥	王晓宇	谢永红	王艳莉	胡 玥
	王艺璇	陈红松	魏明伟	谢永红	吴 玲	胡长军
	吴文权	王 沁	辛永欣	夏克俭	徐 品	夏克俭
	宣圆峰	陈红松	鄢来军	孙昌爱	严宇坤	王成耀
	杨 硕	刘宏伟	杨欣欣	王志明J	于 泓	张晓彤
	苑方琳	赵冲冲	张淑峰	曾广平	张 颖	张桃红
	张争龙	郝红卫	赵万里	孙 义	赵晓辉	刘宏伟
	赵寅成	张德政	郑文明	刘宏伟	周凤雷	王志明J
	周文群	殷绪成	祝小杰	谢永红	邹 捷	夏克俭

续表

学科、专业	硕士研究生	导师	硕士研究生	导师	硕士研究生	导师
计算机科学与技术	纪振瑞	殷绪成	李福林	李建江	刘　佳	杨炳儒
	潘丽丽	包　宏	杨圆方	王成耀	王　龙	郑雪峰
	黄　轶	胡长军				
计算机应用技术	罗　德	郝红卫				
信息与通信工程	帕　可	王建萍	珠　卡	周贤伟		
数学	郑　媛	张晓丹	徐　洁	张志刚	于　群	胡志兴
	陈　敏	闵乐泉	邸　浩	汪飞星	弓清松	赵立英
	郭培培	谢铁军	黄晓帆	胡志兴	姜海霞	赵立英
	姜　磊	卫宏儒	李　彬	张志宏	李　培	闵乐泉
	李晓静	张志刚	李新丽	张晓丹	梁世慧	汪飞星
	刘利欣	牛　敏	刘　宁	郑连存	刘　涛	申亚男
	刘亚娟	马万彪	鲁亚军	臧鸿雁	路则欢	赵立英
	邵晓晨	徐　尔	师冬冬	范玉妹	石换的	林　平
	王　瑾	范玉妹	王晓平	胡志兴	王钰伟	陈明文
	王媛媛	申亚男	王知力	陈明文	吴庆印	苏永美
	辛　茁	郑连存	杨　旭	马万彪	袁迎春	马万彪
	张　橙	汪飞星	张登峰	范玉妹	张首元	巩馥洲
	赵红玲	张晓丹	赵　健	廖福成	周一鸣	赵立英
	周云淞	张志刚	付　瑜	王　辉	胡静茹	汪飞星
	黄小枚	孙玉华	李丽丽	卫宏儒	张加加	王　辉
运筹学与控制论	谭　豪	徐　尔				
理论物理	韦宏斌	冯　澎				
凝聚态物理	伊　比	马星桥	杨鹏博	王凤平	常云霞	巨　新
	韩佳佳	申　江	蒋学兵	罗　胜	李鹏飞	王凤平
	李　想	顾　强	栗　周	李　阳	梁　亮	吴　平
	石志萍	顾　强	王润兰	巨　新	王卫丽	吴　平
	王亚涛	冯　澎	曾　帅	潘礼庆	左岳平	邱　宏
	李金花	王鹿霞	李　尧	马星桥	张子悠	潘礼庆
固体力学	陈莎莎	陈章华	高翔宇	魏培君	刘　琦	陈学军
	王　惠	吴兰鹰	王　露	魏培君	伍招冲	陈章华
物理电子学	谭　恒	丁红胜	陈勤力	田　跃	郭国明	丁红胜
	孙明明	田　跃	赵凤伟	李　杰		
系统工程	闫京颖	艾冬梅	王　丽	艾冬梅		
化学	包雅茹	胡国华	马少华	弓爱君	石静丹	胡国华
	张玮琦	陈飞武	查珊珊	曹艳秋	冯振华	刘杰民
	高文婷	李　晔	高　雪	柴成文	关俊卿	孙长艳
	郭荣华	边永忠	韩　文	杨运旭	纪　杰	袁文霞

续表

学科、专业	硕士研究生	导师	硕士研究生	导师	硕士研究生	导师
化学	贾瑞平	李文军	李斌连	杨运旭	李笑林	李文军
	李幸运	刘世香	刘 丽	范慧俐	刘实华	刘杰民
	刘 月	弓爱君	孟凡昊	袁文霞	苗潇文	常志东
	邱新荣	周花蕾	邵 蕾	弓爱君	王 芳	李新学
	王凯丽	姜建壮	王可伟	李建强	王 鑫	边永忠
	肖文静	范慧俐	许佳佳	李建强	杨亚茹	袁文霞
	张 亭	张学记	张 霞	李建强	张晓曼	胡国华
	张亚敏	叶亚平	张 娅	闫红亮	赵 婧	张学记
	赵文燕	王桂华	甄文娟	李文军	朱海波	杨运旭
	高 岚	王碧燕	李 卉	车 平	王菲菲	王明文
	吴晶晶	范慧俐				
生物化学与分子生物学	巫 丹	宋 青	山其米克	闫 海	陈 晓	罗 晖
	陈 阳	胡继业	贡 鸣	杜宏武	刘春霞	闫 海
	刘玉凤	杜宏武	卢晓珅	时国庆	隋欣煜	时国庆
	唐 喆	王海鸥	王志国	闫 海	魏雅倩	时国庆
	徐 佩	闫 海	杨 涛	胡继业	姚文清	宋 青
	殷绍银	胡继业	游鲁蒙	王海鸥	程 岑	罗 晖
	唐爱铭	罗 晖	王军伟	王海鸥	张 鑫	闫 海
应用化学	乔 琳	李文军	贾德强	陈飞武	茹 冕	常志东
	谢 玲	叶亚平	殷小青	胡国华	赵蓉蓉	常志东
	韩 娜	李文军				
产业经济学	阮高宁	曹 辉	董惠敏	何维达	余 鸥	冯 梅
	陆 平	何维达				
国际贸易学	张 斌	贾建华	赵大伟	何 枫	曹江湄	何 枫
	王学艳	何 枫	常雪菲	李明英	陈昊晴	孙 莹
	董 钰	何 枫	谭越月	贾建华	王 倩	阚 宏
	谢思艳	王宾容	叶 瑾	王宾容	袁 伟	贾建华
	张雯瑾	阚 宏	吴 娜	孙 莹	朱利安	崔健双
	索 萨	孙 莹	卡米尔	何 枫	博 简	孙 莹
	谢南荣	苏 玲	图 巴	管志安	玛利亚	孙 莹
	卡玫莲	贾振全	禹韩民	孙 莹	玛列拉	管志安
	潘 达	何 枫	娜 芘	何 枫	塔尼娅	孙 莹
	冼 雷	李晓辉	卡木远	魏 钧	梦 竹	管志安
	埃 桑	魏 钧				
管理科学与工程	杨 杰	武 森	陈晔明	李铁克	徐 丽	武 森
	白 莹	曹 勇	付 强	高学东	关 键	高学东
	谢青红	王道平	严冬生	曹 勇	崔笑笑	周晓光
	姜征浩	高学东	李昭翼	张文新	路 健	李铁克

续表

学科、专业	硕士研究生	导师	硕士研究生	导师	硕士研究生	导师
管理科学与工程	宁 静	王道平	彭淑芬	李铁克	蒲 立	曹 勇
	裘正升	王 莹	佘沛一	张晓冬	魏 雯	高学东
	吴梦颖	喻 斌	邢志艳	王道平	叶 琛	张 群
	叶俞飞	武 森	于浩洋	李铁克	曾宪奇	张晓冬
	张桂琼	武 森	李 鑫	高学东	刘运玺	曹 勇
	吕晓雷	王道平	潘 林	张晓冬	斯晓雪	杨建华
	王红丽	王道平	方美惠	高学东	邵 基	杨建华
	斯格里	张晓冬	萨妮娅	王 莹		
金融管理工程	李 萍	黄晓霞	于志平	刘志伟	王 悦	王立民
	吕 品	潘永泉	陈丽娜	谢 湲	崔 龙	王未卿
	郭 琳	刘 澄	李 颗	潘永泉	刘 激	王未卿
	马 琳	王未卿	马秋杰	张莲英	乔 磊	黄晓霞
	山丹花	刘 澄	田 飞	王立民	王雪飞	刘志伟
	王 尧	胡 波	吴亚文	谢 湲	兴长宇	王立民
	杨 翔	刘志伟	姚 晨	黄晓霞	张 晨	刘 澄
	张靖怡	张莲英	赵 苏	潘永泉	赵永琴	刘志伟
	周二龙	张莲英	邹 杨	王未卿	何 烨	王立民
	王 群	胡 波	张其联	胡 波		
会计学	徐 丹	武德昆	白雪莹	刘亚莉	卜云霞	胡志颖
	高 蔚	刘欣华	韩 璐	李晓静	韩圆圆	鲍新中
	何思婧	鲍新中	李 强	肖 明	李 薇	李晓静
	林学跻	何民庆	刘慧超	武德昆	马晓燕	刘亚莉
	秦 辉	崔文娟	苏 叶	樊彩霞	王彦芳	鲍新中
	许 琦	韩良智	易 蒂	李晓静	张宝仁	肖 明
	张 楠	樊彩霞	张甄奕	何民庆	周 雨	樊彩霞
	左颖丹	何民庆	程林远	鲍新中	王 冰	武德昆
	王官厅	韩良智	王 茜	刘亚莉		
企业管理	周 彬	佘元冠	肖 洪	瞿国忠	徐宜娜	陈雪松
	曹 萍	魏 钧	程新明	黄 瑛	范有靖	张 剑
	格桑措姆	黄 瑛	胡名恒	裴利芳	贾倩倩	裴利芳
	蒋蓉蓉	魏 钧	李 欢	裴利芳	李 骥	何润宇
	李皎月	苏 玲	李秀林	张 剑	刘亚奇	楼 园
	裴大玮	陈雪松	任建萍	张 剑	宋 洁	魏 钧
	孙淑霞	贾振全	王 东	佘元冠	王智昆	陈雪松
	温广璐	高俊山	吴广霞	裴利芳	张黎明	高俊山
	张曼迪	苏 玲	党高峰	殷焕武	杨巧峰	黄 瑛
	张丹宁	杨 青	李雅静	陈雪松		
技术经济及管理	付 婧	杨 武	李洁薇	杨 青	马璐璐	殷焕武

续表

学科、专业	硕士研究生	导师	硕士研究生	导师	硕士研究生	导师
技术经济及管理	皮雯韵	戴淑芬	温　恬	王维才	谢　莹	戴淑芬
	徐振超	张俊光	杨芳芳	张俊光	张晓峰	杨　青
	郑　红	杨　武	宋婷婷	戴淑芬	古　娜	殷焕武
企业管理	罗杰克	刘亚莉	阿琳达	高俊山	阿奔苏	鲍新中
	福斯特	贾振全	莎　琳	魏　钧		
工商管理硕士	赵德双	陈雪松	杨　文	阚　宏	许　亮	苏　玲
	李成国	孙　莹	白德文	宋文利	宋仁清	瞿国忠
	牟文君	李明英	王　琼	戴淑芬	许定有	戴淑芬
	冯　睿	赵　晓	耿　卉	瞿国忠	白　媛	李明英
	陈　娜	苏　玲	董文德	高学东	冯晓刚	王未卿
	姜苏卿	佘元冠	李林森	曹　勇	李彦斌	刘欣华
	李　洋	刘欣华	刘小飞	苏　玲	刘　妍	李明英
	米晓黎	李晓静	齐鸿涛	王道平	王　鹏	王宾容
	徐　荔	戴淑芬	许妍卉	李明英	杨　蕾	李铁克
	张　鑫	冯　梅	张自贞	李铁克	陈虹静	潘永泉
	胡天云	刘　澄	曾　莉	张俊光	赵　巍	何维达
	杰　克	张　剑	马路易斯	高俊山	杨晓茜	何　枫
	麦　肯	张　剑				
民商法学	陈　琰	魏增产	郭艳红	郑瑞琨	刘会昆	杜晓智
	刘　佳	侯登华	刘　鑫	侯登华	刘　洋	侯登华
	彭　瑶	魏增产	唐亚玲	王竹青	王潇晗	侯登华
	王英辉	魏增产	张红红	郑瑞琨	周　沫	郑瑞琨
	江　淼	杜晓智				
经济法学	铁　钊	石　雁	何家艳	张　颖	吕梦萦	徐清梅
	莫　晓	李婉平	王明迪	李婉平	吴　婵	石　雁
	尹　濛	侯登华	张若琳	魏增产	孙　晖	李婉平
社会学	张　元	左　鹏	刘　鑫	陆　俊	贾效伟	时立荣
	李严研	时立荣	刘卓然	时立荣	王晓琳	周湘斌
	吴　岚	陆　俊	席丽丽	郇建立	徐美美	时立荣
	杨舒新	彭庆红	杨　梓	刘向英	刘雯娅	刘　莉
	赵思思	郇建立				
文艺学	方鹤臻	王立群	董亚钊	张梅W	李　薇	张　健
	千莲秀	李　怡				
行政管理	张　贺	许　放	刘　冰	许　放	冯元文	汪淑珍
	黄明艳	黄耀杰	宋　雪	黄耀杰	唐平娟	俞文华
	张　燕	汪淑珍	陈　超	陈闽红	崔　咪	何晓前
	戴理超	吴群芳	郝春兰	崔　英	刘文军	汪淑珍
	屈　萌	王育杰	王　蕾	黄耀杰	吴永芳	吴群芳

续表

学科、专业	硕士研究生	导师	硕士研究生	导师	硕士研究生	导师
行政管理	于 茗	吴群芳	禹晶晶	冯 英	张维熙	冯 英
	赵育峰	何晓前	周 鑫	陈闽红	陈 菲	冯 英
	郭 宁	崔 英				
教育经济与管理	盖清元	杨晓明	李廷洲	曲绍卫	孙 杰	郭德侠
	王竹筠	杨晓明	张燕杰	郭德侠		
科学技术哲学	哈 鑫	孙雍君	李 冰	刘文霞	刘石莹	颜 锋
	周明秋	李 林	赵 帅	孙雍君		
马克思主义基本原理	陈 聪	冯秀珍	崔兵亮	杨彦强	黄米佳	马晓燕
	李洪波	王小回	李 洁	李晓光	魏 菁	陆 宁
	谭 辉	张北根				
思想政治教育	陈 凯	彭庆红	刘玉娟	李晓光	冯 燕	刘 莉
	黄 敏	左 鹏	韦宝拉	闫拓石	陈 丹	彭庆红
	李童彤	王爱红	李艳川	王志明W	李 扬	陈 曦
	明 媚	陆 俊	徐洪业	左 鹏	张晓瑞	蒋宏潮
	张永红	周湘斌	王恒雄	彭庆红	李玉珍	刘向英
	刘 玥	陆 俊				
外国语言文学	丁 雪	王 娜	冯海华	彭 漪	郭晓玲	杨英军
	韩雨倩	陈红薇	洪南竹	何 伟	黄金美	赵 亮
	惠 璟	王 娜	李 菲	李 涛	李 璐	彭 漪
	刘卫洁	刘亚明	陆新爱	赵 亮	聂晶晶	杨 子
	秦诗雯	陈红薇	石 丽	张敬源	王静雯	彭 漪
	王 深	张敬源	吴雪芬	杨英军	肖欢欢	何 伟
	闫振华	何 伟	曾凡龙	赵 亮	张慧杰	王 娜
	张陶然	梁素芹	张文静	梁素芹	张 艺	张敬源
	赵慧萍	陈红薇	赵学茹	刘亚明	周 楠	杨 子
	韩海霞	梁素芹	卢萌萌	李 琳	倪艳霞	何 沂
	杨泽群	何 沂	殷宪芳	杨 子		
固体力学	李宗远	尚新春				
材料科学与工程	卢万恒	孙冬柏	孟 旭	孙冬柏	贺囿策	孙冬柏
	黄 烨	王坤鹏	蒋雯冉	孙冬柏	马宏驰	孙冬柏
	孙 铭	金 莹	王铭辉	金 莹	未有云	陆永浩
	易雪庆	陆永浩	朱晓锋	陆永浩	万 军	张卫冬
	安凯云	孙祖庆	贝舒瑜	杨 滨	蔡 珍	张 跃
	陈 宁	宋西平	程 力	王艳丽	胡继明	张 勇
	黄 骞	张来启	李 萍	张 跃	李银花	郑为为
	李宇翔	杨 滨	连俊培	王艳丽	林立森	朱 洁
	刘红玉	高学绪	刘建伟	黄进峰	刘卫红	吕昭平
	刘 义	惠希东	刘志伟	张 跃	梅 晗	杨 滨

续表

学科、专业	硕士研究生	导师	硕士研究生	导师	硕士研究生	导师
材料科学与工程	欧阳希	宋西平	彭代玲	惠希东	戚玉凤	惠希东
	秦礼华	孙祖庆	任清勇	刘泉林	任松波	林均品
	石相军	朱 洁	田迎彬	张济山	王 珏	张来启
	吴树杰	朱 洁	向丽萍	黄进峰	项玲露	王艳丽
	肖锡铭	张茂才	严李李	叶 丰	张 弓	张 跃
	张 玲	周香林	张小军	谢建新	张晓峰	吕昭平
	张晓娇	林均品	张 瑛	朱 洁	郑 雄	周香林
	周丽丽	邢献然	周夏凉	惠希东	朱志光	张 勇
机械工程	曹文辉	何安瑞	胡超凡	徐 科	解华华	何安瑞
	李成伟	杨 荃	马冬冬	何安瑞	孟 洁	杨 荃
	秦道乾	徐 科	孙友昭	何安瑞	姚锡江	何安瑞
	赵明明	徐 科				
机械设计及理论	吴炳臣	何安瑞	刘瑞军	杨 荃		
材料科学与工程	王 进	唐 荻	林鹏飞	胡水平	陈美芳	米振莉
	陈闪闪	赵爱民	单元胜	孙蓟泉	樊艳秋	蔡庆伍
	侯 敏	武会宾	胡彬浩	蔡庆伍	靳海亮	赵爱民
	靖海涛	米振莉	刘晓玮	蔡庆伍	陆春洁	江海涛
	马茂源	武会宾	潘晓刚	唐 荻	阮红志	赵爱民
	陕 钰	王 纯	宋晓波	胡水平	孙 薇	孙蓟泉
	杨顺利	孙蓟泉	张栋斌	陈雨来	张 蕾	余 伟
	张明洁	唐 荻	张 帅	程知松	赵文龙	孙蓟泉
	周光杰	赵爱民	陈俊杰	刘建华	丁战鹏	刘建华
	高 松	王 京	吕改青	张勇军	郑振勇	郭 强
	李 甲	李 静	张向伟	吕志民	王 帅	吕志民

2012年全日制专业学位硕士生毕业并获得学位的研究生名单

学科、专业	姓名	导师	姓名	导师	姓名	导师
建筑与土木工程	邓 斌	周晓敏T	郝 楠	谢谟文	刘小楠	李长洪
	穆楠楠	纪洪广	彭 飞	纪洪广	文 斌	龚 敏
地质工程	张欣欣	谢玉玲				
矿业工程	刘 懿	姜福兴	马 松	高永涛	曾文平	宋卫东
	张 楠	吕文生				
安全工程	杜 焱	金龙哲	刘 智	金龙哲	卢 杰	蒋仲安
	罗 晔	蒋仲安	崔建国	张英华		
环境工程	邓芙蓉	李子富	郭 月	姚 俊	李济圣	汪 莉

续表

学科、专业	姓名	导师	姓名	导师	姓名	导师
环境工程	孙雨馨	汪　莉	赵　嫱	孙体昌	商一帆	姚　俊
	徐士森	林　海				
冶金工程	邓　蔚	殷瑞钰	付国庆	刘　青	胡国静	朱鸿民
	李　超	李宏煦	李伟伟	李　宏	孟耀青	贾彦忠
	秦颐鸣	王新华	沈　平	李士琦	王晓蕾	唐惠庆
	武跃林	李　宏	向宏学	张家泉	晏　轻	王福明
	张　浩	王新东	张颜庭	李士琦	周　鑫	朱　荣
	周　宇	吴胜利	刘　岩	成国光	王　乐	刘润藻
	王梦頔	胡晓军	王宏雄	包燕平	王　伟	包燕平
材料工程	李　玥	李　勇	罗建涛	曹文斌	崔佳鑫	杜振民
	丁国红	孙建林	董　源	张永军	方明山	韩静涛
	甘丽娜	强文江	高　祥	赵兴科	耿京京	于　浩
	关小霞	宋仁伯	郭兴奎	常永勤	韩晓光	刘　靖
	雷智伟	刘雅政	李进宝	李　勇	李少夫	周张健
	李玉杰	葛昌纯	廖艳梅	孙加林	卢　祺	黄继华
	任维宣	宋仁伯	芮书菊	洪慧平	苏捷杰	余万华
	孙　巍	龙　毅	孙小明	王自东	涂友欢	任学平
	汪永国	刘雅政	王　林	王开坤	王　涛	王自东
	王同年	燕青芝	王　跃	赵志毅	杨春天	燕青芝
	游超瑜	张迎春	喻　翔	何新波	张　倩	孙爱芝
	张晓静	李成明	章端婷	张深根	赵晓琳	沈卫平
	周　杰	田文怀	朱建荣	韩静涛	戴　峰	徐桂英
	胡杰仁	张永军	刘志伟	曲选辉	王占朋	沈卫平
	岳丽娜	葛昌纯	赵　宁	刘　靖	郑　伟	余万华
机械工程	王　帆	曹建国	郭盼盼	曹建国	李志军	陈　工
	熊永钊	曹　彤	袁源玮	张　杰	张东亮	曹建国
	张振华	曹　彤	赵晋龙	朱超甫		
动力工程	李　娜	王　立	刘义平	温　治	谢云飞	童莉葛
车辆工程	方志祥	黄重国	许思睿	张文明	周向明	罗维东
	周　渝	黄重国	朱龙锋	王　晶		
物流工程	曹润葛	程国全				
仪器仪表工程	冯权泷	蓝金辉				
控制工程	陈志楠	高　海	汤成俊	石中锁	王海平	尹怡欣
	王智伟	杨卫东	齐方庭	徐正光	肖里引	付冬梅
电子与通信工程	陈赛寒	班晓娟	黄　刚	周贤伟	李云龙	王志良
	刘素维	周贤伟	支莎莎	王粉花	徐雪冬	陈月云
计算机技术	陈　博	曾广平	宦　鑫	孙　义	孙　婧	班晓娟
工商管理硕士	陈凤伟	范小华	代　泽	李晓静	李　萍	陈雪松
	邓雪琴	殷焕武	邓振平	张莲英	李术娟	樊彩霞

续表

学科、专业	姓名	导师	姓名	导师	姓名	导师
工商管理硕士	段细群	张　剑	丁　昱	魏　钧	李　伟	戴淑芬
	韩同庭	樊彩霞	丁振义	何润宇	李魏华	肖　明
	洪伟文	潘永泉	董顺明	王未卿	李相国	高学东
	江赵平	胡　枫	董智博	李铁克	李晓仙	张莲英
	康文冲	赵　晓	杜　莉	李晓静	李一新	魏桂英
	刘　洋	李铁克	范芳洁	樊彩霞	李政东	何　枫
	路丽霞	苏　玲	高　斌	贾振全	刘　兵	冯　梅
	罗国妥	鲍新中	耿春蕾	何　枫	刘洪军	冯　梅
	彭勇军	张晓冬	郭成辉	杨　青	刘健春	李铁克
	宋立胜	戴淑芬	郭　存	王立民	刘京晶	黄晓霞
	宋　洋	李明英	郭万祥	杨建华	刘　康	胡枫
	王　稳	鲍新中	韩俊灵	王未卿	刘宪民	何维达
	王　燕	佘元冠	郝亮军	裴利芳	刘小明	佘元冠
	温建文	刘　澄	侯　洋	黄　瑛	刘　歆	韩良智
	吴小颂	鲍新中	胡方能	王　莹	刘子博	贾建华
	杨彦伯	王道平	胡　涛	何民庆	卢国旗	胡　枫
	余育耀	陈雪松	胡　勇	王立民	卢顺利	王未卿
	曾益雄	李晓静	华和兵	杨建华	鲁　骁	何润宇
	朱治平	黄晓霞	黄敬怡	魏　钧	罗　玲	魏　钧
	毕书芳	曹　勇	黄运辉	黄晓霞	罗　青	贾振全
	边　辉	杨建华	姬宝辰	王道平	罗　越	黄　瑛
	曹　驰	吕殿平	江卫华	王道平	马成香	裴利芳
	曹德振	黄晓霞	姜　莹	马风才	马　力	冯　梅
	曹　妍	黄　瑛	金利鹏	何维达	马微微	李明英
	陈蓓蕾	高俊山	荆　磊	戴淑芬	马新杰	苏　玲
	陈　宏	武　森	居　昊	何　枫	马　鑫	魏　钧
	陈坤棉	魏　钧	兰　晶	李明英	苗秀娟	胡　波
	陈　岚	王道平	黎　慧	邓立治	宁金福	邓立治
	陈丽丽	王未卿	李　聪	崔健双	潘杰思	张　剑
	陈　林	曹　勇	李洪杰	何　枫	蒲　柯	杨建华
	陈明延	刘　澄	李　慷	张文新	任　静	李晓静
	程全明	武　森	李　丽	魏　钧	阮　洋	戴淑芬
	崔　征	何润宇	李　鹏	王道平	桑培孝	黄晓霞
	尚继敏	何　枫	俞　虎	王道平	杨丽平	杨建华
	佘建泉	潘永泉	俞　宁	王维才	杨西利	何　枫
	史雪松	王道平	袁　东	楼　园	杨湘霞	高俊山
	宋金云	佘元冠	袁素芬	樊彩霞	杨　翾	魏桂英
	宋蓉飞	黄晓霞	曾　明	杨　青	姚绍健	杨　青
	孙红霞	阚　宏	曾惟佳	贾建华	姚艳君	武德昆

续表

学科、专业	姓名	导师	姓名	导师	姓名	导师
工商管理硕士	孙磊	何维达	张国昌	贾建华	尹承君	戴淑芬
	孙玲玲	冯梅	张建平	戴淑芬	余波	杨青
	孙颖毅	武德昆	张丽	李晓静	杨春丽	苏玲
	台一鸿	裴利芳	张延龙	孙莹	杨昊	王立民
	郃云燕	孙莹	张迎飞	崔健双	杨卉	马风才
	唐杰	赵晓	赵海鲲	刘澄	艾文	何枫
	涂明春	张莲英	赵琼	李明英	泰万纳	张剑
	王飞	李晓静	赵世杰	张晓冬	王诗萍	黄晓霞
	王欢	何枫	赵晓宇	魏钧	杨立杰	鲍新中
	王慧敏	贾建华	赵勇智	冯梅	瑞芝	张俊光
	王建生	苏玲	郑龙强	王道平	魏新宇	崔健双
	王磊	刘澄	周继福	何维达	席炜炜	魏钧
	王青	李铁克	周丽娟	苏玲	项延宽	王维才
	王青云	李晓静	周颖	王立民	辛宇非	谢湲
	王树宝	阚宏	周忠华	李明英	卡特雅	孙莹
	王硕文	魏钧	朱明星	马风才	席梅娜	张俊光
	王莹	王未卿	祝恩辉	陈雪松	冠苏昆	魏钧
	王永红	杨建华	多拉	高俊山	拉莉查	楼园
	王治	何枫	大卫	殷焕武	魏晓阳	肖明
	哥斯	杨建华				
法律硕士（法学）	冯纪娜	董梅	傅博	张卫英	揭露	王竹青
	雷雯	魏增产	李璐	徐清梅	梁丽	郑瑞琨
	刘思立	侯登华	孟尊	侯登华	穆婷	徐清梅
	檀咏林	王宾容	王赫	魏增产	王洁	董梅
	杨杰	李婉平	张越	魏增产	赵东阳	石雁
	赵新	侯登华	周文超	徐清梅		
机械工程	陈蕾	杨荃	鞠健	杨荃	毛泽伟	杨荃
材料工程	陈永	孙蓟泉	崔超	孙蓟泉	焦竞仪	米振莉
	蒯振	赵爱民	李蕾	武会宾	刘东晨	孙蓟泉
	鲁伟	赵爱民	孙璐	江海涛	王群	唐荻
	杨林	米振莉	朱玉亮	陈雨来		
冶金工程	杜昱萱	刘建华	黄杰	刘建华		
控制工程	任晓怀	李静	杨帆	张勇军		
计算机技术	郑嘉	吕志民				
物流工程	杜建中	吕志民				

2012年获得硕士专业学位的在职研究生名单

学位类别	专业、领域	姓名	导师	姓名	导师	姓名	导师
工程硕士	安全工程	包 悦	蒋仲安	贝 亮	张英华	陈 忱	蒋仲安
		褚志德	金龙哲	崔建国	张英华	杜 焱	金龙哲
		高 翚	蒋仲安	高玉慧	杜翠凤	柯洁茹	刘双跃
		李朝阳	蒋仲安	刘 彦	纪洪广	刘 智	金龙哲
		卢 杰	蒋仲安	罗 晔	蒋仲安	马玉环	蒋仲安
		沈 彦	蒋仲安	宋河滨	蒋仲安	王 静	纪洪广
		王 淼	蒋仲安	王 炜	蒋仲安	王永清	蒋仲安
		张 军	蒋仲安	张 雷	蒋仲安	张 力	谢振华
		周 红	蒋仲安				
	材料工程	边育秀	柳 伟	陈 永	孙蓟泉	崔 超	孙蓟泉
		崔佳鑫	杜振民	戴 峰	徐桂英	丁国红	孙建林
		董 源	张永军	方明山	韩静涛	甘丽娜	强文江
		高 祥	赵兴科	耿京京	于 浩	耿 立	李长荣
		关小霞	宋仁伯	郭 帅	吴春京	郭兴奎	常永勤
		韩 鹏	尚成嘉	韩晓光	刘 靖	侯 刚	孙建林
		侯园虹	杨善武	胡杰仁	张永军	黄大鹏	唐 荻
		黄 松	尚成嘉	贾 静	杜振民	焦竞仪	米振莉
		孔凤华	黄继华	蒯 振	赵爱民	乐庸志	宋仁伯
		雷智伟	刘雅政	李常牛	杜振民	李进宝	李 勇
		李 蕾	武会宾	李秋志	于 浩	李少夫	周张健
		李玉杰	葛昌纯	李 玥	李 勇	廖艳梅	孙加林
		刘东晨	孙蓟泉	刘光辉	李长荣	刘 满	赵志毅
		刘志伟	曲选辉	卢 祺	黄继华	鲁 伟	赵爱民
		罗建涛	曹文斌	罗君高	于 浩	马志勇	刘 靖
		彭 俊	于 浩	彭仁树	吴春京	钱国钢	吴春京
		任维宣	宋仁伯	芮书菊	洪慧平	时 涛	任学平
		宋丽强	高克玮	苏捷杰	余万华	孙 璐	江海涛
		孙 巍	龙 毅	孙小明	王自东	唐明强	果世驹
		涂友欢	任学平	汪永国	刘雅政	王海珍	赵志毅
		王会岭	吴春京	王 林	王开坤	王 群	唐 荻
		王 涛	王自东	王同年	燕青芝	王 跃	赵志毅
		王占朋	沈卫平	徐政新	任学平	杨春天	燕青芝
		杨粉荣	孙加林	杨 林	米振莉	游超瑜	张迎春
		余 威	赵志毅	喻 翔	何新波	岳丽娜	葛昌纯
		张 倩	孙爱芝	张晓静	李成明	章端婷	张深根
		赵 宁	刘 靖	赵晓琳	沈卫平	郑 伟	余万华
		钟金红	万发荣	周 杰	田文怀	朱建荣	韩静涛
		朱玉亮	陈雨来				

续表

学位类别	专业、领域	姓名	导师	姓名	导师	姓名	导师
工程硕士	车辆工程	曹立国	马　飞	方志祥	黄重国	耿慧铭	石博强
		吴文章	马　飞	许思睿	张文明	周向明	罗维东
		周　渝	黄重国	朱龙锋	王　晶		
	地质工程	张欣欣	谢玉玲				
	电子与通信工程	陈赛寒	班晓娟	黄　刚	周贤伟	李云龙	王志良
		刘素维	周贤伟	陕　亮	周贤伟	徐雪冬	陈月云
		支莎莎	王粉花				
	动力工程	李　娜	王　立	刘义平	温　治	谢云飞	童莉葛
	环境工程	邓芙蓉	李子富	郭　月	姚　俊	李济圣	汪　莉
		商一帆	姚　俊	孙雨馨	汪　莉	徐士森	林　海
		赵　嫱	孙体昌				
	机械工程	白宇新	朱超甫	陈　蕾	杨　荃	陈群立	张清东
		陈志恢	闫晓强	杜建民	王长松	范世刚	韩建友
		冯成毅	邱丽芳	冯艳琴	臧　勇	高秀芬	秦　勤
		郭盼盼	曹建国	韩　泓	尹忠俊	胡丰收	尹忠俊
		黄文斌	张少军	纪　涛	秦　勤	贾友剑	尹忠俊
		姜军泽	韩建友	解保红	孙志辉	鞠　健	杨　荃
		李鹤强	张　杰	李克成	曹建国	李淑玲	唐　英
		李志军	陈　工	梁淑蓉	郗安民	梁嫣丽	刘北英
		刘　欣	贾志新	刘云龙	李　威	刘志刚	苏兰海
		刘宗伟	张清东	毛泽伟	杨　荃	庞建萍	尹忠俊
		商若愚	边新孝	沈桂权	王　转	孙万领	冯俊小
		陶务纯	冯俊小	王　波	马祥华	王　帆	曹建国
		王建军	吴迪平	王培红	卞致瑞	王瑞军	李　威
		吴俊伟	杨海波	夏成军	刘北英	熊永钊	曹　彤
		徐迎春	臧　勇	薛春兰	刘　颖	尹克进	程国全
		袁源玮	张　杰	张东亮	曹建国	张树国	闫晓强
		张振华	曹　彤	赵晋龙	朱超甫	赵武斌	吴迪平
		赵兴永	冯俊小	郑岩红	张庆华	朱向青	孙志辉
		左　强	张少军				
	计算机技术	陈　博	曾广平	冯皓天	王志良	宦　鑫	孙　义
		孙　婧	班晓娟	王　琨	王志良	郑　嘉	吕志民
	建筑与土木工程	曹　静	张举兵	陈建伟	高永涛	仇安兵	吴顺川
		戴木香	李长洪	邓　斌	周晓敏	甘金红	纪洪广
		郭　健	吴顺川	郭　军	李长洪	郝　楠	谢谟文
		侯　琳	高永涛	雷春娟	乔　兰	梁　焱	乔　兰
		刘国伟	李长洪	刘小楠	李长洪	骆凤平	李长洪
		马　琳	高永涛	穆楠楠	纪洪广	彭　飞	纪洪广

续表

学位类别	专业、领域	姓名	导师	姓名	导师	姓名	导师
工程硕士	建筑与土木工程	祁文睿	高永涛	秦小玉	纪洪广	曲跃平	高永涛
		史英俊	高永涛	舒开鸥	谭文辉	王福田	吴顺川
		王 妮	乔 兰	王晓峰	纪洪广	文 斌	龚 敏
		谢正武	高永涛	徐 姝	刘娟红	严 飞	吴顺川
		杨一威	高永涛	曾 媛	乔 兰	张东昕	吴顺川
		张淑菡	高永涛	张文健	乔 兰	张文旭	李长洪
		赵志娜	高永涛				
	控制工程	陈志楠	高 海	古 昊	孙昌国	胡俊邦	班晓娟
		齐方庭	徐正光	任晓怀	李 静	汤成俊	石中锁
		王海平	尹怡欣	王智伟	杨卫东	肖里引	付冬梅
		杨 帆	张勇军	赵会兴	李 擎		
	矿业工程	刘 懿	姜福兴	马 松	高永涛	曾文平	宋卫东
		张 楠	吕文生				
	软件工程	王 磊	陈章华	于雪飞	王昭顺	张 路	孙 铁
	物流工程	曹润葛	程国全	杜建中	吕志民	马 荣	王 转
		赵国增	董绍华				
	项目管理	杜 刚	张俊光	高思宇	王道平	韩 丽	殷焕武
		韩辛亮	马风才	焦绍豪	张俊光	牛永利	张文新
		任晓耕	刘明珠	甄晓旭	武 森	左 华	高学东
	冶金工程	白永立	李京社	陈国生	张延玲	陈志勇	高 斌
		程晓娟	王福明	邓 蔚	殷瑞钰	董文明	高 斌
		杜昱萱	刘建华	樊丽霞	朱 荣	付国庆	刘 青
		付树浩	吴胜利	耿赛晓	成国光	龚建军	夏德宏
		郭利平	吴 铿	郭 伟	张家泉	韩进山	朱 荣
		侯贵生	张建良	胡国静	朱鸿民	黄成钢	成国光
		黄 杰	刘建华	贾建平	王福明	贾祥超	张延玲
		柯加祥	朱 荣	柯显峰	张建良	李博鹏	张家泉
		李 超	李宏煦	李红文	宋 波	李 强	杨世山
		李伟伟	李 宏	梁 磊	苍大强	刘凤刚	王新华
		刘利香	陈伟庆	刘木刚	成国光	刘 岩	成国光
		刘政群	张建良	罗仁辉	朱 荣	罗源奎	李京社
		马洛文	吴胜利	马佐仓	王福明	毛庆武	张建良
		孟耀青	贾彦忠	莫德敏	宋 波	秦颐鸣	王新华
		邱金厚	张宗旺	桑德广	王福明	邵俊宁	郭汉杰
		沈 平	李士琦	石 磊	张家泉	宋 强	王福明
		孙建设	程树森	唐安萍	张建良	王安富	高 斌
		王丰巧	张建良	王宏雄	包燕平	王 辉	张建良
		王建新	成国光	王九清	成国光	王 乐	刘润藻

续表

学位类别	专业、领域	姓名	导师	姓名	导师	姓名	导师
工程硕士	冶金工程	王　梦	胡晓军	王　品	孙彦辉	王　伟	包燕平
		王晓蕾	唐惠庆	武跃林	李　宏	夏世洪	李　宏
		向宏学	张家泉	徐洪源	郭兴敏	徐永林	李京社
		闫卫兵	朱　荣	颜学勇	薛庆国	晏　轻	王福明
		杨光涛	高　斌	杨文华	张建良	杨　欣	张家泉
		原禄春	张家泉	岳　强	高　斌	张桂林	朱　荣
		张　浩	王新东	张红卫	李　宏	张曙霞	李京社
		张颜庭	李士琦	张志强	张家泉	郑尚飞	王福明
		郑志辉	陈伟庆	周开明	王静松	周　鑫	朱　荣
		周　宇	吴胜利	庄　辉	朱　荣		
	仪器仪表工程	冯权泷	蓝金辉				
工商管理硕士	高级管理人员(EMBA)	陈玉龙	魏　钧	狄晓华	孙　莹	段银海	何　枫
		高　亮	何　枫	巩国平	武　森	郭士进	高俊山
		何可人	张　群	李　生	张晓冬	李永军	曹　勇
		梅开新	高俊山	史俊龙	王道平	苏　萌	裴利芳
		王开兴	张　剑	王清才	王维才	王文忠	张　群
		王　焱	戴淑芬	王志刚	李晓静	武常生	鲍新中
		闫　良	马风才	闫兴民	肖　明	杨朝祥	杨建华
		袁海黎	何维达	袁　野	杨　武	张　进	冯　梅
		张　毅	王维才	张友平	王道平	赵瑞祥	何维达
		赵世强	李明英	周　波	高学东	陈　君	张晓冬
		陈　岩	冯　梅	杜　江	戴淑芬	傅　胜	裴利芳
		何志强	杨　青	侯秀廷	刘　澄	黄国立	肖　明
		李红斌	何维达	李明华	何维达	马欣丽	魏　钧
		乔　跃	黄晓霞	任满堂	孙　莹	佟胜利	李铁克
		汪小安	戴淑芬	王　波	何　枫	王　超	赵　晓
		王建伟	杨　青	魏　燕	范小华	夏前军	魏　钧
		徐　源	赵　晓	许仲国	冯　梅	于原浩	高俊山
		张秋敏	张　群	赵国良	杨　武		
	工商管理	白　波	李晓辉	刘亚峰	王　莹	薛　妍	邓立治
		陈明辉	黄　瑛	卢明辉	瞿国忠	杨晓枫	孙　莹
		董一欣	阚　宏	吕志刚	贾振全	杨耀兴	吕殿平
		董英钊	殷焕武	罗艳华	樊彩霞	张春来	马风才
		都志刚	高俊山	马浩扉	孙　莹	张翠枫	王宾容
		樊　静	何　枫	马玉秋	鲍新中	张　鹏	马风才
		冯芳琳	邓立治	穆瑞清	陈雪松	张素平	瞿国忠
		冯胜昔	张文新	蒲彩和	何　枫	张文智	韩良智
		郭丽娜	何润宇	齐　航	楼　园	张照瑜	王道平

续表

学位类别	专业、领域	姓名	导师	姓名	导师	姓名	导师
工商管理硕士	工商管理	韩来东	李晓静	乔立中	高学东	郑宇东	贾振全
		贺东江	赵　晓	唐左向	殷焕武	梁翔宇	李晓辉
		贺　玮	殷焕武	王晓慧	武德昆	刘　娜	何　枫
		胡　敏	黄　瑛	王永旭	李晓辉	刘伟平	李铁克
		黄铁勇	刘欣华	肖立荣	黄　瑛	薛凌波	李晓静
		李利军	何维达	谢学军	韩良智	李　洲	戴淑芬
		许占军	范小华				
公共管理硕士	公共管理	冯国鼎	冯　英	冯纪娜	董　梅	傅　博	张卫英
		葛明明	陆　俊	郭　枫	黄耀杰	揭　露	王竹青
		雷　雯	魏增产	李豪伟	俞文华	李　京	崔　英
		李　璐	徐清梅	李　楠	吴群芳	梁　丽	郑瑞琨
		刘　渤	陈闽红	刘思立	侯登华	马　舸	许　放
		孟　尊	侯登华	闵绍辉	曲绍卫	穆　婷	徐清梅
		秦　晗	曲绍卫	宋　杨	冯　英	檀咏林	王宾容
		唐高翔	时立荣	王　昂	周湘斌	王　迪	陈闽红
		王　赫	魏增产	王　洁	董　梅	王邱驰	冯　英
		王心洁	曲绍卫	王　鑫	周湘斌	王永志	许　放
		吴钦山	俞文华	吴子军	陆　俊	杨　杰	李婉平
		杨　亚	时立荣	张睿杰	曲绍卫	张　越	魏增产
		赵东阳	石　雁	赵良超	左　鹏	赵　新	侯登华
		周丽阳	陈闽红	周文超	徐清梅	朱　亮	吴群芳

2012年以同等学力获得硕士学位的在职人员名单

学科、专业	姓名	导师	姓名	导师
车辆工程	于　江	马　飞		
钢铁冶金	柯建祥	朱　荣		
管理科学与工程	张　磊	高学东		
思想政治教育	陈　霞	刘　莉	代鸿滨	左　鹏
	范会明	李晓光	冯海燕	张北根
	何红升	时立荣	黄喜平	陆　俊
	柯　瑜	周湘斌	李桂新	刘向英
	李　佳	周湘斌	刘冬慧	王爱红
	罗富臣	左　鹏	彭　鹏	张北根
	张　琦	彭庆红	赵振宇	刘　莉
外国语言学及应用语言学	尚元元	何　沂		

2012年获得学位的研究生或毕业的研究生名单

姓名	导师	学科、专业	备注
张明波	余达太	控制理论与控制工程	博士毕业
李　辛	王立民	工商管理硕士	硕士毕业
王水华	张　勇	材料科学与工程	硕士毕业

附　　录

北京科技大学第三届董事会名单

名誉主席：

刘　淇　中共中央政治局委员、北京市委书记
徐匡迪　十届全国政协副主席、中国工程院原院长
黄孟复　全国政协副主席、全国工商联主席

主　　席：

徐匡迪（兼）　十届全国政协副主席、中国工程院原院长

副 主 席：

徐乐江　宝钢集团有限公司董事长
张晓刚　鞍山钢铁集团公司总经理
邓琦琳　武汉钢铁（集团）公司总经理
王青海　首钢总公司总经理
刘明忠　新兴际华集团有限公司董事长
王义芳　河北钢铁集团有限公司董事长
邹仲琛　山东钢铁集团有限公司董事长
贾宝军　中国中钢（集团）公司总裁
王为民　中国冶金科工集团有限公司党委副书记、总经理
刘振江　中国钢铁工业协会党委书记
赖宁昌　东凌集团有限公司董事长
罗维东　北京科技大学党委书记
徐金梧　北京科技大学校长（常务副主席）

董　　事：（以姓氏笔画为序）

丁立国　德龙控股有限公司董事局主席
于　勇　河北钢铁集团唐钢公司董事长
才　让　中国钢研科技集团有限公司董事长、党委书记
才鸿年　中国工程院院士、中国兵器装备集团公司科技委副主任

王一德 中国工程院院士、太原钢铁（集团）有限公司董事会规划委员会副主任
王义芳 河北钢铁集团有限公司董事长
王中丙 广东省湛江市市长
王为民 中国冶金科工集团有限公司党委副书记、总经理
王汀明 湖南省政协原副主席
王青海 首钢总公司总经理
王崇愚 中国科学院院士、清华大学教授
毛小兵 青海省西宁市委书记
邓琦琳 武汉钢铁（集团）公司总经理
叶恒强 中国科学院院士、中国科学院金属研究所研究员
冯 杰 酒泉钢铁（集团）有限责任公司董事长
冯炯华 宁夏回族自治区人大常委会副主任、农工党中央常委
邢书成 广州军区副司令员、少将
邢利斌 山西联盛能源煤焦集团董事局主席
朱小复 福建省三钢（集团）有限责任公司副总经理
朱孟依 合生创展集团有限公司董事局主席
任美成 北京泰略投资咨询有限公司董事长
刘 捷 江西省新余市委副书记、市长
刘明东 海南矿业股份有限公司总经理
刘明忠 新兴际华集团有限公司董事长
刘建平 天津大学党委书记
刘振江 中国钢铁工业协会党委书记
刘晓峰 十一届全国政协常务委员、副秘书长，农工党中央专职
关 杰 中国工程院院士、西安重型机械研究所高级工程师
孙开明 天津钢管集团股份有限公司总工程师
孙安民 全国工商联常务副主席、十一届全国人大常委、全国人大法律委员会副主任
孙纪木 新华联合冶金投资集团有限公司董事长
苏鉴钢 马钢集团公司总经理
李 琦 深圳易讯天空网络有限公司执行董事
李连平 河北建设投资集团有限责任公司董事长
李贵阳 河北钢铁集团邯钢公司董事长
李晓波 太原钢铁（集团）有限公司董事长
杨志强 金川集团股份有限公司董事长
肖 峰 成都昊特新能源技术有限公司董事长、总经理
何季麟 中国工程院院士、宁夏东方有色金属集团公司原董事长
余自甦 攀钢集团有限公司总经理
邹仲琛 山东钢铁集团有限公司董事长
汪海涛 西部矿业股份公司董事长
沈文荣 沙钢集团董事局主席

沈健生　银邦金属复合材料股份有限公司董事长
张　海　河北钢铁集团宣钢公司董事长
张　彬　山西昌大公司总经理
张志祥　北京建龙重工集团有限公司董事长
张克利　中国有色矿业集团有限公司党委书记
张战波　北京中冶设备研究设计总院有限公司院长（总经理）
张荣明　北京爱慕内衣有限公司董事长
张晓刚　鞍山钢铁集团公司总经理
张晓峰　桓裕投资（集团）有限公司董事长
陆正耀　神州租车（中国）有限公司CEO
陆志方　中国恩菲工程技术有限公司董事长
陈　喆　北京宝来易投资管理有限公司董事长、总经理
陈启祥　莱芜钢铁集团有限公司董事长、总经理
陈建华　广东省广州市委副书记、市长
罗维东　北京科技大学党委书记
周秉利　包头钢铁（集团）有限责任公司董事长
周荣昌　内蒙古自治区人大常委会原副主任
郑新立　中国国际经济交流中心常务副理事长、中共中央政策研究室原副主任
赵公卿　重庆市原副市长、重庆市人大常委会原副主任
赵世庆　重庆钢铁（集团）有限责任公司副董事长、总经理
郝　远　甘肃省副省长
哈斯巴根　十一届全国人大常委、民族委员会副主任，内蒙古自治区人大常委会副主任
钟　掘　中国工程院院士、中南大学教授
施　设　中冶京诚工程技术有限公司董事长
姜德义　北京金隅集团有限责任公司执行董事兼总裁
贾国生　河北钢铁集团舞钢公司副董事长、总经理
贾宝军　中国中钢（集团）公司总裁
徐乐江　宝钢集团有限公司董事长
徐匡迪　十届全国政协副主席、中国工程院原院长
徐金梧　北京科技大学校长
殷晓静　中央政府驻港联络办公室副主任
殷瑞钰　中国工程院院士、钢铁研究总院名誉院长
郭长波　青岛钢铁控股集团有限责任公司总经理
唐飞来　新余钢铁有限责任公司副董事长
黄一新　南京钢铁联合有限公司副总经理
黄孝斌　北京时代凌宇科技有限公司董事长
曹建军　山西汇丰兴业集团董事长
曹慧泉　湖南华菱钢铁集团有限责任公司董事长
彭　原　北京国源金汇投资有限公司董事长

董　事　本钢集团有限公司副总经理
董晓民　内蒙古自治区烟草专卖局（公司）局长、总经理
蒋开喜　北京矿冶研究总院院长
谢俊文　华亭煤业集团有限责任公司总经理
靳善忠　山西省人大常委会副主任
赖宁昌　东凌集团有限公司董事长
褚建东　河北钢铁集团承钢公司董事长
魏　新　北大方正集团董事长

秘 书 长：
王维才　北京科技大学副校长

北京科技大学校友会组织机构及人员组成

名誉会长：魏寿昆　王　润　李静波　杨天钧　李宝林
会　　长：徐金梧
副 会 长：权良柱　王维才　赵续生　李宝林
秘 书 长：王维才
副秘书长兼办公室主任：于成文
副 主 任：吕朝伟
工作人员：郭晓东　常馨悦　陈晔明

北京科技大学教育基金会组成

名誉理事长：徐匡迪
名誉理事：徐乐江（宝钢集团有限公司董事长、党委常委）
张晓刚（鞍山钢铁集团公司党委书记、总经理）
邓崎琳（武汉钢铁（集团）公司总经理、党委副书记）
朱继民（首钢总公司党委书记、董事长）
理 事 长：罗维东
副理事长：徐金梧　王维才
理　　事：罗维东　徐金梧　权良柱　武德昆　王维才　何民庆　于成文
秘 书 长：王维才
副秘书长兼办公室主任：于成文
监　　事：涂纪明

与北京科技大学建立合作关系的国外及港澳台地区学校、研究机构（133所）

（截至2012年12月）

序号	学校／科研机构	国家／地区	建立时间
1	亚琛工业大学（*Aachen Technical University*）	德　国	1979
2	东京工业大学（*Tokyo Institute Technology*）	日　本	1980
3	麦克麻斯特大学（*Mcmaster University*）	加拿大	1982
4	里海大学（*Lehigh University*）	美　国	1982
5	宾夕法尼亚大学（*University of Pennsylvania*）	美　国	1982
6	九州工业大学（*Kyushu Institute of Technology*）	日　本	1984
7	皇家工学院（*Royal Institute of Technology*）	瑞　典	1984
8	律尼奥大学（*Lulea University*）	瑞　典	1984
9	神奈川大学（*Kanagawa University*）	日　本	1985
10	乌龙冈大学（*University of Wollongong*）	澳大利亚	1985
11	北海道大学（*Hokkaido University*）	日　本	1986
12	西里西亚工业大学（*Silesian Technical University*）	波　兰	1986
13	保尔·萨巴蒂大学（*Paul Sabatier University*）	法　国	1986
14	冈山理科大学（*Okayama University of Science*）	日　本	1987
15	蒙特利尔工学院（*Ecole Polytechnique Montreal*）	加拿大	1987
16	加利福尼亚大学（*University of Califonia*）	美　国	1987
17	多特蒙德大学（*University of Dortmund*）	德　国	1987
18	玛丽皇后学院（*Queen Mary College*）	英　国	1988
19	利物浦大学（*University of Livepool*）	英　国	1988
20	密西根工业大学（*Michigan Technical University*）	美　国	1989
21	莫斯科钢与合金学院（*Moscow Institute of Steel & Alloy*）	俄罗斯	1989
22	顺天国立大学（*Sunchon National University*）	韩　国	1993
23	密道尔赛克斯大学（*Middlesex University*）	英　国	1994
24	河内百科大学（*Honoi University of Technology*）	越　南	1996
25	台北技术学院(*Taipei Institute of Technology*)	中国台湾	1996
26	巴拉那联邦大学（*Universidade Fderal do Parana*）	巴　西	1996
27	昌原国立大学（*Changwon National University*）	韩　国	1997
28	弗赖贝格矿业技术大学 （*Technische Universitat Bergakademie Freiberg*）	德　国	1997
29	鲁汶工程技术学院（*Louvain Institute of Technology*）	比利时	1997
30	拉塞雷纳大学（*The University of La Serena*）	智　利	1997
31	九州大学（*Kyushu University*）	日　本	1997
32	皇家墨尔本理工学院 （*The Royal Melbourne Institute of Technology*）	澳大利亚	1998

续表

序号	学校/科研机构	国家/地区	建立时间
33	南洋理工大学（*Nangang Technological University*）	新加坡	1998
34	国立塔什干理工大学（*Tashkent State Technical University*）	乌兹别克斯坦	1998
35	朝阳科技大学（*Chaoyang University of Technology*）	中国台湾	2001
36	昆山科技大学（*Kun Shan University*）	中国台湾	2002
37	德克萨斯大学阿灵顿分校（*University of Texas at Arlington* ）	美 国	2002
38	东北大学（*Tohoku University*）	日 本	2002
39	浦项工业大学（*Pohang University of Science and Technology*）	韩 国	2004
40	室蘭工业大学（*Muroran Institute of Technology*）	日 本	2004
41	橡树岭国家实验室（*Oak Ridge National Laboratory*）	美 国	2004
42	韩国浦项产业科学研究院（*Research Institute of Industrial Science & Technology*）	韩 国	2004
43	乌迪内大学（*University of Udine*）	意大利	2004
44	香港科技大学（*HongKong University of Science and Technology*）	香 港	2005
45	牛津大学材料系（*Department of Materials, The University of Oxford*）	英 国	2005
46	汉诺威大学 （*Universitaet Hannover*）	德 国	2005
47	维多利亚大学 （*Victoria University*）	澳大利亚	2005
48	凯斯-西保留地大学 （*Case Western Reserve University*）	美 国	2005
49	杜维嘉大学 （*University of Tor Vergata*）	意大利	2005
50	台湾成功大学（*Taiwan Cheng Kung University*）	中国台湾	2006
51	德国考古研究所（*Deutsch Archeology Institute*）	德 国	2006
52	台湾屏东科技大学（*Taiwan Ping Tong University of Science & Technology*）	中国台湾	2006
53	剑桥大学材料冶金系（*Dept. of Materials & Metallurgy Cambridge University*）	英 国	2006
54	澳大利亚塔斯马尼亚大学（*University of Tasmania*）	澳大利亚	2006
55	斯图加特应用技术大学（*Hochschule fur Technik, Stuttgart*）	德 国	2006
56	瑞典布京理工学院（*Blekinge Institute of Technology*）	瑞 典	2006
57	德国马普学会（*The Max Planck Society*）	德 国	2006
58	美国莱特大学(*Wright University*)	美 国	2007
59	塔林技术大学(*Talline University of Technology*)	爱沙尼亚	2007
60	英国斯旺西大学(*University of Wales Swansea*)	英 国	2007
61	克里特大学(*University of Crete*)	希 腊	2007
62	卧龙岗大学(*University of Wollongong*)（工学院-材料学院）	澳大利亚	2007
63	蒙古科技大学(*Mongolian University of Science and Technology*)	蒙 古	2007

续表

序号	学校/科研机构	国家/地区	建立时间
64	东北大学(*Tohoku University*)（续签）	日　本	2007
65	乌克兰国立航空大学(*National Aviation University*)	乌克兰	2007
66	美国田纳西大学(*The University of Tennessee*)	美　国	2007
67	台南大学(*National University of Tainan*)	中国台湾	2007
68	国立顺天大学(*Sunchon National University*)	韩　国	2007
69	龙华科技大学(*Longhua University of Science and Technology*)	中国台湾	2007
70	蒙哥马利奥本大学(*Auburn University at Montgomery*)	美　国	2007
71	天主教鲁汶大学(*Katholieke Universiteit Leuven*)	比利时	2008
72	天主教辅仁大学(*Fu Jen Catholic University*)	中国台湾	2008
73	爱尔兰格里菲斯学院(*Griffith College Dublin*)	爱尔兰	2008
74	布鲁塞尔自由大学(*VUBVrije Universiteit Brussel*)	比利时	2008
75	蒙哥马利－奥本大学(*University of Auburn at Montgomery*)	美　国	2008
76	底特律大学(*University of Detroit Mercy*)	美　国	2008
77	阿拉斯加矿业大学(*University of Alaska*)	美　国	2008
78	巴尔的摩大学(*University of Baltimore*)	美　国	2008
79	金门技术学院(*Kinmen Institute of Technology*)	中国台湾	2008
80	东京理科大学(*Tokyo University of Science*)	日　本	2008
81	蒙特利尔大学(*Taiwan University of Science and Technology*)	加拿大	2008
82	蒙纳士大学(*University of Monash*)	澳大利亚	2009
83	台湾大学(*University of Taiwan*)	中国台湾	2009
84	滑铁卢大学(*University of Waterloo*)	加拿大	2009
85	兰卡斯特大学(*University of Lancaster*)	英　国	2009
86	赫尔辛基工业大学(*Helsinki University of Technology*)	芬　兰	2009
87	邓迪大学(*University of Dundee*)	英　国	2009
88	利莫瑞克大学(*University of Limerick*)	爱尔兰	2009
89	图尔大学(*Université Francois Rabelais*)	法　国	2009
90	海外学习基金组织(*The Study Abroad Foundation*)	美　国	2009
91	加泰罗尼亚理工大学(*Universitat politecnica de catalunya*)	西班牙	2009
92	东京电机大学(*Tokyo Denki University*)	日　本	2009
93	电气通信大学(*University of Electro-Communications*)	日　本	2009
94	逢甲大学(*Feng Chia University*)	中国台湾	2009
95	台湾静宜大学 (*Providence University*)	中国台湾	2009
96	明志科技大学(*Ming Chi University of Technology*)	中国台湾	2009
97	昆士兰大学（*University of Queensland*）	澳大利亚	2010
98	阿尔伯塔大学（*University of Alberta*）	加拿大	2010
99	肯特州立大学（*Kent State University*）	美　国	2010
100	加州大学河滨分校（*University of California, Riverside*）	美　国	2010

续表

序号	学校/科研机构	国家/地区	建立时间
101	加州州立大学富丽通分校（*California State University, Fullerton*）	美　国	2010
102	爱达荷大学（*University of Idaho*）	美　国	2010
103	加州大学董事会、劳伦斯伯克利国家实验室、*UT*斯达康巴特尔有限责任公司、橡树岭国家实验室（*California University, etc*）	美　国	2010
104	德蒙特福德大学（*De Montfort University*）	英　国	2010
105	中央大学（*Chuo University*）	日　本	2010
106	城西国际大学（*Josai University Corporation*）	日　本	2010
107	京都产业大学（*Kyoto Sangyo University* ）	日　本	2010
108	澳门大学（*Macao University*）	澳　门	2010
109	中兴大学（*Chung Hsing University*）	中国台湾	2010
110	岭东科技大学（*Ling Tung University*）	中国台湾	2010
111	华梵大学（*Hua Fan University*）	中国台湾	2010
112	产业技术大学（*Korea Polytechnic University*）	韩　国	2010
113	塔尔图大学（*University of Tartu*）	爱沙尼亚	2010
114	佛罗里达大学（*University of Florida*）	美　国	2011
115	加州大学圣地亚哥分校（*University of California, San Diego*）	美　国	2011
116	普利茅斯州立大学（*Plymouth State University*）	美　国	2011
117	弗吉尼亚理工大学（*Virginia Polytechnic Institute and State University*）	美　国	2011
118	密苏里大学哥伦比亚分校（*University of Missouri, Columbia*）	美　国	2011
119	挪威科技大学（*Norwegian University of Science and Technology*）	挪　威	2011
120	奥尔良大学工程师学院（*Polytechnic of the University of Orleans*）	法　国	2011
121	博客拉大学（*Pokhara University*）	尼泊尔	2011
122	东海大学（*Tunghai University*）	中国台湾	2011
123	金门大学（*Quemoy University*）	中国台湾	2011
124	加州大学伯克利分校 *(University of California, Berkeley)*	美　国	2012
125	国际教育联盟*(American Alliance for International Education)*	美　国	2012
126	巴黎十三大*(The University Paris* 13)	法　国	2012
127	巴黎十一大*(The University Paris-Sud)*	法　国	2012
128	曼彻斯特城市大学*(Manchester Metropolitan University)*	英　国	2012
129	卡塔尼亚大学*(University of Catania)*	意大利	2012
130	拉瑞尔应用技术大学*(Laurea University of Applied Sciences)*	芬　兰	2012
131	青山学院大学*(Aoyama Gakuin University)*	日　本	2012
132	中国文化大学*(Chinese Culture University)*	中国台湾	2012
133	暨南国际大学*(National Chi Nan University)*	中国台湾	2012

与北京科技大学建立全面合作关系的国内政府机关、企事业单位

（至2012年12月）

序号	单位名称	合作内容	签订时间
1	上虞市人民政府	科技开发与成果转化、技术咨询与服务、人才培养等	1999.10
2	北京市宣武区	科技、经济、社会诸方面开展全面合作	2000.01
3	江苏华西集团公司	建立华西集团—北科大冶金工程技术冶金所；建立人才培训基地；共同申报科研课题及成果等	2000.05
4	包头钢铁公司	技术合作、科技攻关、人才培养等	2000.06
5	青海省人民政府	科技开发与成果转化、技术咨询与服务、干部培训和人才培养等	2000.06
6	宁夏回族自治区人民政府	科技开发与成果转化、技术咨询与服务干部培训和人才培养等	2000.06
7	青海大学	学科建设、人才培养、学术与工作交流等	2000.10
8	北京有色金属研究总院	科技开发、成果转化、人才培养、信息交流等	2000.12
9	包头钢铁学院	学科建设、科技攻关、人才培养等	2001
10	二重机械(集团)公司	技术合作、科技攻关、人才培养等	2001
11	济南钢铁(集团)公司	技术合作、科技攻关、人才培养等	2001
12	江苏八菱集团公司	技术合作、科技攻关、人才培养等	2001
13	长治钢铁（集团）有限公司	科技攻关、教学实习、人才培养等	2003.01
14	唐山建龙实业有限公司	厂方在学校设立建龙奖学金并提供教学实习、实践基地；学校为厂方提供人才培养、技术支持、进行科技合作等	2003.04
15	海南力气大实业投资有限公司	双方共同组建稀土超磁致伸缩材料有限责任公司	2003.06
16	山东墨龙特钢有限公司	技术合作、人才交流、教学实习等	2003.06
17	石家庄钢铁有限责任公司	双方共同建立汽车用钢（棒材）研究中心	2003.07
18	邯郸纵横钢铁有限公司	资金、人才、技术等方面的交流与合作	2003.10
19	中国工商银行北京市分行	银行为学校提供贷款，学校为银行提供科技开发、人才培训、技术支持等	2003.12
20	黄冈源昌石政石材有限公司	共同组建公司推进“各向异性粘结钕铁硼技术”产业化	2003.12
21	抚顺罕王实业集团有限公司	人才培养、新技术应用和新产品开发等	2004.02
22	武警北京指挥学院	人才培养、教学实习等	2004.03
23	教育部	教育部与四大钢铁公司共建北京科技大学	2004.03
24	上海宝钢集团公司		
25	鞍山钢铁集团公司		
26	武汉钢铁集团公司		
27	首钢集团总公司		
28	安徽省马鞍山市政府	共建新材料产业化基地	2004.04

续表

序号	单位名称	合作内容	签订时间
29	苏州建兴置业有限公司	共同组建公司推进“金属粉末注射成形技术”产业化	2004.04
30	第二炮兵	学校每年为第二炮兵输送优秀毕业生；第二炮兵在学校设立国防奖学金，并对学校的有关教学科研工作和国防教育给予支持	2004.05
31	广州南沙开发区建设指挥部	共建研究生教育培养基地	2004.07
32	北京伟豪集团公司	共同组建公司推进“智能玻璃制备技术”产业化	2004.06
33	贵州省贵阳市人民政府	共建研究生教育培养基地	2004.09
34	厦门市湖里区人民政府	科技合作、人才交流等	2004.10
35	中国银行北京市分行	银行为学校提供贷款，学校为银行提供科技开发、人才培训、技术支持等	2004.12
36	深圳市东恒投资发展有限公司	共同组建公司推进“电容器用纳米钽粉制备技术”产业化	2004.12
37	河南纳士科技股份有限公司	共同组建公司推进“纳米复合稀土特种功能材料制备技术”产业化	2005.03
38	太原钢铁(集团)公司	技术合作、科技攻关、人才培养等	2005.04
39	北京冠亚时代科技研发中心	共同组建公司推进“高海拔变压吸附制氧技术”产业化	2005.04
40	邯郸钢铁集团有限责任公司	共建研究生教育科研基地	2005.04
41	中钢集团洛阳耐火材料研究院	共建研究生教育科研基地	2005.04
42	首钢总公司	共建研究生教育科研基地	2005.04
43	江阴兴澄特种钢铁有限公司	共建研究生教育科研基地	2005.05
44	宁波市北仑区人民政府	联合培养冶金材料专业工程硕士学位研究生	2005.06
45	包钢（集团）公司	共建研究生教育科研基地	2005.09
46	首钢总公司	科学研究、技术开发、教学实习、人才培养、科技公共、成果转化等；共同建设汽车用钢联合研发中心；联合培养研究生	2005.09
47	北京市顺义区人民政府	科技合作、技术支持、成果转化、学生实习、挂职锻炼等	2005.10
48	重庆科技学院	人员交流、人才培养、科研帮扶等	2005.11
49	金隅通达耐火技术公司	共建研究生教育科研基地	2005.12
50	唐山建龙实业有限公司	设立“北京科技大学建龙基金”、人才培养、学术交流和科研合作	2005.12
51	武汉钢铁（集团）公司	科研开发、人才培养、人员交流等；双方还将联合成立“产学研合作委员会”	2006.01
52	邯郸钢铁集团有限公司	科学研究、新产品和新技术开发、成果转让、人才培养和教学实习等	2006.05

续表

序号	单位名称	合作内容	签订时间
53	中国铝业集团	铝型材加工、铝冶炼技术、综合节能、铝轧制工艺设备等	2006.07
54	香港科技大学	建立“北京-香港科大联合研究中心”，就技术成果转化、技术开发、企业孵化、资讯交流与技术服务以及人才培养等五个方面开展工作	2006.08
55	广州中科院工研院	建立材料与加工技术研究中心，围绕珠三角企业需要的材料制备加工技术开展研究，探索产学研合作	2006.10
56	宝山钢铁股份有限公司	科研开发，博士生、硕士生培养，毕业生培养和选拔等	2006.10
57	广州钢铁集团有限公司	建立联合研发中心，针对高技术含量、高附加值的新一代集装箱板、家电板、汽车板等进行联合开发，培养人才	2006.11
58	佛山市政府	合作建设创新平台，实施合作项目，培养人才	2006.11
59	中国兵器装备集团公司	材料科学与技术、腐蚀与防护、先进制造、车辆动力、信息化技术方面的基础与应用研究	2006.12
60	兵器第59所	成立“大气环境效应与防护联合实验室”	2006.12
61	河南省巩义市人民政府	科技合作、人才培养	2007.09
62	莱芜钢铁公司	板带钢联合研发中心、特殊钢联合研发中心、转底炉联合研发中心	2007.04
63	河南通宇冶材集团有限公司	耐火材料、连铸配件技术联合研发中心	2007.04
64	建龙钢铁控股有限公司	特殊钢技术联合研发中心	2007.04
65	江苏万泰集团	气体研究与应用联合研发中心	2007.04
66	中国海洋石油总公司海油（北京）能源投资有限公司	科技合作	2007.11
67	佛山市石湾镇人民政府	共建华南不锈钢创新中心	2008.01
68	佛山南海区人民政府	产学研战略联盟	2008.03
69	佛山高明区杨和镇人民政府	产学研战略联盟	2008.03
70	佛山市生产力促进中心，禅城区生产力促进中心，石湾街道科技办	技术创新与应用型人才培训网络平台	2008.03
71	莱芜钢铁集团有限公司	转底炉联合研发中心、特殊钢联合研发中心、带钢联合研发中心	2008.03
72	卢龙县人民政府	共建绿色冶金试验示范基地	2008.05
73	本溪钢铁（集团）有限责任公司	汽车板用户技术联合实验室	2008.06
74	通化钢铁集团股份有限公司	联合共建合作实体	2008.06

续表

序号	单位名称	合作内容	签订时间
75	广东省佛山市高明区	与高明区签署全面产学研战略合作	2009.04
76	广东省佛山市高明区更合镇人民政府	共建“不锈钢成果转化基地”	2009.04
77	江苏省无锡市锡山区人民政府	产学研创新联盟	2009.05
78	中国有色金属协会	“金属铝锌产业联盟”成立，谢建新副校长当选为联盟理事	2009.05
79	北京市科委	“首都钢铁服务产学研联盟”成员单位；“首都新能源产业技术联盟”光伏、光热和核能三个联盟理事单位；“首都新农村建设科技创新服务联盟”理事单位	2009.06-07
80	广西桂东电力股份有限公司	共建“桂东电子-北科大新材料技术联合研发中心”	2009.07
81	广东三A不锈钢制品集团有限公司	联合组建科技创新服务平台-“广东三A集团与北京科技大学产学研基地”	2009.08
82	广州冶金工业研究所	成立北京科技大学材料先进制备技术教育部重点实验室广东分实验室	2009.09
83	广东省梅州市	学校加盟“梅州市铜产业产学研创新联盟”	2009.11
84	河北钢铁集团	战略合作	2009.12
85	中国绝热节能材料协会	建筑用酚醛泡沫产业技术创新战略联盟	2010.01
86	中国资源综合利用协会	尾矿综合利用产业技术创新战略联盟	2010.01
87	三门峡化工机械有限公司	车载式热泵流化床谷物干燥技术及装置产业化开发	2010.02
88	常州三鑫轧辊有限公司	特种钢与轧辊冶金技术科技合作	2010.03
89	常州三鑫轧辊有限公司	常州三鑫轧辊-北科大校企产学研合作基地建设	2010.03
90	丹阳市政府等五方共建	共建江苏高性能合金材料研究院	2010.04
91	菏泽广源铜带股份有限公司	菏泽广源铜带股份有限公司-北科大年产5000吨高精电子压延铜箔工程技术合作	2010.04
92	四川省盐边县人民政府	盐边县人民政府-北科大钒钛磁铁矿综合利用战略合作	2010.05
93	北京高技术创业服务中心	共建本科生实践教学基地	2010.05
94	北京希克斯科技有限公司	共建本科生实践教学基地	2010.05
95	北京青云联合空调设备有限公司	共建本科生实践教学基地	2010.06
96	北京同方人工人工环境有限公司	共建本科生实践教学基地	2010.06
97	北京振利高新技术有限公司	共建本科生实践教学基地	2010.06

续表

序号	单位名称	合作内容	签订时间
98	国家室内环境与室内环保产品质量监督检验中心	共建本科生实践教学基地	2010.06
99	蒙特空气处理设备（北京）有限公司	共建本科生实践教学基地	2010.06
100	北京九阳实业公司	共建实践教学基地	2010.06
101	聊城市中级人民法院	共建本科生实践教学基地	2010.06
102	承德钢铁集团有限公司	共建研究生教育科研基地	2010.06
103	京东方科技集团股份有限公司	共建北京科技大学–京东方新型显示技术联合实验室	2010.10
104	扬州龙川钢管有限公司	建设海洋工程管线管防腐技术开发应用企业院士工作站	2010.10
105	贵州省黔南州科学技术和知识产权局	北京科技大学–贵州省黔南州科学技术和知识产权局科技合作	2010.12
106	济钢集团有限公司、中科院工程热物理研究所	成立“钢铁企业节能减排战略合作同盟”	2011.01
107	天津百利机电控股集团股份有限公司	金属材料应用研发平台建设	2011.03
108	杭州钢铁集团公司	汽车零部件（钢质）产业技术创新战略联盟	2011.03
109	天立环保工程有限公司	北京科技大学-天立环保联合研发中心	2011.03
110	无锡惠山区职教园	北京科技大学–无锡职教园管理委员会联合共建技术转移中心	2011.03
111	铜山区人民政府	战略合作	2011.04
112	岜山集团	战略合作	2011.04
113	河北津西钢铁有限公司	战略合作	2011.04
114	广州机械科学研究院	产学研合作	2011.04
115	中科新越投资（北京）有限公司	战略合作	2011.04
116	康明斯（中国）投资有限公司	共建“康明斯电传动实验室”	2011.05
117	北京装备制造和新材料科技成果承接与转化平台	战略合作	2011.05
118	首钢长治钢铁有限公司	战略合作	2011.05
119	重庆钢铁集团公司	船舶及海洋工程用钢产业集成创新服务联盟	2011.05
120	淮北市人民政府	战略合作	2011.05
121	德国卡尔蔡司公司	北京科技大学-德国卡尔蔡司公司电子显微镜合作实验室	2011.05

续表

序号	单位名称	合作内容	签订时间
122	新兴重工新兴能源装备股份有限公司、盛泽能源技术有限公司	新兴际华集团-北科大“能源装备新技术研发中心”	2011.06
123	西部矿业集团有限公司	青藏高原有色金属矿产资源开发与综合利用产业技术创新战略联盟	2011.06
124	玉柴重工总公司	战略合作	2011.06
125	山东钢铁集团有限公司	战略合作	2011.06
126	徐州铜山科技局、吉林大学、浙江大学等	工程机械产业产学研联盟	2011.06
127	徐州大屯工贸实业公司	北京科技大学矿井避险研究技术中心	2011.07
128	中钢设备有限公司	“先进冶金装备及工艺技术研发”合作	2011.08
129	山东龙泉管道工程股份有限公司	联合成立“山东龙泉新材料工程技术研究院”	2011.09
130	普天物流技术有限公司	共建“物流中心自动化装备及系统产业技术创新战略联盟”	2011.10
131	锡山鹅湖镇	产学研合作	2011.10
132	临沂市人民政府	战略合作	2011.11
133	山东齐星铁塔科技股份有限公司、新霓空太阳能（中国）有限公司、无锡安飞纤维材料科技有限公司、中科院宁波材料技术与工程研究所	复合材料研究与应用产业技术创新战略示范联盟	2011.11
134	香港维新集团	产学研合作	2011.11
135	宝钢集团有限公司	科研合作	2011.12
136	中国有色矿业集团	全面合作	2011.12
137	中国冶金科工集团有限公司	全面合作	2011.12
138	首钢集团总公司	首钢-北科大战略合作协议	2012.02
139	湛江市人民政府	北京科技大学湛江工业研究院框架协议	2012.03
140	天津钢管集团公司	天津钢管集团公司-北京科技大学战略合作协议	2012.04
141	德龙集团	北京科技大学-德龙产学研合作平台	2012.04
142	联盟包括中国汽车工程学会等35家单位，北京科技大学为联盟伙伴单位	汽车轻量化技术创新战略联盟	2012.05
143	广西科技厅	广西壮族自治区科学技术厅-北京科技大学科技合作协议	2012.05

续表

序号	单位名称	合作内容	签订时间
144	承德路桥建设总公司	承德路桥建设总公司与北京科技大学校企科技合作协议	2012.05
145	郑州市人民政府	郑州市人民政府–北京科技大学科技合作框架协议	2012.05
146	龙岩市人民政府	龙岩市政府–北京科技大学共建硬质合金行业技术转移中心	2012.06
147	西藏昊泰纸样设备科技有限公司、北京科技大学、青海省高原医学研究院、空军航空医学研究所、中科院大连化学物理研究所	西藏昊泰高原富氧工程产学研合作技术研发中心合作协议	2012.06
148	京微雅格（北京）科技有限公司	北京科技大学–京微雅格（北京）科技有限公司校企战略合作框架协议	2012.08
149	中节能工业节能有限公司	中节能工业节能有限公司–北京科技大学产学研合作协议	2012.08
150	广西盛隆冶金有限公司	广西盛隆冶金有限公司–北京科技大学产学研战略合作协议	2012.08
151	广西长龙冶金有限公司	广西长龙冶金有限公司–北京科技大学产学研合作协议	2012.08
152	北京爱尔斯环保工程有限责任公司	北京爱尔斯环保工程有限责任公司–北京科技大学“北京水质净化生态技术研发中心”	2012.09
153	信丰县包钢新利稀土有限责任公司	北京科技大学-信丰县包钢新利稀土有限责任公司产学研合作协议	2012.12
154	德庆康纳国兴有限公司	北京科技大学–康纳国兴新材料联合研发中心	2012.12
155	中国黄金协会、中国黄金集团公司	黄金产业技术创新战略联盟	2012.12